中国学术思想史

中国兵学思想史

黄朴民　魏　鸿　熊剑平　著

南京大学出版社

南京大学人文社会科学"九八五工程"重大项目
中 共 江 苏 省 委 宣 传 部
资 助 出 版

中 国 学 术 思 想 史
- 学术与出版委员会 -

主　任：朱庆葆
副主任：夏维中　金鑫荣
（以下按姓氏笔画排序）
委　员：王　宁　朱庆葆　刘笑敢　江晓原　许苏民　汪荣祖
　　　　张中秋　范金民　金鑫荣　洪修平　莫砺锋　夏维中
　　　　黄朴民　黄俊杰　熊月之　瞿林东
办公室：赵　芳

主　编：蒋广学
副主编：许苏民　周　群　金鑫荣　夏维中（常务）

目　录

绪论 / 1
  一、兵学思想的地位与价值 / 1
  二、兵学思想研究的现状及其深层次原因 / 5
  三、突破兵学研究的"瓶颈"与本书的撰著宗旨 / 8

第一章　夏商军事与兵学思想的萌芽 / 14
  第一节　从血亲复仇到部落争雄 / 14
  第二节　原始兵器与原始防御体系的形成 / 15
  第三节　原始社会后期的战争指导思想萌芽 / 18
  第四节　甲骨卜辞所反映的兵学雏形 / 20

第二章　西周时期的兵学思想与文化 / 23
  第一节　车战的全面兴起 / 23
  第二节　古司马兵法所体现的早期兵学成就 / 25
  第三节　今本《司马法》所反映的西周兵学思想 / 29

第三章　春秋时期的军事嬗变与兵学思想 / 35
  第一节　车战战术的演进 / 35
  第二节　"兵以诈立"战争观念的形成 / 37
  第三节　军阵的进步 / 40
  第四节　《左传》兵学思想 / 44
    一、《左传》兵学思想的特点 / 44
    二、《左传》兵学思想的基本内容及地位 / 46

第五节 《老子》的兵学思想 / 49
　　一、《老子》对战争的立场和态度 / 49
　　二、《老子》的战争指导思想 / 52
　　三、《老子》兵学思想的特色与地位 / 54
第六节 范蠡的兵学观 / 55
　　一、备战为重的战略观念 / 56
　　二、"随时以行"的攻守原则 / 57
　　三、"变易主客"的实力运用方针 / 58
　　四、"因情用兵"的制胜之道 / 59

第四章 《孙子兵法》的兵学体系 / 61
第一节 《孙子》的成书年代和作者 / 61
第二节 《孙子》的著录、流传及版本 / 64
　　一、关于《孙子》的著录与流传 / 64
　　二、关于《孙子》的主要版本 / 66
第三节 《孙子兵法》的战争观 / 68
　　一、《孙子兵法》的哲学基础 / 68
　　二、慎战与备战并重的战争观念 / 71
第四节 《孙子兵法》的制胜之道 / 73
　　一、知彼知己　预见胜负 / 73
　　二、先发制人　进攻速胜 / 75
　　三、兵不厌诈　因敌制胜 / 78
　　四、致敌就范　把握主动 / 82
　　五、集中兵力　以镒称铢 / 85
　　六、巧用地形　攻守得宜 / 87
　　七、因粮于敌　事半功倍 / 90
第五节 孙子的治军思想 / 93
第六节 《孙子兵法》的地位和影响 / 102

第五章 战国时期的兵学繁荣 / 106
第一节 军事技术的发展与兵器装备的改善 / 106
第二节 战国兵学的地域文化特征 / 108

一、齐鲁兵学文化 / 109

二、三晋兵学文化 / 113

三、楚、吴、越为主体的南方兵学文化 / 116

第三节 《吴子兵法》/ 117

一、《吴子》书的真伪与流传 / 117

二、《吴子》的兵学思想体系 / 121

第四节 《司马法》兵学思想研究 / 126

一、《司马法》的来龙去脉 / 126

二、《司马法》兵学思想要义 / 130

第五节 《孙膑兵法》与《尉缭子》/ 142

一、《孙膑兵法》的兵学思想 / 142

二、《尉缭子》的兵学思想 / 145

第六节 《六韬》的兵学思想及成就 / 152

一、战争观 / 152

二、战略指导思想 / 153

三、作战指挥思想 / 154

第六章 先秦诸子兵学思想述要 / 156

第一节 儒家兵学思想的主要内涵 / 156

一、"义战"观念 / 156

二、民本精神与战争制胜之道 / 158

三、文武并举,以"礼"治军 / 161

第二节 墨家兵学思想的特色与意义 / 162

一、墨家的战争观念 / 163

二、墨家的防御作战思想 / 168

第三节 战国黄老学派兵学理论撷要 / 171

第四节 《商君书》与《韩非子》的兵学思想 / 182

一、《商君书》的兵学思想 / 182

二、《韩非子》的兵学思想 / 187

第五节 《管子》的兵学思想 / 192

一、战争观 / 193

二、军队建设思想 / 195

三、作战指导思想 / 200

第七章　秦汉时期的兵学成就 / 203

第一节　钢铁兵器的广泛使用 / 203

第二节　骑兵时代的来临 / 204

第三节　秦汉兵学的建树 / 207

一、兵书的系统整理与分类 / 207

二、秦汉兵学的多样性与普及化 / 210

三、兵儒合流与兵学主题的转换 / 212

第四节　韩信《汉中对》的战略决策思想 / 214

第五节　邓禹"图天下策"的战略思维 / 218

第六节　《三略》的战争观念与战争指导 / 220

第八章　魏晋南北朝的兵学 / 225

第一节　战略作战轴线的转变 / 225

第二节　"八阵"为中心的阵法进步 / 229

第三节　魏晋南北朝兵学理论及其特色 / 231

第四节　有关南船北骑的作战理论 / 234

第五节　诸葛亮《隆中对》的战略决策思维 / 237

第六节　羊祜《平吴疏》的战略决策思维 / 240

第九章　隋唐五代时期的兵学理论 / 244

第一节　隋唐五代兵学概貌 / 244

第二节　隋、唐统一战争的战略指导思想 / 247

一、战争准备 / 247

二、作战指导 / 251

第三节　高颎《取陈策》的战略思想 / 254

第四节　贺若弼《御授平陈七策》的统一战争战略指导 / 256

第五节　《唐太宗李卫公问对》的兵学贡献 / 261

第六节　李泌《平叛策》的战略指导理论 / 271

第七节　王朴《平边策》的战略运筹理论 / 274

第十章　宋代的战争与战略思想 / 280

第一节　宋初的对辽战争与战略指导思想 / 280
  一、宋太祖的统一与边防战略 / 280
  二、两次对辽战争与宋太宗的战略转变 / 282

第二节　宋夏战争与宋对夏战略 / 285
  一、宋太宗对西夏的经略与怀柔 / 285
  二、灵州弃守与宋真宗的防御战略 / 286

第三节　北宋中后期各擅胜场的边防战略思想 / 289
  一、宋仁宗时期范仲淹的积极防御战略思想 / 289
  二、宋神宗与王安石的积极进取战略思想 / 292
  三、北宋末期司马光等保守派的防御战略思想 / 296

第四节　宋金战争与南宋战略策论的成就 / 301

第十一章　两宋时期的兵学及其时代特色 / 305

第一节　武举武学与选将育将思想 / 305
  一、"儒将"思想的形成和发展 / 305
  二、"以兵书育将才"思想与武举武学的初创 / 307
  三、兵学地位之争与武举武学的废立 / 311

第二节　兵学的官学化与兵书的繁盛 / 317
  一、兵学官学地位的确立与官修兵书 / 317
  二、文人论兵的勃兴与私人兵学著述的繁荣 / 321
  三、兵家专门之学的赓续与发展 / 327

第三节　兵儒冲突融合的深化与兵学理论的发展 / 331
  一、儒学对兵学的批判与肯定 / 331
  二、战争观与战略思想的儒学化 / 337
  三、儒学之变与治军思想的发展 / 342
  四、兵学概念、范畴和作战原则的阐发 / 348

第十二章　兵学的多民族交流与融合 / 357

第一节　辽兵学思想 / 359
  一、战略思想 / 359
  二、战术特点 / 360

三、与中原兵学的交流与融合 / 361

第二节　西夏兵学思想 / 362
　　一、战略思想 / 362
　　二、战术特点 / 364
　　三、西夏兵学著作及中原兵学在西夏的传播 / 366

第三节　金兵学思想 / 368
　　一、战略思想 / 368
　　二、战术特点 / 369
　　三、兵学发展及与中原兵学的深入融合 / 371

第四节　元代兵学思想 / 374
　　一、战略思想 / 375
　　二、战术特点 / 375
　　三、中原传统兵学的低迷与蒙元兵学的辉煌 / 378

第十三章　盛极而衰的明朝兵学 / 380

第一节　末日辉煌：重要兵学著作及思想 / 380
　　一、《阵纪》/ 380
　　二、《投笔肤谈》/ 382
　　三、《草庐经略》/ 383
　　四、《运筹纲目》/ 385
　　五、《兵经》/ 386
　　六、《乾坤大略》/ 387

第二节　文人论兵：以四大儒为代表 / 388
　　一、王守仁 / 388
　　二、黄宗羲 / 390
　　三、顾炎武 / 392
　　四、王夫之 / 394

第三节　《武备志》和古典兵学的总结 / 396
　　一、古典兵学在明代迎来转型的拐点 / 396
　　二、古典兵学的总结：《武备志》/ 397
　　三、从振兴到抑制：经学模式对兵学的影响 / 402

第十四章　海防战略与戚继光的兵学贡献 / 407
　　第一节　海防新局面及其对兵学的刺激 / 407
　　　　一、明代的倭患 / 407
　　　　二、海防建设：装备建设和将帅选拔 / 410
　　第二节　海防战略 / 412
　　　　一、海陆并重 / 413
　　　　二、攻守结合 / 414
　　　　三、聚揽民心 / 416
　　第三节　海战战术 / 418
　　　　一、重视情报，建立较为严密的海防情报体系 / 418
　　　　二、战术设计充分结合装备和地形 / 419
　　　　三、重视练兵，尤其重视练胆气 / 421
　　第四节　明代海防思想建设的得失检讨 / 423
　　第五节　戚继光兵学思想的源与流 / 424
　　　　一、家世：对传统兵学的长期浸淫 / 425
　　　　二、对《孙子》等兵学经典的继承 / 426
　　第六节　戚继光兵学的创新与发展 / 431
　　　　一、战略思想 / 431
　　　　二、战术思想 / 432
　　　　三、海上相敌法 / 434
　　　　四、练兵理论 / 436
　　　　五、练将理论 / 439

第十五章　火器运用与兵学思想的新面貌 / 443
　　第一节　火器的发展及相关理论研究 / 443
　　第二节　建军思想的转变和军事训练的变革 / 446
　　第三节　"以器制胜"的战争观 / 450
　　第四节　火器时代的战术研究 / 454

第十六章　中国传统兵学的终结 / 460
　　第一节　清朝前期军事思想的创新与停滞 / 460
　　　　一、对中原兵学的学习和借鉴：努尔哈赤和皇太极的兵学思想 / 460

二、古典兵学的余响：清朝前期的兵学理论著作 / 464
　第二节　大一统的追求：康熙、乾隆的军事思想 / 467
　　一、对国家主权的坚持，对领土完整的追求 / 468
　　二、保证国家统一依靠全方位要素，但主要依靠军事实力 / 469
　　三、维护领土统一的战争方略 / 471
　第三节　传统兵学的停滞不前 / 473
　第四节　军事地理学的研究和进展 / 476
　　一、地理学向政治、军事方向的拓展 / 476
　　二、海洋地理渐受重视 / 483
　第五节　军事地理学的集大成之作：《读史方舆纪要》/ 485
　　一、顾祖禹对军事地理学的新贡献 / 486
　　二、《读史方舆纪要》的思想特征 / 487

第十七章　清朝的海防与海军建设 / 490
　第一节　清朝前期的海防建设思想 / 490
　第二节　海防危机的全面爆发与海防建设的推进 / 492
　第三节　近代海军建设与北洋水师的建立 / 496
　第四节　北洋水师的覆灭和海权思想、战略战术检讨 / 501

第十八章　近代兵学的转型及其意义 / 507
　第一节　近代兵学向西方的学习与借鉴 / 507
　　一、睡眼看西方：清朝对西方列强的模糊认识 / 507
　　二、对西方军事著作的翻译与引进 / 509
　第二节　西方军事学术的全方位深远影响 / 513
　　一、军事学说和战略战术 / 514
　　二、国防体系和军工制造 / 517
　　三、军事训练和治军思想 / 521
　第三节　从寻找利器到寻找思想：近代兵学的转型历程 / 524
　第四节　求富和求强：近代国防思想的形成 / 529
　第五节　保守与革新：以洋务运动为背景的中西之争 / 535

主要参考文献 / 541

重要人名索引 / 558

重要词语索引 / 562

绪　论

一、兵学思想的地位与价值

孔子说:"有文事者必有武备,有武事者必有文备。"①它充分揭示了一个基本事实,即军事始终是社会生活中的重要组成部分。与之相适应,就是军事史研究理应成为历史学研究的主要对象之一。强化军事史研究,对于推动整个历史研究,深化人们对历史现象的全面认识和历史发展规律的深刻把握,实具有不可替代的意义。

必须重视对军事史的研究,这是由军事在社会生活与历史演变中具有决定性意义这一性质所决定的。就中国范围而言,军事往往是历史演进的最直观表现形态。在中国历史上,国家的分裂与统一、新旧王朝的交替换代、政治势力之间的斗争倾轧、下层民众的反抗起义、中华民族内部的融会整合,等等,绝大多数都是通过战争途径来实现的。战争是社会生活的焦点,是历史演进的外在表现形式,从大的范围来讲,数千年的中华文明史,某种意义上便是一部军事活动史,抽掉了军事内容,就谈不上有完整意义的中国历史。

更为重要的是,在中国历史上,军事渗透于社会生活的各个领域、各个层面,成为历史嬗变的指针。具体地说,最先进的生产力往往发源于军事领域,军事技术的进步在科技上呈示着引导性的意义。换言之,最先进的工艺技术首先应用于军事方面,最优良的资源优先配置于军事领域,最突出的科技效率首先反映于军事实践。这种情况早在先秦时期便已出现,所谓"美金以铸剑戟,试诸狗马;恶金以铸锄、夷、斤、斸,试诸壤土"②;"致天下之精材,来天下之良工"③,"论百工之锐器"④,云云,就表明军事技术发展程度乃是整个社会生产

---

① 《史记·孔子世家》。
② 《国语·齐语》。
③ 《管子·小问》。
④ 《管子·七法》。

力最高发展水平的一个标尺。秦汉以降，军事技术这种标尺地位仍没有丝毫改变，战船的制作水平提高，筑城工艺技术的进步，火药、火器的使用，钢铁先进武器装备的铸造，等等，都是该历史时期先进生产力的集中体现，都起着带动其他生产领域工艺技术水平提高的重要作用。

军事在历史演进中的中心地位同样也体现在政治领域。历史上中央集权的强化、各种制度建设的完善、重大改革举措的推行，往往以军事为主体内容。所谓的中央集权，首先是对军权的集中，这从"虎符发兵制"、"杯酒释兵权"，到朱元璋以"五军都督府"代替"大都督府"，清代设置"军机处"等制度设置和行政措施可以看得十分清楚。国家法律制度与规章，也往往是由军队中首先推行，然后逐渐向社会推广。如军功爵制滥觞于春秋时期赵简子的铁地誓师辞："克敌者，上大夫受县，下大夫受郡，士田十万，庶农工商遂，人臣隶圉免。"①战国时期普遍流行的"什伍连坐法"、秦国的"二十等爵制"，等等，后来也逐渐由单纯的军中制度演变为控制与管理整个社会的奖惩制度。从这个意义上说，军队是国家制度建设的先行者，军事在国家政治发展中起着引导的作用。至于中国历史上的重大改革，也几乎无一例外以军事改革为主要内容，如商鞅变法中"尚首功"的措施，王安石变法中"保甲"、"将兵"等强兵措施，张居正改革中的整饬边防举措，均是具体的例证。而战国赵武灵王的"胡服骑射"，则更是完全以军事为中心的全面改革运动。

就世界范围而言，军事史作为历史学的重要组成部分也是无可怀疑的。西方早期的历史著作，如希罗多德的《历史》、修昔底德的《伯罗奔尼撒战争史》、恺撒的《高卢战记》、色诺芬的《长征记》，大都是军事史著作。这一传统长期延续，使得在当今欧美国家的历史学界，军事史仍然是人们研究的热点之一，有关战争、战略、军队编制、作战技术、武器装备、军事地理、军事人物、军事思想等各个方面的研究都比较成熟，并取得了丰硕的成果，杰弗里·帕克主编的《剑桥战争史》就是这方面的代表之一。与此相对应，军事史在历史学界，甚至整个学术界都拥有较高的地位，产生了较大的影响。

在整个军事史的研究体系中，军事思想史也即"兵学史"的研究占有核心的地位，具有指导性的意义。柯林武德指出：一切历史都是思想史。其言信然！

---

① 《左传·哀公二年》。

我们认为，思想史是历史学研究的主要内容与主体对象，思想史的考察，是历史研究的主要方法。林德宏教授曾专门讨论了思想史在历史学研究中的关键作用：历史研究的顺序，是从直观的历史文物开始，展开对历史活动（以历史事件为中心）的认识，再进入对历史思想的探讨（叩问思想背景，寻觅思想动机，从事思想反思）。换言之，思想史是最深层次的历史。只有了解人们的思想动机和反思结论，才能理解人的活动的本质。人的活动产物（物的历史），只有通过人的活动才能了解；而人的活动（事件的历史），只有通过人的思想才能说明。只有进入思想史这个层次，才可能对人类历史有完整而本质的理解与把握。①

总之，各个领域深层次的历史都是思想史，思想史研究是历史学研究的最终归宿。这一点，在军事史研究中也没有例外。兵学思想的研究，是军事史研究的主干与重心。换言之，在中国源远流长的军事史中，军事学术思想无疑是其灵魂与核心之所在，它在很大程度上规范了整个军事的面貌，是丰富多姿、异彩纷呈的军事文化现象的精神浓缩和哲学升华，是具体军事问题的高度抽象，也是军事发展规律的普遍揭示。所以，理应成为军事史研究的重点，也应该成为整个学术思想发展史认知中的重要一维。

军事学术思想，用比较规范与传统的概念范来表述，就是中国古代兵学。所谓"兵学"，指的是中国历史上探讨战争基本问题，阐述战争指导原则与一般方法，总结国防与军队建设普遍规律及其主要手段的思想学说。它渊源萌芽于夏、商、周时代，在春秋战国时期形成独立的学术理论体系，充实提高于秦汉魏晋南北朝时期，丰富发展于两宋迄明清时期，直至晚清让位于近代军事学。

中国古代兵学主要包括历史上丰富的军事实践活动所反映的战争观念、治军原则、战略原理、作战指导等内容，其主要文字载体是以《孙子兵法》为代表的数量浩繁、内容丰富、种类众多、哲理深刻的兵书。其他文献典籍中的论兵之作也是其重要的文字载体，这包括《尚书》、《周易》、《诗经》、《周礼》等中华元典的军事相关内容；《墨子》、《孟子》、《老子》、《管子》、《吕氏春秋》、《淮南子》等所载先秦两汉诸子的论兵文辞；史书、类书、政书、丛书中的言兵之作；

---

① 参见《思想家与思想史》，载《杰出人物与中国思想史》，江苏教育出版社2000年版。

唐、宋、元、明、清诸多文集中的有关军事论述，"汉中对"、"隆中对"、"雪夜对"等由史籍所记载的历代政治家、军事家的军事言行。它们同专门的兵书著作一起共同构筑起了中国古代兵学思想的瑰丽宝库。

《汉书·艺文志·兵书略》曾对西汉以前的兵学流派做过系统的区分，将先秦两汉兵学划分为兵权谋家、兵形势家、兵阴阳家和兵技巧家等四个大类。在四大类中，兵权谋家是最主要的一派，其基本特征是："权谋者，以正守国，以奇用兵，先计而后战，兼形势，包阴阳，用技巧者也。"显而易见，这是一个兼容各派之长的综合性学派，其关注的重点是战略问题。中国古代最重要的兵书，如《孙子兵法》、《吴子》、《六韬》、《孙膑兵法》大都可归入这一派。兵形势家也是比较重要的兵学流派，其特点是"雷动风举，后发而先至，离合背向，变化无常，以轻疾制敌者也"，主要探讨军事行动的运动性与战术运用灵活性、变化性。兵阴阳家，其特征是"顺时而发，推刑德，随斗击，因五胜，假鬼神而为助者"，即注意天候、地理与战争胜负关系的研究。兵技巧家，其基本特点是"习手足，便器械，积机关，以立攻守之胜者也"，这表明该派所注重的是武器装备和作战技术、军事训练，等等。秦汉以降，中国兵学思想代有发展，但其基本内容与学术特色基本没有逾越上述四大类的范围。

中国古代兵学思想内容丰富，博大精深，大体而言，它的基本内容是：在战争观上主张文事武备并重，提倡慎战善战，强调义兵必胜，有备无患，坚持以战止战，即以正义战争制止和消灭非正义战争，追求和平，反对穷兵黩武。从这样的战争观念出发，反映在国防建设上，古代兵家普遍主张奖励耕战，富国强兵，居安思危，文武并用。在治军思想方面，兵家提倡"令文齐武"，礼法互补。为此，历代兵家多主张以治为胜，制必先定，兵权贵一，教戒素行，器艺并重，赏罚分明，恩威兼施，励士练锐，精兵良器，将帅贤明，智勇双全，上下同欲，三军齐心；在后勤保障上，提倡积财聚力，足食强兵，取用于国，因粮于敌；在兵役思想上，坚持兵民结合，因势改制等。战略思想和作战指导理论是中国古代兵学思想的主体和精华，它的核心精神是先计后战，全胜为上，灵活用兵，因敌制胜。一些有关的命题或范畴，诸如知彼知己，因势定策，尽敌为上，伐谋伐交，兵不厌诈，出奇制胜，避实击虚，各个击破，造势任势，示形动敌，专我分敌，出其不意，攻其无备，善择战机，兵贵神速，先机制敌，后发制人，巧用地形，攻守皆宜，等等，都是围绕着"致人而不致于人"，即夺取战争主动权这一根本宗旨而提出和展开的。

二、兵学思想研究的现状及其深层次原因

与儒家、道家、佛家乃至于墨家、法家等诸子学术的研究相比，有关兵学的研究，显然是处于相对滞后的状态，成果为数不多姑且不论，即使是有限的研究成果中，质量上乘、体系严整、见解独到之作亦属凤毛麟角。更多的是词条的扩大与组合，可又没有词条来得科学与准确，犹如"什锦拼盘"，看不出兵学思想发展的脉络与规律，见不到兵学家、兵学典籍所蕴含的时代特征与文化精神，在整个学术思想研究的大格局中，很明显被边缘化，无法"预流"。

但是，兵学思想研究不能尽如人意的主要原因，并不能简单地责怪学者，问题还是出在兵学学科的自身性质上。所谓"巧妇难为无米之炊"就是这个道理。

在《汉书·艺文志》中，兵家并没有被列入"诸子"的范围，兵学著作没有被当作理论意识形态的著述来看待。"诸子略"的"九流十家"中，兵家无法占据一席之地，完全被排斥于外。当然，兵书也有它自己的学科归属，即"兵书略"，但是它的性质实际上与"数术"、"方技"相近。换言之，《汉志》"六略"，前三"略"，"六艺"、"诸子"、"诗赋"属于同一性质，可归入"道"的层面；而后三"略"，"兵书"、"数术"、"方技"又是一个性质近似的大类，属于"术"的层面。"道"的层面，为"形而上"；"术"的层面，为"形而下"。"形而下"者，用今天的话来说，是讲求功能性的，是工具型的理性，它不尚抽象，不为玄虚，讲求实用，讲求效益，于思想而言，相对苍白；于学术而言，相对单薄。所以除了极个别的兵书，如《孙子兵法》之类外，绝大部分的兵学著作，都鲜有理论含量，缺乏思想的深度。因此，在学术思想的总结上，兵学似乎很少有值得关注的兴奋点存在，而为人们所忽略。

这一点，不但古代如此，即使在当今也几乎一样。坊间流行的各种哲学史、思想史著作，很少设立讨论兵学思想的专门章节，个别的著作即便列入，也往往是一笔带过，如同蜻蜓点水，浅尝辄止。总之，在这样一片贫瘠的土地上，要开出绚丽之花，长成参天之树，有些勉为其难，道理就这么简单。由此可见，兵学思想的研究，从学科性质上考察就有相当的难度，而一定要从工具技术性的学科来发掘"形而上"的抽象性质的思想与理论，则不免会令人多少感到失望。

其次，与儒学因应道教、佛教的挑战，不断更新其机理，不断升华新形态的情况有巨大的不同，兵学长期以来所面对的战争形态基本相似，战争的技术手段没有发生本质性的飞跃，大致是冷兵器时代的作战样式占主导。宋元以后尤其是明清时代出现火器，作战样式初步进入冷热兵器并用时期，但即便是在明清时代，冷兵器作战仍然占据着战场上的中心位置。这样的物质条件与军事背景，在很大程度上制约了兵学思想的更新与升华。即使有所变化与发展，也仅仅体现在战术手段的层面，如明代火器的使用，引发战车重新受到关注，于是就产生了诸如《车营扣答合编》之类的兵书；同样是因为火器登上历史舞台，战争进入冷热兵器并用时期，这样就有了顺应这种变化而出现的《火攻挈要》等兵书和相应的冷热兵器并用的作战指导原则。但是需要指出的是，这种局部的、个别的、枝节性的发展变化，并没有实现兵学思想的本质性改变、革命性跨越。从这个意义上说，明代茅元仪《武备志·兵诀评》所称的"前孙子者，孙子不遗；后孙子者，不能遗孙子"，一方面的确是准确地揭示了《孙子兵法》作为兵学最高经典的不可超越性，但同时也曲折隐晦地说明了兵学思想的相对凝固性、守成性、内敛性。

没有问题对象的改变，就无法激发出发展更新的需求，而没有新的需求，思想形态、学术体系就难以被注入新的生机，就会处于自我封闭、不求进取的窘态。在这种情况下，我们今天要从学科发展的视野来考察兵学理论的递嬗，显然会遇到极大的障碍，而要总结、揭示这种演进的基本规律与主要特征，更是困难重重，充满挑战。这方面，即便如当下最权威的《中国军事百科全书》，在各种断代军事思想的词条中，也只能不断重复诸如战争观上区分了"义战"与"非义战"的性质，作战指导上强调了"避实击虚"、"因敌制胜"之类的套话。先秦词条这么讲，秦汉词条这么讲，到了明清的词条，还是这么讲，千篇一律，缺乏发展性，没有创新性，特别沉闷，非常呆板。应该说，这一局面的造成，不是偶然的，而是其研究对象本身停滞不前、自我封闭所导致的逻辑结果。

以上说的，如果指的是兵学思想发展的总结归纳存在着明显的"先天不足"的制约，那么我们还应该更清醒地注意到，这种归纳与总结，还有一个"后天失调"的重大缺陷。

从"赳赳武夫，公侯干城"到"彬彬多文学之士"，这是中国文化在人才观取向上的变化趋势和显著特征。阳刚之气概逐渐消退,而柔弱之风弥生,"崇文轻武"的社会风尚之下,军人就不复为先秦贵族社会条件下熟谙"礼、乐、射、御、书、数""六艺"之武士,而逐渐成为一群可以随时"驱而来,驱而往"的"群羊"①。这样的群体,在文化知识的学习与掌握上自然属于"弱势群体",他们文化程度不高,知识积贮贫乏,阅读能力有限,学习动力缺乏。如果兵书的理论性、抽象性太强,就不适合他们阅读与领悟。所以,大部分的兵书只能走浅显、平白、通俗的道路,以实用、普及为鹄的。由此可知,兵学受众群体文化素质和精神需求上的特殊性,在很大程度上制约了兵学思想的精致化、哲理化提升。

这只要从后世经典的注疏水平即可印证。与儒家、道家乃至法家经典相比,兵书注疏的滞后、浅薄实不可以道里计。兵家的著述在注疏方面,绝对无法出现诸如郑玄之于《诗经》、何休之于《公羊传》、杜预之于《左传》、王弼之于《老子》、郭象之于《庄子》这样具有高度学术性,注入了创新性思维与开拓性理论的著作,而往往是像施子美《武经七书讲义》、刘寅《武经七书直解》、朱墉《武经七书汇解》这样的通俗型注疏,仅仅立足于文字的疏通、章句的串讲而已。即便偶尔有曹操、杜牧、梅尧臣、张预等人注孙子的成绩聊备一格,但是他们的学术贡献与价值,依旧无法与王弼、郑玄等人相媲美。而这种整体性格局的滞后与粗疏,自然严重影响到兵学思想的变革与升华,使兵学思想的呈现形态失去了值得人们激发热情、全力投入研究的兴奋点与推动力,往往只能在缺乏高度的平台之上做机械性的重复,这显然会导致兵学思想整体研究的严重滞后。

兵学思想史研究的"后天失调",还表现在这一领域的研究者长期以来在专业素质构成上一直存在着种种局限,并不能很好地适应兵学思想发展史研究的特殊要求。军事史从本质上讲,是历史与军事两大学科彼此渗透、有机结合而形成的交叉学科,这一属性,决定了兵学思想史其实也是军事史与思想史的综合与贯通。这一学术特性,对研究者提出了特殊的要求,即他们最好能具备历史与军事两方面的专业素养。但是由于种种原因,这样的复合型队伍自古至今似乎并未能真正建立起来。熟谙军事者,历史知识、哲学思辨却往往相对单薄,这不免导致其讨论难以上升到理论思维的高度,"浮光掠影,浅尝辄止";而通习历

---

① 参见《孙子兵法·九地篇》。

史者,却缺乏军旅活动的实践经验,这当然会造成其结论多属门外读兵,不着边际,可谓"隔靴搔痒",甚至于"郢书燕说"、"张冠李戴"。如《礼书通故》一类典籍中有关"偏"的考据,就近乎盲人摸象,花费大量精力考证一"偏"的战车数量,提出莫衷一是的"九乘说"、"十八乘说"、"二十七乘说"、"八十一乘说"等说法,这除了徒增纷扰之外,实在看不出能真正解决什么问题。

正是因为兵学思想史的研究,让军事学界、历史学界两大界别的人士都不无困惑,深感棘手,所以一般学者都不愿意轻易涉足。宋代著名兵学思想家、经典兵书《何博士备论》的作者何去非,尽管兵学造诣精深,又身为武学教授(后晋升武学博士),但自上任之日起就不安心本职工作,曾转求苏东坡两次上书朝廷,请求"改换文资",即希望把他由武官改为文官,由武学博士转任为太学博士。何去非的选择,就是这方面非常有代表性的例子。这种研究队伍的凋零没落、薪火难传,恰恰证明了兵学思想发展史研究确实存在着难以摆脱的困境,也是在今天亟待突破的"瓶颈"。

三、突破兵学研究的"瓶颈"与本书的撰著宗旨

面对兵学思想研究中的这些"瓶颈",如何突破?怎样超越?这当然不是一蹴而就的,无论是学术积累上,还是研究能力上,我们在今天的条件下,都还不具备完成转型、实现升华的基础。但是,这并不意味着我们可以因此而放弃探索、不思进取。恰恰相反,我们必须直面这些问题,"筚路蓝缕,以启山林",尽可能进行必要的尝试,起到铺路石的作用,为今后兵学思想史研究的进展与成熟,打下一定的基础,提供足资借鉴的经验。

我们认为,要突破兵学思想研究中的"瓶颈",至少有三个方面的努力值得展开。首先,必须积极尝试研究角度切入点的重新选择,转换习以为常的研究范式,改变陈陈相因的研究逻辑。具体地说,就是实现研究重心的转移,将以研究军事人物思想、兵书典籍理论为主导,变为以研究战法与思想共生互动为宗旨。这个共生互动的关系,可以用一个相对稳定的逻辑结构来描述,即:武器装备的改进与发展,引发作战方式、战略战术的变革,同时也促成了军队编制体制的调整和变化,而这些变化,最终又推动了兵学理论的创新和军事思想的升华。而兵学思想的发展,同样要反作用于作战指导领域,使得战法的确立与变革能够在理论的指导下,更趋合理、成熟,以适应军事斗争的需要,为达成一定

的战略目标创造积极有效的条件。

例如,三代弓箭的原始性、戈斧的弱杀伤力,决定了呆板笨拙的密集大方阵作战成为主要的作战方式,"不愆于六步、七步,乃止,齐焉"①。同时也决定了车战成为普遍的作战样式。这样的战法以及相关的战术,这样的以密集大方阵为中心的军队编组体制,其结果反映在兵学思想领域,就合乎逻辑地形成了以"逐奔不过百步,纵绥不过三舍","军旅以舒为主","徒不趋,车不驰"为基本内涵的"古司马法"军事思想的时代特征。一样的道理,春秋后期,随着弩机等新型兵器的出现,功能组合型兵器如戟的普遍战场使用,使得灵活机动的作战方式风行于世,于是遂有兵学思想领域的革命性变迁,以"兵以诈立"为宗旨,强调"兵之情主速,乘人之不及,由不虞之道,攻其所不戒也"的《孙子兵法》遂登上历史舞台的中心位置,逐渐取代倡导"以仁为本,以礼为固"的"古司马法",成为兵学思想界的主宰型领袖。由此可见,我们如果顺着军事发展的内在理路与自身逻辑,按照武器装备决定编制体制与作战方式,作战方式等催生兵学思想更新,这样的逻辑结构来考察兵学理论的生成发展机制,那么就有可能真正揭示出兵学思想演进的基本规律与终极动因,对中国历代兵学思想的文化更新序列做出正确描述,而不至于将兵学思想发展史编纂成一部由一些兵家人物、一些兵学著作的内容介绍与简单评论呆板组装在一起、拼凑成一盘的词条汇编。

其次,在围绕"武器装备—作战方式—兵学理论"这一主线与结构展开叙述的同时,尤其要注意对兵学思想发展上的阶段性特点的概括与揭示。区分不同时期兵学思想的鲜明特征,探索产生这些特征背后的深层次社会、政治、经济、文化原因,观察和说明该时期兵学思想较之于之前的兵学思想传承了什么,又改变或增益了什么,而对于其后兵学思想的发展起到了哪些作用,产生了何种影响。换言之,我们今天对历代兵学思想的研究,其成功与否,就是看能不能跳出通常的兵学思想总结上的时代性格模糊、阶段性特点笼统,大同小异,千人一面的局限,而真正把握兵学思想的历史演进趋势和文化个性风貌。

例如,要认识三代以及春秋前中期的兵学思想的发展,其要领就是考察"军礼"的主要内涵,体认"军礼"的具体表现,从而以一驭万,纲举目张,"下及汤

---

① 《尚书·牧誓》。

武受命，以师克乱而济百姓，动之以仁义，行之以礼让，司马法是其遗事也"①。要掌握春秋战国之际的兵学思想革命的基本形态和文化特征，则无疑要围绕"兵以诈立，以利动，以分合为变"②这个中心来开展，从"诡诈之道"取代"以礼为固"这个角度切入，从而总结并揭示这一时期兵学主题的革命性变换，"自春秋至于战国，出奇设伏，变诈之兵并作"③。这一时代特征，决定了这一时期会孕育并诞生诸如《孙子兵法》、《孙膑兵法》、《吴子》、《尉缭子》等代表性经典兵书，矗立起中国兵学思想发展的第一个高峰。而兵学思想在春秋战国之际之所以能实现这样的突破，很显然并不是孤立的现象，归根结底，它不过是当时战争性质由争霸转变为兼并，政治文化上贵族精神衰微、官僚体制初建在兵学理论建设上的一种折射和反映。要理解战国后期兵学思想整合融贯的时代特征，必须结合当时整个社会思潮的嬗递大势来加以考察。当时，在普遍检讨学术分化的弊端"道术将为天下裂"基础上，诸子内部、诸子之间的兼容综合局面开始出现，这反映在兵学理论建设上，就是严格意义上的"兵权谋家"代表《六韬》一书的面世。它真正致力于汲取诸子百家之长，并积极完成兵学思想的整合："以正守国，以奇用兵，先计而后战，兼形势，包阴阳，用技巧。"④要了解秦汉时期兵学思想演变所体现的文化精神，关键在于必须通过考察《三略》等这一时期的代表性兵学著作之核心内涵，来说明"大一统"帝国统治条件下兵学发展的重心转移，即由"取天下"转变为"治天下"、"安天下"，这对应于兵学著作的宗旨调整与方向选择，就是关注"治军"胜过"作战"，强调"政略"高于"兵略"。

秦汉以降，迄至今代，各个时期的兵学思想发展都有其特定的主题和优先的重心。这些不同时期的主题与重心，就是我们在从事中国兵学思想发展历史研究时应该加以特别关注与充分讨论的内容。孙子有云："备前则后寡，备后则前寡，备左则右寡，备右则左寡，无所不备，则无所不寡。"⑤这对于兵学思想史的研究同样富有启示意义，即在研究过程中，要切忌面面俱到，平铺直叙，而必须

---

① 《汉书·艺文志·兵书略序》。
② 《孙子兵法·军争篇》。
③ 《汉书·艺文志·兵书略序》。
④ 《汉书·艺文志·兵书略序》。
⑤ 《孙子兵法·虚实篇》。

以揭示和深化不同时期兵学主题为中心，以点带面，提纲挈领，从而准确地呈现兵学思想发展的脉络，把握兵学思想研究的关键。

其三，要突破兵学思想史研究中的"瓶颈"，还要求我们在具体的研究思维模式、研究范围、研究方法等方面加强努力，开辟新的道路，提升新的境界。这包括：对兵学思想史的学科内涵与外延要有一个科学而清晰的界定，不能局囿于单纯的思想考察，必须确立兵学思想史研究的主体性，树立问题意识、自觉意识，使兵学思想史的独立性得以完全体现。要对兵学思想史研究人员的素质提出更高的要求，致力于改变自古以来军事与思想史两张皮的现象：搞思想史的不怎么熟悉军事，谙军事的在历史学的基本训练方面偏弱的情况。尽量拓展兵学思想史的研究领域，在围绕兵学思想这个核心展开研究的同时，将军事史的其他研究对象有机地综括结合到兵学思想研究之中，引入兵制史、军事技术史、作战方式、阵法战术、兵要地理等内容，让它们为开展兵学思想史研究提供坚强有力的支撑，增强兵学思想史研究的厚度，使得它能和军事史的其他要素实现有机对接，互为补充，互为促动。

兵学思想史研究是多学科、综合性的研究，其中历史学与军事学是最核心的两大要素，这要求我们在研究过程中，在充分运用历史方法的同时，应该尽可能地借助于军事学的范畴、概念与方法，注重于从军事学的角度归纳问题、分析问题、考察问题、解决问题。应该说，这正是兵学思想史研究讲求科学性、学术性的必然要求和前提条件。许多学术上的疑难问题，若能借助军事学的原理与方法，解决起来并非是不可思议的。如用现代军事中的"战略预备队"概念诠释"大将居中，握有余奇"的"余奇"含义，就能叫人豁然开朗、举重若轻；又如，拿方阵战术的基本要领来观照"勇者不得独进，怯者不得独退"的意义所在，同样也是事半功倍。

彻底突破兵学思想研究中的"瓶颈"之思路与方法，或许在相当一段时间里并不能完全奏效，但是，它即便无法一举突破所谓的"瓶颈"，却也将或多或少地起到疏通"肠梗阻"的作用。

本书将致力于就中国兵学思想发展的时代背景、基本内涵、演变轨迹、主要特征、表现形式、重要地位与文化影响等加以全景式的回顾与总结。在此基础上，重点考察与揭示中国历史上的代表性兵学著作、诸子论兵之作以及经书史传所蕴含的兵学思想要义及其对中国兵学文化发展的卓越贡献；并对影响与制约中国历史上兵学思想发展的基本要素，如武器技术装备、军队体制编制、作战样式与战法、军种兵种构成与变化、军事训练与军事法规等，进行必要而细致的梳理与剖析。总之，是要梳理中国古典兵学产生、发展及其演变的历史轨迹，总结中国古典兵学的主要成就，揭示中国古典兵学的基本特征，阐释中国古典兵学的文化价值。

在撰写过程中，我们将努力确立三个重要意识。

第一，在研究对象与范围的确定上贯彻综合系统意识。即不仅仅是从军事方面研究军事学术思想的发展，而且，也从社会生产方式、科学技术、政略政策、哲学思想、地理地缘条件、民族文化、人的自觉能动性等方面，研究其对军事学术思想发展的影响。

第二，在研究理念和方法的运用上体现科学创新意识。尊重历史，注重史实。运用阶级分析、历史的、逻辑的和比较的方法，敢于探索、突破，对历史上的军事家、军事理论家的军事学术思想及少数民族政权和历史人物在军事学术思想史发展中的作用、地位，给予客观辩证的分析，不因族、因人而废言、废事。以先秦两汉兵学思想研究为例，作者将提出自己的独到见解，诸如先秦兵学发展的四阶段、《孙子兵法》与古司马兵法之间的传承扬弃关系、先秦诸子军事思想异同性、秦汉兵学的主题转型及其意义，反映了作者在学术创新上的不懈追求。

第三，在研究价值和功能的转换上反映借鉴启迪意识。"以史为鉴，可以知古今。"中国历代战争的战略决策、战略指导与作战指挥，以及建军治军、用将、训练、治边等方面的经验教训，至今仍有给人以启迪和借鉴之处。本书虽以历史为研究对象，但会始终立足于当代的立场，注重历史与现实的贯通，致力于从丰厚的历史文化资源中寻求有益的启示。我们认为：一部军事兵学思想发展史，也就是一部军事变革史。我们虽然不能从历史博物馆里取出古人的"剑"同未来的敌人作战，但我们可以熔化古人的"剑"铸造新的"武器"。

在思维模式、研究方法等方面，我们也将尝试开辟新的道路，提升新的境界。这包括：对兵学思想的内涵外延做出一个科学而清楚的界定，确立起兵学思想研究的主体性，树立问题意识、自觉意识，使兵学思想研究的独立性得以完全体现；改变长期以来军事与历史两张皮，思想与实践相割裂的弊端。在中国兵学思想发展史的研究过程时，我们既充分运用历史方法，又尽可能地借助军事的范畴、概念与方法，注重从军事的角度考察问题，解决问题。真正回归历史，回归军事，超越过去僵化的模式与平庸的论调，而把握住深化兵学思想研究的新的发展契机。

第一章

夏商军事与兵学思想的萌芽

第一节 从血亲复仇到部落争雄

在中国，战争萌芽于史前时期。正如《吕氏春秋·荡兵》所说："兵之所自来者上矣，与始有民俱。"原始人类为了争夺生存条件，曾发生过无数次的暴力冲突。具体地说，随着原始社会的发展，大约在距今六七千年之前，在黄河、长江、辽河、汉水等流域的广大地域上，母系氏族社会进入了繁荣阶段，这与我国古代史传说中的神农时代大体相当。当时各个氏族部落之间，为了保有或扩大各自的生存空间，不时发生激烈的武力冲突。在这类武力冲突之中，"血亲复仇"是一条重要的原则。按照这一古老的集体复仇法则，氏族内部的某一成员遭受侵害，即被看作对氏族整体的侵害，个别冲突也就迅即演变为集体的武力冲突。这种情况的产生是很自然的，因为在生产力极不发达的前提下，人们差不多完全受着陌生的、对立的、不可理解的外部大自然的支配，一个人无法独立生存，血缘的纽带把同一氏族人们的命运紧连在一起，所以为同一氏族的人进行血亲复仇是一项基本义务，也是神圣的权利，它的根子深深地扎在自卫的本能之中。①《左传·成公四年》所援引的"史佚之《志》有之，曰：'非我族类，其心必异'"正是这种观念的孑遗。

可以认为，这种必然会发生的集体武力行为，就是萌芽状态的战争。这在中国古代典籍中也有一定的反映，《孙膑兵法·见威王》关于"神戎（神农）战斧遂"，《战国策·秦策一》所载"昔者神农伐补（斧）遂"等传说，就是例证。而陕西仰韶文化村落遗址周围发现的防卫沟，就是这类武力冲突考古学意义上的

---

① 罗琨、张永山：《夏商西周军事史》，军事科学出版社1998年版，第22页。

实物遗存。因为很显然，只有当武力冲突达到一定的规模，而且已经不是偶然现象的时候，这类防卫沟的设置才是必要的。可见，当时的氏族生活是处于经常的、有组织的集体戒备之中的。可是这类武力冲突的目的很单纯，其既无攫取私有财产的因素在起作用，更不是以从事阶级奴役为基本宗旨，与战争起源的两个基本要素（私有财产的出现与阶级的分化）并不相涉，因此，这类以"血亲复仇"为特征的武力冲突，并不是严格科学意义上的战争，而至多是战争的萌芽而已。同时，这类武力冲突的方式也非常原始，参加者是氏族部落的成员集体，并没有出现专业化的军队，也没有专门的制式武器装备，冲突中使用的只是那些常用的木、石生产工具，从某种意义上说，它颇类似于近代农村聚落中常常发生的械斗。①

进入父系氏族社会初期阶段后，血缘相近的氏族逐渐结成相当规模的部族集团。这时在部族集团内部开始出现争长称雄的斗争。来自不同氏族的首领们，为了争夺部族集团中的领导权，遂发生了相当激烈乃至残酷的武力冲突。所谓"强则分种为酋豪，弱则为人附落，更相抄暴，以力为雄"②。胜利的一方首领登上本部族集团尊长的宝座，失败的一方则成为本部族集团中的依附性氏族团体，从而加速了部族集团内部的整合进程。传说中黄帝攻伐炎帝的阪泉之战，就是这一类武力冲突遗留的史影："炎帝欲侵陵诸侯，诸侯咸归轩辕……以与炎帝战于阪泉之野，三战，然后得其志。"③两个同源共祖的氏族（史称"炎帝以姜水成，黄帝以姬水成"），经过阪泉之战，胜利的一方黄帝氏族成为主宰者，并且组成了规模空前的华夏部族集团。但就这类武装冲突的性质、目的、手段、影响诸要素来说，它依然不是真正意义上的战争，而只能算作萌芽状态战争的最后形态而已。

第二节 原始兵器与原始防御体系的形成

原始时代，"守战之具，皆在民间"④，兵器是从生产工具，尤其是渔猎工具

---

① 黄朴民：《涿鹿之战论析》，《军事历史研究》1997年第4期。
② 《后汉书》卷八十七，《西羌传》。
③ 《史记》卷一，《五帝本纪》。
④ 《太平御览》卷三百三十九引《太公金匮》。

发展而来的。原始人群用单体弓、石斧、飞石索等击杀各种动物以求生存,而当发生武力冲突之时,也便手持这些工具进行人与人的格斗。一旦这些工具沾染上同类的鲜血,原始生产工具向兵器的转化也就开始了。①

大约到了新石器时代晚期,当血亲复仇加剧,萌芽状态的战争发生的时候,在氏族和部落中出现了主要从事厮杀的武士,渔猎工具便首先在这些人的手中发生了质的变化。由于格斗的需要,他们不断对这些工具的体形和刃形加以改进,提高其杀伤力,作战的工具就逐渐从生产工具中分化出来,成为兵器。兵器的诞生时间大约是在部族集团战争时期,也就是古史传说中的涿鹿之战前后。传说中的战神蚩尤总是被描绘成兵器的创造者。在汉画像石上,他的头上有角,手中身旁佩持着各种各样的兵器。其他如"黄帝之时,以玉为兵","轩辕、神农、赫胥之时,以石为兵"②等记载,史不绝书,都暗示了这一重要转化完成的历史年代。

原始兵器的材质是石、木、骨等非金属材料,这正是文献上所说的"以木为兵"、"以石为兵"、"以玉为兵"。从考古发现分析,原始兵器的构成已基本上具备了兵器的三个主要大类,即格斗兵器、抛射兵器和防护装具。

格斗兵器主要有钺、矛、匕首。钺从石斧发展而来,体宽而扁平,上有一个穿孔,刃呈弧形,是专用的劈砍兵器,也是军权的象征。考古发现的石矛、骨矛是当时的常用兵器。如山东泰安大汶口遗址出土的石矛为长叶形,刃锋双面对磨,有短铤,长 14.5 厘米。骨矛是用兽肢骨制成,有锋锐的刃尖,长 10—15 厘米;③龙山文化出土的矛,断面则为三角形或菱形,前锋长而锐,杀伤力更大。匕首是防身的短兵器,大汶口出土的环首匕最具特色。

原始抛射兵器主要是单片竹、木制成的单体弓,④而传说中的"黄帝作弓"、"羿作弓",⑤当是新型的复合弓。箭镞有骨质和石质两种。

原始甲胄的质地当为藤木或皮革,所谓"割革为甲",就是用兽皮制成护身

---

① 蓝永蔚、黄朴民等:《五千年的征战:中国军事史》,华东师范大学出版社 2000 年版,第 12 页。
② 《越绝书·越绝外传记宝剑》。
③ 《大汶口》,文物出版社 1974 年版。
④ 参见杨泓:《弓与弩》,载《中国古兵器论丛》,文物出版社 1986 年版。
⑤ 参见《世本》张澍粹集补本及注引《墨子》、《越绝书》等。

的甲胄以防卫敌方兵器的杀伤。①

原始防御体系的形成是这一时期军事学术的一个重要体现。而原始设防村寨则是我国最早军事防御体系出现的标志之一。

陕西临潼姜寨遗址展现了公元前4800—前4300年原始人群居住区的设防状况。该村寨居住处约1.6万平方米，呈椭圆形。村寨外围一侧临河，东、南、北三面以宽、深各约2米的壕沟围绕。从壕沟中的炭化木柱判断，壕沟内侧当建有由木桩和树条编成的栅栏和围墙。此外，壕沟内侧每隔一定距离还建有一座哨所，残存的三座分别在东南寨门、东北寨门正中和正北凸形围沟内侧，可以望到东、西、北三个方向。②这一周密的集体防卫部署，反映出氏族成员的组织动员能力和军事筑城观念。

进入英雄时代后，开始出现原始设防城堡，而且随着时间的推移，其数目日益增多，遍布于两大河流域以及内蒙古地区。

已发现的较早的土筑或石筑围墙多在长江中游和内蒙古长城地带。在今两湖地区，已发现江陵阴湖城、荆门马家垸、天门石家河、石首走马岭、澧县城头山等多处屈家岭文化的古城址。其中最大的一处为湖北天门石家河古城，城垣近方形，边长各约1000米，面积100万平方米，是已知最大的、筑造较为原始的城垣。而湖南澧县城头山古城则显示出当时防御设施的重大进步，其平面呈圆形，面积约7万平方米，城垣底宽20米，顶部残宽约7米，内坡平缓，外坡陡直，城外还有宽30—50米、深约4米的护城河，易守难攻，具有较强的军事防御功能。③

在内蒙古长城地带发现的一系列石城聚落遗址群，时代在距今4800年至4300年间的主要有三群：岱海石城遗址群，包头大青山西段石城遗址群，准噶尔与清水河之间黄河两岸石城遗址群。④这些石城均依山势或地势修筑，规模大小不同，有十余万平方米的中心城址，更多的是数千至一二万平方米的军事防御性城堡。从这些城堡的坐落位置以及城墙、门道、壕沟的设置分析，它们都具

---

① 参见杨泓：《中国古代的甲胄》，载《中国古兵器论丛》，文物出版社1986年版。
② 参见严文明：《仰韶文化研究·姜寨早期村落的布局》，文物出版社1989年版。
③ 张绪球：《屈家岭文化古城的发现与初步研究》，载《考古》1994年第7期。
④ 田广金：《内蒙古长城地带石城聚落遗址及相关问题》，载《纪念城子崖遗址发掘60周年国际学术讨论会文集》，齐鲁书社1993年版。

有较高的防御功能。

在黄河下游，公元前2500年至前2100年间的古城也发现了多座。其中城子崖古城面积20万平方米，是黄河下游龙山时代古城中最大的一座。丁公龙山城的面积（12万平方米）虽小于城子崖，但城垣宽达20米，城外又有一道壕沟围绕城垣，宽20米，深3米以上，体现了很强的军事防御能力。①

黄河中游的龙山城遗址亦多有发现，它们多为夯土城墙，具有强固的军事防御功能。孟庄龙山城面积25万平方米，城墙系堆筑而成，城外有宽约30米的护城河。平粮台的城址呈正方形②，长、宽各185米，面积约4万平方米，城墙宽度约10米，南、北城墙的中部设有城门，南门两侧有依城墙用土坯筑成的门卫房，房门相对，以加强城门的防卫，反映出当时的城堡修筑技术已趋于基本成熟。③从村寨到城堡，反映了随着武力冲突到原始战争的演变，原始人群的军事防御观念日益增加，军事筑城能力也不断得到了提高。④

第三节　原始社会后期的战争指导思想萌芽

由于史料的严重阙如，原始社会末期的战争指导与战术运用我们在今天已很难有较完整的了解和评说了，然而这并不意味着这方面已完全没有蛛丝马迹可以寻觅。至少可以这么说，初期以争夺生存空间和血亲复仇为目的的武力冲突，是谈不上有什么战略指导或战术运用的，它们实际上不过是群殴、械斗罢了，但是随着武力冲突经验的积累，到了涿鹿之战和尧舜禹攻伐三苗阶段，已初步形成了原始的战争指导和战术运用，这恐怕也是事实。

概括地说，这种原始的战争指导大致可以归纳为以下几个方面。

第一，战争指导者已开始注重从政治、经济、军事等方面做好战争的综合准备，为克敌制胜创造条件。如在涿鹿之战中，黄帝族之所以能够以弱胜强，以

---

① 参见高广仁：《山东史前考古的几个新课题》，载《中国考古学论丛》，科学出版社1995年版。

② 钟少异认为，始于新石器时代晚期的中国城方形化取向，或许与中国从古老的"天圆地方"观念有某种联系。见钟少异：《中国史前时代的筑城》，载饶宗颐主编：《华学》第4辑，紫禁城出版社2000年版。

③ 《河南淮阳平粮台龙山文化城址试掘报告》，载《文物》1983年第3期。

④ 参见施元龙主编：《中国筑城史》第一章，军事谊文出版社1999年版。

少克众，反败为胜，取得最后的胜利，关键就在于其战争指导方针的正确高明，史载黄帝"修德振兵，治五气，蓺五种，抚万民，度四方"①，可见黄帝族为了夺取战事胜利，除了积极增强自身的军事实力之外，也十分重视发展生产，争取民心，修德抚众。这样文武并举，双管齐下，就为自己统率部众同蚩尤部落展开决战并夺取胜利，奠定了牢固的基础。

第二，善于对敌采取恩威兼施、文武并用的手段，既以武力征伐为主导，又以文教安抚为辅助。如舜对三苗的战争中，曾采取了大修武事与文教的两手策略，一方面是用战争的手段直接打击三苗，"杀三苗于三危"②；另一方面是推动中原文化的南渐，加强对三苗地区的渗透影响，即所谓"舜却苗民，更易其俗"③，"当舜之时，有苗不服，禹将伐之。舜曰：'不可，上德不厚而行武，非道也。'乃修教三年，执干戚舞，有苗乃服"④。双管齐下，取得了比较好的效果。

第三，在战争进行过程中，善于争取同盟者，并能注意选择和准备战场。如在涿鹿之战中，相传黄帝曾让应龙蓄水，即利用位处上游的条件，在河道上修筑土坝蓄水，以阻挡蚩尤族声势浩大的进攻。当蚩尤请出风伯雨师纵大风雨冲破应龙水阵之时，黄帝又请出旱神女魃以止雨，利用晴天反击蚩尤："应龙畜水，蚩尤请风伯雨师，纵大风雨。黄帝乃下天女曰魃，雨止，遂杀蚩尤。"⑤同时积极争取到玄女族的支援："黄帝归于太山，三日三夜，天雾冥。有一妇人，人首鸟形，黄帝稽首再拜，伏不敢起，妇人曰：'吾元（玄）女也，子欲何问？'黄帝曰：'小子欲万战万胜，万隐万匿，首当从何起？'遂得战法焉。"⑥从而掌握了在山林、川泽、平陆等各种地形上的布阵作战之术，夺取了战事的主动权。

第四，能巧妙地利用有利于己不利于敌的天候自然条件，待时机成熟后，果断及时地对敌手发动攻击。如涿鹿之战中，黄帝借助大风扬沙的天气，击夔鼓如雷鸣，吹号角如龙吟，并令"风后法斗机作指南车以别四方"⑦，乘蚩尤部众

---

① 《史记》卷一，《五帝本纪》。
② 《孟子·万章上》。
③ 《吕氏春秋·召类》。
④ 《韩非子·五蠹》。
⑤ 《山海经·大荒北经》。
⑥ 《太平御览》卷十五引《黄帝问玄女兵法》与《志林》。
⑦ 《太平御览》卷十五引《黄帝问玄女兵法》与《志林》。

震惧恐慌之际发起猛烈攻击,从而一举击败强劲的对手,并适时对溃逃之敌实施追击,擒杀蚩尤,建立起自己对中原地区的控制。又如禹伐三苗,也是利用三苗"日妖宵出,雨血三朝,龙生于庙,犬哭乎市,夏冰,地坼及泉,五谷变化"①,导致灾难臻至的天候条件,举行誓师动员,"济济有众,咸听朕言,非惟小子,敢行称乱,蠢兹有苗,用天之罚"②,标榜自己的出征是"除天下之害",从而有力地鼓舞了士气,为其最终平定三苗提供了重要帮助。

第四节　甲骨卜辞所反映的兵学雏形

兵学思想深深植根于一定的社会土壤,它是时代政治、经济、文化大氛围条件下的产物,更是丰富多彩的军事实践在人们观念上的反映。作为观念形态的兵学思想,其起源与形成要略微滞后于战争的起源。一般而言,它的起源至少取决于三个前提条件,一是文字;二是一定数量战争经验的沉淀与积累;三是人类思维能力达到一定的水平。从这个背景出发,并考察先秦兵学思想发展历史的实际,我们可以这么说:中国兵学思想萌芽于夏商时期,初步成型于西周时期,渐趋成熟和繁荣于春秋战国时期。③

有关夏商时期兵学思想萌芽情况,一部分见于《左传》、《国语》、《尚书》等文献的追叙,其中主要的内容包括政治与军事、战争指导原则、军事法规与纪律等多个方面,如"取乱侮亡"、"修德抚众"、"因重而抚之"、"用命赏于祖,弗用命戮于社,予则孥戮汝",等等。虽然它们是追述,掺杂了大量后世兵学思想的成分,但是多少包含了夏商时代军事理性认识,依然是值得我们重视的。

夏商时期的兵学思想萌芽,更重要的载体乃是甲骨卜辞所反映的军事学术内涵。甲骨卜辞虽然是对战争等活动占卜预测的产物,其表现形式带有浓厚的迷信色彩,然而却比较客观地反映出当时人们的战争指导水平与战术运用特点。大致而言,甲骨卜辞所体现的兵学思想有以下几个方面。

第一,重视掌握情报,立足知彼知己的战前准备原则。如商王通过守卫四

---

① 《墨子·非攻下》。
② 《墨子·兼爱下》引《禹誓》。
③ 于汝波、黄朴民主编:《中国历代军事思想教程》,军事科学出版社2000年版,第4页。

土的侯伯、田、牧、卫搜集各类军事情报，了解、掌握周围方国的动态，"沚馘告曰：土方征于我东鄙，[戋]二邑。吾方亦侵我西鄙田"①；"今载方其大出，五月"，"有来告，方征于寻福"②，从而及早做好应战的部署，制订正确的军事对策。

第二，综合考察和分析形势，制订多种作战方案，以供实战中选择使用。如《甲骨文合集》27972 版曾记录商最高统帅部在部署对羌方的一次战役中的多项选择方案：在何种场合，举行何种祭典，可以保佑抵御羌方进犯时既重创敌人，又能保全自己；让部队暂避敌锋芒却不必回师，仍然可以顺利破敌；如果将戍军调回，另换其他将领出征，是否会造成不良的后果。③

第三，在作战中，比较灵活地运用各种战法，实施积极的攻守方针，掌控战场主动权，夺取作战的胜利。这包括依据地形、地貌与军队本身条件，布列有利的阵位、阵势："亚立（位），其于右，利？其于左，利？"④预设阵地，用各种手段使得敌军进入受攻击位置，加以伏击和聚歼，"妇好其比沚馘伐巴方，王自东骚伐，戎陷于妇好立"⑤；派遣先头部队及时打开通道，为主力随后大举进击创造条件，"沚馘启，王比，帝若受我又"⑥；进攻时，身披兽皮发动突袭，震慑敌人，打乱敌人的阵形⑦；等等。

第四，申明军事纪律，确保令行禁止，从而使参战将士能够步调一致地投入战斗，夺取战争的胜利。如《屯南》119 版曾有"师惠（惟）律用"的记载，其含义同《周易·师卦》"师出以律，失律凶"相接近。⑧这透露了这样一个信息，至少在殷商晚期，申明与贯彻军事律令已被当作治军中的重要内容，厉行军纪已被列为军队克敌制胜的关键之一。

---

① 《甲骨文合集》6057 版。
② 《甲骨文合集》6692、6672 版。
③ 罗琨：《殷商时期的羌与羌方》，载《甲骨文与殷商史》第三辑，上海古籍出版社1991 年版。
④ 《甲骨文合集》，28008 版。按卜辞中"立"的一种用法当"位"讲，指军事行动中的"布阵列势"。
⑤ 《甲骨文合集》6480 版。按"陷"，在此处指的是"打伏击战"。
⑥ 《甲骨文合集》7440 版。按"启"，指开道和先行的军事行动。
⑦ 参见胡厚宣：《甲骨文㫃字说》，载《甲骨探史录》，三联书店 1982 年版。
⑧ 参见肖楠：《试论卜辞中的师和旅》，载《古文字研究》第 6 辑，中华书局 1981年版。

甲骨卜辞所反映的兵学思想萌芽，虽然因甲骨卜辞性质的限制而显得零碎不系统，然而它毕竟已触及军事学术的核心问题，为后世兵学思想的发展开了先河，吉光片羽，弥足珍贵。有关文献中也有对当时人们兵学思想和军事实践的追叙。如《司马法》把治军看成一个历史的范畴，不同历史时期有各自不同的特色，应该以发展变化的眼光来看待其形式上的差异性和实质上的同一性：夏代在朝堂上施行奖赏，这是为了勉励好人；商代在集市上公开施行诛戮，这是为了警惧坏人；周代在朝堂上施行奖赏，在集市上执行诛戮，这乃是为了劝勉君子，惧骇坏人。然而，三代君王鼓励人们去恶从善的精神实质是完全一致的："夏赏于朝，贵善也；殷戮于市，威不善也；周赏于朝，戮于市，劝君子惧小人也。三王彰其德一也。"[①]这就是后人追叙夏、商时期治军思想的一个范例。

[①]《司马法·天子之义》。

第二章

西周时期的兵学思想与文化

第一节 车战的全面兴起

车兵是先秦时期的主力兵种之一,战车会战是当时最主要的作战方式,而西周至春秋前期则是车战的鼎盛阶段。

当时的战车主要有两类,一类用于驰逐攻击,是为"攻车";一类用于设屏障,塞路口,运辎重,是为"守车"。《周礼·春官·车仆》将这两类战车分别命名为"戎路"、"轻车"、"阙车"、"苹车"、"广车"。其中前三种属于"攻车",后两种属于"守车"。"戎路",又称"旄车",通常是军队的指挥车,由国君、主将和部分禁卫军乘坐。"轻车"是"攻车"的主体,又称长毂、辀车、武车、战车等。"阙车",其结构和性能与轻车同,但因其担负的作战任务特殊而单独命名,主要用于填补方阵中因战车损缺而出现的空阙,同时担任警戒、掩护任务,可见其为机动的轻车,故《左传》又称其为"游阙"。"苹车"和"广车"属于防御用车。《孙子兵法》对战车则按其战术性质的不同而区分为两大类,一是驰车,即"轻车"、"攻车";一是"革车",即"守车"、"重车"。这些名目繁多的战车,在当时都曾大显身手,在战场上扮演着类似现代主战坦克的角色。

一辆"攻车"一般载乘甲士三人,偶尔也有载乘四人的,称为"驷乘"。甲士三人按左、中、右次序排列,并有不同的作战职能。其中左方甲士持弓主射,为一车之首,称"车左"或"甲首"。右方甲士称"车右"、"戎右"、"参乘",手执戈、矛、戟等长兵器和盾牌主格斗,同时兼管维修车辆并负责为战车排除障碍。在轼前居中的是不直接作战的"御",其职责是手握缰绳,驭马驾车,一般只佩带刀剑等随身短兵器。这样的战车通常采用一线横列作战,以便发挥远射兵器的威力。然后敌我互相驰冲,其近体格斗一般在两车相错时进行，近体格斗使用的兵器多为戈、矛、戟等。

指挥车"戎路"的乘员也为三人，但次序排列与职责分工则与一般轻车有别，即主将居中，击鼓指挥；参乘仍居右，负责警卫与格斗；御者居左，驾驭车马。

守车大多也以马匹挽拉，也有用牛驾挽的。它除了运输作战物资外，还被用来充当大军宿营时的临时防御设施，或撤退时一起连成阻止敌人追击的障碍物，可见守车（辎重车）也是军队车辆装备的重要组成部分。①

西周是我国历史上车战全面兴起的时代，当时车兵已完全代替步兵成为军队的主力兵种，战车数量激增，车战成为最主要的作战样式。为了便于作战和管理，战车与步兵一般实行合同编组，以战车和甲士为主体，每车配备一定数量的步兵，组成军队最基本的战术单位"乘"。乘包括战车甲士、车属徒兵、辎重车和后勤徒役，它也是计算军事实力的基本单位。当时每乘实行30人制，即战车一辆，官兵30人，挽马4匹，辎重车一辆。30名官兵中有甲士10人，其中车上3人（车左、御、参乘各1人），车下7人。甲士一般由"士"以上贵族充当。战斗步兵15人，由普通国人担任；后勤厮役5人，当是由贵族的家内奴隶充任。这种"乘"的编制便成为车战时代军队的基本编制单位。②

比较典型的车战早期形态在牧野之战中有着生动的反映。如果把作战的全过程视为一个整体，其实施程序是首先展开步兵会战，然后以战车驰冲结束战斗。

牧野之战中，双方的军队在商都朝歌的郊外牧野遭遇。纣王的军队，《史记·周本纪》说"发兵七十万"，显然失之于夸大，但可以看出殷军聚集了大量步兵。周军的战车部队为"戎车三百乘，虎贲三千人，甲士四万五千人"，其基本编制与考古资料相符，而甲士的数目偏多；走在前阵的步兵，则是"歌舞以凌"的勇锐的巴师。③双方军队的部署，当是两线配置：第一线的步兵按左、中、右列成三个大排面的密集方阵，左、右阵为三列纵深，中阵为五列纵深。

---

① 参见蓝永蔚:《春秋时期的步兵》，中华书局1979年版，第68页。
② 《周礼·地官·小司徒》注引《司马法》："甲车一乘，士十人，徒二十人。"又，乘的编制在历史变迁中曾有所调整，春秋后期渐由"三十人乘制"变为"七十五人乘制"，见《左传·成公元年》服虔注引《司马法》。
③ 《华阳国志·巴志》。

第二线的战车可能是以25辆为单位横向编组,排成左、中、右3个平列横队。①

会战以军前誓师发布作战命令开始,尔后,周军派出军将前往殷军阵前挑战(致师),然后第一线步兵(巴师等)以整齐的大方阵队形,唱着军歌缓慢地推进,"歌舞以凌","不愆于六步、七步,乃止,齐焉"②。接敌后,仍以严正方阵队形进行刺杀格斗,"不愆于四伐、五伐、六伐、七伐,乃止,齐焉"③。在如此沉重有力的攻击下,殷军第一线步兵终于被击败投降,"殷人前徒倒戈"④。于是武王亲率周军第二线的战车队急驰攻击,遂使殷军阵形被突破,导致全线崩溃,"纣师皆倒兵以战,以开武王,武王驰之,纣兵皆崩畔纣"⑤。

牧野之战战况显示,典型早期车战中的军队为了保持方阵整体的攻击能力,步兵和战车都必须以严正的队形缓慢推进,因此军队的接敌和攻击行动均在统一号令的严格规范之下。正是这一特点使得车战战术相当程式化,一般要待双方列好阵形后,才以击鼓为号,发起攻击,即所谓"成列而鼓"⑥、"不鼓不成列"⑦。尽管这种战术比较呆板,但是在广阔的平原战场上,战车横队的攻击力量较之战术同样呆板的步兵阵形仍然要大得多。到了西周后期,人们对战车的形制进行了改进,正如《司马法·定爵》所说的,已着意于提高战车的综合战术性能,"周,先良也"。缩短轨距和辕长,加大车舆面积,增加车轮的辐条数,关键部位增加青铜紧固件,从而提高了战车的机动性和坚固性,增大了战车的车速和载重能力。在此基础上,以战车为中心组建部队,从此车战全面兴盛,并取代步战而成为最主要的作战方式。

第二节 古司马兵法所体现的早期兵学成就

《唐太宗李卫公问对》"卷上"指出:"今世所传兵家者流,又分权谋、形

---

① 蓝永蔚、黄朴民等:《五千年的征战:中国军事史》,华东师范大学出版社2000年版,第34页。
② 《尚书·牧誓》。
③ 《尚书·牧誓》。
④ 《华阳国志·巴志》。
⑤ 《史记》卷四,《周本纪》。
⑥ 《司马法·仁本》。
⑦ 《左传·僖公二十二年》。

势、阴阳、技巧四种,皆出《司马法》也。"所以,我们要考察中国古代军事思想的嬗变轨迹与一般规律,穷本溯源,不能不从研究上古兵学切入,庶几合乎辨章学术、考镜源流之宗旨。

西周是中国古典礼乐文明的全盛时期,武王伐纣,周公东征,昭王南伐,穆王西巡,宣王中兴,幽王失国等一系列战争,给军事思想的发展注入了新的生机,而礼乐文明的繁荣,也为军事思想的进步提供了合适的温床。在这种背景之下,军事思想在当时遂进入了初步成型的阶段。这既表现为金文及《尚书》、《周易》、《诗经》、《逸周书》、《周礼》等典籍对军事问题均有不同程度的探讨和总结,也反映为当时已出现了一些以专门记载和论述军事问题为宗旨和主体内容的书籍,如以"古司马兵法"为类名的《军志》、《军政》、《令典》、《大度之书》等。它们对兵学现象做出了自己的分析与判断,提出了一系列重要的军事原则。

如《周易》主张"师出以律,否臧凶"(《师卦·初六》),强调严肃军纪,令行禁止;重视地形地貌与征伐作战之间的关系,"迷复,凶,有灾眚,用行师,终有大败,以其国君凶,至于十年不克征"(《复卦·上六》);重视民众在战争活动中的作用,"众允,悔亡"(《晋卦·六三》);"观我生,进退"(《观卦·六三》);强调考虑与较量双方力量,在此基础上做出攻守的抉择:"晋其角,维用伐邑"(《晋卦·上九》);提倡战术上巧妙利用地形,引诱敌人加以伏击,"需于泥,致寇至"(《需卦·九三》);"伏戎于莽,升其高陵,三岁不兴"(《同人卦·九三》);"师左次,无咎"(《师卦·六四》);讲求师出有名,主张积极防御,"击蒙,不利为寇,利御寇"(《蒙卦·上九》)。这些内容显示,《周易》的确是一部富有深刻军事思想的古老著作,它为中国古代兵学思想的形成和发展,提供了非常丰富的思想素材,弥足珍贵。无怪乎宋代王应麟在其《通鉴答问》一书中要这么说:"盖《易》之为书,兵法尽备,其理一矣。"

其他像《周礼》、《尚书》、"古司马兵法"门下的《军政》、《军志》同样对军事问题提出了理性的认识。如《周礼·夏官·大司马》关于战争目的的论述就非常深刻,它主张从事战争的出发点是征讨不义,所谓正邦国的"九伐之法"便是这一观念的具体注脚,即只有当对方犯有"冯弱犯寡"、"贼贤害民"、"放弒其君"等九种严重罪过时,才可以兴师征讨,"会之以发禁者九"[①]。这样既肯定

---

① "九伐之法"的内容,也见于今本《司马法·仁本》。

了征伐的必要性，又防止了穷兵黩武的行径，实为"重战"与"慎战"并重的正确观念。

又如《军志》重视辩证看待和处理战争中先发制人与后发制人的关系，"先人有夺人之心，后人有待其衰"[1]；强调吊民伐罪，德主兵辅，"有德者不可敌"[2]；主张在战争中知彼知己，适可而止，"允当则归"，"知难而退"[3]，反映了"古司马兵法"在兵学问题上的独到见解。

再如"古司马兵法"、《尚书》均提倡运用大方阵战法，"成列而鼓"，"不愆于六步、七步，乃止，齐焉；不愆于四伐、五伐、六伐、七伐，乃止，齐焉"，"逐奔不远，纵绥不及"，"徒不趋，车不驰，逐奔不逾列……迟速不过诫命"[4]。主张在战争善后上，"服而舍人"，"又能舍服，是以明其勇也"[5]。这一系列军事原则在指导当时的军事实践中曾经发挥了重要作用，并对后世军事思想的构筑产生过深远的影响，像《孙子兵法》中所说的"穷寇勿迫"等用兵纲领便是从"古司马兵法"相关原则中脱胎而来的。

从另一个角度讲，西周时期（一直延续到春秋中期）的兵学思想，其载体形式主要表现为"军法"，还不是纯粹意义上的"兵法"。所谓的"军法"与"兵法"的区分，也即"广义的军事艺术"和"狭义的军事艺术"之别。[6]"兵法"主要是指"用兵之法"，重点是有关作战的指导原则和具体方法；而"军法"则多带有条例和操典的性质，即中国古代以征募兵员、装备军队和训练军队为主要内容的各种条例规定，包括军赋制度、军队编制、军事装备条规、指挥联络方式、阵法与垒法、军中礼仪与奖惩措施，等等。它们一般属于官修文书的范围。虽然这中间也包含有具体用兵之法的内容，但是与大量的典章法规成分相比，实属零散和稀少。由于它们是殷周礼乐文明在军事领域内的集中体现，所以又可以称之为"军礼"。这种"兵法"包容于"军法"之内而未曾独立成为专门军事艺术的情况表明，在西周时期，兵学思想虽然已经有了长足的发展，但远远未臻成

---

[1] 《左传·昭公二十一年》。
[2] 《左传·僖公二十八年》。
[3] 《左传·僖公二十八年》。
[4] 参见《司马法·仁本》、《尚书·牧誓》等。
[5] 《司马法·仁本》。
[6] 参见李零：《吴孙子发微·前言》，中华书局1995年版。

熟，而这又是与当时整个军事学术进步的基本状态相适应、相同步的。

西周时期，文献典籍"皆官府藏而世守之，民间无有"。在这样的历史条件下，兵学典籍系由官方统一编纂，专职传授，而非个人的创作。这类文献泛称为"司马兵法"，也即司马之官治军用兵法典法令的总称，作为类名，它不是某部军事典籍的专指。先秦时期一切官方军事文书（法规、条令、条例）都属于"古司马兵法"的逻辑组成部分。这些文献内容十分丰富，流传颇为广泛，至少在两汉时期，人们还能看到其中一部分零散材料，并为它所包含的军事理论原则、阵法战法要领、训练编制纲目之丰富和深刻而赞叹不已："余读《司马兵法》，闳廓深远，虽三代征伐，未能竟其义，如其文也，亦少褒矣。"[①]这些文献经刘向、任宏、刘歆等人的辑汇整理，以"司马法"之名列入《七略》中，入"兵权谋家"；班固作《汉书·艺文志》时，考虑到它的"军礼"、"军法"属性，改为列入"六艺略"之"礼"部，称"军礼司马法"，其篇数是"百五十五篇"。应该说，这是"古司马兵法"在汉代存世状况的大体反映，尽管汉代所流传的"古司马兵法"已经渗入了春秋后期和战国年间的不少兵家言辞，不再是纯粹的上古原始军事法规、条令条例材料之汇集。换言之，西周时的"古司马兵法"，实乃当时言兵之"成宪"或"典志"。从这个意义上讲，西周军事思想可以理解为"古司马兵法"笼括下的兵学。[②]

至于"古司马兵法"阶段的兵学思想，其主要特点是在战争观、治军理论、作战指导思想原则上，充分反映和贯彻"军礼"的基本精神，提倡"以礼为固，以仁为胜"；主张行"九伐之法"，"不鼓不成列"，"不杀黄口，不获二毛"；贵"偏战"而贱"诈战"，"结日定地，各居一面，鸣鼓而战，不相诈"。这正是汉代班固所指出的"下及汤武受命，以师克乱而济百姓，动之以仁义，行之以礼让，司马法是其遗事也"[③]。作为以《孙子兵法》为代表的成熟兵学之前的酝酿、过渡阶段，"古司马兵法"是不可逾越的。

---

① 《史记》卷六十四，《司马穰苴列传》。
② 参见黄朴民：《"古司马兵法"本事索隐》，载《文史》2004年第2辑。
③ 《汉书·艺文志·兵书略序》。

第三节　今本《司马法》所反映的西周兵学思想

西周时期所确立的古典礼乐文明，表现在军事领域中，就是以一整套"军礼"来指导、制约具体的军事活动。

西周乃至春秋前期以"军礼"原则规范、指导战争的基本特征，究其原因，当是和当时的大中型诸侯国政权都属于贵族阶层专政，且相互之间又有宗族、姻亲关系分不开的。《左传·闵公元年》引管仲之语，"诸夏亲暱，不可弃也"，就是对这种情况的概括性揭示，而它反映在战争样式上，就不能不笼罩上一层温情脉脉的色彩。《公羊传》贵"偏战"而贱"诈战"，就是明显的证据："偏，一面也。结日定地，各居一面，鸣鼓而战，不相诈。"①由此可见，"兄弟之国"、"甥舅之国"名分的存在，决定着当时的战争方式讲求的是正而不诈，任何不遵行这一原则的做法，均被视作违背"军礼"的行为："合诸侯而灭兄弟，非礼也。"②

在认识和把握了上述时代精神之后，我们再回头来看《司马法》中有关西周及春秋早期军事的具体论述，就能够对这一部分内容保存和弘扬三代"军礼"的思想倾向做出较为清楚的说明了。

关于从事战争的基本目的，"军礼"所主张的是征讨不义。《左传·庄公二十三年》云："征伐以讨其不然。"《国语·周语上》言："伐不祀，征不享。"《左传·成公十五年》称："凡君不道于其民，诸侯执而讨之。"讲的都是这一层意思。这在《司马法》那里，便是主张"兴甲兵以讨不义"。两者是完全一致的。具体地说，只有当对方犯有"冯弱犯寡"、"贼贤害民"、"放弑其君"、"犯令陵政"等九种严重罪行之时，才可以兴师征讨，"会之以发禁者九"。而《周礼·夏官·大司马》中有关正邦国的"九伐之法"，所叙的内容与《司马法》完全相同。

如果不得已而从事战争活动，就必须在军事行动中坚决贯彻"礼"、"仁"一类的原则。《司马法》有"以礼为固，以仁为胜"的提法，而《左传·文公十二年》则言："不待期而薄人于险，无勇也。"这也是宗"礼"尚"义"的意思。邲

---

① 《春秋公羊传解诂·桓公十年》。
② 《左传·僖公二十八年》。

至之所以在鄢陵之战后自我欣赏,"吾有三伐(三件可以值得夸耀的美德善行)",也在于他曾做到"勇而有礼,反之以仁"①这一点。正因为征伐归宗于"礼"、"仁",所以,"不加丧,不因凶"便成为展开对敌军事斗争的先决条件之一。考察《左传》,可知《司马法》这一主张并非空穴来风,无的放矢,而是于史可征的"军礼"原则。《左传·襄公四年》载:"三月,陈成公卒,楚人将伐陈,闻丧乃止。"又《左传·襄公十九年》载:"晋士匄侵齐,及穀,闻丧而还,礼也。"就是例证。

当进行正式的战场交锋之时,当时的"军礼"也有不少规范,要求作战双方共同遵循。这方面在《司马法》中有相当翔实的反映,且经得起史实和有关文献记载的勘合。其云:"成列而鼓,是以明其信也。"②宋襄公则说过:"古之为军也,不以阻隘也,寡人虽亡国之余,不鼓不成列。"③其又云:"不穷不能而哀怜伤病,是以明其仁也";"见其老幼,奉归勿伤;虽遇壮者,不校勿敌;敌若伤之,医药归之"④;这在宋襄公那里,则是"君子不重伤,不禽二毛"⑤。这不能简单地断定为是《司马法》或宋襄公"迂远而阔于事情",而恰恰应该看作他们对古"军礼"的申明。因为《穀梁传·隐公五年》中就曾有"战不逐奔,诛不填服"的说法。还是《淮南子·氾论训》说得好:"古之伐国,不杀黄口,不获二毛,于古为义,于今为笑。古之所以为荣者,今之所以为辱也。"所以,尽管在今天看来,这些论调显得十分迂腐可笑,但它毕竟是历史上存在过的陈迹,是了解古代战争逻辑演变轨迹的重要依据。

"服而舍人"是古典"军礼"中的又一项重要原则。西周乃至春秋前期的战争指导者,其所追求的是战而服诸侯的旨趣和境界。这就是说,战争的主要目的之一是通过武力威慑或有限征伐的手段,树立自己的威信,迫使其他诸侯屈节归顺,臣服于自己。这个目标一旦达到,就偃兵息武,停止军事行动,而给予敌方以继续生存下去的机会。这在《左传》等先秦典籍中有充分的反映。《左传·僖公十五年》言:"贰而执之,服而舍之。德莫厚焉,刑莫威焉。"《左传·

---

① 《国语·周语中》。
② 《司马法·仁本》。
③ 《左传·僖公二十二年》。
④ 《司马法·仁本》。
⑤ 《左传·僖公二十二年》。

文公七年》云："叛而不讨，何以示威？ 服而不柔，何以示怀？"《左传·宣公十二年》称："叛而伐之，服而舍之，德刑成矣。 伐叛，刑也；柔服，德也。 二者立矣。"说的都是这个意思。 而《司马法》在这一问题上，同样透露了古典"军礼"的这项基本原则："又能舍服，是以明其勇也。"①

在"既诛有罪"，完成了战争的基本使命之后，《司马法》还提出了关于下一步行动的具体纲领与步骤："王及诸侯修正其国，举贤立明，正复厥职。"②其实，这也不是《司马法》的发明创造，而仅仅是对古典"军礼"中有关战争善后原则的具体申明而已。 参之以《左传》，信而有征。 鲁昭公十三年（公元前529），楚国"平王即位，既封陈、蔡，而皆复之，礼也。 隐太子之子庐归于蔡，礼也；悼太子之子吴归于陈，礼也"。 这段记载可以看作对《司马法》那段言辞的有力注脚。 孔夫子所谓"兴灭国，继绝世，举逸民"③的真切含义，也终于可以凭借《司马法》之言而昭白于今了。

《司马法》一书中的有关论述，对西周时期的军事训练、兴师程序、誓师仪式、献捷凯旋以及战术运用等各个方面的军事活动，都做出了详尽而如实的反映。

在军事训练方面，《司马法》强调"士不先教，不可用也"④。 考察其所说的军事训练的内容和方式，不外乎"春蒐秋狝"、"诸侯春振旅，秋治兵"诸项。 这正与《左传》、《国语》、《周礼·夏官·大司马》等古籍的记载相一致。《左传·隐公五年》言："春蒐，夏苗，秋狝，冬狩，皆于农隙以讲事也。 三年而治兵，入而振旅，归而饮至，以数军实。"《国语·齐语》亦说："春以蒐振旅，秋以狝治兵。"这种军事训练和演习，通常在农闲之时以田猎的方式进行。 就如《诗经·豳风·七月》所反映的那样，是"二之日其同，载缵武功"。 据汉代著名经学家郑玄《笺》云："其同者，君臣以及民因习兵俱出田（田猎）也。"

到了战国时期，上述"田猎以习五戎"的军事训练方式则被新型的以"一"教"十"、以"十"教"百"的训练方法所取代。《吴子·治兵》言："用兵之法，教戒为先。 一人学战，教成十人；十人学战，教成百人；百人学战，教成千人；

---

① 《司马法·仁本》。
② 《司马法·仁本》。
③ 《论语·尧曰》。
④ 《司马法·天子之义》。

千人学战，教成万人；万人学战，教成三军。"另外，《六韬·犬韬·教战》、《尉缭子·勒卒令》等兵书篇章也有类似的记载。这种新的训练方式不再与"田猎"相结合，而成为一种经常性与正规化的制度了。它恰好从反面证实了《司马法》中所记述的某些军事训练制度具有早期原始性。

在兴师程序问题上，《司马法》的有关论述同样是对三代出军制度的真实写照。《司马法·仁本》中有一段关于兴师程序的很具体的描绘："其有失命、乱常、背德、逆天之时，而危有功之君，遍告于诸侯，彰明有罪，乃告于皇天上帝日月星辰，祷于后土四海神祇山川冢社，乃造于先王。然后冢宰征师于诸侯曰：某国为不道，征之。以某年月日师至于某国，会天子正刑。"它的真实性也可以通过有关史籍而一一得到印证和落实。如《国语·晋语》记载，"会宋人弑君，罪莫大焉"，于是"乃使旁告于诸侯，治兵振旅，鸣钟鼓，以至于宋"。由此可见，《司马法》所说的"冢宰征师于诸侯"云云，不是臆度杜撰之辞。而《周礼·太祝》郑玄《注》有一段文字除个别之处外，与上述《司马法》之言基本一致。在可能较晚出的《礼记·王制》中，也有"天子将出征……受命于祖，受成于学"的说法。这表明，三代的兴师征伐程序已为先秦典籍所普遍记载，《司马法》同样没有例外。

至于战前军中誓师仪式及战后献俘奏捷等情况，《司马法》和其他先秦古籍也多有一致之处。如《司马法·天子之义》记述"凯旋"为"得意则恺歌，示喜也。偃伯灵台，答民之劳，示休也"；如果将它同《周礼·大司马》中"王师大献则令奏凯乐"的记载对比甄核，就可以明显地发现两者所反映的早期战争活动形式与特点的一致性。

就战场纪律而言，《司马法》的有关论述也突出体现了早期军事活动的特色："入罪人之地，无暴圣祇，无行田猎，无毁土功，无燔墙屋，无伐林木，无取六畜禾黍器械。"①这与其他古文献的原始记载非常接近。《尚书·费誓》即言："无敢伤牿，牿之伤，汝则有常刑；马牛其风，臣妾逋逃，勿敢越逐，祇复之，我商赉汝，乃越逐不复，汝则有常刑！无敢寇攘，逾垣墙，窃牛马，诱臣妾，汝则有常刑！"而《墨子·非攻》中所描述的战国期间那种"入其国家边境，芟刈其禾稼，斩其树木，堕其城郭，以湮其沟池，攘杀其牲牷，燔溃其祖庙，劲杀其万

---

① 《司马法·仁本》。

民，覆其老弱，迁其重器"的残酷战争景象，与《司马法》中上述文字相比较，则实在迥异其趣，可谓霄壤之别。

在作战方式方面，《司马法》中有"军旅以舒为主"的主张，讲求"徒不趋，车不驰，逐奔不逾列，是以不乱。军旅之固，不失行列之政，不绝人马之力，迟速不过诫命"①。一再强调，"逐奔不过百步，纵绥不过三舍"②。这些论述当视作春秋以前作战中战术运用特点的保存与概括。《尚书·牧誓》对当时的作战战术也有过类似的阐述："今日之事，不愆于六步、七步，乃止，齐焉；不愆于四伐、五伐、六伐、七伐，乃止，齐焉。"即规定军队冲锋前进一段短距离之后，就暂停进击以整顿作战队形，这正是早期笨拙的大方阵进攻作战的基本特点。这种进攻战术使得部队推进的速度相当迟缓，平常条件下行军，一日开进的标准距离为一舍（三十里地），最高日行军速度以三舍（九十里地）为限。而战场追击，也只能是"逐奔不远"，至多不超过"百步"。《司马法》将这类上古战术原则较完整地记载下来，从而使得我们能够结合《左传》等典籍的相关史料，深入了解春秋中期以前战争的作战方式以及战术运用，这是很有价值的。

这里我们还可以顺便谈谈《司马法》与《孙子兵法》的差异问题。如果说"动之以仁义，行之以礼让"是《司马法》军事思想的基本特色，那么班固在《汉书·艺文志·兵书略序》中所说的"自春秋至于战国，出奇设伏，变诈之兵并作"的战争现实，反映到春秋晚期的军事理论建树上，便是《孙子兵法》的成书以及对长期军事实践活动的指导意义。这种时代特征上的重大差异性，不少后人是心领神会，洞若观火的。郑友贤《孙子遗说》便曾就《司马法》与《孙子兵法》的各自特点做过扼要的比较："《司马法》以仁为本，孙武以诈立；《司马法》以义治之，孙武以利动；《司马法》以正，不获意则权，孙武以分合为变。"

其实，这两者间的区别又何止于郑友贤所列举的简单几则。通过进一步的深入考察，我们可以发现，《司马法》与《孙子兵法》在许多问题上都存在着很大的差别，甚至可以说不无对立。

在论述的侧重点上，《司马法》注重申明军礼，论列军制；而《孙子兵法》则注重探讨作战指导原则。在战争目的方面，《司马法》基于"军礼"的"仁义"

---

① 《司马法·天子之义》。
② 《司马法·仁本》。

特色,将战争活动的宗旨归结为"诛伐不义","会天子正刑";而《孙子兵法》则明确提倡"伐大国",战胜而强立。这反映在战争善后问题处理上,便是《司马法》"又能舍服"、"正复厥职"的做法与《孙子兵法》拔"其城"、堕"其国"行为之间的截然对立。在作战方式和战术运用上,《司马法》主张"军旅以舒为主",要求做到"徒不趋,车不驰";而《孙子兵法》则是提倡"兵之情主速,乘人之不及,由不虞之道,攻其所不戒也"。在后勤保障及执行战场纪律方面,《司马法》主张"入罪人之国","无取六畜禾黍器械";而《孙子兵法》则明确主张"因粮于敌",鼓吹"掠于饶野"、"掠乡分众"。凡此种种,不一而足。要而言之,就是在《司马法》与《孙子兵法》之间,似乎真的存在着一条较难逾越的时代鸿沟。

第三章

春秋时期的军事嬗变与兵学思想

第一节 车战战术的演进

车战是春秋时期作战样式的主流,在前中期尤其如此。通常而言,车战是以阵战的形式进行的,所以车战的战术就是方阵战术。作为典型的阵地作战,车战特别适合于当时争霸战争的中心地带——中原地区的地理环境。

有关历史文献记载表明,春秋时期车战的规模进一步扩大,车兵在当时各国军队中高踞于毋庸置疑的主力兵种地位。当时衡量国家实力强弱的指标就是该国拥有战车的数量,所以一些军事强国通常被称为"千乘之国"。当时在中原地区进行的重大战事,一般都是以战车交锋来决定胜负的。一些具有代表性的会战,如繻葛之战、长勺之战、城濮之战、韩原之战、崤之战、邲之战、鄢陵之战、艾陵之战等,都是数百辆兵车的大会战。各国扩军的重点也是增加战车数量,加强车兵的建设。如晋国军队由城濮之战时的700乘递增到春秋后期的五六千乘,楚军全盛时发展到近万乘,齐军由齐桓公时的近千乘增加到春秋后期的二三千乘,等等。甚至连莒这样的小国到春秋后期也都拥有战车千乘了。① 所以著名兵家孙武在计算军队数量时也是以战车为单位,"凡用兵之法,驰车千乘,革车千乘,带甲十万"②,这正是以车兵为中心的典型的车战计军方法。

从《左传》等典籍所反映的史实来看,一场车战一般经历四个程序。1. 次,或称军、舍,即敌对两军开进预定战场后首先扎营集结,准备约期会战,即《孙子兵法·军争篇》所说的"合军聚众,交和而舍"。2. 致,或称致师,即以单车或

---

① 参见童书业:《春秋左传研究》,"军数"条,上海人民出版社1980年版。
② 《孙子兵法·作战篇》。

少量部队对敌进行挑战，试探敌军虚实动静。 3. 阵，即列阵，根据兵力和敌方情况，将军队部署为军阵，准备交锋，即所谓"轻车先出居其侧者，阵也"①。 4. 战，即两军展开决战，以定胜负。

车战交战的方式大致有三种。 一是先敌发动进攻，迫击敌阵，邲之战中楚军攻击晋军即采取此法。 二是固守阵形待敌来攻，长勺之战中鲁军的作战指导即如此。 三是双方同时发起攻击。 通常来说，当时车战时间持续并不长，几个时辰，最多一天就见分晓。 只有极个别情况是当天未决胜负，夜间暂行休战，以等待次日再战，如鄢陵之战中楚军原先作战计划所反映的情况。②

与西周时期相比，车战战术在春秋时间又有了相当大的发展。

首先，车战的阵形有了较大的发展，这不但表现为交战双方已比较普遍地采用了三军阵、五军阵，而且也表现为军阵内部车、步兵力配置、战术协同、武器装备配置、实施机动等方面日益合理化，更有利于战斗力的发挥。

其次，由于阵形从密集队形逐渐改为疏散的配置，部队交战时的机动性趋于增强。 这反映在进攻的方式上，就是速度的加快，攻击力的加强，即由传统的保持队形，徐缓推进，所谓"虽交兵致刃，徒不趋，车不驰，逐奔不逾列"③，向快速进击的方向过渡，形成了"疾进师，车驰卒奔"④、"车骤徒趋"⑤的攻击场面。

其三，出现了初步的野战防御方法。 在这一时期，次军（军队屯驻）已设营垒。 这些营垒一般都设有障碍物，能够阻碍或迟滞敌方战车的冲击，即所谓"深垒固军以待之"，它在一定程度上起到了使自己一方避免不利条件下交战的防御作用。

其四，战术观念逐渐发生重大的变化。 这主要表现为早期战争重信轻诈的传统开始遭到冲击，"不鼓不成列"的惯例开始受到怀疑和否定，并渐渐趋于没落，趁对方尚未列好阵形就突然发起攻击的现象时有发生。

其五，战车阵地战逐渐开始运用多种较为灵活机动的作战方法。 包括有迂

---

① 《孙子兵法·行军篇》。
② 参见《左传·成公十六年》。
③ 《司马法·天子之义》。
④ 《左传·宣公十二年》。
⑤ 《周礼·夏官·大司马》。

回侧后,攻其不虞;出其不意,晦日进兵;欲取先予,乱敌阵形;避实就虚,由弱及强;诱敌先进,侧翼夹击;巧妙设伏,大创聚歼,等等①。

《六韬·虎韬·军用》论述"三军器用,攻守之具"时,排列在最前面的不是戈矛刀剑,而是各类战车,其作用是"陷坚阵,败强敌"。这实际上是对春秋战争历史基本特点的一种概括。而车战战术的进步与嬗变,恰好表明这是中国古代车战的鼎盛阶段。

第二节 "兵以诈立"战争观念的形成

春秋后期,随着社会变革的日趋剧烈,战争也进入了崭新的阶段。当时的战争指导者,已比较彻底地抛弃了旧"军礼"的束缚,使战争艺术呈现出夺目的光彩。这集中表现为战争指导观念的根本性进步。

新型战争指导观念的形成,当然主要取决于战争方式的演变。在春秋中叶以前,军事行动中投入的兵力一般不多②,范围尚较为狭小,战争的胜利主要通过战车兵团的会战来取得,在很短的时间之内即可决定战争的胜负。而进入春秋晚期之后,随着"作丘甲"、"作丘赋"等一系列改革措施的推出,"国人当兵,野人不当兵"的旧制逐渐被打破,军队人员成分发生巨大变化,实际上已开始推行普遍兵役制。与此同时,战争地域也明显扩大,战场中心渐渐由黄河流域南移至江淮汉水流域。加上弓弩的改进,武器杀伤力的迅速提高,故使得作战方式也发生了重大的演进,具体表现为:步战的地位日渐突出,车步协同作战增多,激烈的野战盛行,战争带有较为持久的性质,进攻方式上也比较带有运动性了。以吴军破楚入郢之战为例,其纵深突袭、迂回包抄等特点,体现了运动歼敌、连续作战的新战法,这是以往战争的规模和方式所无法比拟的。而与上述变化相适应,春秋晚期起,战争的残酷性也达到了新的程度。《墨子·非攻下》云"入其国家边境,芟刈其禾稼,斩其树木,堕其城郭,以湮其沟池,攘杀其牲牷,燔溃其祖庙,劲杀其万民,覆其老弱,迁其重器",即形象的描述。

但春秋后期战争上最大的新特色,还在于当时战争指导观念的重大变化。

---

① 参见《中华文明史》第二卷,河北教育出版社1992年版,第108—111页。

② 著名的城濮之战,晋国方面所动用的兵车仅七百乘而已,楚国方面稍多一些,但亦不超过千辆,于此可见春秋前期战争规模之一斑。

这就是"诡诈"战法原则在战争领域内的普遍运用，过去那种"鸣鼓而战"，堂堂之阵的战法遭到全面的否定。用班固的话说，便是"自春秋至于战国，出奇设伏，变诈之兵并作"①。

当然，冰冻三尺，非一日之寒。以诡诈奇谲为特色的战争指导现象，在春秋前中期的一些战例中即已露出端倪。例如郑卫制北之战中，郑军正合奇胜打败燕师，就既是迂回作战，也是兵分奇正而用的先例。又如晋借道灭虞之战，晋以"借道"为名，行攻伐之实，一石二鸟，兼并对手。另外，像郑抗北戎之役中的设伏诱敌，齐鲁长勺之战中的后发制人，晋楚鄢陵之战中楚军晦日用兵、出其不意、先敌列阵等，都无不充满了作战指导上的诡诈特色。然而需要指出的是，与大量"军礼"笼罩下的军事行动相比，这类战争指导在当时并不占据主导的地位。

到了春秋后期，欺敌误敌、示形动敌、避实击虚的诡诈战法遂进入了全面成熟的阶段。当时南方地区吴、楚、越诸国之间的几场大战就是这方面的典型：

（一）公元前570年，楚令尹子重遣邓廖率组甲三百、被练三千进攻吴国。吴军利用楚师轻敌疏忽的弱点进行截击，大破楚师，擒获邓廖，并乘胜进击，夺取驾（楚地）。

（二）公元前560年吴楚庸浦之战中，楚军诱使吴师深入预先设伏地区，突出伏兵，大破之。

（三）公元前548年吴楚舒鸠之战，楚军运用诱敌推进，尔后进行内外夹击的战法，战胜吴军。

（四）公元前525年，吴楚长岸之战爆发。吴军初战失利，吴王乘船"余皇"落入楚军之手。吴公子光为夺回"余皇"，先派人潜伏在"余皇"附近，夜间派人袭击楚军并高呼"余皇"，潜伏者轮番呼应，造成楚军大乱，吴军乘势发动全面进攻，大败楚军，夺回"余皇"。

（五）公元前508年，楚囊瓦率军伐吴，进至豫章（今大别山以东、巢湖以西，淮南、江北一带）。吴军伪示怯战之意，故意将大量船只集中于豫章南部江面上，示以守势；而同时暗将主力潜伏于巢（楚邑，今安徽桐城、安庆一带）地

---

① 《汉书·艺文志·兵书略序》。又，刘向《战国策书录》亦云："泯然道德绝矣……贪饕无耻，竞进无厌，国异政教，各自制断；上无天子，下无方伯；力功争强，胜者为右；兵革不休，诈伪并起。"

附近。囊瓦中计,误以为吴军尽在江上,对陆上方向松懈戒备。吴军乘机从侧背突袭楚师,大破之,并乘胜攻占巢城,俘楚大夫公子繁。

(六)公元前482年,吴越姑苏之战进入最后阶段,是役中,越王勾践同样采用战略突袭的手段,乘隙蹈虚,一举攻克吴都姑苏(今江苏苏州市)。

其他诸如吴楚鸡父之战、吴越檇李之战、吴越笠泽之战,等等,亦多运用设伏诱敌、突然袭击、避实击虚、奇正相生、攻其不备的诡诈奇谲的战争指导。在这里已很难看到过去中原争战中所经常遵循的"成列而鼓"的做法,也不曾见到像鄢陵之战中郤至遇敌君必下,"免胄而趋风"这类现象,更不曾听到类似于宋襄公那样的"宏论"。所谓"出奇设伏,变诈之兵并作"亦由此而得到历史的验证。

这种战争指导观念的变革,不仅仅反映在当时的战争实践上,而且也体现在这一时期的军事理论建树方面。这方面孙子、伍子胥、范蠡等人的有关战争指导的论述,可以说是主要的代表。《孙子兵法》注重探讨作战指导,并指出,"兵者,诡道也",这是对以往战争注重申明"军礼"做法的变革。在战争目的方面,《孙子兵法》明确提出"伐大国",战胜强立,这是以往"诛讨不义"、"会天子正刑"的否定。在战争善后上,《孙子兵法》主张拔"其城",隳"其国",这是与以往"又能舍服"、"正复厥职"的对立。在作战方式上,与以往"军旅以舒为主"、"虽交兵致刃,徒不趋,车不驰"情况所截然不同的是,《孙子兵法》一再强调"兵之情主速,乘人之不及,由不虞之道,攻其所不戒也"。在后勤保障及执行战场纪律方面,《周礼》、《司马法》等主张"入罪人之国","无取六畜禾黍器械",而到了《孙子》那里,则是宣扬"因粮于敌",主张"掠于饶野"、"掠乡分众"。凡此种种,不胜枚举,均反映出春秋后期的战争指导思想,较春秋前期有许多显著的变革、发展和差异。南宋郑友贤有言:"《司马法》以仁为本,孙武以诈立;《司马法》以义治之,孙武以利动;《司马法》以正,不获意则权,孙武以分合为变。"①就是对这种差异性的高度概括。

其他像伍子胥、范蠡等人的战争指导观念也和孙子基本相一致,伍子胥提出高明卓越的"疲楚误楚"策略方针,主张"亟肆以罢之,多方以误之"②,就是

---

① 《十家注孙子遗说并序》。
② 《左传·昭公三十年》。

"变诈之兵"勃兴条件下的必然产物。范蠡主张"随时而行,是谓守时",提倡"得时无怠,时不再来"①,其后发制人、把握战机、及时出击的思想,同样属于符合历史潮流的进步战争指导观念。它们来源于春秋晚期变化了的战争实践活动,同时更好地指导着新形势条件下的战争,从而使春秋晚期的军事活动呈现出充满生机的新面貌。

第三节 军阵的进步

阵,同"陈",原义是指战车的步兵的排列,也就是军队的战斗队形。春秋时期的各种大的军事行动无不与阵联系在一起。所以要知道当时战术的发展,不能不考察当时军阵的有关情况。

所谓"军阵",就是指军队在投入战斗时,根据地形条件、敌我实力等具体情况而布置的一定的战斗队列和队形,从最基础的一卒、一伍、一列开始,一直到全队、全营、全军,都做到"立卒伍,定行列,正纵横"②。这种一定的排列与布置,就是一定的"阵"。要言之,军阵就是各种战斗队形的排列的组合。每一次作战,也就是以自己一定的阵式去冲击敌人的阵,或以自己的阵去迎击敌人一定阵式的进攻。

战争是敌对双方力量的角逐,其胜负不但取决于投入车、步兵的数量的多寡,更主要的是取决于"军阵"所发挥出来的集体力量,"善于保持战术协调和队形严整的一方,必将大大优越于不能做到这一点的另一方"③。这表明,在交战中,整齐而适当的队形是将士们相互依托作战的基本要求,勇敢或怯懦者都不能独立前进或后退,它有力地保证了战斗的胜利。总之,严整而适当的队形是发挥军队整体战斗力,实现指挥意图所必须具备的条件。正是在这个意义上,古代军事家都高度重视军阵的布置和运用,提倡"阵而后战",强调军队在行军、作战时均要严守既定的阵形,以充分保障整体作战优势的发挥。

春秋时期战争频繁,这一客观形势使得当时的"军阵"日趋进步。这表现为"军阵"名目繁多,形式复杂,实战效益突出,遂成为古代军事发展史上的一

---

① 《国语·越语下》。
② 《司马法·严位》。
③ 《马克思恩格斯全集》第14卷,人民出版社1975年版,第32页。

个显著标志。

第一,从军阵的基本形式看,春秋时期的军队,无论是步兵,还是车兵,基本上都采用"三阵"或"五阵"。所谓"三阵",是指中军和左翼、右翼三部队相配置的宽正面横向阵形,一般以中军为主力,以两翼相配合。繻葛之战中,郑"曼伯为右拒,祭仲足为左拒,原繁、高渠弥以中军奉公"①就是一种典型的"三阵"。其他像《左传·文公十年》载楚子与宋公、郑伯田于孟诸,楚子居中,"宋公为右盂,郑伯为左盂";《左传·僖公二十八年》载城濮之战,楚令尹子玉"以若敖六卒将中军","子西将左,子上将右",晋国原轸、郤溱将中军,狐毛、狐偃将上军,栾枝、胥臣将下军,其采用的阵势也都是"三阵"。到了春秋晚期,"三阵"仍相当流行。如吴国在黄池之会上列三个万人方阵,越王勾践在破吴笠泽之战中"乃中分其师以为左右军,以其私卒君子六千人为中军"②,就是明显的例子。

所谓"五阵",是由"三阵"发展而来的,在春秋期间也处于不断完善的过程之中。最早它当属于一种行军阵法,见于《左传·宣公十二年》,名曰"荆尸之阵","军行,右辕,左追蓐,前茅虑无,中权,后劲",即系一个由开路的先锋军、保护兵车的右军、搜寻粮草的左军、主力中军和殿后的精兵所组成的"五阵"。其他像《左传·襄公二十三年》所载的齐军行军队形,也明显是以"前、后、左、中、右"结构的"五阵"。

根据现存史料分析,"五阵"在春秋中期以前并不流行,它在当时更多的是作为一种行军队形,而并非作战阵形。它在春秋后期的发展,主要与步兵的重新崛起有关。魏舒毁车以为行,大败无终戎及群狄于太原,其采取的步兵军阵就是"五阵":"为五阵以相离,两于前,伍于后,专为右角,参为左角,偏为前拒,以诱之。"③这可以说是"五阵"实际应用于作战的重要标志,所以说春秋时期的"军阵",有一个从"三阵"独盛到"三阵"、"五阵"并行的演变过程,而它又与步、车战的递嬗相同步。如魏舒"五阵"的特点就是将甲士与步卒混合组编成5个方阵,按前拒和前、后、左、右五个方位配置,组成了第一个独立的步兵大方阵。它有较大的纵深,各方阵立之间易于实行兵力机动,可互相掩

---

① 《左传·桓公五年》。
② 《国语·吴语》。
③ 《左传·昭公元年》。

护,"五阵"不仅适用于步兵作战,由于春秋后期战车实行75人制,隶属步兵大增,所以"五阵"这种大纵深的疏散配置也便于战车部队展开,可充分发挥兵器威力,并提高了对复杂地形的适应能力。

除"三阵"和"五阵"以外,当时也有仅以左、右相配置的阵形。如公元前704年速杞之战中,楚军即仅排列左、右两阵。至于最基本的单一阵形,在此时期的小型战斗中仍有使用。但它们都不是当时军阵的主导形态。

第二,在传统的上、中、下(或称左、中、右)"三阵"内部,也根据客观战争状况的变化,有了必要的战术编队调整和改进,从而加强了车步兵的战术协调,提高了军阵的实力。繻葛之战中的"鱼丽之阵",就是这方面的典型。据《左传·桓公五年》记载,鱼丽阵的特点是"先偏后伍,伍承弥缝"。杜预注云:"《司马法》车战二十五乘为偏。以车居前,以伍次之,承偏之隙而弥缝漏也。五人为伍。"其特点是取消了原配置在战车前面的第一线步兵横队,把战车放在前列,提高了方阵的运动速度;将步卒疏散配置在战车的两侧和后方,密切了步车协同作战。可见,其阵是以25辆战车组成一个战斗单位,而将以伍为单位的徒兵疏散配置于战车之间,其位置稍居后。这就是在"三阵"柜架内的车步配置的局部调整,它很好地发挥了车、步协同作战的能力,为郑军击败周王室联军提供了重要的保证。另外,繻葛之战中郑军首先攻击周室联军的左、右两翼,然后再集中兵力从三面攻击周军中军,说明当时的"三阵"已采用了翼侧攻击方法,有别于西周时期平行推进的全正面进攻。

其他如以15乘兵车为一偏,两偏为一卒;或以50乘兵车为一个战斗单位,也都属于同样的性质。这种阵内战术单位的调整,使得战阵中的车与徒卒的配置更趋合理,反映了车战阵形的进步。其基本特征是,逐渐抛弃了西周和春秋初年步卒居前列的配置方式,而将步卒分散在战车的两侧和前后方,以加强步卒掩护战车和在四个方向上机动作战的能力。与之相适应的是战车多采用疏散的队形,方阵做错落有致的纵深配置,这样就增强了抗击敌军进攻的能力,同时也便于战车调动,适应瞬息万变的战场形势的变化,从而为快速进攻和追击创造了条件。用于追击的战斗队形在这时也产生了。它通常是在追击中迅速将军阵展开成"角"的形式,从两侧对敌军战车和步卒实施包抄,阻止敌军逃逸,达到聚而歼之的目的。

由此可见,在以"三阵"为基本形式的条件下,军阵内部的结构(战术编组）是处于不断的演进改革过程之中的。曾有学者对此进行过概括总结，指出随着历史的进程，车阵的进攻战术有了很大变化。大体经历了三个阶段：第一阶段是春秋初期，这时的进攻队形是大正面的密集方阵；第二阶段是春秋中期，以车兵为主，步兵人数剧增的疏散方阵进攻；而第三阶段则是春秋末期的纵队进攻了。① 这一勾勒的大体脉络是合乎实际情况的。

第三，从军阵的战术特点看，春秋时期的军阵主要可分为方阵和圆阵两大类；而从军阵的作战方法分类，则当时的军阵还可以划分为立阵和坐阵两种。

《李卫公问对》卷中指出，阵法变化，"皆起于度量方圆也"。所谓方阵，乃因其呈方形或长方形而得名，这是春秋时期（也可说是整个古代）阵法的最基本形态。因为军队中各级建制单位都有自己的行伍队列，排列整齐时总是呈示为方形或长方形。繻葛之战中，郑军的"左拒"、"右拒"，也就是"左矩"、"右矩"，即两边呈矩形的方阵。关于春秋时期的方阵，尚大量见于有关典籍的明确记载："万人以为方阵"，"方阵而行"②，其主要特点是"前后整齐，四方如绳"。这大多是进攻型的阵式。

所谓圆阵，乃因其呈圆形或半圆形得名。它是方阵的变形，车队首尾连成环形，步卒紧挨战车在外围以接敌，这大多是防御型的阵式。其特点是将疏散的队伍收拢为密集的队形，消弭易遭敌人攻击的翼侧，即把防御正面缩小到最低限度。最适宜于实施野战防御。从《孙子兵法·势篇》所提到的"浑浑沌沌，形圆而不可败也"的情况来看，在春秋时期，圆阵不但已广泛应用，而且曾在防御作战中发挥了不可替代的作用。

春秋时期的"军阵"，如果从作战方法和姿势上分类，则可以分为立阵和坐阵。所谓立阵，就是采取立姿作战的战斗队形；所谓坐阵，就是采取坐"跪"姿作战的战斗队形。就现存史料考察分析，立阵与坐阵基本上与步兵作战相联系，当属步兵重新全面崛起后的产物。其中立阵当为进攻性阵形，坐阵则是一种用于防御的阵法。它们各有其功能与优势，"立进俯，坐进跪，畏则密，危则坐"③，在作战中交相运用，互为补充，即军阵中的士卒，要根据不同的作战情

---

① 参见蓝永蔚：《春秋时期的步兵》"野战进攻战术的发展"节，中华书局1979年版。
② 《国语·吴语》、《吴越春秋·吴王夫差内传》。
③ 《司马法·严位》。

况，及时变换作战姿态，所谓"立陈所以行也；坐陈所以止也。立坐之陈，相参进止"①，从而使军队的战斗力得到最大限度的发挥。

第四节 《左传》兵学思想

一、《左传》兵学思想的特点

《左传》是中国历史上第一部严格意义上的编年体史学巨著。关于《左传》的作者和成书年代，学术界历来有不同的意见，但是不少说法都缺乏强有力的根据。从《左传》记事的下限、书法以及思想倾向来看，今天所见《左传》一书的写定，并非出于一世之时，一人之手，正如顾炎武所指出的那样："左氏之书，成之者非一人。录之者非一世，可谓富矣。"②众家之说中比较接近历史事实的，是徐中舒先生的观点：《左传》是在春秋末期瞽史传颂的基础上，写定于战国前期的第一部编年体史书。③至于其相对具体的时间断限，则当如杨伯峻先生所云："《左传》成书在公元前403年魏斯为侯之后，周安王十三年前386年以前。"④

《左传》一书系统地记述了春秋时期的历史，也追叙了春秋以前的若干历史片断。《左传》记事详尽全面、准确生动，其中对春秋时期军事制度、军队建设，尤其是对当时战争的大量精彩记述，在先秦典籍中更堪称佼佼者。因此古人曾有称它为"相斫书"之说。⑤从一定意义上讲，《左传》也是一部断代战争史、断代军事史。这一性质，决定了其书包含有相当丰富的军事思想。所以，童书业先生认为《左传》的作者"于军事甚感兴趣，似长于兵家之学"⑥。这是客观公允的看法。

但由于《左传》是一部历史著作，因此其所反映的兵学思想，与一般兵书或

---

① 《尉缭子·兵令上》。
② 《日知录》卷四"春秋阙疑之书"。
③ 《左传的作者及成书年代》，中华书局1963年版《左传选》。
④ 《春秋左传注·前言》，中华书局1981年版。
⑤ 《三国志·魏书》卷十三裴松之注引鱼豢《魏略》。
⑥ 《春秋左传研究》，附录《春秋左传作者推测》，上海人民出版社1980年版。

诸子论兵之作中所揭示的军事理性认识相比，也具有自己的特点。这主要体现为以下几个方面。

第一，《左传》的兵学思想，明显地带有社会军事思潮的属性，反映了当时人们在军事问题上的共识，如果说兵书或诸子论兵之作主要体现了兵家或诸子的军事理性认识，那么，《左传》兵学思想则更多地表述了当时社会上大多数政治家、思想家和军事家在军事问题认识上所达到的普遍深度。它不是个体的，而是具有群体意义的。综观《左传》的兵学思想，是通过其书对多次战争的叙述，对众多人物有关军事的言论的记载而得以反映的，是零星分散的军事理性认识的综合和概括。在某种意义上，它真正体现着春秋时期兵学思想的主流，反映出当时社会军事思潮的面貌。因为春秋时期的兵学思想，虽说是由孙子、老子、孔子、伍子胥、范蠡等代表人物建立范畴并显示水准的，但同时更是依靠了其他政治家、思想家和军事家的努力以及普通人士的认同，才得以完成并发生巨大影响的。它实际上体现着整个社会所普遍达到的认识水平，在相当程度上标志着春秋兵学思想的大致水平。

第二，《左传》的兵学思想具有分散零乱，局限于经验罗列，缺乏高度思辨抽象的明显特点。正因为《左传》兵学思想系众人军事理性认识的混糅融合，因此，缺乏完整的体系、严谨的逻辑也就在所难免。它往往就事论事，片言只语，蔓芜分散，虽不时闪烁耀目的思想火花，但终于难以燃烧为熊熊大火。同时，《左传》作为一部历史学著作，虽记录了大量的战例和众人的论兵言辞，但受其史书编撰体例的限制，往往囿于具体战争经验的铺陈罗列，而未能总结为系统性的内容，并将其抽象上升为纯粹的理论。清代的李之春曾说"孙、吴所言，空言也；左氏所言，验之于事者也"①，即一针见血地道出了这一特色。这影响了《左传》兵学思想走向高度成熟完臻的境界。

第三，《左传》的兵学思想表现出明显的二重性，体现了春秋时期思想意识形态领域中新旧观念斗争和递嬗的时代特色。由于《左传》兵学思想所反映的是群体的意识，而群体中的个体又因为环境、地位、经历以及利益的不同而导致观念上的差异和对立，所以反映到《左传》中，就自然而然呈示出军事理性认识上的对立和冲突，使其表现为复杂、多元的特征。同时这种特征更随着社会变

---

① 《左氏兵法》。

革的深化,新旧观念的递嬗而日益突出。这决定了《左传》兵学思想具有两重性。

所谓《左传》兵学思想的两重性,具体而言,就是它既有因袭传统的一面,又有重视现实的一面。如在战争观问题上,它既以禁暴还是行暴来区分战争的义与不义,认为战争的目的就在于"威不轨而昭文德"①;又不一概否定兼并,指出"疆场之邑,一彼一此,何常之有……封疆之削,何国蔑有"(昭公元年),为新兴地主阶级国家从事争霸兼并战争寻找历史和理论的依据。又如,在对待战争指导问题上,既讲求传统的"天道",认为战争胜负,国家兴亡,都可以从天道、鬼神的意志那里获得解释,找到征验;又高度重视"人事",指出"有德不可敌",强调战争能否取胜归根结底取决于人事的努力,包括注重民心向背,厉行富国强兵,进行实力建设,等等。再如,在作战指导问题上,《左传》既讲求"礼"、"义",认为"不待期而薄人于险,无勇也"(文公十三年),主张"勇而有礼,反之以仁",指出"闻丧而还,礼也"(襄公十九年);又重视"利",追求功利的实现,认为"谋不失利,以卫社稷,民之主也"(宣公十五年),强调"义"与"利"的统一,即所谓"义以建利"(成公十六年)。主张在两军交锋之时,立足于发挥主观能动作用,去夺取作战的胜利。

其他在治军问题上,《左传》的兵学思想也体现了两重性,即提倡"礼"与"刑"(法)的包容。《左传》成公十六年中所说的"德、刑、详、义、礼、信,战之器也",就集中体现了这一基本特征。

二、《左传》兵学思想的基本内容及地位

如前所述,《左传》一书的思想内容的基本倾向是进步的,因此,与之相适应,虽然《左传》的兵学思想存在着不够系统的缺陷,具有迷恋传统和尊重现实的两重性特色,但积极的现实性仍是其主导的方面。

通观《左传》全书,其主导兵学思想集中体现在以下几个方面。

(一)积极、丰富的战争观理论

首先表现为对战争性质的朴素认识。《左传》提出区分战争"义"与"不义"的范畴,主张从事"义战",实现一定的政治利益,"征伐以讨其不然"(庄公二

---

① 《左传·襄公二十七年》,下引《左传》只注鲁纪年。

十三年）；"凡君不道于其民，诸侯讨而执之"（成公十五年）。与之相应，《左传》反对非正义性质的军事行动，指出"背盟而欺大国，此必败。背盟，不祥；欺大国，不义"（成公元年）；认为光凭暴力、不讲仁义的不义行为，即使能得逞于一时，但最终必将走向失败，"强以克弱而安之，强不义也。不义而强，其毙必速"，"夫以强取，不义而克，必以为道。道以淫虐，弗可久已矣"（昭公元年）。《左传》还进而将战争的正义性和非正义性提升到"曲"和"直"的范畴来加以概括，提出了著名的"师直为壮，曲为老"的重要命题。

其次，《左传》在战争观理论上的又一个重要内容，是反对"去兵"，肯定战争的历史合理性。《左传》认为，战争在当时的社会条件下是不可避免的。因此，对当时社会上"去兵"论调进行了驳斥。如借子罕之口，指出："谁能去兵？兵之设久矣……圣人以兴，乱人以废，废兴存亡昏明之术，皆兵之由也。而子求去之，不亦诬乎？"（襄公二十七年）这里肯定了战争是历史上长期存在的客观现象，强调在当时社会条件下战争的不可避免性，反映出当时各国统治阶级都竭力保持和发展自己的军事实力，以夺取诸侯兼并和大国争霸战争胜利的心理状态。

其三，注意正确处理政治和军事的对立统一关系，充分重视民众在战争中的作用。《左传》吸收了春秋时期的"民本"思想，提出了"无民，孰战"的基本观点。开始从众多胜败兴亡的战争实践中认识到战争胜败与民众有密切的关系，并善于从是否得到民众支持这一点去考察探讨战争胜败的原因。如晋、楚城濮之战后，人们在分析楚国战败的原因时就指出："非神败令尹，令尹其不勤民，实自败也。"（僖公二十八年）而晋国之所以在城濮之战中取胜，尽管原因很多，但重要的一点，是其军事行动得到了民众的坚决支持，使"民听不惑，而后用之"（僖公二十七年）。最后得出结论："无众必败。"

（二）顺应时代潮流的作战指导思想

《左传》根据春秋时期作战方式变化的实际情况，在有保留地奉行某些旧的作战指思想的同时，也鲜明地提出了不少新的作战指导原则。首先，它强调审时度势，"观衅而动"（宣公十二年），正确地选择和把握有利的战机。齐鲁长勺之战，实力处于劣势地位的鲁军一举击败强大的齐师，鲁庄公本人尚在莫名其妙，曹刿便向他解释了其中的奥秘："夫战，勇气也。一鼓作气，再而衰，三而竭，彼竭我盈，故克之。"这里曹刿提出了掌握战机的一个重要原则，就是应当选择"彼竭我盈"之时，对敌发起进攻。其次，它主张知彼知己，正确选择攻击方向。《左传》认为攻击的方向应选在敌人的虚弱之处。周郑繻葛之战中，由于郑国正确选择了主攻方向，所以取得了作战的胜利。楚随速杞之战中，随军违背了这一作战指导原则，结果导致惨败。其三，强调"不备不虞，不可以师"（隐公五年），"备豫不虞，善之大者也"（成公九年），反对骄傲轻敌，指出骄兵必败。《左传》以大量的战例说明在作战指导上，如果麻痹轻敌，疏于戒备，轻则丧师，重则丧国。桓公四年记载："秦师侵芮，败焉，小之也。"秦作为一个大国，竟败于小小芮国之手，原因就在于"小之也"，即忘乎所以，自大轻敌。

（三）以礼系法的治军思想

《左传》在治军问题上主张德、刑并重，即把礼作为道德手段，法作为强制手段，用来经武治军。《左传》认为"礼以行义"，即用"礼"的道德原则来规范军队的思想和行动；"刑以正邪"，即用"刑"的强制性能确保道德规范的实行。① 从而沟通了"礼"与"法"之间的联系，以礼系法，以法明礼。"戎，昭果毅以听之之谓礼，杀敌为果，致果为毅。易之，戮也。"（宣公二年）意思是说，在战场上，将士服从命令，勇敢杀敌，才算有礼，反之就是失礼，必须按法诛戮。这一见解，正是《左传》治军思想礼、法并重的具体注脚。基于这样的认识，《左传》中有不少严法的记载。如城濮之战中晋文公先后三次诛杀违命的将士，《左传》赞誉文公"其能刑矣，三罪而民服"，"不失赏、刑"，故能成其霸业。鸡泽之会，晋悼公之弟杨干扰乱军行，中军司马杀杨干之仆以示惩罚。《左传》详记其事，并借魏绛之口指出："师众以顺为武，军事有死无犯为敬。"（襄公三年）当然，《左传》在治军问题上的严法主张，是受旧"军礼"制约的，并不坚决和彻底，与战国时期法家以法治军理论有很大的差异。

《左传》的兵学思想除了上述几点外，还包括注重军事、外交相结合，特别重视运用外交手段以达到军事的目的，等等。同时，《左传》也叙述了不少具有新战术思想的战例，如伏击战、迂回战、侧击战、包围战、袭击战，等等。凡此种种，不一而足，笔者曾在有关论文中对此有所阐说。②

《左传》的兵学思想比较丰富，它是春秋社会变革作用于军事领域的产物，

---

① 参见张丽荣：《论〈左传〉军事观的二重性》，载《先秦军事研究》，金盾出版社1990年版。

② 黄朴民：《孙子兵法与古代战争》，载《浙江学刊》1995年第2期。

具有军事社会思潮体现者的属性，是我们今天考察古代兵学思想在新旧交替过程中外在表现的主要参照物，对于我们认识当时兵学思想的总体发展面貌、主要特点以及历史影响具有重要的意义。它反对"去战"，区别战争性质，立足民本立场的战争观念，对于后世兵学的发展不无深远的影响。它的某些新作战指导思想，也给后来的兵学家以一定的历史启迪。它对道德和功利双重价值的包容和追求，更在日后古典兵学理论体系构建过程中，起着积极和消极两方面的作用。从这个意义上说，这份兵学思想文化遗产，是值得我们充分加以重视和总结的。

第五节 《老子》的兵学思想

一、《老子》对战争的立场和态度

《老子》是一部博大精深的哲学政治著作，是对历史和现实生活中"成败存亡祸福"现象的哲学概括和理论总结。其中它的朴素辩证法思想和贵柔守雌策略论思想在一定程度上揭示了事物运动的某些本质属性，可被引入军事学的领域，成为以弱胜强、避实击虚、后发制人的指导原则。而"无为"虚静的社会政治思想，也直接影响着《老子》对战争的基本立场和态度——反对和抨击各类战争，在客观上丰富和深化了中国古代有关战争观问题的理性认识。所以在历史上，《老子》曾被不少人视为兵书。如唐代王真认为："五千之言……未尝有一章不属意于兵也。"[①]宋代苏辙也指出："……此几于用智也，与管仲、孙武何异。"[②]而《隋书·经籍志》子部兵家类则著录有"《老子兵书》一卷"。他们的看法虽不一定完全恰当，但毕竟多少注意到了《老子》包含有较丰富军事思想的这一事实，并初步揭示了它在古代兵学思想发展史上的地位，因此还是值得我们引起重视的。

与孔子一样，《老子》对战争持基本反对和否定的态度。明确认为战争是不吉利的事物，"兵者不祥之器，非君子之器"[③]，强调指出，对战争应采取"远而

---

① 《道德真经论兵要义述·叙表》。
② 《老子解》卷二。
③ 《老子·三十一章》，按，本书引用《老子》之文，以王弼本为准，不做具体的文字考辨。

避之"的立场,"故有道者不处"①。 换言之,就是主张"以道佐人主",而反对"以兵强天下"②。

《老子》坚持这种反战观点,不是偶然的。 这首先是其立足于无为立场观察探讨军事问题的必有之义。《老子》主张"无为",认为"无为之益,天下希及之"③,"无为故无败"④,"无为,而民自化"⑤,所以高明的统治者应该致力于"无为","损之又损,以至于无为"⑥,认为若此则可"无不为",达到理想政治的最高境界。 与"无为"相对立的,则是"有为"。 在《老子》看来,它是妄为,是无事生非,背"道"离"德",害莫大焉。 而战争则是最严重的"有为",是违反自然本性的极致,因此理所当然要坚决加以排斥和反对。

其次,《老子》反对战争,也是其考察了历史和现实中的战争,充分看到战争种种消极后果的自然产物。《老子》认为战争的后果非常消极。 它一是给农业生产带来了严重的破坏:"师之所处,荆棘生焉;大军之后,必有凶年"⑦,给社会物质文化造成可怕的损失。 二是势必导致惨重的伤亡,"杀人之众"⑧,违背"天道"厚生好德的本性,并酿成尖锐激烈的阶级冲突,实是有百害而无一利。从这个意义上说,战争也应予以否定。

第三,《老子》反对战争,更是其朴素辩证法思想指导下战争观构建的客观反映。《老子》认为事物相互依存、相互转化,是矛盾的对立和统一。 在矛盾中,柔弱、虚静的一面占据着主导的地位,制约着刚强、动躁被动的一方,"坚强者死之徒,柔弱者生之徒"⑨。 而战争的本质乃是刚强,表现的形式则是骚动躁乱,因此它最终会走向反面。 换言之,战争本身意味着衰败和死亡,即所谓"兵强则灭,木强则折"⑩。 因此,从"柔弱胜刚强"的理论出发,对以"刚

---

① 《老子·三十一章》。
② 《老子·三十章》。
③ 《老子·四十三章》。
④ 《老子·六十四章》。
⑤ 《老子·五十七章》。
⑥ 《老子·四十八章》。
⑦ 《老子·三十章》。
⑧ 《老子·三十一章》。
⑨ 《老子·七十六章》。
⑩ 《老子·七十六章》。

强"为本质属性的战争活动也只能采取贬斥的态度。

然而，面对现实，《老子》也只好不情愿地承认，在"不得已"的情况下，可以暂时凭借战争的手段，来达到有限的政治目的。但是，就是在"不得已而用之"的情况下，《老子》也强调指出不应该对战争进行赞扬，更不能以兵逞强，炫耀武力，忘乎所以，而应"恬淡为上，胜而不美"①。具体地说，就是"善者果而已，不敢以取强。果而勿矜，果而勿伐，果而勿骄，果而不得已，果而勿强"②。这里所谓的"果"，是指达到某种目的或取得有限的胜利。它的实现并非主观的愿望，而是被迫的选择，所以即使是打了胜仗，也要视之如凶丧之事："战胜以丧礼处之。"③如果忘却了这一点，以战争取胜而得意，这实际是以杀人为乐事，最终必定会碰得头破血流："美之者，是乐杀人。夫乐杀人者，则不可以得志于天下矣。"④

在表明自己反战立场的同时，《老子》也初步探讨了战争的起因问题。这在中国古代兵学思想发展史上具有首创的意义。《老子》认为有"五音"、"五色"、"五味"、"驰骋畋猎"、"难得之货"等享受，就会大大刺激人们的欲望和邪念，有欲望就会引起争夺，争夺发展到一定程度就会导致战争。在其看来，当时社会上之所以会出现战争不休、兵连祸结的"不道"现象，在于统治者受贪得无厌的欲望的驱使，而不能做到清静无为："祸莫大于不知足，咎莫大于欲得。"⑤为此，《老子》向统治者们发出警告说："故知足之足，常足矣。"⑥这种对战争起因加以探讨的情况表明，《老子》不但旗帜鲜明地反对战争，而且已开始注意寻找消弭战争的根本途径了。

总之，《老子》是以战争的有无或多少，来区分天下是否"有道"和社会机制是否健康的："天下有道，却走马以粪；天下无道，戎马生于郊。"⑦为了消弭战争，除了从根本上做到贵柔、守雌，"清静为天下正"外，《老子》还幻想用"以静为下"的道理说动当时的诸侯国，让大国、小国都能够"以下"对方，从

---

① 《老子·三十一章》。
② 《老子·三十章》。
③ 《老子·三十一章》。
④ 《老子·三十一章》。
⑤ 《老子·四十六章》。
⑥ 《老子·四十六章》。
⑦ 《老子·四十六章》。

而"各得所欲"①,彼此相安无事,和平共存,在放弃武力、制止战争的前提下,协调处理好当时错综复杂的"国际"关系。《老子》认为,这样一来,社会就真正迈入了没有战争的太平盛世:"虽有甲兵,无所陈之。"②其孜孜追求的社会与自然之间均衡协调、和谐发展的理想就能获得圆满的实现。

二、《老子》的战争指导思想

《老子》否定和反对战争,但这并不意味着它忽视对军事问题的思考和探讨。为了达到有限的政治目的,并进而减少战争的损失,最终消弭战争,《老子》提出了不少重要的军事原则,作为在"不得已"情况下实施战争的指导。而其丰富的朴素辩证法思想,更与军事斗争有着密不可分的联系,成为指导战争的有益思想启示。

这首先表现为"善胜敌者不与"的战略指导。《老子》从"不以兵强于天下"的基本立场出发,明确提出在战略上所应追求的最高理想境界为"善胜敌者不与"。其要云:"善为士者不武,善战者不怒,善胜敌者不与,善用人者为之下。"③所谓"不与",就是"不争而善胜",即避免和敌人作正面的冲突,以"无为"、"不争"的方式来实现战略上的全胜。《老子》的这一思想和孙子"善用兵者,屈人之兵而非战也,拔人之城而非攻也,毁人之国而非久也,必以全争于天下","不战而屈人之兵,善之善者也"④的全胜战略颇有相通之处。只不过孙子所说的"全胜"立足于"兵不顿而利可全"的原则,且有"伐谋"、"伐交"等积极有效的手段作为保障;而《老子》所言的"不与",则是其"无为"思想在战争问题上的演绎、贯彻,同时也未曾提出保证其得以实现的具体方法,仅仅是侈谈"以无事取天下",这样就不免陷足于主观臆想的泥淖了。

《老子》的战争指导思想,其次表现为揭示了用兵打仗的基本特点以及克敌制胜的重要条件。《老子》在历史上第一次区别了治国与用兵的不同方法要领:"以正治国,以奇用兵"⑤,这充分体现了它对从事军事活动和政治活动不同特点

---

① 《老子·六十一章》。
② 《老子·八十章》。
③ 《老子·六十八章》。
④ 《孙子兵法·谋攻篇》。
⑤ 《老子·五十七章》。

的认识，准确概括了军事斗争崇尚奇变、诡诈为本的本质属性。这是对西周以来旧"军礼"传统的一个否定。尽管《老子》对"奇"、"正"范畴的基本内容，以及如何"以奇用兵"还没有做出具体深入的阐述，但提出"奇"、"正"范畴本身，便足以表明《老子》开始触及军事斗争的内在规律，这对于中国古代兵学思想的充实和发展是具有深远影响的。

至于对克敌制胜条件的认识，《老子》的识见也不乏精辟独到之处。它强调在战争中要注意避免犯"轻敌"的错误，认为轻敌自大是用兵的最大灾祸，会使自己走向彻底失败的深渊："祸莫大于轻敌，轻敌几丧吾宝。"①这一观点与孙子"惟无虑而易敌者，必擒于人"②的思想实相吻合。在说明"轻敌"危害性的同时，《老子》还进而阐述了不"轻敌"的益处："故抗兵相加，而哀者胜矣。"③敌我兵力相当，哀兵一方之所以取胜，就是因为它能意识到自己处于不利的地位，从而引起警戒，激起斗志，全力以赴，克敌制胜。

《老子》还十分重视政治条件优劣对夺取战争胜利的意义。它指出："夫慈，以战则胜，以守则固。"④所谓"慈"，就是仁慈、宽容。《老子》认为，统治者如能做到谦恭自律，以宽容、仁慈的态度对待臣民、士卒，就会赢得他们的信任，获得他们的支持，这就叫作"善用人"，善"用人之力"。无论进攻抑或防守，都将应付自如，无往而不利。应该说，《老子》这一思想是同春秋时期民本主义思潮勃兴的历史趋向相一致的，具有一定的进步性。

其三，也是最为重要的一点，就是《老子》的战争指导思想，表现为对"不敢为天下先"的后发制人原则的阐发。

"后发制人"是军事学上的一个重要命题，其实质就是积极防御，即以防御为手段，创造有利条件，以实现反攻歼敌目的的攻势防御。它与"先发制人"是辩证的对立统一。"先发制人"重在先机之利，而后发制人重在待机破敌。古代兵家都重视后发制人在战争中的作用，早在《军志》中就有"后人以待其衰"⑤的论述。

---

① 《老子·六十九章》。
② 《孙子兵法·行军篇》。
③ 《老子·六十九章》。
④ 《老子·六十七章》。
⑤ 《左传·昭公二十一年》引。

《老子》是中国历史上从军事哲学高度阐述"后发制人"作用和地位的第一家。《老子》思想的基本特色之一，是主张以退为进，以柔克刚。这反映在战争指导上，就是欲取先与，后发制人，即所谓"将欲歙之，必故张之；将欲弱之，必故强之；将欲废之，必故兴之；将欲夺之，必故与之"①。其含义就是：要战胜敌方，首先要实施退却防御，使对手骄横自满，忘乎所以，然后再寻找战机予以打击，一举破敌。在《老子》看来，如果主动进攻，便会陷于失败："舍后且先，死矣。"②真正高明的战争艺术，在于"进道若退"，在于"不敢为天下先"。不过，受其哲学贵柔守雌思想的制约，《老子》对后发制人原则的阐述存在着拘泥偏颇的局限，这体现为它一味主张"吾不敢为主而为客，不敢进寸而退尺，是谓行无行，攘无臂，扔无敌，执无兵"③，把防御提高到不适当的位置，而不敢实行有利条件下的主动进攻。这样就等于将后发制人的原则凝固消极化了，以至窒息了它本身的生命力。

三、《老子》兵学思想的特色与地位

　　明清之际著名思想家王夫之曾指出，《老子》为"言兵者师之"，"持机械变诈以侥幸之祖也"④。近代学者章太炎也认为《老子》撮录了古代兵书的要旨："老聃为柱下史，多识故事，约《金版》、《六弢》之旨，著五千言，以为后世阴谋者法。"⑤这些评论，都比较准确地揭示了《老子》兵学思想在历史上的地位。

　　我们认为，《老子》的兵学思想具有鲜明的时代特色和重要的学术地位。这主要表现为：第一，它提出了诸如"以奇用兵"等重要命题，丰富了中国古代兵学思想的内涵；第二，《老子》的反战思想，具有批判社会现实、揭露战争弊端的合理一面，客观上表达了饱受兵燹灾难的广大民众渴望社会安宁、稳定的良好愿望，反映了《老子》作者追求和平的积极努力；第三，《老子》"善胜敌者不与"的战争效果和反对"轻敌"、主张"慈爱"的战争条件论，反映了其对用兵理想境界的向往和追求，标志着人们对军事问题理性认识的进一步深化；第四，

---

① 《老子·三十六章》。
② 《老子·六十七章》。
③ 《老子·六十九章》。
④ 《宋论·神宗》。
⑤ 《訄书·儒道》。

《老子》以退为进,以静制动,以柔克刚的"后发制人"战争指导原则的提出,从一个很重要的方面满足了兵学思想发展的需要,对后世军事理论的构建和军事实践活动的开展,具有深远的启示指导意义,为处于弱小的一方如何扬长避短、转弱为强、因敌制胜提供了有力的思想武器。

当然,毋庸讳言,《老子》的兵学思想也存在着明显的局限性。它对当时的争霸兼并战争持完全否定的立场、态度,不区分战争的性质而一味加以反对,而看不到这是历史发展的必然要求,具有特定的时代合理性,这显然是片面偏激的。同时,《老子》朴素辩证法的不彻底性质,也决定了它夸大柔弱、退守原则在军事上的地位和作用,从而在很大程度上窒息了不少军事理论命题的生命活力,给后人留下了诸多的遗憾。所有这些,都是我们今天在总结和评价《老子》兵学思想时所需要注意的。

第六节　范蠡的兵学观

范蠡,字少伯,其生卒年不详,春秋末年楚国宛(今河南南阳)人,著名政治家和军事家。当时列国纷立,争霸兼并无已,晋、楚、齐、秦等大国为了牵制和打击各自的主要对手,纷纷"伐谋"、"伐交",争取和联合与国,以为己援,力图使争霸敌手陷于两线作战的被动局面。晋国曾积极扶植和支持吴国对付楚国,使其从侧后骚扰进攻楚国,严重扼抑了楚国北上争霸的势头。楚国为了摆脱这种被动的战略态势,也利用越与吴争夺江湖河泽之利、各自拓展疆域而导致的矛盾,积极鼓动越国侧后威胁和打击吴国,以减轻吴国对楚的压力。而越国为了抗衡吴国,正需要有楚这样的大国支持。于是双方一拍即合,出于各自的利益而联合起来,构成相对稳定的战略同盟。就是在这种错综复杂的形势之下,身为楚人的范蠡和文种跋山涉水来到越国,为越国攻吴出谋划策。由于范蠡政见卓荦,智谋超群,很快就获得了越王勾践的充分信任,官拜上将军,与文种一文一武,辅佐勾践经国治军,"种躬正内,蠡治出外。内浊不烦,外无不得。臣主同心,遂霸越邦"[①]。经过多年坚持不懈的努力,终于使越国转弱为强,在政治、军事上彻底战胜吴国,帮助勾践登上了"霸主"的地位。事成之

---

① 《越绝书·外传纪策考》。

后,范蠡挂冠归隐,泛舟五湖,"十九年之中三致千金",成为一代巨商,世称"陶朱公"。

范蠡在军事上有很高的造诣与重大的建树,对此,他本人也不无自负,曾云:"兵甲之事,种不如蠡。"①班固《汉书·艺文志·兵书略》著录有《范蠡》二篇,属"兵权谋家",颜师古注云"越王勾践臣也"。这说明,范蠡曾有兵书流传于世。但令人遗憾的是,其书早在唐代以前即已失传,《隋书·经籍志》就不曾著录,我们今天只能从《国语》、《史记·货殖列传》、《吴越春秋》、《越绝书》等史籍中,寻找到某些有关内容,并据此初步考察范蠡兵学思想的大致情况以及特色。

《司马法·严位》云:"人方有性,性州异。"范蠡的兵学思想同样也具有鲜明的地域特征和文化特色。他出身于南方文化的中心区域——楚国,深受《老子》哲学思想以及阴阳五行观念的熏陶和影响,这就决定了其军事思想包含有丰富的朴素辩证法内涵。而他建功立业的场所——越国,又是处于明显被动弱小地位的一方,要战胜强大的吴国,必须韬光养晦,积蓄实力,逐渐完成战略优劣态势的转换。这决定了范蠡兵学思想立足于后发制人的立场,即以积极防御为主要手段,最终实现反攻胜敌的战略目的。

具体地说,范蠡的兵学思想集中体现在以下几个方面。

一、备战为重的战略观念

"慎战"与"备战"并重的战争观,是中国古代兵学思想中的积极因素,历史上绝大多数军事思想家,都十分强调做好战备,以待不虞的重要性。在这一问题上,范蠡的认识没有例外。他认为从事战争必须具备一定的条件,这些条件既包括政治、经济因素,也包含军队实力状况:"兵之要在于人,人之要在于谷,故民众,则主安;谷多,则兵强。王而备此二者,然后可以图之也。"②并进而指出:"古之圣君,莫不习战用兵,然行陈、队伍、军鼓之事,吉凶决在其工。"③其基本原则就是,高度重视,充分准备,措施得力,以应万变。用范蠡

---

① 《史记》卷四十一,《越王勾践世家》。
② 《越绝书·枕中》。
③ 《吴越春秋·勾践阴谋外传》。

自己的话来说,即"审备则可战。审备慎守,以待不虞,备设守固,必可应难"①。

二、"随时以行"的攻守原则

中国传统文化的显著特点之一,是它的整体性与融合性。历史上的思想家在进行理性思辨活动时,其逻辑起点通常植根于"天人合一"的宇宙构成模式,追求人与自然、人与社会的和谐与圆融,注重以普遍联系、相互依存的观点、立场和方法来全面认识和宏观把握问题。反映在军事斗争领域,即是以"天道"推论"人道",以"政事"推论"兵事"。

这一点在范蠡的兵学思想中也有鲜明的体现。在他的哲学观念中,"天道"与"人道"是和谐一致的。他认为,"天道"的属性是"盈而不溢,盛而不骄,劳而不矜其功"②。因此,人们在从事社会活动时,也应当因循自然,顺应天时,"自若以处,以度天下"。这一思想引进到军事斗争领域,就是所谓的"随时以行"。这里的"时",是指时机,也可引申为战机。"随时",就是依据时机是否有利、战机是否成熟来决定作战行动展开与否,既不超前,也不滞后,这也叫作"守时","随时以行,是谓守时"。

范蠡的"随时"、"守时"原理落实到具体的攻守行动中,实质上包含有两层基本意思。第一是指"时不至,不可强生;事不究,不可强成"。意谓当有利的时机还没有出现,条件还不具备的时候,切不可主动发起进攻,而应采取积极防御,等待时机,以求克敌制胜:"待其来者而正之,因时之所宜而定之";"按师整兵,待其坏败,随而袭之"③。他严肃指出,在时机不成熟情况下盲目对敌进攻,就会"逆于天而不和于人",这就叫作"强孛","强孛者不祥",必然招致惨重的失败,"王若行之,将妨于国家,靡王躬身"。第二层意思是指"得时无怠,时不再来"。这是要求战争指导者善于捕捉战机,一旦遇到有利的时机,就要适时地转防御为进攻,而绝不能犹豫不决,贻误战机,纵敌遗患。他说:"从时者,犹救火,追亡人也,蹶而趋之,唯恐不及。"即应该以最快的速度去进攻

---

① 《吴越春秋·勾践伐吴外传》。
② 《国语·越语下》,以下引文凡不注出处者,均出此篇。
③ 《吴越春秋·勾践归国外传》。

敌人，实现自己后发制人的作战目的。他指出，如果错过了有利的时机，就会给自己带来诸多不利，留下祸患，"得时不成"，"反受其殃"。

范蠡"随时而行"的攻守指导原则，在吴越战争中得到了充分的体现和高明的运用。当越国尚处于被动弱小的劣势地位之时，范蠡多次谏阻越王勾践主动攻吴的计划，反复用"事无间，时无反，则抚民保教以须之"的道理说服勾践采取持久防御的策略，在削弱敌人力量的同时积聚自己的实力，为实现敌我优劣态势的转换，发起最后的反攻创造条件。而当吴国实力衰微，有隙可乘之机出现之时，则当机立断辅佐勾践及时发动灭吴之战，打得对手措手不及，全线崩溃，并坚决实施连续进攻，扩大战果，顺利攻占吴都姑苏（今江苏苏州），赢得了最后的胜利。

三、"变易主客"的实力运用方针

所谓"主客"，是中国古代兵学的一对重要范畴。"主"，通常是指战争中在自己的土地上实施防御的一方；"客"，则通常是指战争中进入他国境内实施进攻的一方。根据战场形势选择适宜的主客位置，或反客为主，或变主为客，是从事作战指导中的重要命题，也是军事家夺取战争主动权，克敌制胜的基本保证。兵书《李卫公问对》之所以在后世受到广泛的推崇，被视为古典兵学宝库中的瑰宝，原因之一，是其作者在"变易主客"方面有精辟深刻的阐述，如《四库全书总目提要》所称的那样："其书分别奇正，指画攻守，变易主客，于兵家微意时有所得。"

理解了"主客"关系的丰富内涵，那么我们对范蠡有关"变易主客"的实力运用方针的价值也就容易认识和把握了。应该说，这一方针在范蠡的兵学思想体系中占有重要的地位，具有积极意义。

概括地说，与《孙子兵法》中提倡进攻速胜的战略指导略有不同的是，范蠡在战略指导上更侧重于持久防御，强调为主而不轻率为客。这当然是同越国在相当长时期内处于战略劣势地位的特殊形势有关。

范蠡注重于为主之道，反复阐述"天时不作，弗为人客；人事不起，弗为之始"的必要性。为此，他积极主张持久防御，避敌锋芒，防止出现过早决战的被动不利局面，指出"彼来从我，固守勿与"，做到以静制动，以逸待劳，以屈求伸，以主应客。

但是范蠡的高明卓越之处在于，他的持久防御并非是消极无为的举措，而是积极能动的作为。换句话说，它仅仅是手段而绝非是目的。其最终的目标还是"变易主客"，即适时由战略防御的"主"的地位转为战略进攻的"客"的地位，先主而后客，珍灭以为期。而实现"变易主客"的关键，就在于通过各种积极的手段，转化双方的优劣态势，剥夺敌人有利的条件，暗中增强己方的实力，从而摆脱被动，立于主动的地位。这用范蠡自己的话来讲，就是"尽其阳节，盈吾阴节而夺之"。这种以暂时的退守换取最后的攻取的战略指导，乃是高超英明的实力运用方针，是范蠡军事思想的优秀内核，它对于中国古代积极防御思想的形成和发展，具有极其深远的影响。

四、"因情用兵"的制胜之道

"因敌而制胜"、"致人而不致于人"[①]，是作战指导思想的精髓，也是古往今来战争指导者所孜孜以求的用兵理想境界。作为春秋时期屈指可数的军事家，范蠡在这方面与兵圣孙子实有相通之处，同样以因情用兵为指导战争活动的最高原则。

在范蠡那里，因情用兵乃是"天道"运行规律在军事斗争领域的衍化，是"天道"作用于"兵事"的必有之义。范蠡认为，"天道"的运行是"赢缩转化"的，即所谓"阳至而阴，阴至而阳；日困而还，月盈而匡"。世间万事万物同样也处于不断变化、循环往复过程之中。这就要求人们善于相因，"因阴阳之恒，顺天地之常"。这一基本原则同样也可应用于军事斗争。他为此而指出："因而成之，是故战胜而不报，取地而不返，兵胜于外，福生于内，用力甚少而名声章明。"这里所说的"因"，就是因情用兵，因敌制胜，也即根据战争的客观实际情况的变化来决定作战行动。在这一原则指导之下，后发制人和先发制人的内在关系乃是辩证的、相辅相成的。后发制人固然占据主导地位，但这并不排斥一定条件下的先发制人。善于用兵打仗的人，在作战指导上，后发制人和先发制人方针的不同应用，都必须随时随地灵活机宜地加以处置。在实行后发制人的原则时，要取法于阴象，即沉着应付，不动声色，持重待机；而在先发制人时，则要取法于阳象，即雷厉风行，迅猛进攻，所向披靡！对此，范蠡本人曾

---

① 《孙子兵法·虚实篇》。

做过深刻系统的论述:"古之善用兵者,因天地之常,与之俱行。后则用阴,先则用阳;近则用柔,远则用刚。"

从范蠡"因"情用兵的理性认识中,我们可以清楚地看到,范蠡的思想既渊源脱胎于《老子》,又发展丰富了《老子》。《老子》一书在讲进退、刚柔、强弱、先后时,总是无条件地强调退、柔、弱、后的一面,提倡所谓的"不敢进寸而退尺"①,而一味否定进、刚、强、先这一面。范蠡则不同,他避免了机械化、简单化对待的倾向,主张量敌用兵,灵活机动,或进或退,或刚或柔,或先或后。他的这一认识,比较《老子》而言,无疑是要辩证、全面、深刻得多了。

---

① 《老子·六十九章》。

第四章

《孙子兵法》的兵学体系

第一节 《孙子》的成书年代和作者

关于《孙子》的成书年代和作者问题,学术界意见分歧,自宋代以来,争论辩诘已延续了千余年之久。论争的焦点,是其书成于春秋抑或战国? 其书的作者是孙武还是孙膑? 抑或如叶适所言,为某"山林处士"①? 持否定意见的学者认为:孙武的事迹不见于《左传》等先秦典籍的记载,《孙子》书所反映的战争规模、运动作战方式、注重诡诈权变的特点以及专有名词(如主、将军等)的称谓、文体的风格均带有鲜明的战国时代特征。因此,《孙子》十三篇不可能成于春秋末年,而只能是在战国时期甚至更晚。它的作者也难以肯定是孙武,而当为其门人或再传弟子。有的学者则更断言为战国中期的孙膑。②

1972年山东临沂银雀山一号汉墓中出土了一批珍贵的竹简,其中有《孙子兵法》和《孙膑兵法》。0233号汉简上书"吴王问孙子曰……";0108号汉简上书"齐威王问用兵孙子曰……"。两种兵法同墓出土,而两则简文的内容又恰与《史记》等史籍关于孙武、孙膑的记载相吻合,这证实了历史上孙武、孙膑各有其人,《孙子》的作者不是孙膑。肯定论者据此认为《孙子》成书年代与作者这一"千年聚讼"已"一朝得释"。然而否定论者却认为银雀山汉墓竹简的出土,并不能完全解决其书的成书年代与作者问题,他们依旧坚持《孙子》一书带有浓

---

① 《习学记言序目》卷四十六。
② 参见齐思和:《孙子兵法著作时代考》,载《中国史探研》,中华书局1981年版;李不基:《孙子十三篇释疑》,载《新东方》第2卷第3期;钱穆:《孙武辨》,载《先秦诸子系年》(增订本),香港大学出版社1956年版。

厚战国时代特征的基本观点。①

我们认为,《孙子》一书当基本成型于春秋末年,其作者当为孙武本人。具体理由有以下几点。

第一,孙武撰著《孙子》见于《史记》的明确记载。《史记·孙子吴起列传》云:"孙子武者,齐人也。以兵法见于吴王阖庐。阖庐曰:子之十三篇,吾尽观之矣。"这段记载至少透露了两点信息:1. 孙武曾著有兵法,并以此进见吴王阖庐并获重用;2. "十三篇"篇数与今传本《孙子》篇数相符。这是孙武著有《孙子》的最原始且有说服力的证据。

《史记·货殖列传》记载:"白圭,周人也。当魏文侯时,李克(悝)务尽地力,而白圭乐观时变……故曰:吾治生产,犹伊尹、吕尚之谋,孙吴用兵,商鞅行法是也。"白圭是战国前期人,他这里提到的"孙",自是指孙武而非孙膑,这表明历史上孙武确有其人。《汉书·刑法志》云:"吴有孙武,齐有孙膑,魏有吴起,秦有商鞅,皆禽敌立胜,垂著篇籍。"又《吕氏春秋·上德》云:"阖庐之教,孙、吴之兵,不能当矣。"高诱注:"孙、吴,吴起、孙武也。吴王阖庐之将也,《兵法》五千言是也。"这里两则史料均明确指出孙武实有其人,并著有兵法。高诱更肯定《孙子》凡五千言,与今传本字数相近。其他像《韩非子》、《尉缭子》、《黄帝内经》、《战国策》、《论衡》等典籍亦有类似的记载。这些情况表明,孙武善用兵,撰著兵书乃是战国、秦汉时人们的普遍共识。

又,《银雀山汉墓竹简·孙子佚文·见吴王》及青海《上孙家寨汉简孙子佚文》均曾提到"十三篇"("十三扁"),且《银雀山汉墓竹简·孙子》之内容与传世本《孙子》内容基本一致。② 这样便从现代考古学的角度进一步证实了孙子其人其书的可信程度。

第二,叶适、全祖望、陈振孙、钱穆、黄云眉诸人以《左传》不载孙武事迹,而断言孙武非《孙子》作者,或进而揣度孙武与孙膑为一人,或以为《孙子》成书于孙膑之手,凡是种种,多属猜测之辞。因为仅凭借《左传》之记载有

---

① 参见李零:《关于银雀山简本〈孙子〉研究的商榷》,载《文史》第 7 辑;以及郑良树的《论〈孙子〉的作成时代》等文。郭化若在其《孙子译注》的前言中,也持类似的看法。

② 参见吴九龙:《简本与传本孙子兵法比较研究》,载《孙子新探》,解放军出版社 1990 年版。

无而论定孙武与《孙子》的关系,其证据显然是贫乏的。这一点宋濂《诸子辨》中即有反驳。其要云:"春秋时,列国之事赴告者则书于策,不然则否。二百四十二年之间,大国若秦、楚,小国若越、燕,其行事不见于经传者有矣,何独武哉?"至于混淆孙武、孙膑为一人,或言孙膑作《孙子》,这一误解已随银雀山汉简出土而澄清,毋须赘说。

　　第三,否定论者常就战争规模、作战方式、文体特征考论《孙子》书带有浓厚的战国色彩,进而判定其书成于战国年间,孙武非其书作者。我们认为这一观点也是无法成立的。首先,就整个作战方式演变看,春秋乃是一个过渡时期,其前中期与西周以来的"军礼"传统一脉相承;而自晚期起,则发生了巨大的变化,反映为军队人数剧增,战争规模扩大,作战方式改变。仅就作战样式言,即示形动敌、避实击虚、奇正相生等"诡诈"战法开始流行,过去那种"约日定地"、"鸣鼓而战"、堂堂之阵的战法日趋没落。用班固的话,便是"自春秋至于战国,出奇设伏,变诈之兵并作"[①]。《孙子》与"古王者《司马法》"不同,集中反映这一历史潮流趋向实属正常。其次,在这一时代变革中,南方地区的吴、楚诸国乃得风气之先者。当时这些较少受旧"军礼"传统束缚的国家,在战争活动中更多地采用了埋伏、突袭、诱敌等"诡诈"战法,并经常奏效。孙武曾在吴国为将,深受当地军事文化的影响,在其著述中自然要体现南方军事文化(包括战法)的特点。所谓"孙氏之道,明之吴越,言之于齐"[②]指的就是这层含义。所以,不能以战争规模扩大、野战机动性增强等现象来简单地和战国特征画上等号,更不宜由此而否定孙武的著作权。

　　第四,值得注意的是,《孙子》书中也明显带有春秋前中期战争的基本特色。如其言"合军聚众",就反映了商周以来战争动员的主要特点。"穷寇勿迫",其实就是早期战争"不穷不能"、"战不逐奔"、"诛不填服"的翻版。而其"不战而屈人之兵"的全胜观念,则更体现了它与早期战争特征中广义一面的联系。众所周知,春秋前中期的战争更多的是以迫使敌方屈服为基本宗旨,因而军事威慑多于会战,真正以主力进行会战决定胜负的战争为数比较有限。换言之,当时大中型国家发生冲突时,多以双方妥协或使敌方屈服为结局,而彻底消

---

① 《汉书·艺文志·兵书略序》。
② 《孙膑兵法·陈忌问垒》所附残简。

灭敌方武装力量，摧毁对方政权的现象比较罕见。于是，会盟、"行成"与"平"，乃成为当时军事活动中的重要手段。公元前770年，屈瑕率楚军大败绞师，结城下之盟而退还；公元前612年，晋攻蔡，入蔡，为城下之盟而退师；公元前571年，晋、宋、卫三国之师攻郑，冬，城虎牢，逼迫郑国求和；等等，都是这方面的显著事例。对这类传统的追慕和借鉴，遂构成了《孙子》兵学的理想境界："不战而屈人之兵。"其他如言兵种而未提及骑兵，言"仁"而未尝"仁义"并称（"十一家注"本晚出，该本中"仁义"并称）以及"舍事而言理"的论述风格，均突出体现了春秋的时代精神。种种情况表明，《孙子》全书打上了春秋晚期社会变迁、军事斗争艺术递嬗的深深烙印。它只能成书于春秋期间。

当然，我们也不否认《孙子》书中有后人所增益的成分。如其"五行"观就有较明显的战国色彩；"焚舟破釜"等句颇可怀疑系后人窜入；而《用间篇》最后一段言"昔殷之兴也，伊挚在夏；周之兴也，吕牙在殷"云云，也与全书"舍事而言理"的基本风格相悖。然而所有这一切，均不足以动摇孙武为《孙子》作者、其书成于春秋晚期这一基本事实。

第二节 《孙子》的著录、流传及版本

一、关于《孙子》的著录与流传

据现存文献资料记载，《孙子》一书最早见于《史记》载述。《史记·孙子吴起列传》云："世俗所称师旅，皆道孙子十三篇。"可见当时称是书为"十三篇"。此后，历代对其书均有著录。其源流大致如下。

西汉时期是《孙子》书正式见于著录的重要开端，也是其书基本定型和开始流传的关键阶段。当时朝廷对兵书进行了三次大的搜集和校理。第一次是汉初"韩信申兵法"、"张良、韩信序次兵法，凡百八十二家，删取要用，定著三十五家"[①]。第二次是在汉武帝时，"军政杨仆捃摭遗逸，纪奏兵录"[②]。颜师古注云："捃摭，谓拾取之。"第三次是在汉成帝时，"光禄大夫刘向校经传、诸子、

---

① 《汉书·艺文志·兵书略》。
② 《汉书·艺文志·兵书略》。

诗赋，步兵校尉任宏校兵书，太史令尹咸校数术，侍医李柱国校方技。每一书已，向辄条其篇目，撮其指意，录而奏之"①。这三次兵书整理，都包括了最重要的《孙子》一书。尤其是第三次，它对于传世本《孙子》篇名、篇次的排定，内容的厘正，文字的校定，具有重要的意义。这次校书之事，由刘向总其成。他曾为整理校订后的书作叙录，附于其书之中，上奏皇帝。叙录的重要内容之一就是著录书名和篇题。根据其这一性质，我们可以推断《叙录》是古代目录书中著录《孙子》的第一部。刘向卒后，其子刘歆继承父业，"总括群书，撮其指要，著为《七略》"②。因此，《七略》也当著录有《孙子》。同时，需指出的是，经过刘向、任宏的校书，《孙子》遂形成定本，并由国家收藏。

《汉书·艺文志》源于刘歆《七略》，其对《孙子》有明确之著录，"《吴孙子兵法》82篇图九卷"，称"吴孙子"是为了有别于"齐孙子（孙膑）"。至于其篇数缘何由司马迁所言的"十三篇"（包括汉简本的提法）增至82篇，且附有图卷，原因不外乎二：一是自刘向到班固的百余年间，人们对《孙子》不断增益的结果，使其篇数大大膨胀；二是人们重新编纂篇次所致。我们认为，当以第一种因素可能性为大。故三国年间曹操注《孙子》，即指明宗旨："世人未之深亮训说，况文烦富，行于世者，失其旨要，故撰为《略解》焉"③，汲汲于恢复《孙子》之原貌。

曹操之《孙子注》，系现存世的《孙子兵法》最早注释本。其注简明切要，具有很高的军事学术价值，问世后即备受人们的称誉推崇。其注为三卷十三篇，正与阮孝绪《七略》著录《孙子》三卷相契合，这说明曹氏乃是就太史公所云《孙子》十三篇作注，至于孙子之佚文和他人所增附的内容则阙而不论。这亦从侧面进一步证实"十三篇"才是《孙子》的主体。曹操注《孙子》后，有《六朝钞本旧注孙子断片》，不知何人注本，日人香川默识《西域考古图谱》曾予收录。需附带指出的是，在两汉、魏晋南北朝期间，人们通常以"兵法"来特指《孙子》这部兵书。其正式命名为《孙子兵法》当属隋、唐以后之事。虞世南《北堂书钞》、李善《文选》注均称引"《孙子兵法》"，即一明证。

《隋书·经籍志三》著录有"《孙子兵法》二卷，吴将孙武撰，魏武帝注，梁

---

① 《汉书·艺文志序》。
② 《隋书·经籍志》。
③ 《孙子注·序》。

三卷","《孙子兵法》一卷,魏武、王凌集解","《孙武兵经》二卷,张子尚注",等等。还提到了孟氏、沈友诸人注释解诂。由此可见,《孙子》在唐初已有多种注解本。但从其篇幅看(少则一卷,多则二卷),当未尝逾越"十三篇"的范围,或以曹注整理本为底本使然。

唐代以降,随着社会经济文化的繁荣,印刷技术的进步,《孙子》的流传也进入了一个新的发展阶段。人们对《孙子》的尊崇有增无减,习学《孙子》成为较普遍的社会风尚。注家蜂起,各种单注本、集注本以及合刻本纷纷面世。尤其是在宋代,当时统治者有憾于国势积贫积弱,痛心于边患屡起迭至,出于扭转改变这一颓败局面的目的,便以较大的注意力投入军事领域,提倡研读兵书,探求富国强兵之道。北宋神宗元丰年间,正式将《六韬》、《孙子》、《吴子》、《三略》、《尉缭子》、《司马法》、《唐李问对》诸书勒为一编,号曰《武经七书》,颁行于武学,为将校所必读。《孙子》自此而成为国家钦定的武学经典著作。此种情况一直沿袭至明清而不变,如清代"武试默经",依然是"不出孙、吴二种"①。

与此相应,对《孙子》的著录也成为历代各类公私目录书编写时所关注的重点之一。《旧唐书·经籍志》、《新唐书·艺文志》、《宋史·艺文志》、《明史·艺文志》等"正史",以及《郡斋读书志》、《直斋书录解题》、《遂初堂书目》、《崇文总目》、《秘书省续编到四库阙书目》、《四库全书总目》等公私目录书,对《孙子》的各种版本、注家均有详略不同的著录。据不完全统计,唐宋以来,为《孙子》作注者不下二百余家,存世的亦在七十家以上。其中著名的注家,在隋唐时期有孟氏、李筌、陈皞、贾林、杜佑、杜牧等;在宋代有张预、梅尧臣、王晳、施子美、何延锡、郑友贤等;在明代有赵本学、刘寅、李贽、黄献臣等;在清代则有邓廷罗、顾福棠、朱墉、黄巩等。可谓名家辈出,蔚为大观。

二、关于《孙子》的主要版本

《孙子》书版本繁富,流传甚广,但穷本溯源,不外乎三大系统:1. 竹简本;2. 武经本;3. 十一家注本。

竹简本。1972年山东临沂银雀山汉墓竹简《孙子兵法》是迄今为止所发现

---

① 朱墉:《武经七书汇解·吴子序》。

的《孙子》最早手抄本。据专家研究，汉简本《孙子》陪葬的年代大约在建元元年（公元前140）到元狩五年（公元前118）之间。从字体风格来看，其抄写年代当在秦到汉文景时期，较历史上早期著录《孙子》的《史记》要早数十到上百年。有的学者据此而论定汉简本与今之传世本相比，更接近于孙武的手定原本。① 我们认为，这一说法有一定的道理，汉简本在校勘传世本《孙子》方面确有相当的价值，但不尽全面。因为汉简本虽弥足珍贵，但终究并非完璧。且刘向、任宏诸人校书，乃是综合勘比众多《孙子》古抄本，多方征考，择善而从，而成定本的，其质量当较汉简本为胜。从这个意义上说，汉简本可资参考，然不宜过于迷信。汉简本的最佳整理本，系文物出版社1985年出版的《银雀山汉墓竹简·【壹】·孙子》。

武经本。即指宋刻《武经七书·孙子》。《武经七书》最早著录在尤袤《遂初堂书目》中，称为《七书》，后因"武举以七书试士，谓之武经"②。宋本《武经七书·孙子》，是现存《孙子》最重要的版本之一，原为陆氏皕宋楼藏书，后为日本岩崎氏购得，收藏在静嘉堂。今有《续古逸丛书》影印本。自宋代至明末清初，《孙子》书流传始终以《武经》本为主导。相对而言，十一家注本的影响则比较微弱。与《武经》本有一定联系的是《魏武帝注孙子》，收录在清代孙星衍《平津馆丛书》卷一《孙吴司马法》内。它为现存的《孙子》最早注本，也是后世各种传写本、刊刻本的祖本。有影宋本传世。有学者认为，它与武经本属同一版本系统，但年代更早，错讹之处也较武经本、十一家注本为少。③ 历史上武经本系统质量上乘、影响广泛的研究著作主要有：金施子美《武经七书讲义·孙子》、明刘寅《武经七书直解·孙子直解》、明赵本学《孙子书校解引类》、明黄献臣《武经开宗·孙子》、清朱墉《武经七书汇解·孙子》，等等。

十一家注本。即宋本《十一家注孙子》，上海图书馆藏本，1961年中华书局影宋本。它也是传世《孙子》书中的最重要版本之一，乃与武经本共同构成

---

① 参见吴九龙：《简本与传本孙子兵法比较研究》，载《孙子新探》，解放军出版社1990年版。
② 《直斋书录解题》卷十二，《李卫公问对·题解》。
③ 李零：《银雀山汉简〈孙子〉校读举例》，载《中华文史论丛》1981年第4辑。

《孙子》书传本两大基本系统的源流。① 其书著录初见于尤袤《遂初堂书目》，《宋史·艺文志·子部》共著录三种《孙子》集注本，均从属于十一家注本系统。其中吉天保《十家孙子会注》当是十一家注本的重刻本。但在相当长一段时间内，十一家注本在社会上并不十分风行。这种状况，一直到清代孙星衍手里才加以改变。当时他以华阴《道藏》本《孙子集注》为底本，对十一家注本做了一番认真细致的校订考辨工作，使之重新焕发青春，声誉鹊起，一举打破了自宋以来《孙子》主要以武经本流传的格局。孙校《孙子十家注》也就成了近世流传最广、影响最大、最敷实用的《孙子兵法》读本。

第三节 《孙子兵法》的战争观

宋代郑友贤在《十家注孙子遗说并序》中指出："武之为法，包四种，笼百家，以奇正相生为变。是以谋者见之谓之谋，巧者见之谓之巧，三军由之而莫能知之。"参之本书，可知郑氏之论洵非虚言。《孙子兵法》内涵丰富，几乎包举了军事学上的各个领域。

一、《孙子兵法》的哲学基础

任何思想家都是按照一定的哲学观念来构建自己的学说体系的，哲学观念制约和指导着思想家的基本价值取向，这方面孙武也没有例外。他丰富的兵学思想之所以具有进步性、合理性，归根结底，是孙武在自己的兵学著作中始终坚持了一条正确的思想认识路线，整部《孙子兵法》完全建立在合理的哲学基础之上。

《孙子兵法》的哲学基础，首先表现为朴素唯物主义理论指导。孙武反对鬼神天意，崇尚事实分析。在《孙子兵法》中，孙武对"天"做了唯物主义的解释，认为"天者，阴阳、寒暑、时制也"，肯定天道不过是一种自然的现象，而不复再有主宰的性质。这样就和当时影响犹存的视天为人格神的宗教神学观划清了界限。基于这样的认识，孙武明确强调"先知者，不可取于鬼神，不可象于事，不可验于度，必取于人，知敌之情者也"，反对用阴阳杂占的方法去认识

---

① 杨丙安、陈彭：《孙子书两大传本系统源流考》，载《文史》1986年第17辑。

战争，主张"禁祥去疑"。因此，在观察战争问题上，孙武着眼于"道、天、地、将、法"等"五事"、"七计"，提倡在客观事实基础上做出判断，预测胜负。在孙子那里，战争是被当作一种客观物质运动现象来对待的，注重实际，不尚空谈，乃是其兵学思想的最大特色之一。如《形篇》所说的"地生度，度生量，量生数，数生称，称生胜"，就是一种把战争的胜负终极原因归结于物质条件的努力。特别值得指出的是，《孙子兵法》中有许多以征引"五行"观念来论证战争的客观物质性的内容。《势篇》说："声不过五，五声之变，不可胜听也；色不过五，五色之变，不可胜观也；味不过五，五味之变，不可胜尝也"，就是一例。这里的"五行"与《左传》等书的"五行"一样，都是被当作物质世界万事万物的最基本属性来看待的。而且孙武还更进了一步，即已将万事万物的演绎、派生和变化归结为"五行"的本质内涵了，并在此基础上，引申出"奇正"、"虚实"等作战指导范畴。[①]由此可见，孙武的战争理论，其出发点正是他的唯物主义物质观。

《孙子兵法》的哲学基础，其次表现为朴素辩证法思想的思辨特征。孙武能够以普遍联系、相互依存的观点、立场和方法来认识和把握军事问题。在他那里，军事问题首先是被作为一个整体来对待的。他讲"道、天、地、将、法""五事"，就是以联系的观点将政治、军事、天时地利条件、法制建设、人才拔擢等各项因素作为完整系统来进行考虑。第二，孙武的兵学基本范畴，如"奇正"、"虚实"、"主客"、"攻守"，等等，也无不以相互依存、互为关系的形式而存在，一方不存在，对方也就不存在，如无"虚"也即无"实"，无"正"也即无"奇"，彼此间都是对立的统一和普遍的联系。第三，不仅相互对立的事物具有联系统一性，就是同一事物内部也存在着不同倾向相互对立、互为渗透的属性，并将它用于战争指导："是故智者之虑，必杂于利害。杂于利而务可信也，杂于害而患可解也"；"故不尽知用兵之害者，则不能尽知用兵之利也"。正是这些辩证联系的观点，使得孙武的理论具有最大的圆融性。

朴素辩证法思想的重要内容之一，是主张把握事物转化上的"节"与"度"。遵循这一思想，孙武在对待战争大事上既高度重视，透彻研究，又非常

---

① 参见黄朴民：《五行问题与孙子兵法》，载《孙子新探》，解放军出版社1990年版。

谨慎，努力追求"不战而屈人之兵"的理想境界。这正是其备战与慎战观念的哲学前提。在具体作战、治军问题上，这种朴素辩证法思想也得到了有力的贯彻。如孙武既强调"军争"，认为这是克敌制胜的必要环节，又主张"军争"必有节制，指出过犹不及。又如，《九变篇》论述将之"五危"："必死，可杀也；必生，可虏也；忿速，可侮也；廉洁，可辱也；爱民，可烦也。"其实勇于牺牲，善于保全，同仇敌忾，廉洁自律，爱民善卒，等等，本来都是将帅应具备的优良品德，然而如果过了度的话，即发展到了"必"这一程度，那么其性质也就起了转化，走向反面，而成为"覆军杀将"悲剧的起因了。另外像治军上既主张"视卒如婴儿"、"视卒如爱子"，又反对"厚而不能使，爱而不能令，乱而不能治"；作战指导上既强调"胜可知而不可为"，又肯定"胜可为"等，也均是本着朴素辩证法思想观念的重要阐述。

朴素辩证法关于事物发展普遍属性理论对《孙子兵法》也有重大的启迪和影响。其中较为典型的例子，就是孙武运用发展变化的观点来阐述缕析"奇正"问题的哲学含义："故善出奇者，无穷如天地，不竭如江海。终而复始，日月是也；死而复生，四时是也……战势不过奇正，奇正之变，不可胜穷也；奇正相生，如循环之无端，孰能穷之哉！"这里无论是遣词用句，还是精神实质，都显然与老子等人的论述有其相似的一面。其他像"乱生于治，怯生于勇，弱生于强"、"五行无常胜，四时无常位，日有短长，月有死生"，等等，也同样体现了这种精神。

当然，《孙子兵法》对古代朴素辩证法思想是既有继承又有发展的。这主要表现为两点：第一，孙武注意辨别真伪，抓住事物本质。他看到，在战场上，为了迷惑敌人，真真假假，虚虚实实乃是一种常见的现象。因此，只有透过现象，抓住本质，不为外在的表面现象所迷惑，才能赢得胜利。他详细分析列举的三十余种"相敌"之法，就是从纷繁复杂的战争现象中所揭示的认识本质、抓住关键的经验总结。这标志着孙武真正吃透了朴素辩证法的精髓。

第二，孙武反对消极被动，强调发挥人的主观能动作用。与老子朴素辩证法一味主张贵柔守雌，反对刚强进取，具有明显保守性不同，《孙子兵法》中的朴素辩证法思想则充满了积极主动的进取精神，在尊重客观实际的同时，提倡发挥人们的主观能动作用。所以主张"择人而任势"、"形人而我无形"、"计利而听，乃为之势"、"敌逸能劳之，饱能饥之，安能动之"。总而言之，是要辩证观察问题，积极创造条件，实现克敌制胜的目的。

《孙子兵法》的哲学基础，第三还表现为民本政治思想精神的洋溢。春秋时期是我国古代民本主义思潮初步兴起的重要阶段，当时的思想家都普遍注意于考虑民众的欲求，尊重民众的愿望，关心民众的生计，争取民众的归附。这在《孙子兵法》中也有集中的反映。孙武的许多精彩命题和论述，都是在民本主义的精神指导和规范下提出并展开的。诸如"道者，令民与上同意也，故以可以与之死，可以与之生，而不畏危"①；"上下同欲者胜"②；"善用兵者，修道而保法，故能为胜败之政"③；"令素行者，与众相得也"④；"进不求名，退不避罪，唯人是保"⑤，等等，就是比较显著的标志。很显然，孙武在这里已经将战争的胜负同政治的清明与否直接加以联系和对应了。至于清明的政治，在孙子眼里则等同于关心民生，争取民心，使上下和谐，同心同德，即所谓"令民与上同意"、"上下同欲"、"与众相得"。而达到这一目标的手段、方式，就是"修道而保法"、"唯人是保"等。所有这一切，均打上了民本主义的深深烙印，也是孙武兵学理论具有历史进步性的具体表现。

二、慎战与备战并重的战争观念

春秋时代战争频繁，诸侯列国争霸与兼并一日无已。《孙子兵法》当然要反映这一时代特色，这决定了孙武在战争问题上鲜明地提出慎战与备战并重的主张，换言之，"安国全军"是孙武战争观的基本主线。

孙武对战争采取十分慎重的态度，《孙子兵法》开宗明义就提出："兵者，国之大事，死生之地，存亡之道，不可不察也。"战争是关系到国家存亡的头等大事，孙武多次告诫并提醒统治者，必须慎重对待战争，指出："亡国不可以复存，死者不可以复生。故明君慎之，良将警之。"对于那种缺乏政治目标和战略价值而轻启战端的愚蠢做法，孙武持坚决反对的态度："主不可以怒而兴师，将

---

① 《孙子兵法·计篇》。
② 《孙子兵法·谋攻篇》。
③ 《孙子兵法·形篇》。
④ 《孙子兵法·行军篇》。
⑤ 《孙子兵法·地形篇》。

不可以愠而致战。"①并要求战场指挥员做到"战道不胜,主曰必战,无战可也"②。

然而主张慎战并不意味着反对战争。《孙子兵法》提倡慎战的主旨,在于强调进行战争的政治目的应当遵循新兴阶级的功利主义原则,即做到"非利不动,非得不用,非危不战","合于利而动,不合于利而止";不战则已,战则必胜。这种既重战又慎战的观点,使孙武的战争观念既不同于儒、墨的非战主张,也与稍后法家嗜战立场有所区别。由此可见,孙武的慎战出发点是"安国全军",以最终赢得战争的胜利。

孙武是清醒的现实主义者。他鉴于战争不可避免,战争对社会经济、国家前途的巨大影响,把准备战争和指导战争的问题提到了极其重要的位置,强调做到有备无患:"用兵之法,无恃其不来,恃吾有以待也;无恃其不攻,恃吾有所不可攻也。"③这就是说,要把立足点放在做好充分准备,不打无准备之仗,以强大的军事实力迫使敌人不敢轻易发动战争的基点上。

基于慎战和备战并重的战争观念,孙武逻辑地推导出用兵的理想境界,这就是一个"全"字。所谓"全"就是全胜。《孙子兵法》中提到"全"的地方有十余处,最主要的篇章是《谋攻篇》。孙武认为"百战百胜"非"善之善者",高明的战争指导者应该做到"屈人之兵而非战也"、"拔人之城而非攻也"、"毁人之国而非久也",从而实现战略、战役、战斗的全胜,即"必以全争于天下,故兵不顿而利可全",用全胜的计谋争胜于天下,"不战而屈人之兵"。为了达到这一境界,孙武提出了"上兵伐谋,其次伐交"的主张,认为指导战争的上策是挫败敌人的谋略,其次是展示强大的兵威慑服敌人。至于"伐兵"、"攻城",那就等而下之了。由此可见,孙武的"全胜"思想,实际上仍然是其慎战和备战思想在作战指导上的反映。慎战与备战、重战思想犹如一条红线,贯穿于《孙子兵法》十三篇中。

如果不得已进行战争,孙武主张实行进攻速胜战略。他明确提出,从事战争的目的是为了"掠乡分众,廓地分利"④,即掠取他国的人力物力资源,扩张

---

① 《孙子兵法·火攻篇》。
② 《孙子兵法·地形篇》。
③ 《孙子兵法·九变篇》。
④ 《孙子兵法·军争篇》。

版图，在争霸兼并战争中立于不败之地。在《九地篇》中，孙武更以明确的语言表明了自己的进攻战略："夫霸王之兵，伐大国，则其众不得聚；威加于敌，则其交不得合。"从历史发展的角度看，孙武这一战争观，是符合新兴势力要求的，是与社会大变革的潮流相一致的，具有突出的进步意义。

第四节 《孙子兵法》的制胜之道

一、知彼知己　预见胜负

崇智尚谋，是《孙子兵法》乃至整个古代兵学的基本特色。这决定了孙子战略决策和作战指导的制定和实施，立足于"先胜"的前提之上。他曾斩钉截铁地表示，"胜兵先胜而后求战，败兵先战而后求胜"，可见在他心目中，从事战争必须是如履薄冰，千万马虎不得。必须先有胜利的条件，胜利的方案，胜利的把握，才可以对敌一战。这就是所谓的"先胜"。因此，他不厌其烦地强调要"料敌制胜，计险厄远近"，认为这才是巧妙驾驭战争的"上将之道"。

然而，如何达到"先胜"的目的呢？孙子认为，那是大有讲究的。按他的见解，"先胜"不是可以坐而致之的，而必须通过主观上的不懈努力来加以实现。努力的正确方向，则是全面了解和掌握各种情况，预测各种变数，在此基础上正确筹划战略全局，机宜实施战役指导，以赢得战争的胜利。用他自己的话精确洗练地来表述，即"知彼知己，胜乃不殆；知天知地，胜乃可全"。由此可见，以"知彼知己"为主要方式的"先胜"思想，是孙子制胜之道的出发点和基础。

孙子认为，从事战争的先决条件是要做到"知彼知己"，因为只有全面了解各种情况，正确估量敌我态势，才能做出正确的判断，定下正确的决心，制订正确的作战方针。鉴于这样的认识，孙子主张在开战之前对敌我双方的主客观条件——"五事七计"做出全面的了解，并进行仔细周密的考察比较，"校之以计而索其情"。看一看究竟哪一方君主政治清明，哪一方将帅更有才能，哪一方拥有有利的天时地利条件，哪一方法令能够贯彻执行，哪一方武器坚利精良，哪一方士卒训练有素，哪一方赏罚公正严明，以期对战争的胜负趋势做出高明的预测，并据此来制定己方的战略战术方针。孙子一再强调这样做的必要性，认为不如此就意味着失败:"不知彼而知己,一胜一负;不知彼,不知己,每战必殆。"①

孙子进而认为,不但在战前战略决策中要贯彻"知彼知己"的原则,而且在实施作战指导整个过程中,也要始终不渝地将"知彼知己"、"知天知地"作为自己行动的最高纲领。 他首先是通过对未能"知彼知己"而造成不利后果的论述,从反面印证了全面了解掌握敌情的重要性:"不知战地,不知战日,则左不能救右,右不能救左,前不能救后,后不能救前"②,"知吾卒之可以击,而不知敌之不可击,胜之半也;知敌之可击,而不知吾卒之不可以击,胜之半也;知敌之可击,知吾卒之可以击,而不知地形之不可以战,胜之半也"③。 接着,他又从正面充分肯定了"知彼知己"对于指导战役胜利的意义:"故知战之地,知战之日,则可千里而会战"④,"故知兵者,动而不迷,举而不穷"⑤。 层层递进,环环紧扣,反复论证,鞭辟入里,从战役战术的层次将"知彼知己"、预见胜负的要义阐述无遗。

《军争篇》中有这么一段精彩的文字:"不知诸侯之谋者,不能豫交;不知山林、险阻、沮泽之形者,不能行军;不用乡导者,不能得地利。"可见上至"伐谋"这样的战略层次,下至行军屯兵这样具体的举措,都不能须臾违背"知彼知己"、"知天知地"的根本原则。 那么应该通过何种方式来了解和掌握情况呢? 孙子对此也提出了自己系统的看法,从而使"知彼知己"的原则不曾流于空泛。

第一,是重视用间,掌握第一手的敌情材料。 孙子大力提倡用间,把这看成"知彼",也即"知敌之情实"的最重要手段之一,提高到战略的高度上来加以认识,"故唯明君贤将,能以上智为间者,必成大功。 此兵之要,三军之所恃而动也"⑥。 为此,孙子专门撰写了《用间篇》,来集中论述用间的原则和方法。 主张乡间、内间、反间、死间、生间等"五间并起",而以"反间"为主。通过间谍将敌人的方方面面情况侦察得一清二楚,以确保自己战略方针得以顺利实施。

---

① 《孙子兵法·谋攻篇》。
② 《孙子兵法·虚实篇》。
③ 《孙子兵法·地形篇》。
④ 《孙子兵法·虚实篇》。
⑤ 《孙子兵法·地形篇》。
⑥ 《孙子兵法·用间篇》。

第二，是战场"相敌"，掌握敌人的动向。所谓"相敌"，其本义是战场交锋之前，仔细观察敌情，并在此基础上判断敌人的行动意图，从而根据正确的判断，来相应决定自己的作战措施。孙子在《行军篇》中列举了三十余种的具体相敌之法。其中包括通过对敌人言论行动的观察以判断敌之作战意图，通过对鸟兽草木和尘埃的观察以判断敌人的行动意向；通过对敌人活动状况的观察来判断敌人的劳逸、虚实、士气以及后勤补给等情况。尽管在今天看来，这些具体的"相敌"方法大部分业已过时，但是在当时的历史条件下，孙子主张"相敌"，把它作为战争指导者达到"知彼知己"目的的主要手段之一，却是具有其特殊意义，反映了孙子对作战指导规律孜孜探求的可贵努力。

第三，是火力侦察，通过试探性进攻，来进一步了解和掌握敌情。在《虚实篇》中，孙子论述了四种试探敌人虚实的具体方法："故策之而知得失之计，作之而知动静之理，形之而知死生之地，角之而知有余不足之处。"意思是说，要通过认真的筹算，来分析敌人作战计划的优劣得失；要通过挑动敌人，来了解敌人的活动规律；要通过示形佯动，来试探敌人生死命脉之所在；要通过小规模交锋，来探明敌人兵力的虚实强弱。所有这些，都是在临战状态之下为了获取敌人情报而采用的方法，是孙子对战争经验的总结，并在战争实践中屡试不爽。它们的提出，表明孙子"知彼知己"的指导思想，已在具体的作战行动各个环节上得到了实实在在的贯彻。

二、先发制人　进攻速胜

"先其所爱"，"兵贵胜，不贵久"，强调先发制人，提倡速战速决，推崇作战行动的突然性、主动性、进攻性、运动性，这可以说是孙子制胜之道的重要特点。

在军事上，"先发制人"是一个非常重要的命题。早在《军志》中便有"先人有夺人之心"的提法，《左传》里也有"宁我薄人，无人薄我"的见解。其实质含义即主动进攻，实施突然袭击，以争取作战上的先机之利。

孙子主张"伐大国"，积极主动进击敌人，"威加于敌"，以泰山压顶之势，摧毁敌人的抵抗意志，消灭敌人的有生力量，实现"自保而全胜"的战略目的。这表明孙子所奉行的是进攻战略的指导原则。主动性是他所坚持的主要作战纲领。这一特点，决定了孙子推崇在作战行动中先发制人，来克敌制胜。

孙子对"先发制人"问题的论述是相当精辟的。他强调在作战过程中,一切都要抢先一步,使自己处于主动有利的地位。在《虚实篇》中,他曾指出这样做的重要性:"凡先处战地而待敌者佚,后处战地而趋战者劳",意思就是先敌一步,即可以佚待劳,一举击败来犯之敌。鉴于这样的认识,孙子一再主张在展开军事行动时,要做到"后人发,先人至"①,夺取先机之利。

"先发制人"的重要性既然不言而喻,那么剩下的问题,便是如何实施高明指导,来贯彻"先发制人"的目的了。孙子指出,要"先发制人"必须做到两点。一是"先发制人"应该创造和把握正确的时机。具体地说,就是要通过示形惑敌等方法,诱使敌人放松戒备,暴露破绽,然后以迅雷不及掩耳之势,主动进攻,乘虚而入,一举克敌:"敌人开阖,必亟入之","是故始如处女,敌人开户;后如脱兔,敌不及拒"②。二是"先发制人"应该在己方处于完全主动的地位情况下运用,其进攻的方向应当选择在敌人最薄弱且又是要害的环节,从而触一发而牵动全身,以收事半功倍之效,确保"先发制人"的战略意图能够得以顺利实现。具体地说,就是要"先夺其所爱,则听矣";"先其所爱,微与之期"③。

"先发制人"的主要目的之一,乃是为了给敌以猝不及防的打击,尽可能迅速地完成战略任务以结束战斗,以较小的代价换取较大的战果。这样的指导思想,落实到具体作战行动中,就势必逻辑地推导出"速战速决"的主张。应该说,"先发制人"与"速战速决"乃是同一个问题的两个方面。

从《孙子兵法》所反映的情况来看,孙子是坚定不移地提倡速战速决的,主张在最短的时间里,战胜敌人,夺取胜利,反对使战争旷日持久,疲师耗财。他的基本观点是:"兵闻拙速,未睹巧之久也。夫兵久而国利者,未之有也。"④

孙子强调进攻速胜,原因除了这样做符合"先发制人"战法的基本要求外,也是出于对战争的经济重荷以及当时外交战略格局形势等因素的考虑。

从战争与经济关系这一角度观察问题,孙子认为进攻速胜至关重要。《作战篇》指出:"凡用兵之法,驰车千驷,革车千乘,带甲十万,千里馈粮,则内外之

---

① 《孙子兵法·军争篇》。
② 《孙子兵法·九地篇》。
③ 《孙子兵法·九地篇》。
④ 《孙子兵法·作战篇》。

费，宾客之用，胶漆之材，车甲之奉，日费千金，然而十万之师举矣。"类似的论述也见于《用间》诸篇。它们表明，从事战争所损耗的财力、物力，数量大得惊人，对国计民生来说，不啻是极其沉重的负担，虽可暂时支撑较短的时间，但如果时间一长，各种严重的后果便会纷至沓来，使国家和民众陷于不可自拔的困境。对此，孙子是有清醒认识的。因此他在同篇中态度鲜明地继续论述道，"久则钝兵挫锐，攻城则力屈，久暴师则国用不足"，绝不可等闲视之。这样，孙子便从战略经济的高度论证了采取速战速决方针的必要性。

孙子强调进攻速胜，同时也是基于对当时列国战略格局的认识。春秋时期，诸侯林立，竞相争霸称雄，关系错综复杂。在这种情况下，如果某一国长期从事征战，就会给第三国带来可乘之机，最终使自己陷于两线作战的被动局面，出现所谓的"鹬蚌相争，渔翁得利"的情况。用孙子自己的话说，就是："夫钝兵挫锐，屈力殚货，则诸侯乘其弊而起，虽有智者不能善其后矣！"①从历史情况看，吴国的衰亡就是明显的例子。吴国的灭亡，原因固然很多，但它长期穷兵黩武，北上与齐、晋争雄，造成"钝兵挫锐，屈力殚货"，以至为越国乘隙蹈虚，惨遭败绩，无疑是最主要的因素。可见，为了避免出现"诸侯乘其弊而起"的不利情况，战争指导者在开展军事行动时，也必须坚决贯彻进攻速胜的原则。

正是在这个意义上，孙子反复阐述"兵贵胜，不贵久"的道理，指出："善用兵者，役不再籍，粮不三载，取用于国，因粮于敌。"②他之所以反对攻城，其原因主要也是看到一旦采取攻城，那么必将因准备攻城的器械、建筑用于攻城的土山而导致旷日持久，无法速胜。这些情况充分表明，孙子是从战略全局的高度来认识速战速决的军事意义的。

为了圆满实现速战速决这一战略意图。孙子主张在采取军事行动时，一是要做到突然性，使敌人处于猝不及防的被动状态："兵之情主速，乘人之不及，由不虞之道，攻其所不戒也"③；"进而不可御者，冲其虚也；退而不可追者，速而不可及也"④，努力达到那种"后如脱兔，敌不及拒"的最佳效果。二是要做

---

① 《孙子兵法·作战篇》。
② 《孙子兵法·作战篇》。
③ 《孙子兵法·九地篇》。
④ 《孙子兵法·虚实篇》。

到运动性,即提倡野外机动作战,调动敌人,以期在野战中予以歼灭性的打击:"顺详敌之意,并敌一向,千里杀将"①;"以迂为直,以患为利,故迂其途而诱之以利,后人发,先人至"②。总之是要"悬权而动",使自己始终保持主动地位,行动自如:"其疾如风,其徐如林;侵掠如火,不动如山;难知如阴,动如雷震。"③三是要做到隐蔽性,使敌人无从窥知我方的真实作战意图,如同聋子、瞎子一样,从而确保我方速战速决军事行动的突然性能够达到,运动性可以实现:"易其事,革其谋,使人无识;易其居,迂其途,使人不得虑"④;"因形而错胜于众,众不能知;人皆知我所以胜之形,而莫知我所以制胜之形"⑤。孙子认为,只要在军事行动中真正做到了隐蔽、突然、机动,那么就能够速战速决,出奇制胜。

孙子先发制人、进攻速胜的思想对后世兵家的影响至为巨大,他们大多在继承孙子这一理论的基础上,进一步阐明、发挥先发制人的作用,进攻速胜的意义。如《吕氏春秋》的作者,就把迅猛神速,先发制人,看成"此所以决义兵之胜",而反对进攻行动上的旷日持久,"不可久处"。又如《白豪子兵䥽》也强调"时不再来,机不可失,则速攻之,速围之,速逐之,速捣之,靡有不胜"。所有这些,均显示出孙子速胜理论的强大生命力。

当然,从军事科学的层面上看,孙子先发制人、进攻速胜的作战原则也是有一定片面性的,这主要表现为他将速胜与持久的关系机械地对立起来。因为虽然战役战斗上采取速战速决的方针始终必要,不可动摇;然而,在战略上,则必须根据双方力量对比等实际情况,来具体决定是进攻速胜或是防御持久,当速则速,宜久则久,不可拘定。否则,便是形而上学,到头来必定会遭到战争规律的惩罚。

三、兵不厌诈 因敌制胜

兵不厌诈,计出万端,灵活机动,因敌制胜,这是孙子制胜之道的主要手段

---

① 《孙子兵法·九地篇》。
② 《孙子兵法·军争篇》。
③ 《孙子兵法·军争篇》。
④ 《孙子兵法·九地篇》。
⑤ 《孙子兵法·虚实篇》。

和方式。它的核心含义，就是灵活用兵，"战胜不复"。

孙子认为在战争中，要掌握战场主动权，实现克敌制胜的目的，就必须在具体作战指挥上坚决贯彻"兵者诡道"、"兵以诈立"的原则，施行诈谋奇计，人为地造成敌人的错觉，使之产生判断错误，然后再给予出其不意的打击，一举而致克敌之效。

在这里，孙子把兵不厌诈推崇为军事家指挥艺术的精妙极致，指出作战成功的奥秘在于能打，却装作不能打；要打，却装作不想打；明明要向近处，却装作要向远处；实际要向远处，却装作要向近处；敌人贪利，就用小利引诱他；敌人混乱，就乘机攻取他；敌人实力雄厚，就注意防备他；敌人兵势强盛，就暂时避其锋芒；敌人暴躁易怒，就挑逗扰乱他；敌人卑怯谨慎，就设法使之骄横；敌人休整良好，就设法使之疲劳；敌人内部和睦，就设法加以离间。所有这些，都是兵不厌诈的具体表现形式，孙子认为，通过它们，即可达到"攻其无备，出其不意"的目的，置敌人于"不知其所守"，"不知其所攻"，处处被动挨打的困境。

众所周知，进攻与防御，乃是两种最基本的战斗形式，至于追击、退却、包围、迂回……不过是它们的变化而已。那么，究竟在什么情况下采用什么战斗形式，就必须根据客观情况来决定。要知道，战争的现象是难于捉摸把握的，所谓的"战机"，乃是稍纵即逝的东西。因此，捕捉战机，采取行动，完全依赖于指挥人员的"妙用"。这就是灵活机动。

灵活机动，关键在于正确地使用兵力和灵活地变换战术，"不以法为守，而以法为用，常能缘法而生法，与夫离法而合法"①。既要尊重作战原则，但又不死守作战原则，而是根据天势、地势、敌势、我势，做到"战胜不复，而应形于无穷"。一句话，就是要正确处理作战指导的"常"、"变"关系问题。

孙子充分认识到用兵打仗贵在灵活机动、随机应变，拘泥常法、一成不变，必然导致覆军杀将、辱身误国，因此他鲜明地提出了"因敌制胜"的重要命题，作为指导战争的根本原则："水因地而制流，兵因敌而制胜。故兵无常势，水无常形，能因敌变化而取胜者，谓之神。"一再强调这是所谓的"兵家之胜"，是无从事先呆板规定的。

---

① 《何博士备论·霍去病论》。

需要指出的是,孙子主张"因敌制胜",并不等于他否定所有"常法",将千百年来无数人用鲜血和生命凝成的作战法则一笔勾销。恰恰相反,他本人十分尊重经得起历史检验的"用兵之法",并在自己的兵学著作中反复加以肯定。如《军争篇》论述用兵"八戒":"高陵勿向,背丘勿逆,佯北勿从,锐卒勿攻,饵兵勿食,归师勿遏,围师必阙,穷寇勿迫",就是明显的一例。孙子所反对的,仅仅是不分地点、时间、场合,不顾敌情、我情而一味死守那些习以为常的作战原则,不知变通,最后导致作战失利的愚蠢做法。

在尊重作战"常法"的前提下,孙子更重视用兵的灵活机宜、不拘一格。用他自己的话讲,就是"践墨随敌,以决战事"①,认为"因敌制胜",是通往胜利彼岸的舟楫,走向光辉顶点的阶梯。指挥员不论在何时何地都不能违背这一原则的精神。

在《孙子兵法》一书中,孙子关于"因敌制胜"作战指导原则的具体论述,是相当丰富且十分精彩的。这里可以列举几个突出的例子来说明问题。

一是对攻守关系的看法。孙子在《军形篇》中指出:"不可胜者,守也;可胜者,攻也。守则不足,攻则有余。"这里孙子对攻守之宜问题提出了辩证的看法,认为当在自己力量不足,或者时间和地点都不利,没有战胜敌人可能的情况下,就要实施防御;反之,当自己力量占有优势,具备了战胜敌人的条件,这时便要展开进攻,而切切不能一厢情愿地从主观愿望出发,想进攻就进攻,不想进攻就防御,以至陷于攻守失据的被动地位。孙子进而强调指出,只有在攻守问题上真正做到因敌变化、随机处宜,才算是掌握了灵活机动指挥艺术的精髓。不论是进攻抑或防守,均可以得心应手,从容自如,无往而不胜:"善守者,藏于九地之下;善攻者,动于九天之上。故能自保而全胜也。"②

二是以"因敌制胜"原则来观照和认识作战的机断指挥问题。《九变篇》集中体现了这层思想。王晳注该篇主旨是"九者,数之极;用兵之法,当极其变耳",张预注说得更为明确具体:"变者,不拘常法,临事适变,从宜而行之之谓也。"这些看法无疑均是正确的。孙子在篇中既提出了一些行军作战的常法,"圮地无舍,衢地交合,绝地无留,围地则谋,死地则战",更强调了根据具体情

---

① 《孙子兵法·九地篇》。
② 《孙子兵法·形篇》。

况灵活变化，机断指挥，不囿于一时一地的得失，立足于全局进行指导："途有所不由，军有所不击，城有所不攻，地有所不争，君命有所不受。"并把将帅能否精通各种机变的利弊，看作是否懂得用兵的标志，指出"治兵不知九变之术，虽知五利，不能得人之用矣"。

三是从"因敌制胜"原则的高度阐述"奇正"的变化问题。"奇正"是孙子所提出的一个重要军事范畴，古人认为它是"用兵之钤键，制胜之枢机"。一般地说，常法为正，变法为奇。在兵力使用上，守备、钳制的为正兵，机动、突击的为奇兵；在作战方式上，正面攻、明攻为正兵，迂回、侧击、暗袭为奇兵；在作战方法上，按一般原则作战为正兵，采取特殊战法为奇兵；在战略上，堂堂正正进兵为正，突然袭击为奇。在孙子那里，对"奇正"的变化运用的论述，乃是以"因敌制胜"原则为出发点的，既肯定"战势不过奇正"，强调用兵打仗要做到"以正合，以奇胜"；同时，更提倡根据战场情势的变化来灵活变换奇正战法："奇正相生"、"奇正之变，不可胜穷也"①。总之，一切从实际出发，当正则正，当奇则奇，因敌变化，应付自如，进入驾驭战争规律的自由王国。

其他像《火攻篇》言"凡火攻，必因五火之变而应之"；《九地篇》言"九地之变"；《军争篇》言"四治"，"无邀正正之旗，击堂堂之阵"，等等，都概莫能外地蕴涵着"因敌而制胜"的深刻哲理，闪烁着辩证观察和处理战机的思想火花。

由于孙子"因敌制胜"的作战指导思想，符合战争活动的内在规律，在实战实践中一再获得验证，因此为后世兵家奉为圭臬，备受青睐。他们沿着孙子开辟的道路前进，进而从各方面深化"因敌制胜"的思想，《吴子》提到了"其将愚而信人，可诈而诱"等十一种情况，《阵纪》归纳为"因敌之险以为己固"四种情况，《兵法百言》又概括为"艰于力而借敌之力"等六种类型，均可视为这方面的具体努力。其中《宋史·岳飞传》所载的南宋抗金名将岳飞那句名言，"阵而后战，兵法之常，运用之妙，存乎一心"，可谓是对孙子"因敌而变化"思想最深刻、最洗练的阐发，堪称孙子千载之后的真正知音。

总之，"兵之变化，固非一道"，因敌变化，随机制敌，永远是高明的战争指导者自由驰骋的广阔天地。倘若不懂得这层道理，不遵循这条原则，那么即便

----

① 《孙子兵法·势篇》。

是遍读天下兵书，也终究是纸上谈兵，隔靴搔痒，到头来难免夸夸其谈，一事无成。历史上赵括、马谡之流丧师辱身，贻笑天下，就是最显著的例子。

四、致敌就范　把握主动

孙子认为决定战争胜负的症结，在于"胜兵先胜而后求战"，而要确保自己在战争中永远立于不败之地，就必须创造条件，始终牢牢地掌握主动权："先为不可胜，而待敌之可胜。"而掌握主动权的核心，关键则在于做到"致人而不致于人"，即调动敌人、钳制敌人而不为敌人所调动、所钳制。这从战略层次上说，就是要做到"夫霸王之兵，伐大国，则其众不得聚；威加于敌，则其交不得合"[1]，进入"其所措必胜，胜已败者也"[2]的理想境界；就战术层次而言，掌握主动权，就是意味着"能使敌人前后不相及，众寡不相恃，贵贱不相救，上下不相收，卒离而不集，兵合而不齐"[3]，是"敌佚能劳之，饱能饥之，安能动之"[4]。总之，是让敌人处处被动挨打，无可奈何；自己则攻守皆宜，稳操胜券！

主动权不是现成的东西，而必须是战争指导者运用聪明才智，发挥主观能动性，才能争取到手的。因此孙子在充分肯定夺取主动权的同时，更以极大的精力来探讨如何争取主动权的问题，发表了许多非常精辟的见解，概括起来说，大致有下面几个方面。

第一，加强军队实力，造成对敌力量对比上的绝对优势，"胜兵若以镒称铢"，"胜者之战民也，若决积水于千仞之谿者，形也"[5]。这里的"形"，是"军形"，即指军事实力及其外在表现。战争固然是智的角逐，但同样也是力的较量。如果没有强大的军事实力，奇谋妙计再多再好，也是无从争取战争主动权的。孙子对这层道理洞若观火，因此他讲主动权问题，首先立足于增强军事实力这一点上，主张造就"以碬投卵"的主动态势，然后在这基础上争取先机之利。

第二，造势任势，发挥主观能动性，主动灵活地打击敌人。所谓"势"，按

---

① 《孙子兵法·九地篇》。
② 《孙子兵法·形篇》。
③ 《孙子兵法·九地篇》。
④ 《孙子兵法·虚实篇》。
⑤ 《孙子兵法·形篇》。

孙子的本意，指的是军事力量合理的积聚、运用，充分发挥其威力，突出表现为有利的态势和强大的冲击力。孙子认为光有实力还不够，要夺取主动权，重要的环节之一，是要造势任势，所谓"计利以听，乃为之势，以佐其外"①，就是这个含义。因此他一再指出："善战者，求之于势，不责于人，故能择人而任势"②。孙子所说的造势和任势，其实质含义就是要在强大军事实力的基础上，充分发挥将帅的杰出指挥才能，积极创造和运用有利的作战态势，主动灵活、卓有成效地克敌制胜。

在《势篇》中，孙子还曾指出："善战者，其势险，其节短。势如彍弩，节如发机。"这表明孙子在重视造势任势以夺取主动权的同时，也注意到以"节"制"势"的问题。他认为"势"与"节"二者互为关系，相辅相成。有势无节，不能发其机；有节无势，则不能逞其威。势要险，即应该快速突然；节要短，即应该近距离发起攻击，"势如彍弩，节如发机"。孙子说："鸷鸟之击，至于毁折者，节也。"可见只有节量远近，掌握时机，正中其宜，才能充分发挥"势"的威力，使敌人遇之者毁，触之者折，从而真正把握战场的主动权。

第三，示形动敌，主动创造条件。战场上两军对阵，敌我双方在主观上都毫无例外地要致力于造势任势，以争取主动的地位。能否成功，关键之一，就在于能否广施权变，示形动敌，出奇制胜。

"兵以诈立"，在战争中，如果同敌人讲信义，比道德，那么就会成为宋襄公一类的蠢人，丧师辱国，为天下笑。正确的做法应该是真真假假、虚虚实实，以迷惑对手，把握主动，左右战局，夺取胜利。孙子把这种高招，概括为"示形"动敌。

所谓"示形"，就是隐真示假，诱使敌人中计上当，被自己牵着鼻子走，最后陷入失败的命运。用孙子自己的话说，就是"善动敌者，形之，敌必从之；予之，敌必取之。以利动之，以卒待之"③。孙子指出，战场上示形动敌、克敌制胜的最上乘境界乃是"形人而我无形"；"形兵之极，至于无形。无形，则深间不能窥，智者不能谋"④。孙子认为，一旦达到这种境界，那么进行防御，即

---

① 《孙子兵法·计篇》。
② 《孙子兵法·势篇》。
③ 《孙子兵法·势篇》。
④ 《孙子兵法·虚实篇》。

可"藏于九地之下",坚如磐石;实施进攻,即可"动于九天之上",制敌于死地。一句话,我军处处主动,而敌军则处处被动。

第四,奇正并用,避实击虚。孙子认为,要造成有利的作战态势,掌握战场主动权,在作战指挥上一是要解决战术上的"奇正"变化运用问题,"三军之众,可使必受敌而无败者,奇正是也"①。所谓奇正,首先是兵力的配置和使用,"以正合,以奇胜",也即《尉缭子》所言的"正兵贵先,奇兵贵后"。其次,也是更重要的,是战术的选择和运用,"奇正相生"、"奇正之变"。

孙子同时指出,要掌握战场主动权,在作战指挥上还要正确贯彻"避实而击虚"的原则。

"虚实"是孙子兵学中的一个重要军事范畴。一般而言,无者为虚,有者为实;空者为虚,坚者为实。表现在具体军情上,大凡怯、饥、乱、劳、寡、不虞、弱为虚;勇、饱、治、逸、众、有备、强为实。总之,被动为虚,主动为实。虚弱无能为虚,强大有为为实。孙子从中揭示出一条重要的规律,这就是避实击虚。

孙子"避实击虚"的原则,首先表现在对攻击目标、攻击方向的选择上。基本的指导思想是,避开敌人的强点,攻击敌人虚弱但性命攸关的关键部位。从根本上调动对手,制服敌人。他说"出其所不趋,趋其所不意。行千里而不劳者,行于无人之地也;攻而必取者,攻其所不守也;守而必固者,守其所不攻也";又说"进而不可御者,冲其虚也"②,讲的都是一个意思。总之,只要在作战目标及方向选择上贯彻了"避实而击虚"的方针,那么就可以达到"善攻者,敌不知其所守;善守者,敌不知其所攻"③的目的了。

孙子"避实击虚"的原则,其次还表现为对攻击时机的把握。基本的指导思想是,避免同正处于士气高涨、斗志旺盛阶段的敌人正面交锋,而是通过各种手段瓦解敌人的士气,消磨敌人的斗志,尔后再予以突然而凌厉的打击,夺取战争的胜利。《军争篇》所提到的"治气"主张,就集中反映了孙子"避实击虚"原则在战机捕捉把握上的运用,"善用兵者,避其锐气,击其惰归"。另外像《九地篇》言"敌人开阖,必亟入之",也是类似的意思。

---

① 《孙子兵法·势篇》。
② 《孙子兵法·虚实篇》。
③ 《孙子兵法·虚实篇》。

综上所述，孙子制胜之道的核心就是致敌就范，掌握主动。孙子认为，只要掌握了主动权，战略方针即可确保落实，战术运用即可得心应手，在这样的情况下，胜利的天平自然而然会朝着自己这一边倾斜了："故我欲战，敌虽高垒深沟，不得不与我战者，攻其所必救也；我不欲战，画地而守之，敌不得与我战者，乖其所之也"①，从而真正进入驾驭战争的自由王国。

历史在前进，战争在发展，夺取主动权的内容、方法和手段也随之而丰富、完善或改变。然而主动权是军队行动的自由权，行动自由是取胜的关键这一点永远不会改变。正是在这个意义上，孙子的名言——"致人而不致于人"将作为普遍的真理，同战争现象相共存。

五、集中兵力　以镒称铢

正确选择主攻方向，集中优势兵力，在全局或局部上造成"以镒称铢"的有利态势，各个歼灭敌人，这是孙子制胜之道的突出环节。

作战双方，谁具有优势的战场地位，谁就能拥有军队行动的主动权，这乃是古今中外战争中的一条重要规律。大体而言，两军对阵，凡兵力薄弱、指挥笨拙的一方，一般情况下，总是比较被动。所以，古往今来的军事家们很自然地提出了"众寡分合"的著名命题。所谓"众寡"，就是兵力的对比问题；所谓"分合"，就是指兵力的部署使用问题。两者的核心所在，就是要集中兵力，在全局或局部造成优势，分一为二，各个击破敌人。

孙子是历史上第一个重视并系统阐述"众寡分合"作战原则的兵学大师。在《谋攻篇》中，他明确强调"识众寡之用者胜"，把这看成"知胜有五"的一项重要因素。这里的"众寡"当然是指兵力的多少，而"用"则是指兵力的运用，也即《军争篇》所说的"分合为变"。孙子认为，要确保掌握主动权，夺取战争的胜利，就必须在战场交锋时集中优势兵力，以镒称铢，"以碫击卵"，给敌人以毁灭性的打击。为此，他在自己的兵法著作中反复阐发了集中兵力问题的重要性，并一再提出具体的集中优势兵力的种种主张："并力"、"并敌一向"、"并气积力，为不可测"、"我专为一"，从而达到"以众击寡"的目的。

当然，战场的敌我态势是多种多样且瞬息万变的，因此集中兵力的方法也不

---

① 《孙子兵法·虚实篇》。

宜固守一道,而应该是因敌变化、随机制宜。孙子对此有清醒的认识,所以他在《谋攻篇》中论述了集中兵力的各种对策,"十则围之,五则攻之,倍则分之,敌则能战之",主张针对不同的兵力,分别灵活地采取"围"、"攻"、"分"、"战"等战法,确保己方进退自如,攻防皆宜。

兵力的多少与兵力的集中分散,并不是同一回事。在总体上说,兵力对比虽占优势,但在具体作战过程中也可能因兵力部署的分散而丧失优势;反之,兵力在总体上占劣势,但也可能因相对集中而形成局部上的优势。由此可见,集中兵力是有一定条件的,从主观上说,敌我双方都力求集中兵力,谋求战场上的优势。然而能否达到这个目的,则取决于指挥员主观能动性有无得到充分的发挥。换言之,必须通过高明的指挥,使我方兵力集中而使敌人兵力分散,这才是集中兵力的症结关键。

孙子不愧为杰出的军事理论家,在"众寡之用"问题上,他既肯定集中兵力的意义,提倡"以十击一",又积极探讨如何在战争活动中,通过对"分合为变"等手段的运用,以达到集中兵力、掌握主动的目的。

孙子认为集中兵力的关键,在于最大限度地发挥主观能动作用,善于创造条件,捕捉战机。从战术上说,就是要做到"形人而我无形",使敌人显露真情而我军不露任何痕迹。他进而论述道:这样一来,我军兵力就可以集中而敌人兵力却不得不分散。通过调动敌人,来使我方的兵力集中在一处,而让敌人的兵力分散在十处。于是,集中兵力的意图即得以实现,我们便能以十倍于敌的兵力去进攻敌人了,从而造成我众而敌寡的有利态势。而能做到集中优势兵力攻击劣势之敌,"则吾之所与战者,约矣",出现"吾所与战者寡"的局面,使得敌人的"四手"变成"两拳",使得自己的"两拳"变成"四手"。基于这样的认识,孙子乐观地表示了充足的信心,"胜可为也,敌虽众,可使无斗","越人之兵虽多,亦奚益于胜败哉"[①]。

孙子的思维方式是辩证的,在肯定集中兵力重要性的同时,也深刻揭示了分散兵力的危害性。他认为,在兵力部署上如果不分主次方向,单纯企求"无所不备",那就势必形成"无所不寡",不能达到"我专而敌分"的目的,也就失去了主动地位的物质基础。据此,孙子一再提醒战争指导者要避免犯"以一击

---

① 《孙子兵法·虚实篇》。

十"、"以少合众"这一类分散兵力的错误,因为那样做即"败之道也",到头来一定会覆军杀将,自取其辱。

孙子集中兵力,以镒称铢的作战指导思想对后世兵家的影响殊为深远。他们一方面进一步肯定集中兵力的军事学术价值,如《淮南子·兵略训》就曾用形象的比喻来说明这层道理:五个手指轮番敲打,不如握紧拳头狠命一击;一万人逐个轮番进攻,不如一百人同时出击。而《百战奇法》则更明确指出"以众击寡,无有不胜"。另一方面,他们也高度重视运用"分合为变"的手段,来达到集中兵力的目的,"设虚形以分其势",造成"敌势既分,其兵必寡;我专为一,其卒自众"的有利态势。

六、巧用地形 攻守得宜

察知天候地理,巧妙利用地利,根据地理条件制定切合实际的战略战术,确保作战的胜利,乃是孙子制胜之道的重要内容。

战争是在一定的空间范围——在古代主要是在陆地和水面进行的,因此,对于影响军队行动的战场地形,就不能不详细研究;为了在战略布局上取得有利地位,就不能不对兵要地理做周到的考察。前者属于"军事地形学"的范畴,而后者则属于"军事地理学"的范畴。在中国古代,这两者的区分并不严格,人们通常是对它们做通盘的研究和阐述的,孙子在这方面也不例外。

在冷兵器作战时代,掌握和利用地形地理,对于决定战争的胜负关系尤为重大。因此早在孙子之前,人们即开始探讨军事与地理条件的关系,并留下了不少足资启迪的理论雏形。如《易·师·六四》有云:"师,左次,无咎。"意思是军队在作战中只要占领有利的地形,就不会有危险。又如《易·同人》亦云:"伏戎于莽,升其高陵,三岁不兴。"意谓利用地形多草而隐蔽军队,并抢先占领有利的制高点,就能够战胜敌人,并使敌人大伤元气,多年得不到恢复。这些都成了孙子构筑其兵学地理思想的重要理论来源。

然而,在孙子之前,关于地形运用原则的论述,尚远远未臻成熟,这表现为,一是片言只语,缺乏深度;二是没有涉及兵要地理问题,缺乏广度。只有到了孙子那里,利用地理条件以克敌制胜,才成为军事理论体系中的重要组成部分,军事地理学才基本具备规模。换言之,孙子乃是中国古代第一位系统探讨地形、地理条件与军事斗争成败相互关系的军事大师。

孙子对地理在战争中的重要地位有明确的认识。他把"天地孰得"列为"五事"、"七计"制胜条件中的一项重要内容。所谓"天",就是"阴阳,寒暑,时制";所谓"地",就是"远近,险易,广狭,死生"。他一再强调高明的指挥员应该"知天知地",认为这是"胜乃可全"的前提条件。他指出地形条件与作战的胜负有着密切的联系,主张把熟悉和利用地利提到战略的高度来加以重视:"夫地形者,兵之助也。料敌制胜,计险厄远近,上将之道也。"鉴于这样的认识,孙子进而强调行军作战时,要侦察或利用乡导去了解地形、掌握地形,指出:"不知山林、险阻、沮泽之形者,不能行军;不用乡导者,不能得地利。"①

孙子的军事地理学思想主要包括两个方面。一是对兵要地理的论述,他撰写《九地篇》,对这一问题进行了集中探讨,提出了军队在九种不同的战略地理环境中展开行动的基本指导原则。二是对战术地理的论述,主要见于《行军》、《地形》诸篇。以下我们就根据这一线索做一番必要的概述。

孙子高度重视对兵要地理的研究。在《九地篇》中,他把战略地理区分为"散地"、"轻地"、"争地"、"交地"、"衢地"、"重地"、"圮地"、"围地"、"死地"九大类,对它们的内涵和特点进行了扼要而精辟的概括归纳:"诸侯自战之地,为散地;入人之地而不深者,为轻地;我得则利,彼得亦利者,为争地;我可以往,彼可以来者,为交地;诸侯之地三属,先至而得天下之众者,为衢地;入人之地深,背城邑多者,为重地;行山林、险阻、沮泽,凡难行之道者,为圮地;所由入者隘,所从归者迂,彼寡可以击吾之众者,为围地;疾战则存,不疾战则亡者,为死地。"

针对上述不同的战略地理条件,孙子进而论述了具体的军事行动方案:处于散地就不宜作战,而应统一军队的意志;处于轻地就不宜停留,即使不得已屯驻,也要使营阵紧密相连;遇上争地就不要勉强进攻,而应迅速出兵包抄敌人的侧后;遇上交地就不要断绝联络,同时谨慎进行防守;进入衢地就应该争取与国,巩固与诸侯之间的联盟;深入重地就要掠取粮草,保障军粮的供应;碰到圮地必须迅速通过;陷入围地,就要堵塞缺口,并设谋脱险;处于死地,就要显示殊死奋战的决心,力战求生。

---

① 《孙子兵法·军争篇》。

从孙子这些战略地理学说的内涵来看，孙子的重点，是放在纵深奔袭这一点上的，即认为了解兵要地理的目的，是为了更好地展开战略突袭，以坚决果敢的行动，迅速将军队插入敌国的腹心地区，与敌军展开决定性的会战，争取一战而胜，成就霸王之业。用他自己的话说，就是："凡为客之道，深入则专，主人不克。"①由此可知，孙子的兵要地理理论，是其进攻战略观念在军事地理学上的具体反映。两者之间存在着一种"体"与"用"的逻辑关系。

孙子的战术地理思想同样相当丰富，精彩迭呈。他指出，在行军作战过程中，首先要将军队处置好，这即所谓的"处军"，而"处军"的重要环节，便是要善于利用有利的地形，避开不利的地形，占据战场上的主动地位。为此他具体细致地列举了在山地、江河、沼泽、平原以及"绝涧、天井"等特殊地形的处军原则。具体地说：

在平原地带，要占领平坦开阔地域，而侧翼则应倚托高地，做到前高后低，居高临下，居生击死，同时还要保持粮道的畅通。

在山岭地带，要靠近有水草的山谷，驻扎在居高向阳的地方，同时避免去仰攻业已为敌人所占领的高地。这是总的原则。在《地形篇》中，孙子还通过对"挂形"、"支形"、"隘形"、"险形"等四种地形作战原则的阐述，进一步揭示了山地"处军"作战的要领。

在江河地带，孙子认为作战上必须掌握以下的要领：第一，"绝水必远水"，即横渡江河，必须在远离江河之处驻扎；第二，实施"半渡击"，即敌人渡水来战，不要在江河中予以迎击，而要等它渡过一半时再发起攻击；第三，"欲战者，无附于水而迎客"，意即如果要同敌人决战，则不要紧挨水边布兵列阵；第四，"视生处高"，意即在江河地带驻扎，也应当居高向阳；第五，"无迎水流"，意即不可面迎上流，以防止敌军顺流而下，决堤放水，投放毒药。

在盐碱沼泽地带，孙子认为"处军"上要做到，第一是迅速离开，不要停留，以摆脱被动。第二，倘若万一不得已同敌人相遇于盐碱沼泽地带，那就一定要靠近水草并背靠树林，努力化被动为主动。

孙子认为，各种特殊地形的地带都是极不利于军队行动的。一旦遇到这类地形，就要善于判断，果断决策，迅速离开，把它们留给敌人，陷敌于被动之

---

① 《孙子兵法·九地篇》。

中："凡地有绝涧、天井、天牢、天罗、天陷、天隙，必亟去之，勿近也。吾远之，敌近之；吾迎之，敌背之。"①

在具体分析了江河、平原、山地的地形特点以及不同的军事对策之后，孙子进而概括和揭示了利用地形的一般规律，形成了其战术地形学的基本指导思想："凡军好高而恶下，贵阳而贱阴，养生而处实，军无百疾，是谓必胜。丘陵堤防，必处其阳而右背之。此兵之利，地之助也。"②可见，无论在平原、山岭地带也好，还是在江河、天险、沼泽地带亦罢，都要居高向阳，梯次配备兵力，保证军需供给，巧妙利用地形，牢牢掌握主动，力争克敌制胜。

应该指出的是，战略地理、战术地形固然重要，为战争指导者所必须充分了解和巧妙利用，但它毕竟只是用兵打仗的辅助条件。要在战争中消灭敌人，保存自己，关键还在于拥有强大的实力，并实施高明卓越的作战指导方针。同时，孙子所揭示的巧用地利的方法，也仅仅是一般的通则。要真正驾驭它，实有赖指挥员别具匠心，临机应变。韩信背水阵破赵就是这方面的典范。

七、因粮于敌　事半功倍

战争都是在一定的物质基础上进行的，受物质经济条件的制约，古代兵家均十分重视战争对经济力量（包括人力、资源、财物等）的依赖关系。他们普遍认为，战争的实施必须以充足的物质保障为基本前提。换言之，军事后勤是进行战争的重要条件，没有充足的后勤保障，军队就会陷入困境，不论进攻，还是防守，一切奇谋妙计都将失去现实的物质基础，所谓"军无粮，兵自乱"。基于这样的认识，古代兵家对军队的后勤保障意义、手段均进行了充分的论述，提出了许多著名的原则。在这方面，兵圣孙武同样是一位伟大的理论奠基者。

孙子对军事后勤保障问题的理性认识已达到一定的深度，这表现为他对军事后勤的地位、作用，军事后勤与经济、战争胜负的关系做出了较为全面的论述。他的军事后勤思想是其制胜之道的有机组成部分，曾对后世兵家产生过持久且深刻的影响。

孙子对军事后勤的重要性是有深刻的认识的。《军争篇》那段名言就集中体

---

① 《孙子兵法·行军篇》。

② 《孙子兵法·行军篇》。

现了这一点。他说："军无辎重则亡，无粮食则亡，无委积则亡。"这里的"辎重"泛指军用器材装备；"粮食"泛指粮食和草料；"委积"泛指军用战略物资的储备。它们概括了军事后勤保障的主要方面，包含了军队行军作战所必须具备的客观物质条件。很显然，孙子业已将搞好后勤保障提高到关系军队存亡、战争胜负的战略高度来加以认识了。

除了强调军事后勤保障本身重要性外，孙子也注意到健全后勤保障制度对搞好后勤供应的意义。他在《计篇》中所讲的"五事"之一"法"中的"主用"，据曹操等人的注释，便是指军需、军用器械、军事费用的供应管理制度。孙子将它单独提出来加以阐述这一做法的本身，即表明他高度重视后勤的战略地位。

在充分肯定军事后勤重要性的基础上，孙子进而提出了实施落实军事后勤保障的基本原则和具体手段。其中"因粮于敌"的主张，就是这方面的根本纲领。这在《作战篇》中，有非常精练、明确的表述："善用兵者，役不再籍，粮不三载，取用于国，因粮于敌，故军食可足也。"

所谓"因粮于敌"，其基本含义乃是在敌国补充军队的粮食给养，予以解决。孙子认为这是整个军事后勤保障问题的核心，是确保战争顺利进行，并最终取得胜利的一大关键。

应该说，孙子提出"因粮于敌"这一后勤保障基本原则，乃是抓住了解决问题的关键。因为在古代中国，以农为本的根本条件，决定了粮食问题在军事后勤中一直占有最突出的地位，军事后勤保障的成功与否，实际上在很大程度上取决于粮食供应的情况，所谓"用兵制胜，以粮为先"，就是这层意思。因为对军队来说，有粮才有战斗力，才能保持高昂的士气，粮食供给的意义既然如此重大，那么将帅在考虑军事后勤保障问题时，自然要再三强调"兵马未动，粮草先行"，并采取具体的措施，以确保粮道的畅通无阻，粮秣补给的妥善解决。

孙子提出"因粮于敌"的后勤保障原则绝非偶然，乃是春秋晚期战争实践的客观要求和他本人速战速决进攻战略指导思想的必有之义。

春秋中期以前，战争的规模相对不大，战争的时间相对短暂，战争的机动性相对不强，参战的人数相对较少，这就决定了粮食补给问题在战争中的迫切性相对不显突出。然而，到了春秋晚期，情况有了重大的变化。这一时期，战争规模日趋扩大，战争进程旷日持久，参战人数大大增多，军队行动的机动性日显增强。于是如何确保以粮秣补给为中心的军事后勤保障的落实，也就成了战争中不可或缺的重要环节。从这个意义上说，孙子提出"因粮于敌"原则乃是时代的必然，现实战争的产物。

粮食补给固然重要，可是为什么解决的方式要选择"因粮于敌"这一手段？这在更大程度上，乃是孙子"兵以利动"、进攻速胜战争指导思想在军事后勤问题上的必然反映。

孙子清楚地看到了战争对社会生产力的破坏作用，指出战争势必造成国家财力物力的严重损耗，加重民众的负担，从而导致社会矛盾的激化。而之所以会出现这种局面，主要的原因之一，是粮秣的转运补给至为困难，既费用开销过大，"日费千金"；又人力浪费严重："内外骚动，怠于道路，不得操事者，七十万家。"①在《作战篇》中孙子对远道转输的危害性曾有过详尽的阐述，大意是：国家之所以因用兵而导致贫困，就是由于远道运输。远道运输，就会使百姓陷于贫困。临近驻军的地区物价必定飞涨，物价飞涨，就会使得百姓之家财富枯竭。财富枯竭就必然急于加重赋役。力量耗尽，财富枯竭，国内便家家空虚。总之，一切祸根皆源于远道转输。孙子认为这实在得不偿失，是违背"兵以利动"这一根本宗旨的，必须坚决加以避免，而避免的途径唯有"因粮于敌"，即所谓"智将务食于敌"。在这一认识基础上，孙子进而从经济成本核算的角度，论证了"因粮于敌"的合理性，"食敌一钟，当吾二十钟；萁秆一石，当吾二十石"②，也就是说，计算下来，粮秣补给还是在敌国就地征发来得划算。由此可见，以战养战，"因粮于敌"，出发点在于尽可能减轻后勤供给上的负担，以顺利达到进攻速胜的战略目的。

该如何贯彻"因粮于敌"这一原则？对此，孙子也提出了自己的看法。其基本立足点就是抢掠劫夺。在这一问题上，孙子的态度倒是十分坦白的，其具体的措施便是"重地则掠"——深入重地就要掠取粮草；"掠乡分众"——分兵抄掠敌国乡野，分配抢夺到的人畜和财物；"掠于饶野，三军足食"——在敌国富庶的乡野进行劫掠，以保障全军上下的粮秣供给。由此可见，孙子所讲的"因粮于敌"，实质所指乃是掠夺敌国的粮仓、敌国的民家，以保证军事行动的顺利进行。这里，孙子并无从敌国征集粮秣、收购粮秣的想法，更没有依靠和争取

---

① 《孙子兵法·用间篇》。
② 《孙子兵法·作战篇》。

敌国民众箪食壶浆、自动捐献粮秣的考虑。手段相当单纯，用武力劫掠夺取而已。应该说，这种做法未免失之偏颇。

毫无疑问，孙子"因粮于敌"，借助劫掠利用敌对国家物质资源以支持战争的后勤保障思想，曾在历史上产生过相当大的影响。不少军事家都将它视作深入敌区时解决给养难题的一个对策，并在实战中加以运用。同时他们也多少意识到单纯"掠于饶野"做法的局限性，注意丰富和发展孙子"因粮于敌"的思想内涵，主张争取民众，让民众自动赠粮送物，"民咸馈献"，或采取有偿征集，"设法购运"，以减少"因粮于敌"过程中人为的阻力。这样看待问题、处理事情的态度和做法，显然要比孙子的主张来得较为全面得体。

最后，需要指出的是，因粮于敌的思想，孙子提倡于前，兵家阐发于后，但是其局限性也在所难免。诸如在荒漠草原作战，或遇到敌方坚壁清野，便无粮可因，或可因之粮不多。所以清初的《兵法百言》就曾认为，因粮于敌"间可救一时，非可常恃也"。比较正确的做法，应该是"内必屯田以自足，外必因粮于敌"①，双管齐下，互为补充，各擅胜场，以致成效。

第五节 孙子的治军思想

孙子的治军思想是自具系统的。他曾提出不少精辟的治军原则，以适应新兴势力从事战争的需要。归纳起来说，孙子的治军思想主要包括严明赏罚，重视选将，将权贵一，严格训练，统一号令，爱卒善俘等诸多方面。而其核心精神，就是刚柔相济，恩威并施，文武两手，双管齐下——"令之以文，齐之以武"。

军队内部关系和谐，团结一致，是治军的先决条件，也是治军的首要内容，而关系是否和谐亲密，则取决于整个政治的清明与否。如果政治黑暗，上下离心，关系紧张，矛盾尖锐，那么军队必然涣散软弱，战斗力低下，无法完成任务，走上破军亡国的末路。因此古人治军，总是把搞好军队内部的团结，提高部队的凝聚力放在重要的位置，反复加以强调。

应该说，重视军队内部团结问题，并不肇始于孙子。早在《周易》中，就有

---

① 《宋史》卷三百七十五《李郁传》。

关于治军以和为先的论述。如《晋·六三》爻辞指出，"众允，悔亡"，意思就是说如果能得到众人的信任，取得战争的胜利便没有什么困难了。到了《左传》那里，更明确提出了"师克在和不在众"这一命题，把和军治众视为决定军队强大、战争胜负的主要因素之一。前人这一类理性认识，对于孙子"上下同欲"治军思想的形成，具有重要的启示作用。

孙子处于政治变革剧烈、战争活动频繁的春秋晚期，前人在治军问题上正反两方面的经验教训，使他在构筑自己治军思想时，有了可资借鉴的材料。而建设一支能征惯战的军队以应付争霸兼并战争的需要，更使得他将相当大的注意力投放在理顺军队内部关系的深刻思考上，于是系统提出了其"上下同欲，政胜为先"的治军基本思路。

在《孙子兵法》中，孙子把"主孰有道"突出地置放在考察战争胜负诸要素"五事"的首位。这里的"道"，其本质含义就是指政治的清明与否。在孙子看来，"修道而保法"不仅是克敌制胜的前提，也是治军上的要义，是须臾不可忽视的。

由于军队的基本成员——广大士卒来自民众，因此孙子认为，要搞好军队内部的团结，应该从理顺整个国家统治者与被统治者的相互关系做起。于是他主张"令民与上同意"①，即要求战争指导者尊重普通民众的意愿，想方设法创造条件，使统治者与广大民众两者之间的意志统一起来，上下之间团结一致，和衷共济，去夺取战争的胜利。

有了国家政治中"与上同意"这个坚实基础，那么落实到军队治理上，做到"与众相得"②也就有了较大的可能。所谓"与众相得"，指的是官兵之间关系和谐融洽，心往一处想，劲往一处使，指挥员关心爱护普通士卒，普通士卒爱戴拥护指挥员，为实现共同的目标携手合作，患难与共，前赴后继，勇往直前。

当然，孙子也清醒地意识到，要使自己良好的初衷转变为现实，并不容易。这主要是因为统治者与民众之间存在着巨大的利益对立。统治者建设军队、发动战争，乃是出于争霸称雄、兼并土地、掠夺财富、奴役民众的目的，而对广大民众和普通士卒来说，战争给他们带来的眼前直接后果，乃是生命的牺牲、财产

---

① 《孙子兵法·计篇》。
② 《孙子兵法·行军篇》。

的损失，是种种不幸。因此要让他们充当炮灰、为之卖命，自然是困难重重。在这样的情况下，军队内部要做到上下关系融洽，齐心协力，一致对敌，也多属一厢情愿。这是治军上一个无从回避的矛盾。

那么，该如何化解这一矛盾呢？孙子提出了极其高明的一着，即调和上下之间的矛盾，寻找双方的共同点，既满足统治者的意愿，又多少照顾普通士卒的利益，所谓的"上下同欲"①，就是他这一治军指导思想最精练、最贴切的概括。

"上下同欲"按字面的理解，就是将帅和士卒间利益一致，意愿相同。其具体的内容，孙子本人并没有展开论述，但不外乎以下几层意思：第一，统治者对战争持慎重的态度，与穷兵黩武划清界限，尽可能减少战争给民众带来的损失。第二，运用教育的手段，激发、振奋部队将士的"军心士气"，同仇敌忾，乐于公战，勇于牺牲，一往无前。第三，在精神激励的同时，利用物质利益这一杠杆，使得将士的战场表现同其物质利益直接挂起钩来，即所谓"取敌之利者，货也"②。第四，军队统帅在具体指导作战行动过程中，既考虑君主的根本利益，又关心普通士卒乃至百姓的痛痒，对上负责，对下安抚，"进不求名，退不避罪，唯人是保，而利合于主"③。

在孙子的观念中，"上下同欲"是理兵励气、增强部队战斗力的关键，通过它，军队内部上下之间会变得团结，军队行动就会步调一致，从而进入"齐勇若一"的上乘境界。

孙子"上下同欲"，政胜为首的治军立场，受到后世兵家的普遍推崇。他们从中接受启迪并根据自身所处的时代条件，不断丰富发展孙子的这一理论。概括地说，这种发展表现为：第一，强调"上下一心"，努力保持政治思想上的一致，"与众同好"，"与众同恶"；第二，要求军队内部在日常生活中做到一致，"寒暑与均，劳逸与齐，饥渴与同"；第三，强调在战场上做到上下之间"安危与共"；第四，主张"上下同欲"从平时做起，坚持不懈，认为只有平日抚恤"得其心"，才能做到临战之际"得其死力"。

军队是从事武装斗争的特殊集团，在战场上以身许国、流血牺牲是军人应尽

---

① 《孙子兵法·谋攻篇》。
② 《孙子兵法·作战篇》。
③ 《孙子兵法·地形篇》。

的天职。可是蝼蚁尚惜其命，何况是万物之灵的人呢？爱惜生命、乐于安逸是一般人的天性，因此要让他们为国家殊力死战，那是不无困难的："夫农，民之所苦；而战，民之所危。"①如何克服人们天性中这一弱点，使其奋不顾身，勉力作战，是治军上的一个重要课题。一般地说，除了用思想动员、精神激励以振奋军心士气外，申饬军纪军法，令行禁止，统一号令，整肃军容，乃是约束部众，提高军队战斗力的主要保障。

申饬军纪、严明号令是中国古代兵家的共识。早在《周易·师·初六》中就有"师出以律，失律凶"之说，将军事纪律视为克敌制胜的前提条件。相传三国时期大政治家、军事家诸葛亮曾有名言"有制之兵，无能之将，不可以败；无制之兵，有能之将，不可以胜"②，认为军纪严明、训练有素的军队，才拥有强大的战斗力。"师行须预严纪律"，"顺命为上，有功次之"，可见自古以来人们都把严明军纪放在治军的重要地位。

从《孙子兵法》以及孙武的生平事迹看，孙子对整饬军纪军法的重要性是有清醒的认识，给予高度重视并身体力行的。在《计篇》中他将"法"列为"五事"中的一项，把"法令孰行"作为判断战争胜负的重要因素之一。他认为一支军队必须有严格的组织编制，明确各级指战员的职守："法者，曲制、官道、主用也。"③一再强调指出，"治乱，数也"，"凡治众如治寡，分数是也"④，可见孙武非常重视军队的法制建设。至于军队法制建设的重点，孙武则认为是统一号令，加强纪律。他曾说"斗众如斗寡，形名是也"⑤，主张以金鼓旌旗来统一将士的耳目，协调部队的行动，以达到"勇者不得独进，怯者不得独退"⑥的目的，指出这是最佳的"用众之法"。孙子是这样主张的，也是这样实践的，吴宫教战时他不顾吴王阖闾的求情阻拦，断然处死不听军令、不守纪律的两名吴王爱姬，就是这方面最有说服力的事例。

同时，孙子也主张在执法问题上应该做到随时变宜，灵活处置，以更好地发

---

① 《商君书·算地》。
② 《诸葛亮集·文集》卷二，《兵要》。
③ 《孙子兵法·计篇》。
④ 《孙子兵法·势篇》。
⑤ 《孙子兵法·势篇》。
⑥ 《孙子兵法·军争篇》。

挥军事法纪的作用。所谓"施无法之赏,悬无政之令"①,就是这层意思,即施行超越常规的奖赏,颁布打破常规的军令,来将军事法纪落到实处。这充分体现了孙子既讲求执法的严肃性,又注重执法的灵活性这一实事求是的态度。

孟子有言:"徒法不能以自行。"②申饬军纪军法必须用具体而有力的手段来加以保证。这个手段,主要是指"赏"、"罚"两柄,即通过严刑厚赏迫使将士畏法守纪,听从命令,勇敢杀敌。

孙子认为,严明赏罚乃是整饬军纪军法,发挥全军将士积极性,增强部队战斗力的最重要途径之一。在《计篇》中他曾把"赏罚孰明"列为预测、分析战争胜负的主要标准之一。旗帜鲜明地指出:"令之以文,齐之以武,是谓必取。"③所谓"文",就是指精神教育,物质奖励;所谓"武",则是指军纪军法,重刑严罚。他认为只要在治军中贯彻信赏明罚的原则及其措施,就可以克敌制胜,永远立于不败之地。

在《孙子兵法》中,孙武还进而阐述了实施赏罚两柄的具体标准。如提出在车战中凡是英勇作战,缴获敌人战车十辆以上的,应该"赏其先得者",为众将士树立榜样,以广泛调动大家的积极性。至于罚的一手,孙子也认为不可或缺,吴宫教战时他就以将吴王爱姬斩首示众的最高惩罚,证明了他在这一点上毫不含糊,证明了军纪如山,军法无情,军威凛然不可渎犯的铁则。

孙子进而认为,对赏罚尺度的把握和运用必须适宜,切忌畸轻畸重,换句话说,必须是文武两手双管齐下,做到恩威并施,又拉又打;至于推行赏罚的时机也要恰当,具有针对性。他说:"卒未亲附而罚之,则不服,不服则难用也;卒已亲附而罚不行,则不可用也。"④他一再强调,如果出现这种情况,那么就不能造就一支真正具有战斗力的军队:"厚而不能使,爱而不能令,乱而不能治,譬若骄子,不可用也。"⑤为了避免这样的局面,孙子主张申饬军纪、严明赏罚要从平时做起,"令素行以教其民,则民服"⑥,以收到事半功倍之效。

---

① 《孙子兵法·九地篇》。
② 《孟子·离娄上》。
③ 《孙子兵法·行军篇》。
④ 《孙子兵法·行军篇》。
⑤ 《孙子兵法·地形篇》。
⑥ 《孙子兵法·行军篇》。

军队必须经过严格的训练，才会有战斗力，一旦上阵，就可杀敌制胜，否则，再庞大的军队，也等于是一群乌合之众，毫无战斗力可言，打起仗来就意味着把士兵白白送给敌人，"以不教民战，是谓弃之"①，这乃是不言而喻的道理。因此，自古至今，军事训练作为军队建设的重要内容，概莫能外，而对军事训练问题的理性探讨，也成为古代兵家关于治军思想中的有机组成部分。

自春秋末期起，"蒐狝"式的军事训练制度，随着社会历史条件的根本性变化，而开始走向没落，由以一教十、循序渐进、系统正规的新型训练方式所取代。这种训练方式的主要特点是，训练是在各级军官的直接指挥下进行的，并通过由单兵到多兵，由分练到合成渐进过程加以完成。

孙子处于两种军事训练方式的过渡时期，因此他的军事训练思想也打上了这一时代烙印。一方面他高度重视军队的训练问题，另一方面却又仅仅是提出军事训练的基本原则而来不及加以具体化、系统化。

孙子主张严格练兵，提高战斗力，把"士卒孰练"列为重要的制胜因素，提到战略地位的高度来认识。需要指出的是，孙子在这里所说的"士卒"，不单是今天所谓的士兵，"士"在当时是甲士或武士，也就是军官。可见孙子强调训练"士卒"，是就全军官兵范围而言的。

至于具体的训练课目，孙子没有展开充分的论述，但从《孙子兵法》等材料所曲折反映的情况看，孙子所重视的军事训练内容，是强调士卒在旌旗金鼓的指挥下，操练技能，熟习阵法，做到进退整齐，步调一致："夫金鼓、旌旗者，所以一人之耳目也。人既专一，则勇者不得独进，怯者不得独退，此用众之法也。"②从而确保部队在战场交锋时，始终处于"纷纷纭纭，斗乱而不可乱也；浑浑沌沌，形圆而不可败"③这样的优势地位。

在《地形篇》中，孙子通过对"兵有六败"的严肃批判，从反面进一步论证了部队严格军事训练的重要性，指出部队不进行严格训练必然会招致失败，对此决不可等闲视之："将之至任，不可不察也。"六条中有三条与训练有关。一是"弛"，"卒强吏弱，曰弛"，这种军官懦弱无能而士兵强悍不驯的部队，就是缺乏训练管理、军纪弛坏的队伍。二是"陷"，"吏强卒弱，曰陷"，军官有能耐，

---

① 《论语·子路》。
② 《孙子兵法·军争篇》。
③ 《孙子兵法·势篇》。

可士兵怯懦，缺乏战斗力，这种部队打起仗来必然陷于失败。三是"乱"，"将弱不严，教道不明，吏卒无常，陈兵纵横，曰乱"。"将弱不严"，即将帅不善管理，纪律废弛；"教道不明"，即将帅不懂得军队教育训练的规律；"吏卒无常"，即官兵关系紧张，没有一定的训练管理法规；"陈兵纵横"，即训练作战时，行动没有章法，几成乌合之众。孙子认为这些现象都必须努力加以克服和避免，而克服的途径，无疑是严格管理，加强训练。

为了训练出一支英勇善战的雄师劲旅，服务于新兴势力从事争霸兼并事业的政治需要，孙子积极提倡"爱兵"主张，强调要关心爱护普通士卒，认为做到"视卒如婴儿"、"视卒如爱子"，乃是训练好部队一个不可或缺的先决条件。孙子这一"爱兵"主张的动机是很明确的，即由此而造就"上下同欲"、官兵一致的良好军内关系，保证部队达到"投之无所往，死且不北"、"犯三军之众，若使一人"①这样的最佳临战状态。同时，孙子还主张对敌军战俘要予以优待，"卒善而养之"②，争取他们改变敌对态度，为己所用，"车杂而乘之"③，从而在削弱敌人的同时，使自己的力量变得更加强大，"胜敌而益强"④。孙子的这一思想，较之于那种暴戾酷烈，以诛戮战俘为能事的做法，无疑具有进步性。

孙子关于重视军事训练、提倡爱卒善俘的治军思想，曾给后人以极大的启迪和有益的借鉴。就军事训练问题而言，战国兵家曾有充分的论述，反映了他们对完善军事训练的理性认识的深度。《司马法·天子之义》明确指出："故虽有明君，士不先教，不可用也。"强调了训练的重要性。《尉缭子·兵教》说："凡明刑罚，正劝赏，必在乎兵教之法。"《吴子·治兵》说："用兵之法，教戒为先。"讲的也都是类似的意思。而《六韬》中的《练士》、《教战》两篇，则对训练的编组、训练内容及方法，做出了更加系统、完备的阐述。所有这一切都可视作战国兵家对孙子有关军事训练思想的继承和发展，标志着当时人们在训练问题上所达到的理性认识新高度。

专职将帅的出现，在历史发展长河中是值得大书特书的重大事件。它不但是古代职官制度发展上的一次巨大变革，更是古代军队建设上的一个质的飞跃。

---

① 《孙子兵法·九地篇》。
② 《孙子兵法·作战篇》。
③ 《孙子兵法·作战篇》。
④ 《孙子兵法·作战篇》。

从此军队拥有了专门的治理者和指挥员,理顺了军事领导体系,军队职业化走上了正常发展的轨道。总之,它使军队呈现出全新的面貌,使古代战争进入了新的阶段。这是符合军事斗争内在规律的逻辑选择。

孙子是站在时代前列的军事思想家,对专职将帅登上历史舞台这一新生事物自然持积极拥护的态度,并从理论上对培养、选拔、任用军事人才问题进行深入的探讨,在此基础上形成了相当完整系统的选将任将思想,其中包括对将帅地位的认识,将帅品德才能的要求以及将帅职权的界定等众多方面的内容。

从《孙子兵法》所叙的内容看,孙子是高度重视将帅的地位和作用的。他将"将孰有能"置于判断制胜条件的第二位,就充分显示了这一点。孙子认为军事指挥员各方面素质的优劣高低,在很大程度上决定着军队建设的成败、作战行动的胜负和国家命运的安危:"故知兵之将,生民之司命,国家安危之主也。"①指出将帅在整个国家政治生活中的地位,仅次于最高统治者——国君,十分关键,其作用须臾不可忽视。

鉴于对将帅地位重要性的认识,孙子十分重视对将帅队伍的建设,他认为一名良将必须具备突出的优良素质。这些优良素质,根据孙子的意见,就是所谓的"五德"——为将的五条标准:"智、信、仁、勇、严。"②

唐代杜牧在其《孙子注》中曾对上述"五德"做过精辟具体的解释:"盖智者,能机权,识变通也;信者,使人不惑于刑赏也;仁者,爱人悯物,知勤劳也;勇者,决胜乘势,不逡巡也;严者,以威刑肃三军也。"由此可见,孙子对良将品质的界定,乃是指为将者要做到多谋善断(智)、赏罚有信(信)、爱抚部属(仁)、勇敢能战(勇)和明法审令(严)。五者互为条件,缺一不可。这表明孙子既对将帅政治德操提出了标准,也对将帅军事才能提出了要求,其核心含义就是力求达到德才兼备、文武双全的极高境界。

以"智、信、仁、勇、严"为总纲,孙子进而对将帅立世处事的行为准则提出了严格的要求。具体地说,第一,将领要具备高尚的道德操守,"进不求名,退不避罪,唯人是保,而利合于主",置个人荣辱得失于度外,忠于国君,爱护民众。第二,将领要具备卓越的指挥才能,"知彼知己","知天知地","通于九

---

① 《孙子兵法·作战篇》。
② 《孙子兵法·计篇》。

变之术","识众寡之用","知迂直之计",要知阵法,识战机,而最根本的是要掌握"战道"——战争规律。足智多谋,善于临机应变,"因敌而制胜",胜任愉快地履行自己的本职任务。第三,将领也要具备杰出的治军本领,这包括以"信"、"严"为本的管理手段和以"仁"、"勇"为核心的带兵作风,恰当地掌握好爱与令、厚与使、乱与治的分寸,既爱兵抚士,身先士卒,以求士卒"亲附"、"与众相得";又严格管理,令行禁止,做到"令素行以教其民"。总之,必须文武并用,恩威兼施,赏罚俱行。第四,在个人性格修养上,将领也要具备高度自控的能力。用孙子自己的话说,就是"将军之事,静以幽,正以治"①,意即沉着镇定,喜怒不露声色;为人接物公正无私,处理事务条理井然。

孙子在从正面阐明将帅具备"五德"必要性的同时,又从反面告诫将帅要防止产生性格行为上的五种缺陷,指出它们是导致"覆军杀将"的根源:"故将有五危:必死,可杀也;必生,可虏也;忿速,可侮也;廉洁,可辱也;爱民,可烦也。凡此五者,将之过也,用兵之灾也。覆军杀将,必以五危,不可不察也。"②由此可见,无论是死拼蛮干,还是贪生怕死,不论是急躁易怒,还是沽名钓誉,抑或不分主次,姑息求全,在孙子看来,都是断断要不得的,必须坚决反对,力求避免。类似的意思,在《孙子兵法》中还有许多,如《行军篇》曾告诫将帅"唯无武进",认为"夫唯无虑而易敌者,必擒于人",意思同样是反对有勇无谋,轻敌盲动。孙子的这些论述进一步从反面论证了将帅修养"五德兼备"的重要性,表明他分析问题的辩证性和全面性,是值得后世治军者引以为鉴的。

为了确保将帅在战争中进行有效、灵活的指挥,孙子主张保持将权适当的集中和专一,即在作战指挥上,应由将帅根据战争的规律和具体情况来确定是打还是不打:"战道必胜,主曰无战,必战可也;战道不胜,主曰必战,无战可也。"③

孙子对军事行动中瞎指挥、瞎管理、瞎监督的做法深恶痛绝,严词抨击,坚决反对国君脱离实际情况干涉部队的指挥事宜。这一思想在《谋攻篇》中有集中的反映。他指出,国君危害军事行动的情况有三种,它们都是束缚军队极不明智的行径,只会使将士疑虑困惑,无所适从,认为一旦发生这类情况,敌人便

---

① 《孙子兵法·九地篇》。
② 《孙子兵法·九变篇》。
③ 《孙子兵法·地形篇》。

会乘机进犯，已方将处于十分不利的位置，灾难不可避免，这叫作"乱军引胜"。孙子进而指出，一支军队要强大有力，战胜敌人，夺取胜利，重要的前提条件之一，便是必须真正做到"将能而君不御"。正是在这个意义上，孙子不遗余力地强调"君命有所不受"，并把它肯定为一条很重要的治军原则，用于指导处理复杂的君将关系。

第六节 《孙子兵法》的地位和影响

明代兵书《投笔肤谈》认为："《七书》之中，唯《孙子》纯粹，书仅十三篇，而用兵之法悉备。"《孙子兵法》堪称古代军事理论的集大成者，构筑了古典军事理论的框架，后世兵学家难以逾越。后世的军事理论建树，多是在《孙子兵法》基本精神与原则的指导下进行的。《孙子兵法》对后世军事理论的影响，主要有下列几点。

兵学家袭用和征引《孙子兵法》文字和句意，作为自己兵学理论依据的现象非常普遍。先秦、秦汉军事著作中征引《孙子兵法》文句的，可以举出《吴子》、《孙膑兵法》、《尉缭子》、《鹖冠子》、《战国策》、《吕氏春秋》、《淮南子》、《潜夫论》，等等。至于唐代的《李卫公问对》，宋代的《百战奇法》，明代的《登坛必究》、《投笔肤谈》等，更是以全书或某篇发挥《孙子兵法》的原理来树立自己的学术观点。以《吴子》为例，其暗用、明引、袭抄《孙子兵法》文字和思想者，就有十多处。可以这么说，中国古代兵书，不但在精神上是《孙子兵法》的孳乳，而且在外貌上也打上了《孙子兵法》的烙印。①

对《孙子兵法》所提出的基本军事范畴的继承和发展。《孙子兵法》在军事理论建树上的突出点之一，是形成了一整套独特的反映军事理论认识对象的范畴，诸如虚实、奇正、主客、形势、迂直等。后世兵学家在构筑自己兵学体系的过程中，无不借用这些基本军事范畴来阐述自己的军事思想。同时，他们也根据新的历史条件，借鉴历史上的战争经验，通过缜密的独立思考，丰富和发展孙子所规定的军事范畴。"奇正"的缘起和充实，即一明证。奇正，作为范

---

① 参见黄朴民：《孙子兵法在历史上的地位与影响》，载《文史知识》1991年第8期。

畴最早出于《老子》："以正治国，以奇用兵。"但真正把它用于军事领域并进行系统阐发的，则是《孙子兵法》，即"凡战者，以正合，以奇胜"，"战势不过奇正，奇正之变，不可胜穷也"。奇正的含义，显然是指兵力的使用（用正兵当敌，用奇兵取胜）和战术的变换（奇正相生，奇正相变）。孙子确立的"奇正"范畴，后世兵家无不奉为圭臬，广为沿用和阐述。如《孙膑兵法·奇正》说："形以应形，正也；无形而制形，奇也。"《尉缭子·勒卒令》说："正兵贵先，奇兵贵后。"曹操《孙子注》说："正者当敌，奇兵从旁击不备也。"前者是孙子"奇正"第二层意思的表述，后两说则是孙子"奇正"第一层意思的阐释。而到了《李卫公问对》那里，"奇正"范畴又有了新的发展。它对"奇正"的论述更完备，分析更透彻，并提出了一个重要论断："善用兵者，无不正，无不奇，使敌莫测。故正亦胜，奇亦胜。"①这比《孙子兵法》的"奇正"理论显然更全面，更深刻，但它依旧是祖述和发展《孙子兵法》的逻辑结果。

对后世兵书编修风格与体裁的广泛影响。《孙子兵法》阐述兵理极具特色，突出的特点是舍事而言理，词约而义丰，具有高度的哲理色彩和抽象性。后世兵书祖述《孙子》，很自然地形成了以哲理谈兵的历史传统。如《孙膑兵法》、《吴子》、《尉缭子》、《六韬》、《三略》、《李卫公问对》、《阵纪》、《兵经百篇》、《草庐经略》、《投笔肤谈》等著名兵书都以哲理性强而著称。一些大型综合性兵书如《武经总要》、《武备志》等也收录了很丰富的军事理论内容。即使那些阵法、兵器等技术型兵书，也大都以理论为纲，进行编纂，从而形成了中国兵书"舍事言理"或"以理系事"的创作风格。至于编修形式上，后世兵书亦多有模仿《孙子兵法》者，如《投笔肤谈》即"仿《孙子》遗旨，出一隙之管窥，谬成十三篇"②。

《孙子兵法》对后世军事的深远影响也表现在战争实践之中。中国古代历史上创造的众多以弱胜强、以少克多的战例，有不少是人们活用和暗用《孙子兵法》的结果。战国时期的齐魏桂陵、马陵之战，显然是孙膑借鉴运用孙武"避实击虚"、"用而示之不用"诸原则的杰作；秦汉之际韩信背水布阵攻灭赵国，即系灵活运用孙武"置之死地然后生"思想的手笔；三国时期邓艾偷渡阴平灭蜀汉

---

① 《唐太宗李卫公问对》卷上。
② 西湖逸士：《投笔肤谈引》。

之举，可视为对孙子"攻其无备，出其不意"，"以迂为直，以患为利"理论淋漓尽致的发挥；努尔哈赤对明军的萨尔浒之战，则无疑是孙子集中兵力、"并敌一向"用兵艺术的实战诠释。唐代杜牧在其《孙子注序》中说："孙武所著十三篇，自武死后凡千岁，将兵者，有成者，有败者，勘其事迹，皆与武所著书，一相抵当，犹印圈模刻，一无差跌。"这话虽不免有些绝对化，但古往今来为将者莫不视《孙子兵法》为"兵经"，重视其实战功效，这确是事实。战争无论胜负，我们大都可以从《孙子兵法》中找到个中某些原因。

正因为《孙子兵法》一书具有巨大的军事学术价值和崇高的历史地位，后世兵家对它的肯定和赞誉史不绝书。这类盛誉就其性质而言可以划分为两个基本大类。第一类是对《孙子兵法》全书做基本概括的评价，从总体上把握它的学术价值和深远意义。古人在这方面的言辞实在不胜枚举，这里我们只能挂一漏万地做些介绍，以再现古人心目中的"孙子"观。

早在汉魏时期，曹操《孙子注序》曾说："吾观兵书战策多矣，孙武所著深矣。"与曹操同时代的蜀汉丞相诸葛亮也说："战非孙武之谋，无以出其计远。"① 唐太宗李世民对《孙子兵法》更是推崇备至，据《李卫公问对》记载，他曾由衷赞叹："深乎，孙氏之言！""观诸兵书，无出孙武。"宋代人对《孙子兵法》予以高度评价的，更不在少数，如苏洵认为："(《孙子兵法》)其书，论奇权密机，出入神鬼，自古以兵著书者罕所及……辞约而义尽，天下之兵说皆归其中矣。"② 陈直中在《孙子发微》中也说："自六经之道散而诸子作，盖各有所长，而知兵者未有过孙子者。"明代抗倭名将戚继光于《纪效新书·自序》中这样赞美《孙子兵法》："孙武之法，纲领精微，为莫加焉。第于下手详细节目，则无一及焉，犹禅家所谓上乘之教也。"明王世贞对《孙子》的评价是："《孙子》十三篇，其精切事理，吾以为太公（姜太公）不能过也。"③ 而明代李贽甚至把他不能广泛传授《孙子》视为终身遗憾，说："吾独恨其不能以《七书》与《六经》合而为一，以教天下万世也。"④

从上面所征引的古人评论来看，人们对《孙子兵法》在军事史上的重要地位

---

① 诸葛亮：《便宜十六策》，《诸葛亮集》，上海人民出版社 1975 版。
② 《嘉祐集·孙武论》。
③ 《读书后·书司马穰苴孙武传后》。
④ 《孙子参同·自序》。

是有深刻认识的，普遍将其书视为历史上的兵学鼻祖而充分肯定和推崇，这是客观的看法，也是经受过历史实践检验的结论。

后世兵家对《孙子兵法》的第二类盛誉，表现为在把握其书总体情况基础上，对孙子某些基本原则和观点的评述和肯定。诸葛亮说："孙武所以能制胜于天下者，用法明也。"①这里就是突出赞扬孙子的治军思想。李世民指出："孙武十三篇，无出虚实。"李靖认为："千章万句，不出乎'致人而不致于人'而已。"②这里所特别强调的是《孙子兵法》的制胜之道，把"避实击虚"，掌握主动权看成用兵艺术的精髓所在。宋人戴溪评《孙子》，有云："孙武之书十三篇，众家之说备矣。奇正、虚实、强弱、众寡、饥饱、劳逸、彼己、主客之情状，与夫山泽、水陆之阵，战守攻围之法，无不尽也。微妙深密，千变万化而不可穷。"③其对孙子其人其书的肯定，着眼点也在于孙子的主要兵学范畴和作战指导上。明人梅国桢认为："孙子之言曰：奇正之变，不可胜穷也；又曰：微乎微乎，至于无形，神乎神乎，至于无声。合而言之，思过半矣。"④这里梅氏把"奇正之变"和"因敌制胜"看成《孙子》的要旨妙道。他指出，只要真正理解和掌握了这些原则，那就等于完全认识了《孙子》的兵学理论，便可在复杂的战争中无往而不胜。

以上所引，主要是后人对《孙子兵法》某些原则的看法和评价。与第一类评价高屋建瓴，立足于总体把握《孙子》地位与影响的侧重点不同，它们乃是从更具体、更深层的方面对《孙子》主要价值的挖掘和总结，是关于《孙子》内在哲理的更细致探索，充分反映了人们对《孙子》认识的深度和广度。应该承认，这些评价者的目光十分犀利，他们基本上领悟了《孙子》全书的主旨，揭示了其主要价值。因为，他们所涉及的命题，在今天看来，恰恰是《孙子兵法》中能够超越时空的精华部分。

明代茅元仪在其《武备志·兵诀评序》中指出："前孙子者，孙子不遗；后孙子者，不能遗孙子。"这段话很好地概括了《孙子兵法》在历史上的地位和意义。可见，作为中国古代兵学宝库的一笔珍贵遗产，《孙子兵法》乃是不朽的。

---

① 《三国志·蜀书·马良传附马谡传》注引《襄阳记》。
② 《唐太宗李卫公问对》卷中。
③ 《将鉴论断·孙武》。
④ 《孙子参同·梅国桢序》。

第五章

战国时期的兵学繁荣

第一节 军事技术的发展与兵器装备的改善

军事技术在春秋战国时期有了巨大的进步,这种进步,突出反映在武器装备领域中,它既包含着对旧有武器装备的改进,也包含着新型武器装备的孕育、研制和推广。前者表现为青铜兵器的发展进入了鼎盛阶段,后者则预示着钢铁兵器阶段的来临。

青铜兵器的制造技术日臻完善。当时的工匠已精确掌握了铸造各种兵器的不同合金比例,并根据兵器各部位的不同功能,通过控制青铜合金比例,制造出性能不同的复合兵器。这时期冷兵器器柄制作技术、制弓技术和皮甲制作工艺都达到了前所未有的水平,攻守城器械发展,战船开始出现,战车性能得到改进。成书于春秋末年的《考工记》集中反映了当时包含武器制作在内的手工业技术的水平。从其对"轮人"、"舆人"、"辀人"、"车人"等为代表的制车系统,"筑氏"、"冶氏"、"桃氏"、"凫氏"、"段氏"等为代表的铜器铸造系统,以"弓人"、"矢人"、"庐人"和"函人"等为代表的弓矢兵器护甲制作系统的记述情况看,当时制造兵器的工艺和规范,诸如材料选择、加工工艺、检验手段等都已有了严格而比较科学的要求。

春秋战国时期青铜兵器的生产具有鲜明的特点。一是数量大,产地广。当时青铜兵器的生产规模相当可观,数量达到了惊人的程度。目前在各地已发现许多矿冶和铸造遗址。从已出土的青铜兵器以及铭文看,中原列国大多具备制造青铜兵器的能力。另外,在北方草原地区、云南、巴蜀、两广等地也都发现了不少各具特色的青铜或铁质兵器,其冶铸和装饰技艺均已达到相当水平,不乏上乘之作。

二是工艺精湛，质量上乘。许多兵器在制作过程中采用了镶嵌、镂空、错金、漆、失蜡法、器物表面刻画花纹等多种工艺，使兵器造型和图案和谐、美观，给人以清闲凝重之感。这一时期青铜兵器的质量也有了新的提高，许多器物虽埋藏地下二三千年，出土时却锋利如新，光可鉴人。戈、矛、铍、殳、戟等兵器的柄部采用积竹柲，使器物更加牢固，不易折断。

三是各种青铜兵器的形制更趋完善，具有较高的作战效能。如剑身逐渐加长，矛体逐渐变窄，戈援逐渐弧曲，等等，从而增加了杀伤力。

钢铁兵器的出现。早在商代，人们就懂得将陨铁锻打加工并与青铜铸接成武器。1972年河北藁城出土商代的铁刃铜钺，其铁刃即以陨铁为原料。1990年在三门峡西周晚期虢国墓中发现的一把铜柄铁剑，以块炼法锻制而成，为我国目前最早的人工冶铁实物。大约在春秋末年，人们又掌握了生铁冶铸技术，从而为较大批量生产铁器创造了条件。与此同时，比铁质兵器更为锐利、坚韧的钢质兵器也开始萌芽。到战国时，铸铁柔化技术的运用，使通过热处理脱碳过程的铸铁铸件强度和韧性大幅度提高，从而加快了铁兵器发展的历史进程。战国晚期，钢铁兵器以更快的速度登上战争的舞台，南方的楚国和中原的三晋都开始用钢铁兵器装备部分部队，锋利的铁兵器"惨如蜂虿"，它与"发于肩膺之间、杀人百步之外"①的远射强弓劲弩相配合，使得当时军队的战斗力得到明显的提高，齐国军队"疾如锥矢，战如雷电，解如风雨"②，楚国军队"轻利僄遨，卒如飘风"③，等等，就是这方面的形象写照。可见，战国时期钢铁兵器的初露头角，不仅孕育着青铜兵器盛极而中衰的契机，而且也必然成为推动作战方式、编制体制等发生变化的活跃因素，为大规模的步、车、骑战提供了物质条件。

在战国武器装备发展史上，弩机的发明与使用，实具有革命性的意义。弩是由弓发展而来的射远兵器，它通常由弓、木质弩臂和青铜弩机三部分组成，弓横装于臂的前端，弩机安装在臂的中部偏后尾处，弩臂用以承弓、撑弦，并供使用者托持。弩机用以扣弦、发射。使用时将弦张开，挂在弩机上，将箭镞装在弩臂的箭槽中，扳动弩机，使张开的弦脱钩，利用张开的弓所储存的能量，急速收弦化为动能，将箭镞弹射出去。由于弩将张弦装箭和纵弦发射分解为两个动

---

① 《孙膑兵法·势备》。
② 《战国策·齐策一》。
③ 《荀子·议兵篇》。

作，使得射手有瞄准目标和寻觅放箭时机的时间，故既提高了命中率，又增加了弓的储能量，提高了箭镞的射程和穿透力。弩机从春秋中后期起开始较广泛应用于战争之中，战国时期，弩的使用更为普遍，其种类主要有臂张上弦的臂张弩和足踏上弦的蹶张弩，在当时，它们成为装备列国军队的"利器"。

弩特别有利于步兵野战布阵、设伏和守城防御作战，它的使用增加了军队的作战能力。"积弩齐发"，成了当时最具有杀伤力的一种战法。它的发明与使用称得上是兵器发展史上的一座里程碑。

第二节 战国兵学的地域文化特征

所有人类活动的痕迹都显示，地域文化品性是人们在特定的自然环境和漫长的历史活动中逐渐形成的。同样，地域文化品性作为重要的人文及自然结晶，也弥散渗透在社会生活的各个方面，影响着中华民族内部每一群体、每一族群的历史进程。换言之，辽阔广袤的大地、复杂丰富的生态景观，对生活以不同方式的参与和投入，使得中华大地上的居民早在文明初曙之时，就逐渐形成了各具特色的地域文化特征，所谓原始社会末年的华夏、东夷、苗蛮三大部族集团，实际上既是血缘关系、文明形态的分野标志，更是地域文化属性的畛域界别。历经了近三千年的建设与战乱，繁荣与毁灭，到秦始皇"奋六世之余烈，振长策而御宇内"，兼并天下，统一六国，终于画下了阶段性的句号。

地域文化的特征鲜明而稳定，这一点在社会思潮的演变方面表现得尤为显著：先秦时期（主要是春秋战国阶段）思想学术界出现了众多学派，呈现诸子蜂起、百家争鸣的热烈景象。这固然反映了不同阶级、不同阶层的利益和要求，但同时也与各家所处的地域文化传统有密切的关系，如儒家之于邹鲁、法家之于秦晋、道家之于楚地、阴阳家之于燕齐，等等。学者们敏锐地意识到这一文化现象的普遍存在，都力图考察社会文化所植根的地域土壤，从地域文明的角度审视和把握文化的趋向和特色。这一努力早在《禹贡》、司马迁《史记·货殖列传》和班固《汉书·地理志》那里即告开始，直到今天，仍有不少学者在这上面投入很大的精力。如任继愈先生在其主编的《中国哲学发展史》（先秦卷）中将春秋战国的文化区域划分为四个，指出当时分别产生了四种文化类型，即邹鲁文化、荆楚文化、三晋文化、燕齐文化。晁福林先生在其《霸权迭兴——春秋霸主论》一书中将当时的文化类型归纳为：周文化圈、齐鲁文化圈、秦晋文化圈、楚文化圈。

军事思想作为整个思想文化形态的重要组成部分，它的产生、发展、成熟，与人类社会的思想意识形态总体发展演化，有着深刻的历史与逻辑一致性，也与地域文明的主导趋势相同步。换言之，先秦时期的兵学文化，同样显示出鲜明突出的地域特征。大致而言，它在当时主要体现为三大类型，即齐鲁兵学文化、三晋兵学文化和以楚、吴、越为代表的南方兵学文化。

一、齐鲁兵学文化

它是先秦兵学文化中的最主要构成部分，其兵学数量之繁富，思想之精粹，范围之广泛，个性之鲜明，影响之深远，在先秦诸侯列国中是首屈一指的。孔子说："齐一变，至于鲁；鲁一变，至于道。"①这不仅是儒家理想政治的写照，同样也是齐鲁兵学在先秦兵学中地位的体现。这首先表现为兵学著作数量繁富，蔚为大国。先秦时期最重要的兵学著作大部分都诞生于齐鲁大地。就齐国而言，收入《武经七书》中的五种先秦兵书，属于齐地兵家系统的就有三种：《司马法》、《孙子兵法》和《六韬》。另外，据《汉书·艺文志·兵书略》记载，齐国的重要兵学著述，还有《齐孙子》（1972年在山东临沂银雀山出土的《孙膑兵法》）八十九篇，《子晚子》（今佚）三十五篇，等等。而在《管子》一书中，兵学思想也是其中的重要组成部分，它所涉及的军事问题的篇目，就有《兵法》、《制分》、《七法》、《地图》、《参患》、《势》、《九变》、《霸言》、《小匡》、《小问》、《幼官》、《侈靡》、《重法》、《法法》、《立政》、《大匡》、《八观》、《五辅》，等等。这些情况表明，在先秦及两汉传播的兵学著作中，数量最为丰富，内容最为精博，且影响最为深远者，当首推齐国兵学著作。

就鲁国而言，其兵学文化虽远不似齐国繁荣发达，但是，在当时也不无值得称道之处。从兵要地理角度分析，鲁国拥有一定的优势，所谓"据河济之会，控淮泗之交，北阻泰岱，东带琅邪，地大物繁，民殷土沃，用以根柢三楚，囊括三齐，直走宋卫，长驱许陈，足以方行于中夏矣"②。春秋之初，鲁国曾强盛一

---

① 《论语·雍也》。
② 顾祖禹：《读史方舆纪要》卷三十二。

时，四败宋，两败齐，一败卫、燕，几与"小霸"的郑国及强齐相匹敌。① 这种局面的出现，以及长勺之战中所反映的高明作战指导，均标志着周公旦所创立的文化传统中，兵学是其中不可忽略的组成部分。而《吴子》一书，论治军用兵多袭用儒家"仁"、"义"、"礼"、"德"、"教"等重要范畴，提倡"绥之以道，理之以义，动之以礼，抚之以仁"云云，更是鲁文化"宗仁本义"特色的突出体现。故《四库全书总目提要》卷九十九《子部·兵家类》云："然（起）尝受学于曾子，耳濡目染，终有典型。故持论颇不诡于正。……大抵皆尚有先王节制之遗。高似孙《子略》谓其尚礼义，明教训，或有得于司马法者。斯言允矣。"

齐鲁兵学文化的突出地域特征，概括起来说，大致有以下几个方面。

第一，形成最早，地位最尊。学术界一般的看法是，齐鲁文化的最早源头为东夷文化，东夷文化的重大特色之一，是骁勇善战，"尚武"之风盛行张扬。其中最典型的例子，就是蚩尤作兵，成为中国历史上最早的战神——兵主。《史记·封禅书》载："八神将自古而有之，或曰太公以来作之。""三曰兵主，祠蚩尤，蚩尤在东平陆监乡，齐之西境也。"秦始皇东巡封禅时必祠包括兵主蚩尤在内的八神；汉高祖刘邦起兵反秦，也祭祀兵主蚩尤，以壮军威，"为沛公，则祠蚩尤，衅鼓旗"，击灭项羽，夺取天下后，复"令祝官立蚩尤之祠于长安"②。这些有关战神蚩尤的传说与祀祭活动，正好从一个侧面透露了齐鲁兵学文化源远流长、植根深厚的曲折消息。

如果说兵主蚩尤现象还属于神话传说的范畴，那么齐国的开创者姜太公和鲁国的建立者周公旦则可以称得上是先秦兵学乃至整个中国古代军事文化实实在在的奠基者。《史记·齐太公世家》记载："周西伯昌之脱羑里归，与吕尚阴谋修德以倾商政。其事多兵权与奇计，故后世言兵及周之阴权者，皆宗太公为本谋。"周公旦同样为卓越的军事家，当武庚叛周、三监作乱，周王室面临生死存亡的紧急关头，他果断率师东征，平定叛乱，征服淮夷，"践奄"，维护了周王室大一统的格局，即所谓"依之违之，周公绥之"③，与姜太公共同成为中国兵学文化的

---

① 参见童书业：《春秋左传研究》"春秋初年鲁国之强"条，上海人民出版社1980年版。
② 《史记》卷二十八《封禅书》。
③ 《史记》卷一三〇《太史公自序》。

创立人。

而作为先秦兵学源头之一的"古代王者司马兵法"的发明和总结,也与姜太公、周公旦和齐鲁兵家有直接的关系。司马迁称姜太公、王子成甫等人对《司马法》"能绍而明之",这当然是正确的评价,但是尚不够全面。实际上姜太公等人对于古代王者司马兵法的诞生,乃是关键性的人物,从某种意义上讲,他们是古代王者司马兵法的创始人。《唐太宗李卫公问对》"卷上"对此曾有明确的阐述:"周之始兴,则太公实缮其法;始于岐都,以建井亩;戎车三百辆,虎贲三百人,以立军制;六步七步,六伐七伐,以教战法。陈师牧野,太公以百夫致师,以成武功,以四万五千人胜纣七十万之众。周《司马法》,本太公者也。"可见没有姜太公等人,就不会有以"古代王者司马法"为代表的"军法"("军礼")的面世,也就不会有中国古典兵学的肇始。

第二,薪火相传,代有承继。孔子说:"夏礼,吾能言之,杞不足征也;殷礼,吾能言之,宋不足征也。文献不足故也。"[①]可见由于种种客观原因,文化上出现断层现象在古代社会中是十分普遍的,兵学文化的承继问题同样有这类情况,三晋兵学、南方兵学都存在着时断时续的现象。但齐鲁兵学文化避免了这一点,以勃勃的生机逐代传授下来,并不断地得以发扬和光大。这在春秋早期是鲁庄公"鹥羽金仆姑"的赫赫武功;是齐桓公、管仲"复修太公法":"太公既没,齐人得其遗法。至桓公霸天下,任管仲,复修太公法,谓之节制之师,诸侯皆服。"[②]质诸史实,信而有征。

齐桓公任用管仲,高擎"尊王攘夷"的大旗,"九合诸侯,不以兵车","霸诸侯,一匡天下",其指导方针就是《周礼》及《司马法》所宣称的"会之以发禁者九"的"九伐之法"。在春秋晚期,是齐景公时期的著名军事家司马穰苴,对"古代王者司马兵法"的"申明",并在此基础上系统构建自己的兵学思想体系——《司马穰苴兵法》;是"一代兵圣"孙子的诞生,并以"兵者诡道"为基本特色的崭新兵学理论取代旧"军礼",在兵学思想领域完成一次具有深远影响的革命。在战国前中期,是《吴子兵法》、《孙膑兵法》等杰出兵学著作先后登场亮相,极大地深化了人们对军事斗争一般规律的理性认识;是齐威王"使大夫追

---

① 《论语·八佾》。
② 《唐太宗李卫公问对》卷上。

论古者司马兵法",使"自古王者司马法"得以在一定程度上恢复和保持基本原貌,确保其书的最主要内容和核心精神未致被历史的风尘所湮灭,并使它在汲取战国时代的军事文化内容后,变得更为充实和富赡。 在战国晚期,是《六韬》、《管子》等重要典籍的面世,使齐鲁兵学乃至整个先秦兵学进入综合融会、全面总结的崭新阶段,为先秦兵学思想的发展繁荣画下一个比较圆满的句号。

第三,兼容博采,注重实用。 齐鲁兵学文化的重要特色之一,是能够因时变化发展,善于博采兼容,集众之长。 应该说,齐文化与鲁文化是有其不同的特色的,齐文化重在开创和发展,鲁文化则偏重于继承和吸收,但是就其本质而言,它们之间具有互补性,即所谓"极高明而道中庸",非高明无以有灿烂辉煌的文化成就;不中庸无以能长期稳定而守恒。 正是在这个意义上,齐鲁文化才以浑然一体的形态著称于世。 因此,从"古代王者司马兵法"到《孙子兵法》,再到《六韬》、《吴子》,齐鲁兵学文化一直能根据军事实践的需要而不断地丰富发展,及时转型,即从提倡"军礼",到崇尚"诡诈",最终进入总结综合、兵儒兼容,使兵学与时俱进,呈现新的风貌。

这里,尤其值得注意的是齐地风俗民情对兵学发展的制约与规范意义。 齐国的社会环境铸就了齐地的民众资性,而这种资性也对齐鲁兵学文化发展导向的确立起着潜移默化的作用。《司马法·严位》指出:"人方有性,性州异,教成俗,俗州异,道化俗。"齐地社会环境的制约,使得齐地之人形成了独特的资性,这就是《史记·货殖列传》所说的:"其俗宽缓阔达,而足智,好议论";《汉书·地理志》也表述了同样的看法,认为当地民众易于"随时而变,因俗而动"①。 我们知道,"攻人以谋不以力,用兵斗智不斗多",是中国古代兵学的一大传统,齐人"足智"尚谋的地域文化,对于兵学理论的构建,自然是一种文化上的内在推动。 另外,齐人"阔达"、"舒缓"的资性,也即国民心理,反映到学术生活中,就是具有一定的宽容精神,在与外界的接触中,齐人比较能够接受新思想、新观点,并择善而从,加以必要的改造后为己所用,丰富和发展自己的主体文化。 换言之,齐地学者善于将各家各派的思想融会而兼取,从而形成新的学术形态。 战国时期稷下学术中心的出现,百家争鸣的全面展开,就是标志。 然而这一趋势早在西周春秋时期即已开始,管仲、晏婴等人的思想学说就

---

① 《管子·正世》。

包含有一体多元的复杂倾向。这种文化氛围为齐鲁兵学的健康成长提供了适宜的温床。

同时,齐地讲求功利,礼法并用的社会环境,也使得齐地兵学(需特别强调的是,在齐鲁兵学文化中,齐兵学始终是占主导地位的)注重实用,善于自我丰富,以适应战争的需要。一定的文化是一定社会物质生活的产物。齐国顺应民俗,注重发展经济,推动工商贸易,讲求功利得失,提倡礼法并用的大环境,使得在此基础上发展起来的齐地学术文化具有注重实用的显著特点。齐国的实用之学相当发达,在数学、工艺学、医学、天文学、地理学、化学、动植物学、矿物学等学科领域内都有蔚为可观的建树。这种实用之学的发展,对于兵学的进步影响非常重大。因为兵学本是实用之学,它不尚空谈,而完全以现实利害为依据,十分重视实际经验。所以齐鲁兵学的繁荣,实与齐国注重实用的学术传统相一致。

第四,体大思精,影响深远。明代茅元仪在《武备志·兵诀评》中指出:"前孙子者,孙子不遗;后孙子者,不能遗孙子。"这不仅是关于《孙子兵法》历史地位的正确定位,而且也完全可以视作对先秦齐鲁兵学文化价值与影响的恰当评估。齐鲁兵学在中国古典兵学发展史上的作用与地位是不可逾越的,它对于后世兵学理论的健全与嬗变的影响是无与伦比的。《唐太宗李卫公问对》"卷上"透露了这方面的信息:"张良所学,太公《六韬》、《三略》是也;韩信所学,穰苴、孙武是也。""臣案《太公·谋》八十一篇,所谓阴谋,不可以言穷;《太公·言》七十一篇,不可以兵穷;《太公·兵》八十五篇,不可以财穷。""今世所传兵家流,又分权谋、形势、阴阳、技巧四种,皆出《司马法》也。"这充分显示出齐鲁兵学在中国古典兵学发展上所占据的绝对统治地位。换言之,没有齐鲁兵学,实际上就不复存在中国古典兵学文化。

二、三晋兵学文化

三晋文化指春秋晋国和战国韩、赵、魏一带的中原文化,三晋兵学文化以其丰富的内涵和独特的品格而在中国古典兵学发展史上占有显著的地位,并成为三晋文化的重要组成部分。

原生形态的三晋文化主要指春秋时期晋国,战国时期韩、赵、魏一带的中原文化,关中地区的秦文化主要受三晋文化的滋育和影响,曾在秦地活动的思想家，如商鞅、范雎、韩非等人，也主要来自三晋地区，秦文化本身缺乏自己的显著特色，所以也可以归入三晋文化类型。毫无疑问，三晋文化的形成，是与三晋的战略地缘条件与当时的天下争战形势相密切联系的；这就是三晋处于四战之地，战略上为内线作战态势，地理上缺少天然屏障和战略纵深回旋余地（韩、魏尤甚），为了在激烈残酷的争霸兼并斗争中争取主动，求得生存和发展，这些诸侯国统治者一般都能以务实理性的精神治国经军，对内注意改革、练兵、储粮，提倡法治，广揽人才，致力于富国强兵；对外则随时权衡"国际"形势，利用矛盾，结交与国，合纵连横，纵横捭阖，从而形成了注重实效、质朴平实、致力农战、以力制胜的文化传统。

这样的历史文化背景，使得三晋兵学文化早早趋于成熟，这种成熟，主要表现为兵学传统的源远流长，成果丰硕，并具有自己的鲜明个性。具体而言：首先是兵学著作数量繁富，形式多样。据《汉书·艺文志·兵书略》记载，可明确认定属于三晋兵学系统的著名兵书就有"公孙鞅二十七篇"、"吴起四十八篇"、"庞煖三篇"、"儿良一篇"、"广武君一篇"、"尉缭三十一篇"、"魏公子二十一篇"、"师旷八篇"、"苌弘十五篇"、"魏氏射法六篇"等，其兵家数量之多，甚至超过了号称"甲冠天下"的齐鲁兵学。只是由于其大部分内容已经散佚，且被收入"武经七书"的兵书不如齐国兵书为多，故才给人们以一种错觉：似乎三晋兵书逊少于齐鲁兵书。但是，尽管如此，现存的三晋系统的兵书仍是蔚为大观的，如《尉缭子》、《吴子》被列入经典的"武经七书"之列。又如《汉书·刑法志》等典籍所提及的重要兵家中，三晋兵家都占有相当大的比重，"吴有孙武，齐有孙膑，魏有吴起，秦有商鞅，皆禽敌立胜，垂著篇籍"；"吴起、孙膑、带陀、儿良、王廖、田忌、廉颇、赵奢之伦制其兵"。这里的吴起、商鞅、儿良、王廖、廉颇、赵奢等人，就均系三晋系统的杰出兵家。尤其值得注意的是，人们在总结、揭示兵家不同流派的特点时，也往往以三晋兵家作为具体阐释的对象，如《吕氏春秋·不二》云："王廖贵先，儿良贵后"，将王廖、儿良分别列为"先发制人"与"后发制人"用兵理论的代表。所有这些，都表明三晋兵学并非像有些学者所认为的那样，属于厚重少文、富于实践而缺乏理论的归纳升华，而是拥有厚实的理论积淀，具备大量著述载体的。

其次是呈示出理论与实践相结合、学理与操作相统一的鲜明特征。与齐鲁兵学较多地关注兵学理论体系构筑的情况有所不同，三晋兵学在重视理论建树的同时，也十分强调理论与实践之间的沟通，讲求兵学理论的可操作性。众所周知，三晋地区（包括秦地）的政治指导思想是法家学说，其基本特点是执着功利，讲究实用，这一宗旨，决定了法家学说最大限度地强调理论的可操作性。受法家思想实用理性的规范与制约，三晋兵学合乎逻辑地致力于理论联系实际，以操作性的有无或大小来衡量兵学自身的价值和意义。

这一点，在现存的《尉缭子》一书中有很突出的表现。今本《尉缭子》共二十四篇，其中《重刑令》、《伍制令》、《束伍令》、《分塞令》等法令条例便占了十篇，几占全书的一半；而这些条令规章均为非常具体的军队管理方法，其可操作性之强不言而喻。即使在其他篇章中，其崇尚功利，注重实用的特征也同样明显，如《制谈》、《原官》诸篇之言军制设置；《攻权》、《守权》、《战权》诸篇之言攻、战、守三种不同形式的战法要领，都以满足用兵作战上的可操作性为宗旨。正是由于理论与实践沟通顺畅，学理与操作性结合无间，因此当时三晋以及受其文化笼罩的秦地名将辈出，成为战争中的主宰，白起、廉颇、赵奢、李牧、庞涓、信陵君、蒙恬、王翦等人便是他们中间的卓越代表；而三晋与秦地的军队战斗力亦远较齐、楚诸国军队为强大，荀子的看法即已充分证明了这一点："齐之技击不可以遇魏氏之武卒，魏氏之武卒不可以遇秦之锐士。"①

其三是内涵丰富、体系完整、观点鲜明、思维辩证，注重将厉行耕战、增强实力、推行法制、严明赏罚置放于优先的位置。具体地说，这就是在战争观上积极主战，强调通过战争的手段达到一定的政治目的，"国之所以兴者，农战也"②；提倡"诛暴乱，禁不义"的义战；同时又主张慎战，反对穷兵黩武，"故兵者，凶器也；争者，逆德也；将者，死官也。不得已而用之"③。在治军观上，主张高度集权，严格治军，追求令行禁止的效果："故先王明赏而劝之，严刑以威之。赏刑明，则民尽死；民尽死，则兵强主尊。"④强调"制必先定"，在执法上做到公正公允，"杀一人而三军震者，杀之；赏一人而万人喜者，赏之。杀之贵大，赏之贵小。当杀而虽贵重必杀之，是刑上究也；赏及牛童马圉者，

---

① 《荀子·议兵篇》。
② 《商君书·画策》。
③ 《尉缭子·武议》。
④ 《韩非子·饰邪》。

是赏下流也"①。 提倡将帅以身作则,身先士卒,把"号令明、法则审"看作克敌制胜的基本保证。 在作战指导上,注重谋略和战前准备,讲究"廊庙"决策,"兵胜于朝廷",主张"权敌审将而后举兵",以实力发言,先为不可胜,强调在战争中奇正变通,争取主动权,先发制人,出其不意,守中有攻,以打歼灭战为作战的最佳选择,总之是"战不必胜,不可以言战;攻不必拔,不可以言攻"②。 在战略上,特别重视处理政治与军事的辩证关系,提倡文武并用,军政合一,"凡战法必本于政胜","政久持胜术者,必强至王"③;"兵者,以武为植,以文为种;武为表,文为里"④。 这些特征在《尉缭子》、《吴子》等三晋兵学著作和《商君书》、《韩非子》、《荀子》等三晋文化体系内的诸子论兵之作中都有显著的体现。

概而言之,三晋兵学特别贴近先秦至两汉时期军队建设与战争活动的实际,突出反映了当时军队与作战的特点与规律,曾对后世兵学的发展产生了深远的影响,其在军事史上的地位实不亚于齐鲁兵学。 清代朱墉在《武经七书汇解》中说:"七子谈兵,人人挟有识见。 而引古谈今,学问博洽,首推尉缭。"这一观点,可以说是对以《尉缭子》为代表的三晋兵学在中国兵学历史上的地位与贡献,做出了恰如其分且又实至名归的界定。

三、楚、吴、越为主体的南方兵学文化

南方文化的中心地带是江汉淮水流域,它受西周传统文化的影响较小,具有自己独特的风格,对中原礼乐文化持保留乃至批判的态度,是老庄道家文化及其后学黄老思想的大本营。 其基本特色是崇尚自然,鄙薄仁义礼治,故为孟子斥责为"南蛮鴃舌之人,非先王之道"⑤。 这一文化性格在其兵学思想中同样有鲜明的反映,所谓"诡诈谲变"的作战指导原则,最早就发轫于南方地区。 它的提出乃是对旧军礼"以礼为固,以仁为胜"传统的否定。

具体而言,南方兵学文化的基本特征是讲究人道与天道的统一,从自然规律

---

① 《尉缭子·武议》。
② 《尉缭子·攻权》。
③ 《商君书·战法》
④ 《尉缭子·兵令上》。
⑤ 《孟子·滕文公上》。

中汲取营养,以求为指导战争提供启示。晦日进兵,设伏诱敌,突然袭击,避实击虚,奇正相生,化迂为直等是其最热衷的命题与战争理想境界;诡诈用兵,阴阳变化,刚柔并济是其兵学的基本精神。伍子胥、范蠡的兵学实践,《鹖冠子》、《经法》的理论建树,堪称这方面的代表。值得注意的是,它与齐鲁兵学文化之间有着深厚的内在联系,所谓"孙氏之道,明之吴越,言之于齐"①,反映的正是这个事实。

第三节 《吴子兵法》

一、《吴子》书的真伪与流传

《吴子》,又称《吴起兵法》,今存本二卷六篇,篇名分别是《图国》、《料敌》、《治兵》、《论将》、《应变》、《励士》,全书近五千字,是吴起军事思想的主要载体,也记载了一些吴起的生平活动事迹。当是由吴起及其门人编缀成书。从这个意义上说,《吴子》一书是吴起兵学流派的集体性创作,成书于战国时期,但反映的是吴起本人的军事思想。

但是,长期以来人们对《吴子》一书的真伪和作者都存在着不同的看法。有人认为《吴子》系吴起本人自著,有人认为其书出于吴起门人的笔录。我们认为,这些分歧不是实质性的问题,因为它仅仅牵涉到吴起与此书的关系是"作"或"述"的问题,并未否定此书所反映的是吴起本人的军事思想。从古书成书的一般规律考察,《吴子》的成书当是上述两种情况兼而有之,即既不乏吴起本人的手笔,也多少带有其门人宾客增补润饰的内容。由于时代久远、资料缺乏,我们今天已很难将其一一区分清楚了,可以略而不论。

然而历史上也有一些人对《吴子》一书予以全盘的否定,简单认为《吴子》书系后人伪托或杂抄成书,从而断定其为一部"伪书"。这一观点主要流行于清代和近现代。姚际恒云:"其论肤浅,自是伪托。"姚鼐则云:"魏晋以后,乃以箛笛为军乐,彼吴起安得云'夜以金鼓箛笛为节'乎?苏明允言:'起功过于孙武,而著书颇草略不逮武',不悟其书伪也。"现代学者郭沫若、黄云眉、张心

---

① 《孙膑兵法·陈忌问垒》附简。

徵、金建德等人也持同样的观点,其中尤以郭沫若的疑伪观点最为系统。主要论点有三点:(一)"现在的《吴子》……辞义浅屑。"(二)《吴子》多袭用《孙子兵法》、《曲礼》、《淮南子·兵略训》等书的语句。(三)青龙、白虎、朱雀、玄武四兽配以方色,时间在战国末年以后,"用知四兽为物,非吴起所宜用"。他最后的结论是:"今存《吴起》实可断言为伪。以笔调觇之,大率西汉中叶时人所依托。"①

我们认为,这些"伪书"论调,乃是疑古思潮影响下的产物,主观臆断,难以成立。首先判断古书的真伪,不能以其书行文是否典雅优美为依据。仅以"辞意浅薄"、"辞义浅屑"而将其书打入"伪书"行列,未免过于武断轻率,不足为凭。当代人为文,尚有雅俗畅涩之别,我们怎么能要求古人为文都达到同一境界呢?其次,吴起作为政治家、军事家,在个人事业上固然要胜过孙子,但其撰写兵书与实际经国治军之间并不能简单地画等号。所以我们不能要求《吴子》的理论水平一定高于《孙子》,否则白起、韩信等人就要留传兵法著作,而且应该是最上乘的。更何况《吴子》与《孙子》各有千秋,不能简单地判别轩轾。第三,《吴子》书中提到的"笳笛"、"四兽"等问题,随着论者研究的深入和考古发掘的进展,已不能作为否定其书真实性的根据。如考古发掘随县擂鼓墩曾侯乙墓时,其中"发现的一具漆衣箱,盖上以漆为地,朱绘青龙、白虎,中央有象征北斗的大'斗'字,环以古文的二十八宿名称,是非常珍贵的天文学史资料……至于青龙、白虎、朱雀、玄武四神,长期以来被指为汉代较晚才产生的。擂鼓墩这具二十八宿图漆箱的发现,足以纠正流传的错误观念"②。

曾侯乙墓的年代要略早于吴起的活动年间,故《吴子》书中提及青龙等"四兽"也是很自然的事情。至于"笳笛",也见于《六韬·虎韬·军略》的记载。《六韬》一书已由山东临沂银雀山汉墓《六韬》竹简残本的出土,而被证实是战国兵书。由此可见,《吴子》中提到"笳笛"云云并不足为怪。况且,古书的成书是一个漫长的历史过程,其中均免不了有后人所增添附益的内容,我们要判定某本古书的真伪,只能依据其书的主体思想立论,而不宜以个别的名词或提法作为取舍的标准。所以,即使退一步说,《吴子》中的"笳笛"、"四兽"等文字内

---

① 《青铜时代·述吴起》。
② 李学勤:《东周与秦代文明》,文物出版社1984年版。

容确凿是晚出的,也完全不足以动摇其书的真实性,更不能以此而否定吴起及其后学的著作权。

从各种情况来看,《吴子》一书系吴起和其门人共同撰写,是可以成立的。

第一,《吴子》一书在历史上见于多种史籍的著录,这是其书性质判断上的重要依据之一。《韩非子·五蠹》言:"境内皆言兵,藏孙、吴之书家有之,而兵愈弱。"这表明吴起曾著有兵书,其书与《孙子》一样,早在战国晚期就风行于世,为人所重。司马迁在《史记·孙子吴起列传》中也提到"《吴起兵法》世多有",这说明在西汉初年,《吴子》的流传也很广泛。又《史记·卫将军骠骑列传》记载:"天子(汉武帝)尝欲教之孙、吴兵法",这显示当时统治者对吴起的兵书予以了高度的重视。

东汉以来,史籍对《吴子》的著录仍不绝如缕。《汉书·艺文志·兵书略》著录有:"吴起,四十八篇。"可见《吴起兵法》不仅依然流传,而且篇数众多,内容丰富。不仅如此,《吴子》还和《孙子》一样,受到军事家的普遍重视和广泛应用,如《后汉书·冯衍列传》中提到东汉大将军鲍永"观孙、吴之策";又如《三国志·魏书·太祖本纪》注引王沈《魏书》云:"曹操行军用师,大较依孙、吴兵法。"再如《晋书·李玄盛列传》亦记载:"李玄盛颇习武艺,诵孙、吴兵法。"这都是明显的例子。

当然,在长期的流传过程中,《吴子》一书有不少内容佚失了。到了唐初,《吴子》只存下一卷。《隋书·经籍志》著录《吴起兵法》一卷,即系这方面的标志。然而残本《吴子》与古本《吴子》之间仍有密切关系,这是因为《隋书·经籍志》说得很清楚,当时一卷本《吴起兵法》的注者是三国时人贾诩。所以并不存在两晋南北朝人"伪托"的问题。

《新唐书·艺文志》著录吴起的兵书为"《吴起兵法》一卷",当与《隋书·经籍志》是同一部书。《宋史·艺文志》、晁公武《郡斋读书志》、王应麟《〈汉书·艺文志〉考证》则均著录吴起兵书为"《吴子》三卷"。此后历代公私目录书对《吴子》均有记载著录,唯卷数上有一卷、二卷、三卷的区别。

晁公武《郡斋读书志》云:"《吴子》三卷,周魏吴起撰,言兵家机权法制之说,唐陆希声类次为之,《说国》、《料敌》、《治兵》、《论将》、《变动》、《励士》,凡六篇云。"这里面的篇数与今存本相同,篇名除《说国》为《图国》,《变动》为《应变》外,其余均相同。由此可见,今传世本《吴子》在唐代即已基本定型。到北宋神宗元丰年间将《吴子》编入《武经七书》，更是广为流传，不复再有大的变化。

综上所述，历代对《吴子》的著录史不绝书。其间虽有篇数、内容佚失的情况存在，《吴子》一书的部分内容却自战国以来一直流传了下来，今本《吴子》的真实性无可怀疑。

第二，今本《吴子》中的不少内容，与史书中有关吴起的史实记载相吻合，同时也与战国时期的战争特点以及吴起军事思想的要义相一致。

这方面的例证是很多的。如吴起曾受业于儒家曾子门下，故其论治军时，多袭用儒家"仁"、"义"、"礼"、"德"、"教"等儒家学说的重要范畴。又如《吴子》主张"以治为胜"，强调明法令，重刑赏等，这与《史记》本传记载的"明法审令"立场完全一致。再如《吴子》要求在对待士卒问题上做到"与之安，与之危"，造就"父子之兵"，这和《史记》本传中记载的"起之为将，与士卒最下者同衣食……与士卒分劳苦"做法一脉相承。

另外，像《吴子》提倡"内修文德、外治武备"的图国方略，充分反映了战国时期诸侯列国重视内政建设，扩充军事实力，以求在兼并战争中立于不败之地的历史趋势；高度重视选将任将，提出"总文武者，军之将也"的为将标准，体现了当时文武分职、将相殊途的现实背景；主张"简募良材"，建设一支强大常备军，这乃是当时募兵制悄然萌芽的具体写照；强调"备千乘之骑，兼之徒步，分为五军"，以攻击敌人，夺取战争的胜利，这正是当时兵种建设上车、步、骑并重，诸兵种协同作战的实际在兵学理论著作中的投影。所有这一切，都完全说明了《吴子》成书于战国时期，强加在它头上的"伪书"不实之词理应推倒。

第三，今本《吴子》中的一些内容，亦见于先秦其他兵书的记载，这样就从比勘互参的角度，进一步证实了《吴子》一书的成书年代和作者身份。如《孙膑兵法·威王问》云："'两军相当，两将相望，皆坚而固，莫敢先举，为之奈何？'孙子答曰：'以轻卒尝之，贱而勇者将之，期于北，毋期于得，为之微陈，以触其厕（侧），是胃（谓）大得。'"其问对的内容与文字表达方式均与《吴子·论将》篇中的有关记载大体一致。而《孙膑兵法》东汉以后即已佚失，银雀山汉墓竹简出土后方重见天日，故《吴子》不可能抄袭《孙膑兵法》，而应该说是《孙膑兵法》继承了《吴子》的这一作战指导思想。再如《吴子·治兵》言军事训练的要领为："一人学战，教成十人；十人学战，教成百人；百人学战，教成千人；千人学战，教成万人；万人学战，教成三军。"类似的记载亦见于《尉缭子·勒卒令》和《六韬·犬韬·教战》。又如《吴子·治兵》言："用兵之害，犹豫最大；三军之灾，生于狐疑。"《六韬·龙韬·军势》则作"用兵之害，犹豫最大；三军之灾，莫过狐疑"。两者除个别文字外，也几乎完全一致。随着银雀山汉简出土，《尉缭子》与《六韬》的成书年代在战国期间这一问题已获得彻底解决，所以《吴子》同样应为战国成书的兵学著作。而且从文字、体例等情况来看，它的成书年代当在《六韬》与《尉缭子》之前。在这种情况下，再怀疑《吴子》的真实性，无疑是不能自圆其说的。

总之，今本《吴子》二卷六篇应为《史记》、《汉书》等史籍所著录的《吴起兵法》（或称《吴起》）的部分内容，作者是吴起和他的门人。虽有少量后人附益的内容，但基本上真实地反映了吴起的军事思想。

《吴子》自宋神宗元丰年间编入《武经七书》之后，一直为武学的基本教材，是历代将校的必读之书，在历史上产生过重大的影响。这一情况沿袭至明清而不变，如明洪武十三年（1380），朱元璋诏令兵部复刻元版《武经七书》，使之广为流传；又如清代"武试默经"，依然是"不出孙、吴二种"[①]。

二、《吴子》的兵学思想体系

吴起的兵学思想比较丰富，它深刻反映了战国时期军事斗争的一般规律，具有鲜明的时代特色和重要的军事学术价值。并对后世兵学理论的发展产生过深远的影响。大体而言，《吴子》的兵学思想体系由三个方面组成，这就是进步的战争观念，"以治为胜"的治军理论，以及"因形用权"的作战指导思想。

（一）《吴子》进步的战争观念

战争观念是所有兵学思想的基石和出发点。在《吴子》之前，《孙子兵法》在这一问题上已有较系统的理性认识，提出了"慎战"和"备战"并重的战争态度。然而，孙子的战争观存在着一个很大的不足，这就是他对战争目的和性质的论述几乎付诸阙如。这无疑是一个较大的遗憾。《吴子》在这方面的情况却有所不同，它已经开始注意探讨战争的起因问题，并初步区分了不同战争的性质。

《吴子》将战争的起因归结为五种，一是争夺名位，二是掠取财富，三是仇

---

① 《武经七书汇解·吴子序》。

恨的积累，四是内乱，五是饥荒。《吴子》认为，战争的爆发是不以人们的意志为转移的，在列国争雄兼并的条件下，战争乃是普遍的社会现象，是不可避免的。这样，《吴子》就与儒家的德化至上论划清了界限。根据这一基本判断，《吴子》进而对战争的性质进行了具体的分类，即义兵、强兵、刚兵、暴兵、逆兵，主张从事义兵，反对进行强兵、刚兵、暴兵、逆兵。它指出："若行不合道，举不合义，而处大居贵，患必及之。是以圣人绥之以道，理之以义，动之以礼，抚之以仁。"虽然《吴子》对战争起源原因的探讨是相当粗浅的，其对战争性质的分类也不无片面简单之处，并不能真正揭示战争的起因和战争的性质，但它毕竟已涉及这些问题，提出了自己独到的看法，这在古典兵学发展史上具有重大的意义。

在对待战争的态度上，《吴子》与《孙子兵法》的观点有其相一致之处。它主张"备战"，认为"安国之道，先戒为宝"，时刻做好准备，投入对敌作战，用战争的手段实现一定的政治目的，指出"当敌而不进，无逮于义矣；僵尸而哀之，无逮于仁矣"，并以历史史实为自己的这一"备战"、"重战"立场做出佐证："昔承桑氏之君，修德废武，以灭其国。"但是，与此同时《吴子》也主张"慎战"，反对穷兵黩武，"有扈氏之君，恃众好勇，以丧其社稷"，反复强调"战胜易，守胜难"，认为打胜仗越多，就会孕育未来的巨大灾难："天下战国，五胜者祸，四胜者弊，三胜者霸，二胜者王，一胜者帝。是以数胜得天下者稀，以亡者众。"力求通过尽可能少的战争，迅速夺取决定性的胜利，实现称王图霸的目的。从这个意义上讲，《吴子》对战争的态度和某些法家的战争万能论是有明显区别的。

战争指导思想，也是《吴子》战争观念中的有机组成部分，通观《吴子》全书，可知其核心内容是"内修文德，外治武备"，即正确处理政治与军事之间的关系，在修明政治的前提下，加强军事建设，为从事封建兼并战争创造必要的条件。具体地说，一是要"先教百姓而亲和万民"，推行"道、义、礼、仁"四德，搞好内部的团结和统一，达到"四和"的境界，"和于国"、"和于军"、"和于阵"、"和于战"。二是要做到使"贤者居上，不肖者居下"，重用贤德和有才能的人，选拔他们担任要职，以利治国安民。三是要做到使"民安其田宅，亲其有司"，即确保民众安居乐业，亲近政府，以利发展生产，保持国家的稳定。四是君主要关心民众，爱护民众，"爱其命，惜其死"，以争取民众的拥护和爱戴。同时，作为君主要虚怀若谷，善于纳谏，不搞唯我独尊。五是要建设一支强大的军队，以确保己方在激烈的兼并战争中占有军事上的优势，实施防御能做到稳如磐石，坚不可摧；实施进攻，则能够所向披靡，克敌制胜，"投之所往，天下莫当"。

总而言之，《吴子》的战争观念，适应了新兴势力夺取政权、巩固政权和从事封建兼并战争的需要，具有相当显著的进步色彩。

(二) "以治为胜"的治军理论

通过对治军实践的总结，《吴子》提出了独具特色的治军理论，其核心是"以治为胜"。《吴子》认为军队能否在战场上英勇杀敌，夺取胜利，关键不在于其人数的多寡，"若法令不明，赏罚不信，金之不止，鼓之不进，虽有百万，何益于用"，而在于是否做到治理严格。而严格治理的具体标准，反映为军队在驻扎时有严格的纪律，展开行动时威武雄壮、震慑敌胆，投入进攻时敌人无法抵挡，实施退却时敌人无法追赶，前进或后撤时秩序井然，向左向右运动时听从命令，即使被敌军分割阵势也不混乱，即使被敌军冲散战斗行列也能迅速恢复；其将领能与普通士卒同安乐、共危难，做到上下一心、团结一致而不可分离，连续作战而不会疲惫。一旦达到这些标准，军队就能称为"父子之兵"，就可以"投之所往，天下莫当"，为进行兼并战争提供保证。

基于"以治为胜"的坚定理念，《吴子》进而系统阐述了治军的具体要求。

第一，主张"教戒为先"。《吴子》重视对军队官兵开展思想教育，这就是所谓的"教之以礼，励之以义"，认为只要士卒有了羞耻之心，军队无论攻守，都能得其所宜，"夫人有耻，在大足以胜，在小足以守"。同时《吴子》也非常重视军队的军事训练，指出将士在作战中战死往往是由于其军事技能不熟练，作战失败的原因也多由于战术要领没有掌握，"夫人常死其所不能，败其所不便。故用兵之法，教戒为先"。为此，它提出了一整套具体的训练方法，指导平时的训练活动，内容包括单兵技艺训练、战术训练、阵法变化训练，等等。

第二，提倡"严刑明赏"。《吴子》主张从严治军，强调用严格的军纪军法来约束将士，使军队的一切行动"任其上令"，即坚决服从上级的命令，做到"令行禁止，严不可犯"。对不从令者要予以诛戮，以整肃军纪，在军事奖惩上要做到"进有重赏，退有重刑"；对善于使用各种兵器，身强力壮，行动敏捷，"志在吞敌"的人予以不次拔擢，"必加其爵列"，以此激励士气，鼓舞斗志，并强调在实行"重赏"、"重刑"之时必须做到"行之有信"。

第三，强调"简募良材"。《吴子》提倡组建特种精锐部队，以防备、应付突然不测事件，"简募良材，以备不虞"。为此，吴起曾建议魏国统治者"聚卒"、"练锐"，即把士卒中勇敢强壮者编为一队，把乐意拼死向前者编为一队，把善于越高奔远、轻捷善走者编为一队。认为一旦拥有这样的劲旅，便可以无往而不胜。《吴子》同时还主张根据军队将士的身材高矮，体魄强弱，秉性勇怯，智力优下等情况进行合适的分工，以发挥各人的特长，具体做法是"短者持矛戟，长者持弓弩，强者持旌旗，勇者持金鼓，弱者给厮养，智者为谋主"。

第四，提出"总文武者，军之将"的为将标准。《吴子》十分重视将领在战争中的地位和作用，认为"良将"关系到国运的盛衰、军队的安危，"得之国强，去之国亡"。为此它对将领提出了严格的要求，总的原则是要文武兼备，刚柔相济，"总文武者，军之将也；兼刚柔者，兵之事也"。具体地说，为将者要有为国献身的高尚情操，"受命而不辞，敌破而后言返"，"师出之日，有死之荣，无生之辱"；具备爱护士卒的慈祥之心，能够与士卒同甘共苦；树立威严，善于号令和指挥部队；善于做到"五慎"："一曰理，二曰备，三曰果，四曰戒，五曰约"；能够掌握气机、地机、事机、力机等"四机"，即在对敌作战中掌握士气，利用地形，运用谋略，提高战斗力。总之，是为将者的威严、胆识、品德、才干，要足以统率部队，安抚士卒，威震敌军，战胜攻取。

由此可见，《吴子》的治军思想是相当系统完备的，举凡治军原则、教育训练、军纪军法、赏罚手段、精兵建设、选将任将等问题，均有深入的阐述。其中不少合理的思想内核，直至今天仍有一定的借鉴价值。

(三)"因形用权"的作战指导思想

在《吴子》的兵学理论体系中，作战指导思想的阐述，占有相当大的篇幅；然而与其战争观理论和治军思想相比，《吴子》的作战指导思想在特色和价值上，都相形见绌了。与《孙子兵法》更注重从哲理层次揭示作战指导规律的本色有所不同，《吴子》有关作战指导问题的探讨，似乎更倾向于对战术要领的具体表述，这或许同其书问答体例有一定的关系。

尽管如此，《吴子》的作战指导思想仍有值得总结的地方，大致可以概括为以下几点。

第一，主张料敌察机，审敌虚实，在知彼知己的前提下，从事战争活动，从而牢牢掌握主动权,克敌制胜。

《吴子》和《孙子兵法》一样,非常重视了解敌我双方的军情态势,并把重点放在掌握敌情之上。为此,它专门设有《料敌》篇进行深入阐发。《吴子》认为要了解和掌握敌情,主要的途径有两条:一是重视使用间谍,让其深入敌后搜集敌方的各种情报,掌握敌人的战略动向和作战方案,即所谓"急行间谍,以观其虑";二是要在战场上对敌实施佯攻,尔后又假装败退,引诱敌人前来追击,从敌人追击的情况来观察判断其虚实,然后决定应敌之策。《吴子》指出,"料敌"的目的是为了发挥自己的长处,选择捕捉战机,抓住敌人的薄弱环节予以致命的打击,"用兵必须审敌虚实而趋其危"。《吴子》对六国军情的分析和据此而提出的破敌之法,就集中体现了吴起用兵打仗以"料敌"为先的指导原则:"夫齐陈重而不坚,秦陈散而自斗,楚陈整而不久,燕陈守而不走,三晋陈治而不用。"攻击齐陈,当"必三分之,猎其左右,胁而从之";攻击秦陈,应"必先示之以利而引去……乘乖猎散,设伏投机";攻击楚陈,则"袭乱其屯,先夺其气,轻进速退,弊而劳之";攻击燕陈,宜"触而迫之,陵而远之,驰而后之";攻击韩、赵之陈,需"阻陈而压之,众来则拒,去则追之,以倦其师"。应该说,这些分析和对策都是符合当时的实际情况的,因此也是高明的,吴起在军事上的成功已充分证明了这一点。

第二,强调"因形用权",应敌变化,根据作战形势的变化灵活机宜地实施不同的谋略和战术,牢牢立于不败之地。

《吴子》认为战场的情况各不相同,作战的形势瞬息万变,高明的作战指导者应该善于分析形势,把握战机,灵活机动地运用战术,予敌以毁灭性的打击,从而收到事半功倍之效,"凡战之要,必先占其将而察其才,因形用权,则不劳而功举"。具体地说,就是要根据敌情、天时、地利等情况的不断变化,审时度势,以变应变,实施欺诈、收买、离间、疲困、威慑等谋略,灵活采取诱歼、伏击、截击、追击、逼攻、偷袭、水淹、火攻、半渡而击等不同战法,迫使敌人分兵、混乱、恐惧、疲惫,陷于不利的地形和被动挨打的地位,尔后集中优势兵力,制敌于死命,夺取作战的胜利。在此基础上,《吴子》还进而总结出作战中"因形用权"带有规律性的要领,包括"急击勿疑"的十三种情况、"击之勿疑"的八种情况以及"避之勿疑"的六种情况,大大丰富了中国古代作战指导的理论。

第四节 《司马法》兵学思想研究

一、《司马法》的来龙去脉

（一）《司马法》的成书

关于《司马法》的成书，最早的明确记载见于司马迁所著的《史记》，主要是三条材料。

1.《司马穰苴列传》言：齐威王"用兵行威，大放穰苴之法，而诸侯朝齐"；"使大夫追论古者《司马兵法》，而附穰苴于其中，因号曰《司马穰苴兵法》"。

2.《太史公自序》云："自古王者而有《司马法》，穰苴能申明之。"

3. 同是《太史公自序》言："非兵不强，非德不昌，黄帝、汤、武以兴，桀、纣、二世以崩，可不慎欤？《司马法》所从来尚矣。太公、孙、吴、王子（成甫）能绍而明之。"

《史记》中的这些记载，清楚地表明了以下这么几层意思。

第一，古本《司马法》是春秋中期以前的军事典籍，其基本性质可能与《左传》、《孙子兵法》等书所提到或引用的《军志》、《军政》、《令典》诸书相近，但也有可能是"司马法"为一类名，而《军志》等则是这一类名范围内的具体兵学著作。我们认为，司马迁的这一记载比较可信，可以作为研究其书时代特征的重要线索，因为这也能从其他先秦文献材料的记载中获得充分的印证。《周礼·夏官司马·虎贲氏》称说："司兵，掌五兵五盾，各辨其物与其等，以待军事。及授兵，从司马之法颁之。"它多少透露了这么一个信息：既然司兵之官是按照"司马之法"颁发兵器，那么在西周时期确实存在着一部"司马之法"。换言之，从西周时期起，很可能已有供武官学习的或武官必须遵循的法典、军法一类著作，就叫"司马法"或"司马兵法"。正因如此，"太公"（吕尚）才"能绍而明之"。所以《唐太宗李卫公问对》卷上对此做了很准确的揭示："周之始兴，则太公实缮其法，始于岐都，以建井亩，戎车三百辆，虎贲三千人，以立军制。六步七步，六伐七伐，以教战法。陈师牧野，太公以百夫致师，以成武功，以四万五千人，胜纣七十万之众。周'司马法'，本太公者也。"

清人张澍在其《养素堂文集》卷三《司马法序》中就《司马法》的成书及其性质进行了较为详尽的考证，可以信从。其要云："按《孙子注》云《司马法》者，周大司马法也。周武（王）既平殷乱，封太公于齐，故其法传于齐……是古者即有《司马法》，非穰苴始作，亦威王时附《穰苴兵法》于《司马法》中，非附《司马法》于《穰苴兵法》中也。《周礼》疏误矣……考《周官·县师》将有军旅田役会同之戒，则受法于司马以作其众庶，小司马掌事如大司马之法，司马授兵，从司马之法以颁之，此《司马法》即周之政典也。"

当代著名学者余嘉锡先生赞同张澍的上述考证，并进而认为："盖《司马法》为古者军礼之一，不始于齐威王之大夫，并不始于穰苴。穰苴之兵法，盖特就《司马法》而申明之，而非其所创作，其后因附之《司马法》之中。古书随时增多，不出于一人之手，类皆如此。至于齐威王使大夫追论，疑不过汇辑论次之，如任宏之校兵书而已。"①由此可见，《四库全书总目提要》的作者判定"《隋》、《唐》诸志，皆以为穰苴之所自撰者"之成说为"非也"的观点，是大致可以成立的。

第二，春秋齐景公时期的重要军事家司马穰苴，对古代王者《司马兵法》有过深刻的研究和论述，是一位能够"申明"古代王者《司马兵法》的人。这也许正是后来齐国大夫们在追论古《司马兵法》之时，之所以要"附穰苴于其中"，并"号曰《司马穰苴兵法》"的原因。"能申明之"，即能够发扬光大《司马法》，这是说穰苴曾运用《司马法》击退燕、晋的军队，而且对《司马法》有所创新。据《左传》等典籍记载，春秋诸侯多设司马之官，如孔父嘉为宋司马，子反为楚司马，韩厥为晋司马，子国为郑司马，等等。春秋二百五十余年间，弑君三十六，亡国七十二，大大小小军事行动近五百起。由此可知，司马穰苴之前一定有人"申明"过《司马法》，司马穰苴的"申明"，是在春秋前中期诸多司马"申明"基础之上的"申明"，是春秋时期有代表性意义的一次"申明"。这说明春秋时期是《司马法》获得新的发展之重要阶段，司马穰苴在《司马法》成书过程中起到了不可忽视的作用。从这个意义上说，司马穰苴的有关兵学论述，也是《司马法》军事思想的来源之一。但是需要加以指出的是，司马穰苴在"申明"古《司马兵法》方面的作用不宜无限制地夸大。司马迁就说得非常明确："太

---

① 《四库提要辨正》卷十一。

公、孙、吴、王子能绍而明之。"即司马穰苴仅仅是诸多"申明"古司马兵法人士中的一位而已。

第三,《司马法》在长期流传的过程中时有散佚,至战国中期,一般人对它已经相当陌生与隔膜了。所以齐威王才"使大夫追论古者司马兵法",即齐威王指派大夫负责研究、整理古代流传下来的《司马法》,并将春秋司马穰苴的军事理论附记于内,称之为《司马穰苴兵书》。这样做的结果,是使得"自古王者"《司马法》得以在一定程度上恢复和保持基本原貌,并确保其书的最主要内容和核心精神不致湮没。应该说,齐威王和他的学士大臣在客观上为保存古代军事文化传统做出了重要的贡献。

同时,我们也应该看到,现在的《司马法》既系战国中期时人整理成书,那么,书中带有一定成分的战国时代色彩,也是相当自然的。但是,这并不足以抹杀全书中保留有相当部分的"三代"精神特征,其基本性质比较接近于《四库全书总目提要》所言:"其言大抵据道依德,本仁祖义,三代军政之遗规,犹藉存什于千百。盖其时去古未远,先王旧典,未尽无征,掇拾成编,亦汉文博士追述《王制》之类也。"

总之,西周、春秋时期,《司马法》的原型作为重要的军事典章著作应该是存在过的,而《司马法》一书在形式上辑次成书最终确定于战国中期的齐威王时代。因此,我们认为《司马法》可以被称为一部以古为主,综合古今的混合型兵书。其基本内容则由三个部分组成:一、古代王者《司马兵法》,即西周时期供武官学习或遵循的法典性兵学著作,这是它的主体成分;二、春秋时期齐国著名军事家司马穰苴的兵学观点以及他对古代王者《司马兵法》的诠释内容;三、战国中期齐威王统治时的稷下大夫们在"追论"古者《司马兵法》之时,根据战国时代新的战争特点加入的一些兵家语言。

(二)《司马法》的著录与流传

《司马法》古本,据《隋书·经籍志》记载,乃是汉河间献王所得,似乎是一种古文写本,共一百五十五篇。在刘歆的《七略》中它被归入兵家。在班固的《汉书·艺文志》中则被著录于《六艺略·礼部》,亦为一百五十五篇,称为《军礼司马法》。《隋书·经籍志》、《旧唐书·经籍志》、《新唐书·艺文志》、《宋史·艺文志》等各代正史,以及《崇文总目》、《遂初堂书目》、晁公武《郡斋读书志》、陈振孙《直斋书录解题》等公私目录书,均将其列入子部兵家类。

其书历代散佚比较严重，至唐初《隋书·经籍志》成书之时，仅存残本三卷五篇，计3419字。这就是我们所能见到的今本《司马法》。也有学者认为，今本《司马法》三卷五篇，很可能就是隋以来的一种删节本（参见金德建《司马迁所见书考》）。五篇的篇题，分别为"仁本"、"天子之义"、"定爵"、"严位"、"用众"。大略而言，《仁本》、《天子之义》前两篇较多地反映了春秋中期以前的兵学思想，而《定爵》、《严位》、《用众》后三篇则较多地体现了战国兵学思想的时代特征。

除今本《司马篇》五篇之外，尚有一定数量的《司马法》逸文流传下来，主要散见于《太平御览》、《通典》、《文选注》、《群书治要》等汉唐时期的类书和政书、文集。清代朴学家从事了大量专门的辑佚搜集工作，张澍、钱熙祚、黄以周、王仁俊等曾从古书的引文及其注疏中辑得《司马法》逸文约六十余条，共一千六百多字，并分别以《司马法逸文》、《军礼司马法考证》为题收入《二酉堂丛书》、《指海》、《玉函山房辑佚书续编》等。这些逸文从内容上看似乎更偏重于古代军礼或军法制度的各种细节，它们对于了解《司马法》原书的全貌，进行先秦军事制度和兵学思想的研究，同样具有十分重要的价值。

与逸文比较，今本在内容上似乎更偏重于对战争观念、用兵原则和某些作战方法的论述。由于存在着这种不同，所以有些学者认为逸文才是《司马法》原书，而今本乃是伪托。[①] 这种观点是不能成立的。很多研究者早已指出，大量古书引文能够证明，今本和逸文都是出自《司马法》，引用者或题为《司马法》（《古司马法》、《古司马兵法》），或题为《穰苴兵法》，其实都是同一部书。至于流传中出现的今本篇幅不大的现象，原因当是复杂的，其中一条也许不可忽略，人们喜欢该书较抽象的兵略部分内容，故有意较系统地集中在一起，加以保存和流传，而对各种制度的具体细节兴趣不大，长此以往，这方面的大量内容就逐渐被汰除了，仅仅散见于某些古籍的引文或注疏之中。

今本《司马法》的版本比较多，据不完全统计，仅明清时期其版本就不下于六十余种。[②] 其中公认的优秀版本当数清代孙星衍《平津馆丛书》卷一所收影宋本《孙吴司马法》中的《司马法》、《续古逸丛书》所收宋刻本《武经七书》中的

---

① 参见姚际恒《惜抱轩文集》卷五《读司马法六韬》及龚自珍《定庵全集》卷五《最录〈司马法〉》。

② 参见田旭东：《司马法浅说》，解放军出版社1989年版。

《司马法》以及《四库全书》所收的《司马法》抄本。

历史上为《司马法》作注者亦不在少数，较早的有零散保存于《北堂书钞》、《群书治要》、《太平御览》等类书和某些古书中的引文附注。这些注文可考者，据李零先生研究，只有曹操注和"李氏"注，其他大多性质不明。前人辑录古书引文和引文注，主要有清代张澍所刊《司马法》(《二西堂丛书》本)和曹元忠《司马法古注》(《笺经堂丛书》本)。这些残注对于校勘注释《司马法》具有较大的价值。宋代以降，为《司马法》作注者大约有三十余家，但这类注本大多只限于顺说大义，理解较为肤浅，参考价值并不是很大，其中相对比较优秀的，有金施子美所撰《武经七书讲义·司马法讲义》、明刘寅所撰《武经七书直解·司马法直解》和清朱墉所撰《武经七书汇解·司马法汇解》等，它们校订文字，疏理文义，系统完整，间有阐说发挥，长期风行海内，学者称便。

《司马法》一书在国外也有一定的流传和影响，据田旭东同志在《司马法浅说》中的介绍，仅在日本，其注本就达二十余种。另外，在1772年，法国神父约瑟夫·爱密欧从众多中国兵法名著中选择几部译成法文在巴黎出版，题名《中国军事艺术》，其中就包括有《孙子十三篇》和《司马法五篇》。这乃是有文字可考的《司马法》传入欧洲的开始。

二、《司马法》兵学思想要义

《司马法》一书的内容相当丰富，其中包括有关战争的基本理论、治军原则和有关军制、军令、军礼等内容的论述，等等。与《孙子兵法》等先秦其他著名兵书稍有不同的是，其书对战争观念、军事典章制度的论述较为重视和充分，而对具体的作战指导方法等问题则相对较少涉及，这可以说是其书内容上一个比较显著的特点，也是"军法"类兵书与"兵法"类兵书差异点的具体体现。

(一)"以仁为本"、"以义治之"的战争观念

西周时期高度发达的奴隶制"礼乐"文明，在《司马法》一书中有非常显著的体现，这反映为其书有关战争理论的阐述渗透着崇尚"军礼"的浓厚色彩。同时，《司马法》毕竟最终成型于战国中期，因此又不可避免地打印上当时的文化特征，折射出新的社会思潮的光辉。

深入考察《司马法》的战争观，可见其既突出地反映着古典"军礼"的主要精神，又明显地接受了儒家政治观的影响。其实这两者之间并不存在任何矛

盾:因为儒家出自"司徒之官",其学说直接渊源于"礼乐文明",彼此存在着密不可分的联系,它的政治思想的核心内容——礼乐仁义德教,说到底是对西周时代古典"礼乐文明"进行改造、发展以适应新形势的自然结果。这就是孔子及其他儒家代表人物所津津乐道的"祖述尧舜,宪章文武","郁郁乎文哉,吾从周"的由来。正由于儒学与古典"礼乐文明"之间的这种深层次的内在一致性,决定了《司马法》战争观理论构筑时对两者的和谐兼容。

《司马法》一再提及所谓的"治乱之道",主张"顺天之道,设地之宜,官民之德,而正名治物,立国辨职,以爵分禄"①,即顺应自然变化的规律,因势利导,因地制宜,任用民众中德行优秀的人担任官职,并确定官职名分,以治理各项事务;分封诸侯,区分职权,按照爵位的高低给以数额不等的俸禄。循此以达到"诸侯说(悦)怀,海外来服,狱弭而兵寝"的理想政治境界。这既是西周"礼乐文明"的基本要求,也是儒家政治观的显著特色,《司马法》将它们有机地统一了起来。

从这一政治立场出发,《司马法》非常重视对军事与政治之间关系的考察,它将从事战争的基本条件概括归纳为八个大字:"以礼为固,以仁为胜。"即以礼义廉耻为规范,军队就能够固如磐石;以仁慈博爱为宗旨,军队就能所向披靡无往而不胜。通观《司马法》全书,"因古则行",崇礼尚仁的文化精神贯穿于始终,成为其立论的基础。换句话说,就是提出"六德"以统辖军事思想的各个层面。所谓"六德",即"礼、仁、信、义、勇、智"。其中的"礼",更被置放于特别突出的地位,"以礼为固",正是古典"礼乐文明"的中心内容,也是正统儒学影响和制约下的战争观的必有之义。再从"仁"的方面讲,《司马法》的作者明确提出了对战争问题的基本认识和主导态度:"以仁为本,以义治之之谓正,正不获意则权"②;"仁见亲,义见说(悦)……内得爱焉,所以守也;外得威焉,所以战也"③。

当然,理想的境界并不一定就是现实的可行选择;崇尚礼乐,弘扬仁义也不等同于一概否定和排斥战争活动。春秋战国时期社会政治、经济、文化诸条件的根本性变革,标志着建立在奴隶制基础上的"礼乐文明"已走向衰亡;而这一

---

① 《司马法·仁本》。
② 《司马法·仁本》。
③ 《司马法·仁本》。

时期严酷的战争现实,也实际上宣告了儒家在战争问题上"德化至上论"的破产。 作为兵学著作,毋庸置疑必须以指导战争为前提。 因此,受时代条件的制约,《司马法》一书的战争观念也有突破"礼乐文明",超越儒家学说藩篱的高明之处。 它并没有像有些"迂远而阔于事情"的陋儒那样,仅仅停留在"王霸之辨","争义不争利"这样简单机械的认识层面,而是充分肯定了战争的不可避免性与正当必要性:"正不获意则权,权出于战,不出于中人"①,论证了战争与政治之间的内在辩证统一关系。

根据具体战争的不同内涵以及外在表现形式,《司马法》的作者将战争划分为"正义"和"非正义"两大类型。 他们认为,正义战争的根本目的是"讨不义"、"诛有罪"。 对于这一类战争,应该持充分肯定、积极支持的态度。 当礼乐遭到破坏,仁政不能施行,德化无法推广,战争又不可避免时,《司马法》主张启动《周礼·夏官·大司马》所规定的著名"九伐之法","以战止战",即通过战争的手段制止战争,赢得和平。

《司马法》积极提倡从事以仁爱为根本宗旨的"义战"。《仁本篇》说:"杀人安人,杀之可也;攻其国,爱其民,攻之可也;以战止战,虽战可也";"贤王制礼乐法度,乃作五刑,兴甲兵以讨不义。 巡狩省方,会诸侯,考不同。 其有失命、乱常、背德、逆天之时,而危有功之君,遍告于诸侯,彰明有罪……征师于诸侯,曰:某国为不道,征之,以某年月日师至于某国,会天子正刑。"这种既立足于"仁义"的立场,致力于避免无谓的战争活动;又正视战争存在的客观现实,肯定从事正义战争必要性的理性态度,立论是辩证的,思想是可贵的,较之于当时社会上流行的简单斥责战争为"凶器"的迂腐观点,以及一味鼓吹"战争万能论"的偏激言论,无疑要来得正确高明,具有相当突出的合理性与进步性,反映出《司马法》在有关战争问题上的理性认识已经达到了一定的深度,可与同时期《吴子》、《尉缭子》的进步战争观念相媲美。

(二) 慎战与备战并重的国防建设思想

历史事实证明,一味好战、穷兵黩武,必定会自食苦果,走向失败的深渊;但是苟且偷生、懈怠战备,同样将导致丧师辱国,葬送社稷的恶果,所谓"兵者

---

① 《司马法·仁本》。

百岁不一用，然不可一日忘也"①，指的就是这层道理。如何正确处理好这两者的辩证关系，对于高明地指导战争、建设国防实具有重大的意义。《司马法》对此进行了具体而深刻的阐述，做出了辩证而精彩的回答："故国虽大，好战必亡；天下虽安，忘战必危。"②其核心含义就是"慎战"与"备战"并重，既高度重视战争，积极从事备战活动；又坚决反对迷信武力，热衷于征伐兼并战争，从而牢牢地立于不败之地。这充分反映了其书作者在战争与国防认识上所达到的思想高度，直至今天仍是至理名言，不乏重大的启示意义。

当然，在当时战争频仍、兼并日炽的残酷现实面前，《司马法》将更多的注意力集中在加强战备、打赢战争、巩固国防这一点上，一再强调"春蒐秋狝"、"不忘战"；"天下既平，天子大恺，春蒐秋狝；诸侯春振旅，秋治兵，所以不忘战也"③；"虽有明君，士不先教，不可用也"④。从这个基本立场出发，《司马法》用相当多的篇幅，论述了国防建设和战争指导问题。

《司马法》认为，政治的清明廉洁与否直接关系到战争的胜负，社稷的存亡，因此无论是指导战争还是建设国防，都首先要创造良好的政治条件，为军事行动的顺利展开提供充分的保证："凡战，固众相利，治乱进止，服正成耻，约法省罚。"⑤这就是要做到团结恩抚广大民众，开展政治教育，统一君臣上下的意志，激励军心士气，以及严明法纪，省减刑罚，等等。它认为这一切正是从事军事斗争的最根本前提，离开它们，就不可能谈论巩固国防，克敌制胜。

在拥有良好政治条件的前提下，《司马法》进一步具体阐述了克敌制胜、巩固国防的综合因素。这一是要制定并执行相应的规章制度，开展平时经常性的训练与教育，积极网罗和任用各种专门军事人才："定爵位，著功罪，收游士，申教诏，询厥众，求厥技。"⑥二是要把巩固国防与指导战争当作一个大系统来对待，处理好该系统内部的各种关系，落实具体的环节。《司马法》的作者把这

---

① 《鹖冠子·近迭》。
② 《司马法·仁本》。
③ 《司马法·仁本》。
④ 《司马法·天子之义》。
⑤ 《司马法·定爵》。
⑥ 《司马法·定爵》。

种综合系统模式十分扼要地概括为所谓的"五虑":"顺天、阜财、怿众、利地、右兵",①即应通晓天文地理,发展繁荣经济,争取笼络广大人心,巧妙利用地形条件,改善提高武器装备水平。

至于"五虑"的基本内容,《司马法·定爵》篇中也做出了相当具体的说明:"顺天奉时。阜财因敌。怿众勉若。利地,守隘险阻。右兵,弓矢御,殳矛守,戈戟助。"意思是说:顺天应时,就是要了解和利用天候等自然条件;广殖资源,就是要善于利用敌人方面的资源财富;取悦人心,就是要努力顺应迎合广大民众的意志愿望;利用地形,就是指要占据狭隘险要的地形,夺取战场上的先机之利;重视兵器装备,就是要在作战中用弓矢御敌,用殳矛守阵,戈戟等武器掺杂配合使用,互为辅助,发挥最大的杀伤效能。

这些情况表明,《司马法》的国防建设思想除了优先突出政治前提之外,还包括了重视天时地利,发展经济实力,增强官兵之间的团结,提高武器装备水平等诸多内容。这中间有三点特别值得我们引起注意:一是主张"阜财",强调从经济的角度从事战备活动,即广集资财,发展生产,努力做到"众有有,因生美",使民众富足,国力充实,从而为建设国防或必要时实施战争打下坚实的物质基础。二是提倡"大军以固,多力以烦";"人习陈利",即建立起一支兵员充足而且战法熟练、能征惯战、强大无敌的军队,作为国防安全上的牢固支柱,以适应日趋激烈残酷的争霸兼并斗争的迫切需要,去最终夺取战争的胜利,实现既定的战略目标。三是广"求厥技",即通过各种途径大量收罗起用具有专门军事技能的人才,充分发挥他们的积极作用,以改善部队的素质,提高整支军队的战斗力。

总体来说,《司马法》的国防建设指导思想十分丰富和成熟,是适应时代要求的产物,深刻地揭示了战争与政治、经济、民众以及天时地利、军事装备之间不可分割的联系,具有较全面、较辩证的特色,对于后世国防建设思想的发展,对于后世国防建设实践的成熟,都曾产生过积极而深远的影响,直至今天,其国防建设指导思想的总纲——"故国虽大,好战必亡;天下虽安,忘战必危",依然是不刊之论,被人们奉为圭臬。

---

① 《司马法·定爵》。

（三）"国容不入军，军容不入国"为中心的治军思想

治军理论是构成《司马法》整个军事思想体系的重要内容，相对比较系统、完善，其不少论述符合军队建设与管理训练的一般规律和特点，具有一定的军事学术价值；同时，它的治军理论还具有鲜明的特色，即较多地反映了"礼乐文明"在治军领域的突出表现，因此受到后人的高度重视。

《司马法》治军思想的重大价值之一，在于其指导思想以及体系构建是建立在把握军队建设自身特点的基础之上的。这方面最为显著的标志，是它一再强调"国容不入军，军容不入国"①。一针见血地道出了治军的特殊要求与自身规律。换言之，这句军队管理教育脍炙人口的至理名言，区分了治军与治国两者之间的重大差异，划清了彼此的界限。它指出国家、朝廷的那一套礼仪规章不能搬用于军队之中，而军队的那一套法令章程以及处事方式同样也不能搬用来处理国家、朝廷的事务。《司马法》的作者认为，这是治军中必须首先要加以解决的问题。在其看来，治军与治国各有不同的特点和要求："在国言文而语温，在朝恭以逊，修己以待人，不召不至，不问不言，难进易退；在军抗而立，在行遂而果，介者不拜，兵车不式，城上不趋，危事不齿。"②

鉴于两者的差异，《司马法》进而强调：倘若将军队的那一套应用于国家、朝廷，那么民间礼让的风气就会废弛。一样的道理，如果把国家、朝廷上的礼仪规章制度移用于军队，那么军人尚武果决的精神也会被削弱："军容入国则民德废，国容入军则民德弱。"③总而言之，治理国家应该崇尚礼义，治理军队则应讲求法制。礼与法两者互为表里，互为补充，各有其司，并行而不悖，"礼与法，表里也；文与武，左右也"④。正是基于"居国和，在军法，刃上察"这种不同的特点和要求，《司马法》作为军事法典性的兵学著作，根据治军的自身规律，提出了比较系统而且影响深远的治军理论及其方法措施。

《司马法》十分重视军事教育的作用，认为这是军队建设方面的重大课题，也是战场上克敌制胜的强有力保障。为此它强调指出："故虽有明君，士不先

---

① 《司马法·天子之义》。
② 《司马法·天子之义》。
③ 《司马法·天子之义》。
④ 《司马法·天子之义》。

教，不可用也。"①在具体的军事教育内容上，《司马法》反对烦琐冗杂，搞形式主义的花架子，而主张做到简明扼要，切合实际，"教极省"，并积极提倡以所谓"六德"，即"礼、仁、信、义、勇、智"来教育和培养部队，这就是它津津乐道的"六德以时合教"。

《司马法》还用大量的篇幅来具体阐述治军立法的各种要则，指出申明军法，规定约束，严格赏罚为治理部队的关键之所在。

首先，是提倡严明赏罚，树立权威，令行而禁止。"从命为士上赏，犯命为士上戮"，从而使得"德义不相逾，材技不相掩，勇力不相犯"②；"正不行则事专，不服则法，不相信则一"③。尤其要能够做到坚决贯彻明耻教战的原则。"服正成耻，约法省罚"④，以保证军队最大限度地发挥战斗力，达到"不令而行"，勇往直前，英勇杀敌，战胜攻取的目标。

第二，是主张施行赏罚，申明军纪军法要把握合适的分寸，既不能软弱松弛，也不宜过火偏颇，同时还要贯彻及时准确的基本原则。《天子之义》指出："师多务威则民诎，少威则民不胜"，意思是说，治军上过于威严，士气就会受到压抑；反之，如果治军缺乏威严，就难以指挥众将士去克敌制胜。所以，只有仁慈爱人，才能使众将士亲近拥戴自己；但是倘若只讲仁爱而不讲信义威严，那就反而会走向反面，祸及自身，"唯仁有亲，有仁无信，反败厥身"⑤。当然，宽严适度都必须以执法的及时与准确为前提条件，即所谓"赏不逾时"，"罚不迁列"⑥，从而做到"小罪乃杀"，以避免出现"小罪胜，大罪因"⑦的不利被动情况。

《司马法》高度重视对将帅队伍的培养建设，并着重强调搞好将帅自身的道德品质修养。它认为将帅是军队中的核心，但是这种核心地位需通过与广大士卒间的沟通和配合才能发挥其应有的作用："将军，身也；卒，支（肢）也；伍，

---

① 《司马法·天子之义》。
② 《司马法·天子之义》。
③ 《司马法·定爵》。
④ 《司马法·定爵》。
⑤ 《司马法·定爵》。
⑥ 《司马法·天子之义》。
⑦ 《司马法·天子之义》。

指拇也。"①强调指出,真正优秀的将帅应该具备"仁、义、智、勇、信"五种美德,做到德才兼备,智勇双全。

同时,《司马法》还要求将帅做到"心中仁,行中义"②,谦让谨慎,虚怀若谷,以身作则,洁身自好,身先士卒,成为普通士卒的表率,从而"敬则慊,率则服"③,使得部属心悦诚服,乐于为将帅效劳尽力,"说(悦)其心,效其力"④。《司马法》还主张将帅应该具备正确的荣誉观、得失观,在打胜仗的时候,要"与众分善",共享荣誉;当战斗失利时,又要能够"取过在己",主动承担责任。至于临阵作战之时,将帅更应该善于果断地实施指挥,激励士气,冲锋在前。总之,将帅兴兵打仗要合乎正义,处世做事要把握时机,任用他人要施以恩惠,遇敌交锋必须镇静沉着,面对混乱必须从容不迫,在遇到危难的时候要"无忘其众",和官兵们生死一体,荣辱与共。

特别值得注意和肯定的是,《司马法》主张将帅应该和广大士卒同样遵纪守法,不能搞特殊化,"使法在己曰专,与下畏法曰法"⑤。这是对"同罪异罚"等"人治"弊端的冲击和否定,不论在当时还是后世,都是有突出的进步意义的。

《司马法》的治军观符合军队建设与管理的规律和特点,也具有较强的可操作性,因此深受后人的重视。西汉名将周亚夫细柳营军门挡驾整肃军容的做法,就是借鉴《司马法》"国容不入军"思想、理解"介者不拜,兵车不式"等原则,并应用于治军实践的一个显著事例。

(四)"相为轻重"的作战指导思想

与《孙子兵法》、《六韬》等先秦其他兵书相比,以典章制度汇编为主要特色的《司马法》,对于作战指导问题的论述,显然不是重点之所在。然而作为一部著名的兵书,它对此也并未忽略。其中比较突出的,就是它在作战指导上,提出了"相为轻重"的重要作战原则,即如何在对敌作战中,根据具体情况正确地部署和使用兵力,赢得优势,把握主动,夺取胜利。

---

① 《司马法·定爵》。
② 《司马法·严位》。
③ 《司马法·严位》。
④ 《司马法·严位》。
⑤ 《司马法·定爵》。

《司马法》指出，"凡战，以力久，以气胜，以固久，以后胜"①；意思是说，用兵打仗，依靠力量强盛而持久，凭借士气高涨而取胜，依靠行阵坚固而持久，凭借经受考验而取胜。它明确认为，所谓战争就是敌对双方之间互相使用不同的兵力的生死较量，"故战相为轻重"，所以必须要认真地"筹以轻重"。至于怎样才能做到这一点，《司马法》也做出了很好的回答，即在兵力的具体部署和使用上，要严格贯彻"以重行轻则战"的根本原则："凡战，以轻行轻则危，以重行重则无功，以轻行重则败，以重行轻则战。"②意思是一般作战的规律，用自己的小部队去对付敌人的小部队就会有危险，用自己的大部队去对付敌人的大部队就难以取得成功，用自己的小部队去对付敌人的大部队就会导致悲惨的失败，用自己的大部队去对付敌人的小部队方可占据主动，才能够决战取胜。这实际上就是主张集中优势兵力，以强击弱，以多击寡，掌握主动，稳操胜券。

应该指出，《司马法》这一"相为轻重"，集中优势兵力对敌的观点，揭示了作战指导中的一条普遍规律，也是中国古代兵家的一般共识，并已为战争实践所一再证实。如孙子就主张"胜兵若镒称铢"，提倡"并敌一向，千里杀将"。《淮南子·兵略训》更是用非常形象的比喻来说明这层道理：五个手指轮番敲打，不如握紧拳头狠命一击；一万人逐个轮番进攻，不如一百人同时出击。"夫五指之更弹，不若卷手之一挃；万人之更进，不如百人之俱至也。"这恰好说明，真正优秀的兵书，在一些基本规律性的兵学范畴上，认识往往是相通的。

《司马法》同时还指出，即使是以优势的兵力对付劣势之敌，也不能一次性投入己方的全部兵力，"重进勿尽，凡尽危"③，意谓即便是兵力雄厚，优势明显，实施进攻时也不要一次性投入全部的兵力，要知道力量用尽会带来不可预测的危险，而应当留有适当的机动性兵力（略相当于现代战争中的战略预备队）以便应付各种突然的变故。这样，集中兵力就有了更为丰富的内涵。

关于战略选择，《司马法》的观点和《孙子兵法》有相近之处，即推崇谋略，对单纯"伐兵"持一定的保留态度，"大善用本，其次用末"④，然而它也认为"伐谋"与"伐兵"必须根据实际情况做出选择，不可一概而论，"执略守微，本

---

① 《司马法·严位》。
② 《司马法·严位》。
③ 《司马法·严位》。
④ 《司马法·严位》。

末唯权，战也"①。 这很显然是辩证平允的态度。

在作战指挥上，《司马法》积极提倡"智"、"勇"、"巧"三者的有机结合："凡战，智也；斗，勇也；阵，巧也"②，即作战要重视谋略，运用智慧，战场拼搏厮杀要提倡勇敢献身的精神，布阵列势要讲求巧妙灵活，变化多端。要求作战指导者善于造就优势，争取主动，"用其所欲，行其所能，废其不欲不能，于敌反是"③。 强调要使军队做到：屯驻时注意兵器甲胄的放置，行军时注意队列的整齐，战场交锋时能注意进退有节，"舍谨甲兵，行慎行列，战谨进止"④。

《司马法》作战指导思想的核心精神之一，是明确主张用兵打仗要善于做到"视敌而举"，"称众，因地，因敌令陈"⑤，强调捕捉战机，随机变化，因敌而制胜，"因欲而事，蹈敌制地"⑥，根据不同的情况变化尤其是敌情制定不同的战法。 例如，当兵力处于优势地位之时，应该力求阵势严整，摆堂堂之阵向敌开战，包围敌人，轮番对其实施猛烈的打击。 反之，如果以劣势兵力对付优势之敌，则不可轻举妄动，随意出击，而先得要求自己阵脚稳定不乱，在此基础上，再采取内线作战的方式（"受裹"），努力使战术运用灵活巧妙，变化无穷，从而实现克敌制胜的目的。

在因敌变化的用兵原则指导下，《司马法》进而积极提倡示形动敌，观察分析敌情，高屋建瓴掌握全局，从容应付各种情况，乘隙蹈虚，出奇制胜，避实击虚，予以敌人凌厉而毁灭性的打击，"凡战，击其微静，避其强静；击其倦劳，避其闲窕；击其大惧，避其小惧"⑦；"众寡以观其变……袭而观其治。 击其疑，加其卒，致其屈，袭其规"⑧。 这些作战指导方法，与《孙子兵法·虚实篇》中所倡导的"策之而知得失之计，作之而知动静之理，形之而知死生之地，角之而知有余不足之处。 故形兵之极，至于无形"等手段，实有异曲同工之妙！

关于战场的选择，《司马法》也有独到的见解。 它提倡贯彻"背风，背高，

---

① 《司马法·严位》。
② 《司马法·定爵》。
③ 《司马法·定爵》。
④ 《司马法·严位》。
⑤ 《司马法·定爵》。
⑥ 《司马法·定爵》。
⑦ 《司马法·严位》。
⑧ 《司马法·用众》。

右高,左险,历沛,历圮"①等一系列原则。 主张在驻军或防御之时,要构成环形的态势,"兼舍环龟",力求坚实稳固,在阵法的具体布置上,《司马法》的基本原则乃是"行惟疏,战惟密,兵惟杂"②,即布列阵势的行列要相对疏散,接敌作战时的队形要相对密集,各种兵器要掺杂着配合使用。 并认为方阵作战,关键在于作战指导者的匠心独运,举重若轻,"凡战,非陈之难,使人可陈难;非使可陈难,使人可用难;非知之难,行之难"③。 毫无疑问,这是十分精辟而深刻的看法,反映出《司马法》作战指导理论的确已达到高度成熟的形态。

《司马法》还进一步指出,要确保作战指导进入高明的境界,收到最佳的效果,极为重要的条件之一,就是能够在作战指挥方面做到"无复先术",即不断地创新,不断地开拓,避免老一套的战法,防止墨守成规,胶柱鼓瑟。 所有这些见解,无疑都具有重大的军事学术价值,都值得我们今天加以必要的总结和历史的借鉴。

(五)"甲以重固,兵以轻胜"的军事技术观念

古人或多或少都懂得"工欲善其事,必先利其器"这层道理,在军事上则是讲求军械之利,这无疑是正确的观点。 因为人固然是战争中最活跃的因素,起着决定性的作用,可是武器装备在军事斗争诸条件中也占有重要的地位,武器装备的优劣对于作战进程乃至胜负归属具有不可忽视的影响,这一点古今中外,概莫能外。 正是基于这样的认识,有一些古代兵家比较重视武器装备的改良和运用问题。 如《管子·参患篇》曾云:"凡兵有大论,必先论其器。"把"审器而识胜"提到重要的位置来认识,"具备,胜之原"④。 然而,受中国传统文化基本特性的制约,人们在这方面的共识存在着一定的不足。 众所周知,重道轻器,忽视科技,是中国传统文化的一个显著特点。 这在军事领域同样有较明显的表现。 在这样的文化背景下,《司马法》重视武器装备水平的改善与提高,将其列为战争制胜的重要因素之一,就显得十分难能可贵了。

通观《司马法》全书,其关于武器装备问题的论述占有很大的篇幅,而所达到的广度与深度,在先秦时期诸多兵书中更是卓然不群,对此,我们理应给予足

---

① 《司马法·用众》。
② 《司马法·定爵》。
③ 《司马法·严位》。
④ 《管子·幼官》。

够的重视。概括地说,《司马法》这方面的论述主要反映为:

一是阐说武器装备在军事活动中的作用与地位。《司马法》充分认识到制造精良的武器装备在军队建设中的地位和作用,认为军队"以甲固,以兵胜","甲以重固,兵以轻胜"①,指出如果武器装备精良,往往可以使己方的实力由弱转强,"凡马车坚,甲兵利,轻乃重"②。反之,倘若战争指导者不讲求兵器锋利,不讲求盔甲坚韧,不讲求战车牢固,不讲求马匹优良,不致力于扩充军队,那就意味着没有真正懂得和掌握用兵作战的道理:"兵不告利,甲不告坚,车不告固,马不告良,众不自多,未获道。"③《司马法》特别强调,当发现敌人发明和使用新式兵器时,应该尽快地仿效制造,以保证自己与敌方在兵器装备方面保持必要的平衡:"见物与侔,是谓两之。"④

二是讨论如何在作战中发挥武器装备的应有功能。《司马法》认为,在作战中要适当地配置各种兵器,为此,它提出了方阵作战中的武器配置运用原则,主张长、短、轻、重兵器掺杂混同配置和使用,以充分发挥其威力:"兵不杂则不利,长兵以卫,短兵以守。太长则难犯,太短则不及;太轻则锐,锐则易乱;太重则钝,钝则不济。"⑤指出各类兵器都有其不同的功用,不可替代,五种兵器有五种不同的用途,长兵器是用来掩护短兵器的,而短兵器则是用来弥补长兵器的不足的。五种兵器轮番用于作战可以持久,一齐使用就能发挥出强大的威力,"凡五兵五当,长以卫短,短以救长。迭战则久,皆战则强"⑥。《司马法》中这些重视武器装备的制作和使用的论述,是从当时实战经验中提炼概括出来的,有强烈的针对性和可操作性,是古代有关人与武器关系问题探讨方面的精彩篇章,能给后人以较大的启迪。

---

① 《司马法·严位》。
② 《司马法·严位》。
③ 《司马法·严位》。
④ 《司马法·定爵》。
⑤ 《司马法·天子之义》。
⑥ 《司马法·定爵》。

第五节 《孙膑兵法》与《尉缭子》

一、《孙膑兵法》的兵学思想

《孙膑兵法》成书于战国时期，《汉书·艺文志》著录为"齐孙子"，后失传，1972年临沂银雀山汉简出土后，其面貌及其军事学术价值重新受到世人的重视。其兵学思想，重点有以下几个方面。

（一）主张通过正义战争实现统一

孙膑十分强调战争的正义性，他说："战而无义，天下无能以固且强。"①他认为战争是不可避免的，自三皇五帝以来，人类就有争夺。为了禁止争夺，那种"责仁义，式礼乐，垂衣裳，以禁争夺"的方法是不能解决问题的。唯有"举兵绳之"②才能"战胜而强立，故天下服矣"③。重战不是好战，求胜不是贪胜。孙膑告诫统治者，"乐兵者亡，而利胜者辱。兵非所乐也，而胜非所利也"④。"乐兵"就是好战，"利胜"就是贪胜。穷兵黩武是孙膑所反对的，他指出，只有"恶战者"，方可为"兵之王器也"⑤。

战国中期，兼并战争连年不断，为了防止敌国进攻，孙膑认为军队要常备不懈，犹如佩剑，"旦暮服之"⑥，不可须臾离开，所谓"事备而后动"⑦。

（二）注重战争规律的研究

《孙膑兵法》中引人注目的是对认识和掌握战争规律的刻意探求，这就是关于"道"的阐述。《孙子兵法》称之为"战道"，含义是相同的。孙膑对"道"有其深刻的见解和独特的发挥。《威王问》中，齐威王和田忌先后向孙膑提出了许多军事问题，在孙膑看来，他们所问都是一些具体的战术问题，未能涉及战争规律问题，因此孙膑颇有感触地说，二人"几知兵矣，而未达于道也"。他在《兵

---

① 《孙膑兵法·见威王》。
② 《孙膑兵法·见威王》。
③ 《孙膑兵法·见威王》。
④ 《孙膑兵法·见威王》。
⑤ 《孙膑兵法·篡卒》。
⑥ 《孙膑兵法·势备》。
⑦ 《孙膑兵法·见威王》。

情》中也说过："知其道者,兵有功,主有名。"

关于"道"的内容,孙膑认为:"知道者,上知天之道,下知地之理,内得其民之心,外知敌之情,阵则知八阵之经,见胜而战,弗见而诤,此王者之将也。"①其意是要了解和掌握天时、地利、民心、士气、敌情、战法和战机等有关指导战争的根本问题。具备以上条件,并确有胜利的把握就打,没有胜利的把握就不要轻率用兵。兵凶战危,对战争问题一定要坚持慎重的态度。

孙膑在《篡卒》中提出制胜五原则:"恒胜有五:得主专制,胜;知道,胜;得众,胜;左右和,胜;量敌计险,胜。"孙膑把"得主专制"(国君赋予将帅机断指挥权)作为战场指挥员制胜的首要条件是别有深义的。战国中期,战争规模、战场地域和作战方式都有了较大的发展。将帅依据变化无常的战场情况,实行机断指挥,已成为关系胜负的重要因素。例如公元前 308 年秦韩宜阳之战时,秦武王与将军甘茂订立息壤之盟,甘茂就是要求武王保证对他的军事指挥不要妄加干预。又如公元前 224 年王翦率 60 万大军伐楚,临行前向秦王政"请美田宅园池甚众",也是为了获得机断指挥权。王翦明确向人说出自己的真实目的:"今空秦国甲士而专委于我,我不多请田宅为子孙业以自坚,顾令秦王坐而疑我耶?"②

可贵的是,孙膑在探索战争规律时,十分重视人的因素。《月战》指出:"天时、地利、人和,三者不得,虽胜有殃",认为"间于天地之间,莫贵于人"。因为"人"在战争中有着极为重要的地位和作用,因此,孙膑对此又做了进一步的深入分析,这就是"气"(士气)。《延气》篇论述了"延气"、"利气"、"厉气"、"激气",都是关于激励和振奋士气方面的内容。

"道"反映在作战指挥上,表现为对阵、势、变、权的运用。《势备》云:"凡兵之道四:曰阵、曰势、曰变、曰权。察此四者,所以破强敌,取猛将也。"《势备》惜为残简,无以知此四者的全部内容。大体上,"势"指的是"攻无备,出不意"。这是指的进攻的突然性。为了实现突然性,作战行动要迅猛有力。他以弓弩为喻,阐述其观点:"何以知弓弩之为势也?发于肩膺之间,杀人百步之外,不识其所道至。故曰,弓弩势也。"③在《威王问》中,孙膑就敌我兵力强

---

① 《孙膑兵法·八阵》。
② 《史记·白起王翦列传》。
③ 《孙膑兵法·势备》。

弱众寡和不同态势如何处置做了具体的阐述。齐威王对于孙膑的回答表示赞许，其赞扬之词就是"善哉！言兵势不穷"。今天我们虽然看不到孙膑贵势的全部内容，但是从竹书中的片言只语也可略知其精髓所在。"权"指的是"昼多旗，夜多鼓，所以送战也"。"送战"即"致战"，引诱、调动敌人就范。从残简推断，"变"似指"（示之远），中之近；（示）之近，中之远"，即《孙子兵法》所说的"示形"（欺骗和佯动）。"阵"的内容，简文缺失。但它位于"势、变、权"之首，重要性是不言而喻的。幸有《八阵》简文完整，尚可窥见孙膑关于"阵"的部分观点。《八阵》说："用八阵战者，因地之利，用八阵之宜。用阵三分，诲阵有锋，诲锋有后，皆待令而动。斗一，守二。以一侵敌，以二收。敌弱以乱，先其选卒以乘之。敌强以治，先其下卒以诱之。"这一段论述很重要，它使我们对于八阵及其阵法运用有了一个明确的认识。

所谓八阵不是八个阵，而是对各种阵势的泛称。运用八阵时，有两方面的战术要求。第一要"因地之利，用八阵之宜"。"易则多其车，险则多其骑，厄则多其弩。险易必知生地、死地，居生击死。"①第二就是在阵的兵力部署和运用上，要有前锋和后续部队。把兵力分为三部分，每阵的部署应"斗一，守二"，即先以三分之一的兵力同敌交战，以三分之二的兵力留作机动。遇到弱而乱的敌人，就用精锐士卒，乘敌弱、乱，率先冲击和突破敌阵，打乱敌军阵势；遇到强而治的敌人，就用饵兵诱敌就范。

《孙膑兵法》一个重要的作战思想，就是"必攻不守"。《威王问》中，孙膑认为田忌所提的赏、罚、权、势、谋、诈均非用兵的紧要问题，只有"必攻不守"才是"兵之急者也"。一种意见认为，"必攻不守"是指以进攻为主而不是以防御为主的战略指导。一种意见认为，"必攻不守"意为进攻方向必须选择在敌人没有防守或不易防守的要害地域，它与《孙子兵法》的"攻其所不守"、"避实击虚"是同一文意。孙膑在齐魏桂陵之战中，实行"批亢捣虚"的作战方针，正可以作为这一思想的有力注脚。今天，我们一般使用"避实击虚"这一词语来表述此种作战原则。这一作战原则揭示了战争的一般规律，只要战争存在，它的生命力就是永恒的。斯大林说过："规定基本打击方向就是预先决定整个战争时期各次战役的性质，因而也就是预先决定整个战争十分之九的命运。战略

---

① 《孙膑兵法·八阵》。

的任务就在于此。"① 由此可见,把"必攻不守"释为攻其所不守并没有降低对孙膑这一原则的评价。

《孙膑兵法》世无完书,就作战指导而言除了银雀山竹书反映的内容外,《通典》、《武经总要》所载孙膑的言论也是不可忽视的。

《通典》卷一百四十九载:"孙膑曰:用骑有十利。一曰,迎敌始至。二曰,乘虚背敌。三曰,追散击乱。四曰,迎敌击后,使敌奔走。五曰,遮其粮食,绝其军道。六曰,败其津关,发其桥梁。七曰,掩其不备卒,击其未整旅。八曰,攻其懈怠,出其不意。九曰,烧其积聚,虚其市里。十曰,掠其田野,系累其子弟。"

《武经总要》前集卷四载:"孙膑亦曰:'骑战之道,以虚实为主,变化为辅,地形为佐。'又有十利八害焉。一、乘其未定。二、掩其不固。三、攻其不属。四、邀其粮道。五、绝其关梁。六、袭其不虑。七、袭其战器。八、陵其恐惰。九、掩其未装。十、追其奔散。此十利也。八害者:一、敌乘背虚,寇蹑其后。二、越阻迫北,为敌所覆。三、往而无以返,入而无以出。四、所从入者隘,所由去者远。五、涧谷所在,地多林木。六、左右水火,前后山阜。七、地多汙泽,难以进退。八、地多沟坑,众草接茂。此八害者,皆骑士成败之机。将必习之,乃可从事焉。"

战国时期作战重视快速机动,一个很重要的物质条件是骑兵已成为一个独立兵种,在战场上崭露头角,显示出它特有的威力。作为军事家的孙膑,敏锐地觉察到骑兵在战场上的重要地位和作用,并进行科学的总结,提出了骑战的若干原则,其学术价值和对战争指导的作用不可低估。孙膑去世一百多年后,西汉同匈奴在荒漠草原展开了骑兵集团对骑兵集团的大规模机动作战,而其骑战之法大体上不外乎孙膑所提出的一般原则。

二、《尉缭子》的兵学思想

《尉缭子》,《武经七书》之一,成书于战国时期,被有的学者誉为"不在孙

---

① 斯大林:《论俄国共产党人的战略和策略问题》,《斯大林全集》第5卷,第134～135页。

武之下"①的著名兵书。《文献通考》引《周氏涉笔》认为它"能分本末,别宾主","理法兼尽"。自汉唐以来,它一直受到学术界的推崇和重视。

(一)"挟义而战"、"武表文里"的战争观

《尉缭子》认为:"故兵者,所以诛暴乱,禁不义。""凡兵不攻无过之城,不杀无罪之人。"②处于历史主导地位的新兴阶级,对于自己所从事的正义战争充分显示出必胜的信心和力量。作为新兴阶级在军事上的代言人,明确主张:"凡挟义而战者,贵从我起。"③只要是吊民伐罪,正义在我,战略上力求先发制人。

十分可贵的是,《尉缭子》对政治与军事的主从关系做出了正确的表述:"兵者以武为植,以文为种;武为表,文为里;能审此二者,知胜败矣。"④认为军事是骨干,政治是根本;军事是表象,政治是本质。这一军事从属于政治的观点,实质上触及了战争是政治的继续的重要原理。其可贵之处在于,《尉缭子》不仅在自然观上具有朴素唯物论的倾向,而且在政治观上也坚持了朴素的唯物主义认识论,并以此为基础贯穿全书。它开篇第一章《天官》就明确阐述了人的能动作用是决定胜负的根本;深刻地批判了当时占星家利用天文星象预测胜负的唯心论说教。

(二)明法审令的治军思想

在军队建设问题上,恩威并用、赏罚兼施从来是封建军队治军的不二法门。《尉缭子》也不例外,主张"禁必以武而成,赏必以文而成"⑤,不仅如此,它还主张罚贵赏贱,以整肃军纪、确立军威。它说:"杀一人而三军震者杀之,赏一人而万人喜者赏之。杀之贵大,赏之贵小。当杀而虽贵重必杀之,是刑上究也;赏及牛童马圉者,是赏下流也。夫能刑上究,赏下流,此将之武也。"⑥信赏明罚,严格管理,这样的军队打起仗来就可以实现"发能中利,动则有

---

① 黄礼漫:《续述记·尉缭子注》。
② 《尉缭子·武议》。
③ 《尉缭子·攻权》。
④ 《尉缭子·兵令上》。
⑤ 《尉缭子·治本》。
⑥ 《尉缭子·武议》。

功"①，成为"王霸之兵"②。

《尉缭子》关于军队建设的另一个重要内容是重将帅的选拔和官兵关系的和谐。

"举贤用能"、"明法审令"、"贵功养劳"③，这些都是对将帅选择的一般要求。除此之外，它还明确要求将帅在战场上要做到"三忘"："将受命之日忘其家，张军宿野忘其亲，援桴而鼓忘其身。"④在作战指挥上要做到"三不制"和"四无"："上不制于天，下不制于地，中不制于人"，"无天于上，无地于下，无主于后，无敌于前"⑤。作为一个优秀的将帅，既具备舍生忘死的牺牲精神，又掌握机断指挥的权力，战争中才能建功立业。

《尉缭子》十分注重军队内部的团结，认为上下之间、官兵之间的关系犹如心与四肢的关系，"将帅者心也，群下者支节也。其心动以诚，则支节必力；其心动以疑，则支节必背"⑥。所谓将帅的"心诚"不是一句空话，而是要时时处处为人表率，做到"暑不张盖，寒不重衣，险必下步。军井成而后饮，军食熟而后饭，军垒成而后舍，劳逸必以身同之"⑦。

"制必先定"⑧是《尉缭子》治军思想的一个重要组成部分。它认为，严格而周密的法制是取胜的重要保证，所谓"制先定则士不乱，士不乱则形乃明。金鼓所指，则百人尽斗。陷行乱陈，则千人尽斗。覆军杀将，则万人齐刃，天下莫能当其战矣"⑨。

制度问题范围很广，《尉缭子》从军队的管理、教育、训练和作战各个方面论述了以法治军的重要性和具体主张。例如，为了配合主力部队作战，它主张配置"踵军"（接应部队）、"兴军"（前卫部队）、"分塞军"（后方卫戍部队）和"前御军"（前方警戒部队），各自的作战任务都有明确区分，以保障战争的胜利。又

---

① 《尉缭子·制谈》。
② 《尉缭子·制谈》。
③ 《尉缭子·武议》。
④ 《尉缭子·武议》。
⑤ 《尉缭子·武议》。
⑥ 《尉缭子·攻权》。
⑦ 《尉缭子·战威》。
⑧ 《尉缭子·制谈》。
⑨ 《尉缭子·制谈》。

如，为了在战争中搞好协同和指挥，它要求用旗、羽、章做标志，并在《经卒令》中做了具体而明确的规定，以便识别和约束。而在作战中，它要求严格区分金、鼓、铃、旗的指挥功能，以统一号令，夺取胜利。

（三）《尉缭子》的兵形势特色

《尉缭子》在《汉书·艺文志》中列入"兵形势家"，而且是所列十一部兵书中唯一存世的一部，其余都失传了。因此，要了解"兵形势"这一流派的思想和特点，《尉缭子》便显得异常珍贵和重要。

所谓"兵形势"，班固有明确的表述："形势者，雷动风举，后发而先至。离合背向，变化无常，以轻疾制敌者也。""雷动风举"言兵锋之威，"后发先至"言军行之快，"离合背向"言其机动能力高，"变化无常"言其战术变化巧，"以轻疾制敌"那就相当今天所谓速战速决的意思了。这充分反映了战国中期以后军队运动性提高，战场机动能力增强的时代特征。《荀子·议兵篇》说：当时"后之发，先之至"，已成为"用兵之要术"。

"兵形势家"的《尉缭子》与"兵权谋家"在战争指导上有密切的渊源关系。在《孙子兵法》中有一个重要的命题，即"不战而屈人之兵"的全胜思想。从《尉缭子》的《战威》、《攻权》等篇可以看出，它继承和吸取了"兵权谋家"这一战略思想，主张"不暴甲而胜"①。它把战争的胜利分为三种方式：一是"道胜"，二是"威胜"，三是"力胜"。所谓"道胜"就是"庙胜"——"高之以廊庙之论，重之以受命之论，锐之以逾垠之论，则敌国可不战而服"②。为了求得全胜，未战之前要有必胜的条件，"战不必胜，不可以言战；攻不必拔，不可以言攻"③。它批评那种企图凭借侥幸以取胜的做法是"曲胜"，"曲胜，言非全也，非全胜者，无权名"④，认为非全胜者是不懂得战争谋略、没有权威的将军。

从一般治军作战而言，《尉缭子》高度概括出十二条原则："威在于不变，惠在于因时，机在于应事，战在于治气，攻在于意表，守在于外饰，无过在于度

---

① 《尉缭子·兵谈》。
② 《尉缭子·战权》。
③ 《尉缭子·攻权》。
④ 《尉缭子·攻权》。

数,无困在于豫备,慎在于畏小,智在于治大,除害在于敢断,得众在于下人。"①这些论述,言简意赅,内涵丰富,堪称警策。

《尉缭子》的兵形势特色,主要表现在以下三个方面:未战之前的对敌优势,将战之时的作战布势,既战之后的凌敌威势。

战争是敌对双方在政治、经济、军事、科技以及自然条件的基础上互争优势和主动的主观能力的竞赛。我国古代进步的兵学家无不重视战前创造良好的客观基础。"兵形势"中的"形"与"势"是有区别的。《孙子兵法》中有《形》篇与《势》篇。《形》篇之"形"主要讲的是军事力量,《势》篇之"势"主要讲的是军事力量的发挥。

"兵形势家"是"形"与"势"的统一论者,离开"形"去空谈"势",或离开"势"去奢谈"形",无异于只讲主观努力不讲客观条件,或只讲客观条件不讲主观努力,都是不正确的。兵形势家,首先是实力论者,强调经济的、军事的、自然的客观条件,也就是所谓"富国强兵"。《尉缭子》明确主张"土广而任则国富,民众而制则国治"②,造成"不暴甲而胜"③的优势地位。

从作战而言,《尉缭子》十分重视战前准备,主张站稳脚跟,反对浪战。它说:"故知道者,必先图不知止之败,恶在乎必往有功。"④又说:"战不必胜,不可以言战。攻不必拔,不可以言攻。"⑤必须"权敌审将而后举兵"⑥,必须坚持不打无把握、无准备之仗。

在作战指导上,《尉缭子》主张"攻在于意表,守在于外饰"⑦。进攻在于出敌意外,防御在于巧妙伪装,隐蔽部署。为了形成最佳的战场布局,求得有利的作战态势,它要求一方面"事在未兆"⑧时,先期做好作战准备;另一方面要广施权变,迷惑、欺骗敌人,所谓"战权在乎道之所极。有者无之,无者有

---

① 《尉缭子·十二陵》。
② 《尉缭子·兵谈》。
③ 《尉缭子·兵谈》。
④ 《尉缭子·战权》。
⑤ 《尉缭子·攻权》。
⑥ 《尉缭子·攻权》。
⑦ 《尉缭子·十二陵》。
⑧ 《尉缭子·攻权》。

之，安所信之"①。 自己站稳脚跟与不让敌人站稳脚跟是一个问题的两个方面。在这个问题上，关键是"修己"，是否确实具备了取胜的把握，做好了胜敌的准备。

战场布势的具体内容是多方面的，攻、防、追、遭、退，各有特殊要求。 即便同是防守，野战防御、阵地防御、城邑防御、河川防御，等等，也都各有其不同的防御特点和要求。 以城邑防御为例，《尉缭子》对此做了若干精辟的论述，提出了许多独到的见解，无论在理论上还是方法上，有些地方都超过了《孙子》和《孙膑兵法》，也超过了《吴子》。 如说："凡守者，进不郭圉，退不亭障，以御战，非善者也。 豪杰雄俊，坚甲利兵，劲弩强矢，尽在郭中。 乃收窖廪，毁折而入保，令客气十百倍，而主之气不半焉，敌攻者伤之甚也。"②又说："其有必救之军者，则有必守之城。"在城邑防御的指导思想和作战布势上，《尉缭子》反对单纯防御，并注意到了城坚、粮丰、水足、兵力优势、装备精良等问题，尤为可贵的是它十分重视机动部队适时策应。

战场布势，在《尉缭子》中还表现为以奇正造势。 它认为："正兵贵先，奇兵贵后，或先或后，制敌者也。"③我们从《分塞令》这一篇清楚地看到，《尉缭子》所言布阵之法主要是五军阵——"中军和左、右、前、后军"。 中军是指指挥员控制的机动部队,《握奇经》称之为"余奇"之兵。 阵形无论如何变化，中军始终居中，位置不变。 变化的是前、后、左、右军。 古兵法关于五军阵变换为八军阵，有两句名言：一是"数起于五而终于八"，二是"四正、四奇，八阵生焉"。 前、后、左、右四军通常称为"四正"，在左前、左后、右后、右前四个方向上部署的兵力，通常称为"四奇"。《尉缭子》认为，善于巧妙部署兵力，灵活运用正兵和奇兵，广泛采取奇谋诡诈之术，"有者无之，无者有之"④，出奇制胜，就能取得胜利。 可见它对于运用"奇正"造势是相当重视的。

如果说在战前建立军事实力优势和形成有利态势都还只是战斗力蓄势于前，是能量尚未完全变为动中之"势"的"形"，那么，作战中充分发挥出来的击敌威势，或常言所谓破竹之势，就是战斗力由静态的"形"转化为动态的"势"，

---

① 《尉缭子·战权》。
② 《尉缭子·守权》。
③ 《尉缭子·勒卒令》。
④ 《尉缭子·战权》。

已属于"任势"①的范围了。《孙子》用高山滚石来比喻军力发挥的锐势。那么，军队在战场上所发挥的锐势除了军事实力和战场态势等客观条件外，是由什么因素决定的呢？

从《尉缭子》中可以概括为以下几点：指挥专一，先发制人，避实击虚，兵贵神速。

关于指挥专一，《尉缭子》认为："夫将者，上不制于天，下不制于地，中不制于人。"又说："无天于上，无地于下，无主于后，无敌于前。一人之兵，如狼如虎，如风如雨，如雷如霆，震震冥冥，天下皆惊。"②它主张的这种"三不制"、"四无"，就是主张授予将领机断指挥之权。将领指挥专一，形成"一人之兵"，才能锐不可当，"天下皆惊"。

关于先发制人，它征引兵法说："千人而成权，万人而成武。权先加人者，敌不力交。武先加人者，敌无威接。"然后得出结论："故兵贵先。胜于此，则胜彼矣；弗胜于此，则弗胜彼矣。"③先机而动，先发制人，这在战役、战斗上从来就是兵家制胜的信条。至于在战略上，先发制人固然也会取得突然击敌的效果。这只是从纯军事的角度而言，如要考虑政治性质，社会的、国际的影响，那就又当别论了。

关于避实击虚，它强调"先料敌而后动，是以击虚夺之也"④，"我因其虚而攻之"⑤。这也是兵家制胜的不二法门。无论在战略上，还是在战役、战斗上，主攻方向都应力求选择在既是敌虚弱又是其要害之处，这样才能用力少而收功多，一战而胜，再及其余。

关于兵贵神速，《尉缭子》也有精辟的论述，如说："故凡集兵，千里者旬日，百里者一日，必集敌境。卒聚将至，深入其地，错绝其道，栖其大城大邑，使之登城逼危。"⑥兵力集中，展开迅速，进攻敏捷，指挥正确，兵锋所向，无敌不克。

---

① 《孙子·势篇》。
② 《尉缭子·武议》。
③ 《尉缭子·战权》。
④ 《尉缭子·战威》。
⑤ 《尉缭子·攻权》。
⑥ 《尉缭子·攻权》。

第六节 《六韬》的兵学思想及成就

《六韬》是先秦时期一部重要兵书，成书于战国晚期。其思想内容十分丰富，可谓熔儒、道、法、兵等各家思想于一炉，表现出春秋战国"百家争鸣"的时代特色，也反映出作者兼收并蓄、海纳百川的学术胸怀和眼界。

一、战争观

关于战争胜负的决定因素，作者认为："利天下者，天下启之；害天下者，天下闭之。天下者，非一人之天下，乃天下人之天下也。取天下者，若逐野兽，而天下皆有分肉之心。若同舟济，济则皆同其利，败则皆同其害，然则皆有以启之，无有闭之也。……大明发而万物皆照，大义发而万物皆利，大兵发而万物皆服。"①这就是说，能否在战争中克敌制胜，进而取得天下，其决定因素决不在于个人的意志和愿望，而在于是否顺应天下的民心民意，是否合乎天地间的道义公理。若战争的动机与目的能够顺应民心、合乎道义，就能得到天下万民的支持，就能无往而不胜，反之，则天下之人皆成为你的对抗者和劲敌，就必然导致失败。

关于战争与国家政治的关系，作者提出了"爱民"的思想，具体内容是："利而勿害，成而勿败，生而勿杀，与而勿夺，乐而勿苦，喜而勿怒。……故善为国者，驭民如父母之爱子，如兄之爱弟。见其饥寒则为之忧，见其劳苦则为之悲。赏罚如加于身，赋敛如取己物。"②也就是说，实施统治，制订和采取各项治国措施，都要考虑到人民的利益，要保障人民的生产和生活的基本条件，使他们安居乐业，心情舒畅。统治者要将人民当作自己的亲人一样去悉心爱护，与其同忧同乐，"与人同病相救，同情相成，同恶相助，同好相趋，故无甲兵而胜，无冲机而攻，无沟堑而守"③。只有在政治上取得人民的支持，才能政通人和，上下一心，才是取得战争胜利最根本的保证。

---

① 《六韬·武韬·发启》。
② 《六韬·文韬·国务》。
③ 《六韬·武韬·发启》。

二、战略指导思想

《六韬》在战略指导方面继承了《孙子兵法》"不战而屈人之兵"、"上兵伐谋"的"大战略"思想,并在具体措施和手段上有所发展。作者提出"全胜不斗,大兵无创"①,"上战无与战"②,把"不斗"、"无与战"的方式和"全胜"、"无创"的结果作为战争的最高层次和境界,即尽量将战场的暴力、残酷的厮杀降到最低程度,而最大限度地发挥非暴力手段的制胜作用。《六韬》对非暴力手段的作用及其运用方法的论述主要集中在《武韬》中的《文伐》、《三疑》两篇中。所谓"文伐",就是"以文事伐人,不用交兵接刃而伐之也"③。即以政治、外交等多种方式削弱敌国的实力,迫使敌国屈服,或为最后的武力取胜创造有利条件。在《文伐》篇中,作者提出了"文伐十二节",即十二条削弱敌国的方法,目的就是要腐蚀、麻痹、分化、瓦解敌国的君臣,使其在政治、经济、军事等多方面造成严重损失,以消耗其实力,在时机、条件成熟之际,对其发动军事进攻。正如作者最后指出的:"十二节备,乃成武事。所谓上察天,下察地,征已见,乃伐之。"

在《三疑》篇中,作者又进一步提出了"攻强"、"离亲"、"散众"的伐谋之道的具体实施策略,即"因之"、"慎谋"、"用财"。概括起来说就是,要想战胜强大的敌人,就要因势利导,助长其强大的势头和扩张的野心,使其盛极而衰;要想离间其君臣间亲近的关系,使用的计谋和手段一定要慎重、周密、隐蔽,使其无法察觉;要想离散其民众,就要设法给其民众施以恩惠,而不能吝惜钱财。这些都是对"文伐十二节"的补充。

此外,《六韬》的战略指导思想还体现在战略形势的判断和战略决策的制定方面。作者认为,战略形势的判断和战略决策的制定应建立在对情况的全面了解和深入分析的基础之上,指出:"天道无殃,不可先昌。人道无灾,不可先谋。必见天殃,又见人灾,乃可先谋。必见其阳,又见其阴,乃知其心。必见其外,又见其内,乃知其意。必见其疏,又见其亲,乃知其情。"④只有天、

---

① 《六韬·武韬·发启》。
② 《六韬·龙韬·军势》。
③ 刘寅:《武经七书直解》。
④ 《六韬·武韬·发启》。

人、阴、阳、内、外、亲、疏等方方面面的情况都已掌握,才能做出正确的判断和决策。同时,一旦得出对战略形势的判断,就应果断决策,切不可贻误战机,所以作者说:"用兵之害,犹豫最大;三军之灾,莫过狐疑。"①

三、作战指挥思想

《六韬》作战指挥思想首先表现在其对战国时期活跃于战场之上的步兵、战车、骑兵诸兵种协同作战战法,以及各兵种的作用、特点、优劣的论述。

在《虎韬》、《豹韬》、《犬韬》中,作者分别进行了论述。如《虎韬·必出》说:"勇力飞足冒将之士(步兵)居前平垒,为军开道,材士强弩(步兵)为伏兵居后,弱卒车骑居中。……以武冲扶胥(战车)前后拒守,武翼大橹(战车)以备左右。"提出突围战中各兵种的使用和协同。如《豹韬·林战》说:"林战之法,率吾矛戟(步兵),相与为伍。林间木疏,以骑为辅,战车居前,见便则战,不见便则止。"指出在林地作战中诸兵种的使用和协同。在《豹韬·敌武》中说:"伏我材士强弩,武车骁骑为之左右,常去前后三里。敌人逐我,发我车骑,冲其左右。……选我材士强弩,伏于左右,车骑坚陈(阵)而处。敌人过我伏兵,积弩射其左右,车骑锐兵疾击其军,或击其前,或击其后。"提出了在遭遇战中诸兵种的使用和协同。在《豹韬·鸟云泽兵》中说:"须其毕出,发我伏兵,疾击其后。强弩两旁,射其左右,车骑分为鸟云之阵,备其前后,三军疾战。敌人见我战合,其大军必济水而来,发我伏兵,疾击其后,车骑冲其左右。"指出在江河防御战中诸兵种的使用和协同。关于各兵种的运用特点,作者在《犬韬·战车》中指出:"步贵知变动,车贵知地形,骑贵知别径奇道,三军同名而异用也。"也就是说使用步兵贵在随时掌握战场形势的变化,才能随机应变;使用战车贵在熟悉地形情况,才能充分发挥其作用;使用骑兵贵在了解和掌握小路、捷径,才能有效地对敌实施迂回、穿插和奇袭。

这些论述,很多是具有开创性的,对于丰富和发展我国古代的作战指挥理论做出了很大的贡献。

《六韬》的作者还特别强调要赋予将领独立的指挥权,指出:"凡兵之道,莫

---

① 《六韬·龙韬·军势》。

过于一。一者，能独往独来。"①认为将领在作战指挥中必须具有能临机决断的大权，这样才能不受外界因素的干扰和限制，充分发挥其指挥才能，独往独来，无往而不胜。因而，作者在《龙韬·立将》篇中十分详细地叙述了国君对军队主将的任命和授权的隆重仪式，并着重指出："军中之事，不闻君命，皆由将出。临敌决战，无有二心。若此，则无天于上，无地于下，无敌于前，无君于后。是故智者为之谋，勇者为之斗，气厉青云，疾若驰骛，兵不接刃，而敌降服。"

此外，作者根据战国时期战场范围广大、作战地形复杂的新情况，论述了山地作战、林地作战、沼泽地作战、渡水作战、险隘地形作战、深草灌木地带防敌火攻作战等特种作战的战法；根据战国时期军队规模扩大、作战样式日趋多样化的新特点及其对作战指挥提出的新要求，论述了金鼓旗号等指挥工具以及阴符、阴书等通信联络手段的用途和使用方法。

---

① 《六韬·文韬·兵道》。

第六章

先秦诸子兵学思想述要

第一节　儒家兵学思想的主要内涵

儒家兵学思想是历代儒家关于军事问题的系统理性认识,它形成于先秦时期,并随着社会历史的发展而不断丰富充实,长期作用和影响于中国传统军事文化的嬗递。作为一个相对独立、自成体系的理论形态,它的基本内涵突出地体现为三个方面。

一、"义战"观念

儒家根据其政治思想的原则立场,十分强调对战争的性质加以区分,把历史上和现实中的战争明确划分为正义战争和非正义战争两大类。在他们看来,凡是基于吊民伐罪、拯民于水火之中的立场而从事的战争,就是正义的、合理的,应该拥护;反之,凡属于以满足统治者私欲为宗旨而进行的战争,则是非正义的、逆天背道的,应该加以谴责和反对。这是儒家军事思想中的一个根本性观点。

儒家认为那种拯民水火,吊民伐罪,为实施仁义而开辟道路性质的"义战",不是虚幻的想象,而是普遍存在于历史上的:"周公相武王,诛纣伐奄,三年讨其君,驱飞廉于海隅而诛之,灭国者五十,驱虎、豹、犀、象而远之,天下大悦"[1];"是以尧伐驩兜,舜伐有苗,禹伐共工,汤伐有夏,文王伐崇,武王伐纣。此四帝、两王皆以仁义之兵行于天下也"[2]。同时,在现实生活中,"义

---

[1]　《孟子·滕文公》。
[2]　《荀子·议兵》。

战"也是应该成立并积极推行的。如孟子鼓励齐宣王征伐燕国,就是明显的例子:"今燕虐其民,王往而征之,民以为将拯己于水火之中也。"①

儒家进而指出,"义战"顺乎天而应乎民心,"汤武革命,顺乎天而应乎人",因此必定是所向披靡,无敌于天下,甚至根本无须通过真正的战斗,"国君好仁,天下无敌焉……征之为言正也,各欲正己也,焉用战"②;"彼王者不然,仁眇天下,义眇天下,威眇天下……以不敌之威,辅服人之道,故不战而胜,不攻而得,甲兵不劳而天下服。"

"义战"既然如此合乎天道人心,又这样成效显著,儒家就据此而逻辑地得出结论,从事"义战",就是用兵上的最理想境界,是任何战争指导者都应该执着追求的战争宗旨:"故仁者之兵,所存者神,所过者化,若时雨之降,莫不说喜。"③至于应该通过何种手段才能达到这种境界,儒家人物是不曾也不屑于从军事学术层面去考虑的,而认为只要在政治上贯彻实施仁政就可以了:"如施仁政于民,省刑罚,薄税敛,深耕易耨,壮者以暇日修其孝悌忠信,入以事其父兄,出以事其长上,则可以制梃以挞秦、楚之坚甲利兵矣。"④在他们眼里,其他条件均是无足轻重,都可忽略不计:"域民不以封疆之界,固国不以山溪之险,威天下不以兵革之利。"⑤

儒家既然将战争的宗旨简单规范衍化为仁政、德治原则的推行与实现,那么对现实生活中大量的战争活动就要采取基本否定和批判的态度了,在他们看来,与"义战"相比,社会生活中"不义之战"要多得多,它们给国家与人民所带来的损害是非常严重的。

在孔子眼里,当时频繁发生的战争,其性质大多是属于非正义的一类,是统治者为了满足个人攫取土地、财富和霸权等私欲的产物,是"天下无道"的表现。所以孔子认为,理想的境界,应该像当年齐桓公所做的那样:"九合诸侯,不以兵车"⑥,以消弭战乱为理想的追求。

---

① 《孟子·梁惠王》。
② 《孟子·尽心》。
③ 《荀子·议兵》。
④ 《孟子·梁惠王》。
⑤ 《孟子·公孙丑》。
⑥ 《论语·宪问》。

孟子和荀子所处的战国时代，正是战争高度频繁、激烈，其后果日益残酷，历史正进入从兼并到逐渐显现天下统一端倪的阶段。然而儒家拿自己的政治原则与当时的战争现实进行衡量，进入视线的仅仅是"争地以战，杀人盈野；争城以战，杀人盈城"的表层现象。于是他们不胜感慨，将当时顺应历史进程的战争定性为"不义之战"，予以抨击和斥责。如孟子反对"强战"，"今之所谓良臣，古之所谓民贼也。君不乡道，不志乎仁，而求为之强战，是辅桀也"①。反对依赖武力取得天下："行一不义，杀一不辜，而得天下，皆不为也。"②认为那些动辄驱民作战的人"不容于尧舜之世"，主张对他们处以最重的惩罚："君不行仁政而富之，皆弃之于孔子者也。况于为之强战……此所谓率土地而食人肉，罪不容于死。故善战者服上刑………"③又如荀子，也反对动用暴力手段来解决问题，指出"仲尼之门，五尺之竖子，言羞称乎五伯"④，并强调倚恃武力的不美妙结果："非贵我名声也，非美我德行也。彼畏我威，劫我势。故民虽有离心，不敢有畔虑。若是则戎甲俞众，奉养必费。是故得地而权弥轻，兼人而兵俞弱，是以力兼人者也。"⑤

儒家区分战争的性质，明确提出"义战"与"非义战"的对立范畴，这是其军事思想，特别是其战争观比较成熟的标志。先秦诸子中其他学派虽然也对战争的"义"与"不义"性质有所阐述，但就深度而言，却不如儒家在这方面的建树。然而需要指出的是，儒家所津津乐道的"义战"，不存在真实的历史之中，仅仅是其主观臆想的产物，他们对它的肯定和歌颂，属于无本之木、无源之水，而他们所针砭抨击的"非义战"，却是真实的存在，是历史前进的直观表现形态。因此，儒家的战争观的根本倾向，是"非战"立场，这一点是与墨家之"非攻"、道家之"去兵"观点相一致的。

二、民本精神与战争制胜之道

儒家学说是一种以政治伦理为本位的思想体系，因此兵学思想在其整个理论

---

① 《孟子·告子》。
② 《孟子·公孙丑》。
③ 《孟子·离娄》。
④ 《荀子·仲尼》。
⑤ 《荀子·议兵》。

建构中居于从属的地位，强调军事对于政治的依附从属关系，乃是其军事思想的特色之一；而崇尚民本、重视民心归向对于战争成败的意义，则是儒家军事思想的基本价值取向。这一点，先秦儒家三位代表人物孔、孟、荀的论述中均有深刻的反映。

孔子强调以礼乐治国，以仁德服人，主张"道之以德，齐之以礼"，珍惜民力，宽厚待下，节制剥削，不夺民时，因而对待战争持严肃谨慎的态度。《论语·述而》言："子之所慎，齐（斋）、战、疾"，可见他把战争看作同斋戒祭祀、疾疫一样，从不掉以轻心。孔子高度重视民心向背，以探求战争胜负的因素。他提倡德治，其目的是要争取民心，实现自己的政治理想。这一政治观点，在其战争观中同样有着突出的反映，如他曾把"足食"、"足兵"、"足信"列为国家政治生活中的三个基本要素。《论语·颜渊》记载："子贡问政。子曰：'足食，足兵，民信之矣。'子贡曰：'必不得已而去之，于斯三者何先?'曰：'去兵。'子贡曰：'必不得已而去之，于斯二者何先?'曰：'去食。自古皆有死，民无信不立。'"这段问答清楚表明：其一，在信、食、兵三者关系中，信是主导的，兵与食是从属的；其二，足兵、足食是"民信"的必要条件，"民信"是决定战争胜负、资源充足的根本保障。这实际上已触及了民心向背与军事成败相互关系的重要命题。这种取信于民的思想为后世政治家、军事家所普遍接受，并得到进一步的阐述和发挥。它和"执干戈以卫社稷"的义战立场一起成为孔子战争观中的闪光之点。

孟子作为儒家道德学派的代表，把军事活动的宗旨归结为"吊民伐罪"、"安天下之民"，而这一宗旨的提出，又基于"民为贵，社稷次之，君为轻"这一"民本"观念。这种"仁政"原则指导下的战争目的论，反映了孟子军事思想对其政治理论的依附与从属。于是孟子认为，行仁义之师，军事上的成功即有了充分的保证："今夫天下之人牧，未有不嗜杀人者也。如有不嗜杀人者，则天下之民皆引领而望之矣。诚如是也，民归之，由水之就下，沛然谁能御之?"[1]同样，军事活动遭到挫折，在孟子看来也是不行"仁政"的必然结果："若杀其父兄，系累其子弟，毁其宗庙，迁其重器，如之何其可也……今又倍地而不行仁

---

[1] 《孟子·梁惠王》。

政,是动天下之兵也。"①总之,"仁政"原则与军事成败之间存在着对应关系,民心向背决定着战争的不同结局:"得道者多助,失道者寡助。寡助之至,亲戚畔之;多助之至,天下顺之。以天下之所顺,攻亲戚之所畔,故君子有不战,战必胜矣。"②这里的"得道",其实际含义便是行施"仁政",民本至上;同样,所谓的"失道",便是拒施"仁政",与民为敌。孟子就这样奏响了儒家民本军事观的最强音,极大地丰富了中国古代军事文化的宝库。

荀子是先秦儒家兵学思想的集大成者。他对军事从属于政治、民心归向决定战争胜负的认识尤为深刻与透彻。他肯定"仁义"的重要性和迫切性,强调指出:"故古之人,有以一国取天下者,非往行之也。修政其所,天下莫不愿,如是而可以诛暴禁悍矣。"③为了达到这一理想,荀子认为,一是要提倡附民爱下,力行仁政:"彼仁义者,所以修政者也。政修则民亲其上,乐其君,而轻为之死"④;"凡用兵攻战之本,在乎壹民……士民不亲附,则汤武不能以必胜也。故善附民者,是乃善用兵者也。故兵要在于善附民而已。"⑤二是要修礼。荀子视礼为"治辨之极"、"威行之道"、"功名之总",认为只有尊奉礼义,遵循制度,尚贤使能,教化百姓,顺从民心,才能造就军事上的强盛:"故上好礼义,尚贤使能,无贪利之心,则下亦将綦辞让,致忠信,而谨于臣子矣……故藉敛忘费,事业忘劳,寇难忘死,城廓不待饰而固,兵刃不待陵而劲。"⑥否则便会民众离心,导致军破国亡:"民不为己用,不为己死,而求兵之劲,城之固,不可得也。兵不劲,城不固,而求敌不至,不可得也。敌至而求无危削,不灭亡,不可得也。"⑦

由此可见,儒家始终把政治清明、民心向背视为决定战争胜负的首要条件,强调只要赢得民心,便可以无敌于天下。而争取民心的关键,在于修明政治,推行"仁政"与"礼乐";儒家兵学思想的这种民本精神,显然具有进步意义,

---

① 《孟子·梁惠王》。
② 《孟子·公孙丑》。
③ 《荀子·王制》。
④ 《荀子·议兵》。
⑤ 《荀子·议兵》。
⑥ 《荀子·君道》。
⑦ 《荀子·君道》。

对后世兵学思想的发展不无积极影响。

三、文武并举，以"礼"治军

儒家是"家国一体论"者，因此对国防问题予以关注是很自然的事情。他们提倡气节，严格夷夏之防，主张抵御外侮，团结民众共同对敌，追求国家安定、民众安居乐业，保持中华文化的承续性，从而奠定了儒家国防理论的基本立场。在具体国防建设指导方针问题上，儒家主张文武并举，政治与军事相互倚重，密不可分，"有文事者，必有武备；有武事者，必有文备"①。意谓要从事社会政治活动，要建设国家，必须以强大的国防力量为后盾；而要增强国防，从事义战，则必须以修明政治、发展经济为基础，这样就深刻地阐明了政治与军事、经济建设与国防巩固之间的辩证关系，成为一条意义重大、影响深远的国防建设指导方针。

在具体的国防建设措施方面，儒家也提出了不少精彩的意见。首先是要顺从民意，以民为本，积极调动普通民众参加国防建设事业，尽可能使民众与统治者的意愿统一起来，认为统治者应该做到"敬事而信，节用而爱人，使民以时"②，以争取民众的拥护和支持，借此作为建设国防的根本前提。其次儒家主张加强国防后备力量的建设，认为"以不教民战，是谓弃之"，是统治者的失职与罪过。进而提倡教育与训练民众，使其掌握基本的军事技能，能够从军作战，共卫社稷，维护统治者的根本利益，所谓"善人教民七年，即可以从戎矣"，就是这层含义。其三，儒家主张以雄厚的经济实力为后盾，建设起一支能征惯战的强大军队，并注意造成一种清明和谐的政治环境，以求在战争中牢牢立于不败之地："辟田野，实仓廪，便备用"，"严刑罚以纠之，存亡继绝，卫弱禁暴，而无兼并之心，则诸侯亲之矣"③。当然儒家的国防建设主张与法家等学派还是有重大区别的，这就是它以仁义为本，而不一味推崇暴力，迷信武力，所谓"无兼并之心"和"秦之锐士不可以当桓、文之节制，桓、文之节制不可以敌汤、武之仁义"④云云，正反映了儒家国防观的独特性格。

---

① 《史记》卷四十七，《孔子世家》。
② 《论语·述而》。
③ 《荀子·王制》。
④ 《荀子·议兵》。

儒家在治军问题上也有比较系统的主张，其基本内容是提倡以"礼"治军，重视将帅道德品质的修养，强化军队内部的等级秩序，这一切正是儒家"礼治"理论在治军问题上的具体反映。

儒家讲究"礼治"，在治军上就是主张运用"军礼"来治理军队，指导各方面的工作，以期行必中矩。孔子曾就此说过一段非常著名的话："以之田猎有礼，故戎事闲也；以之军旅有礼，故武功成也。"①所谓"军礼"，就是军队根据儒家"礼乐"精神而具体制定的一整套规章制度。到了荀子那里，对"礼治"的强调更达到了一个新的高度，"礼乐"成了军队强盛、战争胜利的基本保证："上不隆礼则兵弱"②；"大国之主也，不隆本行，不敬旧法，而好诈故。若是，则夫朝廷群臣，亦从而成俗于不隆礼义，而好倾覆也。朝廷群臣之俗若是，则夫众庶百姓，亦从而成俗于不隆礼义，而好贪利矣。君臣上下之俗莫不若是，则地虽广，权必轻，人虽众，兵必弱"③。在治军中认真贯彻"军礼"的基本前提下，儒家强调将帅个人的道德品质修养。孔子指出，一个人（当然也包括军事将领）要做到仁、智、勇三全："仁者不忧，智者不惑，勇者不惧。"④荀子也对将帅品德修养问题做出了全面的阐发："可杀而不可使处不完，可杀而不可使击不胜，可杀而不可使欺百姓"⑤；"敬谋无圹，敬事无圹，敬吏无圹，敬众无圹，敬敌无圹"⑥。荀子认为能够做到以上几点，这样的将帅就是杰出的将帅，"谨行此六术、五权、三至，而人之以恭敬无圹，夫是之谓天下之将，则通于神明矣"⑦。

第二节　墨家兵学思想的特色与意义

墨家学派在先秦时期与儒家学派同称显学。《韩非子·显学》说："世之显学，儒、墨也。"《孟子·滕文公下》也说："杨朱、墨翟之言盈天下。"可见其在

---

① 《礼记·仲尼燕居》。
② 《荀子·富国》。
③ 《荀子·王霸》。
④ 《论语·宪问》。
⑤ 《荀子·议兵》。
⑥ 《荀子·议兵》。
⑦ 《荀子·议兵》。

当时影响之大。因此，其包含有丰富的军事理性认识乃是十分自然的事情。其主要内容，一是"非攻"，二是"救守"，前者集中体现了墨家的战争观念，后者则是墨家作战指导思想的具体表现和基本特征。

一、墨家的战争观念

探讨墨家的战争观，首先应从其整个学说的体系特征与价值取向角度切入，因为只有真正理解了墨家学说的宗旨与本质属性，才能够找到其军事观念的逻辑起点，并对其进行比较正确的定位。

如果说儒家学说以道德理想主义为本位，法家学说以追求极端功利为基本旨趣，那么墨家则是侧重于在道德和功利之间寻找平衡，而以功利为出发点。章太炎先生认为："墨子之学，以兼爱、尚同为本。兼爱、尚同则不得不尚贤。至于节用，其旨专在俭约，则所以达兼爱之路也。节葬、非乐，皆由节用来。要之，皆尚俭之法耳。"①此说可谓中的。可见墨家的基本立场，是"兼相爱，交相利"，凡事均从是否有利或功利大小的视角进行评估，决定取舍。即判断一切政治设施的优劣得失，在于看它是否对人们（尤其是一般民众）有实际利益："发以为刑政，观其中国家百姓人民之利。"②这一点，其他诸子学派以及后世人们均是具有共识的，荀况说"墨子蔽于用而不知文"③；班固《汉书·艺文志·诸子略》指出墨家的基本特征为"强本而节用"，都看到了墨家崇尚功利的主旨所在。

由此可知，以功利的原则为衡尺，考量军事问题乃是墨家战争观念的逻辑起点。在墨家看来，当时最不利于国家和人民的事情非战争莫属，因此汲汲于提倡"非攻"。而战争这种天下"巨害"的发生并累世延续，则是由于人们互不相爱，在短暂、虚幻的"小利"面前丧失本性，忘却"大利"所在的缘故，因此致力于主张"兼爱"。但如果统治者陷于贪小利而忘大利的思维误区而不返，我行我素，穷兵黩武，那么，被侵凌的一方也就只好用武力对付武力，捍卫自己的利益了，因此讲求城守防御，形成了《备城门》诸篇系统的防御思想。正如俞樾

---

① 《国学讲演录·诸子略说》。
② 《墨子·非命上》。
③ 《荀子·解蔽》。

所言:"(墨子)惟非攻,是以讲求备御之法。"①

墨家学派战争观念的核心内容是"非攻"理论。《墨子》一书对当时的战争多有抨击,无情贬斥:"大则攻小也,强则侮弱也,众则贼寡也,诈则欺愚也,贵则傲贱也,富则骄贫也。"认定其基本性质是非正义的,而非正义的判断依据,乃是有害无利,不合"国家百姓人民之利"的根本要求。

第一,从历史史实考察,战争是凶事,是灾祸,无功利而多祸害,理应加以摈弃。 第二,从现实状况考察,战争给双方民众都带来了深重的灾难,给社会物质财富造成巨大的损失,与利益无涉,与祸害相伴,必须加以反对。 第三,致力于将"义"落实到"利"的实处,从义与不义的高度,论证当时战争的非正义性也即非有利性,为否定战争寻找进一步的理论根据。 第四,通过对利害关系的权衡,论证好战大国从事战争活动的得不偿失,以进一步肯定"非攻"的正确性和必要性。

墨家战争观念以"功利"为逻辑起点,殆无疑义。"利"是一根红线,贯穿于其整个军事思想的方方面面,成为联系所有重要命题与范畴的精神纽带。 它力主"非攻",提倡"兼爱",主张通过兼相爱来消弭战乱,"若使天下兼相爱,国与国不相攻,家与家不相乱,盗贼无有,君臣父子皆能孝慈,若此,则天下治"②。 认为兼爱可以去乱,可以止战,兼爱是非攻的道德伦理基础,非攻是兼爱的客观自然结果,而将两者沟通和联系在一起的,正是"交相利"。 由于战争的发生直接渊源于统治者的私欲,《墨子》便把止战的希望寄托于统治者自身的明理知利,要求"王公大人"们为天下着想,为民众着想,也为自身利益着想而停止攻伐征战:"今欲为仁义,求为上士,尚欲中圣王之道,下欲中国家百姓之利,故当若非攻之为说,而将不可不察者,此也。"③这里,"利"也是主宰一切的钤辖。 当然,墨家也觉得,那些王公大人大多政治眼光短视,不知道自己之利与"天下之利"、"民众之利"之间存在着辩证统一的关系,不会把"天下之利"和"民众之利"放在适当的位置,而必然汲汲于征战,于是转而求助于"天志"、鬼神,指出行"天赏之,鬼富之,人誉之"④的结果。 强调攻战作为不义

---

① 《墨子间诂·序》。
② 《墨子·兼爱上》。
③ 《墨子·非攻下》。
④ 《墨子·非攻下》。

之行，必受到天、鬼的惩罚。墨家提倡"天诛"，宣扬天赏天罚，目的是想借助天意、鬼神，警告诫谕好战黩武的统治者，使其改弦更张，这尽管只是一厢情愿而已，但是与以"利"为标尺判断是非，衡量得失的做法同样没有任何区别。从这个意义上说，注意和把握"功利"在墨家学说中的主导地位，是我们今天正确认识和评价其兵学观念的一把钥匙。

墨家的战争观念是有双重性质的。一方面墨家以"利"为准鹄，充分揭露统治者好战与掠夺的本性，使得人们能够比较清醒地认识统治者贪得无厌的面目，指出统治者攻伐之举貌似合"利"实则悖"利"的愚妄性，具有强烈的批判精神和针砭作用。同时，以"非攻"为核心的战争观念也反映了广大民众对和平与安宁的渴求，要求结束战乱，发展生产和改善生活的良好愿望，反映了墨家"国家百姓人民之利"的主体诉求。从这个意义上讲，它具有进步性与合理性。但在另一方面，墨家否定所有以强攻弱的战争，没有认识到当时的兼并战争乃是走向统一的必由之路，是暂时的丧失"小利"而换取永久的赢得"大利"，具有重要的历史作用。这表明，墨家的主观愿望和历史发展的客观规律是相悖的，并不能真正摆脱战争的痛苦。可见，墨子的"利益"观存在着暂时、局部、短视的缺陷，不过是"道之一隅"，缺乏最大的圆融性与超越性。庄子尝云："天下之人，各为其所欲焉以自为方，悲夫。百家往而不反，必不合矣。"①这一批评，用之于墨家战争观念的评判上，同样是适合的。这也意味着墨家战争观念的历史命运难免是坎坷崎岖、曲折多厄的。

墨家以"利"为衡尺的战争观念首先要同讲究"义利之辨"的儒家发生尖锐的冲突。尽管儒、墨对战争都持"非攻"、"反战"的基本态度，但是两者的逻辑起点却是完全不同的。儒家从"仁义德化"推导出"反战"的观念，"今之所谓良臣，古之所谓民贼也。君不乡道，不志于仁，而求为之强战，是辅桀也"②；"君不行仁政而富之，皆弃之于孔子者也。况于为之强战……此所谓率土地而食人肉，罪不容于死"③；因此主张"善战者服上刑"。而对于"利"，则采取坚决摈弃的立场，这一点在先秦两汉儒家代表人物那里，是具有共性的选

---

① 《庄子·天下篇》。
② 《孟子·告子》。
③ 《孟子·离娄》。

择，孔子认为"君子喻于义，小人喻于利"，"放于利而行，多怨"①；孟子主张"何必言利？亦有仁义而已矣"②；荀子提倡"以义制利"，"以义克利"③；董仲舒鼓吹"正其道不谋其利，修其理不急其功"④，等等，皆为其证。这种重义轻利，乃至重义绝利的立场，是与墨家汲汲言利相根本对立的。因此，儒、墨两家虽然都对战争持否定态度，在学术上却互为不可调和的死敌。一方面，儒家不遗余力排斥墨家，"杨墨之道不息，孔子之道不著，是邪说诬民，充塞仁义也……我亦欲正人心，息邪说，距诐行，放淫辞……能言距杨墨者，圣人之徒也"⑤；另一方面，墨家亦对儒家"迂远而阔于事情"的特点攻讦不已："博学不可使议世，劳思不可以补民，累寿不能尽其学，当年不能行其礼，积财不能赡其业……其道不可以期世，其学不可以导众。"⑥双方形同水火、势如冰炭的结果，是当时"非战"的思潮无法汇集在一起，大大消减了它应有的力量与影响，更为严重的是，当儒学在西汉中叶成为统治思想之后，墨家作为其最大的异端之一，不可避免要丧失活动的空间，墨学中绝的命运随之成为不可逆转的趋势，这实为墨家的悲哀！

  法家兵学思想是以执着功利、讲究实用为基本特征的，这表面上与墨家的战争观念似有相通之处，然而从本质上说，两者的功利观乃处于截然对立的状态。具体地说，法家的功利原则立足点是在贯彻高度集权的国家意志，尤其是封建君主的意志为根本宗旨上，以是否有助于所谓的国家或集团利益的满足为评价的标准，至于广大民众，在法家看来只不过是国家机器中没有生命力、缺乏主体性的部件，其生存的权利，追求幸福的意愿，完全从属于国家和专制君主的整体利益。在富国强兵的美妙口号之下，人的基本权益可以忽略不计，只要能达到战胜攻取的目的，战争造成的重大伤亡可以一笔勾销。这种冷酷、自私的功利观，与墨家重视人的价值，以人为本位的讲求满足"天下之利"的"功利"观显然旨趣迥异，其逻辑推导衍化的方向也绝然不同，在法家是"主战"、"乐兵"，

---

① 《论语·里仁》。
② 《孟子·梁惠王》。
③ 《荀子·大略》。
④ 《春秋繁露·对胶西王越大夫不得为仁》。
⑤ 《孟子·滕文公》。
⑥ 《墨子·非儒》。

在墨家则是"非攻"、"兼爱"。这样一来，墨家与"王道"政治（儒家）固然无涉，与"霸道"政治（法家）同样不兼容，而中国传统政治的根本特征正是"霸王道杂用之"，墨家既然两边都依靠不上，那么自然是被摈弃于主流社会思潮之外，而成为"孤魂野鬼"，进退失据了，其在古代社会中渐渐淡出，乃至几乎中绝于世的历史宿命也就势所必然了。

道家对战争也持基本否定的态度，即所谓"兵者不祥之器，非君子之器"，"故有道者不处"①，主张"以道佐人主"，而反对"以兵强天下"②。然而这一"非战"观的哲学渊源是"天道自然"与"人道无为"，"无为之益天下希及之"③；"无为故无败"④。可是，墨家的理念却是"摩顶旋踵"，以利天下，以积极有为的途径，达到"非攻"、"兼爱"的目的。这样一来，墨家与道家也无法成为同盟者了。墨家失去了争取奥援，维系自己生存与发展空间的最后一线希望，不得不孤军奋战，其左支右绌、举步维艰的处境无可改变。

由此可知，墨家旨在兼顾道德与功利，希望在不废道德的前提下崇尚功利的战争观念，实际已陷入了左右不讨好的困境之中了。换言之，在道德与功利之间处心积虑寻找平衡的结果，是既丧失了道德上的纯洁崇高性，又制约了功利上的现实可行性。这种自身的内在矛盾的存在，加之外在的种种学术或非学术因素的影响，使得墨家兵学思想长期以来沉潜不彰，未能在传统军事文化的构建中发挥应有的作用。而这种局面的出现，实非传统军事文化发展的福音。因为假设墨学能像儒学那样生生不息，代有发展，那么追求功利的思想主旨，必定能够使其在讲求实战操作功能方面不断有所创造，"习手足，利器械，积机关，立攻守之胜"的传统可以长期保存并得以不断发挥光大。换言之，所谓"摹略万物之然"⑤，在兵学领域的反映必定是表现为对军事技术的青睐有加，这样就可以多少改变或影响中国古典兵学重"道"轻"器"，尚谋贱力的传统，使之得到更全面更完善的发展，遗憾的是，历史并没有提供这一方面的机遇。

---

① 《老子·三十一篇》。
② 《老子·三十章》。
③ 《老子·四十三章》。
④ 《老子·六十四章》。
⑤ 《墨子·小取》。

二、墨家的防御作战思想

从"非攻"的原则立场出发,《墨子》提倡"救守"。所谓"救守",实际上包含着两层意思,即对被攻的弱小国家进行支援和弱小国家本身的防守。

《墨子》认为人们有责任、有义务积极救援遭到无理攻伐的弱小国家,与其休戚与共,指出"古之仁人有天下者,必反大国之说",而救助被攻的小国。主张替小国修缮城郭,给小国提供粮食资财:"大国之攻小国也,则同救之。小国城郭之不全也,必使修之;布粟之绝则委之;币帛不足则共之。"①在必要的时候甚至替小国守城御敌。在这方面墨子本人是身体力行的,他与其弟子都曾不遗余力地帮助被攻小国进行防御作战。墨子本人曾先后到宋、齐、楚、卫诸国游说,宣传自己的政治主张,协助被攻伐的国家城守,真可谓是"摩顶旋踵",义无反顾,表现出崇高的道德情操。

《墨子》更强调小国自身的守御。由于城邑是一个国家经济、政治、军事、文化中心或要地,所以守城也就成了防御的中心问题。《墨子》一书以大量的篇章系统论述了如何守城的问题,在以守城为中心的防御作战理论方面,提出了重要的见解。概略地说,《墨子》的城邑防御思想是:依靠军民,争取外援,充分发挥守城器械的作用,完善环城防御体系,独立作战,长期坚守,乘机出击。现分述如下。

第一,修明政治,动员民众。《墨子》认为要取得守城防御作战的胜利,其前提条件是修明政治,争取民心。这方面君主是关键,他必须讲求信用,厉行道义,以激发参加守城作战民众的积极性:"主信以义,万民乐之无穷。"并进而指出官民和睦是取得守城作战胜利的根本保障,只要做到"上下相亲",人民"以勤寡人,和心比力兼左右",就能做到"死而守"。至于修明政治的内容,《墨子》也一一加以列举。首先是要尊天、事鬼、爱民,以取得上天保佑,民众拥护:"主君之上者尊天事鬼,下者爱利百姓。"②其次是选拔人才,量才录用,使之各得其所,效命国家:"守者必善而君尊用之,然后可以守也。"③具体办法是:"守必察其所以然者,应名乃内之","使人各得其所长,天下事当。钧分其

---

① 《墨子·非攻下》。
② 《墨子·鲁问》。
③ 《墨子·备城门》。

职,天下事得。皆其所喜,天下事备。强弱有数,天下事具矣"①。三是严明法纪,赏功罚过,使民众乐于公战,耻于偷生:"命必足畏,赏必足利。"②四是积极动员激励民众,振奋精神,同仇敌忾。《墨子》主张对民众进行思想动员,讲清敌人"为不道,不修义祥,唯力是上"的罪恶,指出敌人的目的是:"亡尔社稷,灭尔百姓。"③以此激发民众的死战决心,共赴战场。同时严禁传播各种动摇民心的流言蜚语,一经查出,严惩不贷。作战中要以奖惩、抚恤、慰问等形式鼓舞参战者的斗志。

第二,加强战备,严阵以待。《墨子》认为搞好城守战备,使各项措施一一落实,这是取得守城防御作战胜利的基本保证。否则守城是无法进行的:"故仓无备粟,不可以待凶饥;库无备兵,虽有义不能征无义;城郭不备全,不可以自守;心无备虑,不可以应卒。"④基于这样的认识,《墨子》反复强调加强战备、有备无患的重要性,指出:"故备者,国之重也;食者,国之宝也;兵者,国之爪也;城者,所以自守也。此三者,国之具也。"⑤主张搞好物质和精神上的准备工作,以造成守城防御作战中的有利条件和主动地位。这些准备包括军事、后勤、外交、内政等诸多方面。军事上要做到"城池修,守器具",城"厚以高,壕池深以广,楼撕修,守备缮利"⑥。后勤上要求做到"樵粟足","薪食足以支三月以上"。外交上要求联络与国,争取外援,"得四邻诸侯之救"⑦。如果城小人众,就应该事先把老幼疏散到他城或国都。内政上则要勤政爱民,争取人心,造就"上下相亲",众志成城的局面。

第三,积极防御,守中有攻。《墨子》认为在守城防御作战中,不能采取消极防御的做法,而应该守中有攻,积极歼灭敌人。为此它提出了"守城者以亟伤敌为上"的积极防御指导思想,"凡守城者,以亟伤敌为上,其延日持久以待救之至,不明于守者也。必能此,乃能守城"⑧。对于积极防御的具体措施,

---

① 《墨子·杂守》。
② 《墨子·号令》。
③ 《墨子·迎敌祠》。
④ 《墨子·七患》。
⑤ 《墨子·七患》。
⑥ 《墨子·备城门》。
⑦ 《墨子·备城门》。
⑧ 《墨子·号令》。

《墨子》也有较系统的论述。这包括：1. 依托城池，利用地形，正确部署兵力。2. 自远而近，层层抗击，消耗敌人的兵力。即以城为核心阵地，城外建郭，郭外设亭，遏制敌军进攻，打击敌军士气，消耗敌人有生力量。但同时主张具体情况具体对待："敌人且至，千丈之城，必郭迎之，主人利，不尽千丈者勿迎也，视敌之居曲，众少而应之。"①这表明墨家"示人以兵法贵变通"②的用兵特色。3. 顽强坚守与适时出击相结合。在与攻城之敌长期相拒过程中，当挫败了敌人各种各样的攻城手段，杀伤了敌人大批有生力量后，守城的一方就要善于捕捉战机，适时组织出击，以扩大战果，最终夺取守城防御作战的胜利。例如一旦用火攻击败敌军云梯攻城的企图，使得敌军被迫撤离，就要立即以精锐敢死之士，由"突门"突然出击，重创敌人，"令吾死士，左右出穴门③击遗师……因素（数）出兵施伏，夜半城上四面鼓噪，适（敌）人必或（惑）。有此必破军杀将"④。由此可见，墨家的守城防御作战的指导思想是积极的，这是符合防御作战的基本规律的，有可贵的借鉴意义。

第四，讲求战术，手段多样。《汉书·艺文志》称"（兵）技巧者，习手足，便器械，积机关，以立攻守之胜者也"。墨家是最典型的兵技巧家。这表现为《墨子》一书对守城防御作战的器械装备和具体战术做了充分的论述。它根据"今之世常所以攻者，临、钩、冲、梯、堙、水、穴、突、空洞、蚁傅、轒辒、轩车"等当时通行的十二种攻城战法，提出了诸如"备高临"、"备梯"、"备水"、"备突"、"备蚁傅"等一系列有效的守城战术。如针对敌人用地道攻城，《墨子》主张采取行之有效的诱敌入彀、烟熏敌人的战法，以挫败敌军的企图："穴中与适（敌）人遇，则皆围而毋逐，且战北。以须炉火之燃也，即去而入壅穴。"⑤所有这些，都是《墨子》对当时城池攻守战的实践总结和理论阐发，对于中国古代战术和军事技术的发展具有相当深远的影响。

攻与防是军事学上的一对基本矛盾。有进攻就有防御，同样有进攻理论也必定就有防御理论。墨家学派的城守思想，对我国古代防御理论具有奠基意

---

① 《墨子·号令》。
② 岑仲勉：《墨子城守各篇简注》，中华书局1958年版。
③ 疑为"实门"。
④ 《墨子·备梯》。
⑤ 《墨子·备穴》。

义，影响非常深远。后世对其有关防御原则和战术的论述，多借鉴和祖述《墨子》，以至于把一切牢固的防御笼统地称为"墨守"。近人尹桐阳称赞它是"实古兵家之巨擘"；岑仲勉则将它与《孙子兵法》相提并论，说："《墨子》这几篇书，我以为在军事学中，应该与《孙子兵法》同当作重要资料，不可偏废的。"①这些评价是有一定道理的。

第三节　战国黄老学派兵学理论撷要

进入战国中晚期后，老子创立的道家学说自身也起了某种变化。这种变化，主要表现为道家内部的分化，以及由此而引起的思想观点上的差异。以庄子为代表的部分道家，对自己所面临的社会变乱深感绝望，悲观厌世，逃避现实，自我陶醉。他们泯灭善恶是非的界限，认为一切存在全是幻影，主张对什么也不必认真，此谓"坐忘"："堕肢体，黜聪明，离形去知，同于大通，此谓坐忘"②，不谴是非，与世沉浮。在这种思想意识的支配下，庄子等人对军事问题自然也要抱无所谓的态度了，至多也不过是从崇拜自然、宣扬"无为"的角度，简单指斥否定战争现象本身而已。

但是，并非所有的道家都沿着庄子的足迹前进，当时有许多道家人物，能够正视现实，借鉴汲取其他思想学派的合理内容，丰富和发展老子所创立的道家学说体系，从而形成了新的道家理论。这就是战国中晚期勃兴，西汉前期盛行的黄老学派。他们立足于老子思想的主体性，同时兼容并取诸子百家之长，体现出"以道德为标约，以无为为纲纪，以忠义为品式，以公方为验格"③的思想特色。司马谈《论六家要旨》中对道家理论的总结，其对象实际上就是这部分新型道家。他说："道家使人精神专一，动合无形，赡足万物。其为术也，因阴阳之大顺，采儒墨之善，撮名法之要，与时迁移，应物变化，立俗施事，无所不宜。指约而易操，事少而功多。"可见黄老道家的思想体系中包含了阴阳家、儒家、墨家、法家乃至名家的一些思想内容，其特征是"与时迁移，应物变化"，其宗旨则有明确的功利性，即"立俗施事，无所不宜。指约而易操，事少而功

---

① 岑仲勉：《墨子城守各篇简注·自序》。
② 《庄子·大宗师》。
③ 《吕氏春秋·序》。

多"。这不但与同时的庄子学派有很大不同，也与其祖师爷老子的不少观点不尽一致，最主要的一点就是由消极避世变成了积极入世。应该说这是先秦各家学术思想在对峙前提下长期相互交融贯通的必然结果。

由于黄老道家学派能够在坚持原生形态道家的某些基本原则基础上，积极面对社会现实，致力于讨论求治之道，他们对当时社会生活中的最重大事情之一战争问题也给予了高度重视和认真考察，并提出了自己的许多看法和主张。论兵言辞在他们的著述中占有相当大的比重，这是与庄子之流不可同日而语的。同时由于其学说具有兼容博取他家思想的特色，因而其兵学观点中也往往包含有其他诸家的军事思想内涵，并不以道家兵学观为限，呈示出庞杂性和多元性。这是其优点，同时也是其不足。

战国黄老学派的著作比较丰富，在现存的著作中兵学理论比较集中的，则主要有《鹖冠子》、《文子》以及20世纪70年代初先后出土的长沙马王堆帛书《经法》、山东临沂银雀山汉墓竹简有关论兵之作，等等。它们基本上展示了战国黄老学派兵学思想的基本内容和主要特征。

《鹖冠子》 大约成书于战国末期，《汉书·艺文志》著录于《诸子略·道家类》，为一卷。《隋书·经籍志三》亦将它归入"道家类"，为三卷。其书今本共十九篇。有的学者认为，今本《鹖冠子》是先秦古籍《鹖冠子》和《庞煖》的合集。可备一说。

鹖冠子，是隐士名，东汉班固在《汉书》自注中说他是"楚人，居深山，以鹖为冠"。我们认为，《鹖冠子》大体上是战国晚期阐述黄老学派思想的著作，从全书的风格来看，它并不成于一时一人之手，论兵的内容在书中占有一定的篇幅，反映了黄老学派对军事问题的基本看法。

《文子》 《汉书·艺文志·诸子略》著录为九篇，入道家类。班固自注说："老子弟子，与孔子并时；而称周平王问，似依托者也。"《隋书·经籍志》著录为十二篇，亦入道家。主要有北魏李暹和唐代徐灵府注本。宋代杜道坚所撰的《文子缵义》十二卷，为阐发《文子》主旨与文义的主要著作。

《文子》一书内容混糅，文义扞格之处甚多。《四库全书总目提要》云："然考其书，盖驳书也。其浑而类者少，窃取他书以合之者多。凡《孟子》辈数家皆见剽窃，峣然而出其类，其意绪文词，又互相牴牾而不合。"①一针见血道中了《文子》的基本特点。正因如此，关于此书的作者及其真伪，历来颇存歧见。北魏李暹将文子和计然比附为一人，这是缺乏依据的；有的学者认为《文子》"当是西汉的作品，不是先秦的著作"②；有些学者则不疑其伪，如唐兰就断定《文子》为"先秦古籍之一"③。我们认为，从全书的体例和基本思想倾向看，其书当为老子后学所辑编，大约成书于战国晚期。由于其书不出于一人之手，后人似又有所增益，所以显得相当杂驳。这也是存世先秦古籍所普遍存在的现象。

《文子》一书杂糅有大量儒、墨、名、法学派的思想内容，但其主旨是本于《老子》的"道"和辩证法思想立说，借《老子》的语言来发挥自己的思想。所以，从总体上看，其书应属于黄老之学的著述，《汉书·艺文志》、《隋书·经籍志》以及其他公私目录书将其归入道家类是正确的。

《经法》 1973年年底，在湖南长沙马王堆三号汉墓中出土了包括不少久已失传的先秦古籍在内的珍贵帛书，约十二万字。在这批帛书中，有写在《老子》乙卷本前面的四种古佚书。它们的名称分别是：（一）《经法》，（二）《十大经》（一说《十六经》），（三）《称》，（四）《道原》。计一万一千余字。由于《经法》是四种古佚书的第一种，且内容也比较重要，所以帛书整理小组就以它作为这四种古佚书的总名。

《汉书·艺文志》道家类著录："《黄帝四经》四篇"，又"《黄帝君臣》十篇"。班固原注："起六国时，与老子相似也"。《隋书·经籍志》云："汉时诸子道书之流有三十七家……其《黄帝》四篇、《老子》两篇，最得深旨。"可见所谓"黄帝"书与《老子》在先秦、两汉时是相提并论的，同为黄老学派的代表作。遗憾的是，由于各种原因，唐代以后，《黄帝四经》等书均已散佚了。

帛书《经法》的出土，使我们有可能对"黄帝"书重新开展讨论。许多专家认为这四种古佚书可能就是《汉书·艺文志》所著录的黄帝书。唐兰先生则更明确地肯定它们为《黄帝四经》。我们认为，且不论《经法》四篇是否就是《黄帝四经》，它们属于战国中晚期黄老学派的经典著作当无问题。因为无论从其

---

① 《四库全书总目》卷一四六，子部，道家类。
② 参见张岱年：《中国哲学史史料学》。
③ 《经法》附《马王堆出土〈老子〉乙本卷前古佚书的研究》。

思想体系看,还是从其中大量的"今天下大争"这类文字内容看,《经法》四篇均具有浓厚的战国黄老思想特征,反映出战国特定的历史情景。有些人将它们视作汉初的作品,这是缺乏充分依据的。

《经法》四篇含有丰富的哲学、政治、经济、军事思想。它汲取《老子》"道"的本体论观点和朴素辩证法理论,并加以适应战国社会变革要求的改造和发展,形成新道家的思想理论体系。其兵学思想,主要集中在《十大经》中,同时在《经法》、《称》诸篇中亦有所反映。它主要继承和发展了《老子》以及范蠡的兵学思想,可能和兵阴阳家有一定的关系。因为按《汉书·艺文志·兵家略》的说法,兵阴阳家的特点是"顺时而发,推刑德,随斗击,因五胜,假鬼神而为助者也"。而《经法》四篇的许多军事论述在很大程度上反映了这种基调。另外,《经法》兵学思想的又一个特点,是以研究阐述战略思想和策略原则为其兵学思想的核心内容,而具体探讨战术原则问题则相对较少。这也是先秦诸子兵学思想所具有的共同倾向。

在对战国黄老学派兵学思想的主要载体——《鹖冠子》等书的情况做了必要的说明后,我们便可以进一步探讨其军事学说的主要内容及其基本特征了。首先要说的,当然就是战国黄老学派的战争观理论。

黄老学派诞生的战国晚期,正是兼并战争愈演愈烈,最后走向全国统一的前夜。在这种情况下,各家各派都必须对战争问题提出自己的看法和主张,黄老学派同样没有例外。而受学术渊源和现实生活的制约,其战争观念交织着矛盾,呈现出特殊的风貌。

以老子学说直接继承者面目出现的黄老学派,其对待战争的态度,自然不可避免地力求与老子的观点相吻合,从而一定程度上流露出非战的倾向。《文子》曾数次提到《老子》"兵者,不祥之器也"这个命题,论定战争是凶器,是逆德:"好用凶器治人之乱,逆之至也。"① "故兵者,不祥之器也,非君子之宝也。"② 《经法》也持同样的观点,将穷兵黩武看作三大祸患之一,"三凶,一曰好凶器,二曰行逆德,三曰纵心欲"③,指出"大杀服民,戮降人,刑无罪,过(祸)皆反

---

① 《文子·下德》。
② 《文子·微明》。
③ 《经法·七论》。

自及也"①，一定会自取灾祸，自挖坟墓。至于《鹖冠子》，在反对恃强好战，穷兵黩武这一点上，亦丝毫不曾含糊，并认为战争的胜负和国家实力的强弱简单地加以等同是不可取的，也是不合实际的，"地大者国富，民众者兵强，兵强者先得意于天下。今以所见所不见，盖殆不然"②，严肃批评了当时流行的"强大者必胜，小弱者必灭"的形而上学观点，其非战的倾向性不言而喻。

但是，战国时期兼并战争激烈残酷的客观现实，已无情地击碎了道家追求"小国寡民"生活的种种幻想，迫使当时的道家之徒渐渐偏离自己祖师爷老子的立场，对战争采取比较务实冷静的态度；而当时儒、墨、法诸家有关战争问题的论述，也为其战争观的深化提供了有益的借鉴汲取材料。这表现为《经法》等书同时包含有提倡用兵，强调正义战争的必要性的不少内容。

战国黄老学派普遍认为战争的发生乃是一种带有必然性的社会现象，充分肯定战争活动在社会生活中的重要地位。强调在某些情况下可以兴兵作战。《经法》明确表示："因天时，伐天毁，谓之武。"③认为文武两手应并行不悖，不可偏废："始于文而卒于武，天之道也。"④《鹖冠子》也肯定战争的起源乃是历史运动过程中的客观属性，指出："五帝在前，三王在后，上德已衰矣，兵知俱起。"⑤认为战争的存在本身就是正常的，因为它并没有改变天地日月的法则，没有搅乱阴阳生死的常规："天不变其常，地不易其则，阴阳不乱其气，生死不俛其位，三光不改其用，神明不徙其法。"⑥

当然，从事战争必须具备一定的前提。这一前提，就是看战争的属性是否符合正义。黄老学派重视对战争性质的区分，如《文子》就曾按性质将战争划分为五个类型："有义兵，有应兵，有忿兵，有贪兵，有骄兵。"⑦区分的标准是：凡用兵本于诛伐暴虐、救助弱小的宗旨，则为"义兵"；凡用兵基于抵抗别国侵略兼并的目的，则为"应兵"；为了争执小事，不能克制内心的愤恨而用

---

① 《经法·七论》。
② 《鹖冠子·近迭》。
③ 《十大经·姓争》。
④ 《经法·君正》。
⑤ 《鹖冠子·世兵》。
⑥ 《鹖冠子·世兵》。
⑦ 《文子·道德》。

兵，则为"忿兵"；用兵是为了贪图别国的土地，觊觎他人的财宝，则为"贪兵"；凡凭借自己地广而企图以武力压倒敌国的，则为"骄兵"。它充分肯定前两类战争的意义，而对后三类战争予以坚决的否定，指出"义兵王，应兵胜，忿兵败，贪兵死，骄兵灭"①，并将这断定为自然的法则："此天道也。"《经法》的作者亦把用兵之道分为三类："世兵道三，有为利者，有为义者，有行忿者。"②

在区分战争性质的基础上，战国黄老学派进一步阐述了从事正义战争的必要性，主张进行具有正义性质的战争，而坚决反对非正义的掠夺战争。《经法》明确肯定正义战争的意义："所谓为义者，伐乱禁暴，起贤废不肖，所谓义也。［义］者，众之所死也。"③其必定得到民众的拥护和支持，造就"地广人众兵强，天下无敌"④的局面。至于《文子》在这方面的论述，则更为丰富和深刻。它指出社会上有"贪叨多欲之人"，他们"残贼天下"，使得"万民骚动，莫宁其所"⑤，所以需要有圣人起来征伐他们，以拯救民众于水火之中："夫畜鱼者，必去其蝙獭；养禽兽者，必除其豺狼。又况牧民乎！是故兵革之所为起也。"⑥因此它积极提倡"存亡平乱，为民除害"的"义战"，指出"所为立君者，以禁暴乱也"⑦。

总之，战国黄老学派对待战争是持既肯定又有所保留的态度的。用其自己的话来说，便是"兵者百岁不一用，然不可一日忘也"⑧；"夫作争者凶，不争亦毋以成功"⑨，反映出其慎战与重战并重的思想倾向。这与《司马法》所提出的"故国虽大，好战必亡；天下虽安，忘战必危"主张，实有异曲同工之妙，从而与儒家（主要是思孟学派）简单非战和法家（尤其是商鞅一派）一味主战的偏颇立场划清了界限，可谓黄老朴素辩证法思想在观察、分析军事问题上的突出反映。

---

① 《文子·道德》。
② 《十大经·本伐》。
③ 《十大经·本伐》。
④ 《经法·六分》。
⑤ 《文子·上义》。
⑥ 《文子·上义》。
⑦ 《文子·上义》。
⑧ 《鹖冠子·近迭》。
⑨ 《十大经·姓争》。

黄老学派在哲学上推崇"天道",同时不废人事,主张遵循"天常"(天地万物运动规律)从事社会活动,反对过犹不及,以至走向事物的反面。在政治上,它提倡"虚静"的政治原则,主张审核"形名",强调调整封建君臣关系,要求缓和日趋尖锐的阶级矛盾,从而加强中央集权的封建统治,达到"王天下"的目的。黄老学派的战争指导思想同样深刻地反映了其哲学、政治观念。

　　"存亡平乱,为民除害"的义战既有其必要,那么如何高明地指导义战,夺取胜利,也就成为黄老学派高度重视并进行透彻论述的中心问题。概括地说,黄老学派的战争指导思想的基本内容就是以道制胜、政胜为先以及推崇庙算。

　　"道"是老子哲学中的最高范畴,因此在战争指导问题上,战国黄老学派很自然地提出了以道制胜的命题:"天地之道……不须礼而庄,不用兵而强。"①"兵之胜也,顺之于道。"②它认为人事受"天道"、"天时"的制约,"静作得时,天地与之;静作失时,天地夺之"③。所以人的各种作为,都要合乎天极——天道的准则或限度,用兵作战,自然也不例外,必须"循道而动"、"顺之于道",即以最高的"道"加以统驭。这就是《鹖冠子·世兵》所说的"知一不烦"和"以一度万"。如果懂得了这个"道"("一"),那么复杂的军事问题就会变得简单明了(知一不烦);因此,便可以用这个"道"来应付千变万化的情况(以一度万)。黄老学派指出,战争指导者一旦把握住"道"的精神实质,那么就可以进入用兵的最高境界:"指天之极,与神同方。类类生成,用一不穷。"④认为这才是指导战争全局,赢得战争胜利的根本前提。

　　黄老学派的重要思想特色之一,就是其善于在立足"道"这个最高法则的基础上,重视对其他学派合理成分的兼容并取,以丰富和完善自己的思想体系。"政胜为先"就是其战争指导思想中的逻辑命题之一。它认为从事战争必须"先为不可胜之政"⑤。即首先要修明政治,争取人心,赢得广大民众对战争的拥护和支持,从而宾服诸侯,一统天下。《文子·自然篇》云:"修政于境内,而远方怀德;制胜于未战,而诸侯宾服也。"讲的就是这一层意思。可见,所谓的"先

---

① 《文子·自然》。
② 《鹖冠子·兵政》。
③ 《十大经·姓争》。
④ 《鹖冠子·世兵》。
⑤ 《文子·上礼》。

胜"就是"政胜";而"政胜"的核心,则是"德胜"。

在战国黄老学派的眼中,德胜的第一要义是争取民心,谋求人和,用《鹖冠子·世兵》的话说,便是"合之于人"。它认为地广民众,甲坚兵锐,"行仁义,布德施惠",方可使"群臣亲附,百姓和辑,上下一心,群臣同力",达到"诸侯服其威,四方怀其德,修政庙堂之上,折冲千里之外,发号行令而天下响应"①。这是"义战"的最上乘境界。这表明黄老学派已清楚地意识到民众在战争中的地位和作用,"可以征者,民死节"②。在此基础上,它提出了"兵者,礼义忠信也"③这一命题,强调指出战争如能基于民众的利益,就必然得到民众的拥护;如果是为了个人私欲而开战,就必然遭到民众的反对:"举事以为人者,众助之;以自为者,众去之。众之所助,虽弱必强;众之所去,虽大必亡。"④应该说这一观点是以民为本的时代思潮在当时兵书撰著中的突出反映。

从"顺民心"的基本立场出发,黄老学派主张妥善做好各方面的战争准备。《经法·君正》为此设计了一个用七年时间修明内政而后进行征伐的具体步骤:"一年从其俗,二年用其德,三年而民有得,四年而发号令,[五年而以刑正,六年而]民畏敬,七年而可以正(征)。"如此则可立于不败之地:"审于行文武之道,则天下宾服矣。"可见,黄老学派所主张的"政胜",还包括了顺民俗,选贤能,用刑政,省赋敛,阜民财等诸多内容,全面而具体,表现出黄老学派善于汲取诸子百家思想加以融会贯通的特色。

黄老学派还认为,要做好战争准备,还必须注意克服自身的种种不足。如《经法·国次》就提倡"毋土敝,毋故执,毋党别",意思是不要耽误农耕,不要制造摩擦,不要结党营私。认为耽误农耕,上天就会降给战祸;制造内部摩擦的,人员就会流失四方;分成派别的,就会招来内忧外患夹攻。这样黄老学派乃从正面论证了加强战争准备的重要性,把内部团结和农耕发展视作"政胜"的重要环节。

通过层层剥笋似的阐述论证,黄老学派最终提出了"兵之胜败皆在政"⑤这

---

① 《文子·上义》。
② 《经法·君正》。
③ 《鹖冠子·近迭》。
④ 《文子·上义》。
⑤ 《文子·上义》。

一重要命题,集中体现了其战争指导思想的精髓。应该说,这一认识是相当深刻的,因为在当时那种"竞于气力"的社会环境中,许多统治者虽能够致力于富国强兵,却忽视了政治文明的建设;法家等学派也是只讲求功利,鄙视德政的价值和作用。黄老学派注意避免类似的思想误区,不可谓不高明。而其战争指导思想之所以能进入较高的层次,乃是新型道家思想体系的开放性质所造就的。这就是它在充分肯定老子思想体系的主导意义的同时,充分汲取儒家德治教化思想和仁义礼乐原则,从而使得其思想具有较大的适应性和合理性。

自从孙子总结战争实践经验,明确提出"上兵伐谋"的精辟观点以后,兵学家们都普遍注意在自己的著述中阐述发挥谋略制胜的思想。战国黄老学派也同样非常强调进行庙算,以谋胜敌。如《鹖冠子》就明确提倡:"工者贵无与争。故太上用计谋,其次因人事,其下战克。"①对"用计谋"、"因人事"、"战克"的特点和方法,《鹖冠子》也做了充分的阐述。如就用计谋而言,它提倡用各种方法,来迷惑敌国的君主,使其变更本国的风俗,变得骄奢淫逸,肆意妄为:"爱人而与,无功而爵,未劳而赏,喜则释罪,怒则妄杀"②,自掘坟墓,自取灭亡。如此便可以"不战而胜",实现最佳的战略目的。至于《文子》,更将庙战与"天道"结合在一起,指出:"庙战者帝,神化者王,庙战者法天道,神化者因四时。"③这表明战国黄老学派对前人"上兵伐谋"的思想精华,既有继承,又有本于自己主体思想的发展和深化。

老子主张贵柔守雌,亟言"不争而善胜"、"柔弱胜刚强",战国黄老学派在很大程度上继承了老子这一思想,在作战指导问题上一致强调先计后战,以退为进,以谋略制敌,以阴柔取胜,构成了系统的以柔弱胜刚强为特色的战略战术思想。

黄老学派认为,用兵的精义在于以静制动,以不变应万变;指导作战,要做到神出鬼没,无迹可求。而要达到"成功遂事,莫知其状"这种理想境界,关键在于作战指导上贵守雌节,后发制人,以争取可靠的胜利。《经法》等书的作者强调:"欲刚者必以柔守之","欲强者必以弱保之"④。指出凡是能成就王霸人

---

① 《鹖冠子·武灵王》。
② 《鹖冠子·武灵王》。
③ 《文子·自然》。
④ 《文子·道原》。

业，实现自己战略意图的，都是道德上占优势的人；而所谓道德优胜，指的就是能以柔弱为本，"自得者，必柔弱者也"①；"勇于敢，则杀；勇于不敢，则活"②。这种柔弱胜刚强的战略观，反映在具体策略上便是以静制动，后发制人，善守雌节，做到"弗敢以先人"，认为在战争中"先者恒凶，后者恒吉"③，指出凡用"雄节"，必然是"以守不宁"，"以战不克"；反之，善守"雌节"者，则是"以守则宁，以作事则成，以求则得，以战则克"④。所以必须在作战指导上采取"卑约主柔，常后而不先"的方针。

至于贵柔守雌，后发制人的具体措施，战国黄老学派也有充分的阐述，其荦荦大端约有以下几点：（1）"安徐正静，柔节先定"⑤，不轻举妄动，主动将自己摆在弱者的位置。（2）"立于不敢，行于不能。单（战）视（示）不敢，明执不能"⑥，故意示敌以弱，诱使敌人放松警惕和戒备，暴露破绽，为我方伺机破敌创造条件。（3）"守弱节而坚之，胥雄节之穷而因之"⑦，逐渐发展自己的力量，想方设法削弱敌人的战争力量，完成敌我强弱态势的转变，乘敌人盛极而衰之际发起进攻，加以聚歼，这就是所谓"善用兵者，先弱敌而后战，故费不半而功十倍"⑧的奥秘所在。（4）随时注意情况的变化，见利思害，遇好就收，凡事留有余地，以免物极则反："功遂身退，天之道也。"⑨

在遵循贵守雌节，后发制人这一总的指导原则前提下，战国黄老学派在作战指导上也推崇权变，提倡任势。这方面以《鹖冠子》的论述最为精辟。它注重权变，认为"胜道不一"，因此主张在军事活动中积极做到灵活、多变，以争取主动，赢得胜利。至于巧妙"权变"的关键，《鹖冠子》认为就是清醒认识和牢牢把握有利的作战时机："不倍时而弃利。"指出如能做到这一点，便算是真正懂得和掌握了"道"，也即作战指导的基本规律："知时者与道证，弗知者危神

---

① 《文子·符言》。
② 《文子·道德》。
③ 《十大经·雌雄节》。
④ 《十大经·雌雄节》。
⑤ 《十大经·顺道》。
⑥ 《十大经·顺道》。
⑦ 《十大经·顺道》。
⑧ 《文子·下德》。
⑨ 《文子·道德》。

明"①,便可以从容应付任何情况,立于不败之地了:"士不折北,兵不困穷……乘流以逝,与道翱翔。"②

所谓"势",就是有利的态势与主动的条件。黄老学派十分注重利用有利的态势。指出"在势,故用兵有过胜"③,主张"兵以势胜"。它认为物各有性,五行相生相克,所以必须根据战争活动自身规律和特征,充分发挥主观能动性,造势任势,战胜攻取。黄老学派进而具体论述了造就有利态势的种种方法。这首先是要"齐过进退,参之天地,出实触虚"④,避开敌人的强点,攻击敌人薄弱之处,置敌人于被动挨打的窘境。其次是要"发如镞矢,动如雷霆。暴疾捣虚,殷若坏墙。势急节短,用不缦缦"⑤,主张一旦时机成熟,就要兵贵神速,以迅雷不及掩耳之势,给敌人以致命的打击。其三是要"避我所死,就吾所生,趋吾所时,援吾所胜"⑥,即扬己之长,避己之短,致人而不致于人,牢牢控制战场主动权,不给敌人以任何可乘之隙。它认为如能做到这几点,自己便拥有了有利的作战态势,可以无往而不胜了。这种积极的作战指导思想,显然是汲取了先秦兵家思想精华的结果,而与以老庄为代表的传统道家拉开了一定的距离,具有历史进步性。

综上所述,战国黄老学派的兵学思想是相当丰富且具有特色的。它充分汲取了战国其他学派有关军事问题理性认识的长处,系统构筑起自己的军事思想体系,从而成为中国古代兵学思想发展史上一个不容忽视的环节。它对战争的态度,对政治与军事关系的认识,比较客观全面,具有一定的辩证色彩。如其"作争者凶,不争亦毋以成功"以及"刑德相养"等观点,就比战争万能论或德化至上论都要显得高明。另外,像其"柔弱胜刚强",后发制人的观点,也有一定的合理因素,成为弱方抗衡强敌,最终夺取胜利的重要思想武器。

当然,战国黄老学派的兵学思想也有其一定的局限性。这主要表现在三个方面:第一,它将守雌贵柔强调到不适当的程度,一概否定先发制人、主动进攻

---

① 《鹖冠子·兵政》。
② 《鹖冠子·世兵》。
③ 《鹖冠子·兵政》。
④ 《鹖冠子·世兵》。
⑤ 《鹖冠子·世兵》。
⑥ 《鹖冠子·世兵》。

的必要性,这就陷入了认识论上的偏颇,带有很大的片面性。 第二,较多掺杂了阴阳五行说的内容,如侈谈什么"阵以五行,战以五音","假鬼神以为助者",影响了对兵学规律探讨的深度。 第三,也是最主要的一点,如同黄老学派整个思想体系一样,其兵学思想亦较多地沿袭其他学派的观点,无论是其战争观还是战争指导思想,都存在着较明显的折中调和倾向,创新特色相对缺乏,从而影响到其理论的纯正性质。 这也使得不少论述流于肤浅,缺乏深度。

第四节 《商君书》与《韩非子》的兵学思想

一、《商君书》的兵学思想

《商君书》,也称《商子》,战国时商鞅及其后学的著作汇编,是法家学派代表作之一。

《商君书》比较集中地反映了商鞅一派法家的政治、经济主张,哲学、军事思想以及社会历史观点,也载有一些秦国的政治、经济和军事制度以及变法的史实。 其书在战国末年就有传本,故有"今境内之民皆言治,藏商、管之法者家有之"①之说。《汉书·艺文志》法家类著录"商君二十九篇",现存二十四篇。 其中第十六、第二十一篇有目录而无内容。 今本《商君书》有不少商鞅的著作,如《垦令》、《靳令》、《外内》、《开塞》、《耕战》诸篇。 但是也有许多篇出自其后学之手,这从文章内容和行文风格中可以看得出来,这方面的篇目有《徕民》、《更法》、《错法》、《弱民》、《定分》等②。 将该书作为一个整体,可以完整把握商鞅法家学派的思想内容和历史地位。 除《商君书》以外,《汉书·艺文志》兵家类还著录有《公孙鞅》二十七篇,入兵权谋家。《汉书·刑法志》载:"吴有孙武,齐有孙膑,魏有吴起,秦有商鞅,皆禽敌立胜,垂著篇籍。"据此可知《公孙鞅》一书是商鞅学派的专门军事理论著作,遗憾的是其书早已失佚,使得我们今天在研究商鞅学派兵学思想时,只能以《商君书》作为最主要的依据。

《商君书》的兵学思想,大致可以概括为积极主战的战争观、农战结合的战

---

① 《韩非子·五蠹》。
② 参见高亨:《商君书注译·前言》,中华书局1974年版。

争指导思想、以重刑厚赏为主干的治军理论以及有关的具体作战指导思想等四个方面。

(一)"以战去战"

《商君书》认为,当时的社会正处于武力征伐的时代,天下大乱,群雄兼并,一日无已,"今世强国事兼并,弱国务力守……万乘莫不战,千乘莫不守"①。在这样的特殊历史条件下,战争乃是社会生活中最重要的事务,直接关系到一个国家的安危存亡:"名尊地广以至王者,何故?[战胜者也。]名卑地削以至于亡者,何故?战罢者也。"②要立足天下,称王称霸,就必须从事战争,"国之所以兴者,农战也",认为这才是"适于时"的做法。为此它积极主张战争,反对所谓"非兵"、"羞战"之类的论调,明确肯定战争的合理性和必要性:"以战去战,虽战可也;以杀去杀,虽杀可也。"③

为了论证其积极主战思想的合理性,《商君书》进而指出:"国贫而务战,毒生于敌,无六虱,必强;国富而不战,偷生于内,有六虱,必弱。"④意思是说,面对纷争之世,国家应积极进行战争,毒害就会输散到敌国那里。"六虱"指礼、乐;《诗》、《书》;修善、孝弟;诚信、贞廉;仁、义;非兵、羞战。⑤《商君书》认为,这些有害于农战和国家,故称其为"六虱"。就会失去市场,贫弱的国家也必能走向强盛。相反,如果国家强盛而不去进行战争,那么国内就会产生苟且偷安的风气,"六虱"就有市场,就会像瘟疫一样传播开来,这最终会导致国家的削弱。从而肯定战争是建立强大国家的必要手段,是振奋民心、净化社会空气的有效措施。类似的观点在《去强》篇中也有明确的表述。这里,《商君书》将"非兵"、"羞战"看作和"仁义"、"礼乐"一样的危害国家安全的"虱子",予以坚决的反对。这是和儒、墨"非战"、反战的思想根本对立的,也和兵家"慎战"的观点有所不同。由此可见,"以战去战","以盛知谋,以盛勇战,其国必无敌"⑥,乃是《商君书》对待战争的基本态度和坚定立场。

---

① 《商君书·开塞》。
② 《商君书·画策》。
③ 《商君书·画策》。
④ 《商君书·靳令》。
⑤ 《商君书·靳令》。
⑥ 《商君书·靳令》。

(二) 农战结合,"多力者王"

《商君书》对如何赢得战争的胜利进行了深入的探讨,提出了农战结合的战争指导思想。

《商君书》认为,要确保国家在战争中取胜,就必须注重加强国家的实力,只有具备强大的实力,方能统一天下,这叫作"多力者王"。它明确指出,国家的强盛与否由国家的实力所决定,并认为恩德也产生于实力。"力生强,强生威,威生德,德生于力。"①

《商君书》进而指出,加强国家的实力关键在于政治措施得当。在《商君书》中,军事和政治是紧密结合在一起的。它明确表述:"凡战法必本于政胜","政久持胜术者,必强至王"②,意思是说,政治上的胜利是取得战争胜利的根本前提。

把战争与政治联系起来加以考虑和分析,在先秦诸子中并不罕见,但《商君书》将修明政治等同于厉行农战,则是它的特点。在《商君书》里,所谓"政胜"主要是指实行农战。它一再强调从事农战的重要性:"圣人之为国也,入令民以属农,出令民以计战……富强之功可坐而致也。"③"国之所以兴者,农战也","国待农战而安,主待农战而尊。"④甚至认为,农战是富国强兵,实现霸、王之业的关键:"能行二者于境内,则霸、王之道毕矣。"⑤相反,如不进行农战,则必危及国家,丧失兼并事业的主动权:"彼民不归其力于耕,即食屈于内,不归其节于战,则兵弱于外。入而食屈于内,出而兵弱于外,虽有地万里,带甲百万,与独立平原一贯也。"⑥

《商君书》认为,农耕为攻战之本,两者互为关系不可分割,重战和重农必须结合。因为农业生产不仅为战争提供雄厚的物质基础,而且人民致力于农耕,才会安土重居,既有利于社会秩序的稳定,也可以驱使民众为保卫国土殊力死战。"圣人知治国之要,故令民归心于农。归心于农,则民朴而可正也,纷纷

---

① 《商君书·靳令》。
② 《商君书·战法》。
③ 《商君书·算地》。
④ 《商君书·农战》。
⑤ 《商君书·慎法》。
⑥ 《商君书·慎法》。

则易使也，信可以守战也。"①《商君书》把经济与军事联系起来，反复阐明农耕与兵战的关系及其在治国中的重要地位，是较为辩证全面的认识，在当时具有强烈的现实意义。

（三）重刑厚赏，以法治军

《商君书》用大量的篇幅阐述其治军思想，为后人留下丰富的治军理论遗产，其基本特色是强调以法治军，而以法治军的核心内容则是提倡重刑厚赏。

《商君书》肯定严明法制对于军队建设的重要性，指出："胜有三等，若兵未起则错（措）法，错法而俗成。［俗成］而用具。此三者必行于境内，而后兵可出也。"②"民胜法，国乱；法胜民，兵强。"③这是与儒家以仁义治军的观点相径庭的。《商君书》认为以法治军的有效手段是重刑厚赏，促使士兵勇敢杀敌，在战争中取胜。"夫农，民之所苦；而战，民之所危。"④所以，唯有借助于重刑厚赏这一手段，使民众意识到利害关系："民之欲利者，非耕不得；避害者，非战不免"⑤，"故欲战其民者，必以重法；赏则必多，威则必严"⑥，如此方可保证"利出于地，则民尽力；名出于战，则民致死"⑦。

《商君书》认为，要使重刑厚赏真正发挥其作用，就必须制定具体的标准，辅之以必要的方法。这个标准和方法，就是指"壹赏、壹刑、壹教"。所谓"壹赏"，就是"利禄、官爵，抟出于兵，无有异施也"⑧，即把奖赏统一到战功方面来。所谓"壹刑"，即统一刑罚，"刑无等级"，"自卿相、将军以至大夫、庶人，有不从王令，犯国禁，乱上制者，罪死不赦。有功于前，有败于后，不为损刑；有善于前，有过于后，不为亏法"⑨。所谓"壹教"，就是"当壮者务于战，老弱者务于守，死者不悔，生者务劝"⑩，即把教育统一到农战上来，使得

---

① 《商君书·农战》。
② 《商君书·立本》。
③ 《商君书·说民》。
④ 《商君书·算地》。
⑤ 《商君书·慎法》。
⑥ 《商君书·外内》。
⑦ 《商君书·算地》。
⑧ 《商君书·赏刑》。
⑨ 《商君书·赏刑》。
⑩ 《商君书·赏刑》。

"民闻战而相贺也,起居饮食所歌谣者,战也"①,造成民众"乐战"的社会风气:"民怯于邑斗,而勇于寇战。"②《商君书》指出,一旦做到了这三点,便可令行禁止,上下一致,无敌于天下了:"壹赏则兵无敌,壹刑则令行,壹教则下听上。"③

(四)《商君书》对作战指导问题的论述

《商君书》不是专门的军事理论著作,因此,它对作战指导问题的论述相对比较单薄。但是仍有一些内容值得重视。1.主张明察敌情,量力而行,权宜机变,灵活主动。它说,"论敌察众,则胜负可先知也"④,即在知彼知己的基础上,预知胜负。它还主张在作战中,应对敌情随时进行分析,以采取适当的对策:"兵起而程敌,政不若者勿与战,食不若者勿与久,敌众勿为客。敌尽不如,击之勿疑。"⑤2.用兵作战重"谨",主张"兵大律在谨"⑥。《商君书》积极主战,而在具体作战指导上,它提倡谨慎从事,反对盲动。如在追击溃敌问题上,它要求适可而止,以免中敌埋伏:"见敌如溃,溃而不止,则免。故兵法:大战胜,逐北无过十里。小战胜,逐北无过五里。"⑦3.注重士气在作战中的作用。《立本》篇论述了克敌制胜的因素问题,指出取得作战的胜利,凭借人数众多、装备精美、名声显赫是不可靠的,关键在于激发和利用士气:"恃其众者谓之葺;恃其备饰者谓之巧,恃其誉目者谓之诈。……故曰:强者必刚斗其意,斗则力尽,力尽则备,是故无敌于海内。"4.探讨守城防御作战的原则和战法。这在《兵守》篇中有精辟的论述。其中指出,守城防御作战,要以具有死守决心的军民,同进攻之敌决战到底,"以死人之力与客生力战",做到"无不尽死"。守城还要预先做好充分的准备,并发动全体居民参加作战:"守城之道,盛力也","三军,壮男为一军,壮女为一军,男女之老弱者为一军"。适当分配各军的任务,团结协调,争取胜利。将这些同《墨子》书中有关守城作战论述

---

① 《商君书·赏刑》。
② 《商君书·战法》。
③ 《商君书·赏刑》。
④ 《商君书·战法》。
⑤ 《商君书·战法》。
⑥ 《商君书·战法》。
⑦ 《商君书·战法》。

的记载参看对照，可以使我们较全面地了解战国时期守城防御作战思想的基本内容和主要特色。

《商君书》所包含的兵学思想，是比较丰富的。它反映了代表新兴阶级利益的法家在战争问题上积极进取的态度，它对农战关系及其重要性的认识，对以法治军、严刑厚赏问题的论述，在当时兵学思想领域中均系独树一帜，具有强烈的现实意义，是适应时代潮流的理论，并对后世兵学思想的发展产生了较大的影响。但它鼓吹好战，将战争抬高到不适宜的地位，以为战争可以解决一切问题，而减弱乃至否定政治教化的作用，这显然是片面的。至于它"胜强敌""必先胜其民"①之类的观点，则突出体现了它与广大民众尖锐对立的阶级立场。

二、《韩非子》的兵学思想

《韩非子》，集先秦法家学说之大成的代表作，韩非所著，由后人编成。

韩非（约前280—前233），战国晚期著名思想家，法家学派的代表人物。韩国人，出身于贵族世家。口讷，不善言谈，善著书。与李斯同师事荀子。曾多次上书谏韩王变法图强，未被采纳。秦王嬴政读其著作，大为赞赏。公元前234年为韩王出使秦国，受到秦王重视，后因遭李斯、姚贾等人谗害，次年被迫在狱中服毒自杀。

韩非子集前期法家"法"、"术"、"势"三派之长，并汲取儒家"纲常名理"原则、道家"君主南面之术"以及墨家"尚同"思想等因素，系统、完备地提出了以"法"为中心的"法、术、势"三者合一的政治理论。其理论要点是主张法治，鼓吹君主集权，提倡"参验"，厉行赏罚，奖励耕战；肯定人性本恶，承认社会发展，尊重客观，要求变革，轻视和否定道德教化，禁止诸子私学；主张以法为教，以吏为师等；致力于造成"事在四方，要在中央，圣人执要，四方来效"②的政治局面，以适应建立统一的封建中央集权国家的历史趋势，从而为中央集权的专制主义统治的建立和运行，奠定了坚实的理论基础。

《韩非子》一书，《汉书·艺文志》著录为五十五篇，今存五十五篇，篇目数与汉朝的本子相同。在这五十五篇中，绝大部分系韩非本人的著作，但也混入

---

① 《商君书·画策》。
② 《韩非子·扬权》。

了极少数其他法家人物的著作,如《初见秦》、《有度》、《饰邪》、《饬令》等篇。全书的编辑是由其后学完成的。《四库全书总目提要》说:"疑非所著,书本各自为篇,非没之后,其徒收拾编次,以成一帙。故在韩在秦之作,均为收录,并其私记未完之稿亦收入书中,名为非撰,实非非所手定也。"这一看法是正确的。

《韩非子》是政治理论著作,对军事问题的论述不是它的重点。但其中不少篇章都含有军事思想,并多谋略之论和战例引述,是法家学派兵学思想体系的有机组成部分。韩非子与商鞅同为三晋法家,因此他们著作中所反映的军事理性认识有许多一致处。但由于两人师承和所处环境的不同,韩非子的兵学思想也有自己的特色。

(一)肯定战争的必要性,主张以战争兼并天下

韩非认为战争是不可避免的历史现象,在当时大国兼并,天下趋于统一的社会大趋势面前,战争作为一种暴力手段将起到十分积极的作用。对这一问题,韩非子是从哲学、历史角度,通过两个方面加以论证的。一是从社会发展的规律进行考察,指出战争不可避免。韩非子认为,社会处于不断发展过程之中,人类社会可以分为"上古"、"中世"和"当今"几个阶段。不同社会形态有各自的活动中心命题:"上古竞于道德,中世逐于智谋,当今争于气力。"[①]而统治者则应根据变化了的情况,采取相应的措施:"世异则事异","事异则备变"[②]。既然时代进入了"多事之时"、"大争之世",那么按照"事异则备变"的原则,"务力"、"争于气力"也就不可避免了。这个"力",主要指的是武力,也即战争。"当今争于气力",其含义就是主张通过战争方式以建立统一的专制主义中央集权国家。韩非的这一思想和商鞅基本一致,反映了新兴阶级思想家对战争问题的深刻认识和现实态度。二是从人性本恶、趋利避害的角度考察,指出争、乱不可避免,其结果必然导致战争。韩非子继承其师荀子人性本恶的理论,并将它予以发展。他认为人均具有"自为心"或"计算之心",都千方百计算计他人以满足自己的私欲,人与人之间只有赤裸裸的利害关系。在上古社会,由于"人民少而财有余",人的这种本性暂时还可以得到压抑,"故民不争",战争现象相对较少。但是随着人口的递增,社会财富不敷分配,人性本恶,汲汲争利

---

① 《韩非子·五蠹》。
② 《韩非子·五蠹》。

这一面充分暴露出来，于是争、乱就不可抑制地发生了，其结果必然付诸战争："是以人民众而货财寡，事力劳而供养薄，故民争，虽倍赏累罚而不免于乱。"①基于上述认识，韩非子肯定战争发生的必然性和从事战争的合理性，积极主张战争，希望通过它来实现新兴阶级的政治要求。"摺笏干戚，不适有方铁铦；登降周旋，不逮日中奏百；狸首射侯，不当强弩趋发"②，"战而胜，则国安而身定，兵强而威立，虽有后复，莫大于此，万世之利，奚患不至"③？这就是韩非子对战争所持的基本立场和态度。

韩非子也有一定程度上的慎战倾向。他认为："兵者，凶器也，不可不审用也。"④"主多怒而好用兵，简本教而轻战攻者，可亡也"，"不料境内之资而易其邻敌者，可亡也"，"无地固，城郭恶，无畜积，财物寡，无守战之备而轻攻伐者，可亡也"⑤。有鉴于此，韩非子主张"重战"，立足于战而不轻启战端："人君重战其卒则民众，民众则国广。"⑥韩非子这种主战而又慎战态度的产生，是有其深刻的原因的。首先是战国晚期社会思潮融合的大氛围促使其吸收儒家、道家的某些思想因素；其次是韩非子不少文章写成于韩国，从当时韩国弱小的地位出发，注意慎战也属自然；再则当时大规模战争造成严重伤亡的事实，也许亦使得韩非子在思考问题时能较商鞅等人更为全面一些。

（二）主张富国强兵

韩非子认为发展经济，加强军备，才能在兼并战争中牢牢立于不败之地，故顺乎逻辑地主张富国强兵。他认为在当时的形势下，不能指望别国不来侵犯，而要加强自己的实力，强大得足以令敌国不敢来侵犯："不恃外之不乱也，恃其不可乱也。"⑦指出这乃是"王术"，即统一天下的策略和战略。而要做到这一点，就必须富国强兵。

对于富国强兵这一问题，韩非子有大量的论述。首先，他强调指出，经济落后、军力不强会直接导致国家的危亡，不可不加以警惕："战士怠于行阵者，

---

① 《韩非子·五蠹》。
② 《韩非子·八说》。
③ 《韩非子·难一》。
④ 《韩非子·存韩》。
⑤ 《韩非子·亡征》。
⑥ 《韩非子·解老》。
⑦ 《韩非子·心度》。

则兵弱也；农夫惰于田者，则国贫也。兵弱于敌，国贫于内，而不亡者，未之有也。"①

其次，他认为富国强兵的中心任务是要加强国家内部的治理，增强国家经济、政治、军事各方面的实力，做好战备工作，如此则可无敌于天下："能越力于地者富，能起力于敌者强，强不塞者王。"②

韩非子进而指出，搞好战备工作应该包括精神和物质两方面的内容。在精神上要注重对民众进行政治教化，统一其意志。所谓"兵战其心者胜"，即让民众树立起战争的观念，"服战于民心"③，重视和积极参与战争活动。《心度》篇中所说的"先战者胜"指的就是这个含义。这里的"先战"，就是"战其心"，使民众的思想专一于战争。这与《商君书》所提倡的"壹教"是相通的。在物质上则是要奖励耕战，他认为"富国以农，距敌恃卒"④，因此要以辛勤耕稼为善行，以奋勇杀敌为光荣。明确主张"功大者有尊爵，受重赏"⑤，"显耕战之士"，以此调动民众的积极性。同时修明政治，信其赏罚，发展经济，鼓舞士气，"严其境内之治，明其法禁，必其赏罚，尽其地力，以多其积，致其民死，以坚其城守"⑥，如此才能够"无事则国富，有事则兵强"⑦，就拥有了统一天下的"王资"。

（三）厉行赏罚，以法治军

韩非子充分认识到严格法纪对于治军的重要意义，而以法治军的核心，就是做到赏罚有信。

韩非子指出，赏罚不明、法纪松弛是军队建设的大敌，是导致国乱兵弱、作战失败的罪魁："君臣废法而服私，是以国乱兵弱而主卑"⑧，"刑赏不察，则民无功而求得，有罪而幸免，则兵弱主卑"⑨。所以必须严肃法纪，厚赏重罚，使

---

① 《韩非子·外储说左上》。
② 《韩非子·心度》。
③ 《韩非子·心度》。
④ 《韩非子·五蠹》。
⑤ 《韩非子·八奸》。
⑥ 《韩非子·五蠹》。
⑦ 《韩非子·五蠹》。
⑧ 《韩非子·奸劫弑臣》。
⑨ 《韩非子·饰邪》。

士卒趋利避害，乐于作战："故明主必其诛也。是以赏莫如厚而信，使民利之；罚莫如重而必，使民畏之；法莫如一而固，使民知之。故主施赏不迁，行诛无赦；誉辅其赏，毁随其罚，则贤不肖俱尽其力矣。"①韩非子认为，国家的强弱不在于国家的大小，人口的众寡，而在于能否实行法治，做到赏罚有信："明于治之数，则国虽小，富；赏罚敬信，民虽寡，强。赏罚无度，国虽大，兵弱者，地非其地，民非其民也"②；"故先王明赏以劝之，严刑以威之。赏刑明，则民尽死；民尽死，则兵强主尊"③。为了发挥赏罚在治军上的作用，韩非子明确主张严格执法，公正无私，做到"诚有功，则虽疏贱必赏；诚有过，则虽近爱必诛"④；"刑过不避大臣，赏善不遗匹夫"⑤。这也正是法家政治理论在治军问题上的必然反映。

韩非子关于厚赏重罚、以法治军的主张与商鞅的意见是基本一致的。然而作为法家学说的集大成者，他看问题实有比商鞅更为全面之处。如韩非所说的重赏，主要是指财物的犒赏，而不是商鞅那种"官爵之迁与斩首之功相称"的机械做法。韩非强调"任官者当能"。这就是说，立有军功，是否赏官和升官，主要是看其人是否具有相应的才干和能力。主张必须通过基层选拔（"猛将必发于卒伍"），并经过实践工作考察（"试于屯伯"）的人，才有资格充当将领。韩非这一重智能、重实践的思想，的确是法家治军理论方面的重要发展。

（四）有关作战指导问题的论述

韩非子作为思想家，缺乏军事斗争的实践经验，因此，在他的著作中，对具体的作战问题很少有所论述。但是这方面的片言只语也有值得重视之处。如他主张"兵不厌诈"，出奇制胜。在《难一》篇中他曾借狐偃之口表达了这一观点："繁礼君子，不厌忠信；战阵之间，不厌诈伪。"又如他主张连续作战，歼敌务尽。这从《说林下》所记载的阖闾与伍子胥问对言辞中得到了反映："溺人者一饮而止，则无溺者，以其不休也。不如乘之以沉之。"再如他重视用间问题，

---

① 《韩非子·五蠹》。
② 《韩非子·饰邪》。
③ 《韩非子·饰邪》。
④ 《韩非子·主道》。
⑤ 《韩非子·有度》。

说:"敌之所务,在淫察而就靡。人主不察,则敌废置矣。"①并用吴楚战争中伍子胥通过用间,使楚国在主将委任问题上做出错误决定,导致战败的故事加以证明。所有这些,均系吉光片羽,弥足珍贵。

受时代和阶级的局限,韩非子的兵学思想也存在着明显的不足。这主要表现为,在论战争、富国强兵、治军等问题上,均有轻视和排斥教化,摈弃仁义的倾向,以为专任刑法,可以致治。这显然是十分片面的。

第五节 《管子》的兵学思想

《管子》,战国末期即已流传,原有三百八十九篇,《汉书·艺文志》道家类著录为八十六篇,今存七十六篇,分为八大类:《经言》九篇,《外言》八篇,《内言》七篇,《短语》十七篇,《区言》五篇,《杂言》十篇,《管子解》四篇,《管子轻重》十六篇,是由西汉刘向所编订的。值得注意的是,银雀山汉墓出土的《王兵》篇,与今本《管子》之《参患》、《七法》、《地图》等篇文字相合。竹简整理小组认为:"《王兵》篇的成书年代应该比《管子》相关各篇为早。"而这些篇章都是论兵之作。

《管子》一书数量繁富,内容庞杂,郭沫若指出,其书"道家者言、儒家者言、法家者言、名家者言、阴阳家者言、农家者言、轻重家者言,杂盛于一篮"②。古今学术界对其书性质、作者、成书年代等问题的认识多有分歧,但基本的意见是认为其书虽托名于管仲,但大致的成书年代当在战国,其中个别篇章保存了管子本人的遗说。现存的《管子》大部分是战国时期齐国管仲学派的作品和稷下学者的著述,也有汉代所附益的部分。由于《管子》书"非作于一人,也非作于一时"③,所以其书的思想倾向比较复杂,包括了法家、道家、阴阳家、儒家以及兵家、农家等不同学派的一些思想内容。尽管如此,《管子》一书还是有其主导思想的,这主导的思想就是法家思想,反映了当时齐国推崇管仲的法家学派的理论要求和政治愿望。

---

① 《韩非子·内储说下》。
② 《管子集校·叙录》,科学出版社1958年版。
③ 郭沫若:《青铜时代·宋钘尹文遗著考》,人民出版社1954年版。

齐国法家有自己的思想特点：一方面强调法制，主张法不阿贵，认为"凡民之用也，必待令之行也，而民乃用。凡令之行也，必待近者之胜也，而令乃行"；"凡君国之重器，莫重于令……故明君察于治民之本，本莫要于令"①。要求以法律的力量来强化专制集权。另一方面，又肯定道德教化的重要性，重视民众的作用，主张争取民心。认为礼义廉耻乃是立国的根本，"礼义廉耻，是谓四维，四维不张，国乃灭亡"，因此十分强调将礼治和法治有机地结合起来。对于宗法制，他们的态度也不像商鞅、韩非子一派法家那样决绝，而是主张把宗法制中的合理成分服务于中央集权制，在重法制的同时也通过宗法道德的纽带来巩固封建统治。齐国法家学派这些思想特征的形成，既与齐国当时的社会经济、政治条件相关，也同齐国建国以来长期延续的注重实用、博采融会的学术文化传统相一致。它比三晋法家一味排斥道德教化，片面强调法制的做法，无疑具有更强的适用性，因而在后来的专制社会中曾产生过深远的影响。

《管子》一书的兵学思想十分丰富，它全面地反映了齐国法家学派对战争问题的理性认识。举凡战争观、治军理论、国防建设思想、作战指导思想，均有精辟深入的论述。与全书的哲学、政治思想兼容折中倾向相一致，《管子》的兵学思想亦具有调和、平允的特点，体现出先秦兵学逐渐走向综合融会的历史趋势，从而成为中国兵学思想发展史上的一个重要环节。

一、战争观

《管子》强调战争的重要作用，肯定战争在社会生活中的意义。认为战争直接决定着君主地位的尊卑，国家处境的安危，是实现君主尊贵、国家安定的重要途径："君之所以卑尊，国之所以安危者，莫要于兵。故诛暴国必以兵，禁辟民必以刑。然则兵者外以诛暴，内以禁邪。故兵者尊主安国之经也。"②《管子》指出，战争虽然谈不上高尚和道德，但在当时天下由分裂走向统一的重要关头，它却是"辅王成霸"的基本手段，不可或缺："夫兵，虽非备道至德也，然而所以辅土成霸。"③所以，《管子》要求明智的君主务必"积务于兵"，即注重和开展军事活动。指出假如"主不积务于兵"，等于是将自己的国家拱手交给敌

---

① 《管子·重令》。
② 《管子·参患》。
③ 《管子·兵法》。

人,危险之至。 基于这一认识,《管子》反对无条件的偃兵息武,指出兵不可废置。 它说,即便是在黄帝、尧、舜那样的盛世,都不曾废弃兵事,那么"今德不及三帝,天下不顺,而求废兵,不亦难乎"①。 所以宋钘、尹文提倡的"寝兵之说"和墨家鼓吹的"兼爱之说",在《管子》作者的眼中,纯属于亡国覆军之道,必须痛加驳斥:"寝兵之说胜,则险阻不守。 兼爱之说胜,则士卒不战。"②从以上论述看,《管子》的基本立场是主战的。

《管子》在充分肯定战争历史合理性的同时,也主张"慎战",反对轻易发动战争。 它认为战争本身是充满危险的事情,"兵事者,危物也","贫民伤财莫大于兵,危国忧主莫速于兵"③。 一个国家如果屡次发动战争,就会使得士民疲惫;即使能够屡战屡胜,也会诱使统治者骄傲自大,必将危及整个国家利益:"数战则士罢,数胜则君骄。 夫以骄君使罢民,则国安得无危?"④《管子》认为战争会给社会经济生活带来危害:"什一之师,什三毋事,则稼亡三之一。 稼亡三之一,而非有故盖积也,则道有损瘠矣。 什一之师,三年不解,非有余食者,则民有鬻子矣。"⑤所以战争尽管必需,但要防止过分,应该以辩证的态度加以对待:"地大国富,人众兵强,此霸王之本也;然而与危亡为邻矣。"⑥基于这样的认识,《管子》在战争问题上追求"不战而胜"的境界,即便不得已而从事战争,也要争取一战而胜,避免旷日持久,损师疲民:"至善不战,其次一之。"⑦认为只有"德盛义尊,而不好加名于人;人众兵强,而不以其国造难生患;天下有大事,而好以其国后"⑧,才是正确的做法。

《管子》这种对待战争大事既积极又慎重的态度,是其作者正确总结历史经验和认真借鉴其他学派战争观有益因素的产物。 当时战争规模不断扩大,许多国家遭兼并的现实,使得齐国法家肯定战争的必要性。 但是,魏惠王、齐湣王穷兵黩武招致丧师辱国的结果,又使得齐国法家认识到一味好战的危害性,因此

---

① 《管子·法法》。
② 《管子·立政》。
③ 《管子·法法》。
④ 《管子·兵法》。
⑤ 《管子·八观》。
⑥ 《管子·重令》。
⑦ 《管子·幼官》。
⑧ 《管子·枢言》。

主张慎战节兵。另外，齐国较开放的学术文化传统，也使得齐国法家善于吸取其他学派的长处。这在战争问题上就表现为借鉴齐国兵家孙武、孙膑等人的"慎战"主张以及黄老学派朴素的军事辩证法思想，提倡适可而止。

《管子》战争观的又一个重要内容，是它对战争性质的区分。《管子》认为，战争的性质可以划分为"义"和"不义"两大类。所谓"义兵"，就是"案强助弱，禁暴止贪，存亡安危"，就是"至善之为兵也，非地是求也，罚人是君也。立义而加之以胜，至威而实之以德，守之而后修胜"①。所谓非义之兵，就是"贪于地"，"不兢于德而兢于兵"②。《管子》认为，战争的正义性乃是决定战争取得最终胜利的根本保障："行义胜之理。"③从事义战，方可"立于胜地"，"成功立事，必顺于理义。故不理不胜天下，不义不胜人。故贤智之君必立于胜地，故正天下而莫之敢御也"④。从这样的认识出发，《管子》主张"兢于德"，而"不兢于兵"。强调用兵打仗要"举之必义"，即以正义战争对付非正义战争，从而实现"有义胜无义"的目的。同时，《管子》对非正义战争也进行了有力的贬斥，指出军队强大、士兵勇敢而战争性质"不义"，则等同于"伤兵"、"残兵"，"勇而不义伤兵"⑤。这种军队在战争中必然会遭到失败："故军之败也，生于不义。"⑥虽然《管子》对战争性质"义"和"不义"的区分，是相当肤浅的，仅仅局限于抽象的道德价值判断的层面，但是这毕竟表明当时思想家在战争问题上认识的深化，在古代兵学思想发展史上具有一定的意义。

二、军队建设思想

《管子》的军队建设思想是非常丰富的，概括地说，它以"强其兵"为军队建设的核心任务，主张军事、政治、经济各种关系综合考虑、统筹兼顾，并把将帅队伍的建设、赏罚制度的完善、武器装备的改良、军事训练的健全放在优先考虑的位置。

---

① 《管子·幼官》。
② 《管子·大匡》。
③ 《管子·幼官》。
④ 《管子·七法》。
⑤ 《管子·法法》。
⑥ 《管子·法法》。

《管子》鲜明地提出"强其兵"的主张,指出:"故国不虚重……凡国之重也,必待兵之胜也,而国乃重"①,"不能强其兵,而能必胜敌国者,未之有也"②。

如何"强兵",《管子》提出了许多措施,其大端有:

第一,把军队建设与修明政治、发展经济紧密结合起来,互相配合,共同促进。《管子》认为要"强其兵",首先必须富国,"国富者兵强,兵强者战胜,战胜者地广"③。而富国的基础则在于发展经济和富民,"甲兵之本,必先于田宅"④。"众有遗苞者,其战不必胜;道有捐瘠者,其守不必固","民饥不可使战"⑤。《管子》这些正反两方面的论述,揭示了军队建设的一条重要规律,即"国富"是"强兵"的基础,而"强兵"则是保证国家安全的根本条件。《管子》积极主张发展经济,力求在物质财富方面胜过敌人:"为兵之数,存乎聚财……是以欲正天下,财不盖天下,不能正天下。"⑥在农耕社会中,粮食是财富的主要象征,所以《管子》又把聚财的重点落实在"重粟"上,强调"地之守在城,城之守在兵,兵之守在人,人之守在粟"⑦,"是以先王知众民、强兵、广地、富国之必生于粟也"⑧。应该说,这是符合当时军队建设的实际需要的。

但是,《管子》并不机械地将"富国"与"强兵"加以等同:"富者所道强也,而富未必强也;必知强之数,然后能强。"⑨因此,它又从政治与军事的相互关系着眼,探讨了"强兵"的条件。《管子》认为修明政治也是建设一支强大军队的重要前提:"不能治其民,而能强其兵者,未之有也"⑩,"内政不修,外举事不济"⑪。因此,《管子》主张"得人",即争取民心,认为"与其厚于兵,不

---

① 《管子·重令》。
② 《管子·七法》。
③ 《管子·治国》。
④ 《管子·侈靡》。
⑤ 《管子·八观》。
⑥ 《管子·七法》。
⑦ 《管子·权修》。
⑧ 《管子·治国》。
⑨ 《管子·制分》。
⑩ 《管子·七法》。
⑪ 《管子·大匡》。

如厚于人"①；"慈于民，予无财，宽政役，敬百姓"②，做到"德义胜之"③，如此方可避免"得众而不得其心，则与独行者同实"④的被动局面。《管子》认为修明政治还应包括君主节欲去奢、任贤使能、明赏信罚、礼义教化等多方面内容，把"爵授有德"、"禄予有功"、"上帅士以人之所戴"、"授事以能"，等等，看作国之"常经"、"霸王之术"⑤。《管子》这种将军队建设与国家政治建设相融贯而通盘筹措的主张，的确具有很大的特色。

第二，把严明赏罚作为治军的中心环节。《管子》认为，信赏必罚是治军的重要内容。能否信赏必罚直接关系到军队的战斗力和安危，"赏罚不信，五年而破"⑥，"战而必胜者，法度审也"⑦，"赏罚明则民不幸生，民不幸生则勇士劝矣"⑧。所以它主张以法治军，信赏必罚，令行禁止，"非号令毋以使下，非斧钺毋以威众，非禄赏毋以劝民"⑨。和商鞅等人相仿，《管子》的作者也认为人的本性是趋利避害，即所谓"见利莫能勿就，见害莫能勿避"⑩。所以统治者可以利用这一点发挥赏罚的作用，用"重禄重赏"激励将士勇往直前，建功立业；以"严刑酷罚"禁止将士临阵畏怯，贪生怕死。《管子》也重视明法守信，法不阿贵，指出："赏罚不信，民无廉耻，而求百姓之安难，士兵之死节，不可得也"，赏罚的实施，应该不分贵贱亲疏，一视同仁，"论功计劳，未尝失法律也。便辟、左右、大族、尊贵、大臣，不得增其功焉。疏远、卑贱、隐不知之人，不忘其劳"⑪。如此则可以造成"有罪者不怨上，受赏者无贪心，则列阵之士，皆轻其身而安难，以要上事"⑫的局面，做到"威行于邻敌"⑬。

---

① 《管子·大匡》。
② 《管子·小匡》。
③ 《管子·霸言》。
④ 《管子·参患》。
⑤ 《管子·问》。
⑥ 《管子·八观》。
⑦ 《管子·兵法》。
⑧ 《管子·七法》。
⑨ 《管子·重令》。
⑩ 《管子·禁藏》。
⑪ 《管子·七法》。
⑫ 《管子·七法》。
⑬ 《管子·立政》。

第三，主张加强军队的教育和训练。先秦兵家普遍重视军队的教育和训练对于提高军队战斗力的意义，所以对此有较充分论述。如《吴子》曾明确指出："用兵之法，教戒为先"①；《司马法》也说："士不先教，不可用也。"②《管子》在这方面也有精辟的阐述。它认为，即使武器装备精良，但如果没有训练有素的士卒，仍然无法统一天下，"器盖天下，而士不盖天下，不能正天下"③。并指出，如果将领率领没有经过严格教育和训练的士兵去作战，那就如同带领一批残疾者去打仗一样，必败无疑。"将徒人，与佼者同实。"④为此，《管子》提出了一系列军事教育训练措施，这首先是重视对士兵的严格挑选，"定选士，胜"⑤。其次是加强对军队官兵的道义教育，"夫民必知义，然后中正，中正然后和调，和调乃能处安，处安然后动威，动威乃可以战胜而守固"⑥。其三，规定军事教育和训练的具体内容，即所谓"动慎十号，明审九章，饰习十器，善习五教，谨修三官"⑦。这里的"三官"，是指鼓、金、旗三种指挥号令工具；"十号"，是指各种号令；"九章"，是指各种旗帜；"十器"，是指各种兵器；"五教"，是指对士卒进行目、耳、足、手、心五个方面的训练。在此基础上，再进入"不可量"、"不可数"的战术训练。从而使士卒具备较好的军事素质和各种军事技能。其四，在军事教育和训练的方法上，提倡"因便而数"、"教无常"，即从实际需要和可能出发，不拘常法，灵活施教："因便而教，准利而行；教无常，行无常，两者备施，动乃有功。"⑧

第四，重视改善军队的武器装备。《管子》把完备而精良的武器装备，看作取得战争胜利的重要保障，明确主张，"凡兵有大论，必先论其器"⑨，"审器而识胜"，认为"备具，胜之原"⑩。所以，强调要在武器装备方面胜过敌人，做到"器无敌"。《管子》的这一观点，和《司马法》提出的"凡马车坚，甲兵利，

---

① 《吴子·治兵》。
② 《司马法·天子之义》。
③ 《管子·七法》。
④ 《管子·参患》。
⑤ 《管子·幼官》。
⑥ 《管子·五辅》。
⑦ 《管子·幼官》。
⑧ 《管子·兵法》。
⑨ 《管子·参患》。
⑩ 《管子·幼官》。

轻乃重"的主张是完全一致的，体现了先秦兵学思想家对精良武器装备在军队建设中的重要性的共识。

对于加强武器装备建设的具体措施，《管子》也有比较系统的论述。首先，它主张"聚天下之精材"①，即选用天下最精良的原材料来制造武器装备。其次，它主张"来天下之良工"②，"论百工之锐器"③，即挑选天下最优秀的工匠，用高超的技术来制作武器装备。其三，做到"春秋角试，以练精锐为右。成器不课不用，不试不藏"④，即建立起严格的试用、保管制度。《管子》认为，如能做好以上三条，"则有战胜之器"，军队的强大无敌就有了有力保障。《管子》强调重视武器装备的作用，并从材料选用、制作技术以及试用、储藏各个方面提出具体的质量要求，这在先秦兵论中是相当突出的。

第五，重视对将帅的培养和使用。《管子》认为，国家的安危，往往取决于将相大臣，所以必须重视对人才的培养和罗致。"终身之计，莫如树人"⑤，"收天下之豪杰，有天下之骏雄"⑥。并注重考察将帅的实际能力以决定适当任用，"以战功之事定勇怯"⑦。而将帅则必须具备知彼知己，多谋善断，爱兵抚民，严明执法等优良品德。由此可见，《管子》是把将帅队伍的建设列为"强其兵"的重要内容的。

总之，《管子》认为，在清明政治环境中，并以强大经济实力为后盾的军队，如果将帅得人，法纪严明，士卒训练有素，武器装备精良，就可以战无不胜、攻无不克、所向无敌了："举之如飞鸟，动之如雷电，发之如风雨，莫当其前，莫害其后，独出独入，莫敢禁圉。"⑧这正是《管子》"强兵"所要达到的境界。

---

① 《管子·七法》。
② 《管子·小问》。
③ 《管子·七法》。
④ 《管子·七法》。
⑤ 《管子·权修》。
⑥ 《管子·七法》。
⑦ 《管子·明法解》。
⑧ 《管子·七法》。

三、作战指导思想

在法家学派之中,《管子》比较多地注意了对作战指导基本原则的阐发,提出了许多有价值的思想。主要有:

第一,主张把握时机,利用形势,精于筹算,争取主动。《管子》一再强调:"为兵之数……存乎明于机数,而明于机数无敌。"①所谓"明于机数",主要包含有两方面的含义:一是指战机的把握,二是指对情况的筹算。《管子》认为战争指导者一旦做到这两个方面,就能造就有利于己不利于敌的作战态势,取得作战的主动权。

《管子》用"时"来表述战机的内涵。它高度重视"时"在战争中的意义,指出把握战机、因时而动乃是取得战争胜利的准则:"时因,胜之。"②所以战争指导者决定战争是否打,如何打,都必须视具体情况而定,当战则战,不当战则止。即便是高明的战争指导者,在这方面也只能"辅时",而不能"违时"。正确的做法是力求"当时"、"精时",这样,就能在战争中以较小的代价赢取最大的胜利:"圣人能辅时,不能违时。智者善谋,不如当时。精时者,日少而功多。"③"当时"、"精时"的要义,在于准备条件,捕捉战机,一旦战机成熟,就应迅速出击,一战而胜,"圣王务具其备,而慎守其时,以备待时,以时兴事,时至而举兵"④。"察于先后之理,则兵出而不困;通于出入之度,则深入而不危;审于动静之务,则功得而无害;著于取与之分,则得地而不执(报)。"⑤《管子》这一重"时"思想与范蠡的主张颇有相通之处。

当然,要审时度势,通权达变,就离不开正确的运筹谋划。于是《管子》逻辑地推导出"计数"的命题,强调要"立于谋"、"计数得"。所谓"计数",就是对敌我双方的力量对比进行认真的计算:"刚柔也,轻重也,大小也,实虚也,远近也,多少也,谓之计数。"⑥它主张出兵必先定计,并认为计数和立谋不

---

① 《管子·七法》。
② 《管子·幼官》。
③ 《管子·霸言》。
④ 《管子·霸言》。
⑤ 《管子·幼官》。
⑥ 《管子·七法》。

明或不当，出兵作战就会遭到失败。"计未定于内，而兵出乎境，是则战之自败，攻之自毁也。"①因此要"计必先定"②。它反复指出："举事必成，不知计数不可"③，"故凡攻伐之为道也，计必先定于内，然后兵出乎境"④。把"计数"提到决定战争胜负的高度来加以认识。

第二，主张知彼知己，明察敌情，了解全局，"遍知天下"。《管子》认为，战争指导者想要做到"审御机数"，就必须充分了解各方面的情况，洞察和掌握全局。《管子》认为，"遍知天下"是"审御机数"的基础，而"审御机数"则是"遍知天下"的逻辑结果。两者互为因果，共同作用于战争的进程。

《管子》指出："为兵之数……存乎遍知天下，而遍知天下无敌。"⑤"遍知天下"，不单是指了解敌我双方的情况，还包括对所有相关国家的态度、力量、可能采取的行动等情况的全面了解。在当时多极斗争的格局下，这一思想的提出显然是有其合理性的。当然在《管子》的具体论述中，"遍知天下"的重心还是在察明敌情这一点上，这就是它所说的"四明"："必明其一，必明其将，必明其政，必明其士"⑥，从而做到"以众击寡，以治击乱，以富击贫，以能击不能，以教卒练士击驱众白徒，故十战十胜，百战百胜"⑦。《管子》还进一步提出了"遍知"的三个主要方面，即"知形"、"知能"和"知意"。"人之众寡，士之精粗，器之功苦，尽知之，此乃知形者也；知形不如知能，知能不如知意。故主兵必参具者也。"⑧这就是说，要认识敌我双方军事物质力量的"轻重强弱之形"（"知形"），要认识敌我双方将帅的才能（"知能"），要认识敌我双方的战略意图（"知意"）。战争指导者必须具备这三方面的能力，做到"闻未极"，"见未形"，"知未始"⑨，方能无敌于天下。

《管子》不但主张"遍知天下"，而且特别提出了"早知"的概念，"早知敌

---

① 《管子·七法》。
② 《管子·幼官》。
③ 《管子·七法》。
④ 《管子·七法》。
⑤ 《管子·七法》。
⑥ 《管子·幼官》。
⑦ 《管子·七法》。
⑧ 《管子·地图》。
⑨ 《管子·幼官》。

则独行"①。这说明《管子》的作者已经认识到了预测和情报的时效性问题。因为战争形势瞬息万变,"知"而不早,落后于形势变化,"知"就失去了应有的价值。而只有"早知",方可预做准备,使自己牢牢占据主动地位,可见"早知"与"遍知"是联系在一起的。《管子》既重"遍知",又讲"早知",实乃对《孙子》"知彼知己"思想的一种演化,具有独到的理论价值。

第三,主张用兵打仗行动诡秘,变化无方,灵活自如,因敌制胜。《管子》高度推崇"无方",即用兵打仗无固定的模式。可见,《管子》是把作战指导者善于随着形势的变化而灵活机动决定自己作战方式的做法,当作克敌制胜的关键因素来看待的。为此,《管子》要求作战指导者善于做到"无设无形",使得敌人在与我作战时,如蹈虚空之地,同变化不定的影子搏斗一样,有劲使不上,处处被动,而我却能随机制宜,置敌于死地。"善者之为兵也,使敌若据虚,若搏影。无设无形焉,无不可以成也;无形无为焉,无不可以化也,此之谓道矣","径乎不知,故莫之能御也;发乎不意,故莫之能应也。故全胜而无害"②。《管子》在这里借鉴汲取了黄老学派"道"的概念,而把灵活机动决定作战方式的观念提到了"道"即作战规律的高度来加以认识了。这是对孙子"兵无常势,水无常形"作战原则的继承和发展。

第四,主张用兵打仗避敌强点,乘隙蹈虚。在作战指导上,《管子》继承和发展《孙子》"避实而击虚"的基本原则,提出了"释实而攻虚"的思想:"故善攻者,料众以攻众,料食以攻食,料备以攻备。以众攻众,众存不攻;以食攻食,食存不攻;以备攻备,备存不攻。释实而攻虚,释坚而攻脆,释难而攻易。"③《管子》接着进一步揭示了"释实而攻虚"的理论基础,这就是"攻坚则韧,乘瑕则神。攻坚则瑕者坚,乘瑕则坚者瑕"④。意思是说,进攻敌人的强点,往往容易受挫折;而攻击敌人的虚弱之处,则常常可事半功倍。如果拼死攻击敌之强点,那就等于是帮助敌人坚固其薄弱之处;反之,攻敌之虚,则能使敌人坚固之处变得薄弱。有鉴于此,《管子》一再强调"释实而攻虚"应该成为作战指导上的重要原则而认真遵循。

---

① 《管子·七法》。
② 《管子·兵法》。
③ 《管子·霸言》。
④ 《管子·制分》。

第七章

秦汉时期的兵学成就

第一节 钢铁兵器的广泛使用

秦汉时期铁制兵器已普遍装备于部队,青铜兵器的使用比例已经很小。例如近年来考古发现的西汉长安武库中只有少量的青铜兵器,刀、剑、戟、矛、斧、铠甲均为精良的钢铁打造,仅铁箭镞即达 1000 余件之多。箭镞是消耗量极大的一次性使用物品,箭镞用铁来打制,充分说明铁制兵器的广泛使用,象征着中国冷兵器时代青铜兵器阶段的消逝和钢铁兵器阶段的全面到来。

戟。自战国末期至汉初,新型的钢铁戟已普遍装备部队,这就是成为骑兵主要格斗兵器的"卜"字形戟。楚汉战争时,身披铠甲手持长戟的骑兵纵横驰骋于疆场,其英姿可以西楚霸王项羽为代表。《史记·项羽本纪》记载,楚汉两军相遇,楚军壮士接连被汉军所射杀,"项王大怒,乃自披甲持戟挑战",即为生动的写照。

典型的西汉钢戟,出土于河北满城中山靖王刘胜墓中,戟体长约 37 厘米,装柲后全长约 2 米,是经过多次加热渗碳锻打制成的钢戟。

西汉以后,戟形的变化主要是侧伸的距刺(小枝)由原来的垂直横伸,改为垂直横出后再向上弯曲,以增大叉刺时的割、杀面积,更符合骑战的要求,戟的形制也有多种:骑兵使用的长柲戟称为"马戟";步兵用戟与盾相配;此外还有防身短戟称"手戟"以及"双戟"。东汉初年汉光武帝刘秀军中的云台诸将,多有持戟作战的战例;《后汉书》中更有许多持戟奋战的记载,都说明戟是当时军中最主要的格斗兵器。①

---

① 参见杨泓:《说戟》,载《万象》1999 年 11 期。

刀。刀是秦汉时期开始使用的兵器。西汉时出现了一种用于劈砍的铁质短柄刀,又名环柄刀或环首刀。刀的制作技艺在秦汉时期也有所提高。至东汉时,军队已普遍使用钢刀。如1974年山东苍山县出土的永初六年(112)"州涷(炼)大刀",质量已达到很高的水平。至于"百炼"钢刀,其质量尤胜于"州涷"钢刀。这表明制造钢刀的工艺技术,东汉时已基本成熟,而刀的厚重,使劈砍的杀伤力十分显著,非常适用于骑兵的作战。

弩。东汉时期弩的种类增多,主要分"强弩"和"小弩"两种。前者射程和杀伤力较大。当时弩的射程和强度,通常以"石"为计算单位,有一、三、四、五、六、七、八、十石等八级。一般以六石弩最为常用,大约可射260米左右。著名的"大黄弩"则为十石弩,射程可达400米。

铠甲。秦汉时期铁制铠甲开始取代皮甲而成为军队将士的主要护体装备。到东汉时,铁制的"鱼鳞甲"已在军中普遍使用。据考古发掘,山东沂南汉墓画像石上刻有铁制的鱼鳞甲;在河南陕县刘家渠东汉墓中,出土的陶制楼阁上也有披戴鱼鳞甲的武士守卫。

钩镶。这也是一种东汉时始有的把钩与盾结合在一起的兵器,具有能攻可守的功能。它见于武氏祠画像石和邹县黄陆屯画像石。考古工作者在四川成渝铁路沿线,还发现了一具钩镶实物,铁质,长约50厘米。①

第二节 骑兵时代的来临

秦始皇统一六国以后,中原王朝军队所面对的是西北边境上强大的匈奴军队。匈奴军队是逐水草而居,来去飘忽的骑兵,使习惯于中原作战的汉族军队穷于应付。作战对象变了,作战方式也变了,在这种情况下,中原封建王朝对车、步、骑、水军四个兵种重新调整,实行了新的组编。

车兵在秦汉时期虽已不再是军队的主体,但仍然是战斗编组中不可缺少的一个重要兵种,秦至西汉前期的情况尤其如此。它在当时称为"车士"或"轻车士",从秦始皇陵兵马俑出土的情况看,车兵既有单独的编队,也有与步兵相结

---

① 参见蓝永蔚、黄朴民等:《五千年的征战:中国军事史》,华东师范大学出版社2000年版,第82页。

合的编队，还有与骑兵相结合的编队，并有与步、骑同时相结合的编队，这显示车兵既可以独立使用，又可以与其他兵种配合使用，是多兵种协同作战中的重要力量。汉文帝对匈奴作战时曾"发车千乘"①，亦可见车兵之盛。

车兵主要用于平原地区的作战，进攻时用以冲陷敌阵，打乱敌军的战斗队形；防御时用来布置阵垒，阻止或迟滞敌军的冲击②；行军时置于前锋和两翼，以保障部队的安全。当时车兵的编制基本上仍沿用战国时的做法，一般可分为御手、乘车甲士和车属步兵三部分。为了抵御敌方弓弩及矛戟等兵器的杀伤，乘车甲士的防护装具多为金属制成，防护性能大为提高。汉武帝反击匈奴战争全面展开后，重点发展骑兵部队，车兵的地位明显下降，战车更多地用于构筑阵垒，防御敌军的冲杀。

步兵是秦汉时期数量最大的兵种，在汉武帝大规模发展骑兵之前，是第一主力兵种，秦始皇陵出土的绝大多数武士俑为步兵俑就是例证。步兵在秦汉时期称为"材官"或"材士"，能在各种环境下从事作战。当时的步兵由于武器装备配置的不同和战斗特点的差别，又区分为重装步兵和轻装步兵两种。轻装步兵一般不穿铠甲，作战时列在前排，以强弓劲弩杀伤远距离敌兵；重装步兵大多身着金属铠甲，作战时手持矛、戟、殳、铍等长柄兵器，与敌进行近体格斗。在进攻、防御或攻城、守险、迂回、包围、伏击、奇袭等各种作战形式中，步兵总是担任重要的任务。步兵的优点是灵活，适应性强，其弱点是快速性不如骑兵，稳固性不如车兵，所以秦汉时期特别重视将步兵与骑兵、车兵联合使用，实施协同作战。

骑兵在秦汉时期称为"骑士"，是当时军队主力兵种之一。它的发展又可以汉武帝反击匈奴为界，划分为两个阶段，汉武帝之前，骑兵与车、步兵的地位相近，甚至还要稍低一些。但是从汉武帝时代起，骑兵得到了极迅速的发展，使中国古代骑兵完成了向战略军种的转变，成为军队中的第一主力兵种。如据汉史资料，武帝元狩四年（前119）春的进击漠北之战，仅卫青、霍去病两支部队出塞时，塞上登记的战马即达14万匹，而元封元年（前110），汉武帝巡行北

---

① 参见钱文子：《补汉兵志》。
② 《汉书·李陵传》载李陵"军居两山间，以大车为营"；《汉书·卫青传》载卫青："令武刚车自环为营"；《后汉书·南匈奴传》载汉光武帝"造战车，可驾数牛，上作楼橹，置于塞上，以拒匈奴"，等等，均是用战车实施防御的史例。

地，"出长城……勒兵十八万骑，旌旗径千余里，威震匈奴"①，可见汉军骑兵已十分强大。

汉武帝重点发展骑兵的直接动因是为了反击匈奴的侵扰。匈奴之所以在秦汉时期能对中原王朝构成巨大的军事威胁，一时间横行边地，屡战屡胜，"攻城屠邑，驱略畜产"，"杀吏卒，大寇盗"②，就是因为它拥有一支机动性极强的骑兵部队。中原王朝的步兵、车兵在飘忽无定的匈奴精骑面前常常处于明显的下风，"险道倾仄，且驰且射，中国之骑弗与也"③。为了改变这种劣势处境，中原王朝自然需要适时地做战略调整，把发展骑兵作为兵种建设的首要任务。汉武帝圆满地完成了这个历史性的任务，凭借文、景帝给他留下苑马四十五万匹的雄厚物质力量，在京师军与地方军中扩建骑兵，拔擢善于指挥大集团骑兵作战的优秀将领，加大力度训练骑射技能。经过长期不懈的努力，一支战斗力很强的骑兵终于建立了起来，从而使汉匈战略态势发生了根本性的变化。从此汉军便能够以机动对付敌之机动，可以远程奔袭，能够实施迂回、包围、分割、围歼，赢得战场上的主动地位。正是在这样的历史条件下，汉武帝坚决发动了前后五次大规模反击匈奴的战役，取得了汉匈战略决战的决定性胜利。由此可见，骑兵的发展及其在作战中的突出地位，是秦汉时期兵种建设上最大的特色，它标志着中国军事史上骑兵时代的到来。

骑兵的装具在秦汉时期也有所改良。秦朝的骑兵已配备有齐全的鞍鞯，主要的武器装备为弓箭以及矛、戟等长兵与剑等短兵；汉代的骑兵则更增加了环柄长铁刀的兵器配备，可以用来在马上进行斩劈，大大增加了骑兵的格杀能力。然而，从陕西西安秦始皇陵骑兵俑、杨家湾汉骑兵陶俑和江苏徐州狮子山汉骑兵俑装饰情况考察，马镫在秦汉时期仍未见出现，作战时，骑士两脚悬空，很不便于冲锋、格斗，这在一定程度上影响了骑兵战斗力的发挥。

水军（舟师）在秦汉时期称为"楼船士"，也是当时国家武装力量的重要组成部分。水军战船主要区分为大型的楼船和轻捷的艨艟、斗舰等两大类，以利水上作战时大、小部队及轻、重战舰之间的互相配合，有效协调。水军的武器

---

① 《汉书》卷六，《武帝纪》。
② 《汉书》卷四十九，《晁错传》。
③ 《汉书》卷四十九，《晁错传》。

装备相当齐全,除水战特用的钩拒等武器之外,凡陆地作战所使用的弓弩、长短兵器、火攻用具等无不皆备。当展开水上战斗之时,远则以矢弩交射,近则以钩拒、矛戟进行攻守格斗,实施猛烈的冲角战和接舷战;在一定情况下,还施以火攻。秦汉时期,水军的建设和运用主要是在江南地区与沿海郡县。秦始皇在攻伐百越时,派遣屠睢统率楼船士50万充当主力;汉武帝时,楼船士在上林苑昆明湖训练水战,"是时,越欲与汉用船战逐,乃大修昆明池,列观环之。治楼船,高十余丈,旗帜加其上,甚壮"①;东汉初年,名将马援统率由"楼船大小二千余艘"②组成的强大水军南攻交趾之地等历史记载,都较全面地反映出了当时水军发展的规模与作用。

第三节　秦汉兵学的建树

一、兵书的系统整理与分类

秦汉时期开创了我国历史上空前大统一的新纪元,在这一时期,自始至终存在着阶级矛盾、民族矛盾以及统一与分裂的斗争,并多次引发大规模农民战争、民族战争和统一战争。这一客观现实,刺激并推动着当时兵学的形成和发展。具体而言,秦汉时期的兵学是当时经济、政治、军事、文化不断发展,历史实现空前大统一的时代产物,是当时多次大规模统一战争、大规模民族战争和大规模农民战争等实践经验的集中反映,是先秦兵学在新的历史条件下的总结、继承和发展;是秦汉整个文化体系中的重要组成部分。它是为秦汉大一统时代的军事斗争和政治斗争服务的,从理论上回答了当时历史条件下如何维护统一、建设军队、巩固国防、克敌制胜等重大基本问题,因而是中国历代兵学的有机构成,并对后世产生过深远的影响。所以,要了解秦汉时期的文化整体面貌,就不能不考察这一期间的兵学。

秦代兵学主要体现在对军事活动的谋划、指导和军队建设、国防建设的各项制度、措施之中。由于其国祚短暂,更由于其奉行焚书坑儒的政策,这一时期

---

① 《史记》卷三十,《平准书》。
② 《后汉书》卷二十四,《马援列传》。

没有兵书理论面世,但它通过军事实践和军事制度,给秦汉时期兵学的形成和发展奠定了基础。

西汉是我国历史上继秦之后第一个长期稳定、统一、富强的封建王朝,曾经历了极其丰富的战争实践,先后涌现出刘邦、项羽、冒顿单于、韩信、张良、萧何、晁错、周亚夫、刘彻、卫青、霍去病、李广、赵充国等众多雄主、谋臣和名将;创立了大规模骑兵集团远程奔袭和荒原、山林、沙漠、江海作战等新战法,步、骑、车、舟多兵种协同作战能力显著提高;发展了筑城守边、屯田戍边、徙民实边等举措,建设起强大而巩固的国防;诞生了《淮南子·兵略训》、《言兵事疏》、《屯田制羌疏》、《备塞论》等一系列重要兵学专篇,开展了校理兵书、划分兵学流派为主要内容的兵学理论研究活动,从而把秦汉兵学推进到一个全面发展的鼎盛阶段。

东汉是继西汉之后又一个长期稳定统一的封建王朝。其统治者崇儒抑武,首创文官典军之制。除了著名兵书《黄石公三略》之外,这一时期的兵学建树还体现于光武帝刘秀的战争指导和经国制军的举措,邓禹、寇恂、冯异、马援、吴汉、耿弇、班超、段颎、皇甫嵩等众多名将的用兵方略,以及史学家班固,政论家王符、仲长统、崔寔等文人学士的有关著述之中。由于统治者立国之初即坚持用儒家的"柔道"安辑天下,用兵家"诡道"克敌制胜,成功地实现了兵儒合流,从而使秦汉兵学的发展进入一个更为成熟的阶段。①

兵书的整理与校订。与秦王朝仇视和灭绝文化的立场与态度不同,西汉王朝的统治者相对重视文化的积累与整理,尤其是注重对实用性较强的学术文化的提倡。兵学是实用之学,直接关系到政权的稳定与否,因此为统治者所关注,校理兵书就是这方面的重要举措。

汉代对兵书的搜集整理工作主要有三次。第一次是汉高祖在位时"韩信申兵法":"张良、韩信序次兵法,凡百八十二家,删取要用,定著三十五家。"②限于汉初"干戈未息","自天子不能具醇驷,而将相或乘牛车"的政治经济条件,以及"挟书律"未除的文化氛围,这次整理大约主要重在搜集和遴选。第二次是在汉武帝时,当时反击匈奴的战争正在如火如荼地进行,为了夺取战争的

---

① 参见于汝波、黄朴民主编:《中国历代军事思想教程》,军事科学出版社2000年版,第37—38页。

② 《汉书》卷三十,《艺文志·兵书略》。

胜利，统治者对兵学的关注自然又提上了议事日程，于是就有军政杨仆整理兵书之举："军政杨仆捃摭遗逸，纪奏兵录，犹未能备。"①颜师古注曰："捃摭，谓拾取之。"可见杨仆的工作主要也是搜集兵书，遗憾的是，由于种种原因，这次整理尚存在缺陷，"犹未能备"。第三次是在汉成帝时，由"任宏论次兵书"，"光禄大夫刘向校经传诸子诗赋，步兵校尉任宏校兵书，太史令尹咸校数术，侍医李柱国校方技。每一书已，向辄条其篇目，撮其指意，录而奏之"②。可见是由步兵校尉任宏整理兵书，并由刘向总其成，为整理校订后的兵书作叙录，附于其书之中，上奏皇帝。这次整理的意义要远远大于前两次，不仅划分了兵家的各类流派，而且还认真厘定了文字，规范了版本，揭示了各部兵书的学术价值，即刘向、任宏将搜集到的各部兵书，校勘其文字，确定其书名，统一其篇名，排定其篇章次序，撰就其提要，缮写而后成为定本，由国家集中收藏。通过这次整理，先秦至西汉中期的兵书基本上以较完善的面貌存之于世，为封建王朝的军事斗争提供切实的服务。这之后又有《三略》等兵书面世，进一步充实了秦汉的兵学宝库。

兵书的分类与学术价值总结。秦汉兵学发展的又一个显著标志，是对兵书的分类以及在此基础上对各类型兵书学术特色的揭示与总结。在第三次兵书整理过程中，步兵校尉任宏对搜集到的兵书进行了系统的分类工作，"任宏论次兵书为四种"，即根据西汉中叶以前兵书的基本内容和主要特征，把兵家划分为兵权谋家、兵形势家、兵阴阳家、兵技巧家等四大类。其中兵权谋家共十三家，著作二百五十九篇，现存《吴孙子》③、《齐孙子》④和《吴子》等，是兵学流派中最主要的一派。兵形势家共十一家，著作九十二篇，现仅存《尉缭子》。兵阴阳家共十六家，著作二百四十九篇，其中有许多是托名黄帝君臣的作品，现都已散佚，只有后世诸如《太平御览》、《册府元龟》等类书、政书保留有零星的内容。兵技巧家共十三家，著作一百九十九篇，亦已基本散佚。

在划分兵书种类的基础上，刘向、任宏还就每类兵书的军事学术特点加以分析和总结。他们指出"兵权谋家"的基本特点是："权谋者，以正守国，以奇用

---

① 《汉书》卷三十，《艺文志·兵书略》。
② 《汉书》卷三十，《艺文志·序》。
③ 即《孙子兵法》。
④ 即《孙膑兵法》。

兵，先计而后战，兼形势，包阴阳，用技巧者也。"①可见这一派主要是讲求战略的，是一个兼容各派之长的综合性学派。

"兵形势家"的基本特点为"雷动风举，后发而先至，离、合、背、向，变化无常，以轻疾制敌者也"②，即主要探讨军事行动的运动性和战术运用的灵活性与变化性。有学者认为这一学派主要是讲求战术的。

而"兵阴阳家"的主要特点则是："顺时而发，推刑德，随斗击，因五胜，假鬼神而为助者也。"③这表明它注重"时"，注意天时、地理条件与战争关系的研究，可能与范蠡以及黄老学派有浓厚的渊源关系。

至于"兵技巧家"的主要特点乃为："技巧者，习手足，便器械，积机关，以立攻守之胜者也。"④这就是说，这一派注重的是军械和作战技术，它包括设计、制造攻守器械和学习使用器械的技术方法、要领、军事训练，等等。

任宏、刘向对兵家流派的划分与总结，是中国兵学发展史上一个具有里程碑意义的事件，从此兵家四分法经《汉书·艺文志》记载而为后世兵家奉为圭臬⑤，成为后世兵书撰著与兵学理论建树的规范程式与指导方针。

二、秦汉兵学的多样性与普及化

兵学表现形态的多样化。当时的兵学之表现形态是各式各样、绚丽多姿的，既有以专门著作形式面世并产生巨大影响，为后人收入《武经七书》的兵书《三略》等⑥；又有以归纳、总结先秦兵学的基本成就为主旨并加以必要发挥的兵学专著《淮南子·兵略训》；还有零散见于君臣诏书、奏议以及众多文人学士著作中的有关论兵言论；更有通过战争实践活动和军队建设举措所反映的军事理性认识。它们合在一起，共同勾画了秦汉兵学的总体面貌。

值得注意的是，秦汉兵学的实践功能非常突出，它紧贴当时的社会现实，而

---

① 《汉书》卷三十，《艺文志·兵书略》。
② 《汉书》卷三十，《艺文志·兵书略》。
③ 《汉书》卷三十，《艺文志·兵书略》。
④ 《汉书》卷三十，《艺文志·兵书略》。
⑤ 班固《汉书·艺文志》源于刘歆《七略》，而刘歆承其父业"总括群书，撮其指要，著为《七略》"（《隋书·经籍志》），又源于刘向之《叙录》。
⑥ 有人认为《握机经》也是东汉时期成书的兵书。见高锐主编：《中国军事史略》上册，军事科学出版社1992年版，第304页。可备一说。

较少做抽象的兵学原理演绎，因而具有很强的时代感与针对性，实用性和操作性比较强。如晁错的《言兵事疏》针对汉匈战争而作，它总结了长期以来中原王朝抗击匈奴袭扰的经验教训，分析了当时汉匈双方军力的对比，探索了对匈奴作战的基本规律，提出了"以蛮夷攻蛮夷"的思想，为汉朝实现对匈奴战略思想的转变奠定了基础。又如赵充国《屯田制羌疏》，针对汉宣帝时西羌诸部北徙，遮断西域商路，骚扰西汉边境城邑的具体形势，提出"罢骑兵屯田，以待其敝"①的主张，为军事屯田，巩固国防提供了高明的策略方针。再如王符的《潜夫论》，根据东汉时期西羌之乱未绝的边防态势，专列《劝将》、《救边》、《边议》、《实边》诸篇，有针对性地阐发了有关边疆防御和建设的观点。所有这一切都表明，秦汉兵学在边防等专题问题上有了新的深化和突破，现实感、时代感明显加强，这正是秦汉兵学在先秦兵学已有辉煌成就基础上的新发展。

兵学学习的普遍化。当时朝廷对兵学理论的学习和普及是予以充分重视的。汉武帝鼓励名将霍去病学习《孙》、《吴》兵法，是大家都了解的史实。据《后汉书·礼仪志》记载，当时统治者是将学习经典兵法著作、演习战阵作为培养军事人才，提高部队战斗力的重要途径的："立秋之日……兵官皆肄《孙》、《吴》兵法，习六十四阵，名曰乘之。"

当时的大多数名将都热衷于学习《孙子兵法》等重要兵书，如东汉初年大将冯异"好读书，通《左氏春秋》、《孙子兵法》"②。他们对《孙子兵法》等著名兵书中的重要军事原则十分熟悉，背诵如流，经常用来指导自己的军事实践活动。如韩信解释其背水阵破赵之所以大获成功，乃在于正确地运用了《孙子》"陷之死地而后生，置之亡地而后存"的激励士气原则。又如赵充国主张军屯，加强守备，反对轻易出击西羌，依据的也是孙子的"全胜"战略思想："善战者致人而不致于人"；"臣闻帝王之兵，以全取胜，是以贵谋而贱战，战而百胜，非善之善者也。故先为不可胜，以待敌之可胜"③。再如，《后汉书·皇甫嵩传》载，嵩曰："不然。百战百胜，不如不战而屈人之兵。是以先为不可胜，以待敌之可胜。不可胜在我，可胜在彼。"这显然是皇甫嵩在大段背诵《孙子》"谋攻"、"形篇"的相关内容，为自己实施作战指挥寻找理论依据。

---

① 《汉书》卷六十九，《赵充国传》。
② 《后汉书》卷十七，《冯异传》。
③ 《汉书》卷六十九，《赵充国传》。

不但武将注重学习和掌握兵法理论,而且不少文人也对兵学感兴趣,致力于兵书学习。汉武帝时人东方朔就是一个例子。他在给汉武帝的上书中曾叙述自己的学术经历:"年十三学书,三冬文史足用。十五学击剑,十六学诗书,诵二十二万言,十九学孙吴兵法,战阵之具,钲鼓之教,亦诵二十二万言。凡臣朔固已诵四十四万言。"①学兵书与读诗书比重相等(均为"二十二万言"),可见两汉文化人对兵学的重视,当时兵学的普及与发达于此可见一斑。

三、兵儒合流与兵学主题的转换

随着封建专制大一统国家的建立,秦汉时期兵学的发展也趋向于理论的整合,并且高度重视军队建设和国防建设的政策性研究。

各个时期的学术文化,都反映出一定的时代精神,兵学也不例外。秦汉兵学所体现的,就是显著的封建大一统时代特征,表现之一是学术兼容趋势的进一步增强;表现之二是兵学旨趣从"取天下"向"安天下"、"治天下"的转变。

兵学理论的整合缘起于战国时期兵书综合化趋势。其实从思想渊源上说,兵家学派本来就受到儒、法、道、墨诸家的影响。随着秦汉大一统政治的确立,学术上百家"皆有所长,时有所用"②的观念遂成为人们的共识。战国至两汉学术兼容趋势,给秦汉兵学的发展打上了深深的烙印,以儒、墨、道、法为代表的自然观念与政治伦理哲学对兵学理论构建与价值取向的渗透和规范,使当时的兵学不再单纯就军事而言军事,而更普遍的是将军事、政治、经济、文化融会在一起进行讨论,沿着战国末年《六韬》等兵书所开辟的轨迹,日益趋于综合化和泛政治伦理化。③这一点在《吕氏春秋》、《淮南子·兵略训》、《黄石公三略》、《言兵事疏》、《屯田制羌疏》、《备塞论》以及《盐铁论》、《潜夫论》等有关论兵篇章中均有显著的体现。如《三略》属于典型的黄老兵学体系,其思想特征就是兼容并取,博采众长。除了对前代兵学的继承发展外,《三略》还以黄老之学作为构筑自己整个兵学体系的灵魂和思想纽带,即把《老子》的理论基础——"道"、"德"置于最高层次,统辖一切。同时又阐说道家"柔弱胜刚强"的基本原则,使之成为治国安邦、统军作战诸多要务的出发点。对于儒家,《三

---

① 《汉书》卷六十五,《东方朔传》。
② 《庄子·天下篇》。
③ 参见黄朴民:《两汉兵学的发展及其特色》,《光明日报》2002年11月19日。

略》一方面在思想上崇尚"仁义"和"礼乐",提倡施"仁义"之泽于万民:"泽及于民,则贤人归之;泽及昆虫,则圣人归之。贤人所归,则其国强;圣人所归,则六合同。"①另一方面是在政治上主张"德治"和"仁政","有德之君,以乐乐人;无德之君,以乐乐身。乐人者,久而长;乐身者,不久而亡"②。《三略》对法家学说的汲取则表现为:一方面贯彻法家以"一断于法"进行治国、治军的原则,"一令逆则百令失;一恶施则百恶结。故善施于顺民,恶加于凶民,则令行而无怨"③。另一方面是坚定申明法家"信赏必罚"的思想,"军以赏为表,以罚为里。赏罚明,则将威行;官人得,则士卒服;所任贤,则敌国震"④。由此可见,《三略》是博采兼容各家之长的产物,在继承前代兵学的基础上,以道家谋略取天下,以儒家思想安天下,以法家原则勒将卒,以阴阳家观点识形势。⑤它所反映出来的这一特点正是秦汉兼容博采的鲜明特色。

在兵学理论的整合中,兵儒合流也许是当时最有意义的贡献了。所谓兵儒合流,就是将儒家政治理论与兵家权谋之道相结合,以儒家学说为治军用兵的原则,而以兵家的权谋诡诈之道作为克敌制胜的方法。

秦汉兵儒合流完成的具体标志,就是东汉的创建者刘秀的军事言行与实践。在东汉初年的统一战争中,刘秀注意将儒家的仁义治国之道与兵家的克敌制胜之道加以有机的结合,系统地建立起以儒家战争观念为核心的、融兵儒为一体的军事思想体系。他一方面打出"吊民伐罪"的旗帜,"延揽英雄,务悦民心"⑥,倡导所谓的"义战",以政治优势来保障军事行动的顺利展开。同时,他又充分吸取兵家"诡道"的精髓,在战略方针的制定和战役战斗的指挥上,"好谋而战",灵活用兵,致人而不致于人,从而在军事斗争过程中牢牢掌握了主动权。在军队建设和国防建设方面,刘秀也做到了兵儒理论与实践的高度统一,既息战养民,"修文德"以"徕远人",又注重实力建设,严边固防,确保军权的集中和政治的安全。刘秀的成功,标志着中国历史上兵儒合流的初步完成,这在中国

---

① 《三略·下略》。
② 《三略·下略》。
③ 《三略·下略》。
④ 《三略·上略》。
⑤ 参见宫玉振:《白话黄石公三略·导读》,时事出版社1997年版。
⑥ 《后汉书》卷十六,《邓寇列传》。

古代兵学文化发展历程中实具有里程碑式的意义，也是秦汉时期军事思想贡献于后代的最为集中的体现。

兵学主题的转换，也是秦汉时期值得重视的兵学文化现象。这一特征在秦汉时期唯一一部流传至今的完整兵学著作《三略》中有集中的反映。《三略》所关注的问题，既包括"取天下"的经验，也探讨"安天下"、"治天下"的基本原则。换言之，它既是一部兵书，更是一部政论书。书中关于国家大战略的阐述，远远多于对军事战略的阐述。这同《孙子兵法》等先秦兵书偏重于阐说兵略是存在着较大差异的，而这恰恰是大一统时代精神规范兵学建设的客观反映。① 正因为如此，以《三略》为代表的秦汉兵学贯穿着维护大一统、巩固大一统的红线。例如，在战争目的论方面，它所强调的是维护统一的"诛暴讨不义"；在价值取向上，它所强调的是巩固统一的"释远谋近"；在处理君主与将帅关系上，它所强调的是"夺其威，废其权"，"明贼贤之咎"②；在对待"战胜"与"国安"关系上，它既重视如何争取"胜可全"，更重视如何实现"天下宁"，"明盛衰之源，审治国之纪"③。

这些现象的存在，是秦汉时代精神的客观体现，正所谓"天下安，注意相；天下危，注意将"。大一统封建帝国建立后，天下基本趋于太平。在一般情况下，战争不再成为社会生活的主旋律。当整个社会由崇尚武功转向追求文治，由迷信暴力改为粉饰礼乐的时候，人们自然要高度重视政略，而相对地忽略兵略了。这种社会价值取向也同样会反映到当时的兵学理论建设之中。换句话讲，从逐鹿中原到统御天下，是国家政治生活中一个根本性的转折，论政略重于论兵略，谈治军优于谈作战，乃是理有固宜，势所必然。这就是所谓的"逆取顺守"，"文武并用"，也可以说是秦汉时期兵学发展的又一个重大特色。

第四节　韩信《汉中对》的战略决策思想

轰轰烈烈的秦末农民大起义推翻了秦朝的残暴统治，全国范围内出现了群雄并起，逐鹿中原的局面，其中又以西楚霸王项羽和汉王刘邦两大集团实力最强，

---

① 参见黄朴民：《黄石公三略导读》，军事科学出版社2001年版，第39—41页。
② 《三略·中略》。
③ 《三略·中略》。

他们为争夺全国统治权，实现天下统一，展开了殊死的斗争，揭开了长达四年的楚汉战争的帷幕。

早在楚汉战争前，刘邦集团和项羽集团围绕全国统治权的问题就进行过斗争。项羽率军北上与秦朝主力殊死搏斗之际，刘邦乘机率先破秦入咸阳，秦王子婴投降。按照楚怀王当初与诸将的约定"先入关者王之"，刘邦理应如约为关中王，而刘邦自己也已经以关中王自居，他身边的谋士们曾一边安定关中社会秩序，一边为刘邦"王天下"、建立政权做着各种准备。但项羽挟击破秦朝主力的战功，耻于让刘邦钻了空子，得到先入关中的名声，所以决不容刘邦居于关中，反而将在关中享有民望且最有夺天下野心的刘邦分封于巴、蜀、汉中为汉王，还将关中一分为三，让秦朝的三个降将在关中做诸侯王，以监视、牵制刘邦的势力。刘邦鉴于项羽强大的军事实力，只好在"鸿门宴"上卑辞谢罪，承认项羽的天下霸主地位，被迫忍气吞声离开关中，前往巴蜀。

但是，刘邦集团并不甘心于困居巴蜀，暂时的退让是为了以屈求伸，等待时机成熟，"还定三秦"，再图天下，而项羽集团的政策失误和战略上的麻痹，则给刘邦提供了东山再起的机会。因为项羽在刘邦低头后，错误地认为最有实力与他争夺天下统治权的刘邦已真心臣服，不再具有威胁，所以他在分封后即弃关中而东归，定都于彭城。但分封政策无疑瓦解了自己的强大力量，同时，分封的不公又造成了他与其他诸侯之间不可调和的矛盾，使自己成为众矢之的。

就是在这样的背景下，韩信适时地向刘邦进献了千古名对——《汉中对》。

《汉中对》的逻辑起点，是汉军大将韩信出于转化楚汉双方战略优劣态势，具体帮助刘邦摆脱被动，争取战争主动权的现实需要。当时，项羽身为霸主，政由己出，兵多将广，实力雄厚，具有压倒性优势。《汉中对》就是要在这种特定的历史条件下，从不利中发现有利，从被动中寻找主动，为刘邦指明发展的方向，奠定以弱胜强，夺取天下，完成统一的基础。

《汉中对》作为成功的战略决策，在以下几个方面体现了其高明之处。

第一，对双方战略条件进行综合比较，在此基础上正确预测了楚汉战争的前景。"知彼知己"，正确判断战争形势，是正确制定战略方针的前提。《汉中对》的高明，首先是韩信对整个形势以及发展趋势的正确分析判断和把握。韩信既看到敌强我弱的客观现实，肯定项羽在诸多方面占有绝对优势，如骁勇善战，地盘广大，宽厚待下，等等，同时也从项羽貌似强大的表象中发现了致命的弱点：

其一，他刚愎自用，不能识拔和放手任用人才，而只凭一己之勇；其二，排斥异己，任人唯亲，"以亲爱王"，结果导致诸侯不平；其三，缺乏战略远见，自动放弃关中形胜之地；其四是不讲信用，加之诛杀无度，残暴酷虐，"所过无不残灭"，予天下人以暴君的形象，失去了民心。所以项羽只是"匹夫之勇"，"妇人之仁"。他表面上虽强大，但随着时间推移，必然会由强转弱，因而要想击灭他并不困难。在"知彼"的同时，韩信也能"知己"，指出刘邦势力虽暂弱小，却拥有雄厚的资本，入关后约法三章，秋毫无犯，赢得了民心归附，而未能如约王关中而被项羽赶到汉中一事，反而使刘邦获得了广泛的同情。这就为最终战胜项羽提供了可靠保证。通过这样的比较，韩信预见到刘邦由弱转强，夺取天下的乐观前景："今大王举而东，三秦可传檄而定也。"①从而为处于逆境中的刘邦树立起必胜的信心。这充分显示了韩信洞察大局、高屋建瓴、见微知著的战略预见能力，同时也为他进一步正确选择战略主攻方向提供了可能。

第二，正确选择主要战略方向，夺取战略前进基地，为赢得楚汉战争胜利创造充分的条件。要确保战略进攻达到预期的目的，关键之一在于正确选择主要攻击方向，掌握战争的主动权，从而达到乘隙捣虚的效果，实现战略目标。这是指导战争活动的通则，更是决定战略进攻成败的要害。《汉中对》注意到了这一关键问题，因而明确提出夺取关中、还定三秦应为刘邦首要的战略主攻方向。应该说，这一战略选择是十分明智和完全正确的。因为从兵要地理形势考察，关中地区地理条件优越，它作为四塞之地，"带山阻河，形势便利"，"左崤函，右陇蜀，沃野千里。南有巴蜀之饶，北有胡苑之利，阻三面而守，独一面东制诸侯，……诸侯有变，顺流而下"②。处于进可攻、退可守的有利地位，一旦拥有，可获得对敌极大的战略主动，并为日后伺机东进、并吞天下创造积极的态势。由此可见，在战略方向选择上，韩信深谙用兵之道。

第三，及时把握战略进攻的时机，迅速开展军事行动，使还定三秦的战略目标尽快得以实现。只有把握进攻时机，才能出敌意外，给敌人以猝不及防的打击，以较小的代价换取最大的胜利。所谓捕捉战机，就是指战争指导者要在全面掌握敌我情况的基础上，善于发现敌人的弱点，一旦有机可乘，即以迅雷不及

---

① 《史记》卷九十二，《淮阴侯列传》。
② 《资治通鉴》卷十一，汉高帝五年。

掩耳之势，展开进攻行动。用《孙子》的话说，就是"敌人开阖，必亟入之"，从而使敌人措手不及，无暇抵抗，完全丧失主动，所谓"后如脱兔，敌不及拒"①。为此，《汉中对》指出了刘邦集团在战略进攻时机把握上应注意的几个关键环节：一是针对当时项羽后院起火，自顾不暇，无力西向的有利条件，抓住时机，揭开楚汉战略决战的帷幕。二是根据关中三位降王（章邯、司马欣、董翳）众叛亲离、丧失民心的具体情况，立足于刘邦政治威望高、受关中百姓拥戴的优势，及时把握东进的时机，展开战略进攻。三是针对刘邦部众"思东归"的心理，巧妙加以利用，使坏事转化为好事，振作士气，鼓舞斗志。四是利用汉军明烧栈道造成的无意东进假象，在项羽放松警惕、戒备疏懈时，把握"还定三秦"的战略时机。这表明，《汉中对》对战略进攻时机的把握达到了炉火纯青的程度。

第四，高屋建瓴、总揽全局地提出实施战略进攻的原则性手段，以确保战略目标的顺利实现。在确定了战略目标后，还要提出并执行一定的方法、手段，以循序渐进地实现既定的战略目标。这是战略决策构筑过程中的必要步骤，也是整个战略方针的有机组成部分。《汉中对》为刘邦进献了实现战略目标的具体手段。"任天下武勇，何所不诛！以天下城邑封功臣，何所不服！以义兵从思东归之士，何所不散！"②即一要广泛招揽贤能，放手使用人才，发展壮大自己的实力，凭借武力打击并最终消灭项羽集团；二是利用封赏这个有力的杠杆，调动将士杀敌制胜的积极性，驱使他们为赢得战争胜利而效命疆场；三是掌握和利用部队士气，充分发挥部队的战斗潜能，战胜攻取，以弱胜强。这是韩信对战略手段的高度归纳和概括，也是赢得统一战争最终胜利的重要保障。

总之，举凡战略条件的分析、战略方向的选择、战略时机的把握、战略手段的运用，《汉中对》都做出了全面辩证的阐述。这一分析，洞察天下形势，比较了楚汉双方的情况，不仅合乎当时的战争形势，而且也规划了汉王争夺天下完成统一的战略活动的需要，既有预见性，又具备现实性、可操作性，能满足当时战争活动的需要，因此刘邦欣然采纳："遂听信计，部署诸将所击。"③果然不出韩信所料，项羽东归不久，田荣于山东起兵反楚，陈余于河北，彭越于梁地也起而

---

① 《孙子兵法·九地篇》。
② 《史记》卷九十二，《淮阴侯列传》。
③ 《史记》卷九十二，《淮阴侯列传》。

叛楚，项羽后院起火，到处奔波灭火不暇，陷入了战略被动。而刘邦则遵循着韩信《汉中对》提出的既定战略，乘机部署军队暗出陈仓，迅速平定三秦，夺取关中形胜之地，为"争权天下"取得了战略前进基地，并为最终战胜项羽，完成统一，奠定了坚实的基础。

第五节　邓禹"图天下策"的战略思维

南宋奇士陈亮曾说："自古中兴之盛，无出于光武矣。奋寡而击众，众弱而复强，起身徒步之中甫十余年，大业以济，算计见效，光乎周宣。此虽天命，抑亦人谋乎！何则？有一定之略，然后有一定之功。略者不可以仓促制，而功者不可以侥幸成也。"①而献策定此"一定之略"者，正是谋士邓禹。

邓禹，字仲华，南阳新野人。少年时曾受业于长安太学，与刘秀相识，遂结为莫逆之交。更始元年（23），刘秀奉命平定河北时，他从南阳赶赴河北追随刘秀，提出了"延揽英雄，务悦民心，立高祖之业，救万民之命"的方略。其后不断为刘秀举荐人才，如荐寇恂为河内太守，认为："昔高祖任萧何于关中，无复西顾之忧，所以得专精山东，终成大业。今河内带河为固，户口殷实，北通上党，南迫洛阳。寇恂文武备足，有牧人御众之才，非此子莫可使也。"②又随刘秀镇压了铜马等农民起义军，消灭王朗等割据势力，并乘赤眉与刘玄火并之机，率军西征，夺取河东，乘胜由河东入关中，使刘秀处于战略主动。其智谋超人，气度恢宏，深明以弱胜强、以柔胜刚之道，使敌人由强而骄，由锐而怠，"知所以骄而怠人之术"，成为东汉开国名臣。

宋代军事理论家何去非曾将邓禹视为刘秀成就帝业的关键人物，比之为西汉的萧何："昔者汉光武被命更始，安集河北，始得邓禹于徒步之中，恃之以为萧何者，其言足以就大计，其智足以定大业，且非群臣之等夷也。遂以西方之事委之，而禹亦能胜所属，所向就功。"③陈亮也说其"起身徒步，仗策军门，一见光武，遂论霸王大略，陈天下之计，此其胸中有过人者矣。连兵西讨，所当者

---

① 《陈亮集》卷五，《酌古论一》。
② 《后汉书》卷十六，《邓禹传》。
③ 《何博士备论·邓禹论》。

破,既定河北,复平关中,威声响震,敌人破胆"①。

邓禹《图天下策》的高明之处,就在于他所筹划的战略方针为刘秀理清了如何在乱世和身处弱势的情况下夺取天下的思路,为刘秀的最后胜利制定了明确的努力方向和长远计划。

其一,洞察全局,把握枢纽,正确分析形势,及时捕捉良机,先立根本,徐图大业。邓禹分析了王莽改制引起天下大乱后的形势,认为天下纷争混战无主的局势,正可利用来建立大有为之业。当时,全国独霸一方称王称帝的有十多个势力集团。王莽的残余拥有从洛阳到长安的地盘,但王莽倒台后,更始帝及所属绿林军,由湖北经河南进入关中,山东的赤眉正从青州、徐州向中原和关中进发,中原及关中正是四战之地,各方势力势必在这一核心地带杀得你死我活,正所谓"四方分崩离析,形势可见"②。而刘秀在更始入关时,被委以"破虏将军"的名义,并利用刘氏宗室的身份前往河北招安各地,虽失去了随更始帝入关分享胜利果实的机会,但毋宁说得到了发展的良机。因为这恰恰使得刘秀可以独立发展自己的势力,避免在羽翼未丰时被他人打垮。邓禹的"深虑远图",与刘秀的志在天下可说是不谋而合。所以邓禹劝刘秀珍视这一难得的良机,重视河北这一新兴地区的战略地位。陈亮说:"使燕赵未平而光武西取关辅,则遂与(隗)嚣、(公孙)述为敌,而赤眉无所骋其锋矣。与嚣、述为敌,则欲徇燕、赵而彼乘其虚;赤眉无所骋其锋,则已服郡县或罹其毒。是燕赵未可以卒平,关辅未可卒守,河北、河内未可卒保,而天下纷纷,将何时而一也!"③陈亮认为这是刘秀最高明之"一定之略",而"致之有术,取之有方"的方略正出自邓禹。

其二,力避过早成为矛盾之焦点,沉着等待时机,广泛招揽人才,积极争取民心,致力于河北这一根据地的经营,利用处于各种势力边缘的机会,发展壮大实力,待各方势力自相削弱后再出面收拾残局,以弱胜强,席卷天下,争取事半功倍之效。这是典型的以弱自处,以柔胜刚之术。邓禹认为,更始皇帝虽然强大,但为人寡谋少断,缺乏一套妥善的治理国家的措施,朝廷中的文武大臣,尤

---

① 《陈亮集》卷六,《酌古论二》。
② 《后汉书》卷十六,《邓寇列传》。
③ 《陈亮集》卷六,《酌古论二》。

其是带兵的将军,大部分是庸庸碌碌之辈,这些新贵是不能治理天下的,所以刘秀如果想夺天下,当务之急必须是争取民心。要做到争取民心,具体办法一是招揽储备人才,治理已经控制的州县,巩固根据地,打起恢复汉室的旗号,争取更多的支持,即"于今之计,莫如延揽英雄,务悦民心,立高祖之业,救万民之命"①;二是像汉高祖刘邦在汉中建立根据地一样,颁布几条切实可行的法律,使百姓安居乐业,这样,才能人心所向,天下归顺。四分五裂的局势不出几年就可以归于一统。刘秀正是依此策略,冷眼观望群雄的火并。到了公元25年,羽翼丰满,遂即皇帝之位,号召天下。其后赤眉进入长安,更始帝投降被杀,绿林势力被排除,而赤眉在与绿林的争战火并后,亦大伤元气,加之关中残破无粮,又西向陇右发展,及至无所得再返长安,已几为强弩之末。刘秀这时候出来收复洛阳、关中,已是水到渠成,毫不费力,终于稳控关中和中原,至此,统一全国不过是早晚之事了。当代学者黄仁宇先生在其《赫逊河畔谈中国历史》中也说:"这是用南北轴心做军事行动的方针,以边区的新兴力量问鼎中原,超过其他军事集团的战略。"②

英国现代著名战略家利德尔·哈特在其名著《战略论》中总结古代到第一次世界大战前西方的历次重大战争经验教训时,提出了"间接路线"的理论,认为战略是一种恰当分配和运用军事手段以求达到政治目的的艺术。战略的成功取决于对"目的"和"手段"的正确计算、结合和运用,并认为最完美的战略是"不经过严重战斗而能达成目的的战略"。纵观刘秀取天下战略的成功,其关键也正在于此。王夫之称其"以柔取天下",正窥透了个中信息。可以说,刘秀本人以及为其谋划大业的邓禹等,均是循着这一战略思路才成就其一代大业的。

第六节 《三略》的战争观念与战争指导

《三略》(又称《黄石公三略》),是中国古代的一部著名兵书,被列为《武

---

① 《陈亮集》卷六,《酌古论二》。
② 黄仁宇:《赫逊河畔谈中国历史》,生活·读书·新知三联书店1992年版,第43页。

经七书》之一。它成书于东汉后期①,内容十分丰富,思想殊为深刻,全面论述了统军驭将、治国安邦的大战略问题,其中的战争观念与战争指导颇具特色,反映了秦汉时代人们有关军事理性认识的水平。

《三略》直接论述战争问题的文字并不很多,但仍很重要,对有关战争观念的内容,诸如人们对待战争的态度,对战争目的和性质的分析,战争与政治、经济的关系,战争与民众的关系,战争与天时、地利的关系,战争的主观指导问题,《三略》均做出自己简明扼要但又不失为深刻的分析判断,从而形成了比较系统的战争观念。

《三略》通过对社会、战争的历史与现实的深入观察和理性思考,一方面既承认战争是"天道恶之"的"不祥之器",具有很强的破坏性,给社会政治秩序与民众生活带来巨大的灾难,因此主张不要随意发动战争:"王者,制人以道,降心服志,设矩备衰,四海会同,王职不废,虽有甲兵之备,而无斗战之患。"②这样就和战争万能论、暴力至上观划清了界限。另一方面,《三略》又认识到战争是人类社会的客观存在,绝不会因为人们的厌恶而自行消灭,所以必须正视现实,在迫不得已的情况下,人们必须运用战争这个最后手段,去达到一定的政治目的,即法"天道"而兴"义兵","以诛暴讨乱","扶天下之危","除天下之忧",这样,它就和德化至上论划清了界限。《三略》进而认为,这种"以义诛不义"的正义战争,是合乎"天道",合乎"人伦"的,是高尚的举动,因此必定所向披靡,战无不胜:"夫以义诛不义,若决江河而溉爝火,临不测而挤欲堕,其克必矣。"③

《三略》指出,一旦要兴兵作战,就必须做好充分的准备。这首先是要以民心向背与否来决定自己的行动。《三略》认为民众在战争中起着巨大的作用,人心向背是决定战争胜负的关键性因素:"与众同好靡不成,与众同恶靡不倾。治国安家,得人也;亡国破家,失人也"④,"夫为国之道,恃贤与民。信贤如腹心,使民如四肢,则策无遗。所适如支体相随,骨节相救,天道自然,其巧无

---

① 参见黄朴民:《黄石公三略导读》,军事科学出版社2001年版。
② 《三略·中略》。
③ 《三略·下略》。
④ 《三略·上略》。

间"①。基于这样的认识,《三略》指出一定要修明政治,整肃吏治,争取民心,举贤用能,袪邪扶正,广施恩惠,为治国安邦、御军统众、克敌制胜创造坚实的政治前提:"贤人之政,降人以体;圣人之政,降人以心。体降可以图始,心降可以保终。降体以礼,降心以乐。所谓乐者,非金石丝竹也,谓人乐其家,谓人乐其族,谓人乐其业,谓人乐其都邑,谓人乐其政令,谓人乐其道德。如此君人者,乃作乐以节之,使不失其和。"②"夫用兵之要,在崇礼而重禄。礼崇则智士至,禄重则义士轻死。故禄贤不爱财,赏功不逾时,则下力并而敌国削。夫用人之道,尊以爵,赡以财,则士自来;接以礼,励以义,则士死之。"③而要取得这样的政治优势,《三略》认为,关键是必须把道、德、仁、义、礼融会贯通为一个和谐统一的体系,作为最高的原则用于规范和指导一切社会活动:"道、德、仁、义、礼,五者一体也。道者,人之所蹈;德者,人之所得;仁者,人之所亲;义者,人之所宜;礼者,人之所体。不可无一焉。故夙兴夜寐,礼之制也;讨贼报仇,义之决也;恻隐之心,仁之发也;得己得人,德之路也;使人均平,不失其所,道之化也。"④

其次,是要以雄厚的经济实力为后盾,同时依据敌方的基本情况来判断战争态势有利与否,在此基础上确定自己行动的时机和方式。

战争既是敌对双方谋略的角逐、人心的争取,同时也是实力的较量。《三略》在这个问题上的认识也没有例外。它认为,只有富民才能富国,只有国富才能赢得战争的胜利,确保国家的安宁:"四民用虚,国乃无储;四民用足,国乃安乐。"⑤因此,它告诫统治者一定要实行"务耕桑不夺其时,薄赋敛不匮其财,罕徭役不使其劳"的恤民、富民政策,造就"国富而家娭"⑥的理想局面,在具备雄厚经济实力的基础上从事军事行动,争取和巩固国家的统一。

《三略》进而指出,是否采取军事行动,不能单纯考虑己方的已有有利条件,还必须顾及敌对一方的基本状况,这也是《孙子》所说的"知彼知己"一般

---

① 《三略·上略》。
② 《三略·下略》。
③ 《三略·上略》。
④ 《三略·下略》。
⑤ 《三略·下略》。
⑥ 《三略·上略》。

道理，"用兵之要，必先察敌情。视其仓库，度其粮食，卜其强弱，察其天地，伺其空隙"①。切不可盲目兴师，在敌情尚不清楚的情况下打糊涂仗。那么该怎样观察、分析和判断敌人真正的强弱虚实情况呢？《三略》也提出了自己高明的方法："故国无军旅之难而运粮者，虚也；民菜色者，穷也。千里馈粮，民有饥色，樵苏后爨，师不宿饱。夫运粮千里，无一年之食；二千里，无二年之食；三千里，无三年之食，是谓国虚。国虚则民贫，民贫则上下不亲。"②只有在这样的情况下，兴师出兵才有较大的把握，方可顺利达到自己一定的战略目标："敌攻其外，民盗其内，是谓必溃。"③

值得注意的是，《黄石公三略》十分注重正确处理战争中各种因素之间的内在辩证关系。它认为，社会在向前发展，事物在不断变化，在军事斗争领域，情况也没有例外。战争的形势瞬息万变，所以要"因敌转化，不为事先，动而辄随"④，即战争指导者必须根据敌情的变化而制定相应的战略战术，灵活机动，因敌变化，乘隙蹈虚，进退裕如，把握时机，掌握主动，如此则全盘皆活，"其胜可全"。从把握事物对立统一的辩证关系入手，阐述战争指导的一般原则，这的确是《黄石公三略》兵学造诣上的独到之处。

在国防问题上，《黄石公三略》明确提出了"释远而谋近"的安全战略指导原则。它所谓的"释远"，就是指放弃劳民伤财的，以扩张领土为目的的对外征伐战争；所谓的"谋近"，就是指图治本国，内修政理，广施恩德，安守本土，知足戒贪。这实际上就是立足于积极防御的安全战略。它将"释远谋近"与"释近谋远"加以比较分析后，正确指出这两种对立的军事战略原则所导致的后果是截然有别的："释近谋远者，劳而无功；释远谋近者，佚而有终"，"务广地者荒，务广德者强。能有其有者安，贪人之有者残。残灭之政，累世受患；造作过制，虽成必败"⑤。这一观点曾在后世以防御为特色的军事战略文化传统形成过程中发挥过深远的影响，对于今人也仍不乏重要的借鉴意义。

关于兵要地理问题，《黄石公三略》也有所论及。它将战略要地区分概括为

---

① 《三略·上略》。
② 《三略·上略》。
③ 《三略·上略》。
④ 《三略·上略》。
⑤ 《三略·下略》。

"固"——林立着坚固城池、堡垒的兵家必争之地;"厄"——关口险隘,一夫当关,万夫莫开的战略要地;"难"——易守难攻之地等三种类型。同时针对这三种战略要地的不同特点,又分别提出了"守"——派兵坚守,"塞"——加以阻塞,"屯"——驻兵长期屯守等三种处置对策,以牢牢确保对战略要地的严密控制。

第八章

魏晋南北朝的兵学

第一节 战略作战轴线的转变

一部中国上古史,其实便是东西两大区域长期对峙冲突并不断同化融合的文明进程。早在黄帝时代,"以姬水成",发祥于今陕西黄土高原的黄帝族,与以今黄河下流、山东大地为基地的东夷集团蚩尤族,便为争夺中原核心地带展开了激烈的斗争,所谓"涿鹿之战"就是这场生死斗争的具体写照。战争的结果,代表西部势力的黄帝族战胜了代表东夷势力的蚩尤族,西方势力控制中原核心地区,"东至于海,登丸山,及岱宗。西至于空桐,登鸡头。南至于江,登熊、湘。北逐荤粥,合符釜山,而邑于涿鹿之阿"①,号令天下。然而东夷集团并未消亡,黄帝不得已而采取怀柔措施,"命少昊清司马鸟师,以正五帝之官"②。即在东夷集团中选择一位能附众的氏族首长名叫少昊清的继续统领九夷部众,设法使东西方两大群体互结为同盟。

这个格局一直沿袭了下来,所谓尧舜禹禅让,曲折反映出东西两大地区及集团势力此消彼长的实质关系。唐尧是西方势力的代表,无论是始都于唐,还是最后定都于平阳,其地理范围都属于"西部"范围的今山西一带,而虞舜则显然是东方势力的首领,因为《孟子》书中说得很清楚,"舜,东夷之人也"。学界也多认为,舜的出生地姚墟(一说诸冯),从地理位置上看,在今山东省一带。他们轮流成为这个同盟体的领袖,这就是华(虞舜)与夏(唐尧)东西方融合的标志。虞舜失势后(巡游九嶷,卒于苍梧云云,实际上是对东夷一方失势的委婉

---

① 《史记·五帝本纪》。
② 《逸周书·尝麦》。

说法而已),代表西方势力的禹再次成为同盟的领导中心,史载"禹兴于西羌",及禹衰老死亡,按东西方轮流坐庄的惯例,本应由代表东方的人物替代大禹来主政,东部势力首推的人选为皋陶(相传皋陶生于今山东曲阜,卒于今安徽六安,均属东部势力范围),然而皋陶卒于大禹之前,大禹又接受东部势力新推的人选伯益。《墨子·尚贤》:"禹举益于阴方之中,授之政,九州成。"伯益出身于东部,《国语·郑语》:"少昊之后,伯益也。"即是证明。其势力范围位于山东省日照地区。《春秋左传正义》隐公二年下注曰:"《谱》云:'莒嬴姓,少昊之后。周武王封兹於期于莒,初都计,后徙莒,今城阳莒县是也。'"但是,大禹死后,西方群体乘伯益威望未孚,遂不遵守东西部轮流坐庄这个成规,企图继续拥有天下主宰权,遂有禹子启袭杀伯益事件的发生:"古者禹死,将传天下于益,启之人因相与攻益而立启。"①东西同盟终于瓦解,西方与东方又陷入相互冲突的漩涡之中。

启结束禅让制,东方势力自然不会甘心,于是有夏朝前期的太康失国事件发生,东夷有穷氏部落的后羿(一称夷羿)凭借武力从西方群体手中夺取了政权,即所谓的控御仲康、驱逐后相,等等。后来,其臣下寒浞杀羿自立,但其所代表的仍是东方群体。再后来,"少康复国中兴",同样是依靠武力夺回政权,这就是那一段持续了半个世纪之久的夷夏斗争的轶史之谜底。

少康之后,夷夏关系仍处于既斗争又融合的状态之中:后芬曾征于东海,尔后有"九夷来御";后芒时,东狩于海;后泄时,加畎、白、赤、玄、风、阳诸夷以爵命;后发时,"诸夷来宾"。但是东方势力的屈服只是暂时的,一旦条件成熟,他们仍要与西方势力进行角逐,以控制中原核心地带。这个任务在商族手中得以完成。商的先祖以鸟为图腾,《诗经·商颂》有云:"天命玄鸟,降而生商","有娥方将,帝立子生商",这显然与东夷有关系(少皞氏以鸟名官),其根据地亦在东方,相传其三世先公相土作"东都",故有"相土烈烈,海外有截"的说法。商汤"十一征而无敌于天下"②,最终战胜后桀,灭亡夏朝,建立商朝,这表明东方势力再次在东西方角逐中占据了优势地位。

《诗经·鲁颂》曰"后稷之孙,实维大王。居岐之阳,实始翦商",等到西

---

① 《韩非子·外储说右下》。
② 《孟子·滕文公下》。

方的"小邦周"、"凤鸣岐山",在甲子朝一举"殪戎殷",推翻"大邑商"后,东西方的政治格局又被重新改写了。西方又成了中原的主宰,东方势力受到严重的打击,西方以"君子"君临天下,东方之人则成为"野人",臣服于西方,所谓"先进于礼乐,野人也;后进于礼乐,君子也"①。这里所隐约透露的,就是这种东西方关系互置更换的消息。

在这场东西方大角逐过程中,周族对东南吴地的经营是其灭商战略中的重要步骤之一。史称,太伯、仲雍兄弟在王位继承问题上"以让季历",奔赴吴地(今江苏南部),其背后的真实动因,当是将势力楔入商人的后方,以实现周邦翦商的迂回包抄战略②,故徐中舒先生有言:"余疑太伯、仲雍之吴,即周人经营南土之始,亦即太王翦商之开端。"③从这个意义上说,吴地虽地处东方,但在政治上早已立足于西方势力一边,属东方群体中的"另类"。

当然,东方势力对西方势力"伐纣灭商"的结果是无法忍受的,总是处心积虑争取局面的改观。于是便有接踵而至的"武庚叛乱"、"三监之叛",东夷集团对叛乱的发生自然感到鼓舞,遂纷纷响应,"三监及淮夷叛"④。当时周朝的实际执政者周公见叛乱严重威胁到新生政权的生存,遂果断出兵东征,先后灭武庚,平三监,击破"九夷",践灭薄姑与商奄(东夷中势力最雄厚的两大方国)。"践之者,藉之也。藉之谓杀其身,执其家,潴其宫。"⑤终于通过铁血手段,将西方对东方的征服画上了一个阶段性的句号,这种政治格局一直延续到了春秋时期。

战国中后期起,天下走向统一,已成为不可逆转的时代潮流。从东西势力嬗变演进的趋势言,应该是兼具东西部因素的秦国占有天然的优势。秦起源于东部,史传嬴姓为伯益之后。《汉书·地理志》称:"嬴,伯益之后。"《国语·郑语》称:"嬴,伯益之后。"郑樵也说:"嬴氏,伯益之后,伯益作朕虞,有功,赐姓嬴氏。"可见,嬴姓拥有东部的基因。但是,嬴姓早已西迁函谷关以西,是在西部逐渐发展壮大起来的,到秦穆公统治时期,更跃为春秋五霸之一,"益国十

---

① 《论语·先进》。
② 罗琨、张永山:《夏商军事史》,军事科学出版社1998年版,第219页。
③ 《殷周之际史迹之检讨》,载《"中央研究院"历语所集刊》第7本上卷。
④ 《尚书·大诰》。
⑤ 《尚书大传》。

二,开地千里,遂霸西戎"①。它更多的是扮演着西部势力代表的角色。这也恰恰从一个角度,印证了司马迁所言的奥秘:"或曰:'东方物所始生,西方物之成熟。'夫作事者必于东南,收功实者常于西北。"②

从这个意义上讲,秦灭亡山东六国,统一天下,依然是西部势力压倒东部势力的标志性事件,东西之间的矛盾与抗争,并没有随着帝国时代的降临而真正得以解决,东部势力的不满与反抗依然存在,楚国残余力量作为东部势力的代表之一,无时无刻不以推翻西部势力的控制与压迫为目标,这也是所谓"楚虽三户,亡秦必楚"的谜底所在,所以,无论是项羽,还是刘邦,都属于东部势力集团。他们的起兵灭秦,固然在政治上是反抗秦之暴政,但从深层次的文化因素上,则依然可视为华夏大地上东西部冲突与融合的自然延续。这种冲突与融合,一直要到两汉以降,北方游牧民族崛起,对华夏农耕民族的生存构成新的重大威胁而告以终结。从此之后,东西较量遂逐渐让位于南北冲突,中国政治与军事的战略轴心也随之变东西抗衡为南北角逐了!

魏晋南北朝时期,统一战争战略作战轴线发生了重大的转移。在这一时期以前的中国统一战争,其战略作战的轴线一般均为东西方向,其具体战役行动均环绕这一主轴线进行展开。比如公元前230年开始的秦统一六国的战争,就是从西部发动,首先灭韩、灭魏,完成了东渡黄河的战略展开;然后左翼朝东北方向灭赵、灭燕,右翼则指向东南方向的楚国;而最后的进攻方向则是一直向东,指向位于胶东半岛的齐国,从而达成了统一全国的目的。公元前206年开始的楚汉战争,刘邦首先以巴蜀、汉中进入关中地区,得形胜之利,然后出函谷关,兵锋东指,直逼江淮地区的彭城(今江苏徐州),沿荥阳一线与楚军进行东西方向的对峙;同时左翼东渡黄河,攻魏、破赵、平代、下燕、灭齐,沿东北方向实行战略出击;右翼则以秦岭山脉为依托,沿东南方向出武关,直拊楚军的左侧背;而最后与楚军的决战则仍然是在河南、山东之间的东西轴线上发生的。③

进入魏晋时期以后,这种情况发生了重大的变化。统一战争战略作战的轴线不再是东西方向,而是变为南北方向,并且大多为自北向南的进攻;作战地区

---

① 《史记》卷五,《秦本纪》。
② 《史记》卷十五,《六国年表》。
③ 参见蓝永蔚、黄朴民等:《五千年的征战:中国军事史》,华东师范大学出版社2000年版,第91页。

也不再集中于黄河流域，而是集中于淮河和长江中下游地带了。这一变化最初开始于三国时期，当曹操完成了对北方地区的统一以后，便开始了横渡长江对南方的征服与统一，于是孙权与刘备联合，在长江中下游地区和来自北方的攻击进行了对峙，著名的赤壁之战就是这样发生的。西晋灭吴、苻坚南下攻晋及南方政权的多次北伐行动，其战略作战方向，也都是横渡长江、自北向南或自南向北的攻击。从这个角度考察，我们可以发现统一战争战略作战轴线的转移的确在中国兵学发展史上具有里程碑式的意义。

第二节 "八阵"为中心的阵法进步

该时期"八阵"——集团方阵战术有了显著的发展，即随着实战经验的积累，作战指挥艺术水平的提高，尤其是步、骑、车兵协同作战能力的不断强化，当时的阵法也日趋繁多，呈现出更为成熟的形态。

据文献记载，这一时期比较著名的阵法有公孙瓒方阵、曹操十重阵、诸葛亮八阵、田豫圜阵、任峻复阵，等等。名目虽然繁多，但是若从队形排列上考察，实际上仍为两种基本形态，一种是进攻型的阵式——方阵，另一种为防御型的阵式——圆阵，即所谓："方阵者，所以剸（截断，引申为冲击）也；圆阵者，所以槫（结聚，引申为防守）也。"①公孙瓒方阵、袁绍之阵、曹操十重阵、诸葛亮八阵均属前者，而田豫圜阵、任峻复阵法等当归入后者。《后汉书·袁绍传》记载，当时盘踞冀州的公孙瓒"兵三万，列为方阵，分突骑万匹，翼军左右，其锋甚锐"。《晋书·马隆传》记载马隆在平定拓跋树机能之役中，"依八阵图作偏箱车，地广则鹿角车营，路狭则为木屋施于车上，且战且前，弓矢所及，应弦而倒"，等等，是为用方阵的史例。北魏时左将军杨播在一次南征时，被敌军围困于淮河南岸，形势比较危急，杨播处变不惊，"乃为圆阵以御之"②。又如北魏末年，高欢起兵攻伐尔朱兆，双方在邺城（今河北临漳）相遭遇，高欢"时马不满二千，步兵不至三万，众寡不敌，乃丁韩陵为圆阵，连牛驴以塞归道"③。这些便是布设圆阵进行防御的史例。从上述情况看，当时作战中以方阵实施进

---

① 《孙膑兵法》下编，《十阵》。
② 《魏书》卷五十八，《杨播传》。
③ 《北齐书》卷一上，《神武帝纪上》。

攻，以圆阵进行防御乃是十分普遍的现象，是阵法运用上的显著特点之一。

这一时期阵法的军事学术特征，一是阵内诸兵种——步、骑、车兵的配置更趋合理，更能发挥整体攻防、协同作战的巨大威力。二是军阵的基本形式普遍采用八阵。关于八阵，古代记载很多，先秦时《孙膑兵法》就已有《八阵》篇。汉代班固《封燕然山铭》中亦有"勒以八阵，莅以威神"①之说。但《孙膑兵法》中的"八阵"指的是八种阵法，而汉以后的"八阵"则是指的一阵八体，即阵形的若干变化。②魏晋南北朝时期所谓"八阵"同样是五军阵的变体，即四正四奇八阵合成的集团大方阵，具有"以前为后，以后为前，四头八尾，触处为首，敌冲其中，两头皆救"③的快速反应和灵活应变的机动攻击能力。

八阵作为集团方阵，从阵式编成上看，是将部队分别置于八个方向，八个方向的兵力合拢在一起，组成一个大阵，即所谓"八阵本一也，分为八焉"，"散而成八，复而为一"。在八阵的中央，是大将及直属的机动兵力，即"握奇"（掌握余奇兵力），"中心零者，大将握之，四面八向，皆取准焉"④。根据"阵数有九"的说法，八阵中央之"余奇"也可视为一个中阵，故"八阵"也可被称为"九军阵"，"大抵八阵即九军，九军者方阵也"⑤。

"八阵"在编成上一般遵循三个基本原则。一是包容与对称。所谓"包容"，即"阵间容阵，队间容队"；所谓"对称"，即保持平衡与呼应，"隅落钩连，曲折相对"。二是中外与离合。八阵在兵力的配置上，区分为中央与外围，主要兵力部署于外围，少而精的兵力置于中央，形成厚外薄中、外实内虚的兵力部署；在阵地配置上，讲究离合，既依据地形而分散配置，又能够按照统一指挥的要求迅速地合成作战。三是奇正，即把部队区分为正兵与奇兵，"四为正，四为奇"，外为正，中央大将直接控制的"余奇之兵"为奇。于是"四正四奇而八阵生焉"，这就是所谓的"数起于五，而终于八"。

"八阵"作为中国古代成熟的集团方阵，其列阵、队列、机动、阵战实施、兵

---

① 参见严可均：《全上古三代秦汉三国六朝文》卷二十四。
② 参见袁庭栋等：《中国古代战争》，四川省社会科学院出版社1988年版，第480页。
③ 《唐太宗李卫公问对》卷上。
④ 《唐太宗李卫公问对》卷上。
⑤ 《宋史》卷一九五，《兵志九》。

种配属、兵种运用、阵形变化，等等，都有相应的法则可供遵循与操作。如列阵之时在前、后、左、右等四块实地上部署正兵，在东南、西南、东北、西北等四块闲地上部署奇兵，"四面八向，皆取准焉"，在中央部署精锐的机动兵力。在四军转阵实施机动时，"以前为后，以后为前"。在实施阵战时，进行全方位的协同作战，即所谓"四头八尾，触者为首，敌冲其中，两头皆救"。八阵的全面确立与普遍运用，标志着这一时期的野战战法业已达到新的水平。迄至明清，"八阵"作为最基本的作战阵法，仍然被广泛沿用。

当然，"八阵"在后来历史发展过程中也不断得到改进与调整，出现了许许多多的"变体"。如唐代李靖所创的"六花阵"，即根据魏晋南北朝时期的八阵法推演而来。它的基本特点是外方而内圆，即外侧六阵为方阵，部署正兵；居中的军阵为圆阵，部署奇兵。

当时一般军阵中都配置有步、骑、车诸兵种，互相配合与协同，以更好地提高军阵整体攻防能力。如三国时曹操部将田豫即动用步兵千人，骑兵数百，同时用兵车构成阵外环形障碍，防御敌方骑兵的冲击："军次易北（易水之北），虏伏骑击之，军人扰乱，莫知所为。豫因地形，回车结圜阵，弓弩持满于内，疑兵塞其隙。胡不能进，散去"①，取得了很好的效果。阵中混成后的兵力又往往区分为"先登"、"中坚"、"殿后"与"侧翼"诸部，分别执行不同的战斗任务。各兵种内部也有具体不同的分工。如步兵分为主射箭的弩兵与主近体格斗的徒卒。又如，曹操将战阵中的骑兵按照进攻、掩护、守御等不同的任务及其要求，专项区分为"陷骑"、"游骑"与"阵骑"等三部分。

第三节 魏晋南北朝兵学理论及其特色

魏晋南北朝时期的兵学思想在前代的基础上又有了新的丰富和发展。其主要内容包括"天下一家"、融众取长的战争观念；以治为胜、制必先定的建军思想；"弘思远益"、通揽全局的战略决策思想；多极角逐、避害趋利的联盟策略方针；"南水北骑"、因敌制胜的作战指导理论；等等。这些军事思想极大地丰富了中国古代兵学理论的宝库，是中国历史上冷兵器作战时代兵学思想的重要总

---

① 《三国志》卷二十六，《魏书·田豫传》。

结，对后世兵学思想的递嬗演变曾产生过相当深远的影响。①

这一时期的兵书撰著从数量上说并不突出，《隋书·经籍志》所著录的三国两晋南北朝的时期兵书仅仅有七十四部，这是这个时代各王朝图书屡遭兵燹劫难的结果。然而就是这样数量极其有限的兵书，在历史流传过程之中也不断有散佚，这七十四部劫后余生的兵书，仅有曹操的《孙子略解》一书以注文附于《孙子兵法》的形式而得以流传至今，至于诸葛亮名下的《将略》、《便宜十六策》等兵书，是否完全属于魏晋南北朝范围的兵书，学术界一直有分歧意见，莫衷一是，故只有参考的价值。

尽管如此，这一时期的兵学思想成就仍然十分可观。这具体表现为：第一，流传至今的曹操《孙子注》一书内容翔实，颇有创新，堪称大浪淘沙之后的兵学精品，"文字简练而切要，对于后人理解《孙子兵法》本义具有开创性意义"；"阐发《孙子兵法》义旨，有的有新的发挥"②，这样的评价，可谓切中肯綮。第二，这一时期出现了许多精彩的非兵书论兵之作，散见于奏议、政论、类书、诗歌、散文、史书等文献之中，而《北堂书钞》、《通典》、《文献通考》、《群书治要》、《太平御览》等唐、宋时代的政书、类书也保留了这一时期众多散佚兵书的部分内容。第三，这一时期涌现了众多杰出的军事家，如曹操、诸葛亮、司马懿、羊祜、杜预、王濬、王猛、崔浩、谢玄、檀道济、拓跋焘、宇文泰等。他们卓越的军事实践活动以及建立在此基础之上的军事理性认识，更从另一个层面极大地丰富和充实了中国兵学思想的宝库，使得该时期的兵学建树呈现出崭新的面貌。

从总体考察，这一时期的兵学思想具有几个鲜明的时代特色，体现了独到的成就。

一是注重实用。这表现为人们普遍偏重于军事对策性研究，着眼于兵法基本原则的实际应用。这一时代兵学思想的发展水平往往不在于原理的发现，而主要表现为兵法原理与军事实践的有机结合。这乃是对兵法的二度创造，它常常离不开具体的时间、地点和条件，是一定历史背景下的产物。著名的军事对

---

① 参见蓝永蔚、黄朴民等：《五千年的征战：中国军事史》，华东师范大学出版社2000年版，第113页。

② 参见于汝波主编：《孙子兵法研究史》，军事科学出版社2001年版，第78页。

策,如诸葛亮的《隆中对》、《前出师表》,羊祜的《平吴疏》,杜预的《平吴表》,王濬的《伐吴疏》,王猛的《临终谏伐晋言》,等等,都不是抽象的兵学原则阐发,而是饱含兵法一般原理的具体战略对策方案,具有很强的实用性和可操作性,是理论与实践圆满结合的典范。

二是注重综合。学术兼容,博采众长的文化趋势在这一时期的兵学建树中依然表现得非常明显,即兵学著述在秦汉时期多元综合的基础上进一步由创造学派、标新立异转向为融会贯通诸家之长。例如曹操、诸葛亮、司马懿等人的军事思想,都是在一般的兵学原则上,吸收申、韩学说的精髓,并杂取儒、道、墨诸家之长。其他像王猛军事观念兼容儒、法、兵家的思想,拔跋珪兵学思想体现中原农业军事文明与北方草原游牧军事文明相渗透的色彩,也同样鲜明地反映了当时的兵学理论建设注重综合、强调兼容的一般特点。

三是注重发展。这一时期的兵学家纷纷致力于对前代兵家所提出的重要兵学范畴加以丰富、充实和发展。如曹操的《孙子略解》、《孙子接要》针对《孙子兵法》的有关范畴发表自己独到的见解,对奇正、主客、形势、虚实、攻守、久速等范畴的内涵加以丰富,对"十则围之"的阐发、补充便是典型一例:"以十敌一则围之,是将智勇等而兵利钝均也。若主弱客强,不用十也,操所以倍兵围下邳,生擒吕布也。"[1]这类精辟的见解,在一定程度上充实了中国历代兵学思想,并多少透露出中国古典兵学的重点,正开始由战略层次向战役战斗层次转移的信息。有论者认为曹操《孙子注》"对孙子思想从战略上注解不足,而只从战法、战术上着眼"[2],这种观察是细致而准确的,其实它恰好反映了兵学重心更多侧重于对战役、战斗、战法、战术层次的内容进行阐释的历史文化特征。

另外,在战略决策思想、作战指导思想、建军治军思想等方面,这一时期的兵学也有独特的建树。如西晋统一全国战略决策的制定和实施;诸葛亮有关将帅修养问题的理性认识;邓艾等人正兵相持、奇兵"冲其腹心"的作战指导;宇文泰府兵制的实行所体现的寓兵于农、组织严密的建军思想;安内服外的富国强兵的思想;"伐谋伐交",借力打人,善结同盟的军事外交艺术;利用江河天险,进行军事对峙的斗争策略,等等,在中国古代兵学思想发展史上均闪耀着特有的

---

[1] 曹操《孙子·谋攻篇注》。
[2] 参见于汝波主编:《孙子兵法研究史》,军事科学出版社2001年版,第78页。

光芒。它们既是对先秦两汉时期兵学理论成就的继承与发展,也为隋唐两宋兵学思想的再次繁荣兴盛准备了必要的条件。

第四节 有关南船北骑的作战理论

魏晋南北朝时期的作战指导思想,打上了强烈的地域特征与民族风格。其中南方以水战思想为主,辅以城战理论,而北方则以骑战思想见长。这种南北差异,根源在于地理环境与民族特性的不同,梁朝人沈约对此曾有具体的分析,要云:"夫地势有便习,用兵有短长,胡负骏足,而平原悉车骑之地;南习水斗,江湖固舟楫之乡。代马胡驹,出自冀北,梗楠豫章,植乎中土,盖天地所以分区域也。若谓毡裘之民,可以决胜于荆、越,必不可矣;而曰楼船之夫,可以争锋于燕、冀,岂或可乎?"①

南方政权所在地域河湖纵横,因而水战成为十分重要的作战方式,这就直接促成了水战思想的迅速发展。大致而言,南方水战思想包括了以下几个重要观念。

第一,以长击短的观念。在南北相峙中,南方的战略指导者充分肯定水战之长,认为在水战中具有对北军"以一当千"②的优势,并在此基础上树立起以弱胜强的信心。赤壁之战前夕,吴将周瑜对战胜曹操优势兵力信心百倍,原因就在于水战为南方作战的主要样式,而曹军恰恰在这一点上处于下风,无能为力:"舍鞍马,仗舟楫,与吴越争衡,本非中国所长。驱中国士众远涉江湖之间,不习水土,必生疾病。"③赤壁之战的结局,证明了周瑜看法的正确,此后,东晋南朝不少人都把保卫南方的希望寄托在南方以长击短的水战优势上。这方面,北方的战争指导者也是有共识的。如魏文帝曹丕两次广陵观兵,临江而返,喟然叹道:"魏虽有武骑千群,无所用也。"④"嗟乎!固天所以隔南北也。"⑤

---

① 《宋书》卷九十五,《索虏传》。
② 《晋书》卷七十七,《蔡谟传》。
③ 《三国志》卷五十五,《吴书·徐盛传》注引《魏氏春秋》。
④ 《三国志》卷五十五,《吴书·徐盛传》注引《魏氏春秋》。
⑤ 《三国志》卷四十七,《吴书·吴主传》注引《吴录》。

第二，诱敌深入观念。当南北双方相持不下时，为了扬长避短，不如诱而致之；实施战略进攻，不如展开积极防御。这实质上是主张将北军放进到江淮附近，以便南军依托江淮水系作战。如东晋时，征西将军庾亮以后赵统治者石勒新死，准备北伐，侍中蔡谟反对，认为应"开江延敌"，将北军诱至长江附近，内线歼敌，以利于充分发挥南军水战的优势，指出如果贸然离江北伐，乃是"以我所短击彼所长"①，纯属战略上的败笔。

第三，控扼上流的观念。南方战争指导者认为，控扼长江上流为江防之重点。如夷陵之战中，吴军主帅陆逊认为夷陵处在荆州之最上流，为东吴之大门，故全力死守该地，挫败刘备重夺荆州的企图。其子陆抗守荆州时，也提出西陵（夷陵）为国家之藩篱，社稷安危之关键，应当全力争夺和据有。②整个六朝沿着这一思路，无不高度重视控扼其上流要地。

第四，依托水道的观念。江河不仅是南方水军的战场，也为南军陆战提供了机动的水道。南军陆战，一般都愿意利用水道进兵或退兵，以方便运输和兼得水战优势。如三国时东吴攻魏，多数选在合肥方向，原因就在于该方向有水道贯通江淮，便于依托水道陆战。

至于南方战争指导者的城市防御战思想，则是其水战思想的补充。北方骑兵善于野战而不善于城战，遇到死守的坚城往往进攻乏术。正是在这样的背景下，南方战争指导者形成了依托坚城实施防御的观念，认为据城防御，"战士二千，足抗群虏三万"③，主张力避不利的野战，力争有利的城战，以便依托城市的军事工事，减杀骑兵的机动与冲击优势。

与南方截然不同，北方的战争指导者视骑战为自己的强项，主张在与南军作战中，力主骑战，力避水战与城战。如东魏叛将侯景生长于北方，降梁又叛梁后，兼并了南方众多水军，规模之大，"江左以来，水军之盛未有也"④。然而他仍畏惧水战，叮嘱部下说："西人善水战，不可与争锋；若得马步一交，必当可破"⑤，仍将取胜的希望寄托在所熟悉的作战方式上。正是在与南方水战、城

---

① 《晋书》卷七十七，《蔡谟传》。
② 参见《三国志》卷五十八，《吴书·陆抗传》。
③ 《宋书》卷六十四，《何承天传》。
④ 《南史》卷八十，《侯景传》。
⑤ 《梁书》卷五十六，《侯景传》。

战相抗衡的基础上，北方的战争指导者逐渐形成了系统的骑战思想，其基本内涵有：

第一，发挥骑兵机动和冲击力的观念，北军认为，骑兵的优势，在于其强大的机动性。所以北魏崔浩在充分认识这一点的基础上，设计了以北制南的"长策"："轻骑同出，耀威桑梓之中，谁知多少？百姓见之，望尘震服。此是国家威制诸夏之长策也。"①应该说，"以铁骑兼行袭之，无不克矣"②，乃是这一时期北方战争指导者的普遍认识。

第二，运动防御的观念。当敌人发动来势凶猛的进攻时，北方的战争指导者强调骑兵在大踏步运动中退却，以求示弱骄敌，避其锐气，疲劳敌人，等待反攻的时机，因此往往把退却的终点放在极其遥远的地方。③ 如参合坡之战中，北魏放弃都城盛乐（今内蒙古和林格尔西北），退却千余里，西渡黄河，从而为时机成熟后实施反攻并取得胜利奠定基础。

第三，快速进攻观念。北方骑兵进攻总的要求是发挥灵活机动的优势，实施快速进攻。但是在不同地形和对不同敌人的进攻中又提倡区别对待，实行不同的作战原则。如对漠北草原地区的进攻，是以骑制骑，故主张多路奔袭，突然袭击。当咬住敌之主力后，则不怕疲劳追击到底。然而对江淮以北地区的进攻，则是以骑制步、制城，面对南方长于水战、城战的特点，北方战争指导者的骑兵快速进攻实行了新的作战原则：一是以掠夺而不以占领土地为目的，所谓"北人不乐远行，唯乐钞掠"④；二是以掠夺广大农村地区为主，对城池可攻则攻，不可攻则绕城而过；三是冬去春来，进攻的终点以淮河至多以长江为界限；四是回军时全部撤兵，"兵不戍一城，土不辟一成"⑤。

第四，酌情攻坚的观念。北方战争指导者在对南朝进行己所不擅长的城战时，主张最好能避免攻城，当非攻不可时，也要扬长避短，采用以下两种机动战法攻城：一是以骑兵对所攻之城昼围夜撤，并且筑堤引水灌城；二是把重点放在

---

① 《魏书》卷三十五，《崔浩传》。
② 《资治通鉴》卷一百六十五，梁元帝承圣二年。
③ 参见于汝波、黄朴民主编：《中国历代军事思想史教程》，军事科学出版社 2000 年版，第 88 页。
④ 《资治通鉴》卷一百四十一，齐明帝建武四年。
⑤ 《资治通鉴》卷一百四十，齐明帝建武二年。

围城打援的野战之上,认为一旦野战打援成功,则守城者心理绝望,其城往往可不攻而下。

魏晋南北朝时期"南船北马"的作战指导原则,是当时战争实践的产物,同时又转而对该时期的战争活动开展,具有指导的意义。它的形成及其运用,标志着古代兵学的发展又进入了一个新的阶段。

第五节　诸葛亮《隆中对》的战略决策思维

魏晋南北朝时期兵学思想发展的一个重要特色,是军事战略对策研究的风靡,注重务实,强调实用,使得兵学理论的建树紧密贴近战争活动的实践。这中间,诸葛亮为刘备所献的"隆中对"(又称"草庐对")具有典型意义。

《隆中对》为刘备集团勾画了求生存,谋发展,取天下,致统一的系统完整的战略方案,面世以来,一直脍炙人口,被誉为文人战略家战略谋划的典范,千秋独步的战略名对。

东汉末年,军阀混战,天下大乱,刘备作为其中一支武装割据势力,也在此时悄然崛起,但是在他遇到诸葛亮以前,虽有成就一番事业的雄心,并长期矢志不渝,但因没有一套合适的战略纲领,结果是东奔西逃,始终未能拥有自己稳固的地盘,不得不寄人篱下。所以他"三顾频烦天下计"。而诸葛亮在遇到刘备之前,也隐居隆中,大志无所伸。二十年后,诸葛亮曾深情地向后主回忆这次君臣际遇:"先帝不以臣卑鄙,猥自枉屈,三顾臣于草庐之中,谘以当世之事,由是感激,遂许先帝以驱驰。"[①]可以说,"天下英雄"刘备的屈尊下顾、虚心求教,以及他复兴汉室、拨乱反正的忠肝热肠,都使诸葛亮深感知遇之厚,于是才和盘托出《隆中对》这一卓绝千古的战略名对。

《隆中对》的高明,在于它具有全局观念,同时又充满长远眼光、前瞻意识。一方面它高屋建瓴,统筹全局,提出了"跨有荆益"、"两路出兵"的"三分割据纡筹策"。众所周知,谋全局的核心,首在战略目标的确定。诸葛亮以恢宏的气度和思接千古的见识,指陈时势,在总结历史经验和分析现实形势的基础上,指出在各种集团的消长纷争中,曹操是刘备的主要敌人。所以,刘备的

---

① 《三国志》卷三十五,《蜀书·诸葛亮传》。

现实目标应该是"跨有荆益",即利用各种矛盾,夺取天下要冲荆州和天府之国益州,作为自己的立足之地,以此为角逐天下的根本,从而实现三分天下有其一的霸业。对现实目标的这一定位,是对天下大势的洞察,对敌我关系现状和变化趋势的把握,同时,也考虑到了战略地缘关系。

更为重要的是,《隆中对》的根本宗旨在于最终实现国家的统一,体现了战略决策上的前瞻意识。所以,它在制定现实目标的基础上,进一步提出了刘备集团的长远战略目标,这就是"待天下有变",由荆州、益州两路出兵,互相配合,密切协同,构成钳形进攻之势,兵锋北上,席卷两京,收得中原,兴复汉室。这里,它虽然未明言孙权的前途问题,但言下之意,待消灭了主要敌人强曹,孙权之接踵而亡自不待论矣。到那个时候,实现全国的统一,也就成了瓜熟蒂落、水到渠成的事情。①

另一方面,《隆中对》所反映的大局观念与战略前瞻意识,并不是诸葛亮本人的突发奇想、闭门造车。它的可行性,建立在诸葛亮所提出的一系列实现战略目标相应方法手段系统完善的基础之上。换言之,它的战略前瞻不是虚幻的"画饼",而是极有可能实现的现实,目标的长远性与方法手段的有效性是协调一致的。这些方法手段包括了:第一,利用"天下思汉"的普遍心理,凭借刘备身为"帝室之胄"的优越背景,作为政治资本,争取政治上的主动,以与曹操之"挟天子以令诸侯"做法相抗衡。第二,推行"西和诸戎,南抚夷越,外结好孙权"②的方针,做好"外交"工作,为自己争取安定的战略后方和比较可靠的盟友,从而保证自身的安全,使得自己能左右逢源,创造出有利于自己发展壮大的外部环境和良机。第三,"内修政理"③,整顿吏治,清明政治,发展经济,搞好内部建设,积蓄实力,文武并用,刚柔相济。可见《隆中对》中有关战略长远目标的提出,不是偶然的,而是深思熟虑了未来战略发展趋势后的独到心得,它的战略前瞻意识是鲜明合理的,因为它以政治、经济、外交努力来实现战略目标的奋斗相配套和呼应,实际上已为战略前瞻意识的明确化和可操作化提供了必要的条件。

---

① 参见黄朴民:《大一统:中国历代统一战略研究》,军事科学出版社2004年版,第127页。

② 《三国志》卷三十五,《蜀书·诸葛亮传》。

③ 《三国志》卷三十五,《蜀书·诸葛亮传》。

显而易见,《隆中对》是诸葛亮在形势最低迷之时慧眼识先机,为刘备集团所制定的完整统一战略预案。它见微知著,占隐察机以及战略上由弱转强的思想筹划,达到了前无古人的境界。《隆中对》实施之初,就使刘备取得了赤壁大战的胜利,并使刘备集团迅速起弊振衰,据有荆州大部,继而进一步拓展西川,攻取汉中,终于开国蜀汉,达于三国鼎立。尽管军事活动的动态性与不可捉摸性等因素干扰了《隆中对》战略计划的下一步发展,所谓"天下有变",变来变去,是变得对刘备集团日益不利,终于使诸葛亮更为弘远的战略前瞻渐渐成为"明日黄花",与占据中原、兴复汉室的目标渐行渐远,但它毕竟是卓绝的以全局观念突出、前瞻意识鲜明为特征的统一战略预案。正如王叡《将略论》所评价的那样,它是"孔明创蜀,决沈机二三策,遽成鼎峙,英雄之大略,将帅之弘规也"。

三国以降,《隆中对》的两路进兵、统一全国的战略规划,曾成为引起历代争论的问题,如宋代人苏洵说:"诸葛孔明弃荆州而就西蜀,吾知其无能为也。且彼未见大险也,徒以为剑门者,可以不亡也。吾尝观蜀之险,其守不可击,其出不可继,兢兢而自安,犹且不给,而何以制中原哉?"①意思就是说,以剑门相隔的四川盆地,作为保境自守的根据地尚且不够理想,更遑论以此为基地去进取中原,经营天下了。而南宋时期的朱熹则坚持:"若无意外龃龉,曹氏不足平,两路进兵,何可当也。"②

我们认为:朱熹之论,因出于维护蜀汉"正统",过分推崇了《隆中对》,但是,像苏洵那样完全否定《隆中对》的价值,也属故作惊人之论,博人眼球而已,所以难怪朱熹视其为纵横家。当然,从总结历史经验教训而考虑,《隆中对》的确不是无懈可击,尽善尽美的。其失误,主要表现在"两路进兵"的长远目标过于理想化。毛泽东针对苏洵以上议论,曾作过一段发人深思的批注:"其始误于《隆中对》,千里之遥而二分兵力,其终则关羽、刘备、诸葛亮三分兵力,焉得不败!"③

这里所讲的"二分兵力",指的就是《隆中对》中所设想的从荆州、益州发动钳形攻势,北伐中原,统一全国的长远目标。的确,为大巴山、巫山相阻隔

---

① 《嘉祐集》卷三,《权书》。
② 《朱子语类》卷一三六。
③ 《毛泽东读文史古籍批语集》,中央文献出版社1993年版,第106页。

的荆、益二州，相互之间很难进行支援。尤其是在当时的通讯、交通条件下，悬隔千里而要协调战场动作，使之互相策应、配合和支援，实难做到。加上刘备集团本来就是兵寡将微，二分兵力恰好是犯了分兵之大忌。所以，毛泽东的批评无疑是非常有道理的。另外，《隆中对》提出既要"跨有荆、益"，又要"外结好孙权"，即希望刘备在保有荆州这一战略要地的前提下，维持与东吴方面的联盟关系，这多少也有一些一厢情愿了，在现实中实难鱼与熊掌兼得，必然会碰壁。

然而，尽管有种种缺陷，《隆中对》仍不失为中国历史上卓绝非凡的战略对策，而且这些缺陷也根本无损于诸葛亮雄才大略的战略家光辉形象。

第六节 羊祜《平吴疏》的战略决策思维

所谓"战略"，其经典的释义，就是指导战争全局的方略。它显然具有三个最基本的特征：第一，它是指导性的，即引领、规范与主导军事行动的方向；第二，它是全局性的，即它具有系统性、全局性、根本性、长远性的意义，所谓"不谋全局者，不足以谋一域"；第三，它是一种方略，方针与策略，具有可操作性。战略同时也是一种选择，即在形势扑朔迷离的情况下，在面临着多种可能性都存在的局面之前，睿智地选择一种成本最小、效益最大、弊端最少，且具有可操作性的最佳方略。具体地说，战略所要解决的是"做不做"、"何时做"、"何地做"、"何人做"、"怎么做"等最核心、最关键的问题。

中国具有悠久的军事文化传统，战略思维与战略指导理论的成熟与高明在世界上也是罕有其匹的。在长期的战争实践中，曾产生过诸如"汉中对"、"隆中对"、"平陈十策"、"雪夜对"等脍炙人口的战略决策与指导思想的典范，它们是重要的战略历史文化资源，至今仍不无启迪意义，值得我们高度重视和认真借鉴。而在它们中间，西晋时期羊祜的《平吴疏》，作为国家统一战略的重要案例，乃以其独有的战略洞察力与决策可行性而拥有特殊的魅力，千百载后依然不乏认真总结的价值。

众所周知，赤壁之战后所形成的三国鼎立局面，经过数十年的战和更替，统一全国的形势已渐趋成熟。公元263年，魏廷在司马氏的操纵下，发兵一举攻灭了偏安于西南一隅的刘氏蜀汉政权，又两年后，司马炎通过"禅让"方式，灭魏自立，建立起西晋王朝，这样，魏、蜀、吴三分天下的局面已演进为晋、吴两大政权南北并峙的战略格局。

晋武帝司马炎即位伊始，在稳定国内政局、解决北方鲜卑族拓跋树机武力犯边的同时，也将灭亡东吴、统一全国一事作为最重要的任务提上了议事日程。然而，朝廷内部在何时和如何进行统一战争的问题上存在着严重分歧。重臣贾充、荀勖等人对晋武帝出兵伐吴的战略意图持明确反对的态度。他们认为，东吴水军强盛，且据有长江天险，晋朝如果出师攻伐，胜负实难逆料，与其冒险用兵，不如稳妥守成，所以主张按兵不动，以静观形势变化。这些意见的存在，在很大程度上干扰了人们的思想，也使得晋武帝患得患失，瞻前顾后，优柔寡断，一时难以做出决断。正是在此背景下，一贯倡言伐吴的大臣羊祜于咸宁二年（276）向晋武帝进献了《平吴疏》，正确分析了当时的战略形势，论证了晋朝起兵攻灭东吴，统一全国的历史合理性与现实可能性，并具体策划了晋军战略进攻的基本步骤，以期让晋武帝排除各种干扰，果断地将灭吴的战略方针付诸实施，从而完成统一全国的殊世伟业。

《平吴疏》的基本宗旨，是通过对晋、吴双方经济、政治、军事等条件进行全面考察，"校之以计，以索其情"，从而系统地深入地论证晋统一全国的必然归宿。

其一，中华文明是世界上为数不多的独立起源的文明之一。中国历经五千年沧桑，国内诸民族经历了战和更替、聚散分合、迁徙与融汇，却始终不曾割断共同的文化传统，民族认同始终如一，而且越是历经磨难、遭遇坎坷，越是会增强多元一体的中华民族的自我意识和对中华文明的认同感。很显然，统一是中国历史发展的主流，是中华民族高于一切的理想追求和道德情感。

羊祜深受中华文化中"大一统"理念的熏陶，因此将起兵灭吴，结束南北分裂，混成一统，认定为合于天意人心的正义之举，强调"夫期运虽天所授，而功业必由人成"[①]，天下一统，"成无为之化"，乃是理有固宜，势所必然。他强调指出，用兵打仗的根本宗旨在于"宁静宇宙，戢兵和众"。这样就从弘扬"大一统"理念的高度，为灭吴战争的性质做了正确的定位，确立了政治上的合法性，阐发了"以战止战，虽战可也"，也就是消灭割据、混一天下的合理性，所以请

---

① 《晋书》卷三十四，《羊祜传》，本节以下引文，出处均同。

求晋武帝圣心独断，排除一切干扰，毫不犹豫地将统一大业推向前进。也就是说："是故谋之虽多，而决之欲断。"

其二，羊祜全面分析了敌我双方的战略态势，进而阐说晋军灭吴的时机业已成熟，夺取统一战争的胜利具有极大的把握，可以做到旗开得胜，马到成功。《平吴疏》指出，当时的东吴，事实上军事实力已明显处于下风，"弓弩戟楯不如中国"。其内部更是钩心斗角，矛盾重重，上下离心，众叛亲离："孙皓之暴，侈于刘禅；吴人之困，甚于巴蜀"，"将疑于朝，士困于野，无有保世之计，一定之心"。可以说已处于风雨飘摇、朝不保夕之中。在这种情况下，一旦西晋大举出击，吴国必定难以组织有效抵抗，其情形必然是望风披靡，土崩瓦解，"兵临之际，必有应者，终不能齐力致死，已可知也"。相反，晋朝则在政治、经济、军事上占有明显的优势，完全处于"先为不可胜，以待敌之可胜"的主动地位，"以镒称铢"，以石击卵，统一大业定能凯歌高奏："大晋兵众，多于前世，资储器械，盛于往时。"所以只要把握战机，果断征伐，则"军不逾时，克可必矣"，所谓所向无敌，一举而克。

东吴政权之所以敢负隅顽抗，抵制统一，就在于其依恃拥有长江天险和水师相对较强，所谓"水战是其所便"，这也正是西晋内部相当一部分人，包括贾充、荀勖等皇帝心腹重臣，对伐吴之举持消极抵触态度的重要原因之一。然而羊祜却能具体分析，认为这并不构成灭吴的绝对障碍。他说，险阻的作用也只是在双方实力基本相当的情况下才可发挥作用，"凡以险阻得存者，谓所敌者同，力足自固"。但一旦进攻一方拥有了绝对优势，那么险阻也就不成其为不可克服的障碍了，"苟其轻重不齐，强弱异势，则智士不能谋，而险阻不能保也"。这一点业已为魏灭蜀汉的历史实践所证明："蜀之为国，非不险也，高山寻云霓，深谷肆无景，束马悬车，然后得济，皆言一夫荷戟，千人莫当。及进兵之日，曾无藩篱之限，斩将搴旗，伏尸数万，乘胜席卷，径至成都，汉中诸城，皆鸟栖而不敢出。非缘无战心，诚力不足相抗。"至于吴军善于水战，确实值得重视，但只要战略上处理得当，也可以使其起不了作用，晋军可以突然袭击渡过长江，只要"一入其境"，则吴军就无法依托长江进行抵抗，只能退保城池，进行消极防御。如此，则吴军"去长就短"，水战的优势遂荡然无存，在战略指导与战役指挥上均陷入极大的被动。

其三，羊祜在《平吴疏》中又拟定了具体的作战部署，阐述了正确的用兵方略,为晋武帝发动平吴统一南北战争提供了一份可供操作的军事进攻方案。为了确保灭吴之役达于预期效果,羊祜还根据晋吴战略态势,提出要多路进兵,水陆俱下,即从长江上、中、下游同时发起进攻:"引梁益之兵水陆俱下,荆楚之众进临江陵,平南、豫州直指夏口,徐、扬、青、兖并向秣陵。"羊祜满怀信心地指出,这样一来,吴军势必首尾不能相顾,因为"无所不备,则无所不寡",其彻底失败的命运将注定不可避免:"以一隅之吴,当天下之众,势分形散,所备皆急。巴汉奇兵出其空虚,一处倾坏,则上下震荡",如此,必将结束汉末以来的长期分裂割据局面,实现国家的统一。

由此可见,羊祜的《平吴疏》的确是一份高明的统一战争战略谋划。其内容十分丰富,分析细致精当,举凡战略目标的确立,战争性质的界定,战略形势的分析,战略部署的筹划,均有全面细致的研究和阐发,充分体现了羊祜作为杰出战略家洞烛几微、提纲挈领、驾驭全局的卓越能力,以及积极进取、辩证乐观、求真务实的无畏胆识。它的提出,为晋武帝日后翦灭东吴,完成统一奠定了基础。

就这个意义而言,尽管羊祜本人并未能亲历"王濬楼船下益州,金陵王气黯然收,千寻铁锁沉江底,一片降幡出石头"那辉煌的历史时刻,但他仍是西晋统一大业的第一号功臣。无怪乎在平吴的庆功宴上,晋武帝司马炎要"执爵流涕曰:此羊太傅之功也",对他在统一全国事业中所做出的杰出贡献予以最充分的肯定。

"人事有代谢,往来成古今。江山留胜迹,我辈复登临。"今天重温羊祜的《平吴疏》,依然令人不胜仰慕。这是中华战略文化宝库中的一份瑰宝,其价值与启示乃是永恒的。

第九章

隋唐五代时期的兵学理论

第一节 隋唐五代兵学概貌

在军事上,隋唐五代时期是一个战争频繁,变革深刻,兵学理论多有创新的历史阶段。当时涌现了一批颇有价值的兵书典籍。据许保林《中国兵书知见录》一书的统计,这一时期的兵书计有二百一十六部,九百六十八卷;刘申宁《中国兵书总目》则著录这一时期的兵书战策为一百六十四部,八百二十九卷。著名的兵书,包括了无名氏的《唐太宗李卫公问对》、李靖的《卫公兵法》、李筌的《太白阴经》、王真的《道德经论兵要义述》、杜牧的《孙子注》,等等。这一时期也是注释《孙子兵法》的高峰时期,宋代人编辑的《十一家注孙子》,唐人就占了五家,即:李筌、贾林、杜佑、杜牧、陈皞。他们在注释中所阐释的兵学观点与注释方法,曾对后世的《孙子兵法》注释家们产生过深远的影响。除此之外,隋唐五代时期还有许多非兵书的论兵之作,散见于奏议、政论、类书、诗歌、史书、散文等文献典籍之中,如陆贽的《陆宣公奏议》中的《论两河及淮西利害状》、《论沿边守备事宜状》、《收河中后请罢兵状》诸篇,就是这方面的一个代表。这一时期还扩大了对外的军事学术交流,有的兵书如《孙子兵法》等,就是在唐代传到日本的。隋唐五代时期也涌现出众多杰出的军事家、兵学家,如杨坚、贺若弼、韩擒虎、李密、李渊、李世民、李靖、李勣、郭子仪、李光弼、李泌、李愬、杜牧、黄巢、柴荣等,他们卓越的军事实践活动以及建立在此基础上的军事理性认识,更从另一个层面极大地丰富和充实了中国兵学思想的宝库,使该时期的兵学建树呈现出崭新的面貌。

综观隋唐五代时期的兵学,其主要特征大致有以下几个方面:

首先,隋唐五代处于我国纯冷兵器时代的末期,这一时期的兵学思想上承先秦、秦汉、魏晋南北朝冷兵器时代的兵学传统，下开宋、辽、金、元、明、清冷热兵器并用时代的先河，是我国兵学发展史链条上的一个重要环节。这一时期的军事家和兵学理论研究者集冷兵器时代兵学研究之大成，在全面继承前人的兵学理论研究成果的基础上，又有所开拓创新与丰富发展。其中特别是对某些重要兵学范畴的认识和阐释上，多具新意，超越前人，如对主客、奇正、攻守、迂直、虚实、久速、诚诈、形神、形势等的论述，都有新的突破与发展。在战略决策思想、作战指导理论、建军治军观念等方面，当时的兵学家们也做出了独特的建树。例如，隋唐统一全国战略决策的制定与实施，隋文帝对突厥的战略用间思想，李世民正兵相持、奇兵袭后的战术原则在轻骑兵条件下的熟练应用，围城打援、一举两克的作战指导，隋唐两代对渡江攻城协同作战指导思想的发展，兵贵神速、乘胜追击的歼灭战思想，避攻坚城、野战歼敌的反客为主方针，因常而异、虚实相生的避实击虚原则，分别轻重、以长制短的灵活应变方略，府兵制的实行所体现的寓兵于农、组织严密的建军思想，居重驭轻、实内虚外的国防布局理念，夷夏一体、安内服外的富国强兵理论，等等，都在这一时期得到深化与发展，在中国兵学思想发展史上闪耀着特有的光彩。

其次，隋唐五代的兵学研究也有新的深化，形成了自己显著的特点。中国古代的思想文化整合与融会，至隋唐时期进入了第三个高潮（第一个高潮是西周初期周公"制礼作乐"，统一思想、规范礼乐；第二个高潮是起源于战国中后期、完成于董仲舒的思想学术的兼容并融，以"罢黜百家，独尊儒术"为标志）。隋代思想家王通著《文中子》，汲汲于倡导"三教可一"，唐代更是主张儒、释、道三教的并存包容，而孔颖达《五经正义》的编纂与推出，则是当时思想文化重新整合、以迎合隋唐"大一统"帝国统一思想的需要之标志性象征。

这一思想文化大整合的时代特征，在当时的兵学研究领域也同样得到了明显的体现。我们可以清晰地看到，这一时期的兵学思想也与其他思想进一步融会贯通。如李筌的《太白阴经》及为《阴符经》所作注疏等，就很明显地带有道兵家的浓厚色彩，王重民曾指出：《太白阴经》是一部"以道家言言兵事"的兵学专著。① 清代《四库全书总目·子部·兵家类》在评论《太白阴经》一书的特色时也指出："兵家者流，大抵以权谋相尚；儒家者流，又往往持论迂阔，讳言军

---

① 参见《敦煌古籍叙录》卷二《史记·阃外春秋》，中华书局1979年版。

旅，盖两失之。筌此书先言主有道德，后言国有富强，内外兼修，可谓持平之论。"显而易见，李筌无疑是一位博取众家之长，融道、儒、兵诸家思想为一体的兵学家。同样，王真的《道德经论兵要义述》一书，也是一部儒、道、兵相融会互补的兵学典籍。唐代的不少兵书之所以具有较为浓重的道家色彩，这当与李唐皇帝自己攀附为老子李耳之后有一定的关系。再如，杜牧学贯古今，慨然论兵，甚博而详，多有卓识。陆贽将儒、兵思想融为一体，浑然天成，谈兵之内容切实而旨远，常常令人耳目一新。众所周知，不同思想之间的碰撞与交融，常常能活跃人们的思维，从而迸发出新的兵学思想的火花，缘是之故，这一时期的兵学论述多有新见，独领风骚。此外，还值得引起我们注意的是：这一时期的兵学理论更具总结性和实用性。如《长短经》、《太白阴经》、《通典》中的兵典内容等，都采取了对前人兵学理论进行分门别类的总结、归纳、注释、阐发的体例。当时不少兵书的内容常常着眼于实际的运用。大至国家战略的制定，小至基本队形的训练，兵器的配备与使用、战马喂养、医药救护，等等，都有具体而翔实的论述，其兵学理论更加面向战争的实践，具有很强的可操作性。

其三，隋唐五代时期的兵学，对后世兵学思想发展的影响，是较为深远的。这一时期所总结出的重要兵学原则，如关于持久战的基本认识，关于战略用间、边疆军事羁縻、防止割据分裂的思想以及异彩纷呈的作战指挥艺术，等等，都为后人所高度重视并灵活运用。这一时期的一些重要兵书，如《卫公兵法》、《太白阴经》、《统军灵辖秘策》、《唐太宗李卫公问对》等，也成了后来军事统帅与兵学家的必读之书，尤其是《唐太宗李卫公问对》，在宋神宗时期更被列为《武经七书》之一，成为当时和此后武学的兵学教科书之一。在兵书的编纂体例上，隋唐五代时期的兵学，也同样对后世产生了较为广泛的影响。像《长短经》、《通典》等分类辑录兵学论述的编纂方法，就为后人所仿效，宋代的《武经总要》、明代的《武备志》等大型军事类书的编纂体例，应该是受到了唐代人的启发并有所发展的。此外，隋唐五代时期的兵学地理图书也有了一定的发展。可以这么说：唐代《括地志》、《元和郡县图志》等著述的出现，对后世的兵家地理学研究和中国古代地缘战略思想的形成及成熟亦不无积极的意义。

第二节　隋、唐统一战争的战略指导思想

隋、唐开国，都经历了大规模的统一战争，其战争指导者的战争准备思想与作战指挥艺术，无疑是隋、唐兵学的重要组成部分，在一定程度上体现了隋、唐兵学的时代特色与学术高度。

一、战争准备

实施统一战略的基本准备，其重点无疑是战争准备，作为核心问题，它的准备情况如何，决定着统一战略能否顺利实施的前景。与此同时，隋、唐统一战略实施者普遍将进行统一战争的准备作为一个综合复杂的体系来对待，从政治、经济、文化、外交各个领域从事全方位的准备。具体地说，这包含以下几个方面。

第一，发展经济实力，为统一奠定坚实的基础。经济是制约军事活动的最主要物质因素，因此，要从事统一战争并取得最后胜利，根本的方法在于发展社会经济，搞好战略储备，隋、唐统一战略实施者有清醒的认识，都把发展社会生产、增强经济实力作为从事统一斗争的基本前提。如隋文帝杨坚夺取北周政权、建立隋王朝以后，即"潜有吞并江南之志"，为实现南北统一的大业，从开皇元年（581）起的数年内，杨坚致力于发展社会生产，在经济上采取了一系列重大措施，这包括实行均田，减轻民众的赋役负担，救灾济民，兴修水利，等等，从而使隋初生产得到迅速恢复和发展，增强了隋王朝的经济实力，为日后完成统一大业，创造了物质条件。

在增强己方经济实力的同时，也注意运用各种手段干扰对手的经济生活，削弱对手的经济实力。彼消己长，使自己在经济上的优势变得更为明显，实际上应该说是另一种增长己方经济实力的有效方式。这在隋灭陈统一战争准备中亦有典型的表现。当时杨坚采纳大臣高颎的建议，积极破坏陈朝的正常生产秩序及其物质储备，在江南收获季节，调集一部分兵力，虚张声势，摆出进攻的架势，迫使陈朝屯兵守御，因而延误了其正常的农时活动；同时还"密遣行人（间谍），因风纵火"①；烧毁陈朝的战略物资储备，扰乱打击其军民的军心士气。

---

① 《隋书》卷四十一，《高颎传》。

陈朝本来就国土狭窄（仅四百余县）、人口较少（二百万人）、经济力量薄弱（候景之乱对其经济破坏十分严重），又遭遇隋朝的经济绞杀战，其整个经济形势就不能不日趋恶化了，"由是陈人益弊"。隋王朝从而在双方经济实力对比上取得了显著的优势。

第二，争取政治优势为统一创造积极的条件。政治是决定战争胜负的根本因素，隋、唐统一战略实施者为了达到实现国家统一的目标，总是把争取政治优势，作为最重要的准备内容之一。这除了改革和完善职官、用人、法律诸制度，整肃吏治，缓和各种矛盾，安定社会生活，笼络民心，调动各方面积极性等一般性措施外，他们还普遍注重解决几个关键性的环节：

集思广益，鼓励臣下为统一大业献计献策。制定正确的统一战略，部署可行的统一措施，是完成国家统一的关键环节，这就需要决策者虚心听取各方面合理建议，集思广益，择善而从，如此方能避免鲁莽从事，使自己的统一战略建立在比较客观正确的基础之上。鉴于这样的认识，隋、唐统一战略决策者总是把广开言路、虚心咨询、博采众长，作为统一大业政治准备的重要内容来认真加以落实。隋朝灭陈统一南北之策的确定，是隋文帝在整整八年时间里，先后征询他人的意见和不少臣下主动献计献策的自然产物。据《隋书》记载，自开皇以来，大臣高颎、李德林、贺若弼、杨素、梁睿、王长述、崔仲方、王颁、杜整、高劢、皇甫绩等人反复与杨坚讨论研究平陈之策，从不同的角度论证了灭陈的必要性和胜利的可能性。

积极发动对敌方的政治攻势，瓦解敌方的军心士气，争取敌方民众对统一大业的理解与支持，为统一大业扫清障碍。这也是统一大业政治准备的主要环节之一。隋、唐统一战略的决策者总是在"吊民伐罪"的名义下为自己的行动寻找合理合法的依据，以此使自己"师出有名"，动员民众，孤立敌人。他们或列举敌方统治者种种倒行逆施的劣迹，显示自己行动"恭行天罚"的正义性质，如隋文帝在伐陈前夕，历数陈后主的20条罪状，并"散写诏书三十万纸，遍谕江外"①，表明伐陈统一南北乃是"显行天诛"，以此揭露陈后主的黑暗统治，争取江南士民对隋军即将南进之举的同情和支持。或推行必要的怀柔政策，抚恤帮助敌方普通民众，争取人心，为统一大业减少阻力。如隋文帝杨坚对于隋军所

---

① 《资治通鉴》卷一七六。

捕获的陈国间谍,坚持采取优容感化政策,一律放归江南,既笼络人心,又利用他们传播隋军的声威,动摇陈朝的民心士气,使敌人彻底陷入"上下相蒙,众叛亲离"①的混乱危殆境遇。

充分肯定自己的"正统"地位,把统一天下之举定位于"天命所归",从历史哲学的高度论证自己所作所为的天然合理性。以确定正统为前提从事统一大业,是历代统一战略决策者进行政治准备的必有之义,所谓"正统之所在,天下归之"②。因为"正统"意味着"天子大一统"的自然负荷者,是"帝王受命于天"的具体标志,也是儒家"内圣外王"道统在政治上的基本体现,"道统者,治统之所在也"③。得天命者得天统,得天统者得正统,因而具有合理合法统一天下的权利与义务。在"正统"者面前,割据分裂势力都是"闰统"或"偏统",它们的存在都是不合法的,也是暂时的,其被"正统"承荷者所统一乃是必然的归宿。这一理念为隋、唐统一大业实施者所禀受,他们普遍致力于肯定自己的"正统"地位,努力使"天命所归"、天下统一的观念深入人心,表明只有自己方能以"道统",也即仁义礼让安治天下。这用杨坚《伐陈诏》的话说,就是"以上天之灵,助勘定之力,便可出师授律,应机诛殄,在斯举也,永清吴越"④。正因为把"正统"观念的弘扬纳入统一大业的政治准备之中,所以隋、唐统一战略的实施者能够做到"师直为壮",充满信心地把实现统一的斗争推向前进。

第三,增强军事实力为统一提供充分的保证。军事斗争在整个统一大业居于中心的位置,军事实力的强弱在很大程度上决定着统一进程的命运,因此,扎实做好军事上的准备,全面增强军事实力乃是统一大业综合准备中最重要的一个环节。对此,隋、唐统一战略实施者有明确的体认,于是普遍致力于增强军事实力,以造就对敌的军事优势,"以镒称铢",从而在从事统一事业时牢牢把握主动权。

考察隋、唐统一大业的史实,最重要的军事准备除了改善军事交通条件、建立高效率的战前指挥机构、正确部署军队防地等项目外,着重落实的突出体现在

---

① 《陈书》卷六,《后主本纪》。
② 《省斋集》卷六,《问正统策》。
③ 《辍耕录》卷三《正统辨》。
④ 《隋书》卷二,《高祖纪下》。

以下两个方面。

一是根据统一战争的需要有重点地配置军事资源,发展主力兵种,以期对敌拥有"杀手锏"。由于中国历史上的统一战争绝大多数是自北向南进行,战场一般在淮河长江一带,那里多江河湖泊、丘陵盆地的特殊地形条件,决定了不适宜动用擅长野外驰骋的骑兵部队作战,而必须主要依赖水师突破江河天险,因此,统一大业的主持者普遍把制造各类战船,建设强大的水师,提高江河作战能力作为军事准备的重点来抓。

隋文帝挥师灭陈统一南北,军事上最重要的准备是事先制造船舰,建立所向披靡的水师,"修营战舰,为上流之师"①。他先后派遣柱国李衍"于襄州营战船",上柱国杨素于永安(今重庆奉节)制造每舰能容战士八百人的"五牙"、每舰能容战士百人的"黄龙"以及规模较小的"平乘"、"舴艋"等船舰,并精心训练水师;在上游造舰的同时,也积极抓紧长江下游的战备,派遣元寿"奉使于淮浦监修船舰",又令吴州总管贺若弼"以老马多买陈船而匿之"。经过数年的努力,隋、陈之间的水师实力对比有了根本的改观,实施渡江作战的条件日趋成熟了。

二是善于发现和任用军政素质优秀,能创造性地贯彻执行既定统一战略方针的人才,使之在统一大业中发挥关键的作用。将帅在军事斗争中处于重要的地位,直接关系到战争的胜负成败,故古代兵家历来主张用兵"命在于将","置将不可不察"②,认为"置将不善,一败涂地"③。这一点在统一战争中也不例外。因此,隋、唐统一大业实施者在从事军事准备时,也注重知人善任,遴选优秀将帅担当指挥战争的主角。如隋文帝把"首置军府,妙选英杰"放在军事准备的关键位置,委任高颎为准备发动灭陈战争物色人才,高颎不负所托,推荐杨素、贺若弼、韩擒虎出任前敌主将。史实证明,这三人被"委以平陈之任",是非常正确的安排,他们骁勇善战,指挥若定,"甚为敌人所惮"④,果真在日后的统一战争中立下赫赫功勋。

---

① 《隋书》卷五十四,《王长述传》。
② 《六韬·龙韬·论将》。
③ 《史记·高祖本纪》。
④ 《隋书》卷五十二,《韩擒虎传》。

二、作战指导

综合准备充分是实现国家统一的基本前提,然而它与统一事业的最终实现之间并不能简单地画等号。道理很浅显,充分的综合准备,只是为完成国家统一大业提供了巨大的可能性,而要把可能性变成现实,归根结底要通过正确的主观指导下的战争实践去实现。即从某种意义上来说,决定统一目标是否能够圆满达到的关键环节,在于统一战争作战指导的高明与否。隋代统治者在这方面的作为同样可圈可点。

第一,根据主客观形势和条件,制定切实可行的统一战争预案,并依据统一战争进程的实际及时进行必要的充实或调整。

"先计后战"是中国军事文化的重要传统,古代兵家强调"凡攻伐之为道也,计必先定于内,然后兵出乎境"①,指出"谋所以始吾战也,战所以终吾谋也"②,并把这一思想坚定地贯彻于战争实践之中。统一战争是情况殊为复杂、样式颇为多样、意义最为突出的军事斗争,其指导者为了确保战争的顺利进行,圆满实现统一天下的战略目标,尤其重视制定适宜的战争预案,使之作为自己整个行动的基本纲领。下列史实充分表明了制定正确战争预案在统一国家过程中的突出意义。

隋朝灭陈统一南北的作战指导方案是建立在认真筹划、正确部署的基础之上的。杨坚广泛听取诸臣的作战建议,特别是采纳了贺若弼的"平陈七策"和高颎的"取陈之策",集中众人的智慧制定了高明的战争预案,将韩擒虎、贺若弼、源雄所率隋军主力,部署在长江下游,直接威胁陈叔宝的小朝廷;又将秦王杨俊所部布置在长江上游,使之与隋长江下游诸军配合形成隋军沿长江北岸的整体作战部署,从战略上呈全线出击之势,"东接沧海,西拒巴蜀,旌旗舟楫,横亘数千里"③。一切准备就绪后即根据集中兵力、重点突破的原则,制定了分兵八路同时并进的进攻计划,俟时机成熟,即全面进击。由于战争方案的正确,在实际作战过程中隋军所向披靡,很快实现了预定的战略目标。

第二,正确处理战略目标明确性与战役战术实施突然性的关系,在明确显示

---

① 《管子·七法》。
② 《兵镜或问·谋战》。
③ 《隋书》卷二,《高祖纪下》。

自己战略根本意图的同时，力求在实施具体的作战行动过程中做到突然、猛烈、出敌不意，大创聚歼。

统一战争是正义的事业，它合乎历史的潮流，顺应民众的愿望，反映民族的根本利益，因此作为这一正义事业的承荷者，他完全有理由、有信心把自己致力实现国家统一的战略意图、战略目标宣示于天下，树立自己"吊民伐罪"的正面形象，表达自己"混一天下"的坚定决心，从而震慑分裂割据势力，赢得广大臣民的拥护，争取舆论的广泛支持。从这个意义上说，历史上任何一次统一战争就战略目标而言，均是清晰的、明确无误的。隋文帝杨坚下达伐陈之诏，宣布陈后主罪状，指斥其"自古昏乱，罕或能比"，表示将"王师大举，将一车书"，以雄师扫荡陈氏小朝廷，完成统一南北之大业："近日秋始，谋欲吊人，益部楼船，尽令东骛……引伐罪之师，向金陵之路"①，表示统一战争势在必行，绝无通融妥协的余地。唐王朝消灭统一道路的最大阻碍——洛阳王世充势力，其战略意图同样明确向敌人展示："四海皆仰皇风，唯公独阻声教，为此而来。"②可见这种公开统一战略目标的做法，在历代统一大业实施者的身上具有共性，它是鼓舞己方士气、打击敌人意志的有力措施。

然而在具体的战役指挥与战术运用上，统一战争与一般战争相同，也强调"兵不厌诈"，主张遵循"兵之情主速，乘人之不及，由不虞之道，攻其所不戒也"③的作战原则，致力于示形动敌、声东击西，以出其不意的方式发动突击猛攻，打得敌人措手不及，形成迅雷不及掩耳之势。这一点在隋灭南陈的作战部署中有着鲜明的体现。当时贺若弼献"平陈七策"，高颎进"取陈之策"，其主要内容就是主张在战役战术的具体运用上，立足于发动突袭，一举摧毁陈军防线，确保统一战略目标的顺利实施。为了掩饰突袭作战的意图，使突袭收到预期的效果，则必须在事先制造一些假象，尽量迷惑敌军，麻痹松懈敌方的警惕："其一，请广陵顿兵一万，番代往来。陈人初见设备，后以为常，及大兵南伐，不复疑也。其二，使兵缘江时猎，人马喧噪。及兵临江，陈人以为猎也。"④"量彼收积之际，微征士马，声言掩袭。彼必屯兵御守，足得废其农时。彼既

---

① 《隋书》卷二，《高祖纪下》。
② 《资治通鉴》卷一九四。
③ 《孙子·九地篇》。
④ 《北史》卷六十八，《贺若敦传附弼传》。

聚兵，我便解甲，再三若此，贼以为常。后更集兵，彼必不信，犹豫之顷，我乃济师，登陆而战，兵气益倍。"①隋军正是以此方式"示形惑敌"，才取得了日后统一战争进行过程中战役战斗突然性的目的，一举平陈，统一南北。其他像唐灭萧铣割据势力之役中，主师李孝恭采纳李靖之策，指挥大军"乘水涨之势，倏忽至城（江陵）下"，以迅雷不及掩耳之势，打得萧铣无暇从容抵抗，束手就擒，也均是战略目标明确性与战役战术实施突然性成功结合的例子。

第三，妥善解决集中兵力与分兵钳制的辩证关系，贯彻落实速战速决与持久作战的相关原则，把歼敌有生力量作为作战的中心环节。

这方面隋、唐的统一战争也给人们留下了大量宝贵的经验。绝大多数的统一战略实施者都重视用兵指挥上的"众寡分合"问题，既主张善于众寡之用，又强调"分合为变"，以求在指导统一战争时做到集中兵力与分兵钳制的辩证统一。一方面"我专敌分"，集中优势兵力击敌之要害；另一方面灵活指挥，分兵策应主力的行动，使敌人首尾不得相顾。基于这样的认识，隋朝伐陈，在兵力使用和战役指挥上采取了多路出击、水陆齐发、主力挺进、重点突破的方法，从长江上、中、下游同时发起进攻，以主力歼敌主力，直捣腹心，以偏师策应主力，钳制分割敌军，主次配合、东西呼应彻底打乱敌人的部署，使其完全陷入首尾脱节、顾此失彼的被动挨打局面，最终走向失败的深渊。

在处理速战速决与持久作战两者关系上，隋、唐的统一战争同样有丰富的成功经验。统一战争实施者在军事力量上占有相当的优势，作为战略进攻的一方，在一般条件下要求做到速战速决，"一决取胜，不可久而用之矣"②；主张对敌人"速攻之，速围之，速逐之，速捣之"③。这一原则从隋、唐统一战争的进程考察，可以看得很清楚。隋王朝八路伐陈，不出两个月便灭亡陈朝，高奏凯歌。当然，在充分肯定速战速决的基本前提下，统一战争的实施者也不排斥在一定条件下的持久作战，这就是当胜券在握、大势已定的情况下，为减少双方军民的伤亡而适当延缓攻击的进度，为迫降敌人创造条件，这种选择与速战速决在统一战争中所起的作用是相辅相成的。在胜利确有保证的条件下，适当地持久作战也不失为统一战争指导上的可行选择。

---

① 《隋书》卷四十一，《高颎传》。
② 《卫公兵法》上卷《将务兵谋》。
③ 《白豪子兵𨫒》卷一。

无论是速战速决还是相对持久，夺取统一战争胜利的关键都在于创造战机歼灭敌方主力，只要摧毁敌方的有生力量，敌人再要负隅顽抗便丧失了任何资本，这时速战速胜也好，相对持久也罢，区别便仅仅是时间问题了，而决不会对胜利的最后归属产生任何影响。隋、唐统一战争的实施者深知"尽敌为上"的意义，因此总是把寻机歼敌主力作为作战关键环节来处理。事实也是如此，贺若弼在蒋山聚歼陈军主力萧摩诃部后，隋灭陈随即大功告成。

第三节　高颎《取陈策》的战略思想

隋开皇元年（581），北周重臣杨坚通过"禅让"的方式，夺取北周政权，建立隋朝，建元开皇，是为隋文帝。隋文帝继承了北周的遗产，陈朝因丧失了四川和长江以北的全部领土，侧翼受到包围，因此，从581年起，就只能处于被动和守势。在长达六七年的时间里，杨坚首先把主要精力集中于对付突厥在北方的威胁，并致力于改革和巩固政权。但他即位一个月，就任命他最信任的将领前往与陈接壤的长江下游地区任职，开始日后大举伐陈的准备工作。后来又任命杨素为湖北、四川一带长江地区的总管，开始建立远征的水师。587年，又灭亡了建都于荆州的后梁，直接控制了长江中游。杨坚根据全国统一形势基本成熟的实际情况，积极从事统一大业，"潜有吞并江南之志"，希望在自己手中一举结束西晋末年以来两百余年大分裂的局面，为中国历史的发展揭开新的一页。

隋文帝既将平陈统一南北提上议事日程，因此就很自然地鼓励臣下为统一大业献计献策，在此基础上制定正确适宜的统一战略方针。为此，他在八年之中，曾先后向多人征询关于平陈的建议。据《隋书》记载，当时共有高颎、李德林、贺若弼、杨素、王长述、崔仲方、高劢、王颁、梁睿、皇甫绩等十一位大臣向隋文帝进献平陈之策，从不同的角度论证灭陈的必要性和胜利的可能性。高颎的《取陈策》是其中比较重要的一份。

高颎（约555—607）是隋文帝杨坚最重要的辅弼大臣，隋朝初年政治舞台上的核心人物。隋朝建立后，出任尚书左仆射（宰相）一职，他素有"文武大略"，"识鉴通远，器略优深"，在隋朝实现国家统一大业的斗争中做出了突出的贡献。据史载，唐太宗对留用的隋代官员一致盛赞高颎做宰相的政绩大为惊异，所以令人找来高颎的传记来阅读，说："朕比见隋代遗老，咸称高颎善为相者,遂观其本传,可谓公平正直,尤识治体。"①承认高颎是一个有才能的战略家,一个讲求实效和效率的行政官员,一位在制定隋朝政策中起着重要作用和负责执行政策的核心大臣。唐朝的大史学家杜佑也曾将高颎誉为春秋时齐国的管仲和战国时秦国的商鞅。高颎的贡献不但表现为他向杨坚推荐了苏威、贺若弼、杨素、韩擒虎等一代名臣良将,为统一战争提供了人才资源,并在统一战争中担任晋王杨广元帅府长史,"三军谘禀,皆取断于颎",指挥若定,功勋卓著;而且更表现在他以睿智的战略眼光,进献了著名的"取陈之策",为杨坚制定灭陈战略和实现统一贡献了自己的聪明才智。

综观高颎所献之谋策,可发现其要点有三。第一,积极破坏陈朝正常的生产秩序,从经济上拖垮敌人,为隋朝的战略进攻创造有利的态势。具体的做法是,在江南收获季节,调集一部分兵力,虚张声势,摆出进攻的架势,"量彼收获之际,微征士马,声言掩袭",迫使陈国方面屯兵守御,因而耽误其正常的农业生产活动,以"废其农时"。第二,采用派遣间谍进入敌境之法,破坏陈朝后方战略物资储备。具体做法是,"密遣行人"潜入陈国境内,"因风纵火",焚毁陈朝的战略物资,而且一不做,二不休,只要陈朝方面重建就绪,就毫不犹豫地再次烧毁,即"待彼修立,复更烧之",彻底破坏其财力物力,扰乱并打击其军心士气。第三,采用佯动误敌,麻痹陈军,削弱和瓦解陈朝的江防能力,为隋军日后发起突然袭击提供必要的条件。此即"多方以误之",先以部分兵力佯动,诱使陈军集结,待陈军出动后便解甲收兵,如此反复多次,陈军便会习以为常,丧失警惕,"后更集兵,彼必不信"。这样当隋军真正大举南下时,陈军必然措手不及,一溃千里,从而收到战略突袭一举成功的奇效,此所谓"犹豫之际,我乃济师,登陆而战,兵气益倍"。

高颎详细周密的计划,深受杨坚的重视。公元588年,隋文帝以皇帝个人的名义写信给陈后主,罗列陈后主的二十条罪状,数之为暴君,宣称隋朝将要发动的攻取南方的战争绝非妄启兵端,而是替天行道,执行天意。同时隋文帝颁布诏书,以道德和政治理由为自己伐陈大加辩解,自称要"显行天诛",指责陈后主背信弃义,骄奢淫逸,杀害忠良罪行,并在整个南方散发了三十万份诏书,"散写诏书三十万纸,遍谕江南",以软化南方的意志,击溃其心理防线,同时,

---

① 《贞观政要》卷五。

争取江南士民对隋军南进之举的理解、同情和支持。

公元589年初，远征开始。隋军的行动一切按高颎的设想以及长期准备过程中精心制定的计划进行。从长江上游的四川到东海，隋朝装备精良的军队发起全线进攻。杨素指挥的舰队首先和南朝舰队在三峡交战，击溃陈朝水师，并顺江长驱而下，在武汉与中路秦王俊指挥的大军会合。晋王杨广和高颎率领的主力从淮河南指，在建康以东渡过长江天堑，以迅雷不及掩耳之势直取建康，陈朝守军顿失坚守的信心，难以抵挡。陈军将领任蛮奴向隋军打开了南城门，并对士兵说："老夫尚降，诸军何事？"昏庸无道的陈后主陈叔宝终于尝到了自酿的苦果。城破之际，他与两个宠妃藏匿于枯井中想借此逃生，结果被隋军俘虏。

由此可见，高颎的《取陈策》是从事经济打击与实施战略突袭有机相结合的战略构想。它从实际敌情出发，致力于消耗陈朝的军力与国力，使之"财力俱尽"，然后再乘其势衰不备之隙予以突袭，最终达到统一南北的战略目标。事实证明，这是最高明的战略方案，杨坚采纳后，果真收到使"陈人益弊"的实际效果，为此后隋军南下灭陈开辟了胜利的道路。

第四节 贺若弼《御授平陈七策》的统一战争战略指导

在隋朝平陈统一全国的事业中，贺若弼的战略谋划和战功尤为突出。

贺若弼（544—607），字辅伯，河南洛阳人。出身于将帅世家。祖父贺若统，西魏时任右卫将军、刺史等职。父贺若敦，官至西魏骠骑大将军，北周时任总管、刺史等职。后为宰相宇文护所忌而治罪，临行前嘱贺若弼"吾必欲平江南，然此心不果，汝当成吾志"。贺若弼将父亲的临终嘱托牢记于心，为实现父亲的遗愿刻苦练武学文，很早就"有重名于当世"。

史载："及帝受禅，阴有平江南志，访可任者。高颎荐弼有文武才干，于是拜吴州总管，委以平陈事，弼欣然以为己任。与寿州总管源雄并为重镇。弼遗雄诗曰：'交河骠骑幕，合浦伏波营，勿使麒麟上，无我二人名。'献《取陈十策》，上称善，赐以宝刀。"[①]可见，在平陈战争前，贺若弼本人提出的策略，一共有十项，此十项史不见载。平陈战争胜利结束后，贺若弼为美化隋文帝，说

---

① 《北史·贺若弼传》。

是隋文帝御授之策。故将之作为皇帝的"御策"做了追述，记为七策，可能其他三策没有起实际作用。而追记的这"七策"因经过平陈战争的检验，所以就更显价值。同时，关于隋朝平陈统一全国的战前谋划，据《隋书》和《北史》记载，当时向隋文帝献策者有多人。前文所及高颎《取陈策》，重在大战略即政治战略的谋划，而军事家贺若弼的《平陈七策》，则是从军事战略的角度提出的对策。结合隋朝后来的平陈战争分析，可以认为，贺若弼的这份《平陈七策》，不仅有完整和详细周密的战略谋划，而且列出了许多应急的对策。从平陈战争的战略实施来说，应该算是诸臣的献策中最重要和最有价值的战略对策。

其一，将伐陈统一中国的战争定位为一次宽大正面的战略突袭。隋军要在"东接沧海，西拒巴、蜀，旌旗舟楫，横亘数千里"的宽大正面上实施战略突袭，使陈朝猝不及防，必须出其不意地发动突击猛打，才能达到迅雷不及掩耳之效。战争开始后隋朝动用了五十一万八千人的大军，部署八路进兵：秦王杨俊率水陆军由襄阳（今湖北襄樊）进屯汉口，清河公杨素率舟师出永安（今重庆奉节），荆州刺史刘仁恩率部出江陵，与杨素合兵东下。晋王杨广率师自寿春出六合（今属江苏），庐州总管韩擒虎率部出庐江攻采石（今安徽马鞍山西南），吴州总管贺若弼率师出广陵攻京口（今江苏镇江），蕲州刺史王世积率舟师出蕲春（今属湖北）。从总体战略部署看，灭陈战争是在长江上、中、下游三个战略方向展开。四川的杨素只是起牵制作用，杨俊、刘仁恩所部重在控制长江中游，这三路大军以秦王杨俊为总指挥，在长江上、中游活动，从战略全局看，是次要攻击方向，其战略目标是切断上游陈军入援建康（今南京）之路。而由杨广节制、集中于长江下游的其他五路大军，则是隋军的战略主攻方向，承担了集中兵力灭陈的重任。在这一战略主攻方向中，又以杨广、贺若弼、韩擒虎三路为主力，直指陈朝政治中心建康。

所以，战略主攻方向上的突袭就更具有决定意义，是平灭陈朝统一全国的关键和重中之重。如果在战略主攻方向上达不成突袭的效果，则平陈统一全国的战争势必久拖不决。贺若弼在战前已对平陈战略的关键洞若观火，他提出的"七策"中，有五项就是解决战略主攻方向上欺敌误敌的对策，而且非常具体，比如他建议和实施欺敌误敌的地点如广陵、扬子津又均是主要战略方向中的主攻方向。

其二，为达成突袭，实现战略目的，要"多方误敌，困敝陈朝"，即事先就制造种种假象，尽量迷惑敌军，麻痹敌人，做好欺敌误敌工作。"七策"中的前五策均是这方面的具体对策：一是在广陵驻军万人"番代往来"，专门从事军事换防和佯动，迷惑陈军，使陈朝"初见设备，后以为常，及大兵南伐，不复疑也"，结果措手不及；二是在长江北岸经常组织军队演习，故意人马喧噪，以致日后隋军真的展开渡江作战行动时，陈军却习以为常，产生迷惑，造成"及兵临江，陈人以为猎也"的效果；三是用隋军老弱不堪征战的马匹去换陈国的民间船只，然后藏置起来，再从陈国买五六十艘破敝无用的船，布置在港口，让陈军以为北方的隋军缺乏渡江船只；四、五两策都是尽量不暴露隋军水军实力，比如在扬子江的港汊中多积苇荻，遮蔽住隋朝水军的舰只，等到大军渡江时，万船齐发；将战船涂以黄色，远处看来如同枯荻，使陈军不能发现。通过这些欺敌误敌、示假隐真的措施，掩盖隋军北站进攻的企图，使陈军丧失对隋军的警惕，轻敌麻痹。这样，隋军在主攻方向上，就可以以迅雷不及掩耳之势，达成突然袭击之效，从而在战略重点的主攻方向上一举突破。

贺若弼在战略进攻的准备中也具体落实了自己的设想，并为日后的渡江作战创造了有利条件。史载："开皇九年，大举伐陈，以弼为行军总管。……先是，弼请缘江防人每交代际，必集历阳。于是大列旗帜，营幕被野，陈人以为大兵至，悉发国中士马。既知防人交代，其众复散。后以为常，不复设备。及此，弼以大军济江，陈人弗觉。袭陈南徐州，拔之，执其刺史黄恪。"①这表明，在日后的灭陈之役中，贺若弼"欺敌误敌、示假隐真"之举，的确收到了预期的效果。

其三，重视战略要地，先取京口（今江苏镇江）："先取京口仓集储，速据白土冈，置兵死地，故一战而刬。"京口为建康的门户和屏障，是陈军重兵防守的江防要害和战略重点，夺得京口，建康就直接暴露于隋军的威胁之下。而夺得京口后，首先夺取此处的陈国仓储，不仅可以削弱陈朝的战略后备，而且可"因粮于敌"，为隋军渡江后的后勤供应提供保证。同时，夺取京口的关键是渡江后速据白土冈，这样，既可巩固对京口的占领，又可在建康外围消灭陈朝军队主力。

其四，重视进行心理战，制造舆论，争取民心。开皇八年（588）三月，杨

---

① 《北史·贺若弼传》。

坚颁布伐陈诏令，宣称陈后主二十余条罪状，表示大军伐陈是为了吊民伐罪，"显行天诛"，从而揭露陈朝的政治黑暗，以争取江南士民的同情和支持，又下令将诏书"散写三十万纸，遍谕江外"。同时，对已经捕获的陈朝间谍，一律放归江南，利用他们传播隋军声威，打击陈朝士气。而贺若弼在率军夺得京口后，也遣散在京口的敌军俘虏，使他们扩大隋文帝敕书的影响，以在政治上瓦解敌军军心，使其丧失继续抵抗的斗志。

日后的战争实践，正因为隋军坚决贯彻了这一战略，所以灭陈统一全国的战争才进行得十分顺利，势如破竹。当隋军在长江上、中、下游同时发动攻击时，陈军沿江诸军才如大梦初醒。贺若弼率军由广陵顺利渡江，一举攻克京口，活捉陈朝南徐州刺史黄恪，俘获陈军五千余人，而且十分注意军纪，对战俘不但不杀，反而全部予以释放，"给粮劳遣，付以敕书，令分道宣谕"①，将隋文帝的伐陈诏书交由这些俘虏广为宣传。贺军所到之处，陈军望风而降，贺若弼乘胜率军溯江而上，向建康进逼。待逼近钟山，即屯兵于白土冈。陈叔宝为挽回败局，孤注一掷，令陈朝主力集中于白土冈以北十公里的正面依次列成长蛇阵，企图阻止贺若弼部，贺率军与陈军决战，击败了陈军主力萧摩诃部，并生俘陈朝名将萧摩诃，经此一役，陈朝主力和精锐一败涂地，失去了继续抵抗的资本。激战之际，隋朝另一主将韩擒虎率军进攻建康，生擒陈朝皇帝陈叔宝，灭陈统一全国的战略顺利实现。

当然，这里有一个历史公案，对我们如何评价贺若弼《平陈七策》及其在平陈战争中的作用不无联系。历史上贺若弼与韩擒虎争功论辩相当著名，《资治通鉴》曾记："贺若弼、韩擒虎争功于帝前，弼曰：'臣在蒋山死战，破其锐卒，擒其骁将，振扬威武，遂平陈国。韩擒虎略不交阵，岂臣之比！'擒虎曰：'本奉明旨，令臣与弼同时合势以取伪都，弼乃敢先期，逢贼遂战，致令将士杀伤甚多，臣以轻骑五百，兵不血刃，直取金陵，降任蛮奴，执陈叔宝，据其府库，倾其巢穴，弼至夕方扣北掖门，臣启关而纳之，斯乃救罪不暇，安得与臣比邪！'"②其实，早在隋军攻下健康不久，关于贺若弼的战功问题就有了异议。当时，贺若弼因于京口与陈军的主力苦战，而使韩擒虎得以先入建康，亲擒陈后

---

① 《资治通鉴》卷一百七十七，《隋纪一》。
② 《资治通鉴》卷一百七十七，《隋纪一》。

主,赢得万世功名,对此贺若弼颇不高兴,故与韩擒虎即有所争论。隋军总指挥兼东路战场主帅晋王杨广以贺若弼"先期决战,违军命,于是以弼属吏",即交由军法处置。结果隋文帝杨坚还算客观,在贺若弼回到长安后,安慰说:"克定三吴,公之功也。"后来还因念贺若弼平陈之功,免其死罪。所以,贺若弼对自己平陈之功也一直颇为自信:"自谓功名出朝臣之右,每以宰相自许。"这种"俶傥英略"的自信,自然招致物议,尤其为喜人奉承的炀帝所忌恨。史载隋炀帝未继位时,曾问贺若弼道:"杨素、韩禽、史万岁三人,俱良将也,优劣如何?"贺若弼则回答说:"杨素是猛将,非谋将;韩禽(擒虎)是斗将,非领将;史万岁是骑将,非大将。"炀帝又问:"然则大将谁也?"贺若弼不正面回答,而是说"唯殿下所择",言下之意就是非我贺若弼莫属。这种态度,尤为隋炀帝所不喜,所以隋炀帝即位后,对贺若弼更加疏远,在巡幸北方到榆林时,借口贺若弼与高颎等"私议得失",将其诛杀。

我们认为,评价平陈战争中的功劳,一个关键标准在于谁消灭了陈朝的有生力量。平陈战争发起总攻前,隋文帝虽有让贺与韩"同时合势,以取伪都"的命令,但隋军渡江三面包围建康之后,陈军主力被陈后主全部集中于建康城东,在这种情况下,贺若弼率军与陈军主力苦战于白土冈,将陈军主力绝大部分消灭于此。而韩擒虎在平陈战争发起后渡江的兵力十分有限,史载他仅率五百人,未经一次大战,乘机入建康。白土冈之战是隋、陈两军的主力会战,贺若弼经苦战消灭了陈军精锐。任蛮奴所率部队是陈军主力,却是被贺若弼在白土冈打败后逃归降于韩擒虎的。同时,就对整个平陈战争的贡献论,韩擒虎确如贺若弼所言,只是一员"斗将",未见他在战略谋划上有什么建树。而贺若弼在战前奉献了高明、有远见的《平陈十策》,这份经过深思熟虑而精心制定的战略对策,具有极强的针对性和可操作性,其作用也为日后平陈战争的实践所证明。难怪在朝廷讨论平陈之功时,宰相高颎说:"贺若弼先献十策,又于蒋山苦战破贼。臣文吏耳,焉敢与大将论功。"所以,我们觉得《北史·贺若弼传》的"传论"还是比较公允的。"传论"说:"自南北分隔,将三百年。隋文爰应千龄,将一函夏。贺若弼慷慨,申必取之长策,韩禽(擒虎)奋发,贾余勇以争先。隋氏自此一戎,威加四海。稽诸天道,或时有废兴;考之人谋,实二臣之功。其俶傥英略,贺弼居多。"

第五节 《唐太宗李卫公问对》的兵学贡献

《唐太宗李卫公问对》，又称《李卫公问对》、《唐李问对》、《李靖问对》，或简称《问对》，是中国古代的一部著名兵书，内容相传为记录唐太宗和李靖关于军事问题的问答。全书共分上、中、下三卷，其中上卷四十问答，中卷三十三问答，下卷二十五问答，凡九十八次问答，约一万余字。在宋代神宗元丰年间被列为《武经七书》之一。

关于《唐太宗李卫公问对》的作者与成书年代，学者历来意见多有分歧，除了传说是唐代名将李靖所著的看法外，主要的观点大体有以下几种。

（一）宋人阮逸伪托之作。这一看法首先由北宋陈师道提出，此说一出，后人多有信从者，这包括陈氏入室弟子何薳以及晁公武、陈振孙、邵博、吴曾等多名学者，他们均对此书进行了考证，结论都认为系阮逸托名之作，是阮氏所撰多种伪作中的一部（参见《后山集》、《春渚纪闻》、《郡斋读书志》、《直斋书录解题》、《能改斋漫录》、《邵氏闻见后录》等著述有关记载）。到了近现代，由于疑古之风大盛，所谓"阮逸摹仿杜佑《通典》所载卫公李靖兵法而作"的说法更是广为流传，如张心澂《伪书通考》、黄云眉《古今伪书考补正》就持这样的看法。

（二）其书为宋神宗熙宁年间所辑录的《卫公兵法》。历史上"阮逸伪托说"虽占据主导地位，但也有少数学者对此提出了质疑。如元代马端临在其《文献通考·经籍考》中就指出："神宗诏王震等校正之说既明见于国史，则非阮逸之假托也。"他根据《四朝国史·兵志》中关于神宗熙宁间对枢密院诏令内容的记载，认为王震等人所校正及分类解释的李靖军事著作，"岂即此《问答》三卷耶"，"则似即此书"。换言之，今本《问对》就是熙宁年间所辑录的《卫公兵法》。

（三）唐太宗与李靖君臣之间多次讨论军事问题的言论辑录。当代一些学者认为"阮逸伪托说"不足据信，其书当是太宗与李靖之间探讨军事问题的言辞汇编辑要。时间当从贞观十八年（644）唐军第一次进攻高丽前夕至贞观二十三年（649）李靖病逝之前，它比较集中地反映了唐太宗李世民与卫国公李靖的兵学思想。由于其书涉及当时不少的高层机密，因此在唐代未能公之于世，也不见于公私著录。宋代神宗熙宁、元丰之际，朝廷下诏校定李靖兵法，故《问对》终于被辗转发现，并由官方刊刻流布，成为武学经典之一。①

（四）唐末宋初无名氏伪作。历史上还有少数人以其书"浅陋猥俗"的理由，认为它既非李靖所著，亦非阮逸伪托，而是唐末宋初俚儒村学缀拾贞观君臣遗事编写而成。这一观点的主要代表是胡应麟，他在其《四部正讹》"卷中"里指出："其词旨浅陋猥俗，兵家最亡足采者，而宋人以列'七经'，殊可笑。旧咸以阮逸伪撰，谓老苏尝见其草本。案逸所撰《中说序》及《关朗传》等文各可观，不应鄙野至是。此书不特非卫公，亦非阮逸，当是唐末宋初俚儒村学缀拾贞观君臣遗事、杜佑《通典》原文，傅以闾阎耳口。武人不知书，悦其俚近，故多读之。"姚际恒《古今伪书考》的意见与此相似，也认定此书乃伪作，但不一定出于阮逸之手："今世传者当是神宗时所定本，因神宗有'武人将佐不能通晓'之诏，故特多为鄙俚之辞。若阮逸所撰，当不尔。意或逸见此书未慊其志，又别撰之。而世已行此书，彼书不行欤？然总之为伪书矣……"以上诸说，都有一定的道理，但是都不能做到完全自圆其说，与其书成书时代与著者的真实面貌均尚有一定的距离。相对而言，第四种观点比较可信一些（然其以"浅陋猥俗"之由为论据，仍嫌武断勉强）。总而言之，今天探讨《问对》作者及其成书年代，有几点可以明确。

第一，李靖自著之说可以排除。按《旧唐书·经籍志》、《新唐书·艺文志》都仅著录有《李靖六军镜》三卷，而没有《问对》。《宋史·艺文志》著录有李靖兵书多种，包括《阴符机》一卷、《韬钤秘术》一卷、《韬钤总要》一卷、《弓诀》一卷、《六军镜》三卷、《卫国公手记》一卷、《兵钤新书》一卷，亦未曾涉及《问对》。且这些兵书早在宋神宗时就已"世无全书"了。清代汪宗沂从《通典》等政书、类书中辑录李靖兵书内容，成《卫公兵法辑本》一书，今细观其书，可知它与《问对》之间虽有一定联系，但总体上两者差别比较显著，这表明判《问对》为李靖自著是难以成立的。对此俞正燮《癸巳存稿》曾明确指出："不得谓卫公自著耳。"其列举的理由是："太宗谓太子不能控御李勣，靖曰：为陛下计，莫若黜勣，令太子复用之，则必感恩图报，于理无损。太宗曰善，朕无疑矣。又曰勿泄也，朕徐思其处置。又曰：靖再拜出，尽传其书与李勣。使卫

---

① 参见吴如嵩、王显臣：《李卫公问对浅说》，解放军出版社1987年版。

公自著，有此事乎？"应该说，俞氏这一看法是有道理的，且已得到大多数学者的认同。

第二，当今一些学者论定《问对》一书为唐太宗与李靖两人论兵言辞之辑录，从现象上看似能成立，但细考其书内容，可知其说仍难立足。这主要表现为其书不少内容显然为后人所附益，于逻辑或史实均不宜出于太宗与李靖当时之口。例如，《问对》"卷上"言："置松漠、饶乐二都督，统于安北都护。"按，据《唐会要·安北都护府条》，安北都护府之名始于总章二年(669)，时太宗、李靖均早已谢世，怎么能在对话中出现"安北都护府"字眼。其实，安北都护府的前身是贞观二十一年(647)所置的燕然都护府，龙朔三年(663)曾改名为瀚海都护府。若《问对》确系太宗、李靖论兵言辞记录，则当依史实称为"燕然都护府"，其言"安北都护府"，则作伪之痕迹昭然若揭。又如，《问对》"卷中"载："置瑶池都督以隶安西都护。"按，据《通鉴》等史书记载，瑶池都督的设置是在贞观二十三年(649)二月，是年五月，唐太宗逝世。而李靖之死尚在太宗之前。当其生命垂危之时，唐太宗曾亲往其宅慰问，流着眼泪说："公乃朕生平故人，于国有劳。今疾如此，为公忧之。"①在这种背景下，两人是不可能议论刚刚所置瑶池都督一事的得失利弊的。今本《问对》作者不曾考虑到这层关系，就瑶池都督设置一事大发议论，这恰好印证其书并非太宗、李靖对话实录。再如，《问对》"卷下"载太宗就长孙无忌执掌国政一事向李靖征求意见，李靖发表了一大通对长孙无忌很不利的看法，太宗听后表示同意，说什么"朕徐思其处置"。这显然也于情于理不合。长孙无忌是太宗的妻舅，最为心腹，生性谨慎的李靖自不会亦不敢对他做如此刻薄的评价，以致冒犯太宗。即使退一万步说，太宗就是采纳了李靖的意见，真的"徐思其处置"，为何对长孙无忌始终恩眷不减，并把他列为最主要的顾命大臣。可见《问对》作者乃是依据日后长孙无忌因阻谏高宗册立武则天为后而遭贬逐不得善终的史实，编排了这一段问答。然而这样一来，恰好透露了其作伪的信息。所以我们认为，将《问对》简单定性为太宗与李靖君臣论兵言辞之辑录，是值得进一步讨论的。

第三，阮逸伪托之说也有不能自圆其说之处。吴如嵩、王显臣先生关于《问对》系唐太宗与李靖君臣论兵言辞辑录的说法固然尚可继续探讨，但他们对

---

① 《新唐书》卷九十三《李靖李勣列传》。

阮逸伪托之说的驳斥却很有力，值得重视。在辨伪古书风气很盛行的宋代，即使阮逸善于作伪，似乎也难以骗过官方的核查，逃脱当时一些鸿儒的慧眼。再说，倘若阮逸确曾以伪作《问对》草稿送给苏老泉看过，那么，当神宗皇帝要将这部伪托之作列为"武经"之时，作为知情人苏老泉之子的苏轼又岂敢隐瞒情况，而不怕招致欺君之罪、杀身之祸？更为重要的是，从《春渚纪闻》所载阮逸拟作的时间来看，又"晚于《武经七书》"的正式颁布近十年左右"。另外，其实早在《武经七书》颁布之前，就有一个名叫麻皓年的官员为《问对》作过注。又据《太平御览·经史图书纲目》记载，宋初就有"兵法七书"，可见在《武经七书》前已有《孙子兵法》等七部兵书的合刻本，换言之，即《武经七书》似当源于"兵法七书"，而"兵法七书"中或许就包括《问对》一书在内（参见吴如嵩、王显臣：《李卫公问对校注》、《李卫公问对浅说》）。从这个意义上说，《问对》的作者的确"不特非卫公，亦非阮逸"。

第四，《问对》与清代汪宗沂所辑《卫公兵法辑本》虽然是两部各自独立的兵书，内容明显有差异，其中《问对》更偏重于军事理论阐发，而《卫公兵法》基本侧重于实践操作问题，但是两书之间也并非毫无联系。其言军队编制、军阵以及军事训练，不无相通或相近之处。如《问对》卷上讨论"阵法"时有言："阵间容阵，队间容队；以后为前，以前为后；进无速奔，退无遽走。"《卫公兵法》卷中"部伍营阵"则记载为："阵间容阵，队间容队，曲间容曲。以长参短，以短参长。回军转阵，以后为前，以前为后；进无奔进，退无趋走。"两者观点与用词基本一致。又如《问对》卷中阐说"用间"问题时有言："若束发事君，当朝正色，忠以尽节，信以竭诚，虽有善间，安可用乎？"这在《卫公兵法》"将务兵谋"之中，就是"若束发事主，当朝正色，忠以尽节，信以竭诚，不诡伏以自容，不权宜以为利，虽有善间，其可用乎"。两者的一致性同样显而易见。这表明《问对》的作者在构思和撰著其书时，的确大量参照了《通典》所载资料，并或多或少将其征引入自己的著述，并为阐发《问对》的基本观点服务。所以，那种完全割裂《问对》与《李卫公问对》两书之间一定联系的做法，无疑是错误的。

综上所述，《唐太宗李卫公问对》一书当是无名氏所作，其成书年代大致应在唐代晚期以至五代时期。当时战乱频繁，有识之士有感于此，于是潜心探讨军事学术问题，以期满足战争实践的需要。到了宋代，鉴于李靖的诸多兵书皆已散佚,"世无全书",而神宗熙宁年间对李靖兵法校正、分类、解释的工作又未取得十分理想的结果,因此,当元丰年间最终编定《武经七书》时,朝廷遂决定根据"兵法七书"已收录《问对》的既成事实,仍将《问对》收入《武经七书》之中,列为将校必读的武学经典之一。从这层意义上说,清朝姚际恒《古今伪书考》中的观点,"若阮逸所撰,当不尔。意或逸见此书,未慊其志,又别撰之。而世已行此书,彼书(指阮逸所作)不行欤",是有一定道理的。

《唐太宗李卫公问对》是一部用问答体形式写成的兵书。其论题广泛,内容富瞻,见解深刻,在中国古代兵学思想发展史上占有重要的地位。清代永瑢等人编纂的《四库全书总目提要》曾对其主要内容及特色做过较精辟的概括,称"其书分别奇正,指画攻守,变易主客,于兵家微意时有所得"。这一概括提纲挈领,要言不烦,基本上符合该书的思想要旨。从全书情况来看,它的确立足于"奇正"、"虚实"、"攻守"、"主客"等重要兵学范畴,旁征博引,生发议论,着重探讨争取作战主动权问题,认为古代兵法"千章万句,不出乎'致人而不致于人'而已"。同时,对阵法的起源和内容、古代军制的演变、兵学源流及其嬗变、教阅与实战的关系诸问题,都提出了自己的独到见解,丰富和发展了古代兵学理论。其中特别值得重视的,大致有下列几个方面。

第一,初步完成古典兵书由单纯"舍事言理"向"事理并重"方向的转变。收入《武经七书》的各部兵书,均系内容丰富、价值显著、地位重要之作,并各有其鲜明的特色。《孙子兵法》毫无疑问是经典中的经典,核心中的核心,是名副其实的"带头大哥"。明代兵书《投笔肤谈》认为:"《七书》之中,惟《孙子》纯粹,书仅十三篇,而用兵之法悉备。"《孙子兵法》堪称古代军事理论的集大成者,构筑了古典军事理论的框架,后世许多兵学家难以逾越。后世的军事理论建树,多是在《孙子兵法》基本精神与原则的指导下进行的,它代表了中国古典兵学的最高水平,无愧于"兵经"、"百世谈兵之祖"的称号。

明代茅元仪在《武备志·兵诀评序》中指出:"前孙子者,孙子不遗;后孙子者,不能遗孙子。"这段话很好地概括了《孙子兵法》在历史上的地位和意义。作为中国古代兵学宝库的一笔珍贵遗产,《孙子兵法》是不朽的。

《司马法》一书的主要价值,在于它反映了春秋中叶以前兵学思想的主体内容和基本特征。它是一部以古为主,综合古今的混合型兵书。概括而言,它孕育于黄帝至殷商,创立于西周,发展于春秋,成书于战国中期,具有深厚的历史淀积层，集中反映了商周、春秋、战国前期各种军事观念、作战特点与军事制度，历史文化价值不容低估，为人们在今天全面了解、准确把握我国古代战争、兵学思想发展历史的嬗递轨迹提供了必要的依据。而其中最为珍贵的是原"古者《司马兵法》"中所保留的西周及春秋前期的部分内容。《司马法》的重要军事学术价值，体现为它是我国现存兵书之中，反映春秋以前兵学思想、作战特点、军事制度实际情况最具体最充分的兵学典籍，集中渗透着春秋中期之前的时代文化精神。

《尉缭子》的重要性，表现为它既是现存"兵形势家"的唯一著述，又在很大程度上反映了法家思想对战国兵书的渗透与影响，保存了大量弥足珍贵的战国军事制度的原始资料。它所倡导的"挟义而战"、"武表文里"的战争观念，"明法审令"、"举贤用能"的治军思想，"权敌审将"、"轻疾机动"的作战指导原则，均在中国兵学发展史上留下了辉煌的一笔。故自汉唐以来，《尉缭子》一书一直受到兵学界的高度重视和广泛推崇。《文献通考》引《周氏涉笔》，认为它"能分本末，别宾主"，"理法兼尽"。清代朱墉在《武经七书汇解》中也指出："七子谈兵，人人挟有识见。而引古谈今，学问博洽，首推尉缭。"这一观点，可以说是对以《尉缭子》为代表的三晋兵学在中国兵学史上的地位与贡献，做出了恰如其分且又实至名归的界定。

《吴子》，又称《吴起兵法》，今存本二卷六篇，篇名分别是《图国》、《料敌》、《治兵》、《论将》、《应变》、《励士》，全书约近五千字，是吴起军事思想的主要载体，也记载了一些吴起的生平活动事迹。当是由吴起及其门人编缀成书。从这个意义上说，《吴子》一书是吴起兵学流派的集体性创作，成书于战国时期，但所反映的是吴起本人的兵学思想。大致而言，《吴子》的兵学思想体系由三个方面组成，这就是进步的战争观念；"以治为胜"的治军理论；以及"因形用权"的作战指导思想。应该承认，《吴子》一书的理论特色相对单薄，但仍不失为一部有价值的兵学著作，尤其是关于战争观念、治军理论的阐述，不无独到与深刻之处。如吴起曾受业于儒家曾子门下，故其论治军时，多袭用儒家"仁"、"义"、"礼"、"德"、"教"等儒家学说的重要范畴。这其实开启了后世"兵儒合流"的先河，是反映了中国古代兵学的主流价值观的。

《六韬》的贡献，在于其是先秦兵学理论的集大成之作，集中体现了战国后期学术思潮融会贯通趋势在当时兵书撰著上所打下的深刻烙印。具体而言，首先，它具有兵学体系的完备性与系统性，其所论述的范围包括政治、经济与军事的关系，全胜战略、军事战略，治军理论，作战指导原则，国防建设思想，军事后勤方针等各个方面，从而构筑起一个十分完备的兵学理论体系。其次，当时社会政治思潮对《六韬》有广泛的渗透与高度的规范。这包括黄老之学清静无为、执一统众的指导性质，儒家民本主义思想的深厚影响，以及法家、墨家学说不同程度的参与。其三，《六韬》所阐述的许多问题，具有鲜明的独创性和启迪意义。如"文伐"十二法的高明运用，《王翼》中早期"司令部"构成的具体设想等等，就是这方面的有力例证。

从每一部兵书的身上，都可以看到它特有的时代属性，即反映着一定的时代文化精神，秦汉时期成书的《三略》所体现的，就是显著的封建大一统兵学的特点。

秦汉时期是中国历史大一统封建帝国的确立时期，大一统的封建帝国需要为大一统服务的兵学。《三略》正是这种时代需要的必然产物。它所关注的问题，既是总结"取天下"的经验，更是探讨"安天下"、"治天下"的基本原则。这一时代文化精神从《三略》自我表述的理论宗旨，诸如"设礼赏，别奸雄，著成败"，"差德性，审权变"，"陈道德，察安危，明贼贤之咎"之中有突出的反映。

正因为《三略》以如何安治天下为基本宗旨和立论的出发点，所以全书上下贯穿着维护大一统、巩固大一统的红线，响彻着"陈道德，察安危"的主旋律。《三略》安治天下的大一统时代文化精神，集中体现在以下两个方面：第一，《三略》的显著特点是偏重于阐述政略，这同《孙子兵法》等先秦兵书偏重于阐述兵略存在着很大的差异，而这恰恰是大一统时代精神指导规范兵学建设的客观反映和必有之义。第二，《三略》的又一个显著特点是花费大量笔墨在论述君主与将帅、君主与群臣的关系问题上，提出了一系列君主如何驭将统众的重要原则。这同样是大一统时代文化精神指导规范当时兵学理论建设的具体表现之一。从这个意义上讲，《三略》更像是一部政治学著作，它的出现和流传，表明军事从属于政治，军事学政治伦理本位化趋势的强化已成为不可逆转的事实。

不过以上这六部兵书都有一个共同的特点，即侧重于哲学说理，形成了"舍事而言理"、词约而义丰的文化传统。

《唐太宗李卫公问对》一书的情况却稍稍有所不同，它虽然没有从总体上背离以哲理谈兵的历史文化传统，但是在结合战例阐述兵学哲理并使之深化方面，比前人取得了更大的成绩，构成了其不同于《孙子兵法》等书的自有特色。具体地说，就是《问对》的作者继承和发展了《左传》用具体战例来阐述和探讨战略战术原则的方法，把军事学术的研究方法，从单纯的哲学推理发展到理论与实际密切结合的新境界，在认真总结战争经验的基础上丰富和深化战略战术原则，使其日益接近科学化。这对于古典兵学理论研究来说，乃是一个显著的贡献。同时，《问对》的研究视角以及由此而形成的特色，也显示出古典兵学的重点正开始由战略的层次向战役战术的层次转移，这说明，随着战争实践的日益丰富，人们的军事理性认识也趋于多元、复杂、缜密和深化了。

第二，深入探讨"奇正"问题。奇正，既是古代一个军事命题，又是一个哲学问题。它作为范畴，最早出自《老子》，即所谓"以正治国，以奇用兵"。但真正把奇正用于军事领域并做系统阐发的，却是《孙子兵法》，即"凡战者，以正合，以奇胜"；"战势不过奇正，奇正之变，不可胜穷也"。奇正的含义，显然是指兵力的使用（用正兵当敌，用奇兵取胜）和战术的交换（奇正相生、奇正相变）。自孙子确立"奇正"这一范畴后，后世兵家无不奉为圭臬，广为沿用和阐述。如《孙膑兵法·奇正》说："形以应形，正也；无形而制形，奇也。"《尉缭子》说："正兵贵先，奇兵贵后。"曹操《孙子注》说："正兵当敌，奇兵从傍击不备也。"其中第一例是孙子"奇正"第二层意思的表述；后两例则是孙子"奇正"第一层意思的阐说。

然而到了《唐太宗李卫公问对》那里，"奇正"范畴则有了新的发展。它的作者用了大量的篇幅，对这一问题进行了系统、全面、透彻的分析和阐述。其认为奇正起源于方阵本身的队形变换，是在五军阵向八阵演变过程中产生的。同时，它又从政治战略、军事战略、战役战斗和战术等各个不同的层次、不同的方面，探讨了奇正的范围和特点。《唐太宗李卫公问对》对奇正探讨的重点是奇正的变化和运用。认为奇正可以互变，并以霍邑之战等著名战例为例证，对奇正的变化做了具体而辩证的说明。提出了"吾之正，使敌视以为奇；吾之奇，使敌视以为正"；"以奇为正，以正为奇，变化莫测"；"善用兵者，无不正，无不奇，使敌莫测。故正亦胜，奇亦胜"等一系列重要论断，极大地丰富和发展了《孙子兵法》的"奇正"理论。在此基础上，《问对》的作者强调把奇正与虚实、示形、分合等结合起来加以阐述。指出奇正相变的核心是"示形"："故形之者，以奇示敌，非吾正也；胜之者，以正击敌，非吾奇也。此谓奇正相变"；

奇正相变的目的是致敌虚实，"奇正者，所以致敌之虚实也。敌实，则我必以正；敌虚，则我必以奇"，从而"使敌势常虚，我势常实"，牢牢地掌握作战主动权；奇正相变的运用在于分合适宜，"有分有聚，各贵适宜"，"兵散，则以合为奇；合，则以散为奇"。

第三，精辟阐述"主客"、"攻守"问题。主客、攻守是中国古代兵学中的两个重要范畴。其中主客主要是指军队所处的地位问题，一般地说，进攻一方为客，防御一方为主；处于主动有利地位的一方为主，处于被动不利地位的一方为客。攻守则是指作战的基本形式。由于部队所处的地位往往是由所采取的攻守形式来决定的，所以主客与攻守二者之间既有区别又有内在的联系。

《唐太宗李卫公问对》在这些问题上也提出了自己精辟的见解，即所谓"指画攻守，变易主客"。它的有关论述没有简单地停留在"贵主不贵客"的一般阐说上，而是透彻地分析了攻与守、主与客之间的相互依存、相互转化关系，提出了"攻是守之机，守是攻之策，同归乎胜而已矣"等重要论断，认为"攻守一法，敌与我分为二事。若我事得，则敌事败；敌事得，则我事败。得失成败，彼我之事分焉。攻守者一而已矣，得一者百战百胜"。它指出进攻和防御既对立统一又相互转化，强调攻守成败的关键是掌握主动权，倘若"攻不知守，守不知攻"，那么即使能够把孙、吴兵法背诵得滚瓜烂熟，也是无法在战争中赢得主动、夺取胜利的。在此基础上，它进而分析和阐说"主客"问题，认为主客关系及其优劣也不能僵化看待："故兵不拘主客迟速，惟发必中节，所以为宜"；明确提出"较量主客之势，则有变客为主，变主为客之术"。高明的战争指导者应该积极致力于使敌人"变主为客"，而使自己"变客为主"。并以春秋时吴越笠泽之战与十六国时期后赵石勒击破姬澹之役为例证，进一步从理论与实践相结合的高度，论证了变客为主、变劳为逸的辩证关系。《问对》的这些论述，较之《孙子兵法》、《吴子》等兵书的认识更为深刻、更为全面，弥足珍贵。

第四，高度重视对部队的管理教育和军事训练。《唐太宗李卫公问对》所论述的重点并不在于治军。然而，这并不意味着它忽略了这一问题。其书谈到治军处不在少数，而比较有新意的是它关于部队的管理教育和军事训练问题的论述。

《问对》对教育训练的论述，主要是把握了两个基点。首先是主张提高部队的政治素质，它认为治军的核心问题是要加强军队内部的团结，搞好官兵关系。

其原则就是"爱设于先，威设于后，不可反是也"。这就是说，恩威并施、赏罚俱用的封建地主阶级的治军原则中，恩是威的前提，必须以爱兵为上。只有将帅与士卒"心一"，意愿相同，士卒亲附，才能真正立威，才能真正明罚。反之，"若爱未加而独用峻法，鲜克济矣"，是难以达到治军目的的。这一思想其实就是对孙子"卒未亲附而罚之则不服，不服则难用也"①论点的继承和发展。

其次，《问对》也十分注重提高部队的军事素质。它强调身为将帅者必须深晓训练方法。指出："教得其道，则士乐为用；教不得法，虽朝督暮责，无益于事矣。"而要真正做到"教得其道"，就必须遵循三阶段循序递进训练方法："臣（指李靖）尝教士，分为三等：必先结伍法，伍法既成，授之军校，此一等也；军校之法，以一为十，以十为百，此一等也；授之裨将，裨将乃总诸校之队，聚为阵图，此一等也。大将军察此三等之教，于是大阅，稽考制度，分别奇正，誓众行罚。"这个"三等之教"的训练方法，就是分为三个阶段的训练方法。其由少及多、由简单到复杂的训练过程，有些类似于今天那种由单兵到多兵，由小分队到大部队，由分练到合练（包括实战演习），由浅入深，循序渐进的训练方法。

《问对》还注意到，训练应该根据部队的不同特点，区别对待，扬长避短。如其作者针对少数民族士兵长于骑射、汉族士兵擅长弩战的特点，提出"汉戎宜自为一法，蕃落宜自为一法，教习各异，勿使混同"的主张。这些有关军事训练的论述，对于我们来说，无疑是有一定启示意义的。

第五，考镜阵法奥秘，揭示兵学源流。八阵是古代一种具有代表性的阵法，由于阵图失传，后世学者捕风捉影，穿凿附会，遂产生了许多猜测和误解。隋唐以降，此风尤为盛行。《唐太宗李卫公问对》一书却坚持实事求是的态度，反对一切玄虚之词，从理论上和实践上澄清迷雾，廓清异说。它经过翔实缜密的考辨，指出八阵是一个阵法的名称，是由五阵推演而成，其队形变换的基本形态主要是根据战场地形分别为方、圆、曲、直、锐五种。而这五种阵名基本符合1972年山东临沂银雀山出土的汉简佚名兵书《十阵》的提法，这表明作者对古兵法的确有深刻的研究，得出的结论是可以信从的。

---

① 《孙子兵法·行军篇》。

至于中国古典兵学的源流，《问对》也进行了深入的考察，提出了自己独到的观点。它认为中国古代兵学可划分为《六韬》、《三略》和司马穰苴、《孙子兵法》两大流派；并指出古代兵学在分类上"大体不出三门四种"，从而为后人研究古代兵学思想史提供了重要的线索。另外，值得充分肯定的是，《问对》坚持朴素唯物主义的立场，与迷信说法划清了界限。众所周知，自战国以来，阴阳五行之说盛行，军事学术领域自然深受其影响，这在《孙膑兵法》、《六韬》等书中均有所反映，如《六韬》之《兵征》、《五音》诸篇，其内就有"此五行之符，佐胜之征，成败之机"等语。而在兵学流派中则形成了"兵阴阳家"的派别。自西汉董仲舒"天人合一"之说的弥漫，到东汉谶纬之说的风靡，军事学术中，听音望气、灾变吉凶等大量渗入，到唐代李筌《阴符经》、《太白阴经》，宋代许洞《虎钤经》、曾公亮《武经总要》等书更是这样。而《问对》的作者却始终坚持比较科学的态度，丝毫不涉及阴阳迷信的说法，这实在是难能可贵的。

总之，《唐太宗李卫公问对》是一部内容丰富、立论新颖、影响较大的古代兵学名著，宋人戴少望在其《将鉴论断》中称道它"兴废得失，事宜情实，兵家术法，灿然毕举，皆可垂范将来"。郑瑗在《井观琐言》中也断言："《问对》之书虽伪，然必出于有学识谋略者之手。"这的确是合乎实际情况的评价。

第六节　李泌《平叛策》的战略指导理论

"物极必反"、"盛极而衰"是一切事物运动发展的普遍规律，唐王朝的历史也不曾例外。公元618年建立的大唐帝国，曾经创造过中国历史的辉煌。在经历了唐高祖、唐太宗、唐高宗、武则天、唐玄宗等数代统治者的苦心经营、励精图治之后，唐朝经济渐趋繁荣，政治相对清明，军事实力强大，国势如日中天。到唐玄宗开元及天宝时，进入了鼎盛时期。然而，在繁盛的表象背后，导致唐王朝衰退的种种因素也在迅速滋长。唐玄宗统治的晚年，耽于声色之乐，好大喜功，穷兵黩武。政治生活日益腐败，官吏贪赃，权相擅权，各种社会矛盾渐趋激化。加上军事部署上的严重失误，一改过去"居重驭轻"为"外重内轻"，使原先潜伏着的统治危机迅速表面化。天宝十四载（755），危机终于爆发，"渔阳鼙鼓动地来，惊破霓裳羽衣曲"，一场血雨腥风、灾难深重的"安史之乱"正式上演，成为大唐由盛转衰的历史转折点。

天宝十四载十一月，身任平卢、范阳、河东三镇节度使的安禄山以讨伐权相杨国忠为名，在范阳（今北京南）城头树起反叛的旗帜，统率20万大军南下中原，直指唐王朝统治的中心——长安与洛阳。一时间，尘土飞扬，杀声动地，叛军铁骑呼啸南进，整个国家陷入了恐怖、杀戮的深渊，国家的统一面临着最深重的危机。

由于唐王朝在内地的防务十分薄弱，来势凶猛的叛军又皆久经战阵之师，所以，叛军进展非常神速，铁骑所到之处，如入无人之境，大河以北，除颜杲卿、颜真卿据守的平原、常山等个别城池外，绝大多数的州县官吏望风而逃或纷纷迎降，以致叛军很快推进到洛阳、潼关一线，并利用唐玄宗的战略指导失误，一举攻克唐朝的东都洛阳和战略要塞潼关，擒获唐军宿将哥舒翰，尽歼唐军一线主力。潼关既破，长安已无险可守，叛军兵锋直指唐都，唐玄宗仓皇逃离长安，往四川避难。不久，安禄山叛军攻入长安，纵兵抢掠，搜捕百官、宫女、宦官，押赴洛阳，在洛阳建立政权。唐朝统治到了生死存亡的危急关头，国家分裂的局面几成现实。

当安史叛军攻入长安时，玄宗之子李亨率少数将领逃到了灵武（今宁夏灵武），于当年七月称帝，是为唐肃宗。为了挽救危机，肃宗任大将郭子仪为兵部尚书，率军五万屯驻灵武；以大将李光弼为户部尚书、北都留守，坚守太原；又命自己的长子李俶为天下兵马元帅，谋士李泌为侍谋军国、元帅府行军长史，开始了艰苦的平定叛乱、恢复统一的斗争，成为领导平叛的中心。

李泌是唐朝历史上屈指可数的杰出战略家。他受任于危难之中，殚精竭虑地思索平定叛乱的战略方针。经过认真分析，他针对朝廷已经丧失平叛良机的严峻现实，高瞻远瞩，运筹帷幄地构思了唐王朝平叛的战略方案，这就是著名的《平叛策》。

李泌《平叛策》的核心，是明确提出了唐军的战略目标，并根据这一目标，结合敌我双方的优劣强弱，规划了具体的战略步骤。其战略目标，总的说就是化被动为主动，逐渐收拾残局，翦灭安史叛军，再造国家统一。其基本思路，是从战略大局出发，不计较一城一地的暂时得失，不以迅速收复两京（长安、洛阳）为主要目的，而是等待从根本上削弱叛军势力后，再水到渠成地光复两京，重新建立唐王朝对全国的统治。应该说，李泌的战略谋划是合乎当时战略形势的，也是唐王朝彻底平息叛乱，再造统一的唯一正确途径。因为，安禄山在边睢经营十余年之久，已经巩固和扩大了自己的权力和地位。他的军队规模庞大，兵员多是从少数民族地区招募的，这些人缺乏府兵制下农民出身的士兵的忠君思想，多是为了私利才纠集于安禄山叛乱的旗帜之下的，而且久经战阵，战斗力极强。安禄山叛乱前深得唐玄宗的信任，早以防边为借口直接控制了西北的一些主要军马基地，能获得骑兵马匹的充足供应。另外，安禄山因长期兼任河北道采访使这一重要职务，左右了当地官员的任命。这样，当其反叛朝廷时，已建立了一支训练有素且忠于他个人的庞大军队、文官系统，而且还拥有相对稳定和强大而富裕的战略后方。安禄山的战略是，对唐朝进行决定性的打击，核心是立刻占领唐朝的政治中心地区洛阳和长安，使皇室威信扫地，并尽快建立自己的统治。在这种情况下开展平叛斗争，的确不能与敌人做正面的争夺战，而只有采取"以迂为直"逐次渐进的对策，以疲惫和歼灭敌人的有生力量为战略重点，循序渐进，以空间换取时间，积小胜为大胜，通过较长时间的征伐，努力改变敌我双方的战略态势，尔后再进行战略决战，彻底平定叛乱，恢复统一。

根据这一战略方针，李泌规划了指导平叛战争顺利进行的具体的战略步骤。这就是平叛战争要分三步走。

其一，针对安史叛军骤然取胜，占据中原广大地区后战线过长、兵力分散的情况，将计就计，在唐朝广大的心脏地带与敌周旋，逐渐消耗叛军实力，同时把军事行动的重点放在对敌后方基地的破袭上，从根本上削弱叛军。其中首要的措施应是郭子仪、李光弼两支唐军战略机动部队做灵活出击，将叛军四员骁将所率领的叛军主力牢牢牵制住，调动其长途奔波，使其无暇休整，既摧毁其战斗意志，又消耗其战斗力和兵力。这样就使叛军拖泥带水，首尾不能兼顾，攻守难置其措，陷入长达几千里的战场上不能自拔，完全丧失主动。显而易见，这是十分高明的战略。因为军事活动的本质属性就是保存自己，消灭敌人。当时，唐军人数虽多，但难以集中使用，发挥不出优势。同时，帝国能作战的兵力大都分布在边镇，内地已没有多少训练有素的军队，实际上抵挡不住叛军凌厉的攻势，所以叛军在遭到坚决抵抗前能绕过河北而直下洛阳、长安。可见，只有将叛军的实力削弱到一定程度后，才能顺利地由战略防御转入战略反攻。反之，若昧于知彼，又昧于知己，一厢情愿地企求超越战略防御或战略相持阶段，提前展开战略反攻，仅仅定位于两京等重要城市的争夺，那么，结果只能是欲速则不达，势必会以疲惫之师屯于坚城之下，导致军事上更大的损失。这绝对不是

"务万全,图久安"的正确做法。

其二,命建宁王统率部队越经塞外进攻安史叛军的巢穴——范阳之北,命李光弼自太原出井陉攻范阳之南,两军互为犄角,密切配合协同,夹击叛军而覆其巢穴。这也是非常出色的高招,既能从心理上严重打击叛军的意志,从军事上又可彻底切断叛军的归路,并可以从侧后和两翼形成对叛军的包围。一旦这一目标达成,势必造成叛军内部的混乱,唐军则可趁机乘隙蹈虚,将叛军的指挥系统一举摧毁,为彻底平定叛乱创造十分有利的条件。就兵法原则而言,这是古代"围魏救赵"战法在新形势下的创造性运用。

其三,在以上两个战略步骤取得完全成功的前提下,再以大军四面攻击,合围两京,并最终加以收复,彻底平定叛乱,实现国家的重新统一。如此,则"不出二年,无寇矣",即取得毫无后遗症的胜利。这既是高明的平叛战略灵活运用的结果,也是唐军浴血奋战所应追求的战略目标。换言之,也才是真正意义上的"万全"和"久安"。

由此可见,李泌《平叛策》的主旨,是以时间换取空间,稳妥持重、切实可行的统一方略。按此计划,唐军可以逸待劳,一步一个脚印夺得平叛战争的最后胜利,表面看来,这需要有一个比较漫长的过程,似乎有些缓慢,实际上它是排除了后患的根本胜利,能够一劳永逸地解决叛乱问题,实现国家的完全统一。

令后人遗憾的是,李泌这份高明的《平叛策》并未为最高决策者唐肃宗所完全理解和采纳。这位缺乏战略远见的统治者,务虚名而轻实效,一味求快恶慢,汲汲于在短时间内收复两京,不顾双方的实际情况而再三让唐军主力在腹心地区发动正面进攻,因而使朔方、河西、陇右三大西北战区的精锐部队损兵折将,元气大伤,使叛军得以保存有生力量,可以在长时间内抗击朝廷,肆虐中原。唐肃宗的短视行为严重影响了平叛的进程,东都洛阳得而复失,一场本可早早结束的平叛战争,结果拖泥带水持续了八年之久,给唐王朝的中兴大业造成了不可弥补的巨大损失。这也恰好从反面进一步印证了李泌《平叛策》的算无遗策。

第七节 王朴《平边策》的战略运筹理论

周世宗柴荣是中国历史上一位雄才大略的君主。他即位之初,就以"汉晋以来，契丹屡寇河北，轻骑深入，蹂躏幽燕"为忧，认为群雄割据，国家分裂的局面必须结束，否则中国将忧患不已。所以他锐意于统一事业，在高平之战大胜后，立即挥军进攻北汉巢穴太原，欲趁热打铁，一举灭亡北汉，为全国统一奠定基础。但太原之战劳而无功。这一事实有力地印证了一个具有普遍意义的规律，那就是统一天下的得失成败，关键取决于统一方略的正确与否。换言之，在当时的形势下，结束中国分崩离析的局面，更呼唤着高明正确的统一大战略的制定。王朴的《平边策》遂应运而生，成为周世宗统一天下之总方略。

王朴，字文伯，东平（今属山东）人。少年登第为进士。为人明敏多才智，后汉时任校书郎，但怀才不遇，弃官隐居。后投奔柴荣，任军中掌书记。史载其"性飓而锐敏，智略过人"。柴荣即位后，迁比部郎中。"初，世宗以英武自任，喜言天下事，常愤广明之后，中土日蹙，值累朝多事，尚未克复，慨然有包举天下之志，而居常记事者，多不谕其旨，唯朴神气劲峻，性刚决有段，凡所谋画，动惬周世宗之意。"①太原之战受挫后，周世宗认识到安定内部和削平割据统一全国不是一蹴而就的事，必须有一个完整、高明的总体策略，他非常务实，虚心纳谏，曾严肃地对宰相说："朕每思治政之方，未得其要，寝食不忘；又自唐晋以来，吴、蜀、幽、并，皆阻声教，未能混一，宜命近臣著《为君难为臣不易论》，及《开边策》各一篇，朕将览焉。"②点名让王朴和朝中大臣提出对策。当时有四十多名大臣就实现国家统一的战略问题提出了自己的思考，周世宗逐一阅读，只有王朴的《平边策》让他眼前一亮。王朴因此颇得周世宗信用，官拜枢密使。

《平边策》全文不到一千字，但全面论述了治国安邦和统一天下的策略，见解独到，其核心是提出了政治上的厉行改革以及军事上先易后难的战略方针。周世宗在《平边策》的基础上，又与王朴反复讨论，制定了统一天下的具体方略，形成了先易后难、先南后北的统一战争战略方案。

首先是厉行改革。王朴提出的改革是全面的改革，包括政治、经济和军事诸方面。王朴从总结历史经验教训出发，指出造成唐末五代以来令人痛心的天下分崩离析局面的原因就在于"失道"，即政治举措失当。因为自唐末藩镇割据

---

① 《旧五代史·后周·列传八》。
② 《资治通鉴·后周·纪三》。

相衍而来的五代十国局面，最重要的原因就是"地擅于将，将擅于兵"，一地的兵甲、财赋，中央不能过问；地方节度使的任免，中央无权干预。军队则全无纲纪，必须加以整顿。所以王朴说："唐失道而失吴、楚，晋失道而失幽、并，观所以失之之由，知所以平之之术。当失之时，君暗政乱，兵骄民困，近者奸于内，远者叛于外，小不制而至于大，大不制而至于僭。天下离心，人不用命。吴、蜀乘其乱而窃其号，幽、并乘其间而据其地。平之之术，在乎反唐、晋之失而已。"①所以，改革的具体办法必须是："必先进贤退不肖以清其时，用能去不能以审其材，恩信号令以结其心，赏功罚罪以尽其力，恭俭节用以丰其财，徭役以时以阜其民。"②即刷新朝政，选能淘劣，以法治国，恢复生产，发展经济，这样才能安定国本、增加实力，从而在各方面做好战争的准备："俟其仓廪实、器用备、人可用而举之。彼方之民，知我政化大行，上下同心，力强财足，人安将和，有必取之势，则知彼情状者愿为之间谍，知彼山川者愿为之先导。彼民与此民之心同，是即与天意同。与天意同，则无不成之功。"③王朴这种在制定军事战略时优先考虑政治因素的思路，无疑是非常正确的，表明他高瞻远瞩，善于将统一大业作为一个整体大系统，全面联系对待来思考，从而超越了单纯就军事而论军事的樊篱，真正触及了政治制约军事，军事服务于政治的本质属性。《文子·上礼》曾说过，军事斗争要"先为不可胜之政"，《商君书·战法》也说"政久持胜者，必强至王"。王朴的战略思维与前圣的思想精髓可以说是不谋而合，显现出他在同一战略构思上的大襟怀、大手笔。

其次，军事策略上的先易后难。这是由各方面的客观情况决定的。一方面，当时全国分裂为后周、辽国、北汉、后蜀、荆南、南唐、吴越、南汉等。以中原正统自居的后周，实际上处于辽、北汉、后蜀、南唐等割据政权的包围之中，这些国家实力有强有弱，距离中原远近不一，对后周的威胁程度也不同。后周绝不可能同时出击，十个指头一齐打，必须有轻重缓急、先后次序。王朴认为，在各割据势力中，南唐和后蜀是实力最强的。这两个割据政权都想结交契丹，以图中原，对后周威胁最大。周世宗想要恢复燕云，就不得不先惩罚这两个势力。而在这两个割据政权中，又应以南唐为首先用兵的对象。因为后蜀

---

① 《旧五代史·后周·列传八》。
② 《旧五代史·后周·列传八》。
③ 《旧五代史·后周·列传八》。

远离中原，关山阻隔，交通不便，远征困难重重。历史上，后唐两征后蜀，一次得而复失，一次半途而废，前车之鉴，教训深刻。而南唐是南方诸国中最强大的，又与后周为邻，南唐经济富庶，先灭南唐，得其人力物力资源，可以增加后周的国力。同时，夺取南唐，对南方另一个较大的割据势力可以起到敲山震虎的作用，"得江南则岭南、巴蜀可传檄而定"。等到南方平定，"则燕地必望风内附；若其不至，移兵攻之，席卷可平矣"①。

为什么说北方的北汉难攻呢？这里有一个大背景。唐朝中期以后，在山西境内又有了一支新的少数民族——沙陀族。沙陀本是西突厥的一支，突厥族原来是居住在蒙古高原西部阿尔泰地区的一个游牧部落，后灭了柔然入居蒙古高原，6世纪80年代分裂为东西二部，西突厥占有今新疆及中亚地区，其中一支移居到天山东北角即天山东端的北麓，和当地的土著印欧语系白种人融合在一起，形成沙陀族。唐朝前期，沙陀族臣属于唐朝，但安史之乱后，唐在中亚的势力收缩，沙陀族转而臣属吐蕃，被迫迁到今甘肃一带。9世纪，沙陀举族东迁，投奔唐朝，唐政府将之安置在今陕西定边一带，此后沙陀族不断东迁，定居于山西北部，史称代北沙陀。当时，就战斗力讲，沙陀骑兵是最强悍的部队。其首领李国昌、李克用父子（由唐朝赐姓）曾率部助唐朝镇压黄巢起义军，因功被任命为节度使，李克用后来占领山西大部分，晋爵晋王，建立了唐末和五代后梁时期的晋国，以太原为政治中心。进入五代时期，沙陀族凭借居于山西高原的地理优势和强悍的部族军事力量，与中原汉族政权角逐。五代的各个朝代中，有三个都是以太原为根据地的沙陀族人建立的，一是李克用之子李存勖建立的后唐，二是石敬瑭建立的后晋，三是刘知远建立的后汉。他们建立政权前，身份都是前朝的北京（太原）留守、河东节度使，以山西为根据地，依靠河东人力物力乘机夺取黄河流域的大部分，取得统治权的。②

可见，河东地区在五代政权更迭中占有举足轻重的地位。当年刘知远建立后汉，称帝南下，特意令其从弟刘崇为北京留守、河东节度使，守卫河东这一基地。所以，郭威发动兵变推翻后汉建立后周之时，刘崇也于同一日在太原称帝，以后汉的合法继承人自居，而且仍以后汉为中原正统，与后周势不两立。

---

① 《资治通鉴·后周纪三》。
② 参考谭其骧《长水集·山西在国史上的地位》一文。

北汉的目标就是以河东为基地，消灭后周，报仇复国。为了实现这一目标，北汉一方面称臣于契丹，争取其大力支援，另一方面就是整军备战，向后周发起了两次大规模的进攻。虽然晋阳之战、高平之战皆以北汉惨败而告终，但周世宗欲乘高平之战胜利之余威扫平北汉的反攻也了无成效，在太原之战中，后周军队屯于坚城之下，久攻不克，损失严重，只得撤军。这样，后周与北汉自始就是水火不容的你死我活关系，自无和解之可能。同时，经太原一战，以当时后周之国力军力与北汉抗衡，自不占优势。王朴是清楚这一现实的，所以在《平边策》中说："唯并必死之寇，不可以恩信诱，必以强兵攻之，但亦不足以为边患，可为后图，候其便则一削以平之。"这就点出了后周处理与北汉关系的基本原则与作战方略。

利德尔·哈特说："战略学告诉我们，最重要的，就是一方面经常保持一个目标，而另一方面在追求目标时，却应适应环境，随时改变路线。"①在这方面，周世宗可以说是深明战略之道。他为了统一中国，一方面积极按照《平边策》中提出的战略励精图治，安定社会，奖励农耕，开通漕运，讲练精兵，不断充实国力；另一方面，在展开统一事业，实施统一全国战略的过程中，并没有完全按原《平边策》中的设想去一举平定南方各国，而是根据实际情况对王朴的《平边策》做了修正。这主要是分析了国内外的形势，有所为有所不为，将战争限定于一定范围内。因为当时南唐、后蜀皆实力强大，具有全面抗击后周的力量；同时，到处树敌，战略目标过大，也易引起整个南方与后周的对抗，短时间内势必难以结束战争。所以，周世宗出兵南唐，一再声明只取江北十四州的后唐旧疆，表示要与南唐以长江为界，不危及南唐在江南的统治。后周进攻后蜀，也只收复原来后唐、后晋占有过的秦（今甘肃秦安）、成（今甘肃西和县西北）、阶（今甘肃武都）、凤（今陕西凤县）四州之地，绝不越过剑门（今四川剑阁）而攻打成都。同时，取得对南唐、后蜀战争的胜利后，也未乘胜进攻荆南、吴越、南汉等国，而是与这些国家友好往来。周世宗在实施统一过程中对《平边策》的这些修正，是非常切合实际的，因为，这样做既教训了南唐、后蜀，迫使他们对后周边境不敢轻举妄动，保持了后周关中、淮河流域的安宁；又将战争限定在一定范围和规模之内，不致南方两大势力与后周全面对抗。同时，有限的军事

---

① 利德尔·哈特：《〈战略论〉序》。

行动也取得了关中形胜之地,为日后统一整个中国奠定了基础。取得淮河流域财富之地,则可从富庶的江北十四州取得大量人力、物力,保证有足够的实力对付北方强敌辽、北汉,可以集中力量收复河北失地燕云,并击灭北汉。然后再自北向南,统一整个南方,这自然是水到渠成的。所以,周世宗统一全国的战略基本上是两步走,一是用有限的军事行动先南后北,先易后难;二是再由北往南,先难后易。这一策略是稳妥的,是在统一战争实践中对王朴《平边策》的发展和完善。可惜的是,王朴在统一战争刚刚开始时劳累过度,四十五岁即因脑溢血去世。宋人王铚在《默记》中曾十分惋惜地说,王朴只辅佐了后周四年,就取得了许多功绩,如果天假其寿,其功业一定不可限量。更为可惜的是,统一事业的最高战略指挥者周世宗也英年早逝,死于北伐途中。后周的统一事业暂告中辍。

宋朝大思想家朱熹说:"周世宗天资高,于人才中寻得个王朴来用,做了许多事业。"当学生问周世宗是否算得上"贤主"时,朱熹答曰:"看来也是好。"并认为"世宗胸怀又较大","可谓有天子之量","五代时甚么样!周世宗一出便振。收三关,是王朴死后事。模样世宗未死时,须先取了燕冀,则云中、河东皆在其内矣。本朝收河东,契丹常以重兵援其后,契丹嫌刘氏不援,始取之"①。周世宗取天下的事业虽未最后完成,但王朴关于国家统一的战略规划影响深远。据各种史料记载,北宋开国皇帝赵匡胤毫不隐讳地说过,周世宗是对他影响最大的前朝皇帝,王朴是对他影响最大的后周大臣。赵匡胤当上皇帝后,一次路过祭祀后周大臣的功臣阁,看到王朴的画像,赶紧整理衣冠作揖行礼。随行人员问陛下贵为皇帝,为何向前朝大臣行礼?赵匡胤指着自己身上的御衣说,王朴要是长寿些,我可当不了皇帝呵。可见对这位前朝同僚的敬重。继起的宋朝正是相沿了周世宗和王朴的"取天下之策",在这一方略的基础上,根据当时的实际情况做了修正和完善,才最终实现了全国的统一。这一切,都证明了王朴《平边策》的不朽价值。

---

① 《朱子语类》卷一百三十七,中华书局标点本,第 3251 页。

第十章

宋代的战争与战略思想

第一节 宋初的对辽战争与战略指导思想

一、宋太祖的统一与边防战略

宋元时期,战争是贯穿整个时代的主线。在各种类型的战争中,宋、辽、夏、金、元诸朝之间的民族战争最为重要。对宋朝而言,与北方民族政权的战与和是战略论争的主题,也是导致两宋灭亡的直接原因。对辽、夏、金、元而言,他们与宋的战争同样是关乎国运兴衰的大事。

实现国家统一是宋初的首要战略目标。在统一战略上,宋初君臣沿袭了周世宗的思路,采取了"先南后北"战略,而这一战略又与如何处理与契丹关系的边防战略紧密相连。

如前所述,"先南后北"的统一战略在后周王朴所上《平边策》中已经提出,即先平定南方诸国,然后再北上消灭后汉。建隆元年(960),平定李重进反叛之后,宋太祖与谋臣赵普进行了一场著名的"雪夜问对"。赵普说:"太原当西北二边,使一举而下,则边患我独当之,何不姑留以俟削平诸国?彼弹丸黑子之地,将何所逃?"①在赵普看来,消灭北汉不难,难在消灭北汉后就要直接面临契丹这一"边患"。

宋太祖与赵光义的对话进一步揭示了"先南后北"战略的深意。他说:"中国自五代已来,兵连祸结,帑藏空虚,必先取巴蜀,次及广南、江南,即国用富饶矣。河东与契丹接境,若取之,则契丹之患,我当之也,姑存之以为我屏翰。

---

① 《续资治通鉴长编》卷九,开宝元年七月。

俟我富实，则取之。"①也就是说，"先南后北"一方面可以通过占领广大南方地区积聚实力，为北伐奠定基础，另一方面也可稳固北部边疆局势，避免与契丹过早对抗。

宋初统一战争大体上遵照了"先南后北"战略。其间，宋军先后于乾德六年（968）和开宝元年（969）两次北攻太原，都因契丹援助北汉而失败。这两次尝试恰恰突显出契丹因素的重要性，印证了"先南后北"统一战略的正确性。

在宋太祖的统一战略中，重点在消灭北汉，但收复燕云地区也包括在统一计划之内。开宝九年（976）初，群臣上表，请加尊号"一统太平"，宋太祖说："燕晋未复，遽可谓一统太平乎？"②乾德三年（965），宋太祖在国家财政库藏之外建立了内库，贮藏金帛，名为"封桩库"。他曾对亲近大臣说："石晋苟利于己，割幽蓟以赂契丹，使一方之人，独限外境，朕甚悯之，欲俟斯库所蓄满三五十万，即遣使与契丹约，苟能归我土地民庶，则当尽此金帛充其赎直，如曰不可，朕将散滞财，募勇士，俾图攻取耳。"③可见，宋太祖就解决燕云问题提出了两种方案，一是赎买，二是攻取。二者之中，赎买优先，赎买不成再付诸战争。之所以如此，很可能是因为宋太祖曾亲身参与过后周对契丹的作战，对契丹的实力较为了解，并不像后周君臣那样盲目乐观。

在用兵南方期间，宋一方面尽力与契丹保持友好关系，另一方面布设防线，派李汉超等大将守边，同时加强边防建设，疏通沿边河网沟渠、密植柳树，限制辽骑南下。④对待辽兵的入侵，采取"来则备御，去则勿追"的对策。这种御边策略后来被很多宋代大臣推崇，认为是成功的边防战略。但事实上，这只是为了用兵南方时维护侧后安全的权宜之举，并非宋太祖边防战略的核心要义。唯因宋太祖未及完成统一大业，便在"斧声烛影"中死去，他对契丹或赎买或攻取的战略未能展开，才给后人留下了在北部边防上维持现状的保守印象。

---

① 王偁：《东都事略》卷二十三，《孟昶传》。
② 《续资治通鉴长编》卷十七，开宝九年二月己亥。
③ 《续资治通鉴长编》卷十九，太平兴国三年十月乙亥。
④ 参见《张方平集》卷二十二，《请选择河北缘边守臣事》，中州古籍出版社1992年版；王明清：《挥麈后录》卷一，《祖宗规模宏远》，上海书店2001年版。

二、两次对辽战争与宋太宗的战略转变

宋太宗即位后,继续进行统一战争,同样以收复燕云诸州作为统一大业的重要内容。太平兴国四年(979),宋太宗亲自率军北伐,攻灭北汉。继而挥师东下,试图一举收复幽州地区,却在高粱河之战中遭遇惨败。雍熙三年(986),宋太宗再次兴兵北伐,倾举国精兵猛将三路进击,最终仍以失败告终。

两次幽州之战后,宋太宗的边防战略发生了重大转变,由积极收复失地转为消极防御。宋太宗战略思想的转变受到多方面因素的影响,战争的失败固然使他意识到契丹实力的强劲,战争过程中有人谋立太祖之子事件无疑也是促使他转向内政的诱因,然而,从战略思潮的角度来看,在两次幽州之战前后,文臣主导的和平主义思想的兴起,也是促成这一转变的重要因素。

第一次幽州之战后,对于是否继续进兵幽燕,朝臣中发生了激烈的争论。在反对者中,张齐贤、田锡的议论最有代表性。张齐贤说:"臣又闻家六合者以天下为心,岂止争尺寸之事,角强弱之势而已乎!是故圣人先本而后末,安内以养外。人民本也,疆土末也。五帝、三王未有不先根本者也。尧舜之道无他,广推恩于天下之民尔。推恩者何?在乎安而利之。民既安利,则远人敛衽而至矣。"①在他看来,人民为本,疆土为末,内部安定则远人自至。当前的首要目标不是收复燕云诸州,而是安定国内。

田锡也说:"圣人不务广疆土,惟务广德业,声教远被,自当来宾。"②他认为,在当时情况下,不宜用兵。一则时机未到,"戎族未乱,无烦强图,寇势未衰,何劳力取"?再则,不当舍近谋远,"国家务大体求至理则安,舍近谋远劳而无功则危"。他希望宋太宗以好大喜功的汉武帝、唐太宗为戒,不要关注"恢复吊伐之名",而要重视"可否祸福之实"③。

这一时期,宋太宗虽然并未对劝阻他收复幽州的言论表示反感,甚至时有嘉许,但收复幽州依然是他的既定目标,而且一直在积极做准备。因此,当雍熙三年(986)雄州知州贺令图等人提出,可乘辽国主幼国疑之机收复幽州时④,宋

---

① 《续资治通鉴长编》卷二十一,太平兴国五年十二月。
② 《续资治通鉴长编》卷二十二,太平兴国六年九月壬寅。
③ 《续资治通鉴长编》卷二十二,太平兴国六年九月。
④ 《续资治通鉴长编》卷二十七,熙宁三年正月戊寅。

太宗毅然决定发动第二次幽州之战。 不仅如此,第二次幽州的失败也没有使宋太宗马上放弃收复幽蓟地区的想法。 当曹彬率领的东路军在岐沟关大败,赵普上书请求班兵时,他在回复赵普的手诏中说:"俾契丹之党远遁沙漠,然后控扼险固,恢复旧疆,此朕之志也。"①但是,此时,来自朝臣的反对之声日益强烈。 重臣赵普、宰相李昉等纷纷上书,劝宋太宗"和戎"。 赵普认为,这次北伐是"兴不急之兵,颇涉无名之议",他建议太宗"安和寝膳,惠养疲羸,长令外户不扃,永使边烽罢警,自然殊方慕化,率土归仁"②。 李昉则说:"未可与争,灼著于前经,姑务息民,何嫌于屈己。"他建议宋太宗屈己息兵,以金钱换和平,称如此"不烦兵力,可弭边尘"③。

端拱二年(989)正月,宋太宗诏文武群臣各陈备边御戎之策。 这是一次关于边防政策的大讨论,也是对此前边防战争和军政建设的大检讨。 这次讨论的中坚人物是张洎、王禹偁和田锡。④ 他们三人所论虽然侧重点不同,但都反对继续对契丹用兵。 其理由主要有三点:首先,从地理形势来看,契丹占据幽蓟地区,使中国北部尽失险阻,造成了难以突破的战略困局。 张洎说:"自飞狐以东,重关复岭,塞垣巨险,皆为契丹所有。 燕蓟以南,平壤千里,无名山大川之阻,蕃汉共之。 此所以失地利而困中国也。"其次,从中国与北方民族斗争的历史规律来说,对契丹用兵的时机尚不成熟。 王禹偁以汉代为例来论证这一问题:"且汉文当军臣强盛之时,而外能任人,内能修德,使不为深患者,是由乎德也。 哀、平当呼韩衰弱之际,虽外无良将,内无贤臣,而使之来朝者,是系于时也。"王禹偁认为,中原的强弱在乎德,异族的盛衰系乎时,实际上都是在讲实力对比问题。 如果以中原王朝与北方民族的盛衰为坐标系,可以分为四个象限,我强敌强,我强敌弱,我弱敌强,我弱敌弱。 那么对北方民族作战最好的时机当然是我强敌弱之时。 这也就是张洎所说的,"夫盛衰之理有数存焉,圣人因之以定其业"。 很显然,他们认为当时与契丹决战并不符合这一盛衰之理。 再次,从儒家传统民族观念来讲,与夷狄争胜得不偿失,甚至是祸败之源。 如

---

① 《续资治通鉴长编》卷二十七,雍熙三年五月丙子。
② 《续资治通鉴长编》卷二十七,雍熙三年五月丙子。
③ 《续资治通鉴长编》卷二十七,雍熙三年六月。
④ 按:此处所引三人议论均出自《续资治通鉴长编》卷三十,三人文章又见于《宋名臣奏议》和个人文集等。

王禹偁所言："讨蛮夷则重困生灵，得土地则空标史策，祸败之本，何莫由斯？"这一观点从根本上否定了战略进攻的合理性，也在一定程度上限制了作战方式和手段的选择。基于这些理由，文臣们认为，不当对契丹作战，而应该将重点放在内政上，"内修其德"、"外任其人"，"欲理外，先理内，内既理则外自安"。

文臣们息兵通和的思想一定程度上影响到了宋太宗。史书记载，端拱二年（989），宋太宗与王化基讨论边事，"化基曰：'治天下犹植树焉，所患根本未固，根本固则枝干不足忧。今朝廷治，边鄙何患乎不安。'上然其言"[①]。淳化二年（991）八月，并州上奏，有七十三户戎人内附。宋太宗对近臣说："国家若无外忧，必有内患。外忧不过边事，皆可预防。惟奸邪无状，若为内患，深可惧也。帝王用心，常须谨此。"[②]这段话标志着宋太宗战略思想发生了重要转变，他开始将内患视为最根本的威胁，而将"边事"视为次要问题，即所谓"守内虚外"。

在"守内虚外"思想指导下，宋的边防战略由积极进攻、收复燕云诸州转为防御固有领土。从端拱年间开始，在西起保州西北，东到泥姑海口近九百里的平原地区，利用河渠塘泊筑堤蓄水以为屏障，防止辽国骑兵的奔冲，并沿途置堡寨、军铺，以船只往来巡警。在处理边防争端中往往以"和戎"为主导思想，强调"来则备御，去则勿追"，力戒边将生事。

事实证明，宋朝君臣所谓"来则备御，去则勿追"只是一厢情愿。第二次幽州之战使辽朝看清了宋军事上的虚弱，因而采取攻势，连年大举南侵。宋真宗景德元年（1004），辽承天后与辽圣宗率兵二十万大举南下，直抵澶州（今河南濮阳），双方订立了澶渊之盟。盟约规定，双方为兄弟之国，宋每年向辽输银十万两，绢二十万匹。澶渊之盟确立了宋辽对峙的均势局面，在此后一百二十多年中，双方没有发生过大的战争。

---

① 《续资治通鉴长编》卷三十，端拱二年九月戊子。
② 《续资治通鉴长编》卷三十二，淳化二年八月丁亥。

第二节　宋夏战争与宋对夏战略

一、宋太宗对西夏的经略与怀柔

党项族是中国北方少数民族的一支，大约从南北朝开始，活跃于以青海湖为中心的青海北部和甘肃南部一带。宋初，辖有银（今陕西榆林县南）、夏（今陕西横山县北）、绥（今陕西绥德）、宥（今陕西靖边县东）、静（今陕西米脂县西北）五州之地，是西北地区一支重要的军事力量。宋太祖时期，对党项李氏羁縻笼络，李氏也协助宋进攻北汉。宋太宗太平兴国七年（982），定难军节度使李继捧入朝，表示愿意献上夏、绥、银、宥、静五州。宋太宗认为这是"削藩"的大好时机，改封李继捧以彰德军节度使的虚衔，使之居留京师，派官接收夏、绥、银、宥四州八县之地。此举遭到李继捧族弟李继迁的抵制，他假借为乳母出丧，逃奔夏州东北的地斤泽（今内蒙古伊克昭盟巴彦淖尔），举兵抗宋，由此开启了宋夏之间百余年的武力纷争。

从太平兴国八年（983）起，李继迁不断袭扰宋境，并于雍熙三年（986）归附辽朝，力量逐渐壮大。宋太宗一再派兵讨伐，成效不彰，转而采取怀柔之策。端拱元年（988），宋太宗采纳了赵普"以夷制夷"的建策，复以李继捧为定难军节度使，赐姓名赵保忠，派他回去镇抚夏州。李继捧到夏州后，并未按照宋的意图钳制李继迁，反而依违于宋、辽之间，使形势更为复杂。淳化二年（991），李继捧暗中附辽，被辽封为西平王，李继迁则奉表归宋，宋任命他为银州观察使，赐名赵保吉。但是，宋对李继迁的封赏并未稳定局势，双方仍旧战事不断。淳化三年（992），李继迁再次攻占银州，袭扰庆州、原州等地。淳化五年（994），胁迫绥州居民迁往平夏，并攻围灵州等地。宋太宗派大将李继隆率兵进拔夏州，摧毁夏州城。至道二年（996）三月，李继迁在浦洛河（今吴忠县南，北流入黄河）劫夺宋援灵州粮草四十万石。五月，率数万人围攻灵州。七月，宋太宗派兵五路进讨，打算捣毁李继迁的巢穴平夏，但因各军步调不一，并无大的战功。次年三月，宋廷再议大规模进兵，因太宗去世未果。

宋太宗对西夏的战略，看似因时制宜，实则对形势估计错误，缺少长远战略规划，怀柔不得，又威战难服，致使李继迁势力日益坐大，西北边疆形势越来越严峻。

二、灵州弃守与宋真宗的防御战略

至道三年（997）三月，宋太宗去世，真宗即位，李继迁请和。宋真宗不愿大举用兵，任命李继迁为定难军节度使，将夏、银、绥、宥、静五州重新划归他管辖，实际上承认了李继迁对原西夏地区的统治。但宋的退让并未换得边防的宁谧，相反，李继迁加紧了对灵州的攻势。灵州是宋西北军事经济重镇，"为关中之屏蔽，河陇之噤喉"，李继迁对这一点看得很清楚，早就将灵州作为重要战略目标。从淳化末年开始，宋夏围绕灵州的攻守战愈演愈烈。咸平三年（1000）九月，李继迁在积石大败宋军，劫夺由庆州运往灵州的粮草。咸平四年（1001）八月，他率五万骑兵再次围攻灵州，受挫后转而攻陷清远军（今甘肃环县山城堡），使灵州孤悬北边，危在旦夕。

围绕灵州的弃守，宋廷发生了激烈的争论。主弃派主要有张洎、张鉴、田锡、李至、杨亿、李沆等人，他们的理由大致有以下几点。

其一，灵州不可守。他们大多强调灵州孤悬于外，馈运艰难，不利于救援。宰相李沆甚至直言，"若迁贼不死，灵州必非朝廷所有"①。

其二，灵州不值得守。他们否认灵州的重要地位，认为不值得为这样一个化外之地劳民伤财。若因救灵州激起国内民众的叛离，就更是舍本逐末。如张洎说："况继迁或成或败，未足致邦国之安危，灵武或存或亡，岂能系边隅之轻重？得失大较，理甚昭然。"②杨亿甚至认为，灵州"存之有大害，弃之有大利"，"今灵武之存，为害甚于蝮蛇，供馈之费，为蠹逾于蚁壤。无鸿毛之益，有太山之损"，存之则为"借寇兵而资盗粮，竭民力而耗国用，为患之大，无出于斯"，弃之则可使"国家无飞刍挽粟之劳，士卒免暴露流离之苦"③，声称"圣人之道，务屈己含垢以安万人"④，把救援灵州说成类似汉武帝开边的穷兵黩武，以"弃灵州"为慎战安民的王道政治。

其三，弃灵州可使边防安宁，西夏向化。李至说："苟朝廷舍之不问，待之

---

① 《续资治通鉴长编》卷五十，咸平四年十二月。
② 《续资治通鉴长编》卷三十九，至道二年五月壬子。
③ 《续资治通鉴长编》卷五十，咸平四年十二月。
④ 《续资治通鉴长编》卷四十二，至道三年十二月。

如初，以厚利啖之，以重爵悦之，亦安敢迷而不复，讫于沦胥哉？""假如灵州不弃，何以绝其求请，何以弱其事势？"①他们认为，即使李继迁继续执迷不悟，弃灵州也会使宋站在道德的制高点上，激发民众义战的勇气，所谓"使曲在彼，而直在我，问有罪而罚有名，天地亦所不容，鬼神亦所共怒，继迁不日当自灭亡，何耕战兵食之云乎"②。

主战派的代表人物有何亮、刘综、张齐贤、李继和、郑文宝等人。其中以何亮的言论最具代表性。

咸平二年（999），秘书丞何亮通判永兴军，受诏往灵州经度屯田。还朝之后，他上《安边书》，阐述了关于灵州的意见。何亮认为，灵州具有重要战略地位，若弃灵州，将使李继迁占有的土地"广且饶"，并使"西域北庭合二为一"，西夏势力会进一步壮大，宋还将失去战马的重要来源，极大制约对夏的作战能力。

何亮不赞成大兵进讨，认为"有大费而无成功，深寇雠而速边患"。他也反对"姑息而羁縻之"，他说，"戎人之性贪婪无厌，虽存臣事之名，终多反复之志"，加以李继迁已经控制了灵武周边的山川之险和膏腴之地，若仅以恩信羁縻之，终必为中国大患。他指出，欲固守灵州，必修建从清远至灵武的溥乐、耀德二城以通粮道。"不城溥乐耀德，为之唇齿，则戎人之患亦未可量，与舍灵武无异。而加之有连年供给之厚费，无防边尺寸之微功，但兀然孤城以困极关右者也。"何亮的意见全面中肯，但是并未引起应有的重视，甚至连国史都未曾记载。③陕西转运使刘综、当时被委任主管西北事务的张齐贤、知镇戎军李继和、熟悉西北边防事务的殿中丞郑文宝等，也都坚决反对弃灵州。李继和说："灵州远绝，居常非有尺布斗粟以供王府，今关西老弱疲苦转饷，所以不可弃者，诚恐滋大贼势，使继迁西取秦界之群蕃，北掠回鹘之健马，长驱南牧，何以支吾？"④

在主弃与主守两种意见之间，宋真宗长期游移不定，既未形成明确的战略判断，也没有采取巩固边防的切实措施。相反，对于李继迁的步步紧逼，宋廷实

---

① 《续资治通鉴长编》卷四十二，至道三年十二月。
② 《续资治通鉴长编》卷四十二，至道三年十二月，李至语。
③ 《续资治通鉴长编》卷四十四，咸平二年六月戊午。按：《长编》选录此文，是因为韩琦曾经推崇何亮之说，且云，国史无之，取于何亮家。
④ 《续资治通鉴长编》卷五十，咸平四年十二月乙卯。

际的做法是姑息和迁就。对于左藏库使杨允恭等提出的改进运粮方法,何亮提出修建溥乐、耀德两城等建策,也都未予采纳。李继和曾说,他曾见咸平三年(1000)诏书,"缘边不得出兵,生事蕃夷,盖谓贼如猛兽,不拂其心,必且不动"①。这事实上透露了主弃派主导下的宋廷对待灵州问题的基本态度。咸平四年(1001),灵州危急,张齐贤、吴淑等主张联合山西潘啰支诸部,朝臣纠结于封予什么样的名号,迟迟不能决断。②宋廷的不作为致使灵州形势一步步恶化,丧失了救援的宝贵时间。咸平四年(1001)十二月,真宗终于意识到形势严峻,决定要出兵之时,已经为时过晚。咸平五年(1002)三月,李继迁率重兵攻陷灵州。宋将王超率领的主力尚未抵达,听到灵州陷落的消息,便匆匆撤走。

宋廷关于灵州弃守的争论反映出两种不同的战略思想。主弃派首先是失败主义者,认为灵州形势不利,失守是迟早的事。他们又是汉族中心主义的,秉持民族文化上的优越感,视灵州为化外之地、蛮夷之乡,不值得劳师动众,甚至认为弃之有大利,存之有大害。他们还是道德主义者,认为弃灵州是德化政治的体现,可以使李继迁幡然向化,至少是不再犯边。主战派则是现实主义者,他们认识到灵州的重要性,认为李继迁志不在小,弃灵州会使西夏势力坐大,为宋的边防带来更严重的安全威胁。

历史的发展证明,主战派的判断是完全正确的。宋失灵州以后,边防线内缩,环州、庆州、镇戎军以至麟州、府州等地的压力增大,修建城寨、驻兵防守等都耗费巨大。主战派关于失灵州阻断宋战马来源的忧虑也成为现实,马源的萎缩使宋廷难以组建强有力的骑兵,与西夏决战域外几不可能。李继迁则在得灵州后,将灵州改为西平府,作为新的统治中心,然后越过黄河、贺兰山,全力向河西拓展,势力大大扩张。

景德元年(1004),李继迁死,真宗一度欲乘机进攻西夏,最终由于与辽形势紧张,还是决定"姑务羁縻,以缓争战"③,于景德三年(1006)与西夏达成了和平协议。

---

① 《续资治通鉴长编》卷五十,咸平四年十二月乙卯。
② 《续资治通鉴长编》卷四十九,咸平四年十月丁未。
③ 《续资治通鉴长编》卷六十三,景德三年五月庚申。

第三节 北宋中后期各擅胜场的边防战略思想

一、宋仁宗时期范仲淹的积极防御战略思想

宋仁宗天圣九年（1031），西夏主李德明去世，其子元昊继位。宝元元年（1038），元昊称皇帝，国号大夏。宋仁宗拒绝承认元昊帝位，下诏削去元昊赐姓和官爵，宋夏之间战争再起。

康定元年（1040）、庆历元年（1041）、庆历二年（1042），西夏军三次大举入侵，先后在三川口（陕西安塞县东、陕西延安西北，延川、宜川、洛川的汇合处）、好水川（今宁夏隆德县北）和定川寨（今宁夏固原西北）与宋军激战，宋军均以惨败告终。

面对西夏凌厉的攻势，宋廷不断调整战略部署，确立了"以文制武"的统御之制。好水川之战后，罢陕西都部署，分陕西为鄜延、环庆、泾原和秦凤四路，以庞籍知延州，范仲淹知庆州，王沿知渭州，韩琦知秦州，各兼本路经略安抚招讨使。这些边帅既是对夏战略重要制定者，也是亲临前线的指挥官者。数人之中，范仲淹在边时间最长，治边成效也最显著，其战略思想和实践的影响也最大。

范仲淹的战略思想从一开始就很明确：一方面与西夏议和，另一方面切实加强边防建设，待实力增强，再施行有限进攻。在战争实践中，他的战略思想不断发展，提出了和、守、攻、备诸策，形成了"以和好为权宜，以战守为实事"的积极防御战略思想。

和：范仲淹积极主张与西夏讲和。他至边不久，即提出利用鄜延曾为西夏进贡之路的便利，尝试与西夏通和。他甚至主张以金钱换和平，他说："兵马精劲，西戎之所长也，金帛丰富，中国之所有也。礼义不可化，干戈不可取，则当任其所有，胜其所长，此霸王之道也。臣前知越州，每岁纳税绢十二万，和买绢二十万，一郡之入，凡三十万，傥以啖戎，是费一郡之入，而息天下之敝也。"①范仲淹主和思想与反战文臣有相同的思想基础，但是，他也并不是无条

---

① 《再议攻守疏》，《范仲淹全集》，四川大学出版社2007年版。版本下同。

件地主和。在他看来,"和"只是权宜之计,为最终战胜争取时间。

守:范仲淹认为,不能防守,就谈不上进攻。因此,他主张加强边防建设,在战略要地修建城寨,构建起抵御西夏入侵的藩篱。他说,"修复城寨,却是远图"①,城寨不仅可以保护边民,还可以在侦察警戒、屯兵防守、后勤供给、伺机进攻等方面发挥作用。为兴修城寨事,他先后六次上奏,最终"城承平等十二城寨,蕃汉之民相踵复集"②。其中,他亲自率部修建了大顺城,"大顺既成,而白豹、金汤皆不敢犯,环庆自此寇益少"③。修建城寨与抚驭藩部等措施相配合,有效地阻滞了西夏的进攻态势。范仲淹所谓的守,不仅着眼于战时的防御,而且是巩固边防的经远之谋。他说,"戎虏纵降,塞垣镇守,当务经远","用守,则必图其久,而民力不匮"④,因此,他提出了重用士兵和屯田久守的思想,目的在于"守愈久而备愈充,虽戎狄时为边患,不能困我中国"⑤。

攻:范仲淹讲的进攻并不是深入敌人腹地、荡平敌人巢穴,而是"近攻"、"浅攻",即在巩固既有领土的基础上,逐步控扼沿边汉蕃杂居地区。他说:"国家用攻则宜取其近,而兵势不危。"⑥起初,他讲的"攻策"主要是乘西夏入侵之际,攻取延州与庆州之间、环州与镇戎军之间以及延州与麟州之间与西夏参差交互的边境地区,"大为城寨以据其地"⑦。随着各项边防措施初见成效,他更多地强调"渐复横山"。在庆历四年(1044)的《奏陕西河北和守攻备四策》中,他提出了收复横山的具体设想,即在鄜延、环庆、泾原路各组织一支军队,使三军互掠于横山:"假若鄜延一军先出,贼必大举来应,我则退守边寨,或据险要,不与大战,不越旬日,彼自困敝,势将溃归,则我环庆之军复出焉。彼若再图点集,来拒王师,则又有泾原之师乘间而入,使贼奔命不暇,部落携怨,则我兵势自振,如宥州、绥州、金汤、白豹、折姜等寨,皆可就而城之,其山界蕃部去元昊且远,求援不及,又我以坚城据之,以精兵临之,彼既乐其土,复逼以威,必须归附,以图安全,三五年间,山界可以尽取,此春秋时吴用三师破楚之

---

① 《请修复城寨奏》,《范仲淹全集》。
② 《续资治通鉴长编》卷一百三十,庆历元年正月戊午条记事注释。
③ 《宋史》卷三百一十四,《范仲淹传》。
④ 《上攻守二策状》,《范仲淹全集》。
⑤ 《上攻守二策状》,《范仲淹全集》。
⑥ 《上攻守二策状》,《范仲淹全集》。
⑦ 《上攻守二策状》,《范仲淹全集》。

策也。元昊若失横山之势，可谓断其右臂矣。刬汉唐之旧疆，岂今日之生事也。"①

备：范仲淹不但重视陕西边防，而且将对西夏与辽统一考虑。他说："国家御戎之计，在北为大。"为了防范契丹，他提出"力行七事，以防大患"："一，密为经略；二，再议兵屯；三，专于选将；四，急于教战；五，训练义勇；六，修京师外城；七，密定讨伐之谋。"②七事之中，修京师外城最具特色。范仲淹敏锐地指出，关中防备空虚可能危及京师。他先后两次上书，力陈修京城的重要性。他说："朝廷，万邦之根本。今陕西河北聚天下之重兵，如京师摇动，违远重兵，则奸雄奋飞，祸患四起。"针对有人提出的"京师，王者之居，高城深池，恐失其体"论调，他严正驳斥道："臣闻后唐末契丹以四十万众送石高祖入朝，而京城无备，闵宗遂亡。石晋时叛臣张彦泽引契丹犯阙，而京城无备，少主乃陷。此皆无备而亡，何言其失体哉。臣但忧国家之患，而不暇顾其失体也。若以修完城隍为失体，不犹愈于播迁之祸哉！"③范仲淹修建京城的主张，受到主政大臣的抵制，甚至被引为笑谈。但事实上，开封乃四战之地，无险可凭，城池建设是增强防御切实可行的办法。后来的历史证明，北宋的灭亡与京师防御体系不周严有很大的关系。因此，南宋史学家李焘称赞他此论"忧思深远"④。

总的来说，范仲淹的边防战略是攻守兼备，但其核心在于积极防御。他在边期间，最为切实有效的工作是加强防守、推进城寨建设以及训练军队。他的进攻战略主要是指"渐复横山"，但他明确指出，控制横山的目的"非穷兵黩武，角胜于绝漠之外"，而是为了加固藩篱。他说："秦汉驱逐西戎，必先得山界之城，彼既远遁，然后以河为限，寇不深入。"⑤事实上，范仲淹所谓攻策只是一个战略构想，并未真正付诸实施。庆历四年（1044）宋夏议和之时，宋廷还没有下定收复横山的决心，随着宋夏形势的缓和以及范仲淹本人因庆历新政失败而去位，收复横山的战略计划也随之湮没不闻。但是，范仲淹的"浅攻"之策

---

① 《奏陕西河北和守攻备四策》，《范仲淹全集》。
② 《奏陕西河北和守攻备四策》，《范仲淹全集》。
③ 《乞修京城札子一、二》，《范仲淹全集》。
④ 《续资治通鉴长编》卷一百三十六，庆历二年五月。
⑤ 《奏陕西河北和守攻备四策》，《范仲淹全集》。

对北宋对夏战略产生了深远的影响，宋神宗以后经略西夏的战略思路实肇始于斯。这恐怕是范仲淹和仁宗时代的主政大臣们始料未及的。

二、宋神宗与王安石的积极进取战略思想

宋英宗治平初年，西夏袭扰日益严重，收复横山的进攻战略被再度提起。宰相韩琦将庆历中他和范仲淹所上《攻守四策》进呈英宗以备参考。紧接着，参知政事欧阳修上书，提出了"先发制人"和"雪前耻，收后功"的主张。治平二年（1065）五月，朝廷以冯京为陕西安抚使，韩琦再次提出，将何亮、刘平等人的奏疏与他之前所上《攻守四策》一并付与冯京，使之与四路帅臣参议。① 尽管韩琦位高权重，且在对夏斗争上经验丰富，但由于宋廷内部中书与枢密院、谏院之间矛盾加剧，围绕濮议等的政治斗争十分激烈，对夏攻势战略并未提上议程。

宋神宗即位后，有感于宋初以来军事上的疲弱，"奋然将雪数世之耻"②。熙宁二年（1069），他任用王安石为参知政事，开始了旨在富国强兵的变法运动。变法的重要目的之一就是摆脱"外则不能无惧于夷狄"③的安全困境。熙宁、元丰年间，伴随变法的逐渐深入，宋的对夏战略由被动防御转为主动经略，展开了夺取横山、开拓熙河等一系列攻势行动。

宋神宗和王安石在战略目标上是一致的，在战略思想上也多有相近之处，确切地说，王安石像一位导师，通过建策、争辩、说服等使自己的思想得到神宗的认可，并得以推行。因此，我们在此将宋神宗与王安石的战略思想作为一个整体来观察。

（一）尚力因时的战争观

宋神宗和王安石的战略思想是在与宋初以来势力日盛的儒家保守派政治家的交锋中凸显出来的。他们的战略思想与保守派的不同从根本上来说是战争观的不同，尤其突出地表现在对"慎战"、"义战"思想的不同理解上。

---

① 《续资治通鉴长编》卷二百零五，治平二年五月。按，刘平之奏见《续资治通鉴长编》卷一百二十五，宝元二年闰十二月；又见《诸臣奏议》卷一百三十二，《上仁宗乞选用酋豪各守边郡》。他主张"收复洪宥，限以山界"。

② 《宋史》卷十六，《神宗纪三》。

③ 《临川文集》卷三十九，《上仁宗皇帝言事书》。

北宋以来，儒家"慎战"思想被推向了一个新的高度，文人学士反对穷兵黩武的同时，也一定程度上走入了"逢战必反"的误区。宋神宗和王安石则认为，战争是人类社会的"常事"，不当"以兵为讳"，更不该畏惧兵事。王安石还指出，"如起兵事，则诚难保其无后患"①。当文彦博提出经略西羌"略近勤远，非义"，"深入险阻，费馈运"时，王安石反驳说："秦、汉以后事不足论。如《诗》称高宗'奋伐荆楚，深入其阻'，'如火烈烈，则莫我敢遏'，非是不入险阻；如火烈烈，其师必众，师众必用粮食，非是不费馈运。"也就是说，用兵必然是有风险、有代价的，深入险阻和经济耗费都在所难免。

文彦博曾提出，"以道佐人主者，不以兵强天下"。这是老子道家思想的重要观点，也被宋儒引为反对王安石"富国强兵"的重要论据。王安石反驳道："以兵强天下，非有道也。然有道者，固能柔能刚，能弱能强，方其能强则兵必不弱。张皇六师，固先王之所务也，但不当专务强兵尔。"②在他看来，"以兵强天下"固然非"道"，但"有道者"并不排斥强兵，相反，有道的政治则兵必不弱。这些论点与传统儒家、道家极言用兵之害形成了强烈对比，凸显出强烈的现实理性和进取精神，也为王安石变法的强兵、用兵举措提供了理论支撑。

"义利之辨"是中国古代战争观的核心论题。宋代保守派官僚往往秉持"用国者义立而王，信立而霸，权谋立而亡"③的观点，将"名"、"义"视为战争合理性的唯一标准。宋神宗和王安石则认为，决定用兵与否的关键是实力，而不是"名"、"义"。《续资治通鉴长编》记载了熙宁四年（1071）三月宋神宗与王安石等论兵的一段言论，其中重点谈到了这一问题。

> 上曰："兵须有名，如何？"佥以为无名则不可用兵。上曰："恐但顾力如何，不计有名无名。"安石曰："苟可以用兵，不患无名。兵非兼弱攻昧，则取乱侮亡。欲加兵于弱昧乱亡之国，岂患无名？但患德与力不足尔！"或以为不尚力。安石曰："武王称同力度德，同德度义，力同然后度德，德同然后度义。苟力不足，虽有德如文王，尚不免事昆夷。但有德者，终能强大胜夷狄，文王是也。先王于夷狄，力不足则事之，力同则交之，力有余

---

① 《续资治通鉴长编》卷二百二十六，熙宁四年八月辛酉。
② 《续资治通鉴长编》卷二百三十六，熙宁五年闰七月壬戌。
③ 《荀子·王霸篇》。

则制之。同力同德，我交之而彼拒我，则我义而彼不义，则我胜矣。"①

由此可见，宋神宗和王安石认为，在战争中起决定作用的是"力"。至于是否师出有名，只是找个貌似合理的借口而已。

王安石还十分强调时机的重要性，主张抓住时机主动出击。宋神宗曾与王安石讨论对夏战略。王安石说："陛下必欲经略夏国，及秉常幼稚之时，正宜汲汲。古人进德修业欲及时，缘天下事机，变动无穷，及可为之时不可失也。"上曰："时与机诚不可失。"②由此可见，在乘机因时的问题上，宋神宗和王安石的观点是一致的。乘敌国衰弱之时进攻，费力少而收功大，也就是宋神宗所谓"图难于易，以弭患难"③。相比较宋仁宗时谅祚初立，宋廷的主流意见强调不能乘人之危，要守信义，宋神宗、王安石的思想显然带有强烈的现实功利色彩。

(二)"调一天下、兼制夷狄"的战略思想

王安石分析当时的战略形势说："秦汉以来，中国人众，地垦辟未有如今日。四夷皆衰弱，数百年来，(亦)未有如今日。天其或者以中国久为夷狄所侮，方授陛下以兼制遐荒，安强中国之事。"他认为，辽和夏都不是最强盛的敌国，而宋神宗励精图治，具有开疆拓土的雄心，如果措置得宜，完全可能制服辽、夏，恢复汉唐旧疆。④"调一天下，兼制夷狄"，既是他对宋神宗的期许，也是他为之努力的战略目标。

熙宁五年(1072)，王安石提出了对夏积极进攻、对辽务求安静的边防战略。他说："臣窃观方今四夷，南方事不足计议，惟西方宜悉意经略。方其国弱主幼，又无纪律，时不可失。经略西方，则当善遇北方，勿使其有疑心，缘四夷中强大未易兼制者，惟北方而已，臣愿陛下于薄物细故，勿与之校，务厚加恩礼，谨守誓约而已。"⑤

在这一战略中，西夏是主要进攻方向。经略西夏是宋熙宁以来一贯的方针，熙宁初，试图在横山与熙河两个方向对西夏形成环形攻势。在第一次横山

---

① 《续资治通鉴长编》卷二百二十一，熙宁四年三月乙未。
② 《续资治通鉴长编》卷二百三十七，熙宁五年八月壬辰。
③ 《续资治通鉴长编》卷二百二十九，熙宁五年正月己亥。
④ 《续资治通鉴长编》卷二百三十八，熙宁五年九月丙午。
⑤ 《续资治通鉴长编》卷二百三十六，熙宁五年闰七月乙巳。

之役失败后，将主要精力集中在了开拓熙河上。 王安石对开拓熙河给予了鼎力支持。 他说，"凡经略边夷，当从事于易"①，开拓熙河正是这样一个合适的突破口。 而一旦控制熙河地区，就会对西夏构成严重威胁。 正如王韶在《平戎策》中所说，收复河湟地区，"为汉有肘腋之助，且使夏人无所连结"②。

对辽是次要方向。 从全局上看，宋经略西夏，不宜与辽两面作战。 从实力上看，宋也不具备战胜辽的条件。 王安石认为，在当时的战略形势下，契丹并无大举入侵的动机，之所以会有一些争端，是因为契丹担心宋经略西夏后主动出击而做的防御措施。 因此，他主张对辽"以静重待之"③，必要时甚至可以妥协退让。 熙宁五年（1072）秋，辽人扬言在宋辽边境拒马河以南安置口铺，文彦博、蔡挺等主张力争，不惜一战。 王安石则认为，"于小事不宜与争，以生其疑隙"④，"既欲以柔静待之，即宜分明示以不争，假令便移口铺，不与争，亦未妨大略"⑤。 王安石主张对辽"能弱以息边警"⑥，甚至声称失去雄州也无所谓，并不是妥协投降，而是服从于战略全局的策略上的退却。 王安石一再强调，"边鄙事须计大势"⑦，"大抵能放得广大，即操得广大"⑧，"能有所纵，然后能有所操，所纵广，然后所操广"⑨。 他认为，最重要的不是一时一事的得失，而是"有远谋"，"要我终有以胜之而已"⑩。 当时及后世的反对派因为他主张对辽退让，便将他描述成一个投降派，显然是不符合王安石战略思想的主旨的。⑪

宋神宗和王安石的战略思想继承了传统兵学中的功利主义成分，主张积极进攻、强兵胜战。 从实践层面看，他们的对夏战略对北宋后期产生了重大影响，

---

① 《续资治通鉴长编》卷二百三十六，熙宁五年闰七月戊辰。
② 《宋史》卷三百二十八，《王韶传》。
③ 《宋史》卷三百二十八，《王韶传》。
④ 《续资治通鉴长编》卷二百三十五，熙宁五年七月戊子。
⑤ 《续资治通鉴长编》卷二百三十六，熙宁五年闰七月戊申。
⑥ 《续资治通鉴长编》卷二百三十六，熙宁五年闰七月丙辰。
⑦ 《续资治通鉴长编》卷二百三十二，熙宁五年四月辛未。
⑧ 《续资治通鉴长编》卷二百三十六，熙宁五年闰七月戊申。
⑨ 《续资治通鉴长编》卷二百三十七，熙宁五年八月丁酉。
⑩ 《续资治通鉴长编》卷二百三十八，熙宁五年九月丁未。
⑪ 熙宁六年冬，契丹派使臣，要求重新划分蔚、应、朔三州地界，宋最终将古长城以北地区割让予辽。 邵伯温《邵氏闻见录》认为失地是因为王安石主张弃地。

"神宗始用师于西方,历哲宗、徽宗,遂渐夺其横山之地,又旁取熙河、湟、鄯以制之"①。从学术层面看,他们的思想倾向与传统儒家保守派迥然不同。即便在熙宁、元丰年间,对他们思想的批评和抵制之声也一直存在。熙宁变法失败后,以司马光为首的保守官僚开始肃清他们的思想影响。

三、北宋末期司马光等保守派的防御战略思想

在宋神宗、王安石积极推行进攻战略的同时,朝野上下一直存在着一股强大的反对力量,姑且称之为保守派。保守派并非一个严格意义上的派别,成员之间的观点也并非完全一致。但大体而言,保守派在政治上是王安石变法的反对者,在军事上则是宋神宗与王安石战略思想的批判者。他们在宋神宗、王安石进攻战略思想的刺激下,深入阐发了儒家传统的民族观和战争观,主张维持和平局面,实行防御战略,其军事思想体现出鲜明的道德主义和和平主义特点。

(一)从"慎战"、"义战"到和平主义

与宋神宗、王安石"因时尚力"的战争观不同,保守派继承并发展了儒家思想中的"慎战"、"义战"思想。

神宗即位之初,将薛向主张进攻西夏的奏疏交给时为枢密使的文彦博,请他予以评判。文彦博说:"兵者,大事,不可轻言之。古人论兵至慎至重。如向云取横山如反掌,捕西贼若设置掩兔,谋虽可采,言亦似轻,诚愿慎之重。"②

苏轼代张方平所作《上神宗谏用兵》书中说:"臣闻好兵犹好色也。伤生之事非一,而好色者必死,贼民之事非一,而好兵者必亡,此理之必然者也。夫惟圣人之兵,皆出于不得已,故其胜也,享安全之福,其不胜也,必无意外之患。后世用兵皆得已而不已,故其胜也,则变迟而祸大;其不胜也,则变速而祸小。是以圣人不计胜负之功,而深戒用兵之祸。"③

---

① 《建炎以来朝野杂记》乙集卷十九,"西夏扣关"。
② 文彦博:《潞公文集》卷十八,《条奏薛向利害》,文渊阁四库全书本。版本下同。
③ 《续资治通鉴长编》卷二百八十六,熙宁十年十二月。又见《宋名臣奏议》卷一百二十一,《上神宗谏用兵》;《东坡全集》卷六十六,《代张方平谏用兵书》)。类似言用兵之害的言论很多,参见《宋名臣奏议》卷一百三十八,范纯粹《上神宗论西师不可再举》等。

苏轼讲到了"慎战"的几点理由。一是战争势必造成人员的伤亡，致使死伤愁怨。二是战争耗费巨大，会导致府库空虚，公私困窘。三是战争压力可能激发国内起义。其中既有利害的权衡，也有儒家仁政的道德要求。

保守派主张"慎战"，还与他们的民族观密切相关。首先，他们认为，内是根本，外是枝叶。如果对外用兵严重影响到国内的人民生活和统治秩序，当以安定内部为重，慎于边事。正如殿中侍御史吕陶所说："臣闻朝廷之安危，不系于疆土之广狭，中国之盛衰，不在于夷狄之违顺。取与守，难易不同其术；内与外，轻重各异其宜。知守之为难，则不敢易于所取；知内之为重，则不忍轻于事外。此得失成败之机。"①保守派对内外关系的这种考量，与宋神宗、王安石呈现出相反的旨趣。

其次，保守派认为，夷狄强悍，难以战胜。司马光说："戎狄之俗，自为儿童则习骑射，父子兄弟相与群处，未尝讲仁义礼乐之言也，唯以诈谋攻战相尚而已。故其民习旅用兵，善忍饥渴，能受辛苦，乐斗死而耻病终，此中国之民所不能为也。是以圣王与之校德，则有天地之殊；与之校力，则未能保其必胜也。"他还历数中原历史上与北方民族的战争，来证明"征伐之与怀柔，利害易见矣"②。他主张弃横山诸寨，其中一个重要的理由就是担心西夏报复。更重要的是，这种观点并非司马光所独有，而是当时保守派的普遍认识。

再次，保守派认为，征伐四夷有害无利。儒家认为，对待夷狄，"得其人不足增赋，获其土不可耕织"③，宋代保守派也持此论。司马光主张放弃米脂数寨的理由就是："此数寨者，皆孤僻单外，难于应援，田非肥良，不可以耕垦，地非险要，不足以守御，中国得之，徒分屯兵马，坐费刍粮，有久戍远输之累，无拓土辟境之实，此众人所共知也。"④文彦博更尖锐地指出，守卫新占领地区是"困竭中国生民膏血，以奉无用之地"⑤。

保守派的民族观为其"慎战"思想注入了更充分的思想资源，他们更多地强

---

① 《宋名臣奏议》卷一百三十八，《上哲宗请以兰州二寨封其酋长》。
② 《司马光奏议》卷二十三，《横山疏》，参见《宋名臣奏议》卷一百三十六，《上神宗论纳横山非便》。
③ 《资治通鉴》卷二百零六，神功元年，狄仁杰语。
④ 《司马光奏议》卷三十五，《论西夏札子》。又见《宋名臣奏议》卷一百三十八，《上哲宗乞还西夏六寨》。
⑤ 《潞公文集》卷二十六，《论西边事》。

调对外用兵对内政的危害,将"安内"与"制外"对立起来,主张"和戎"、反对用兵。在保守派看来,只有"不得已"的防御性战争才是正当、合理的。如果敌人没有来犯,主动进攻,就属于"好兵"的范畴。退一步讲,如果防御不胜,失地献金而得的和平是否可取呢?保守派肯定真宗、仁宗时期的防御战争,认为与夏、辽的和议是皇帝"屈己之愧小"、"爱民之仁大"①。这样的价值判断就将"慎战"沦落为"畏战"、"反战",滑入了为和平而和平的泥潭。

"义战"思想最主要的一点,就是要师出有名、讲究信义。保守派认为,"帝王之道,唯信为大"②,"善为国者,贵义而不尚功,贵信而不求利,非不欲功利也,以为弃义与信,虽一快于目前,而岁月之后,其害将有不可胜言者矣"③。保守派的"义战"思想在神宗时是否招纳横山以及哲宗时是否归还所得西夏土地两事上表现得很突出。概括而言,主要有以下几层意思。其一,先开衅端不义。治平四年(1067),文彦博主张归还绥州,理由是,"谅祚称臣奉贡,今忽袭取其地,无名,请归之"④。司马光、郑獬也都持这种观点。⑤ 其二,夺人之地不义。如司马光认为,"灵夏之役,本由我起,新开数寨,皆是彼田"⑥。苏辙甚至奋激地说:"今乃割其土地,作为城池,以自封殖,虽吾中国之人,犹知其为利而不知其为义也。曲直之辨,不言可见。"⑦其三,因人之祸不义。宋神宗、王安石主张乘西夏衰弱之机"图大于细,为难于易"⑧,在保守派看来,这属于不义之举。其四,恪守信义可使夷狄向化。司马光认为,弃地与夏,夏人"忽被德音,出于意外。虽禽兽木石亦将感动,况其人类,岂得不鼓舞忭蹈,世

---

① 《司马光奏议》卷十八,《北边札子》,山西人民出版社1986年版。版本下同。参见《续资治通鉴长编》卷二百零五,治平二年六月己酉。
② 《宋名臣奏议》卷一百三十七,杨绘《上神宗论种谔擅入西界》。
③ 《宋名臣奏议》卷一百四十,苏辙《上哲宗论不可失信夏人》。
④ 《续资治通鉴长编拾补》卷二,治平四年十一月,中华书局2004年版,版本下同。
⑤ 参见《司马光奏议》卷二十三,《横山札子》;《宋名臣奏议》卷一百三十六,郑獬《上神宗论种谔擅入西界》。
⑥ 《司马光奏议》卷三十八,《论西人请地乞不拒绝札子》。
⑦ 《宋名臣奏议》,卷一百三十九,《上哲宗乞因夏人纳款还其地》。
⑧ 《续资治通鉴长编》卷二百七十六,熙宁九年六月丁亥。

世臣服者乎"①？ 苏辙、文彦博等也多持此论。② 其五，是非曲直可以决定战争胜负。 苏辙是元祐弃地的坚决主张者，他认为，万一西夏得地后继续内犯，"使中国之士知朝廷弃已得之地，含垢为民，西戎背恩，彼曲我直，人怀此心，勇气自倍，以攻则取，以守则固。 天地且犹顺之，而况于人乎"③。

保守派高举"信"、"义"的旗帜，与宋太宗以来的反战主和之议一脉相承，正如司马光所谓，"道大体正，万全无失"④。 但在现实的军事斗争中，当保守派以"信义"约束一切以利益为导向的攻势行动时，就将战争的决定权交到了西夏手中。 如果夷狄不守信义而进犯，防御作战是合理的；一旦夷狄停止进攻，主动出击就是"不义"之举。

"慎战"、"义战"原本是儒家战争观的精华，但在司马光、文彦博、苏辙等一干保守派政治家的解读中，却逐渐走向了其反面，由"慎战"而反对一切形式的积极行动，由"义战"而侵夺了军事行动的趋利性和灵活性，这是北宋兵学思想陷入的一个误区，也一度造成了边防斗争的被动局面。

(二)"来则御战，去则备守"的战略思想

保守派并未提出明确而具体的边防战略，但作为神宗进攻战略的反对者，他们以维护与辽、夏和平现状为目标，主张对于北方民族的入侵"来则御战，去则备守"，其战略思想表现出鲜明的防御性。

富弼论及与辽边境争端，谓"彼若万一入寇，事不得已，我持严兵以待之，来则御战，去则备守，此自古中国边防之要也"⑤。 司马光论边防问题说："王者之于诸侯，叛则讨之，服则抚之，是以诸侯怀德畏讨，莫不率从。"⑥这种思想源自传统儒家，也是从太宗时期开始，保守派政治家一贯秉持的立场，其实质就是防御战略。 但是，一味强调"坚壁清野"、"待敌之至"，不仅排斥主动进攻的

---

① 《司马光奏议》卷三十五，《论西夏札子》。 又见《宋名臣奏议》卷一百三十八，《上哲宗乞还西夏六寨》。

② 参见《宋名臣奏议》卷一百三十九，苏辙《上哲宗乞因夏人纳款还其地》；文彦博《潞公文集》卷二十六，《论西边事》。

③ 《宋名臣奏议》卷一百三十九，《上哲宗乞因夏人纳款还其地》。

④ 《司马光奏议》卷三十五，《论西夏札子》。 又见《宋名臣奏议》卷一百三十八，《上哲宗乞还西夏六寨》。

⑤ 《宋名臣奏议》卷一百三十七，富弼《上神宗答诏问北边事宜》。

⑥ 《宋名臣奏议》卷一百三十六，《上神宗论纳横山非便》。

战略行为，也大大抑制着进攻性战术行为，必然导向实践中的消极防御。

苏轼与王安石的一次交锋颇能反映出保守派与改革派战略思想上的分歧。苏轼曾经对宋神宗论主客。他说："兵先动者为客，后动者为主，主常胜客，客常不胜，治天下亦然。"他所谓"主"、"客"，实际上就是进攻与防御，苏轼将二者的优劣上升到了规律性的高度，认为防御的后动的一方常常获胜；相反，进攻的先动一方常常失利，据此论证防御的重要性。宋神宗就他这段话征求王安石的意见。王安石说："轼言亦是，然此道之经也，非所谓道之变。圣人之于天下，感而后应，则轼之言有合于此理。然事变无常，固有举事不知出此，而圣人为之倡发者。譬之用兵，岂尽须后动然后能胜敌！顾其时与势之所宜而已。"神宗对王安石的意见颇为赞许，称"卿言如此极精"①。王安石强调"时"与"势"的变化，以及决策者"为之倡发"的进取精神，体现在军事上，就是积极主动的进攻战略。宋神宗、王安石与保守派战略思想的根本分歧正在于此。

从根本上说，保守派防御战略与宋神宗、王安石进攻战略的分歧，是宋儒"王霸之辨"在军事战略上的体现。在保守派看来，宋神宗与王安石讲求富国强兵是霸道的体现，而他们用以与霸道抗衡的是"仁政"、"信义"、"柔远怀来"等儒家王道政治理念。元祐五年（1090），当苏辙的弃地主张遭遇阻力时，他就气愤地指出："臣窃怪大臣皆一时儒者，而皆弃所学，贪求苟得，为国生事，一至于此。"②儒学王道思想的深度渗透，使保守派的边防战略带有了鲜明的道德主义和理想主义色彩，同时也不可避免地呈现出迂远不切实际的特点。

宋神宗熙宁、元丰年间，保守派的防御边防战略思想只是作为一种异见存在，未对边防实践产生大的影响。神宗去世后，在司马光、范纯仁、苏辙等的强力推动下，保守派的防御战略得以推行。神宗时期的开边行动遭到批评，力图保持与辽、西夏的和平，甚至不惜放弃已占领的土地来谋求和议。但是，弃地求和并未起到预期的怀化作用，彼曲我直也没能收到克敌制胜的效果。相反，西夏求取无厌，不断侵扰宋境。正如曾主张弃地的范纯粹所总结的那样："元祐以来，朝廷之所以御夏人以处边画者，莫非以礼义为本，以恩信为先，虽

---

① 《续资治通鉴长编拾补》卷四，熙宁二年五月。
② 《宋名臣奏议》卷一百四十，《苏辙上哲宗论不可失信夏人》。

彼屡肆跳梁，边民被害，而一切容贷，期于息兵。然六七年间，戍兵之卒未尝减损，金谷之费未尝省羡，备御之计未尝减驰，彼乃愈益猖狂，边患滋甚。"①

"弃地求和"的失败迫使宋廷不得不调整边防战略。元祐八年（1093）九月，哲宗亲政，重新启用章惇、曾布等变法派，罢黜范纯仁、苏辙等保守派，对夏战略再度由防御转为开拓进筑。此后至北宋末年，宋边防战略屡有变动，宋廷内部也一直存在着进攻与防御两种战略的争论，但双方的立论大体不出王安石、司马光等所论范围。以宋神宗、王安石为代表的进攻派与司马光、文彦博等为代表的保守派的论争是两种不同战略思想的交锋。随着政治局势的变化，这两种战略思想都有机会付诸实践，其利弊得失也得到了较充分的体现。但是，这两种战略思想激烈博弈的结果，也使北宋的边防战略在不断反复中进退失据，失去了应有的稳定性，北宋的国力与军力也在这一过程中损耗殆尽。

第四节　宋金战争与南宋战略策论的成就

靖康二年（1127），女真族建立的金朝攻占开封，灭掉北宋王朝。在长达一个世纪的时间里，南宋与金互为敌国。对南宋而言，收复中原还是苟安江南成为长期对立的两条路线。主战派与主和派此消彼长，推动着宋金间的战和大势。其间，虽有岳飞等抗金将领积极推进以荆襄为基地，联络河朔，直捣中原的进攻战略，并取得了短暂的成功，但终南宋之世，以妥协求和为基本方针，消极防御战略占据主流，在对金战略上并无大的作为。

宋金战争中，宋战略思想的亮点体现在战略谋议方面。南渡以后，"文人论兵"持续发展，严峻的战争形势使文人学士更密切地关注现实，论兵之作往往有的放矢、多有创见。如王之道建议选将戍守合肥，以形成"以近待远、以佚待劳、以饱待饥"、"致人而不致于人"的有利态势②；薛季宣论高宗末年军政，以御将无方、"将从中御"为大弊③，孝宗乾道年间，又以《孙子》"五事七计"论

---

① 《续资治通鉴长编》卷四百六十六，元祐六年九月辛亥。
② 《相山集》卷二十一，《选将戍合肥札子》；卷二十四，《上江东宣抚使李端明书》，文渊阁《四库全书》本。
③ 《浪语集》卷十九，《上宣谕论淮西事宜十》，文渊阁《四库全书》本。版本下同。

时势，以为不可遽战①；李焘以"常山蛇势"论地势，曰："盖吴为天下之首，蜀为天下之尾，而荆楚为天下之中，击其首则尾至，击其尾则首至，击其中则首尾俱至，是'常山之蛇'不独论兵为然，而因地势以行兵者，盖亦似之"②；陈造著《罪言》，备论谋敌、备用、救时之术③；等等。诸如此类的兵论在南宋文人的论著之中俯拾皆是，不可胜数。

在众多的战略策论中，辛弃疾《美芹十论》、《九议》④，陈亮《中兴五论》，倪朴《拟上高宗皇帝书》等堪称翘楚。这些文章紧密结合当时的军事斗争实际，以传统兵学理论为指导，对南宋最重要的"恢复"大计提出了系统的建策，无论是对敌情的分析判断、战略布局、策略运用，还是对建军治军的论述，都十分深刻而切实，使儒家的政治理念与兵家的韬略谋议有机结合起来。

辛弃疾为著名爱国将领和词人。绍兴三十二年（1162），受义军首领耿京派遣，奉表归宋。历任建康府通判，知滁州，江西、湖南、福建、浙江东路等地安抚使等职。⑤他对南宋朝廷的苟且偷安十分不满，先后上《美芹十论》、《九议》给当时君相，积极探讨恢复中原的方略。在学术上，他既不属于理学一派，也不属于浙东事功学派，但与朱熹、张栻、吕祖谦、陈傅良、叶适等相为师友，尤与陈亮意气相投，论兵观点也多有相合之处。

《美芹十论》分为"审势"、"察情"、"观衅"、"自治"、"守淮"、"屯田"、"致勇"、"防微"、"久任"、"详战"等十篇。前三篇论金人之弊，后七篇论宋廷之所当行，从宋金双方实力、形势的对比，宋廷应做的军事斗争准备，到战略要地的防御、解决粮饷的屯田之策，再到对于将领、士卒、归正人的团结之术、宋金之战的战略筹划，等等，内容十分完备。以至于后世将《美芹十论》归为兵书之列。《审势》分析宋金双方形势，认为金人徒有疑我之形，而未有必胜之势。《察情》论了解敌情、"先为不可胜"的重要性，称"古之善用兵者，非能务为必胜，而能谋为不可胜，盖不可胜者，乃所以徐图必胜之功也"。《守淮》以"备多而力寡"为戒，提出重点防御、守中有攻的守淮思路，"不恃敌之不敢攻，

---

① 《浪语集》卷十七，《又与王枢密札子》。
② 《六朝通鉴博议》卷三，文渊阁《四库全书》本。
③ 《江湖长翁集》卷二十四，文渊阁《四库全书》本。
④ 邓广铭辑校：《辛稼轩诗文钞存》，古典文学出版社1957年版。
⑤ 《宋史》卷四百零一，《辛弃疾传》。

而恃吾能攻彼之所必救也"。《详战》提出了"以海道三路之兵为正,而以山东为奇"的战争方略。 在另一篇著名的兵论《九议》中,辛弃疾对这一战略从兵学原理的角度做了阐释。 他说:"故凡强大之所以见败于弱小者,强大者分而弱小者专也。 知分之与专,则吾之所与战者寡矣,所与战者寡,则吾之所以胜者必也。 故曰:'备前则后寡,备左则右寡,无所不备则无所不寡。 寡者,备人者也,众者,使人备己者也。'又曰:'出其所不趋,趋其所不意。'又曰:'形之所在,敌必从之。'"由此可见,"强弱"、"众寡"、"示形"、"专分"、"虚实"等古代兵学范畴是辛弃疾这一战略构想的理论基础。

陈亮为浙东事功学派重要代表人物,"为人才气超迈,喜谈兵,议论风生",自称"十八九岁时,慨然有经略四方之志"①,"独好伯王大略,兵机利害"②。 隆兴议和,他时以解头荐,持议不可,上《中兴五论》,奏入,不报。 淳熙五年(1178),他又上书孝宗,论恢复大计,孝宗震动,欲予重用,但受到朝臣排挤,两度被罗织罪名入狱。 绍熙四年(1193),再应进士举,光宗擢为第一,未及用而卒。

《中兴五论》的目的是向孝宗陈述治国之大体、谋敌之大略。 陈亮认为:"夫攻守之道,必有奇变:形之而敌必从,冲之而敌莫救,禁之而敌不敢动,乖之而敌不知所如往。 故我常专而敌常分,敌有穷而我常无穷也。 夫奇变之道,虽本乎人谋,而常因乎地形。"根据出奇制胜的兵学原则,他提出了具体攻金方略:兵分三路,在荆襄地区采取攻势,造成欲取开封、洛阳的假象,吸引敌人专力备荆襄,然后东西两路乘间而发,进取山东、陕西之地,进而平定中原,这就是所谓的"批亢捣虚、形格势禁"③之道。 陈亮的这一战略设想与辛弃疾所论虽然在细节上有所不同,但二者所依据的作战指导原则都是《孙子兵法》的"奇正相生"、"避实击虚"之术。

倪朴,字文卿,号石陵。 浙东学者,自称与陈亮同为"荆溪(周葵)门下生"④。 尝应进士举,不第,"豪隽不羁,喜舞剑谈兵,耻为无用之学,必欲见

---

① 《陈亮集》卷二,《中兴论·跋》,中华书局1974年版。 版本下同。
② 《陈亮集》卷五,《酌古论序》。
③ 《陈亮集》卷二,《中兴论》。
④ 《倪石陵书·上太守郑敷文书》,文渊阁《四库全书》本。 版本下同。

之于事功"。他对兵要地理有深入研究,著有《舆地会元志》四十卷。① 绍兴末年,他撰成《拟上高宗皇帝书》的万言长文,备论灭金之策,受到永嘉学派先驱人物郑伯熊的极力褒奖,但以无路进献而罢。

《拟上高宗皇帝书》首先分析宋金形势,认为"金人之势,其可以必灭者有五"。然后根据"因敌而制胜"、"避实击虚"等作战指导原则,提出了三种作战方案。其一,敌人未发之际,当先发制人,"所谓'迅电不及瞑目,疾雷不及掩耳'也"。其二,敌师已动,当出兵三路以迎敌,"使江淮之师堂堂之众出寿春、出盱眙、出涟水以迎其前;然后一军出荆襄、入陈蔡,绕出贼后以溃河洛;一军出陇蜀、入散关,据关陕以震两河,天下定矣"。其中江淮之军为牵制之师,荆襄、陇蜀两路则为袭虚之众。其三,敌锋甚锐,则列江而守,坚壁不战。"夫千里兴师,速战则利,相持则不利,延日持久,粮运不继,士心必危,师久而无攻,则粮竭而财匮,其众不自乱则必自溃,势之必然也,此不战而屈人兵之策也。"

以上这些战略策论将传统兵学思想运用于指导战争,其深刻性和广泛性大大超过前代,标志着中国古代战争谋略论达到了一个新的高度。尽管这些建策并未能真正付诸战争实践,但其中对于兵学思想的阐释和发展,对于当时战局的洞见,对于战略策略的筹划仍然具有重要学术价值。

---

① 宋濂:《倪朴传》,《倪石陵书》附。

第十一章

两宋时期的兵学及其时代特色

第一节 武举武学与选将育将思想

武举和武学的建立及其制度化是宋代兵学发展的一个重要成就。但是,这些制度的创立并非一帆风顺,而是几经周折,建而罢废,废而复建。天圣七年(1029)设武举,皇祐元年(1049)罢废,治平元年(1064)复建。庆历三年(1043)五月建武学,三个月后罢废,熙宁五年(1072)复置。围绕着武学和武举的置废及其制度设计,宋代的士大夫们发生了激烈的争论,阐发了丰富的选将育将思想。这些思想的核心要义在于,以儒家的伦理道德塑造将领忠、仁的节操,以《孙子兵法》等兵学著作涵养将领的谋略智慧和将兵之术。他们希望通过武学和武举,培养和选拔出有别于五代悍将的新式将领,这些将领既要忠君爱民,又要英勇善战,是皇权统治的有力维护者,而非潜在威胁。

一、"儒将"思想的形成和发展

宋朝之兴,是宋太祖赵匡胤以高级将领的身份篡夺皇权的结果,也是唐末五代以来骄兵悍将擅权乱政历史的延续。宋朝立国后,为了避免成为一个短命王朝,就必须在制度层面遏制这一历史惯性。因此,在宋代的军政制度中,对武将的防范和控制成为建章立制的基本原则,武将的地位日益降低,"崇文抑武"成为有宋一代的治国方略。

北宋初年,宋太祖一方面通过"杯酒释兵权"的方式和平解除了一批高级将领的兵权,许之以良田美宅、皇帝姻亲、高爵厚禄。另一方面,通过枢密院、三衙、率臣分权制衡以及更戍法等一系列制度,加强了皇权对军权的绝对控制。

从宋太宗朝开始,逐渐推行崇文抑武之策,对武将的压制成为一种制度性安排，武将在国家政治领域的影响力日益削弱。宋英宗时，蔡襄论当时人才状况说："今世用人，大率以文词进：大臣，文士也；近侍之臣，文士也；钱谷之司，文士也；边防大帅，文士也；天下转运使，文士也；知州郡，文士也。虽有武臣，盖仅有也。"①甚至在枢密院和地方统兵体制中，文官也逐渐取得了控制权。至宋仁宗宋夏战争中，"以文制武"体制最终形成：文臣为经略安抚使，为一路帅臣，如范仲淹、韩琦、庞籍、夏竦等；部署则由大帅降为"将官"，听从帅臣的指挥。"以文制武"是"崇文抑武"治国方略经过八十多年发展形成的新的权力架构，对宋代兵学文化、思想、制度和实践都产生了深刻的影响。

在"以文制武"体制逐渐形成的过程中，文人士大夫中逐渐发展出选任儒将的思潮。儒将思想的发展又影响到培养和选任将领的制度建设，固化了"以文制武"的政治体制和"崇文抑武"的治国方略。

"有文事者，必有武备"，这是儒家关于文武关系的一个基本论断。宋代立国以后，培养和选拔什么样的将领，如何培养和选拔，成为皇帝和文人官僚关注的重要问题。事实上，从宋代初年开始，对勇武之士不定期的荐举考拔一直存在，对武艺的考核是其中最重要的内容。问题在于，如果按照唐武举之制选拔将领，得到的只是有武勇的粗人，与五代悍将不会有什么区别，显然不符合宋廷控制武将以图久安的目的。因此，文人士大夫们的想法不约而同地转向选拔和任用儒将。

宋真宗咸平元年（998），时任右司谏的孙何指出，"历代将帅，多出儒者"，如三国的诸葛亮，西晋的羊祜、杜预，唐代的郭元振、狄仁杰，等等，这些儒将的共同特点是，"皆有尊主庇民之功，善始令终之德"。他认为宋代当时的将领不具备这些素质，"为将者又多武人，崛起军侯稍迁，恩不足以怀杂虏，威不足以御群校，鲜有司马之兵法，韩信之谋画，亚夫之持重，关羽之勇敢，或逗留而玩寇，或险果而轻敌"。因此，他建议皇帝"洞开城府，妙选公卿"，从文官中选择儒将，委以专权。②

在接下来的咸平二年（999），赵安仁在一篇奏议中说道："当今兵卒素练而其数甚广，用之边方，立功至少，诚由主将之无智略也。"他认为，主将并非要

---

① 《上英宗国论要目十二事》，《宋名臣奏议》卷一百四十八。
② 孙何：《上真宗乞参用儒将》，《宋名臣奏议》卷六十四。

是"一夫当关万夫莫开"的"万人敌",而是要像郤縠、杜预那样的"儒学之将",这些人能够"洞究存亡、深知成败",且"识君臣父子之道,知忠孝逆顺之理",因此,他主张从"有材武、知兵法"的士人中选取儒将。①

总之,在宋真宗时期,选择既具有儒家的政治理念,又具有武将的谋略武勇的儒将已经成为一个流行的政治观念,这一观念与"崇文抑武"的国策相互呼应,促进了"以文制武"体制的最终形成,也为即将诞生的武举制度进行了必要的思想准备。

二、"以兵书育将才"思想与武举武学的初创

宋真宗时期,朝廷中开始出现恢复唐武举的议论。咸平三年(1000),曾详定武举人官资序故事。②虽然这一制度最终未能施行,但我们可以看到,在这一时期,朝廷对被荐举的武人的考核,已经将考察理论知识的"策论"作为重要内容。杨亿文集中即存有一道《咸平五年九月试武举人策》,其自注曰:"奉旨撰,试武举人王关。"③景德二年(1005),宋廷恢复制科,鉴于将帅难得,设立了"洞明韬略运筹决胜"、"军谋宏远才任边寄"两科,考核的方法是"试以制策,观其能否"④。

宋仁宗初年,国家处于澶渊之盟后相对和平时期,随之而来的也有武备的废弛。一些忧国忧民的有识之士已经意识到了军队建设上的潜在危机,发出了兴办武举预储将才的呼声。其中,范仲淹的论述最具代表性。在天圣三年(1025)的《上仁宗时务十一事》中,他提出了复设武举的主张。范仲淹指出:"自真宗皇帝之初,犹有旧将旧兵,多经战阵,四夷之患,足以御防。今天下休兵二十余载,昔之战者,今已老矣,今之少者,未知战争之事,人不知战,国不虑危。"也就是说,宋太宗以来的抑武政策已经带来明显的负面作用,加上开国宿将日渐凋零,新生代将领未经战阵且素质普遍低下,如果这时候再发生澶渊之战那样的战争,后果将不可逆料。因此,他提出三点建议:一是"命大臣密举忠义有谋之人,授以方略,委之边任";二是"命武臣密举壮勇出群之上,试以

---

① 赵安仁:《上真宗答诏论边事》,《宋名臣奏议》卷一百三十。
② 《续资治通鉴长编》卷四十七,咸平三年四月乙丑。
③ 《武夷新集》卷十二,文渊阁四库全书本。
④ 《续资治通鉴长编》卷六十,景德二年七月甲子。

武事,迁其等差,壮士蒙知,必怀报效,列于边塞,足备非常";三是"宜复唐之武举,则英雄之辈,愿在其中,此圣人居安虑危之备,备而无用,国家之福也"①。 在三点之中,第一点重在忠义有谋,是帅臣之选,主要对象是官僚士大夫;第二点重在壮勇,主要对象是现有的军人群体;第三点是设立武举,从民间选拔将才,目的是使天下英雄尽入彀中。 但是,对于武举要选拔什么样的人才,如何选拔,范仲淹并无明确的论述。

两年之后,范仲淹在丁忧期间所作的《上执政书》中,进一步阐明了自己的观点。 他深刻指出,"兵久不用,未必为福",亟须改变承平日久造成的松懈麻痹,大力加强武备。 他提出的最重要举措就是"育将材"。 他认为,应该改变"孙吴之书,禁而废学"的状况,通过多种途径培养通兵书、懂韬略的将才。 首先是针对将门子弟,"可于忠孝之门搜智勇之器堪将材者,密授兵略,历试边任";其次是对民间的壮士,"宜设武举以收其遗";再次是对朝廷中有才识的臣僚,"可赐孙、吴之书,使知文武之方"②。 范仲淹文中提到的"孙吴之书,禁而废学"是一个十分重要的问题。 宋朝立国后,为了防止有人运用兵书犯上作乱,一度禁止兵书的传播,《孙子》、《吴子》等重要兵书也在其列。 范仲淹认为,一方面要培养将才,一方面却禁止兵书的传播,这是自相矛盾的。 他分析说,国家禁兵书,无非是想愚民以长保天下,但是,像秦末陈胜、吴广那样的起义将领,哪个是读过兵书的呢? 所以,这种防范没有多大的意义。 另一方面,《孙子》、《吴子》等兵书是将帅韬钤谋略的来源,缺少对兵学理论的学习,难以造就优秀的将领。 他说:"况前代名将,皆洞达天人,嗣续忠孝,将门出将,史有言焉。 今将家子弟,蔑闻韬钤,无所用心,骄奢而已,文有武备,此能备乎?"③

范仲淹将《孙子》、《吴子》等兵书作为培养将才的重要工具,这一点较诸此前文臣们的"儒将"论有明显的进步。 孙何等人所谓"儒将",关注的是儒家政治和道德观念的约束力,是将领的仁义、忠诚,以及从政略高度考虑军事问题的能力,属于将领的世界观问题;而《孙子》、《吴子》作为军事学术的重要著作,探讨的是战争指导原则,即如何训练管理、料敌布阵、出奇制胜,是将领的方法

---

① 《宋名臣奏议》卷一百四十六。
② 《范文正集》卷八,《上执政书》,文渊阁《四库全书》本。 版本下同。
③ 《范文正集》卷八,《上执政书》。

论问题。虽然范仲淹的建言并未能促使朝廷马上解禁兵书，但对后来《孙子》等兵书的解禁以及武学、武举的制度设计都起到了重要作用。

天圣七年（1029），宋仁宗正式下诏设立武举："又置武举，以待方略智勇之士。其法皆先上艺业于有司，有司较之，然后试秘阁。中格，然后天子亲策之。若武举，则仍阅其骑射焉。"①

这次的武举考试，主要是考核策论和武艺。策论主要是以时务边防及经史之中所言兵事为问目，武艺则主要是步射和骑射技能。与唐代武举相比，策论是一个新的考核项目，并被置于重要地位。宝元三年（1040）规定，武举考试"以策问定去留，弓马定高下"②。这一规定后来为治平武举格所重申，成为宋代武举的重要准则。"以策问定去留"，就是将策论作为武举的首要条件，策论优者入，策论劣者淘汰。这就要求应举之人读经通史，善写文章，能对军事问题做符合儒家价值观的判断和分析，体现了宋初以来遴选"儒将"的思想主张。

天圣设立武举之后，兵书之禁并未解除。景祐元年（1034），时任绛州通判的富弼给宋仁宗上了一份奏议，对制科、武举等遴选武将的制度做了全面的检讨，提出了解兵书之禁，开设武学的主张。富弼在奏议中指出："今选将之道，虽粗有律令，或列制科，或设武举，然皆法度龌龊，必未能致特起之士，何则？应制科者必乐为贤良方正，材识兼茂，耻为将帅边寄之名，盖今人重文雅而轻武节也。又考试者，欲使难其对，必求艰奥烦碎之事为问，故令所习不专为有用之学，既又限以日刻，责以文多，设有应者，视日足文之不暇，其暇究极韬略，运动谋猷哉？武举者，蹶张驰射，侪于卒伍，所得庸妄鄙浅，固不敢望得异士，但稍能警励有廉耻，则焉肯为卒伍之事乎？臣不知国家立此二道，姑欲示风采耶？必欲得将帅耶？示风采则可，如必欲选奇杰为将帅，藩翰四方，则非臣所知。……而独于将帅不知术焉，岂不谓名武臣者，便可为将帅焉，苟如是，卒然委以重兵，托以安危，则丘明所云可为寒心，贾谊所云可为痛哭者也。"

富弼认为，制科、武举以及原有的武臣体制都不足以遴选出优秀的将帅，原因有二。一是法度龌龊，考试的方式和内容不当，制科考的不是"有用之学"，武举考的是"蹶张驰射"。二是重文轻武的文化风尚，时人"重文雅而轻武

---

① 《续资治通鉴长编》卷一百零七，天圣七年闰二月壬子。参见《宋会要辑稿·选举》一〇之一五；《太平治迹统类》卷二十七。

② 《宋会要辑稿·选举》一七之七。

节",应制科的人,耻于将帅边寄之名,应武举的又非能警励有廉耻之辈,吸引不到优秀人才。

富弼建议:"臣请诏近位及藩镇大臣,于文武官中各举明兵法、有威果、习练武略、堪任将帅者一二人,仍请不限品秩,不责罪过,……既而召置阙下,量与迁擢,随其品位,任于边塞重难之地,使其磨励,且以观其能否焉。或有警急,则取之有处,遣之不疑,与夫临事而命,命而不果,琼相远也。"这种观点与此前选儒将之议一样,都是希望在现有官僚体制中挑选出特殊人才,作为将帅的备选。事实上,富弼也明白,这样的方法只能备一时之用,而且也大多是空论,落不到实处。

因此,他提出了建立"永久不易之制",即设立武学,以兵书和史传培养具有儒学修养和军事理论素质的儒将。他说:"宜于太公庙建置武学,许文武官与白身,岁得入补,聚自古兵书置于学中,纵其讨习,勿复禁止,朝观夕览,无一日离乎兵战之业,虽曰不果,臣不信也。夫习武者,读太公孙吴穰苴之术,亦犹儒者治五经,舍之则大本去矣。今陛下设制科、武举,求将帅之才,而反禁其所习之书,令学者何所师法? 若禁其所习而冀其所立,是由继韩卢而求其获,绊骥足而望其骋也,不亦难乎? 且国家所禁者,盖恐生变,臣历观自古倡乱如秦末陈胜吴广,及隋末十余辈,皆倔起农亩而卒乱天下,其凶谋奸计,盖顺民好乱之心尔,岂尽晓兵法哉? 况虽欲禁止,今蓄书之家,往往皆有,假使处私室熟习,如韩、彭、苏、李,陛下何由知之? 是禁之适足自禁,不能禁人,不若不禁之愈也。必未能行于天下,且可行于学中,亦命杂读史传,令博知古今胜败之势,以辅助兵术。……兵术既精,史传既博,然后中年一校,三岁大比,当杂问兵术史传之策,才者出试之,不才者尚许在学,是国家常有良将布于四方,夷狄奸雄知我有大备,安敢轻动,动则威之。《军志》所谓,'无恃其不来,恃吾有以待之',又曰,'不战而屈人兵',此其要也。"①

富弼提出解禁兵书,并非只是出于设武学的考虑。兵书作为中国古代兵学理论和知识的载体,无论制科、武举、武学,还是将门子弟、行伍之人,若想成为将帅之才,都离不开对兵书的研习。他的观点较范仲淹七年前所论更为鲜明有力,进一步把解禁兵书提上了朝议议程。

---

① 《上仁宗论武举武学》,《宋名臣奏议》卷八十二。

富弼上书之际，宋夏关系日趋紧张，客观上促使宋廷部分解除了对兵书的禁令。景祐四年（1037），韩亿同知枢密院事，建言武臣宜知兵书而禁不传，请纂集兵书之要赐予武臣。因此，宋仁宗御制了一部《神武秘略》，赐予沿边将帅。① 该书共三十篇，分十卷，"纂集诸家兵法，古今行兵用师之要"，"其标目始于叙兵、将才，终于教射、教弩"②。《神武秘略》的编纂颁行表明禁兵书政策出现了重大松动。宝元二年（1039），宋仁宗命司天监与学士院重新核定禁书名目，学士院的方案中请求"除《孙子》、《吴子》，历代史《天文》、《律历》、《五行志》，并《通典》所引诸家兵法外，余悉为禁书"③。仁宗最终批准了这一方案。至此，《孙子》、《吴子》等经典兵书解禁，为武举和武学的发展创造了条件。

庆历三年（1043）五月，宋廷决定兴办武学，以太常丞阮逸为武学教授。④

三、兵学地位之争与武举武学的废立

庆历武学兴办了仅仅三个月，就遭到罢废："戊午，罢武学。改武学教授太常丞阮逸兼国子监丞，其有愿习兵书者，许于本监听读。"⑤

武学为什么在短短三个月内就置而复废呢？推求史料，原因大致有二。一是儒家保守势力的反对。《续资治通鉴长编》记载："既立武学，议者以为，古名将如诸葛亮、羊祜、杜预、裴度等，岂尝专学孙吴，立学无谓，故亟罢之。"⑥二是武学受到冷遇，入学习艺者少。范仲淹在一则上书中称："臣窃闻国家兴置武学以来，若未有人习艺，或恐英豪隐晦，耻就学生之列。倘久设此学，无人可教，则虑外人窥觇，谓无英材，于体未便。欲乞指挥国子监，不须别立武学之名，如学生中有好习兵书者，令本监官员保明，委是忠良之人，即密令听读。"⑦

---

① 《续资治通鉴长编》卷一百二十，景祐四年六月戊子。
② （宋）王应麟：《玉海》卷一百四十一，《兵制》，上海古籍出版社1992年版。
③ 《续资治通鉴长编》卷一百二十三，宝元二年正月丙午。
④ 《续资治通鉴长编》卷一百四十一，庆历三年五月丁亥。
⑤ 《续资治通鉴长编》卷一百四十二，庆历三年八月戊午。
⑥ 《续资治通鉴长编》卷一百四十二，庆历三年八月戊午。
⑦ 《范文正奏议》卷上，《奏乞指挥国子监保明武学生令经略部署司讲说兵书》。该文《宋朝诸臣奏议》卷八十二亦载，题名为《上仁宗乞选边上有智勇人与讲说兵书》，文字稍异，且标称庆历四年上，但从内容考察，当作于庆历三年八月罢武举之前。

罢武学之诏显然是部分地采纳了他的意见。

庆历武学的置废暴露了儒家文人士大夫在对待兵学问题上两种对立观点的尖锐冲突。范仲淹、富弼等一些务实派官僚认为，兵学是将帅必需的修养，也是国家振兴武备所必须，因此主张弛禁兵书，开设武学。但是，有一大批儒家学者却倾向于将儒学与兵学对立起来，他们不但主张在政治上压制武将，而且视武学为专制统治的威胁，极力排斥和打压。在反对者中，刘敞是一个代表人物。刘敞认为："昔三代之王建辟雍、成均以敦化者，峨冠缝掖之人，居则有序，其术诗、书、礼、乐，其志文、行、忠、信，是以无鄙倍之色、斗争之声。犹惧其未也，故贱诈谋，爵人以德，褒人以义，轨度其信，一以待人。故曰，勇则害上，不登于明堂，民知所底而无贰心，是以其教不肃而成，其政不严而治，曾未闻夫武学之制也。夫缦胡之缨，短后之衣，瞋目而语难，按剑而疾视者，此所谓勇力之人也，将教之以术而动之以利，其可得不为其容乎？为其容，可得无变其俗乎？吾恐虽有智者，未易善其后也。而况建博士之职，广弟子之员，本之不知，教化其浸弱矣。"①

在刘敞看来，儒学是本，兵学是末。儒学推行文、行、忠、信之教，目的是使上下有序、民无贰心。勇力之人的特点恰恰相反，"瞋目而语难，按剑而疾视"，如果提倡武学，"教之以术而动之以利"，就会使教化渐弱、风俗渐变，威胁封建统治的基础。那么，对待军事问题，当做何处理呢？刘敞的理论是，"以道德为藩，以礼让为国，以忠信为用，以仁义为力，故守必有威，动则能克"，"战在胜不在多，术在德不在他，是以弃天时与地利，贵王道与人和"②。刘敞等人以仁义道德为武器，将先秦儒家的兵学思想发展到了偏执的程度。这套说辞在理论上似乎行得通，但是，没有"术"的支撑，儒家的"道"如何能够克敌制胜呢？这是刘敞们所不屑也无法回答的问题。

刘敞等的论断虽然迂腐，但由于他们高举儒家"仁"、"义"、"忠"、"信"的大旗，反对兵学的"诈"、"利"之术，在思想领域形成了一股强大的势力。终两宋之世，他们对兵学的贬抑和批判都没有终止，只是在不同时期以不同形态反映出来，构成宋代儒学兵学变奏曲的重要乐章。

---

① 《公是集》卷四十三，《与吴九论武学书》，文渊阁《四库全书》本。版本下同。
② 《公是集》卷一，《我战则克赋》。

武学罢废以后,仍然有主张经世致用之学的儒家学者提出复建之议。名儒胡瑗即上书宋仁宗指出:"顷岁吴育已建议兴武学,但官非其人,不久而废。今国子监直讲内,梅尧臣曾注《孙子》,大明深义,孙复而下,皆明经旨,臣曾任边陲丹州推官,颇知武事,若使尧臣等兼莅武学,每日只讲《论语》,使知忠、孝、仁、义之道,讲《孙》、《吴》,使知制胜御敌之术,于武臣子孙中选有智略者二三百人教习之,则一二十年之间,必有成效。臣已撰成《武学规矩》一卷进呈。"①

胡瑗十分重视经世致用之学,他在湖州教学之时,即将"好谈兵论战者"、"好文艺者"、"好尚节义者"等分类群居,因材施教。②范仲淹经略陕西时,辟他为丹州军事推官,经略安抚司勾当公事。③他提出复建武学,显然是希望按照儒、兵并用的思路,培养既明仁义,又具智略的将才。但是,他的这一建议同样遭遇了强烈的反对,史料记述称,"时议难之"④,终未见行。

皇祐元年(1049),武举也遭到罢废。《宋会要辑稿》记载了此次《罢武举诏》,诏书称:"国家采唐室之旧,建立武科,每随方闻之诏,并举勇略之士。条格之设,岁序已深,然而时各有宜,今异于古。今(在)籍之众,既以拔力日奋于行伍之间,武弁之流,又用其韬钤自进于军旅之任,来应兹选,殆稀其人。如闻所肄习者,率逢掖诸生、编户年少,以至舍学业而事筹策,矫温淳而务粗猛,纷然相效,为之愈多。朕方恢隆文风,敦厚俗尚,一失其本,恐陷末流。宜罢试于兵谋,俾专由于儒术。"⑤

从这则诏书中可以看出,这次罢武举的原因也主要有二:一是在籍的军人很少有人来投考,说明当时的军功集团具有相对的封闭性,武举对他们缺乏吸引力;二是民间应举者多,朝廷担心这些人"事筹策"、"务粗猛",对文教和世风产生影响。这样的立论出发点仍在于"兵谋"与"儒术"的对立,与刘敞反对武学之论如出一辙。武学与武举的相继罢废表明,宋统治集团内部对兵学的疑忌

---

① 朱熹:《宋名臣言行录·前集》卷十。
② 李廌:《师友谈记》,文渊阁《四库全书》本。
③ 《续资治通鉴长编》卷一百二十八,康定元年八月乙酉。
④ 朱熹:《宋名臣言行录·前集》卷十。
⑤ 《宋会要辑稿·选举》一七之八至九。又,《群书考索·后集》卷二十九,亦载此诏书,文字小异。

和防范是很强烈的。

尽管武学、武举相继罢废，但是，《孙子》等兵书的解禁为兵学的研习提供了制度上的正当性，以兵书培养韬略型将领的思想也在一批主政文臣中继续发展。宋夏战争中，范仲淹被委以边帅之任，亲历边事使他更加深切地认识到将帅乏人的严重性。他说："臣窃见边上将帅，常患少人"①，"奈何将佐之中，少精方略，或因门地，巧于结托，以取虚名，或出军班，昧于韬钤，以致败事"②。康定元年（1040），他在一份上奏中指出："况西北二方将帅之阙，实非细事，乞国家常为预备早加迁擢。"他提出从现有的武选官队伍中推举智勇，"或试以武艺，或观其胆略出众，便可迁转于边上任使"③，让这些人得以在实战中锻炼成长。庆历三年（1043），他在建议取消武学的上奏中进一步指出："臣窃见边上甚有弓马精强谙知边事之人，即未曾习学兵书，不知为将之体，所以未堪拔擢。欲乞指挥陕西河东逐路经略司，于将佐及使臣军员中拣选识文字、的有机智武勇，久远可以为将者，取三五人，令经略部管诸司参谋官员等密与讲说兵书，讨论胜策，所贵边上武勇已著之人更知将略，因而立功，则将来有人可任，即不得虚张，多放人数。"④

范仲淹的提议着眼于从基层官兵中选拔人才，进行军事理论教育，使他们成为智勇双全的将才。这种方法与军队实际相结合，成本低，易见成效，而且是在军队内部进行，不存在刘敞等担心的兴办武学影响社会教化的问题，应该说，是很有见地且切实可行的。事实上，范仲淹在宋夏战争前线部分地实践了他的设想。他对骁勇善战的狄青说："将不知古今，匹夫勇尔"，从此，狄青"折节读书，悉通秦汉以来将帅兵法"⑤。史载，名儒何涉在范仲淹军中，"尝为诸将讲《左氏春秋》，狄青之徒皆横经以听"⑥。范仲淹之子范纯祐通兵书，也曾教狄青以《左传》。⑦从这个角度看，说范仲淹的军事教育思想和实践成就了狄青这样一位名将，恐怕是不为过的。遗憾的是，范仲淹的"庆历新政"很快失败，

---

① 《范文正集》补编卷一，《奏乞督责管军臣寮举智勇之人》。
② 《范文正集》卷九，《答安抚王内翰书》。
③ 《范文正集》补编卷一，《奏乞督责管军臣寮举智勇之人》。
④ 《范文正奏议》卷上，《奏乞指挥国子监保明武学生令经略部署司讲说兵书》。
⑤ 《宋史》卷二百九十，《狄青传》。
⑥ 《宋史》卷四百三十二，《儒林二·何涉传》。
⑦ 庄绰：《鸡肋编》卷中，中华书局1983年版。

他的思想和实践主张没能产生持久的影响。

在范仲淹上书前后，以兵书培养将帅的思想进一步发展。欧阳修提出了在军中培养和选拔将领之法，即在行伍之中层层选拔，然后"择智谋之佐而辅之"①。庆历八年（1048），御史中丞鱼周询也提出文武兼备的选将标准："宜择名臣，选举深博有谋、知兵练武之士，不限资级，试以边任，临轩敦遣，假以威权。"②

与此同时，宋代兵学也有了很大发展。庆历三年（1043），"朝廷恐群帅昧古今之学，命公亮等采古兵法及本朝计谋方略"③，花费五年时间，编纂了大型综合性兵书《武经总要》。宋夏战争也激起了文人论兵的热潮，对《孙子》等经典兵书的研究、传注，以及新兵学论著的创作等，都呈现出欣欣向荣之势。

在培养将才的现实需要和兵学发展的双重推动下，宋廷酝酿重新开设武举和武学。嘉祐八年（1063）十月，枢密院提出恢复武举，在其上奏中言："文武二选，所关④治乱，不可阙一。与其任用不学无术之人，临时不知应变，以挠师律，不若素习韬略，颇娴义训之士，缓急驱策，可以折冲。况今朝廷所用武人稍有声称者，多由武举而得，则此举不可废罢明矣。"⑤接着，皇帝诏令兵部与两制讨论武举制度的具体规定。英宗治平元年（1064）三月，武举方案陆续提出。九月丁卯，宋廷正式下诏复置武举。

在治平武举的制度设计中，有两个意见起到了重要作用。一是翰林学士王珪重申，"以策略定去留，以弓马定高下"，并规定，策略武艺俱优为优等，策优艺平为次优，艺优策平为次等，策艺俱平为末等。如有策略虽下而武艺绝伦者另行取旨。⑥二是翰林学士贾黯提议以《孙子》、《吴子》等作为考试内容。贾黯奏请："如明经之制，于太公《略》、《韬》、《孙》、《吴》、《司马》诸兵法，又经史言兵事者设为问目，以能用己意，或用前人注释，义理明畅，及因所问自陈

---

① 《宋朝诸臣奏议》卷六十四，《上仁宗乞别议求将之法》；《欧阳修全集》卷九十九，《论军中选将札子》。
② 《宋朝诸臣奏议》卷一百四十八，《上仁宗答诏条画时务》。
③ 《郡斋读书志·后志》卷二。
④ 原文为"闻"，据《续资治通鉴长编》卷二百零二、孙逢吉《职官分纪》卷十改。
⑤ 《宋会要辑稿·选举》卷一七之九。
⑥ 《宋会要辑稿·选举》卷一七之九。

方略，可施行者，为通。"①通过这些文人官僚的设计，在武举考试中，策论的地位较武艺重要，鲜明地体现了选拔韬略型人才的取向。《孙子》、《吴子》、《司马法》等兵书成为武举人研习和考试的重要内容。

宋神宗熙宁五年（1072）六月，同样是在枢密院的建议下，武学得以复置。这次武学规定，选取文武官员中通兵学者为教授，学习内容主要是诸家兵法、历代用兵事迹以及前世忠义之节等，愿意演习战阵的还可以量给兵伍。②武学生员以百人为额，分为外舍、内舍、上舍三个等级，按照考试成绩依次升补。上舍生在考试合格后便直接授官，但实际上直接授官的人数极为有限，武学生入仕的主要途径是武举考试。此后，除了两宋之际的战乱时期，武举和武学制度一直延续到南宋末年，并对与之同时的金及后世的明、清诸朝都产生了深远的影响。

为了适应武学教学和武举取士的需要，宋神宗于元丰三年（1080）下诏："校定《孙子》、《吴子》、《六韬》、《司马法》、《三略》、《尉缭子》、《李靖问对》等书，镂版行之。"③这就是著名的"武经七书"。从此，《孙子兵法》等兵书正式取得了官学地位，成为武举考试和武学教学的重要教材。宋代兵学也在此基础上有了长足的发展。

武举、武学置而复废、废而复置的过程，并不是一个简单的政策反复，而是被文人士大夫选将、育将思想不断推进的过程。尽管统治集团内部有意见纷争，但文人士大夫对优秀将帅的标准是一致的。那就是，优秀的将帅不仅要有一身好武艺，还要懂兵法、有韬略，更重要的是，他们要遵循儒家的道德规范，以仁、义、忠、信为基本信条。这样一个思路从根本上决定了宋代武举和武学制度的形式和内容。

然而，必须指出的是，宋代武举和武学并没有取得文人士大夫们所预期的效果。终宋之世，武学武举出身的将领鲜有功勋卓异者。究其原因，主要有三：首先，武学为武举附庸，人才沉滞，入仕之途狭窄。其次，武举考试重文章轻武艺，成为很多落第文人入仕的终南捷径，这些人中举后，便又想方设法转为文

---

① 孙逢吉：《职官分纪》卷十，中华书局1988年版。参见《宋会要辑稿·选举》一七之一〇。

② 《续资治通鉴长编》卷二百三十四，熙宁五年六月乙亥。

③ 《续资治通鉴长编》卷三百零三，元丰三年四月乙未。

官,因此难以选拔到真正的军事人才。再次,武举授官过低,且多为与军事不相关的职事,阻碍了武举人成长为武将。这些制度设计上的缺陷,加之"重文轻武"世风的影响,使得武举、武学成效不彰,并未成为培养优秀将帅的摇篮。

第二节 兵学的官学化与兵书的繁盛

兵书作为兵学思想发展的重要载体,在宋代出现了划时代的发展。据许保林《中国兵书知见录》统计,两宋的兵书共五百五十九部,三千八百六十五卷,是东汉至隋唐五代兵书总部数三百九十七部的1.4倍,总卷数一千七百零二卷的2.3倍。[①] 宋代不但兵书数量激增,种类也更为完备,出现了第一部大型综合性兵书《武经总要》,第一部军事人物和史事评论集《何博士备论》,第一部军制史的专著《历代兵制》,第一部名将传略《十七史百将传》,第一部分门别类论述谋略战法的《百战奇法》,第一部系统探索守城战法的《守城录》,等等。宋代兵书的繁盛固然与雕版印刷术的大发展有关,但从根本上讲,这一现象还是兵学自身蓬勃发展的产物。

一、兵学官学地位的确立与官修兵书

从宋仁宗弛兵书之禁、设武举、兴武学,到宋神宗复置武学,校订"武经七书",《孙子》《吴子》等"武经七书"成为武学教学和武举取士的重要内容,兵学正式成为封建国家的官学。这是中国兵学发展史上的一大重要事件。从此以后,兵学与儒学一样,成为国家支持下的正统学术,拥有专门的研究机构,一批稳定的研习者,也有付诸实践的正规渠道,为兵学的传播和发展创造了有利条件。

随着兵学的官学化,宋廷组织了一系列兵书修纂和校理工作,在兵学文献的整理和研究方面取得了显著成绩。

(一)编纂《武经总要》

庆历三年(1043),宋夏战事方殷之际,"朝廷恐群帅昧古今之学,命公亮等

---

① 许保林:《中国兵书通览》,解放军出版社1990年版,第53页。

采古兵法及本朝计谋方略"①，纂成大型综合性兵书《武经总要》。该书共四十卷，分前后二集，前集包括制度十五卷，边防五卷，后集包括故事十五卷，占候五卷。《武经总要》以"古兵法及本朝计谋方略"为主要内容，《孙子》、《吴子》等古代兵书成为其中的重点。《武经总要·前集》卷八约略透露了该书取材的大概：

> 今之秘府所存孙武书，惟十二篇（按：当为"十三篇"之误），无图。其所言皆权谋之事，极为精密。太公《六韬》、《黄石公三略》、《穰苴法》、《吴子书》，皆远古所存可观者。唐《李靖兵法》于近世最为详练，可举而行，杜佑采其条目，著于《通典》。其书亡虑数十家，悉浅近无取。②

上述诸书中，除《李靖兵法》与《唐李问对》略有出入外，与后来所定"武经七书"全部相同。可见，"武经七书"是《武经总要》取材的重点，也可以说，《武经总要》是对前代兵学成果的系统梳理。

《武经总要》的编纂由参知政事丁度总领其事，由天章阁待制曾公亮具体负责，历时五年之久。书成之后，仁宗亲自为之作《序》，足见宋廷对此书的重视。

《武经总要》对宋代的军事教育和实践都起到了重要作用。神宗熙宁五年（1072），"诏赐王韶御制《攻守图》、《行军环珠》、《武经总要》、《神武秘略》、《风角集占》、《四路战守约束》各一部，仍令秦凤路经略司抄录"③。可见在当时《武经总要》是作为一部重要的实用性兵书在军队中流传和使用的。南宋时，朱熹讨论武举制度，也曾提议颁行《武经总要》等书，使举子讨论诵习，并立为科目。④

---

① 晁公武：《郡斋读书志·后志》卷二，《万有文库》本。版本下同。按：关于《武经总要》开始编纂的时间，《郡斋读书志》称"康定中"，但据《宋史》卷十一、《续资治通鉴长编》卷一百四十四庆历三年十月乙卯等记事，诏修《武经总要》当在庆历三年。张其凡《〈武经总要〉编纂时间考》（载《军事史林》1990年第6期）亦有辨证。
② 《中国兵书集成》第3—5册，解放军出版社、辽沈书社1988年版。版本下同。
③ 《续资治通鉴长编》卷二百四十一，熙宁五年十二月乙亥。
④ 《晦庵集》卷六十九，《学校贡举私议》。

（二）校勘整理兵书

宋廷对官方藏书的整理中，兵书是其中重要内容。如宋仁宗景祐年间编修《崇文总目》，对三馆秘阁所藏之书进行全面整理①，《孙子》等兵书即在其列。曾经参与修撰的欧阳修说："余顷与撰四库书目，所见《孙子》注者尤多。"②

由于兵学属于专门之学，兵书校理往往需要遴选对兵学素有研习的人来做。因此，宋廷也会组织专门的兵书校理。宋代官方较重要的兵书校理共有三次。

第一次是仁宗年间对秘阁所藏兵书的编校。据《续资治通鉴长编》记载，仁宗嘉祐六年（1061）四月，"大理寺丞郭固编校秘阁所藏兵书。先是，置官编校书籍，而兵书与天文为秘书，独不预。大臣或言固知兵法，即以命之。然兵书残缺者多，不能徧补也"③。这里所说的"先是，置官编校书籍"是指从嘉祐四年（1059）开始的校书活动。由于兵书、天文作为"秘书"的特殊性，起初不在编校之列，直到两年以后，才由以"知兵法"闻名的郭固承担此役。这次兵书校理直至治平四年（1067）方告完成，前后历时七年，最终抄成黄本一百七十二册。④这次编校兵书规模大、时间长，虽然"兵书残缺者多，不能徧补"⑤，但其保存和整理兵学文献的功绩仍然是不容轻视的。

第二次是神宗熙宁年间对《李靖兵法》的校定。据《续资治通鉴长编》记载，熙宁八年（1075），"初，诏枢密院：'唐李靖兵法，世无完书，杂见《通典》，离析讹舛。又官号物名与今称谓不同，武人将佐多不能通其意。可令枢密院兵房检详官与检正中书刑房王震、提举修撰经义所检讨曾旼、中书吏房习学公事王白、管勾国子监丞郭逢原校正、分类、解释"⑥。这次校定工作乃神宗钦命，缘于神宗对以古阵法教练军队的浓厚兴趣。尽管《李靖兵法》所载阵法在实践中施行遇到了很多困难，但整理工作本身体现了神宗对兵学的高度重视，客观上推动了兵学研究。

第三次是神宗元丰年间对"武经七书"的校定。这次校定由朱服、何去非

---

① 《玉海》卷五十二，"庆历崇文总目"。
② 《欧阳修全集》卷四十二，《孙子后序》。
③ 《续资治通鉴长编》卷一百九十三，嘉祐六年四月丙子。
④ 《玉海》卷一百四十一，"嘉祐秘阁兵书"。按：江少虞《宋朝事实类苑》卷三十一所载为"七十二册"。校订七年之久，恐怕不只此数，姑取《玉海》所记。
⑤ 《续资治通鉴长编》卷一百九十三，嘉祐六年四月丙子。
⑥ 《续资治通鉴长编》卷二百六十，熙宁八年二月戊寅。

等武学官员负责,从元丰三年(1080)下诏到元丰六年(1083)完成,历时三年之久。① 他们在内阁藏书的基础上,对七书的文本进行校对,最终形成了"武经七书"的定本。这一由官方校定颁行的版本最终成为流传最广、最具权威性的《孙子》版本。

宋代官方编纂、校理兵书等举措不但促进了兵学的发展,而且产生了一批熟悉兵学的学者。郭固、丁度、曾公亮、朱服、何去非、王震、郭逢原、阮逸、顾临等人,或因参与编校而加深了兵学造诣,或以教授武学而为兵学专家,成为宋代兵学研究重要的力量。

(三) 产生了一批武学武举讲义

武学、武举以"武经七书"为教材,也讲习历代名将传略和战争战例。围绕武学教学和武举科考,产生了一批新的兵书。《何博士备论》、《施氏七书讲义》、《十七史百将传》堪称其中代表。

《何博士备论》,何去非著。何去非,字正通,神宗元丰五年(1082)以特奏名入仕,被任命为武学教授,后迁武学博士,先后任武学教职达八年之久。任职武学期间,他曾参加"武经七书"的校定工作,《何博士备论》当亦成书于此时。②《何博士备论》共有二十八篇,今存二十六篇。每篇以一人或一朝为主,评其用兵得失,重点阐述某一兵学思想。如《李广论》,结合李广的治军事迹,对治军"爱"与"令"问题加以论述。又如《苻坚论》,提出"兵以义举,而以智克,战以顺合,而以奇胜"的观点,等等。虽然现存史料并未明言《何博士备论》为武学教材,但从何去非任武学教职的情况及该书内容来看,此书无疑与武学教学关系密切。

《施氏七书讲义》,施子美著。施子美曾为武学生,南宋孝宗淳熙十一年(1184)中武举进士③,长期在武学中任教。《施氏七书讲义》即施子美武学授课

---

① 尽管《长编》记载了元丰三年四月下诏校订七书,以及元丰六年十一月朱服关于是否用注问题的上书,但是,从朱服、何去非的履历等情况看,《武经七书》的校订时间当始于元丰五年四月朱服任国子司业之后,终于元丰六年底到七年初。参见魏鸿:《宋代孙子兵学研究》,军事科学出版社2011年版,第95—97页。版本下同。

② 按:苏轼元祐四年正月上《举何去非换文资状》中称"尝见其所著述,材力有余,识度高远,其论历代所以废兴成败,皆出人意表,有补于世",显然所指为《何博士备论》一书。参见《东坡全集》卷五十五。

③ 《淳熙三山志》卷三十,文渊阁《四库全书》本。

的讲义。由于该书以武学教学与武举应试为目的，既要让文化水平不高的武学生们读懂，又要让他们理解《孙子》的要义，以备科考之用。在通俗性和实用性的指向下，其形式和内容都有了新的发展，集篇目解题、字义训诂、句义串讲、章旨分析、战例印证于一体，从多方面、多角度诠释《孙子》思想，形成了较为完备的讲义体。这一体例为明清学者广泛袭用，明刘寅《武经七书直解》、清朱墉《武经七书汇解》等都受到它的直接影响。

《十七史百将传》，张预著。张预字公立，约生活于两宋之际。[①] 他不但著有《十七史百将传》，还曾为《孙子》作注，收入《十一家注孙子》中。张预在进献《百将传》的表中称"学者观此，不独简而易习、明而易晓，……臣编此书，数年而后成，虽不足以补陛下教育武士之道，然臣惓惓之诚勤亦至矣"[②]。这说明他撰著《百将传》是为了配合朝廷"教育武士"的政策。他很可能是州县武学中的教谕，撰著《百将传》是出于武学教学的需要。《十七史百将传》从正史中选取上自周齐太公下至五代刘词的名将百人，每传之后，"先以《孙子兵法》题其后，次以行事合之，参校其得失"，以此印证："《孙子》之书不为空言，而古之贤将所以成立功名者岂无法哉？"《十七史百将传》开创了以战例分析为主的将传体，是兵书编纂上的一大创新。

二、文人论兵的勃兴与私人兵学著述的繁荣

"文人论兵"作为宋代历史上一个突出的文化现象，根源于宋代特殊的时代背景。一方面，宋代政治上奉行"崇文抑武"治国方略，军事上行"以文制武"之制，为"文人论兵"提供了制度基础。文人士大夫掌控了国家大政方针的主导权，自信心和责任感空前高涨。诚如南宋理学名儒张栻所说："盖君子于天下之事无所不当究，况于兵者，世之兴废，生民之大本存焉，其可忽而不讲哉？"[③] 这又形成了"文人论兵"的思想基础。另一方面，宋代军事上的"积弱"成为"文人论兵"勃兴的现实动因。据《郡斋读书志》记载，"仁庙时天下久承平，

---

① 关于张预生平的考证，参见魏鸿《宋代孙子兵学研究》，第124—126页。
② 张预：《十七史百将传·序》，《中国兵书集成》第9册，解放军出版社、辽沈书社1991年版。
③ 《南轩集》卷三十四，《跋孙子》，文渊阁《四库全书》本。

人不习兵,元昊既叛,边将数败,朝廷颇访知兵者,士大夫人人言兵矣"①。仁宗时对夏战争失利的强烈刺激,加上朝廷的有意咨访,促成了"文人论兵"之风的兴起,而此后接连不断的宋夏、宋金以及宋元之间的战争又使这一现象持续发展,直至宋亡。

"文人论兵"存在着很复杂的情况。论兵者的地位有在朝在野、尊卑上下之分,对兵学的态度有赞可、有贬抑,立场不一,所论内容有深浅、精粗之别,也有军政、兵法等不同,因此很难一概而论。但可以肯定的是,"文人论兵"很大程度上促成了宋代兵学著述的空前繁盛。

(一) 兵书注释之作蜂起

兵书注释与儒学经典的注释一样,是学术思想传承和发展的重要途径。宋代"文人论兵"蔚然成风,掀起了一个兵书注释的高潮。

宋代兵书注释主要集中于"武经七书",其中尤以《孙子兵法》注作最多。现存的宋代兵书注释主要有梅尧臣、王晳、何氏、张预等注《孙子》,郑友贤的《十家注孙子遗说》,施子美的《施氏七书讲义》等。

梅尧臣是北宋著名诗人,他注释《孙子》约在宝元二年到康定元年(1039—1040)之间,即宋夏战争大规模爆发之前的一段时间内。王晳也是北宋人,历仕仁、英、神、哲四朝,其注《孙子》当在宋夏战争爆发以后,较梅尧臣稍晚。何氏,生平不详,但其注孙子多引《武经总要》,又无"武经七书"相关内容,撰成时间当在《武经总要》成书到"武经七书"颁定之间。张预,生平不详,《十七史百将传》的作者,所注《孙子》大约成书于徽宗时期。这几家注释都被收入南宋人所集《十一家注孙子》中。郑友贤《十家注孙子遗说》是对"十家之注"的补遗之作。作者以探求《孙子》微旨为目的,讨论了有关《孙子》的三十个问题,深化了对《孙子》的理解,也丰富了兵书注释的方法和体例。施子美《七书讲义》已如前文所述,既是文人论兵的产物,也是武学教学的教材。

以上诸家之外,南宋王彦所著《武经龟鉴》仅存残本,其他兵书注作均已亡

---

① 晁公武:《郡斋读书志·后志》卷二。

佚。 见载于史料的有：北宋卢察《孙子注》①，沈起所注《孙武书》②，麻皓年所注《孙子》、《吴子》及唐《李靖对问》③，张载注《尉缭子》④，何去非《三略讲义》⑤；南宋何畴《孙子解语》⑥、王自中《孙子新略》⑦、陈直中《孙子发微》⑧、叶宏《孙子注》⑨、胡箕《孙吴子注》⑩；等等。

（二）产生了大量新的兵书

在"文人论兵"的潮流之下，宋代产生了大量新的兵书。 在《宋史·艺文志》所载三百四十七部兵书⑪中，有一大半是宋代新产生的兵书。 遗憾的是，这些兵书只有少量留存了下来。 从书目及现存兵书分析，宋代产生出了一些新的兵书种类。 如，边防类：丁度《庆历兵录》、《庆历缮边录》、《备边要览》，耿恭《平戎议》、《边臣要略》，刘沪《备边机要》，薛向《陕西建明》，等等；将传类：张预《十七史百将传》、张文伯《百将新书》、章颖《四将传》，等等；军史评议类：何去非《何博士备论》、戴溪《历代将鉴博议》、李舜臣《江东十鉴》，等等；兵制类：吕夏卿《兵志》，汪楫《进复府兵议》、《古今屯田总议》，陈傅良《历代兵制》，等等；战史类：刘荀《建炎德安守御录》、王洙《三朝经武圣

---

① 尹洙：《河南集》卷十六，《故朝奉郎尚书司门员外郎通判河南府西京留守司兼畿内劝农事上轻车都尉赠绯鱼袋卢公墓志铭》，文渊阁《四库全书》本。

② 按：沈括《长兴集》卷十八沈起墓志作"公乃著吴武子三篇以自见"，度其文字，既然书称"吴武子"，当非自著，而是注释《孙子》之作。 今从《宋史》卷三百三十四《沈起传》之说。

③ 《续资治通鉴长编》卷二百五十一，熙宁七年三月乙丑。

④ 晁公武：《郡斋读书志·后志》卷二。

⑤ 《宋史》卷二百零七，《艺文志》。

⑥ 《建炎以来系年要录》卷一百零五，绍兴六年九月壬辰。

⑦ 魏了翁所作王自中墓志铭称"注孙子新略"（《鹤山集》卷七十六），周必大与王自中书则称为《孙武新略》（《文忠集》卷一百八十六），《浙江通志》卷二百四十七著录为《孙子新略》，结合诸说，当以《孙子新略》为是。

⑧ 陈傅良：《止斋集》卷四十，《孙子发微序》。

⑨ 《处州府志·艺文志》、《丽水县志》等据胡纮《叶公墓志》著录，称乾道年间奉敕撰。

⑩ 《江西通志》卷七十六，文渊阁《四库全书》本。

⑪ 按：《宋史·艺文志》所载宋代兵书并不全面，而且，随着兵学研究的发展，一些当时没有列为兵书的论著被界定为兵书。 如辛弃疾《美芹十论》、《九议》，苏洵《权书》、《衡论》等。 此外，陈傅良《汉兵制》、《备边十策》在《宋史·艺文志》中也并未列入兵书类，而是归在子部类事类。

略》,等等;兵要地理类:程大昌《北边备对》,陈武《江东地利论》,陈克、吴若《东南防守利便》,江默《边防控阨形势图论》,等等。这些新的兵书种类是在兵学与史学、地理学、典制学等的结合部生长起来的,大多是文人士大夫研讨兵学的产物。

在宋代文人撰著的兵书中,苏洵《权书》、陈傅良《历代兵制》、陈规《守城录》、戴溪《将鉴论断》[①]、綦崇礼《兵筹类要》等颇具典型意义。

《权书》,宋代著名文学家苏洵著。该书共十篇,前五篇讲用兵作战的理论问题,包括《心术》、《法制》、《强弱》、《攻守》、《用间》;后五篇是对历史上的军事人物和事件所作评论,有《孙武》、《子贡》、《六国》、《项籍》、《高祖》诸篇。苏洵虽然极力与孙子等兵家划清界限,称"吾疾夫世之人不究本末,而妄以我为孙武之徒"[②],但《权书》中大量化用或引申《孙子》思想,其核心观点并未超出《孙子》的总体框架[③]。至于后五篇历史评论部分,纵横捭阖、汪洋恣肆,尤显文士风范。

《兵筹类要》,南宋綦崇礼著。该书受到《十七史百将传》的影响,旨在搜集较《百将传》更丰富的史料,"采择兵法,配以往事,参较得失,与夫前王所以将将之术,列之于篇"[④]。该书按内容分为若干门(篇),如《镇静篇》、《器识篇》等,每篇之中首论该篇主旨,继而扼要辑录相关史料,间引兵书理论作评,末尾则以"论曰"形式进一步阐明要旨,这种体例显然更有利于表达作者的思想。

《将鉴论断》,南宋戴溪著。该书在形式、内容上都对《何博士备论》有所继承,但它更注重对将领的品鉴和论断,于每将标目之下有一句总评,如评孙武"有余于权谋而不足于仁义",评田穰苴"假权变守经常",等等。戴溪虽然肯

[①] 按:《将鉴论断》当即为《宋史·艺文志》著录之《历代将鉴博议论》,参见《四库提要》卷一百,《将鉴论断》提要。

[②] 《嘉祐集》卷二,《权书引》。

[③] 参见魏鸿:《〈权书〉与〈孙子兵法〉异同探论》,载《军事历史研究》2006年第2期。

[④] 《中国兵书集成》第6册,解放军出版社、辽沈书社1992年版。本书所引《兵筹类要》均出自该本。

定《孙子》为兵书中"善之善者"(卷一,《孙武》)①,但在"武经七书"中,他更推崇《六韬》、《司马法》、《三略》,尤以《三略》"最通于道而适于用"(卷七,《檀道济》),且其论将完全以儒家"仁"、"义"、"忠"、"循谨"、"谦退"等为准的,如论卫青"畏谨而能全其功名",邓禹为"仁义之将",周亚夫"失君臣之礼",等等。相形之下,对将领战略战术的评述倒成了次要内容。

《历代兵制》,南宋陈傅良撰。陈傅良是永嘉学派的重要学者,注重"经世致用",研究历代兵制也是出于对时政的关注。诚如《四库全书总目》所说:"盖傅良当南宋之时,目睹主弱兵骄之害,故著为是书,追言致弊之本,可谓切于时务者矣。"《历代兵制》八卷,记述了上起周、下至北宋的兵制沿革。其中,对北宋兵制论述最详,但这部分并非陈傅良亲撰,而是取自王铚《枢庭备检》的序文。《历代兵制》是我国古代第一部兵制史专著,拓展了宋代兵学的范围,使兵制成为兵学研究的一大类目。

《守城录》,南宋文人将领陈规著。靖康末年,金军南下,陈规率军民固守德安,"九攻九拒,应敌无穷,十万百万,靡不退却"②。后来,陈规任顺昌知府,与将领刘锜协力守城,取得了顺昌保卫战的胜利。《守城录》即其守城作战理论与实践的记录。全书由三部分组成,一为陈规所撰《〈靖康朝野佥言〉后序》一卷,总结宋军在金军攻汴之战中的失败教训;二为《守城机要》一卷,详细记述守御德安的战略战术;三为《建炎德安守御录》二卷,乃德安教授汤璹寻访陈规守城事迹所撰。《守城录》将"诡道"、"奇正"等兵学思想与城守实践相结合,将城郭、门墙、楼橹之制,以及攻城备御之法列为四十余条,创造性地发展了城市防御作战的战略战术。乾道八年(1172),宋孝宗诏刻《德安守城录》,"颁天下,为诸守将法"③,对南宋的军事实践起到了重要指导作用。

毫无疑问,以上这些文人撰著的兵书,丰富了中国古代兵书的种类,促进了宋代兵学的繁荣。但是,它们也具有一些明显的缺点。一是深受儒学影响,往往以儒家思想衡断军事人物和军事问题,重德行而轻事功。二是坐而论道,大

---

① 《将鉴论断》,《四库全书存目丛书》本,齐鲁书社1995年版。本书所引《将鉴论断》均出自该本。

② 《中国兵书集成》第7册,解放军出版社、辽沈书社1992年版。本书所引《守城录》均出自该本。

③ 《宋史》卷三百七十七,《陈规传》。

多与实践脱节,或抄撮史料,或凭空议论,因此也就缺乏理论创新和实用价值。当然,其中也有卓异者,如陈规《守城录》,将兵学理论与实践,战略与战术,儒学与兵学结合在一起,富于创新性和实用性。遗憾的是,这类著作并非宋代文人撰著兵书的主流。

(三)论兵文章层出不穷

宋代"文人论兵"最突出的成果是大量论兵文章的出现。这些论兵文章或讨论时政,进献于朝堂之上,或研习兵学,流传于师友之间。与兵书相比,它们尽管分散,但附于各种著作流传下来的概率较高,因而成为宋代兵学文献的大宗。

宋代论兵文章可以分为三类。

一类讨论现实军政问题。这类文章非常多,以南宋赵汝愚所编《宋名臣奏议》为例,十二门中之"兵门"26卷、"边防门"16卷全部为论兵之篇,其他"百官门"之"三衙"、"诸将"、"帅臣"、"久任","儒学门"之"武举","刑赏门"之"赏罚","财赋门"之"营屯田"等也都论及军事。这类文章往往结合现实问题,援引或阐发兵学思想,论题集中在战略、兵制、驭将之术、治军之法等方面。宋代文人论时政的宏文中,多有流传甚广、影响深远者,如苏轼《代张方平谏论兵书》①,尹洙《叙燕》、《息戍》②,晁补之《上皇帝论北事疏》、《上皇帝安南罪言》③,辛弃疾《美芹十论》、《九议》④,陈亮《中兴五论》⑤,倪朴《拟上高宗皇帝书》⑥,等等。

一类是对兵书和兵学的评论。这类文章虽然不是严格意义上的兵学论述,但是对于兵学的学术地位以及兵儒关系有很大影响,构成了学术史的一个基本问题。著名者如刘敞《与吴九论武学书》⑦,苏轼《孙武论》⑧,黄震《读诸子》

---

① 《东坡全集》卷六十六。
② 《河南集》卷二。
③ 晁补之:《鸡肋集》卷二十四、卷二十五,文渊阁《四库全书》本。
④ 邓广铭辑校:《辛稼轩诗文钞存》,古典文学出版社1957年版。
⑤ 《陈亮集》卷二。
⑥ 《倪石陵书》。
⑦ 《公是集》卷四十三。
⑧ 《东坡全集》卷四十二。

中的《孙子》、《黄石公三略六韬》①,叶适《习学记言序目·孙子》②、《兵权》③,张栻《跋孙子》④,等等。还有很多兵学评论并不在专门的文章里,但是影响也很大。如王安石、欧阳修、朱熹等对兵学的评价,等等。

一类研讨兵学思想。在一些儒家学派中,对兵学的研究蔚为风尚,产生出大量论兵文章。如北宋以苏轼为首的蜀学,苏洵、苏轼、苏辙父子以及黄庭坚等"苏门六学士"都有很多论兵文章。苏洵的《权书》自不待言,其《衡论》、《几策》等也都以论兵为主。李廌《兵法奇正论》、《将材论》、《将心论》⑤,秦观《进策》中《将帅》、《奇兵》、《兵法》⑥,晁补之《西汉杂议》⑦等也都是很有见地的兵论。南宋以薛季宣、陈傅良为代表的永嘉学派,以陈亮为代表的永康学派,都对兵学十分重视,不但产生了《孙子发微》、《历代兵制》等兵书,论兵文章也很多。在国势日蹙的背景下,他们论兵多结合现实,如陈亮的《酌古论》,论历代"伯王大略、兵机利害",对战略问题有较深入的阐发。

"文人论兵"在兵书注释、兵书撰著和论兵文章等方面的成果,成为宋代兵学的重要组成部分,不但拓宽了兵学研究领域,丰富了兵学的内容,也使兵学发展带上了浓厚的文化色彩,使兵学与儒学的冲突与融合在更宽广的维度上展开。

三、兵家专门之学的赓续与发展

《汉书·艺文志》将兵家分为兵权谋、兵形势、兵阴阳、兵技巧四种,这四种之中,兵权谋与政治方略联系最为紧密,也是文人论兵涉及最多的方面,兵形势、兵阴阳、兵技巧更多地带有专门之学的特点,文人较少涉及。专门之学的研究者多为真正爱好兵学、研究兵学的人,或为统兵将帅,或为武学武举出身的武职,或为民间兵学研究者。宋代这些方面兵书很多,如宋初石普所著《御戎

---

① 《黄氏日抄》卷五十八。
② 《习学记言序目》卷四十六。
③ 《叶适集·水心别集》卷四,中华书局1961年版。
④ 《南轩集》卷三十四。
⑤ 《济南集》卷六,文渊阁四库全书本。版本下同。
⑥ 《淮海集》卷十六、十七。
⑦ 《鸡肋集》卷四十三。

图》、《军仪条目》、《用将机宜要诀》①，赵珣所作《聚米图经》、《五阵图》②，王韶之子王纯的《熙宁收复熙河阵法》③，等等。遗憾的是，这些兵书与文人论兵之作不同，流传下来的只是极少数。在现存关于兵家专门之学的兵书中，具代表性的有《虎钤经》、《行军须知》、《百战奇法》、《翠微先生北征录》等。

《虎钤经》，北宋许洞撰。许洞虽然被列入《宋史·文苑传》，但他身上表现出与一般文人不同的气质。史书这样记载他的生平和著作：

> 许洞，字洞天，苏州吴县人。父仲容，太子洗马致仕。洞性疏隽，幼时习弓矢击刺之伎，及长，折节励学，尤精《左氏传》。咸平三年（1000）进士，解褐雄武军推官。尝诣府白事，有卒踞坐不起，即杖之。时马知节知州，洞又移书责知节，知节怒其狂狷不逊，会洞辄用公钱，奏除名。归吴中数年，日以酣饮为事。……景德二年（1005），献所撰《虎钤经》二十卷，应洞识韬略运筹决胜科，以负谴报罢。

由此可见，许洞对武艺、兵学素有兴趣，虽以文科举入仕，但性格桀骜不驯，仕途屡屡遭挫。他撰著《虎钤经》，时在宋真宗咸平四年（1001）至景德元年（1004）之间。全书共二百一十篇，分为二十卷。前十卷论兵机、料敌、结营、立阵、治病等的理论和方法，后十卷为六壬遁甲、星辰日月、风云气候等阴阳占候之学。

许洞在自序中自述撰著《虎钤经》的指导思想："自古兵法多矣，然《孙子》之法奥而精，使学者难于晓用；诸家之法肤而浅，或用者丧于师律。浅深长短，迭为表里，酌中之理，诚难得焉。又观李筌所著《太白阴经》，论心术则秘而不言，谈阴阳则散而不备，以是观之，诚非具美。臣今上采孙子、李筌之要，明演其术，下撮天时人事之变，备举其占，或作于己见，或述于古人。名曰《虎钤经》。"

《虎钤经》虽然并非基于军事实践的创新理论，但在总结前人兵学思想的基

---

① 《宋史》卷三百二十四，《石普传》，其中《军仪条目》著录于《宋史·艺文志》。
② 《续资治通鉴长编》卷一百三十二，庆历元年五月戊午。
③ 陈振孙：《直斋书录解题》卷十二。《宋史·艺文志》著录《王韶熙河阵法》一卷，不知二书是否有联系。

础上，对"先胜"、"任势"、"避实击虚"等作战指导原则以及"用间"、"料敌"之法做了全面系统的论述，一定程度上丰富和深化了传统兵学思想。

《行军须知》，作者不详，明弘治十七年（1504）李赞刻《武经总要》附刊该书。据文献学家王重民先生考证，该书"当撰于北宋仁宗或神宗之世"①。

《行军须知》共十五篇，二百七十四条，涉及作战指导的各个方面。十五篇分别为诫将、选士、禁令、选马、讲武、明时、渡险、安营、料敌、布战、守城、攻城、间谍、入伐、受降。每篇之中，先概述要旨，然后分条论列，最后加以总结。

《行军须知》不仅对兵学思想多有阐发，在军事技术方面也颇有成就。书中对火筒的记载，以及"用床子弩放火箭及火炮"的方法不见于其他史籍，具有较高的军事科技史料价值。明李进称其"深切著明，非他书可比"②。

《百战奇法》③和《行军须知》一样，明李赞刻《武经总要》附刊本为现存最早刊本。明刊兵法丛书《韬略世法》收录该书，名为《新编百战百胜合法引证》，题为"宋谢枋得叠山甫编辑"，但事实上，作者是否为谢枋得并不能确定。

《百战奇法》广搜博采，将战争诸因素归纳为一百个条目，始于"计战"、终于"忘战"。这些条目多为对《孙子兵法》等兵书中的兵学范畴和作战指导原则的提炼和概括，如《计战》出自《孙子·地形篇》"料敌制胜，计险陑远近，上将之道也"；《利战》出自《孙子·计篇》"利而诱之"，等等。《百战奇法》的立目虽有简单、繁碎的缺点，但在兵学范畴研究方面迈出了开创性的一步。明揭暄《兵经百篇》、清邓廷罗《兵镜或问》等都继承了这一路向。在具体的写作方法上，每个条目之下，先阐发自己的观点，然后引《孙子》等兵书之语，最后引用战例以证之。如《谋战》："凡敌始有谋，我从而攻之，使彼计衰而屈服。法曰：上兵伐谋。"继而征引春秋晋齐相争的史例。

---

① 《中国善本书提要·子部·兵家类》，上海古籍出版社1983年版。
② 《武经总要·行军须知序》。
③ 《百战奇法》一书最早著录于《文渊阁书目》，清以后多名《百战奇略》，题为明刘基所作，此说为《历代兵书目录》、《中国丛书综录》等广泛采信。张文才先生经过细密考证，认为该书成于北宋英宗至钦宗期间（参见张文才《〈百战奇略〉不是明代刘基的著作》，载《军事历史研究》1989年第4期）。笔者认为，《百战奇法》成书于宋代之说确然可信，但断其为北宋著作似嫌证据不足。

《翠微先生北征录》,南宋华岳著。 华岳,字子西,号翠微,为武学生。 开禧元年(1206)以谏止韩侂胄北伐而被贬官入狱。 韩侂胄兵败后获释,登嘉定武科第一名。 又谋去丞相史弥远,事发入狱,杖死东市。① 华岳认为,"英雄豪杰之去留,为社稷邦家之休戚"。 他所谓的"英雄豪杰",不是粗通兵书的书生学士,也不是"科目行伍之材"、"规矩准绳之士",而是那些对"遁甲之术"、"料敌之法"、"安营之方"、"地势运用"等兵家专门之学有深入研究的山林特起之士。 据他的描述,他自己就是这样一位"英雄豪杰"。 他自称:

> 自总角至今,日诵兵家之书,日习兵家之事,日求兵家秘妙之术,日访兵家先达子孙名将后嗣家传世袭之论,凡论事有系于兵者,无不遍考,地之有关于兵者,无不遍历,器用服食行阵衣甲之制,有资于兵者,无不旁搜远采,以尽其底蕴,山林遗逸英雄豪杰之士有精于兵者,无不端拜师承以益其寡陋,以故一步一跬,皆有定制,一分一毫,皆有成法。耳闻目见者非众所读之文,口授心传者非人所同得之学,卫公、武侯不传之妙,臣得其真,韩信、曹公不著之书,臣得其秘。不遇见知,未甘弃逐,于是易真实之兵为章句之士,变汗血之心为选举之学。②

很显然,华岳的平生志趣与所学都与文人论兵者明显不同,他所著《翠微先生北征录》,包含《平戎十策》一卷,《治安药石》十一卷。③《平戎十策》是针对南宋军政"十弊"的兴利除弊之策,包括用人选将、人心士气、物资储备、作战方法、军马征调诸方面。《治安药石》取"治安不可无兵,犹膏粱不可无药石"之意,对和议大计、边防要务、破敌之技、将帅修养、武器装备、情报采探、御将之道、守边之策、足兵便民之策等"当世利害"做了详尽的论述。 其中对六壬遁甲、相敌之术、攻守要地、武器装备等兵家专门之学论列尤为突出,例如,他考察南宋地理,列举可立山寨之处九十四,守山寨器具三十六种,可立水寨之处四十九,水寨守具三十九(《治安药石·边防要务》),等等。

宋代兵书的繁盛是兵学发展的重要体现,在官方修纂、"文人论兵"和专门

---

① 《宋史》卷四百五十五,《忠义十·华岳传》。
② 《平戎十策》。
③ 《中国兵书集成》第6册,解放军出版社、辽沈书社1992年版。 版本下同。

之学等方面，都涌现出大量兵学论著。兵学的官学化使兵书的研习和撰著合法化，官方对兵书的编纂和校理也有力推动了兵学的发展。"文人论兵"作为宋代兴起的特殊文化现象，为兵书的撰著从形式到内容都带来了新的特点。兵家专门之学与"文人论兵"既有区别，又有交集，侧重探讨用兵作战之法。官学和私学，文人兵论与兵学专论交相辉映，共同构筑了宋代兵学的辉煌图景。但是，也应该看到，兵书数量激增更多是一种文献意义上的繁荣，并不直接意味着兵学的发展。在"文人论兵"的潮流下，兵学与儒学既碰撞，又交融，出现了儒学对兵学的崇尚与贬抑、浸润与改造共生的局面。这一点成为宋代兵学发展的显著特征。

第三节 兵儒冲突融合的深化与兵学理论的发展

宋代兵学理论发展的动因来自两个方面。一是兵学理论自身的传承和发展，其中既有对军事实践的总结和提炼，也有对兵学原有命题的阐发和深化。二是儒学对兵学的影响。儒学作为汉代以降占统治地位的意识形态，必然对兵学产生深刻影响，而在宋代"文人论兵"蔚然成风的背景下，儒学对兵学的影响尤为突出，甚至渗透到兵学思想的各个层面，使兵学与儒学的冲突与融合异常激烈而深刻。

一、儒学对兵学的批判与肯定

宋儒对于兵学的评价构成了宋代兵学发展的特殊语境。由于出身、经历、思想倾向等的不同，宋儒对兵学的态度也有所差异，大致可以分为三种。第一种是站在兵学的对立面，从儒家"仁"、"义"思想出发，对兵学的"诈"、"利"提出尖锐批评，进而否定兵学的作用和价值。第二种是在"道"的层面上崇儒抑兵，在"器"的层面上承认兵学的价值。第三种是不论兵儒差别，尊崇兵学，以诠释和发挥兵学思想为己任。三者同时并存，互相激荡，共同作用于宋代兵学的发展。

(一)"仁义"、"诈利"的对立与崇儒抑兵思潮

早在兵家初兴的春秋战国之际，兵儒之间的差异和对立已明显表现出来。

从孔子到荀子，先秦儒家在"出奇设伏，变诈之兵并作"①的形势下，不断发展、完善其军事思想，不但从治道层面批评兵家，确立了儒家与兵家的先后次第，而且在具体的用兵原则上也高举仁义的旗帜，排斥智诈之术。宋儒充分继承了传统儒家的军事思想，在学术领域掀起了一股"崇儒抑兵"的思潮。

以兵事为治道之末，是宋代儒者的共识。朱熹解释《论语》"卫灵公问阵而夫子遽行"一节时说："为国以礼，战阵之事非人君所宜问也……夫子去卫之意，盖以兵而言，阵固兵之末，以治道而言，则兵又治道之末也。"②这一观点与王安石惊人的一致。宋神宗志在图强，经常与臣下探讨战阵之事。王安石批评他说："先王虽曰'张皇六师'，克诘戎兵，其坐而论道，则未尝及战阵之事。盖以为三军五兵之运，德之末，不足道也。孔子亦曰：'俎豆之事，则尝闻之矣，军旅之事，未之学也。'以为苟知本矣，末不足治也。"③朱熹和王安石虽然政治观点颇异，但在治道上都以儒为本而以兵为末，可见宋儒对于兵儒次第这一基本立场的坚守。

在对战争制胜因素的认识上，宋儒与先秦儒家一样，强调"仁义"、"德政"对于战争胜负的决定意义。如程颐认为，"技击不足以当节制，节制不足以当仁义，使人人有子弟卫父兄之心，则制梃以挞楚之兵矣"④，又说，"若以王道兴兵，则百姓皆修其戈矛，与之同仇矣"⑤。刘敞说："以仁合众、以义济师，内辑和于中国，外震慑于四夷，当之者失据，动之者悦也随，故曰，我战则克，其义在斯。且夫以道德为藩，以礼让为国，以忠信为用，以仁义为力，故守必有威，动则能克。"因此，"战在胜不在多，术在德不在他，是以弃天时与地利，贵王道与人和"⑥。

基于"仁义制敌"的思想，宋儒甚至将儒家经传推尊为兵法之本。如吕祖谦十分推崇《孟子》，认为《孟子》"天时不如地利，地利不如人和"、"得道多助，失道寡助"数句，"尽古今用兵之道，为兵法之祖"，而"如《吴子》、《孙

---

① 《汉书·艺文志》。
② 《四书或问》卷二十，文渊阁《四库全书》本。
③ 《续资治通鉴长编》卷二百四十八，熙宁六年十二月庚辰。
④ 《二程遗书》卷六，上海古籍出版社1992年版。
⑤ 《程氏经说》卷三，文渊阁《四库全书》本。
⑥ 《公是集》卷一，《我战则克赋》。

子》、《六韬》、《三略》之类,止言天时地利,亦不言人和",这说明,"圣人见得明,他人见得不明,以此见学问之深浅处"①。薛季宣则对《荀子》兵论大加褒奖,他说:"善乎,荀卿子之论兵……谓桓文之节制不足以敌汤武之仁义,故论兵要,舍汤武何法哉?"与之对应,他对孙子、吴起等兵家则持贬抑态度:"今之兵家,一本之孙吴氏。孙武力足以破荆人郢而不能禁夫概王之乱,吴起威加诸侯百越,而不能消失职者之变,诈力之尚,仁义之略,速亡贻祸,迄用自焚,是故兵足戒也。"②在他们看来,"夫以孙、吴之智窥桓、文之德,尚不能合,以规圣人之道,固绵远矣"③。因此,当郑厚推崇《孙子》为"《论语》、《易》大传之流"时,朱熹对他提出了严厉的批评:"取孙武之书厕之《易》、《论语》之列,何其驳之甚欤?"④

更有甚者,有些宋儒将"崇儒抑兵"贯穿到战术领域,反对以诈术取胜。如程颐认为兵家"掩其不备、出其不意"之术尚可在一定程度上应用,但是使用间谍刺探军情就不可以了。⑤刘敞也认为:"圣人之为圣也,为其正而已矣,是以众人为不可及。必以间而有天下,则其所以为圣人也,不亦众人而可为之欤?"⑥苏洵在《权书》中专著《用间》一篇,反驳孙子"五间"之说,他说:"夫兵虽诡道,而本于正者终亦必胜。今五间之用,其归于诈,成则为利,败则为祸。且与人为诈,人亦将且诈我,故能以间胜者,亦或以间败。……夫用心于正,一振而群纲举,用心于诈,百补而千穴败,智于此,不足恃也。"⑦吕祖谦发挥荀子"仁人之兵不可诈"之说,认为君子之"诚"胜于小人之"诈",不但可以"以诚代诈",更可以"以诚制诈","诚"实为天下常胜之道,而以诚道自立的君子亦即真正的善用兵者。⑧

综上所述,宋儒"崇儒抑兵",不但表现为在治道层面贬抑兵学,在战略层面以"仁"、"义"为本,而且在具体用兵原则上提出"以仁胜诈"、"以诚代

---

① 《丽泽论说集录》卷七,文渊阁《四库全书》本。
② 《浪语集》卷二十八,《拟策 道》,文渊阁《四库全书》本。版本下同。
③ 《公是集》卷四十六,《杂著·师三年解》。
④ 《晦庵集》卷七十三,《读虞隐之尊孟辨》,文渊阁《四库全书》本。版本下同。
⑤ 《二程遗书》卷十八。
⑥ 《公是集》卷四十七,《伊尹问》。
⑦ 《嘉祐集》卷二,《权书·用间》。
⑧

诈"。应该说，从治道层面强调儒家"仁政"、"义战"对国家政治、军事的主导作用，对于规范战争行为的性质、目的，构建以儒家思想为主体的军事文化有着积极意义。但是，将这种兵儒对立、兵劣儒优的论调延伸到具体作战指导思想层面，从根本上否认兵家的价值和作用，就滑向了坐而论道、偏颇而迂腐的一面。这些观点导致了对兵学不恰当的贬抑，对兵学的健康发展产生了严重影响。

（二）疑古思潮与兵书疑伪

"敢于怀疑"是宋儒治学的一个显著特点。宋儒不但对儒家传注提出质疑，甚至对儒经也大胆怀疑。如欧阳修认为《系辞》、《文言》、《说卦》皆非圣人所作。司马光、李觏质疑孟子之说。程颐则认为《礼记》之《儒行》、《经解》非圣人之言①，等等。总之，宋人以怀疑精神治学，至北宋中叶，"疑古"已经蔚然成为一股学术思潮。

当宋儒将怀疑的目光转向兵书的时候，同样也掀起了疑伪之风。这种怀疑主要集中在"武经七书"上。如何去非在参与校定"武经七书"之时，就曾对《六韬》和《唐李问对》的真伪提出怀疑。据其子何薳《春渚纪闻》记载："先君为武学传授日，被旨校正武举《孙》、《吴》等七书。先君言，《六韬》非太公所作，内有考证处，先以禀司业朱服，服言，此书行之已久，未易遽废也。又疑《李卫公对问》亦非是。后为徐州教授，与陈无己为交代，陈云，尝见东坡先生，言世传王氏《元经》、《薛氏传》、《关子明易传》、《李卫公对问》，皆阮逸著撰，逸尝以草示奉常公也。"②这则记载不但怀疑《六韬》为伪书，而且认为《唐李问对》为阮逸伪撰，形成了一桩新的伪书迷案。

对于《六韬》，刘恕以为，"其言鄙俚烦杂，不类太公之语，盖后人依托而为之"③。罗泌著《路史》，进一步从思想、战法以及书志著录等方面论证《六韬》之伪。他说：

> 夫学讼而脱人之囚，与阴谋而倾人之国，皆兵谋诡计出于后世，所谓太公《六韬》书者，其果信邪？《六韬》之书顾非必太公也。班固述权谋不

---

① 杨时编：《二程粹言》卷上。
② 《春渚纪闻》卷五，中华书局1983年版。按，中华本此段引文断句有误，不从。
③ 《资治通鉴外纪》卷一，文渊阁《四库全书》本。

见其书,《志》虽有《太公兵谋》而乃列之道家,儒家有《六弢》六篇,则又周史所作,定襄时人,或曰显王之世。故《崇文》自谓汉世无有。今观其言,盖杂出于春秋战国兵家之说尔。自墨翟来,以太公于文王为午合,而孙武之徒谓之用间,故权谋者每并缘以自见,盖以尝职征伐,故言兵者本之以为说。骑战之法著于武灵之伐,而今书首列其说,要之楚汉之际好事者之所掇,岂其本哉?①

对于《三略》和《尉缭子》,程颐在审订武学学制时指出,它们和《六韬》一样,"鄙浅无取"。黄震认为,《六韬》、《三略》都是伪书,不但所言兵制与史书不合,其观点也多掇拾他书而成。② 陈振孙则对"七书"概而言之:"今武举以七书试士,谓之武经,其间《孙》、《吴》、《司马法》或是古书,《三略》、《尉缭子》亦有可疑,《六韬》、《问对》伪妄明白。"③这一论断代表了宋儒对"武经七书"的一般看法。

对于武经首位的《孙子兵法》,也不断有人提出质疑。叶适认为,《孙子兵法》是"春秋末战国初山林处士所为,其言得用于吴者,其徒夸大之说也"④。陈振孙认为,"世之言兵者祖孙氏,然孙武事阖庐而不见于《左氏传》,未知其果何时人也"⑤。

客观地讲,宋儒对于兵书的怀疑并非无据,因为在兵书中,伪托的情况原本就十分普遍。兵书作者为了增加兵书的神秘感和权威性,或托古人以传世,或借名人以自重。但是,宋儒对兵书的怀疑也有明显的先入为主痕迹。如以《六韬》涉于兵谋诡计即以为出于后世,以《唐李问对》"文辞浅鄙"就认为是假托,叶适更是从后儒的道德标准出发,认为孙子斩王姬之说"奇险不足信",由此质疑孙子其人其书的真实性。而他们对于《吴子》、《司马法》较少质疑或许也是由于二书的思想倾向与儒家相近。由此可见,宋儒对兵书疑伪的思想根源是对兵家诈术的不认同,并非纯粹学术意义上的辨伪。然而,以儒学在宋代学术文

---

① 《路史》卷三十三,《发挥二·论太公》,文渊阁《四库全书》本。
② 《黄氏日抄》卷五十八,《读诸子·黄石公三略六韬》。
③ 《直斋书录解题》卷十二,《兵书类·李卫公问对三卷》。
④ 《习学记言序目》卷四十六,《孙子》。
⑤ 《直斋书录解题》卷十二,《兵书类·孙子三卷》。

化领域的尊崇地位,无论这些兵书真伪确系如何,宋儒的疑伪都在客观上削弱了"七书"的权威性,从一个侧面起到了"崇儒抑兵"的作用。

(三)"经世致用"思想与兵学的融通

"经世致用"一直是儒学的一个重要思想传统。所谓"经世致用"就是从儒家经义中寻求治世依据,培养从政能力,达到"治国平天下"的目的。重视"经世致用"的儒者一般关注兵、刑、财赋、水利等政治实务,与兵学研究的关系也更为密切。

北宋胡瑗的"苏湖教法"突出体现了"经世致用"的特点。他按照学生的禀赋、爱好,分为经义、治事二斋,"好尚经术者,好谈兵战者,好文艺者,好尚节义者,皆以所类群居,相与讲习。胡亦时召之,使论其所学,为定其理,或自出一义,使人人以对,为可否之,时取当时政事,俾之折衷"①。可见,胡瑗教学的目的就是培养经世的干才,兵学是其中一项重要内容。胡瑗本人曾经被范仲淹聘为丹州军事推官,庆历年间还曾上书朝廷,提出重新建立武学。他的弟子多"信其师说,敦尚行实"②,其中颇有知兵者,如顾临,以知兵闻名,曾经神宗召对,并两度判武学。又如徐积,对兵学也颇有研究,所著《节孝集》中对《孙子》伐谋、伐交、兵势分合等思想多有讨论。李觏也是一位关心社会现实、以"康国济民为意"③的思想家。他自称,研读儒家经典之外,"余力读孙吴书,学耕战法,以备朝廷犬马驱指"④。他的《强兵策》撰成于宋夏战争之初,对军事问题提出了系统的建策。李觏虽然官位并不显赫,却颇具影响力,"以教授自资,学者常数百人"⑤。

南宋时期,"经世致用"特色最突出的当属浙东事功学派。发轫者袁溉通习实用之学,"自六经百氏,下至博弈小数,方术兵书,无所不通"⑥。薛季宣师承其学,"于世务二三条如田赋、兵制、地形、水利,甚曾下工夫"⑦。永康学派代表人物陈亮尤重事功:"以特出之才,卓绝之识,而究皇帝王霸之略,期于

---

① 李廌:《师友谈记》,文渊阁《四库全书》本。
② 蔡襄:《端明集》卷三十七,《太常博士致仕胡君墓志》,文渊阁《四库全书》本。
③ 《盱江集》卷二十七,《上孙寺丞书》,文渊阁《四库全书》本。
④ 《盱江集》卷二十七,《上孙寺丞书》,文渊阁《四库全书》本。
⑤ 《宋史》卷四百三十二,《李觏传》。
⑥ 薛季宣:《浪语集》卷三十二,《袁先生传》。
⑦ 吕祖谦:《东莱集·别集》卷七,《与朱侍讲》,文渊阁《四库全书》本。

开物成务，酌古理今，其说盖近世儒者之所未讲。平生所交，如熹、栻、祖谦、九渊，皆称之曰：'是实有经济之学。'"①浙东事功学派对兵学非常重视，成为南宋文人论兵的主力，创作了《历代兵制》、《孙子发微》、《孙子新略》、《将鉴论断》等一大批兵学论著。

注重"经世致用"的宋儒对兵学的评价一般较为平实。如李觏认为："历观世俗之论兵者，多得其一体而未能具也。儒生曰，仁义而已矣，何必诈力？武夫曰，诈力而已矣，何必仁义，是皆知其一，未知其二也。愚以为仁义者，兵之本也；诈力者，兵之末也。本末相权，用之得所，则无敌矣。故君者，纯于本者也，将者，驳于末者也。"②南宋张栻也说："夫兵政之本，在于仁义，其为教根乎三纲，然至于法度纪律、机谋权变，其条不可紊，其端为无穷，非素考索，乌能极其用？一有所未极，则于酬酢之际，其失将有间不容发者，可不畏哉？"③这些观点在"道"的层面上肯定儒家仁义之说为兵事根本，在"器"的层面上给予兵家权诈之术以合理地位，显然是较为务实的持平之论。在宋儒中，持这一观点的人占多数，这就为儒学在承认兵儒本末次第的基础上发展兵学提供了可能，宋代兵学与儒学的深度融合也正是在这一条件下得以展开的。

二、战争观与战略思想的儒学化

儒学作为封建社会占统治地位的意识形态，主导着战争观、战略思想等与政治密切相关的兵学领域，宋代"右文"政策又严重加剧了这一倾向。在"文人论兵"的热潮中，宋儒或"以儒解兵"，或"崇儒抑兵"，兵学理论出现了明显的儒学化倾向。在战争观和战略思想层面，儒学主导下的"兵儒合流"表现得尤为明显。

（一）战争观的儒学化

传统兵家并未对战争观做系统的论述，但宏观而言，"功利主义"无疑是其战争观的核心。兵家"尚利"与儒家"尚义"构成了鲜明的对立，成为兵儒冲突的一个重要论题。宋儒一方面从王道、霸道之争的高度立论，将"仁义"置于"诈利"之上，确立了儒家战争观的主导地位。另一方面，又以儒家思想诠释

---

① 《陈亮集》附录二，《宋乔行简奏请谥陈龙川札子》。
② 《盱江集》卷十七，《强兵策第一》。
③ 《南轩集》卷三十四，《跋孙子》。

兵学概念，使兵家的战争观全面儒学化。

1. 慎战与义战

儒家、道家都主张慎战，但他们的出发点是道德主义。兵家也主张慎战，出发点却是功利主义。《孙子兵法》首句即曰："兵者，国之大事，死生之地，存亡之道，不可不察也。"①在《火攻篇》中，孙子又道："主不可以怒而兴师，将不可以愠而致战，合于利而动，不合于利而止。怒可以复喜，愠可以复悦，亡国不可以复存，死者不可以复生。故曰：明主慎之，良将警之，此安国全军之道也。"很显然，孙子慎战思想的根基是利害问题。吴子也说，"战胜易，守胜难，故曰，天下战国五胜者祸，四胜者弊，三胜者霸，二胜者王，一胜者帝。是以数胜得天下者稀，以亡者众"②，所论也是利害。

宋儒对慎战思想的解读明显地糅合了儒家的道德主义。《论语》曰："子之所慎，斋、战、疾。"③朱熹在《四书章句集注》中释为"战则众之死生、国之存亡系焉"，正是以《孙子》"死生之地，存亡之道"之语作解，可见，在慎战问题上，宋儒是认同兵家的。不过，在宋儒对兵书的释评之中，兵家"慎战"思想发生了微妙的变化。一方面，慎战思想中"利"的原则被模糊了，由主动的"以利动"，变为被动的"不得已而用之"。如张预释《孙子》"非危不战"为："兵，凶器，战，危事。需防祸败，不可轻举，不得已而后用。"④李廌专门撰写了一篇《慎兵论》，其中讲到运用武力的原则："万一正不获意则权，必用武乃济，然后哀矜怆恻而用之以犯难，难平即止。"⑤简言之，用兵的目的不是"趋利"，而是"避害"、"救乱"，这与《孙子》"合于利而动，不合于利而止"的原则有所不同。另一方面，兵家慎战思想的基础被由"利"置换为"义"。梅尧臣注《孙子》"合于利而动，不合于利而止"句说，"兵以义动，无以怒兴；战以利胜，无以愠败"。在这里，"义"直接取代了"利"，成为是否发动战争的先决条件。在解释"非利不动"一句时，他认为，"凡兵非利于民，不兴也"，"利于民"也是"义"的表现。在这类诠释中，兵家慎战思想的基础发生了明显的偏移，由

---

① 《孙子兵法·计篇》。
② 《吴子·图国》。
③ 《论语·述而》。
④ 《孙子兵法·火攻篇》。
⑤ 李廌：《济南集》卷六，《慎兵论》。

"重利"的功利主义演化为"重义"的道德主义。

2. "道"与"仁政"

儒家以"仁政"为制胜的根本,儒家以"仁政"为政治的根本,也以"仁义"为战争制胜的根本。《孟子》认为仁者无敌:"行仁政而王,莫之能御也。"①《荀子》曰,"凡用兵攻战之本,在乎一民","彼仁义者,所以修政者也。政修则民亲其上,乐其君,而轻为之死"②。

兵家讨论军政关系的主要范畴是"道"。在"武经七书"中,"道"除了指"战道",也寓有"政道"之意。孙子将"道"作为"五事"之首:"道者,令民与上同意也,故可以与之死,可以与之生,而不畏危。"③与此"道"含义相近的用法还有"善用兵者,修道而保法,故能为胜败之政"④,"齐勇若一,政之道也"⑤等。孙子所谓的"道"指统一民众思想、战斗力的方法,可以理解为与政治相关,但立足点仍然在于军政。《三略·上略》论"道"说:"夫为国之道,恃贤与民。信贤如腹心,使民如四肢,则策无遗。所适如肢体相随,骨节相救,天道自然,其巧无间。"《六韬》论"道"曰:"凡人恶死而乐生,好德而归利,能生利者,道也。道之所在,天下归之。"⑥他们所谓"道"都与儒家有一定差别。

对《孙子》"五事"之"道"的解释,宋代注家基本上都等同于儒家的"道"。梅尧臣解为"得人心";王皙解为"人和";何氏引《尚书》,解为"抚我则后,虐我则仇";张预则解为"恩信";施子美认为,曹操将"道"解为"道之以教令",不够准确完善,杜佑解为"德化"才是正确的。总之,将兵家之"道"理解为儒家的"仁政"是宋代注家的共识。

兵书注作之外,宋儒在各式文章中对兵家"道"的解说也遵循了同一思路。如欧阳澈解孙子之"道"为"人和":"所谓道者何?孙武谓人和为道是也。孟子亦曰:'天时不如地利,地利不如人和。'黄石公亦曰:'得道者昌,失道者

---

① 《孟子·公孙丑上》。
② 《荀子·议兵》。
③ 《孙子兵法·计篇》。
④ 《孙子兵法·形篇》。
⑤ 《孙子兵法·九地篇》。
⑥ 《六韬·文师》。

亡。'"①李觏解"道"为"道德",认为人君主道德,将领主诈力,如果君主的"仁义"与将领的"诈力""用之得其所",则所向无敌。②朱熹论孙子之"道":"且如《孙》、《吴》专说用兵,如他说,也有个本原。如说'一曰道。道者与上同意,可与之死,可与之生'。有道之主,将用其民,先和而后造大事,若使不合于道理,不和于人神,虽有必胜之法,无所用之。"③至此,"道"不但被诠释为儒家的"仁政",更被提升为孙子思想的本原,这显然是以儒解兵的结果。

儒家学者对兵家"慎战"、"道"等思想的诠释形成了儒学认同、接受兵学的重要基础,同时也使兵家的战争观逐渐脱离了原有的含义,带上了明显的儒学化倾向。这一过程中,兵儒思想越来越密切地融合在了一起。

(二)战略思想的儒学化

兵家战略思想集中体现在《孙子兵法》中。孙子战略思想的核心是"不战而屈人之兵"的"全胜"战略。他说:"凡用兵之法,全国为上,破国次之。全军为上,破军次之;全旅为上,破旅次之;全卒为上,破卒次之;全伍为上,破伍次之。是故百战百胜,非善之善者也;不战而屈人之兵,善之善者也。"④"全胜"战略在其他兵书中也有体现,如《六韬》中说,"全胜不斗,大兵无创,与鬼神通,微哉微哉"⑤,又说:"故善战者不待张军,善除患者理于未生,胜敌者胜于无形,上战无与战。"⑥总之,兵家战略思想的宗旨是以最小甚至零代价谋取胜利,是趋利避害的最高境界。

宋儒对兵家战略思想的解读同样表现出"以儒解兵"的特点。他们非常重视孙子"不战而屈人之兵"的"全胜"说,但他们对这一思想的解读与《孙子》本意有所不同。《孙子》"不战而屈人之兵"的实质是"以全争于天下"、"兵不顿而利可全"。"不战"只是手段,服务于"争"、"利"、"屈人之兵"的目的。宋儒则更多地强调"不战",一定程度上扭曲和误读了"全胜"思想。

---

① 《欧阳修撰集》卷三,《上皇帝第三书》,文渊阁《四库全书》本。
② 《盱江集》卷十七,《强兵策第一》。
③ 黎靖德:《朱子语类》卷八十四,中华书局1986年版。
④ 《孙子兵法·谋攻篇》。
⑤ 《六韬·武韬·发启》。
⑥ 《六韬·龙韬·军势》。

首先,"全胜"思想的基点由利害转为仁爱。李覯在《慎兵论》中将"不战"与"慎战"联系起来,认为《孙子》所谓"不战"是基于"不忍人"的爱人之心,是"慎于兵"的表现。梅尧臣、张预等注家纷纷强调"不战"的原因在于"战则伤人",也是从"爱民"的角度进行解释的。这样的解释固然也有道理,《孙子》主张全胜战略,主观上可能确有不务多杀的意图,但是,从孙子思想来看,他的本意是以"不战"实现"屈人之兵",利害的权衡是这一思想的基点所在。宋儒强调"不战"的仁爱动因,显然是基于儒家思想的片面理解。

其次,将"不战而屈人之兵"等同于"仁政制敌"。如李覯认为:"彼贫其民而我富之,彼劳其民而我逸之,彼虐其民而我宽之,则敌人望之若赤子之号父母,将匍匐而至矣。彼虽有石城汤池,谁与守也? 虽有坚甲利兵,谁与执也? 是谓不战而屈人之兵矣。"①这一论点显然脱胎于《孟子》行仁政而能一天下的思想,是儒家战争观的自然延伸。叶适更认为,"不战而屈人之兵"并非伐谋、伐交所能致,只有像夏禹、商汤那样的圣王才可言"不战全争"②。也就是说,"仁政"是"不战而屈人之兵"的充分条件,而"不战而屈人之兵"是"仁政"的必然结果。这种解读使兵家"全胜"思想成了儒家"政胜必然战胜"逻辑的注脚,消解了战争谋划、战争准备、战争实践等军事活动的重要性。

再次,将"不战而屈人之兵"与防御战联系起来。如尹洙认为,周密的战争准备可以使敌人无隙可乘,进而"不战而慑"③。南宋袁燮在论及范仲淹守边时,认为他修筑城寨,加强战备,就是"不战而屈人之兵"④。倪朴则将"不战而屈人之兵"等同于"深沟高垒"、"不与之战"⑤的防守之术。更有甚者,苏轼甚至称道高太后和哲宗"屈己以消兵,故不战而胜"⑥,将苟且偷安当成了"不战而胜"。宋儒对"不战而屈人之兵"的理解显然与其在边防作战中处于守势的状况以及宋太宗以来的消极防御思想密切相关。表面上看,这样的解读似乎不无道理,但在此类议论中,《孙子》"全胜"思想所蕴含的积极主动的精神和高超

---

① 《旴江集》卷十七,《强兵策》。
② 《习学记言序目》卷四十六,《孙子》。
③ 《河南集》卷二,《息戍》。
④ 黄淮、杨士奇等:《历代名臣奏议》卷二百三十五,上海古籍出版社1989年版。
⑤ 《倪石陵书·拟上高宗皇帝书》。
⑥ 《东坡全集》卷八十六,《上清储祥宫碑》。

的战略智慧,已经向实际化、庸俗化方向蜕变了。

当然,宋儒对"全胜"思想的理解也并非完全如此。如陈亮论将领用兵作战,"设奇以破之,伺隙而取之,曲折谋虑,常若有不可当者,而后可以全胜于天下"①。这一理解与孙子思想旨趣是一致的,但总的来说,持这种观点的宋儒是极少数,而将"不战而屈人之兵"机械理解为"不战",或者由此"贵谋而贱战"②,则是主流。

三、儒学之变与治军思想的发展

传统兵学的治军思想有着十分丰富的内涵。《孙子》提出的"令之以文,齐之以武"③,"愚士卒之耳目"④,"将者,智信仁勇严也"⑤,"将能而君不御者胜"⑥;吴子提出的"以治为胜","用兵之法,教戒为先"⑦,将之"五慎":理、备、果、戒、约⑧,以及"人有短长,气有盛衰"的"励士"思想⑨;《尉缭子》提出的"杀之贵大,赏之贵小"⑩,"使民内畏重刑,则外轻敌"⑪,"气实则斗,气夺则走"⑫,等等,都是古代治军思想的著名论断。

宋人对兵家治军思想基本认同,但他们论治军受到了儒学的显著影响,尤其是宋代理学兴起,以"理"、"欲"、"性"、"命"、"心"、"气"、"诚"、"敬"等为探讨的核心,为传统儒学带来变革的同时,也为宋儒论兵提供了新的思想资源,使这一时期的治军思想带有了鲜明的时代烙印和儒学特色。

(一) 治气

孙子说:"三军可夺气",又说:"朝气锐、昼气惰,暮气归,故善用兵者,

---

① 《陈亮集·酌古论·封常清》。
② 《汉书·赵充国传》。
③ 《孙子兵法·行军篇》。
④ 《孙子兵法·九地篇》。
⑤ 《孙子兵法·计篇》。
⑥ 《孙子兵法·谋攻篇》。
⑦ 《吴子·治兵》。
⑧ 《吴子·论将》。
⑨ 《吴子·励士》。
⑩ 《尉缭子·武议》。
⑪ 《尉缭子·重刑令》。
⑫ 《尉缭子·战威》。

避其锐气,击其惰归,此治气者也。"①《吴子》说"气有盛衰"②,《尉缭子》也说,"气实则斗,气夺则走"③。很显然,兵家非常重视"治气",认为"气"的盛衰直接关系战争的胜负。

宋儒对"治气"的议论融入了儒家关于"气"、"性"的思想。何氏注《孙子》说:"夫人情,莫不乐安而恶危,好生而惧死,无故驱之就卧尸之地,乐趋于兵战之场,其心之所畜,非有忿怒与斗之气,一旦乘而激之,冒难而不顾,犯威而不畏,则未尝不悔而怯矣。今夫天下懦夫,心有所激,则率尔争斗,不啻诸、刿。至于操刃而求斗者,气之所乘也;气衰则息,恻然而悔矣。故三军之视强寇如视处女者,乘其忿怒而有所激也。"张预之注则说:"气者,战之所恃也。夫含生禀血,鼓作斗争,虽死而不省者,气使然也。故用兵之法,若激其士卒,令上下同怒,则其锋不可当。"他引李靖之说,"守者,不止完其壁,坚其阵而已,必也守吾气而有待焉","所谓守其气者,常养吾之气,使锐盛而不衰,然后彼之气可得而夺也"。戴溪《将鉴论断》认为:"兵之所以战者,气也。气之所以激者,怒也。气以怒激,战以气胜,……善用兵者,养其气,蓄其怒,时出而用之,有所不战,战必胜矣。"④綦崇礼《兵筹类要》专列《志气篇》,以"志"与"气"为将领修养的重要内容。他说:"将以志为主,以气为辅,志藏于神而为气之帅,气藏于肺而为体之充,苟气不足以发志,志不足以运气,则何以勇冠三军而威振临敌? 故曰:功崇惟志。又曰:志至焉,气次焉。知此则知所谓大勇矣。"这里所讲的"志"、"气"关系完全本于《孟子》之说,《孟子》说:"夫志,气之帅也;气,体之充也。夫志至焉,气次焉。"⑤而《孟子》的"志气论"也正是宋儒发扬光大的要点之一。

(二) 治心

《孙子》说,"将军可夺心",又说,"以治待乱,以静待哗,此治心者也"⑥。宋儒对孙子的"治心"说做了深入阐发。何氏注曰:"夫将以一身之

---

① 《孙子·军争篇》。
② 《吴子·励士》。
③ 《尉缭子·战威》。
④ 《将鉴论断》卷四,《王霸》。
⑤ 《孟子·公孙丑上》。
⑥ 《孙子兵法·军争篇》。

寡，一心之微，连百万之众，对虎狼之敌，利害之相杂，胜负之纷揉，权智万变，而措置于胸臆之中，非其中廓然，方寸不乱，岂能应变而不穷，处事而不迷，卒然遇大难而不惊，案然接万物而不惑？"因而，"先须己心能固，然后可以夺敌将之心"。张预注引李靖"攻者，不止攻其城、击其阵而已，必有攻其心之术焉"，认为"攻其心"的前提是"养吾之心"，"常养吾之心，使安闲而不乱，然后彼之心可得而夺也"。

《孙子》在《九地篇》中又说，"将军之事，静以幽，正以治"，这与"静以待哗"的"治心"之说颇有相通之处。綦崇礼《兵筹类要》专立《镇静篇》，阐述"静"的意义和作用。他说："苟镇静则事至不惑，物来能名，以安待躁，以忍待忿，以严待懈，虽恢诡万变陈乎前而不足以入其舍，岂浮言所能动，诈力所能摇哉？故士不敢慢其令，敌不能窥其际，近取诸身，则心安体舒，内外之符也。"静"和"心"一样，都是宋代理学非常重视的概念，《大学》中说："知止而后有定，定而后能静，静而后能安，安而后能虑，虑而后能得。"綦崇礼对"镇静"的这番解释显然是儒学化的。

苏洵更是将"治心"作为将道之首。他说："为将之道，当先治心，泰山崩于前而色不变，麋鹿兴于左而目不瞬，然后可以制利害，可以待敌。"①而他所说的"养心之法"则是"视三军之众与视一隶一妾无加焉，故其心常若有余，夫以一人之心当三军之众，而其中恢恢然犹有余地，此韩信之所以多多而益办也，故夫用兵岂有异术哉？能勿视其众而已矣"②，这是将儒家的修持之术引入了将帅修养中。秦观也以"治心"为用兵的关键，他说，"古之论兵者多矣，大率不过有四，一曰权谋，二曰形势，三曰阴阳，四曰技巧，然此四术者，以道用之则为四胜，不以道用之则为四败"，而他说的"道"即"治心养气而已"③。

李觏讲"治心"，侧重于得士卒之同心。他说："夫用兵之道，岂特武艺而已哉？先在治其心，次可用其力。"④他认为，晋文公教战，使民"知义"、"知信"、"知礼"就是"治心"。后世将帅虽然未及此意，但如吴起亲为士卒吮疽，李广与士卒共饮食，也可视为"治心"之道。李觏对"治心"的阐释显然已经超

---

① 《权书·心术》。
② 《权书·孙武》。
③ 《淮海集》卷十七，《兵法》。
④ 《寄上富枢密书》。

出了《孙子》本义，引申到了团结民众、团结士卒，得民心以得天下的层面。

（三）将之"五德"与将之"忠"

孙子提出了"智"、"信"、"仁"、"勇"、"严"等"将之五德"，"五德"与儒家思想多有相通之处，深得宋儒认可。李常甚至认为，《孙子》所论"五德"，唯有儒帅方能具备。他说："孙子曰：'将者，智、信、仁、勇、严也。'以是言之，非通儒学士，知国体者，不足与知。"在他看来，仁宗时的范仲淹、韩琦等文人帅臣才是"五德"的典范。①

"五德"之中，宋人对"智"讨论较多。徐积认为，孙子论"五德"以"智"为首，是因为"兵为最难"，"其形有常，而其变无常"②。战争变幻莫测、难以驾驭，因而也就更需要以"智"制胜。何去非也认为，"天下之事，莫神于兵，天下之能，莫巧于战"，唯有材智高明者才能独得用兵之妙。③他将"智"、"勇"、"势"三者相较，认为"夫兵以势举者，势倾则溃，战以勇合者，勇竭则擒，唯能应之以智，则常以全强而制其二者之弊"④。

宋人对于五德之"严"也很重视。徐积论曰："传曰：智、信、仁、勇、严，将之事也。则为将必须严，严则有威，有威则号令明，而人畏之。然威必素立，乃可猝然办事。"⑤何去非说："正义之立，在国为法制，在军为纪律。治国而缓法制者亡，理军而废纪律者败。法制非人情之所安，然吾必驱之使就者，所以齐万民也。纪律非士心之所乐，然吾必督之使循者，所以严三军也。"军队纪律严明，"以守则整而不犯，以战则肃而用命"。在"爱恤士卒"与"严格军纪"之间，何去非认为二者缺一不可，但是纪律更为重要。他说："死恩者，私也；死令者，职也。""恩"是私人情感，而"令"是职任所在，二者相较，严格纪律要比施以仁恩更为可靠。他论汉将李广之败，认为原因就在于他治军不用纪律。⑥司马光评论李广用兵，观点与何去非略同，也认为"为将者，亦严而已矣"⑦，他以《易》"师出以律，否臧凶"，以及《谷梁传》"兵事以严

---

① 李常：《上哲宗七事》，《宋朝诸臣奏议》卷一百五十。
② 《节孝集》卷二十九，《论兵》，文渊阁《四库全书》本。版本下同。
③ 《何博士备论·霍去病论》。
④ 《何博士备论·魏论上》。
⑤ 《节孝集》卷三十一，《语录》。
⑥ 《何博士备论·李广论》。
⑦ 《资治通鉴》卷十七，汉纪九，武帝元光元年。

终"等为论据,在"严"的问题上进一步沟通了儒家与兵家思想。

宋儒"将德"思想的突出变化是强调将领的"忠"节。这与宋代儒学纲常思想的发展密切相关。出于对唐末五代"三纲不立,无父子君臣之义,见利而动,不顾其亲,是以上无教化,下无廉耻"①状况的反动,宋儒十分强调伦理纲常的重要性。朱熹认为:"天下国家之所以长久安宁,唯赖朝廷三纲五常之教有以建立修明于上,然后守藩述职之臣有以秉承宣布于下,所以内外相维,大小顺序,虽有强猾奸宄之人,无所逞其志而为乱。"②简言之,纲常思想就是要求人们恪守"君为臣纲、父为子纲、夫为妻纲"的人伦之序以及"仁、义、礼、智、信"的道德戒律,在由家至国的各个层面达到内外相维、大小顺序的状态。

纲常思想影响到兵学,表现为对将领的"忠"节的高度重视。将领兵权在握,行师用兵之际,难免威权独运,很可能成为皇权的威胁,因此,将领之"忠"就显得格外重要,而对将领进行"忠君"的训导就成为儒生的一种道德自觉。李鹰《将材论》说,"事君皆以忠,而将之忠为大。盖方其用师也,上不制于天,下不制于地,中不制于人,将军之志自用矣。如之何?惟君是图而忘其身,惟国是忧而忘其家,故贵乎忠。忠则无二心故也",并称"惟信惟忠,乃为建立勋名之权舆,杜塞危疑之关键也"③。綦崇礼《兵筹类要》也论及将领之"忠"。他说:"事君者国尔忘家,公尔忘私,惟无以家为者然后可与语事君之忠。"④他也以"忠"为将领成功的前提,说:"人臣事上莫过乎忠,忠则不欺,故可以动人,可以感神。……矧将臣出万死一生之地,保人民卫社稷,则非忠以有格者,其能成功乎?"⑤

"忠"的思想在先秦兵书中已出现,《六韬》即以之为将领的"五才"之一。随着封建专制主义的发展,这一原则被不断强调,成为历代君主选将、用将的首要标准。宋太宗曾经亲书"五才十过"赐予潘美、田重进等边将。《孙子兵法》虽然没有明确讲到"忠",但其"进不求名,退不避罪,唯人是保,而利合于

---

① 范祖禹:《唐鉴》卷十一,文渊阁《四库全书》本。
② 《晦庵集》卷三十二,《乞放归田里状》。
③ 《济南集》卷六。
④ 《兵筹类要·忘家篇》。
⑤ 《兵筹类要·诚实感篇》。

主,国之宝也"①之语被宋代注家解释为"忠"。在发掘出了"忠"的意涵之后,《孙子》的将德思想在更深程度上为宋儒所认同,就连对《孙子》的诈术大加挞伐的叶适也对此表示了赞许。②

(四) 将能而君不御者胜

《孙子·谋攻篇》说:"君之所以患于军者三:不知军之不可以进,而谓之进,不知军之不可以退,而谓之退,是谓縻军。不知三军之事,而同三军之政,则军士惑矣。不知三军之权,而同三军之任,则军士疑矣。三军既惑且疑,则诸侯之难至矣,是谓乱军引胜。"也就是说,君主在不了解军情的情况下,不应过多地干涉军政、作战指挥,应该给予将领充分的临机决策之权。因此,《孙子》将"将能而君不御者胜"列为"知胜"的五个要素之一。其他兵书也有类似观点,《六韬》说,"国不可从外治,军不可从中御","军中之事,不闻君命,皆由将出"③。《尉缭子》说:"夫将者,上不制于天,下不制于地,中不制于人。"④《黄石公三略》则曰:"出军行师,将在自专,进退内御,则功难成。"⑤这些论述表明,将领拥有独立指挥权是符合战争规律的基本原则。

宋代"崇文抑武",对将权猜忌、防闲,实行"将从中御",给军队建设和战争实践造成了严重影响。因此,在官僚、文人的论兵文章中,孙子"将能而君不御者胜"思想往往被当作批评时政的论据。张预解《孙子》"不知三军之权,而同三军之任"一句说,"近世以中官监军,其患正如此"。李觏指出,没有哪个君主愿意将军权这样的"利器"、"威柄"授予他人,但是,"任贤之道,不得不然也"。他说:"用兵之法,一步百变,见可则进,知难则退。而曰:有王命焉,是白大人以救火也,未及反命而煨烬久矣。曰:有监军焉,是作舍道边也,谋无适从,而终不可成矣。"也就是说,战争瞬息万变的特点决定了将领必须拥有临机应变之权,君主遥制或设置监军都是违背战争规律的,必然导致战争的失败。他认为,"将能而君御"根本原因在于君主对将领"知之不尽"、"信之不笃"。"知之不尽,恐其不贤也;信之不笃,惧其不忠也。""恐其不贤"是对能力

---

① 《孙子兵法·地形篇》。
② 《习学记言序目》卷四十六,《孙子》。
③ 《六韬·龙韬·立将》。
④ 《尉缭子·武议》。
⑤ 《三略·中略》。

的怀疑,"惧其不忠"是对品德的不信任,这两点深刻地道出了封建君权与将权关系紧张的关键所在。

宋人在解释"将能而君不御"时也发生了一些微妙的变化,将其引申为"将能而君不御","将不能而君御"。郑友贤《十家注孙子遗说并序》讲得最为明确,他说:"既曰'将能而君不御之者胜',则其意固谓'将不能而君御之则胜'也。夫将帅之列,才不一概,智愚、勇怯,随器而任。能者,付之以阃寄;不能者,授之以成算。""将能而君御之,则为縻军;将不能而君委之,则为覆军。"郑氏此说在宋代颇有同调。所谓"将不能而君御之则胜"事实上就是为"将从中御"辩护,因为在战争中根本就不会存在这种情况。也有人对"将能而君不御"之说全然否定,苏轼堪称代表。他说:"天下之患不在于寇贼,亦不在于敌国,患在于将帅之不力,而以寇贼敌国之势内邀其君。"意思是说,将领对君主的威胁比"寇贼"、"敌国"还大,"将能而君不御"万万行不通,相反,"天子之兵,莫大于御将"。苏轼认为,御将之术在于"开之以其所利,而授之以其所忌"[①],也就是说,一手用胡萝卜,一手用大棒,恩威并施。苏轼所论虽有过激之处,却反映了封建专制政治下君将关系的实质。作为封建权力结构中的两大要素,君权与将权的关系直接影响着王朝政治的稳定,君主自然要挖空心思地考虑御将之术,但问题的关键在于,这种控制深入作战指挥层面,就过犹不及了。

四、兵学概念、范畴和作战原则的阐发

概念和范畴是兵学思想的核心,如计、谋、形势、虚实、众寡、奇正,等等。历代兵学研究者不断总结探讨兵学概念和范畴的过程,也是兵学思想逐渐完善和深化的过程。宋代兵学思想的发展正是通过对概念和范畴的阐发得以实现的。

(一)形势

形势是兵学的重要范畴。《孙子兵法》中的《形篇》、《势篇》,《孙膑兵法》中的《势备》、《奇正》,《六韬》中的《军势》、《奇兵》等篇,都集中讨论了"形"、"势"问题。

---

① 《东坡全集》卷四十二,《孙武论下》。

宋代学者对于"形"、"势"有较多的探讨。辛弃疾在《美芹十论》中讲到：

> 用兵之道，形与势二。不知而一之，则沮于形、眩于势，而胜不可图，且坐受其弊矣。何谓形？小大是也。何谓势？虚实是也。土地之广，财赋之多，士马之众，此形也，非势也。形可举以示威，不可用以必胜。譬如转嵌岩于千仞之山，轰然其声，嵬然其形，非不大可畏也，然而垫留木拒，未容于直，遂有能迂回而避御之，至力杀形禁，则人得跨而逾之矣。若夫势则不然，有器必可用，有用必可济。譬如注矢石于高墉之上，操纵自我，不系于人，有轶而过者，拊击中射，惟意所向，此实之可虑也。

也就是说，"形"是客观存在的大小之形，可用以示威，却不可用以必胜；"势"则是运动的，也是主动的，在作战指导者的布设、操控之下，能够形成为强大的现实战斗力。辛弃疾对于形、势的这一分析揭示了二者之间的差异，十分深刻而精到。

宋人对于"势"最重要的阐述见于许洞《虎钤经》。《虎钤经》专立《任势》一篇，详细论述了"任势"之法，首先指出，"兵之胜败，非人之勇怯也。勇者不可必胜，怯者不可必败，率由势焉耳"。许洞将"势"分为两种。一种是"可任之势"，有五："一曰乘势，二曰气势，三曰假势，四曰随势，五曰地势"，"凡新破大敌，将士乐战，威名隆震，闻者骇惧，回其势而击人者，此之谓乘势者也；将有威德，部伍严整，士有余勇，名誉所加，憺如雷霆，此之谓气势者也；士卒寡少，盛其鼓，张其旗，为疑兵，使敌人震惧，此之谓假势者也；因敌疲倦懈怠袭击之，此之谓随势者也。合战之地，便其干戈，利其步骑，左右前后，无有陷隐，此之谓地势者也。用兵者乘此五势，未有不能追亡逐北以建大功也"。一种是"势之败者"，有三："一曰挫势，二曰支势，三曰轻势"，"累战累北，吏士畏于战敌，此之谓挫势者也；将无威德谋虑，赏罚不当，吏士之心率多离散，此之谓支势者也；吏士喧哗，不循禁令，部伍不肃，此之谓轻势者也。凡用兵有此三者，未有不败军杀将者焉"。

对"势"从态势角度加以分类，《淮南子·兵略训》中已经有"三势"之说："有气势、有地势、有因势。将充勇而轻敌，卒果敢而乐战，三军之众，百万之师,志厉青云,气如飘风,声如雷霆,诚积逾而威加敌人,此谓气势;硖路津关,大山名塞,龙蛇蟠却,笠居羊肠,道发笱门,一人守隘而千人弗敢过也,此谓地势;因其劳倦怠乱,饥渴冻暍,推其儳儳,挤其揭揭,此谓因势。"唐李靖又对《淮南子》之说加以引申,提出对待"因势","当潜我形,出其不意,用奇设伏,乘势取之矣"①。许洞显然是继承了《淮南子》和李靖的思想,并进一步深化了对"势"论的认识。

郑友贤更强调"势"的运动性。他说:"兵法之传有常,而其用之也有变。常者,法也;变者,势也。书者,可以尽常之言,而不能尽变之意。五事七计者,常法之利也。诡道不可先传者,权势之变也。守常而求胜,如胶柱鼓瑟,以书御马。赵括所以能书而不能战,易言而不知变也。盖法在书之传,而势在人之用。"这一解释道出了势的本质属性——"变",以及"势在人之用"的实践性特征。张预也认识到了这一点,他说:"盖兵之常法,即可明言于人,兵之利势,须因敌而为。"②

(二) 虚实

郑友贤在《十家注孙子遗说并序》中对《孙子》的《虚实篇》做了详细的解说,他认为《虚实篇》,"一篇之义,首尾次序,皆不离虚实之用,但文辞差异耳",他以"虚实"为中心,对篇中所涉及的诸范畴和思想要义逐句分析:如解"先处战地而待敌者佚,后处战地而趋战者劳",以为"待敌者佚"为"力实";"趋战者劳"为"力虚"。解"佚能劳之,饱能饥之,安能动之"为"彼实而我能虚之",即能够有效调动敌人,使之由实变虚,其中"佚"、"饱"、"安"为实,"劳"、"饥"、"动"为虚。解"策之而知得失之计,作之而知动静之理,形之而知死生之地,角之而知有余不足之处,故形兵之极,至于无形"数句,以"策之"、"作之"、"形之"、"角之"为"辨虚实之术",而"得"、"动"、"生"、"有余"为实,"失"、"静"、"死"、"不足"为虚。对于该篇的核心思想——"避实而击虚",郑友贤指出:"'行于无人之地'者,趋彼之虚,而资我之实也。'攻其所不守'者,避实而击虚也。'守其所不攻'者,措实而备虚也。'敌不知所守'者,斗敌之虚也,'敌不知所攻'者,犯我之实也。"《虚实》篇中涉及"虚

---

① 《通典》卷一百五十八;又《十一家注孙子·势篇》张预注引。
② 《十家注孙子遗说并序》。

实"之处只有"避实而击虚"一语,但是郑友贤的分析清晰地揭示出《孙子》虚实之论的丰富内容和不同层次:从知彼己之虚实,到调动敌人造成我实彼虚的状态,到避实而击虚,几乎涵盖了作战指导的各个方面。

张预将"虚实"与"分数"、"形名"、"奇正"、"致人而不致于人"作为一个有机整体。《孙子·兵势篇》曰:"凡治众如治寡,分数是也;斗众如斗寡,形名是也;三军之众,可使必受敌而无败者,奇正是也;兵之所加,如以碬投卵者,虚实是也。"张预解释说:"下篇曰:'善战者,致人而不致于人',此虚实彼我之法也。引致敌来,则彼势常虚;不往赴彼,则我势常实。以实击虚,如举石投卵,其破之必矣。夫合军聚众,先定分数;分数明,然后习形名;形名正,然后分奇正;奇正审,然后虚实可见矣。四事所以次序也。"也就是说,彼虚我实之势是通过"致人而不致于人"实现的,"分数"、"形名"、"奇正"、"虚实"在战争进行过程中逐次展开,更相递进,而"虚实"是其中的最高范畴。

《虎钤经》侧重讲"击虚",将"袭虚之术"归纳为二:一曰因,二曰诱。"因"指的是佯为正面应敌,别以精兵潜出虚地,或攻其堡垒,或断其退路,或焚其物资。"诱"指的是对我所欲取之要地,不予直接攻击,而是以盛兵攻其邻地,诱使敌兵来援,潜以精锐袭取目标(《袭虚》)。

(三) 奇正

"奇正"是古代兵学战术思想的核心。《孙子兵法》说:"三军之众,可使必受敌而无败者,奇正是也。"又说:"凡战者,以正合,以奇胜。""战势不过奇正,奇正之变,不可胜穷也。奇正相生,如循环之无端,孰能穷之?"[1]银雀山出土简文《奇正》说:"形以应形,正也,无形而制形,奇也。"《尉缭子》说:"正兵贵先,奇兵贵后。"[2]曹操注《孙子·势篇》曰:"先出合战为正,后出为奇"、"正兵当敌,奇兵从旁击不备也"。《唐李问对》的阐述更为精辟,认为"奇正"并无"先后旁击之拘","吾之正,使敌视以为奇;吾之奇,使敌视以为正","以奇为正,以正为奇,变化莫测","善用兵者,无不正,无不奇,使敌莫测。故正亦胜,奇亦胜"(卷上)。

宋人对"奇正"的论述十分丰富,除诸家《孙子》注释,尚有李鹰《兵法奇

---

[1] 《孙子兵法·势篇》。
[2] 《尉缭子·勒卒令》。

正论》、秦观《奇兵》等专文，《武经总要》中也专立"奇兵"一目，探讨奇正理论。

宋人普遍推崇《唐李问对》的奇正论，以之为基础，宋人也有一些新解。首先，对"奇"、"正"、"伏"三者关系的讨论更加深入。曹操解《孙子·谋攻篇》"敌则能战之"，谓"当设伏奇以胜之"，引出了"伏奇"的概念。杜牧对此提出异议，他说："夫伏兵之设，或在敌前，或在敌后，或因深林丛薄，或因暮夜昏晦，或因隘陋山阪，击敌不备，自名伏兵，非奇兵也。"也就是说，他认为"伏兵"是区别于"奇兵"的另一种兵力运用方法。对此争议，宋人出现了两种观点，一种赞成杜牧之说，以"伏"、"奇"为二事。如苏洵在《权书》中所言，"正"、"奇"、"伏"为攻守"三道"，"兵出于正道，胜败未可知也；出于奇道，十出而五胜矣，出于伏道，十出而十胜矣"①。另一种反对杜牧之说，以"伏"为"奇"之一法。这一观点以《武经总要》为代表。《武经总要》以为："夫奇兵者，正兵之变也，伏兵者，奇兵之别，奇非正则无所恃，正非奇则无以取胜。故不虞以击，则谓之奇兵，匿形而发，则谓之伏兵，其实则一也。"华岳《翠微先生北征录》中的观点与之相近。他虽然很重视"伏兵"，并将"用伏之法"总结为"九伏"，但他又说："伏生于奇，奇生于机，机生于正，奇正发于无穷之源。"②显然也是以"伏"为"奇"的延伸和具体化。

其次，将"奇正"与"示形"联系起来。《孙子·虚实篇》提出了"形人而我无形"的观点，要旨在于隐真示假，运用各种手段调动敌人，掌握战争主动权。③宋人论"奇正"，往往与"示形"思想相联系。李廌认为，"奇正之变"的目的在于"多方误敌，乖其所之"，"使敌人前后不相及，众寡不相待，贵贱不相救，上下不相扶"，进而造成"我专而敌分"的态势，避实而击虚。④《武经总要》也认为，"奇正"广泛体现于"示形"、"造势"的各个方面："至其出入诡道，驰骋诈力，则势有万变。故《兵法》曰：'能而示之不能，用而示之不用，近而示之远，远而示之近，利而诱之，乱而取之，实而备之，强而避之，怒而挠之，卑而骄之，佚而劳之，亲而离之，饱而饥之，安而动之，攻其所不备，出其

---

① 《权书·攻守》。
② 《翠微先生北征录·治安药石·将帅小数》。
③ 吴如嵩：《孙子兵法新论》，解放军出版社1989年版，第56—60页。
④ 李廌：《济南集》卷六，《兵法奇正论》。

所不意.'此《兵法》之所以为神也。"①要言之，用兵的"诡道"无非是"奇正"的具体运用。宋人的这些阐述深化了对奇正的理解，将奇正作为指导一切战役战术行动的普遍原则。

再次，宋人对"奇正"的理解与阵法密切相关。北宋太宗朝以后，诸帝出于"将从中御"的需要，都对阵法抱有浓厚的兴趣，神宗的表现尤为突出。据《长编》记载，他尝与王安石论司马、孙、吴及李靖团力之法。王安石认为，古人论兵无如孙武，《孙子》"奇正之变，不可胜穷"之说"粗能见道"。神宗也认为，"奇正"乃用兵之要，并以天地之道为喻："奇者，天道也。正者，地道也。地道有常，天道则变而无常。至于能用奇正，以奇为正，以正为奇，则妙而神矣。"②不过，神宗对"奇正"的重视主要是如何用以排兵布阵。他多次与大臣讨论阵法，并积极组织阵法的试验，掀起了宋代阵法研究的高潮。阵法固然可以体现"奇正相生"的思想，但诚如李廌所言，奇正之变"可以神遇而不可以智知，可以道运而不可以迹究"③，关键要靠指挥者的临机处置。宋神宗及文臣们希图通过优化阵法达到奇正相生、克敌制胜的目的，显然是舍本逐末。但无论如何，这代表了宋人对于"奇正"理解和运用的一个重要倾向。

（四）分合

《孙子》曰："兵以诈立，以利动，以分合为变者也。"（《军争篇》）作为兵力使用的外在表现形式，"分合"与军队的众寡、强弱都有十分密切的关系。何去非认为，"分合"要依众寡而定，也要视奇正而变。他说，"盖兵有众寡，势有分合，以寡而遇众，其势宜合，以众而遇众，其势宜分"，"众而恶分，则与寡同"。在某些特殊情况下，即使兵力寡弱也须分兵，因为"兵必出于奇而奇常在于分故也"，甚至一阵之中也有分合的变化。④

针对当时以防御战为主的特点，宋人论"分合"更多地集中于边防兵力的部署。北宋尹洙认为，边防之弊在于"兵不分"，"兵不分"则不能相互援应、乘间夹击。⑤这一观点切中时弊，深得许多有识之士所同然。南宋倪朴也说："一

---

① 《武经总要·前集》卷四，《奇兵》。
② 《续资治通鉴长编》卷二百四十八，熙宁六年十二月庚辰。
③ 李廌：《济南集》卷六，《兵法奇正论》。
④ 《何博士备论·苻坚论上》。
⑤ 《河南集》卷二，《叙燕》。

分一合而后为变,不惟用于一阵之间为然也,散而守,合而攻,进而斗,退而处,皆不离乎此也,"又说:"战而不知分合之变,不可以战;守而不知分合之变,亦不可以守。"他指出,江淮守军"屯兵之所,地之相去远者千余里,近者数百里","前后不相应,表里不相关,是不知分合之变者也"。因此,他提出对守军重新部署,使其号令相通,互相援应,"势虽分而实不分,地虽远而实不远,以守则固,以攻则克"①。宋人对"分合"的论述超出了《孙子兵法》所论的战术层面,上升到了战略部署的层面,是结合时代情况的新发挥。

(五) 因敌制胜

战争是有规律可循的,而战争的表象又是千变万化的,用战争规律把握变动不居的表象,就要根据情况的变化采取相应对策,即所谓"因敌而制胜"。《孙子·虚实篇》曰:"水因地而制流,兵因敌而制胜。故兵无常势,水无常形。能因敌变化而取胜者,谓之神。"这一思想的要义在于"变",而"变"是无法充分预估的,因此,孙子又说:"兵家之胜,不可先传也。"②

如何以有常的兵法处置无常的兵形,不但关系到克敌制胜的问题,也涉及运用兵法的方法论问题。宋人认识到,"变"是战争最鲜明的特征,徐积尝言:"兵为最难,其形有常,而其变无常。"③何去非也说:"一日之内,一阵之间,离合取舍,其变无穷。一移踵瞬目而兵形见矣。"④因此,根据战场形势的变化灵活用兵,就是作战指导的基本原则。綦崇礼认为,学习兵法,要掌握其实质和精髓,而不是刻板地唯古法是从。他说:"知法之所以为法,则心术内融,可与应机,可与成功,非特能言而已。"像赵括那样纸上谈兵的将领是"法于法,而不知法之所以为法",就如同"按伯乐之图求骐骥于市",必然招致失败。⑤戴溪《将鉴论断》也说:"学兵法而不达其用,亦不可也。《孟子》曰:'梓匠轮舆能与人规矩,不能使人巧。'规矩譬如兵法也,巧则譬如兵法之用也。赵括读奢书传,取败长平,是犹良工之子守父规矩而未得其巧也。"⑥

---

① 《倪石陵书·拟上高宗皇帝书》。
② 《孙子兵法·计篇》。
③ 《节孝集》卷二十九,《论兵》。
④ 《何博士备论·霍去病论》。
⑤ 《兵筹类要·学古篇(不学古附)》。
⑥ 《将鉴论断》卷二,《霍去病》。

何去非的论述更为深入。他认为，即便高明如孙子，也不可能"尽兵之用"，其"不可先传"者需要将帅在战争实践中"自求之"，"守一定之书，以应无穷之敌，则胜负之数戾矣"。善于用兵的人，运用兵法的原则应该是"不以法为守，而以法为用，常能缘法而生法，与夫离法而会法，顺求之于古，而逆施之于今，仰取之以人，而俯变之以己"①。这其中既包含了对兵法的灵活运用，也包括了对兵法的发展和创新。他认为，即便古人的成功战例，同样也不可以泥守。他说："事物之理，可以情通，而不可以迹系。通之以情，则有以适变而应乎圣人所与之权。系之以迹，则无以制宜而入乎圣人所疾之固。是以天下事功之成常出于权，而其不济常主于固。"②"权"是指灵活机变，因情用兵，"固"则是僵化教条，不知变通。

《虎钤经》观点与《何博士备论》略同。许洞说，"用兵之术，知变为大"③，"兵家之利，利在变通之机"④，如果不顾实际情况，盲目效仿古法，无异于"胶柱鼓瑟"。他以"逆用古法"、"逆用地形"为题，阐述了灵活运用兵法乃至反用兵法的问题。

除了以上重要的兵学概念和范畴，宋人还根据时代变化和战争实践的发展，对兵学其他作战原则和方法予以补充和辩证。如《孙子》讲到"夺其所爱"⑤，《虎钤经·夺恃》将之具体为"夺强以气，夺隘以动，夺勇以威，夺缓以诱"。又如，孙子提出"五间"，《虎钤经》扩展为八间。又如，《孙子》提出"归师勿遏，围师必阙，穷寇勿迫"⑥，《百战奇法·逐战》认为，应分别不同情况，可击则击，《虎钤经》归纳出"可以追之者五"和"不可以追之者六"，等等。宋人这些论述虽然并非体系性的创新，但无疑使传统兵学思想更全面、完善，推动了兵学的发展。

综上所述，宋代儒学对兵学的诸多批评，一方面将兵学定位为实用之学，局限了兵学的深入发展，另一方面也使儒学思想借由"文人论兵"渗透到兵学的各

---

① 《何博士备论·霍去病论》。
② 《何博士备论·邓艾论》。
③ 《虎钤经·三才应变》。
④ 《虎钤经·逆用古法》。
⑤ 《孙子兵法·九地篇》。
⑥ 《孙子兵法·军争篇》。

个层面，战争观、战略思想、治军思想等方面都出现了明显的儒学化倾向。儒学主导下的兵儒冲突与融合都达到了空前的高度。宋代学者在总结历代战争经验以及前人论著的基础上，结合时代政治军事的现实问题，从多角度、多方面发展了兵学思想，并使其呈现出鲜明的时代特点。

宋代兵学思想虽然取得了一定的成绩，但不容否认的是，创新性的思想成果并不多见，有些思想甚至是某种程度的倒退。例如，对兵家"诈力"的批判，对"不战而屈人之兵"的曲解，等等。在实践层面，兵学思想一定程度上的发展没能起到牵引军事变革的作用，宋代在火器上取得的进步也未能引发兵学思想的变革。这固然与文人纸上谈兵有关，也与封建战争形态和军事制度进步缓慢密不可分。宋代兵学繁荣的表象与军事的积弱之间，形成了尖锐的反讽，也凸显出秦汉以降兵学发展的困境。

第十二章

兵学的多民族交流与融合

辽、夏、金是与宋朝并立的政权,元是灭宋继立的中原王朝。这些少数民族政权起初都以游猎为主要生产方式,军事上擅长骑射,以骑兵野战见长。这些民族在兴起的初期,受社会发展水平所限,其兵学思想处于较为原始朴拙的状态。随着政权的建立和对外扩张,他们将骑射战法发展到了一个全新的高度,成为中国古代兵学独具特色的重要组成部分。

在战争观念上,无论是契丹、党项,还是女真、蒙古,都以掠取财富为战争的重要驱动。成吉思汗曾经说:"人生之乐莫如歼馘仇敌如木拔根,乘其骏马,纳其妻女以备后宫,乃为最乐。"①如果说对同族的战争还有血亲复仇的原因,那么,在对中原政权的战争中,战争就是赤裸裸的侵略和掠夺。他们行军之时,往往不备后勤补给,以掳掠足军用。战胜之后,则以掠取的财物和人口论功行赏,激励将士更勇猛地战斗。虽然在后期,为了实现对中原地区的长期占领,辽、金、元等统治者有意识地限制了掳掠行为,但"以利为战"仍是其发动战争的根本动因。这一种战争观念带来的巨大侵略性和破坏力,给中原人民造成了深重的灾难。

契丹、党项、女真、蒙古等族都受"神力天佑"观念的支配,崇拜自然和鬼神,相信冥冥之中有超自然的力量左右战争的胜负。他们一般通过占卜、梦兆、祭拜天地神祇等决定战争行止。金人出兵前常以梦为兆,完颜阿骨打在斡沦泺之战前,"方就枕,若有扶其首者三,寤而起,曰:'神明警我也。'即鸣鼓举燧而行"②。西夏"出战率用双日,避晦日……笃信机鬼,尚诅祝,每出兵则先卜"③。蒙古军每当征伐前,都要祭天或占卜吉凶。这些自然和鬼神崇拜一

---

① 《元史》卷一,《太祖本纪》,中华书局1976年版。版本下同。
② 《金史》卷二,《太祖本纪》,中华书局1975年版。版本下同。
③ 《宋史》卷四百八十六,《夏国传下》,中华书局1977年版。版本下同。

直在战争中起着重要作用，给这些民族的兵学思想蒙上了一层蒙昧主义的色彩。

在建军治军思想上，辽、夏、金、元兴兵之初，都表现出原始的军事民主制特点。契丹起兵之时，"有征战，则酋帅相与议之，兴兵动众，（则）合符契"①。西夏元昊"每举兵，必率部长与猎，有获，则下马环坐饮，割鲜而食，各问所见，择取其长"②。"金国凡用师征伐，上自大元帅，中自万户，下至百户，饮酒会食，略不间别，与父子兄弟等，所以上下情通，无闭塞之患。国有大事，适野环坐，画灰而议，自卑者始，议毕即漫灭之，不闻人声。军将大行，会而饮，使人献策，主帅听而择焉。"③蒙古出师之前，凡军马动员、作战方案诸事，均由"忽剌儿台"讨论决定。在发展壮大过程中，辽、夏、金、元都逐渐建立起了中央集权的军事体制，军事民主制受到严重削弱，但他们对将领临机指挥权的操控仍然远不如中原王朝严格，临战之时，将领常被赋予便宜从事之权，这对灵活机动地作战指挥是十分重要的保障。

在战略思想上，辽、夏、金、元都重进攻而轻防御。北方游牧民族的侵略性，加之骑兵擅长机动和突击的特点，使得辽、夏、金、元都以进攻战为主要方式。即便是在防御作战中，他们也注重发挥军队的机动性，以攻为守，积极创造条件争取主动。辽、夏、金、元后期，为了维护边防安全，也在边疆地区屯田驻军、筑城戍守，但其防御与中原政权的防御也有很大不同，不以凭城固守为主要方式，而是配合各种战术袭扰，主动出击，甚至希望在野战中歼灭敌人。

在战术思想上，辽、夏、金、元将中国古代骑兵战术发展到了一个新阶段。他们都以灵活机动、快速突击为原则，将军队的机动性和冲击性相结合，在奔袭和追歼中取得出其不意的攻击效果。他们还善于利用各种战术手段欺骗敌人，或伏击，或奇袭，或佯败，或疲敌扰敌，或断敌粮道，或绝其外援，待敌人力量消耗，再以精锐部队突击。这些战术原则不拘成法、奇诡多变，以鲜活的战争实践印证了"兵以诈立"、"出奇制胜"等规律性作战指导原则。

善于学习先进民族的军事技术和战术战法是他们的共同点。金军学习契丹和汉族的武器制造技术和攻城战法，尤其是将火器用于作战，攻坚能力迅速提

---

① 《隋书》卷八十四，《契丹传》，中华书局1973年版。
② 《宋史》卷四百八十五，《夏国传上》。
③ 宇文懋昭撰，崔文印校证：《大金国志校证》卷三十六，《兵志》，中华书局1986年版。版本下同。

升,因此能够占据中国北方。蒙古军重视武器装备的改进,积极仿制火药、火器,还训练水军,学习水战战法,最终突破了长江天堑,统一中国。一定意义上讲,战术战法的进步幅度决定了这些少数民族政权扩张的程度。

在与中原王朝的频繁战争和长期和平交往中,华夏文明作为一种先进的文明形态,必然影响到辽、夏、金、元诸朝。这些少数民族政权不但仿效中原王朝建立起了封建统治制度,而且在文化上出现了逐渐汉化的趋势。兵学作为中华文化的重要组成部分,通过典籍流通、士人参政等方式对辽、夏、金、元产生着影响。另一方面,辽、夏、金、元的兵学思想和实践也反作用于中原兵学,使这一时期的兵学思想呈现出多元融合的独特风貌。

第一节 辽兵学思想

一、战略思想

辽朝初期的战略思想具有鲜明的进攻性特点,善于发挥骑兵快速机动的优势,集中强大兵力,给敌人以沉重打击。即使在战略防御中,辽军也能后发制人,乘敌之隙,机动歼敌。这一点两次幽州之战中体现得十分明显。高粱河之战中,在宋军围攻幽州的情况下,辽派兵驰援,大败宋军。岐沟关之战中,辽朝一面派耶律休哥阻击袭扰,一面由辽圣宗和萧太后领兵增援,最终击败宋东路军,扭转了战局。

辽中后期,随着游牧经济向农耕经济的转变以及国防形势的变化,西北、西南、东边和南边的安全威胁此起彼伏,契丹不得不仿效中原王朝,在西北边境兴建边防备御蒙古,在东北边境修堡屯田防御高丽。这一方面带来沉重的经济负担,另一方面也需要统筹进攻与防御、战略重心调整等问题。辽开始面临与中原王朝相似的战略困境,在战略思想上也逐渐与中原王朝接近。

重熙初年,辽兴宗诏问天下治道之要。萧韩家奴上书指出,国家东北、西北戍防造成了严重的经济危机,尤其是西北建可敦城,"开境数千里,西北之民,徭役日增,生业日弹。警急既不能救,叛服亦复不恒。空有广地之名,而无得地之实。若贪土不已,渐至虚耗,其患有不胜言者"。他认为,"国家大敌,惟在南方",因此,主张调整战略布局,将西北防线向内收缩,增强东北和南部的防御，同时，对西北各部族施行羁縻之策，"叛则讨之，服则抚之"①。从萧韩家奴的上书不难看出，辽中后期安全困境日益突显，国防战略由进攻转为防御，与中原王朝反对拓地开边、加强边防建设、实行羁縻之策等思想趋于一致。不同的是，辽对于防御设施和方法的重视远不如宋，仍然试图在野战中决战取胜。

二、战术特点

《辽史·兵卫志》记述了契丹的野战方法：

> 敌军既阵，料其阵势小大，山川形势，往回道路，救援捷径，漕运所出，各有以制之。然后于阵四面，列骑为队，每队五七百人，十队为一道，十道当一面，各有主帅。最先一队走马大噪，冲突敌阵。得利，则诸队齐进；若未利，引退，第二队继之。退者息马饮水秣。诸道皆然。更退迭进，敌阵不动，亦不力战。历二三日，待其困惫，又令打草谷家丁马施双帚，因风疾驰，扬尘敌阵，更互往来。中既饥疲，目不相睹，可以取胜。

这一战术，首先以骑兵四面分番冲击敌阵，不能冲散敌阵，也不力战，而是拖延时间，使敌困弊，然后再以扬尘迷乱敌人，乘机进攻。由此可见，避免打硬仗，运用各种手段疲敌、误敌是契丹战术思想的特点。

辽军作战，也往往集中兵力，最大限度发挥骑兵的突击力。如《武经总要》所说："夷狄用兵，每弓骑暴集，偏攻大阵一面，捍御不及，则有奔突之患。"②为了增强精锐骑兵的攻击力，辽军战时一般以渤海人、汉人乡兵、奚族人为前驱，待敌疲，再以骑兵出击。如未遇大敌，则不急于乘马，待敌军靠近再上马攻击，"成列不战，退则乘之"③。

源于狩猎之法的围歼、引诱、伏击等也是契丹的常用战法。公元904年，耶律阿保机歼灭刘仁恭养子赵霸之战采用的就是伏兵之法。辽太宗时的白团卫村之战、中渡桥之战用的则是"围而断粮"的战术。

---

① 《辽史》卷一百零三，《萧韩家奴传》，中华书局1974年版。版本下同。
② 《武经总要》前集卷七。
③ 《辽史》卷三十四，《兵卫志上》。

契丹初兴之时，擅长野战，不善攻城。虽然后来攻城能力有很大提高，仍不以攻城为主要目标。遇到规模大且坚固的城池，往往引而过之，或者分兵抄掠，使之孤立无援，失去袭扰、阻击的能力。这种战术一方面是出于对攻坚战的有意回避，另一方面也服从于其整体的战略目标，达成快速深入奔袭的目的。澶渊之战中，辽军采用的就是这种战法。

三、与中原兵学的交流与融合

战争是一种特殊的交流方式。在与中原王朝的战争中，辽很注重学习中原先进的军事技术和战术战法。辽圣宗时，冲破关禁，设法获得宋朝的火炮制造技术和原料，并设立了"掌飞炮之事"的炮手军详稳司。辽中、后期，在边防上也仿效中原，在东部、西北部边境构建起边防城、边墙和烽火台等城防设施。在战术战法上，辽则积极学习中原的攻城战术。据史料记载，神册二年（917），辽太祖进围幽州，卢文进授以攻城之法，"为地道，昼夜四面俱进，城中穴地燃膏以邀之。又为土山以临城，城中镕铁汁洒之，日死千计而攻城不止"①。

兵书的撰著和传播是兵学思想交流的重要途径。虽然现存史料中鲜有汉族兵书传布的记载，但是，言兵者不止于兵书，经、史、子、集各类典籍中都有涉及兵学思想的内容，这些汉文典籍在辽的传播必然地带有兵学的成分。辽统治者很重视对汉文典籍的搜求，辽灭后晋时，即"取晋国图书、礼器而北"②。辽初，东丹王耶律倍"令人赍金宝私入幽州市书，载以自随，凡数万卷"③，他还曾译有《阴符经》一书。此外，虽然宋廷一再申明禁书律令，但实际的禁书效果并不明显，大量汉文图书在辽境内流布。苏辙奉使契丹时，契丹人就对他说："令兄内翰眉山集，已到此多时。"苏辙认为："本朝民间开板印行文字，臣等窃料北界无所不有。"④由此，我们可以推断，中原兵书或带有兵学内容的各类典籍在辽的流通是很普遍的。

中原兵学对辽更重要的影响在于汉族士人的作用。耶律阿保机十分重视从

---

① 叶隆礼：《契丹国志》卷一，中华书局2014年版。版本下同。
② 《辽史》卷一百零三，《文学传上》。
③ 《契丹国志》卷十四，《东丹王传》。
④ 《栾城集》卷四十一，《北使还论北边事劄子五道》，文渊阁四库全书本。

投降的中原汉俘及扣留的南朝来使中选拔汉族儒士。韩知古、康默记、韩延徽都被阿保机列为佐命功臣，是其建功立国的智囊人物。辽景宗即位后，重用汉族官僚，出现了韩德让与室昉、耶律斜轸"同心辅政"的局面。① 辽圣宗时，韩德让更是权倾朝野，多次随圣宗、承天出征，议决军机。圣宗奉行"番汉并用"，"唯在得人"②之策，统和十二年（994）下诏，"诏诸部所俘宋人有官吏儒生抱器能者，诸道军有勇健者，具以名闻"③。此后，宋将康保裔、王继忠相继被俘投降，成为辽主倚重的战将。

汉族士人和武将在辽朝参谋军事，或率兵打仗，甚至担任枢密使等要职，必然将中原兵学思想带入契丹，在辽统治阶层逐渐汉化的过程中，弥合了契丹与汉族兵学思想的差异。这既有利于辽与中原王朝政治军事交往，也是辽统治汉族地区的必需。如辽太宗会同九年（946）伐后晋时，诸将肆行杀戮，汉官张砺谏议太宗："今大辽始得中国，宜以中国人治之，不可专用国人及左右近习。苟政令乖失，则人心不服，虽得之亦将失之。"④辽太宗没有采纳张砺的意见，残杀掳掠激起了强烈反抗，辽军最终不得不北归，这恰恰说明了张砺意见的正确性。辽太宗总结这次失败教训说："我有三失，宜天下之叛我也！诸道括钱，一失也；令上国人打草谷，二失也；不早遣诸节度使还镇，三失也。"⑤这一认识显然与张砺有一致之处。

第二节　西夏兵学思想

一、战略思想

西夏作为一个僻处中国西北一隅的少数民族政权，虽然在控制的地域上远不能与辽、金相比，其立国时间之长，却超出了辽、金、北宋诸朝。个中原因，固然有天时、地利的因素，也与西夏奉行的战略指导有密切关系。

---

① 《辽史》卷七十九，《室昉传》。
② 《辽史》卷十，《圣宗本纪一》。
③ 《辽史》卷十三，《圣宗本纪四》。
④ 《辽史》卷七十六，《张砺传》。
⑤ 《资治通鉴》卷二百八十六，后汉纪一，高祖天福十二年四月辛未。

善于结盟是西夏战略思想的一个重要特点。西夏立国的二百余年间，一直处于三国鼎立的格局之中，先是与宋、辽，后来是与辽、金，再后来是与金、蒙。在多国力量的博弈之中，西夏统治者非常注重联盟。李继迁为了抗宋自立，主动依附辽国。终北宋之世，除元昊、谅祚时联盟一度破裂外，夏辽之间基本保持着稳定的联盟关系。金朝兴起后，乾顺以事辽之礼事金，转而臣服金朝。随着蒙古的兴起，西夏屡次受到蒙古进攻。夏襄宗向金求援，金不予救援，西夏被迫与蒙古订立了城下之盟。德旺继位后，又由"附蒙攻金"转变为"联金抗蒙"。

西夏的联盟战略一般是联合强国对抗第三方，因此，《金史》说它"立国二百余年，抗衡辽、金、宋三国，偭乡无常，视三国之势强弱以为异同焉"①。但是，西夏在与强国的联盟中又并非一味附从，而是依据自身实力及利害关系不断调整。如，与辽结盟，元昊不满于契丹因宋增岁币而背盟，不惜与辽一战。又如，与金结盟，西夏一方面以藩属的身份向金朝贡，另一方面又不满金划定的疆界，一有机会，便与金争夺领地。即便是在不得已附蒙期间，当蒙古要求西夏出兵配合西征时，西夏也曾断然拒绝。

"避强击弱"也是西夏战略思想的重要特点。西夏对凉州的经略充分体现了这一点。李继迁曾说："西平北控河朔，南引庆凉，据诸路上游，扼西陲要害。若缮城浚壕，练兵积粟，一旦纵横四出，关中将莫知所备"②，透露出控制河朔、占据凉州、进取关中的战略意图。其后的德明"毕世经营，精神全注于此"③，逐步进占了凉、瓜、沙、肃诸州。"元昊自凉州尽有其地，则控制伊西，平吞漠北，从此用兵中原，无后顾之忧矣"，经过三代经营，最终形成了"东尽黄河，西界玉门，南接萧关，北控大漠，地方万余里"的局面。④

灵活利用"战"、"和"两种手段也是夏战略思想的一大特点。西夏对待宋朝，常常一面求和修贡，一面侵犯边境。如延州之战前，"诈遣人通款于雍"。好水川之战前，也向范仲淹提出议和。正如李纲所言："夏人狡狯多诈而善谋，

---

① 《金史》卷一百三十四，《西夏传》。
② 吴广成撰，龚世俊等校正：《西夏书事校正》卷七，甘肃文化出版社1995年版。版本下同。
③ 《西夏书事校正》卷十一。
④ 《西夏书事校正》卷十二。

强则叛乱,弱则请和,叛则利于虏掠,侵犯边境,和则岁赐,金缯若固有之。以故数十年来,西鄙用师,叛服不常,莫能得其要领,而且深谋远虑,常为积年之计。"①

二、战术特点

1. 集中兵力,并攻一路

在对宋战争中,西夏往往能集中数万乃至数十万的兵力,这与宋缘边兵分势弱的局面形成了鲜明的对比。范仲淹曾说:"臣常计陕西四路之兵数几三十万,非不多也,然各分守城寨,故每岁点兵不过二万余人,坐食刍粮,不敢举动,岁岁设备,常如寇至,不知贼人之谋果犯何路。贼界则不然,种落散居,衣食自给,忽尔点集,并攻一路,故动号十余万。以我分散之兵,拒彼专一之势。众寡不敌,遂及于败。且彼为客,当劳而反逸,我为主,当逸而反劳。"②宋神宗初年,宇文之邵分析仁宗时宋夏战争失败的原因,也以此为关键。他说:"其患在于敌兵常合而我兵常分也。……今贼常以兵合击我散兵,而我常以不敌之众当其锋,此庆历之失也。"③北宋末年,李纲也说:"夏人每欲入寇,必聚兵于数路之会境,举国而来,号称百万,精壮居前,老弱居后,去则反是。故能深入吾地,破城寨,虏人畜,动辄如意。"④西夏军利用快速机动的优势,集中兵力并攻一路,能够在决战中以专对分、以众击寡,取得成功。三川口、好水川、定川寨等三次大战都印证了这一特点。

2. 灵活机动,步骑并利

骑兵的机动性决定了西夏军队以运动战为主的特点。宋太宗五路讨李继迁之时,麟府州浊轮寨路都部署李重贵尝言:"贼居沙碛中,逐水草畜牧,无定居,便于战斗。利则进,不利则走。今五路齐入,彼闻兵势大,或不来接战,且谋远遁。欲追则人马乏食,欲守则地无坚垒。"⑤李重贵准确道出了西夏军队

---

① 李纲:《梁溪集》卷一百四十四,《御戎论》,文渊阁四库全书本,版本下同。
② 《宋朝诸臣奏议》卷一百三十四,《上仁宗和守攻备四策》。
③ 吕祖谦:《宋文鉴》卷五十三,宇文之邵:《上皇帝书》,文渊阁四库全书本。
④ 《梁溪集》卷一百四十四,《御戎论》。
⑤ 《武经总要》后集卷三。

的战术特点：有利之时，迅速进击；失利之时，"不耻奔遁"①，待敌军人马乏食，再奋而反击。宋太宗、真宗、神宗年间数次进击失利都缘于此。

西夏军以骑兵为主，骑兵中尤以铁鹞子为劲旅。"铁鹞子"又称"铁林"，是一种重甲骑兵，"乘善马，重甲，刺斫不入，用钩索绞联，虽死，马上不坠。遇战则先出铁骑突阵，阵乱则冲击之，步兵挟骑以进"②。"铁鹞子"装备精良，勇猛剽悍，作战时往往为先锋，是西夏军的主要突击力量。

西夏的步兵也十分骁勇。宋秦凤路经略安抚使何常曾在上奏中说：

> 自古行师用兵，或骑或步，率因地形。兵法曰："蕃兵惟劲马奔冲，汉兵惟强弩掎角。"盖蕃长于马，汉长于弩也。今则不然。西贼有山间部落谓之"步跋子"者，上下山坡，出入谿涧，最能逾高超远，轻足善走；有平夏骑兵谓之"铁鹞子"者，百里而走，千里而期，最能倏往忽来，若电击云飞。每于平原驰骋之地遇敌，则多用铁鹞子以为冲冒奔突之兵，山谷深险之处遇敌，则多用步跋子以为击刺掩袭之用。此西人步骑之长也。③

由此可见，西夏军队根据地形和战斗阶段的不同，以"铁鹞子"和"步跋子"有力配合，形成了强大的战斗力。

3. 设伏诱敌，抄截粮道

西夏军善用诈术，通过制造假象迷惑敌人，从而掌握战场的主动权。正如《西夏战史》一书所指出的，善于利用骑兵运动迅速的优势，声东击西，诱敌深入，设伏聚歼，骚扰疲敌，是西夏军的主要战术。④《宋史》总结西夏战法，也称其"用兵多立虚寨，设伏兵包敌"⑤。这一特点在元昊时期表现得尤为突出。三川口之战，夏军派人假传范雍指令，将刘平、石元孙引入包围圈。好水川之战，元昊以十万精兵伏于好水川口，派小股部队与宋军交战，诈败，诱使宋军追击入伏。定川寨之战，也以同样的战法将宋军引至定川寨，围而聚歼。

---

① 《宋史》卷四百八十六，《夏国传下》。
② 《宋史》卷四百八十六，《夏国传下》。
③ 《宋史》卷一百九十，《兵志四》。
④ 王天顺：《西夏战史》，宁夏人民出版社1994年版，第84页。
⑤ 《宋史》卷四百八十六，《夏国传下》。

宋进攻西夏，最大困难是在山岭和沙漠地带长途运输粮饷。宋太宗时，张洎即指出："（李继迁）据平夏全壤，扼瀚海要冲，倏忽往来，若居衽席之上。国家若兵车大出，则兽惊鸟散，莫见其踪由。若般运载驰，则蚁聚蜂屯，便行于劫夺。"①元丰时，沈括、种谔也在上书中指出："我师度幕而北，则需赢粮载水，野次穷幕，力疲粮窘，利于速战。不幸坚城未拔，大河未渡，食尽而退，必为所乘，此势之必然也。"②西夏人也充分认识到了这一点，并以抄截粮道作为重要的制敌手段。元丰四年（1081）宋神宗五路攻夏，西夏一位老将建言："不须拒之，但坚壁清野，纵其深入，聚劲兵于灵、夏，而遣轻骑抄绝其馈运，大兵无食，可不战而困也。"③西夏采用此策，果然使宋军挫败。

三、西夏兵学著作及中原兵学在西夏的传播

西夏的兵学著作，见诸载籍的极少。但是，西夏社会显然流传着一些独特的用兵之法。史书记载，德明"精天文，通兵法"，曾经根据天相和占卜决定军队进止。④元昊也通兵书，常携《野战歌》、《太乙金鉴诀》⑤。《野战歌》和《太乙金鉴诀》应该是以歌、诀形式流传的兵法。

1. 西夏兵书《贞观玉镜统》⑥

现存西夏兵书中，最为重要的是黑水城出土的《贞观玉镜统》。《贞观玉镜统》刊行于西夏崇宗贞观年间（1102—1114），是一部由官方组织修订的军事法典。从残存的内容看，该书包括《序言》、《政令》、《赏功》、《罚罪》、《进胜》五篇。《政令篇》是有关军政制度的规定，《赏功篇》是关于各种军功的奖赏规定，《罚罪篇》是关于各级将士触犯律条的处罚规定，《进胜篇》是关于各级将士立大功、奇功的奖赏规定。《贞观玉镜统》体现了依法治军思想。西夏重臣野利仁荣曾说："惟顺其性而教之功利，因其俗而严以刑赏，则国乐战征，习尚刚

---

① 《历代名臣奏议》卷三百二十四。
② 《续资治通鉴长编》卷三百二十六，元丰五年五月丙午。
③ 《宋史》卷四百八十六，《夏国传下》。
④ 《西夏书事校正》卷九。
⑤ 《宋史》卷四百八十五，《夏国传上》。
⑥ 按：陈炳应译为《贞观玉镜将》，胡若飞译作《贞观将玉镜》，俄罗斯学者译为《贞观玉镜统》。

劲，可以制中国、驭戎夷，岂斤斤言礼言义可敌哉！"①可见，"教之功利"、"严以刑赏"是西夏立国治军的基本思想。《贞观玉镜统》详细规定了对奋勇杀敌者的种种奖励，以及对虚报战功、不战而逃、玩忽职守等行为的处罚措施。据学者研究，该书的赏罚规定与《武经总要》十四卷的规定相似，其精神也完全与宋治兵思想一致，但该书的规定较宋朝军律更详细、更完备②，而且赏罚比较适中，且具有一定的灵活性和相对的合理性，具有较高的实用价值。③

2. 中原兵书在西夏的传播

在宋夏交往过程中，中原兵书也流传到了西夏。现藏于俄罗斯的西夏黑水城文献中有《孙子兵法三注》、《六韬》、《黄石公三略》以及一份含有孙子传记的资料。英国博物馆收藏的西夏文献中还有诸葛亮的《将苑》残片。《孙子兵法三注》，指的是曹操、李筌、杜牧三家注《孙子》。曹操、李筌、杜牧的《孙子注》是宋以前最重要的《孙子》注。三家合注本的出现应该在五代或宋初。这三家注后来都收入南宋人汇辑的《十一家注孙子》中。

西夏本《六韬》为乾祐年间（1180年前后）刻字司官刻本④，其中有两篇不见于今本"武经七书"。其他篇目内容也与"武经七书"本有所不同。很显然，西夏译本的祖本是此前或当时流传的另一个《六韬》版本。这对于深化《六韬》研究具有积极意义。

西夏本《黄石公三略》也非"武经七书"系统，而是早于"武经七书"的古本，书中还附有不知名作者的注释，其中多袭引古注，如《群书治要》、《长短经》中保留的《三略》注等。⑤西夏本《将苑》写卷藏于英国国家图书馆，是世界上现存最早的《将苑》版本，具有极高的文献价值。

以上西夏译本兵书的刊印年代在12世纪下半叶，相当于南宋孝宗时期。这些中原兵学经典的传入，促进了宋夏兵学的交流与融合，也必然给西夏兵学的发

---

① 《西夏书事校正》卷十六。
② 陈炳应：《西夏兵书〈贞观玉镜将〉》，载《宁夏社会科学》1993年第1期。
③ 李蔚：《略论贞观玉镜统》，载《宁夏社会科学》1997年第5期。
④ 贾常业：《西夏文译本〈六韬〉解读》，载《西夏研究》2011年第2期。
⑤ 参见钟焓：《〈黄石公三略〉西夏本译文正文的文献特征》，载《民族研究》2005年第6期；《〈黄石公三略〉西夏译本注释来源初探——以〈群书治要〉本注释的比较为中心》，载《宁夏社会科学》2007年第5期；《〈黄石公三略〉西夏本注释与〈长短经〉本注释的比较研究》，载《宁夏社会科学》2006年第1期。

展注入新的活力。

3. 汉族士人对中原兵学思想的传播

中原兵学思想在西夏的传播还有一个重要渠道，那就是为西夏效力的汉族士人。从李继迁时代开始，西夏就非常重视延揽汉族士人。银州人张浦就是其中著名的一位。他一生"事保吉、德明两世，忠诚练达、知无不言"①，西夏抗宋自立、联盟契丹、谋取西凉等重大战略行动都出自他的谋划。

元昊继承了李继迁"曲延儒士"的做法，更加重视招揽和使用汉族士人。富弼曾指出，宋"举子不第，往投于彼，元昊或授以将帅，或任之公卿，推诚不疑，倚为谋主"②。其中最著名的当属华州人张元、吴昊，他们科场失意后投奔元昊，受到元昊器重，"凡夏人立国规模，多二人教之"③。元昊建立官制，"以嵬名守全、张陟、张绛、杨廓、徐敏宗、张文显辈主谋议"④，六人之中，汉人竟占五人，足见元昊对汉族士人的重视。

夏毅宗谅祚也十分注意重用汉族士人，"每得汉人归附，辄共起居，时致中国物，娱其意，故近边蕃汉乐归之。掠秦凤时，俘汉人苏立，授以官，颇用事。（景）询，延安人，小有才，得罪应死，亡命西奔，立荐之。谅祚爱其才，授学士，日夜谋"⑤。这些汉族士人为西夏建章立制，同时也将中原兵学思想带入西夏，针对宋的弱点制定对宋方略，给宋造成严重安全威胁。

第三节 金兵学思想

一、战略思想

金立国一百二十年间，基本贯彻了"北防南侵"的战略。在南方，相继攻灭辽和北宋，对南宋也长期保持进攻态势。在北方和西北、西南方向，为防御蒙古等游牧民族的侵扰，从金太宗时就开始修建界壕，经过世宗、章宗时近20

---

① 《西夏书事校正》卷九。
② 《续资治通鉴长编》卷一百二十四，宝元二年九月。
③ 《宋史纪事本末》卷三十。
④ 《宋史》卷四百八十五，《夏国传上》。
⑤ 《西夏书事校正》卷二十一。

年的营建,形成了东起嫩江、西至河套西曲之北,全长约七千里的界壕,并沿界壕兴建城堡,派兵驻守,形成了多层次、网状式的界壕布局。①

兴建界壕是金边防战略的重大事件,伴随着两种不同战略主张的博弈。金熙宗皇统七年(1147),陕西将领为稳定与宋疆界,建议修缮沿边城郭。行台尚书右丞相刘筈说,金军"利车骑而不利城守,今城之,则劳民而结怨"②,此议遂罢。金世宗时,北方频繁告警,朝廷欲修建界壕。大臣李石与纥石烈良弼都表示反对,他们说:"古筑长城备北,徒耗民力,无益于事。北俗无定居,出没不常,惟以德柔之。若徒深堑,必当置戍,而塞北多风沙,曾未期年,堑已平矣。不可疲中国有用之力,为此无益。"③于是这个动议被取消了。金章宗承安元年(1196),章宗召集六品以上官员集议边事,大臣们仍对是否修建界壕莫衷一是。枢密使兼平章政事完颜襄认为,修城筑堡固然耗费巨大,却可为永久之利。他说:"今兹之费虽百万贯,然功一成则边防固而戍兵可减半,岁省三百万贯,且宽民转输之力,实为永利。"这一意见最终占了上风。在完颜襄的主持下,界壕得以大规模兴建。④

刘筈等人反对兴建防御性的边防工程,是游牧民族进攻战略思想的反映。但事实上,金界壕的作用并不像中原政权修筑的长城那样,以完全阻止骑兵内侵为目的,而是试图阻滞敌人骑兵的进攻,为集结军队进行野战争取时间,体现了"以攻为守"的积极防御思想。正因如此,金界壕收到了较好的防御效果,蒙古军攻金,往往避免正面突破界壕,而采取迂回方式作战。

二、战术特点

金骑兵以两翼包抄为基本战术。如宋人石茂良《避戎夜话》所说:"凡敌遇我师,必布围圆阵当锋,次张两翼左右夹攻,故谓之三生阵。"⑤吕颐浩也说:"虏人遇中国之兵,往往以铁骑张两翼来围掩。"⑥《金虏图经》也说:"其临大敌

---

① 解丹:《金长城军事防御体系及其空间规划布局研究》,天津大学博士学位论文。
② 《金史》卷七十八,《刘筈传》。
③ 《金史》卷八十六,《李石传》,参见同书卷八十八,《纥石烈良弼传》。
④ 《金史》卷九十四,《完颜襄传》。
⑤ 徐梦莘:《三朝北盟会编》卷九十八,上海古籍出版社1987年版。版本下同。
⑥ 《历代名臣奏议》卷九十。

也，必以步军当先，精骑两翼之，或进或退，见可而前。"①左右两翼骑兵就是宋人所称"拐子马"②。

两翼包抄战术在具体使用时，因轻重甲骑兵编成不同而有所差异。一种全系轻甲骑兵，以高速冲击见长。一种是轻重甲骑兵配合，"每五十人为一队，前二十人全装重甲，持棍枪。后三十人轻甲，操弓矢。每遇敌，必有一二人跃马而出，先观阵之虚实，或向其左右前后结队而驰击之。百步之内弓矢齐发，中者常多。胜则整队而缓追，败则复聚而不散。其分合出入，应变若神，人自为战则胜"③。这种战术也常配以重甲骑兵的突击。郾城之战中，金军先以拐子马进攻岳家军，继以精锐的重甲骑兵"铁浮图"中央突贯④，就是这种战术的典型运用。

多梯次轮番作战也是金骑兵战术的一个显著特点。宋将吴璘曾总结金人作战特点："金人有四长，……曰骑兵，曰坚忍，曰重甲，曰弓矢。"⑤坚忍不仅是指顽强的战斗力，更重要的是其战术配置。他说："璘从先兄有事西夏，每战，不过一进却之顷，胜负辄分。至金人，则更进迭退，忍耐坚久，令酷而下必死，每战非累日不决。胜不遽追，败不至乱。盖自昔用兵所未尝见，与之角逐滋久，乃得其情。盖金人弓矢，不若中国之劲利；中国士卒，不及金人之坚耐。"⑥与西夏军队的一战定胜负不同，金军往往投入多梯次轮番作战。这一方面可以弥补兵力的不足，另一方面可以多回合进攻，增强攻击效力。在宋金仙人关、郾城、颍昌诸役中，都是打了数十个回合，才分出胜负。金军南渡后，骑兵衰落，坚忍耐久和多回合作战的特点也被引入汉人义军步兵的作战中。女真和契丹等游牧民族一样，起初并不善于攻城，以围困作为主要攻城战术。这种战术被称为"锁城"法。"'锁城法'者，于城外矢石不及之地筑城环绕，分人防守。"⑦金军围太原，占领了太原周围的各个州县，使太原与外界完全隔绝。"锁

---

① 《三朝北盟会编》卷二百四十四。
② 参见邓广铭《岳飞传》（增订本），人民出版社1983年版，第414—428页。
③ 《三朝北盟会编》卷三。
④ 王曾瑜：《尽忠保国——岳飞新传》，河北人民出版社2007年版，第305—306页。
⑤ 《宋史》卷三百六十六，《吴璘传》。
⑥ 《宋史》卷三百六十六，《吴玠传》。
⑦ 《大金国志校证》卷四，《太宗文烈皇帝二》。

城"九个月后,太原弹尽粮绝,最终攻下。在围攻宋中山府时,金军也同样使用了"锁城"战法,城中绝粮,"人皆羸困不能执兵"①。

在战争过程中,金人积极学习辽、宋的攻城战术,改进武器装备,尤其是将火器用于攻城,攻坚能力迅速提高。宋人总结金军作战特点,说"金人野战,长于用骑,金人攻城,长于用炮"②,正是注意到了这一特点。金天会四年(1126)第二次攻宋汴京时,金军已经具备了云梯、火梯、对楼等攻城器械,火器也显现出突出威力。对南宋作战时,已经形成了较完善的攻城战法。据陈规《守城录》所载,金军攻城,每以洞子遮护士卒,运土运柴填塞壕沟,然后"广列垒石炮座,寻碑石、磨盘石、羊虎为炮"。"所列炮座百余,飞石如雨",待城头楼橹被击坍塌,守堞将士立足不住时,"推对楼使登城。每对楼上载兵八十人,一对楼接城,则引众兵上"③。金末与蒙元作战,更是创制出用铁质外壳内装火药的震天雷,发挥了巨大威力。

为了增强攻坚能力,金军还在攻城作战中使用重铠全装骑兵。如完颜宗弼"所将攻城士卒,号'铁浮图',又曰'铁塔兵'。被两重铁兜牟,周匝皆缀长檐,其下乃有毡枕。三人为伍,以皮索相连,后用'拒马子',人进一步,移马子一步,示不反顾。以铁骑为左右翼,号'拐子马',皆是女真充之。自用兵以来,所不能攻之城,即勾集此军"④。在顺昌之战和蜀口诸战中,金军都较多地使用了重甲兵实施强攻。

三、兵学发展及与中原兵学的深入融合

在西夏、辽、金几个少数民族政权中,金的立国时间虽然不是最长的,但由于它长期占据中原地区,与中原文化的关系最为密切,金兵学与中原兵学的交流也更为频繁深入。

金朝建立之初,十分注意搜寻宋、辽图书文籍。史书记载,金攻辽中京时,太祖诏令,"所得礼乐仪仗图书文籍,并先次津发赴阙"⑤。宋金战争中,

---

① 《三朝北盟会编》卷一百一十六。
② 《历代名臣奏议》卷三百三十四。
③ 《守城录》卷一。
④ 《三朝北盟会编》卷二百零二,汪若海札子。
⑤ 《金史》卷二,《太祖本纪》。

每占领都会，辄大力搜求图籍。攻陷宋汴京后，"索监书藏经，苏、黄文及古文书、《资治通鉴》诸书"①，还遣人收集图书雕板。这些图书中，必然含有大量兵书。

汉族士人的私藏也是中原兵书传播的一个重要渠道。金熙宗时，因出使而被扣留的宋臣宇文虚中被告谋反，诬告者以他家中藏书为罪状。宇文虚中自辩说："死自吾分。至于图籍，南来士大夫家家有之，高士谈图书尤多于我家，岂亦反耶？"②由此可见，居留金地的中原士人家多藏书，在当时是普遍现象，而其中的兵书应该是最容易被指认为谋反之具的。

金代武举制度的设立也促进了中原兵学的传播。金熙宗皇统年间（1141—1149），开始开设武举，直至金末。金武举借鉴宋制，以武艺和兵法为考试内容。章宗时的《武举格》规定，兵法"试孙吴书十条，能说五者为上等"；"孙吴书十条通四，为中等"；"孙吴书十条通三，为下等"。而且规定，"凡不知书者，虽上等为中，中为下"③。武举对兵学理论的重视，必然促进民间对兵法的研习，并推动兵书的刊印和流传。现存南宋施子美《施氏七书讲义》，就是金宣宗贞祐年间（1213—1217）刻本。从这一情况来看，金代"武经七书"的普及程度可能远远超出史料记载。

金也将一些重要兵书翻译为女真文字。据钱大昕《补元史艺文志》所载，女真文译有兵书《女真字太公书》、《女真字伍子胥书》、《女真字孙膑书》、《女真字黄氏书》，等等。《太公书》即《六韬》，《黄氏书》即《黄石公三略》，《伍子胥书》、《孙膑书》不能确知其内容，但为中原古代兵书无疑。从金武举考试孙、吴大义的规定来看，《孙子兵法》、《吴子》也当有女真译本。此外，金代全真教盛行，具有道家色彩的兵书《阴符经》颇受重视，注家较多，如刘处玄《阴符经注》、侯善渊《黄帝阴符经注》、唐淳《阴符经注》，等等。

金朝中期以后，陆续有原创兵书论著问世。金章宗承安元年（1196），"国子学斋长张守愚上《平边议》三篇，特授本学教授，仍以其议付史馆"④。金末

---

① 《三朝北盟会编》卷七十三。
② 《金史》卷七十九，《宇文虚中传》。
③ 《金史》卷五十一，《选举志一》。
④ 《金史》卷十，《章宗本纪二》。按：后人为《金史》所补的各《艺文志》均作《平辽议》。

马饵升撰《北新子》十万言,"大略以谈兵为主。且曰:古人兵法非不尽,但未有北新子五十里火雨耳"①。所谓"五十里火雨"很可能是关于火器运用的方法。见诸载籍的金人兵书著作虽然不多,但在史书记载的君臣言论中,蕴含着丰富的兵学思想,例如,金宣宗时,完颜弼建言"迁都南京,阻长淮、拒大河、扼潼关以自固"②,就是关于战略调整的重要兵论。这类军事建策很大程度上体现了中原兵学思维的影响。

汉族士人是金与中原兵学交流的重要媒介。金朝统治者非常重视录用辽、宋人才。这些人帮助金朝建立起完善的统治机构和制度,为金占领和统治广大汉族地区发挥了重要作用。他们在军事方面的作用虽然不如政治方面大,但仍然不可忽视。如,金初,铁州人杨朴劝阿骨打"变家为国,图霸天下,谋为万乘之国",为他勾画出"东接海隅,南连大宋,西通西夏,北安远国之民,建万世之镃基,兴帝王之社稷"的战略蓝图。③又如,刘彦宗,辽名臣刘六符的同族,金军攻宋时,曾"画十策"。在金军攻入汴京前夕,提出"秋毫无犯,唯收图籍"的建策。时立爱,辽末士人,"从宗望军数年,谋划居多"。韩企先,辽名臣韩知古的后代,官至汉人宰相。金世宗评价他说,"丞相企先,本朝典章制度多出斯人之手,至于关决大政,与大臣谋议,不使外人知之,由是无人能知其功,前后汉人宰相无能及者",因此将他置于功臣画像之中。④刘彦宗、时立爱、韩企先三人都是辽朝进士,具有很高的文化素养,他们受到金帝王的信任,参决军政大事,将中原兵学"秋毫无犯"、"安存百姓"等战争观念传布给金统治者,促进了金政治和军事思想的转变。

金朝入主中原后,女真族逐渐汉化,金熙宗时,全面推行汉化,他本人自幼学习汉文化,"宛然一汉户少年子"⑤。海陵王完颜亮也自幼嗜习经史,汉化程度很深。流风所及,女真贵族也竞以文雅相尚,将领中也出现了很多沉迷汉文化的人,如完颜弼,"生平无所好,惟喜读书,闲暇延引儒士,歌咏投壶以为

---

① 元好问:《中州集》卷八,《高永传》,中华书局1959年版。
② 《金史》卷一百零二,《完颜弼传》。
③ 《三朝北盟会编》卷三。
④ 《金史》卷七十八,诸人本传。
⑤ 《金史》卷四,《熙宗本纪》。

常"①。 又如,完颜陈和尚,"雅好文史",师从经历官王渥,"受《孝经》、《论语》、《春秋左氏传》,尽通其义"②。 女真统治阶级的汉化一定程度上削弱了女真族的尚武传统,另一方面,也加速了中原兵学思想与金兵学思想的深入融合,使中原兵学思想得以在军政大略及作战指导中发挥影响。 金朝君臣对于军政问题的讨论充分反映出这一特点。 金章宗承安四年(1199),

> 上谓宰臣曰:"人有以八阵图来上者,其图果如何? 朕尝观宋白所集《武经》,具载攻守之法,亦多难行。"右丞相清臣曰:"兵书一定之法,难以应变。本朝行兵惟用正奇二军,临敌制变,以正为奇,以奇为正,故无往不克。"上曰:"自古用兵亦不出奇正二法耳。学古兵法如学弈棋,未能自得于心,欲用旧阵势以接敌,疏矣。敌所应与旧势异,则必不可支。然武经所述虽难遵行,然知之尤愈不知。"③

金章宗和夹谷清臣的这段对话,说明他们对中原兵学有较为深入的了解,他们关于用兵"奇正"的理论,既符合女真骑兵战术的实际,也与《孙子兵法》、《唐李问对》中的论述相契合。 他们虽然对宋代兵书中所载的各种阵法不以为然,但也认为了解总比不了解好。 事实上,金人也并非一味排斥阵法,海陵王完颜亮南侵之时,就曾仿中原兵学"制战阵之法十有余条,因大滩,耀兵,有飞龙、螣蛇、吼虎、鱼丽之变"④,这说明,金军虽然与宋军军种结构不同,所长不同,但仍然试图在战术上借鉴宋军战法。

第四节 元代兵学思想

蒙古军崛起漠北,统一中国,横扫亚欧,在世界军事史上写下了浓墨重彩的一笔。 在长达一个多世纪的征战中,蒙古军将中国北方民族的骑兵战略战术发展到了极致,既与辽、夏、金多有相同之处,也体现出自己的一些突出特点。

---

① 《金史》卷一百零二,《完颜弼传》。
② 元好问:《遗山集》卷二十七,《赠镇南军节度使良佐死节碑》,文渊阁四库全书本。
③ 《金史》卷四十四,《兵志》,参见同书卷九十四,《夹谷清臣传》。
④ 《大金国志校正》卷四十四,《海陵炀王中》。

一、战略思想

骑兵是一个善于进攻的兵种，蒙古军又是中国古代北方民族最剽悍的骑兵，积极进攻是蒙古军一贯奉行的战略。蒙元初期，蒙军充分发挥骑兵冲击力强和远程快速机动的特点，在几百甚至几千公里的宽大正面进行大规模进攻作战，建立起横跨欧亚的四大汗国。元代中期以后，除了对付东北、西北蒙古诸王的叛乱，镇压各地汉族民众的反抗外，先后两次进攻日本、三次南征安南、进军占城、攻入缅甸、远征爪哇。这一系列频繁的对外战争充分体现了蒙古军队的进攻性和侵略性，也逐步发展和完善了蒙古军的骑兵战略。

分进合击、远途迂回是蒙古军战略的主要特点。蒙古骑兵非常重视战马的训练和保养，又有完善的"从马"制度，"凡出师，人有数马，日轮一骑乘之，故马不困弊"，加之行军作战以羊马随行，"食羊尽则射兔、鹿、野深为食，故屯数十万之师，不举烟火"[1]，入侵他国则掳掠财物、因粮于敌，因此没有沉重的后勤负担，大大增加了骑兵的快速机动能力。强大的机动能力使得分进合击、迂回包抄等战术行动演化为战略行为成为可能。

蒙古军灭金之役，按照成吉思汗遗言，三路进击，其中一路取道南宋汉中，迂回金都汴京。蒙哥汗攻宋，一面分东西两路正面进攻，抢夺南宋北部军事要地，另以一部从西面绕过四川，迂回云南，然后北上合击鄂州。蒙古军第二次西征波兰、匈牙利，以一军迂回到东普鲁士、捷克，会师布达佩斯，这些都是大规模远途迂回战略的典型案例。

二、战术特点

元代学者郝经论及蒙古军的作战特点："国家用兵，一以国俗为制，而不师古。不计师之众寡，地之险易，敌之强弱，必合围把稍，猎取之若禽兽然。"[2]这段评论准确地道出了蒙古军队的战术特点。

1. 快速机动

蒙古骑兵能够充分发挥机动性强的优势，根据敌情变化快速分合。《黑鞑事

---

[1] 赵珙：《蒙鞑备录笺证》，王国维笺证，《王国维遗书》十三，上海古籍书店1983年影印本。

[2] 《郝文忠公集》卷三十二，《东师议》，文渊阁四库全书本。

略》叙述蒙古军排兵布阵说:"其阵利野战,不见利不进,动静之间,知敌强弱,百骑环绕,可裹万众,千骑分张,可盈百里,摧坚陷阵,全藉先锋,衽革当先,例十之三。凡遇敌阵,则三三五五四五,断不簇聚,为敌所包。大率步宜整而骑宜分,敌分立分,敌合立合。故其骑突也,或远或近,或多或少,或聚或散,或出或没,来如天坠,去如电逝,谓之鸦兵撒星阵。"可见,蒙古骑兵的军事行动以快速机动见长。郝经也讲到这一点,他形容蒙古军"聚如丘山,散如风雨,迅如雷电,捷如鹰鹘,鞭弭所属,指期约日,万里不忒"。《孙子兵法》说:"兵以诈立,以利动,以分合为变者也。"①又说:"兵之情主速,乘人之不及,由不虞之道,攻其所不戒也。"②蒙古骑兵神出鬼没、快速机动,能够出其不意攻其不备,达成战术行动的突然性,也能够掌握战场主动权,集中优势兵力,击敌要害,还能发挥"其势险,其节短"③的优势,增强军队的攻击力。

2. 轮番冲击,四面合围

蒙古军在作战时往往以骑兵轮番冲击敌阵,待敌阵乱,再四面合围。"其破敌则登高眺远,先相地势,察敌情伪,专务乘乱。故交锋之始,每以骑队径突敌阵,一冲才动,则不论众寡,长驱直入,敌虽十万亦不能支;不动,则前队横过,次队再撞;再不能入,则后队如之。方其冲敌之时,乃迁延时刻,为布兵左右与后之计;兵既四合,则最后至者一声'姑诡',四方八面响应,齐力,一时俱撞。"④这种轮番冲击的战术与金军类似,但其"更迭驰突"的次数更多,冲击力也更强。

志费尼在《世界征服者史》对轮番冲击的描述更为具体,他说:"其战术优势在当时是独一无二的。蒙古骑兵对自己的优势十分自信,他们的先头部队不时地由那些放完一排排箭后撤下来的梯队替换。直到敌人已经被引出阵地,或者是被这种远距离射击挫伤时,居中的重骑兵才出击,用长刀将敌人砍倒。"⑤由此可见,蒙古军是轻重骑兵配合,一般由轻骑兵对敌阵以多个梯队轮流射箭,

---

① 《孙子兵法·军争篇》。
② 《孙子兵法·九地篇》。
③ 《孙子兵法·势篇》。
④ 彭大雅:《黑鞑事略笺证》,王国维笺证,《王国维遗书》十三,上海古籍书店1983年影印本。
⑤ 志费尼:《世界征服者史》,何高济译,内蒙古人民出版社1980年版,第30页。

待敌阵混乱或被引出阵地时，再以重骑兵发起冲锋，有时还会以骑兵从两翼及背后包围敌军。

3. 以诈术取胜

蒙古骑兵虽然彪悍，在战斗中却并非挟勇自恃，而是善用各种方式疲敌扰敌，以诈术取胜。正如美国学者杜普伊所讲的那样："蒙古人跟好讲义气和面子的西欧骑士不同，他们不赞成欧洲人堂堂正正的打法，而喜欢运用计谋和策略。这一点使他们在作战时往往非常占先，减少了他们自己的损失，增加了敌人的伤亡。"①

围攻敌人之时，蒙古军不时扰动敌阵，"相持稍久，敌必绝食，或乏薪水，不容不动，则进兵相逼。或敌阵已动，故不遽击，待其疲困，然后冲入"。有时还会故意开围一面，颇合《孙子兵法》"围师必阙"之意。如果进攻兵力较少，更是常用各种诈术，或伪造人像立于马上，或以马匹拖木扬尘以壮声势，或驱畜群搅乱敌阵，或出偏师截敌粮草、援兵，等等，一旦敌人有隙可乘，则迅速进击。

佯败诱敌也是蒙古军的惯用战法。与敌人交锋时，故意示弱败退，引诱敌人追击，然后返而击之。如，哲别率军西征，在顿河草原与斡罗斯、钦察部十万大军遭遇，哲别以二千人佯败诱敌，然后将敌人分割包围，予以歼灭。此类战例甚多。正如《黑鞑事略》所说："因喜败而巧计取胜，只在乎彼纵此横之间，有古法之所未言者。"

在攻城作战中，蒙古军也常常使用诈术。如《多桑蒙古史》所述："围攻之时，常设伏诱守兵出，使之多所损伤。先以逻骑诱守兵及居民出城，城中人常中其计。"又说："蒙古兵之毁敌城也，水火并用，或用引火之具，或引水灌之。有时掘地道攻入城内，有时用袭击方法，弃其辎重于城下，退兵于距离甚远之地，不使敌人知其出没，亟以轻骑驰还，乘敌不备，袭取其城。"②

《孙子兵法》中说："凡战者，以正合，以奇胜。""战势不过奇正，奇正之变，不可胜穷也"。③蒙古军并未学习过《孙子兵法》，但其作战指导非常符合孙子思想，善于根据敌情变化灵活用兵，出奇制胜。这也从战争原理角度揭示了蒙古军取得巨大成功的原因所在。清代学者顾祖禹说："吾尝考蒙古之用兵，

---

① T.N.杜普伊：《武器和战争的演变》，军事科学出版社1985年版，第93页。
② 多桑：《多桑蒙古史》，冯承钧译，中华书局1962年版，第154页。
③ 《孙子兵法·势篇》。

奇变恍惚。其所出之道，皆师心独往，所向无前。故其武略比往古为高。"①郝经谓之"得兵家之诡道，而长于用奇"②，都是注意到蒙古军战术的这一特点，并给予了高度评价。

三、中原传统兵学的低迷与蒙元兵学的辉煌

元朝立国后，虽然吸收中原历代王朝的统治经验，建立起了中央集权的统治制度，但实行民族歧视和压迫政策，将域内各民族分为四等。第一等是蒙古人；第二等是色目人；第三等是汉人，包括原金朝统治下的汉人、契丹、女真人、高丽人等；第四等人是南人，即南宋统治下的汉族和西南各族人民。在官僚机构中，汉族士人很少担任朝廷要员，军政系统更是如此。蒙古与南宋作战时，忽必烈曾以史天泽、张文谦、赵璧、张易为枢密副使，后来连副职也不再任用汉人。即使在枢密院任职，汉人也不得查看军机档案。③为了防止汉族人民反抗，蒙元统治者不仅大力搜括民间兵器，禁止汉人田猎、习武，而且严禁民间论兵谈武。这些民族歧视政策极大地限制了中原传统兵学的发展，宋代文人争相论兵以及兵书著述繁盛的局面消逝于无形。

经后世学者考求整理，元代兵书只有十余种，其中还大多是《阴符经》注释、《太乙统宗宝鉴》、《戎事类占》等兵阴阳类，或者阵法、阵图之类。苏天爵《治世龟鉴》一卷虽然被列为兵书，但其内容"所采皆宋以前善政嘉言，而大旨归于培养元气。其目凡六：曰治体，曰用人，曰守令，曰爱民，曰为政，而终之以止盗"④，事实上并不能算作真正意义上的兵书。其他如郭世臣《新锲评释历代将鉴博议》，是对宋代兵书的注释和重印，并非原创。周祐《边臣近鉴》、秦辅之《武事要略》、俞在明《用武提要》、佚名《兵机便览》等，仅见诸钱大昕、卢文弨等学者所补元代艺文诸书，不能确知其内容如何。总的说来，在元朝统治的近一百年中，以汉文化为主体的中原传统兵学遭遇了空前的低谷，不仅与此前的宋代判若霄壤，就是与南北朝、五代十国等分裂时期也无法相比。这确乎是一个不争的事实。

---

① 《读史方舆纪要·总叙二》，中华书局 2005 年版。
② 《郝文忠公集》卷三十二，《东师议》。
③ 《元史》卷九十八，《兵志》。
④ 永瑢等撰：《四库全书总目》卷九十三，《治世龟鉴》提要，中华书局 1965 年版。

然而，从另一方面看，元代又是中国北方游牧民族军事实践的鼎盛时期，蒙元兵学构成了中国兵学不可或缺甚至独放异彩的重要内容。由于文化和语言的限制，蒙古将帅罕有兵学著作问世。据清昭梿《啸亭杂录》记载，清军蒙古族将领成衮扎布收藏有木华黎所著兵法，但这部兵书目前并无传世本，我们无法判断其真伪及价值。尽管没有系统的兵学理论著作，但从《蒙古秘史》、《圣武亲征录》、《元史》、《蒙鞑备录》、《黑鞑事略》、《世界征服者史》、《史集》等史书所记战争过程及君臣言论中，成吉思汗、忽必烈等人的兵学思想仍然是有迹可循的。现代学者如达林太等即借此对蒙古兵学进行了深入探讨，撰写了《蒙古兵学研究》、《蒙古民族军事思想史》等著作①，是这方面的显著成果。

中原传统兵学与蒙元兵学虽然特点不同，但蒙元统治者在与金、南宋作战以及统治中原地区的过程中，不可避免地受到中原传统兵学的影响。在政略层面，蒙元初期，郝经《立政议》、许衡《时务五事》等对忽必烈的治国思想产生了重要影响，实践中更有刘秉忠等"参帷幄之密谋，定社稷之大计"②。在战略层面，刘整等人的平宋方略是蒙古统一中国的关键因素。在战术思想上，蒙元军队积极学习汉族的火器技术和水军战法，将中国古代兵学的进攻战略战术演绎到了一个新的高度。蒙古骑兵战争实践与《孙子兵法》思想的高度契合，则以骑兵作战的方式诠释了战争指导的一般规律，是中华兵学文化在更高层次上的发展与融合。正如民国将领万耀煌将军所言："中国兵学至孙子而集理论之大成；至元太祖成吉思汗，而呈实践上之巨观。此二人者，遥遥相距千祀，一则援笔以言，一则仗剑以行，卒以造成历史上中国军威震烁欧亚之伟业，发扬数千年中国兵学蓄精养锐之奇辉。"③

---

① 参见达林太：《蒙古兵学研究》，军事科学出版社1983年版；《蒙古民族军事思想史》，军事科学出版社1996年版。
② 《元史》卷一百五十七，《刘秉忠传》。
③ 转引自都古尔扎布：《从对"孙子"与成吉思汗的研究谈当前军事理论研究的几点认识》，中国人民政治协商会议内蒙古自治区委员会文史资料委员会编印：《蒙古族古代军事思想研究论文集》，1989年版，第6页。

第十三章

盛极而衰的明朝兵学

明代延续了宋代文人论兵的传统,借助于印刷出版的发达,诞生了很多兵书。这些论兵之作,多为古典兵学惯性发展的产物。部分作品不乏独到见解,至今仍在散发着影响力,但更多作品则是趋于平庸,反映出古典兵学思想在专制政治之下的守成趋势和兵经模式下的僵化之态。在专制和集权的政治模式之下,统治者出于维护自身统治利益的私心,只会允许兵学研究在官方主导的狭窄范围之内进行,这样很难迎来兵学研究的真正繁盛。至于宋代中叶以后开启的经学模式,也渐渐使得明清兵学走向僵化。

第一节 末日辉煌:重要兵学著作及思想

明代留下的兵学著作非常多,仅就存目兵书来看,几乎占历代兵书总和的三分之一左右。① 但是,这期间出现的林林总总的兵书中,有影响的著作几乎都是明代中晚期出现的,数量并不是很多。下面选取若干代表作品,对其中富有创见的思想内容进行简要梳理总结,不再按照由战争观到战略战术,再到治军思想等这种习惯分类模式一一展开介绍。

一、《阵纪》

嘉靖至万历年间由浙江余姚人何良臣所撰。这本书从"选卒"和"练卒"出发,结合历代用兵的经验教训,详论军制得失和用兵之法。就这一点而言,它的很多章节其实和戚继光的《练兵实纪》颇有相似之处,反映出明代兵书贴近

---

① 据《中国兵书知见录》记载,包括民国在内,历代存世兵书共计2308部,明代有777部,加上明代存目兵书也有246部,两者相加,共1000余部。参见许保林:《中国兵书通览》,解放出版社2002年版,第21页。

实战、追求实际战争效应的特点。

就治军而言，《阵纪》颇有值得称许之处。作者主张，治军不仅仅要严格落实各种制度，同时也要善于管好用好关键性人才。作者认为，"人莫不有贤愚"，但是如果方法得当，便可以"尽用其贤愚"①。对于这些重要岗位的关键性人才，一定要很好地结合他们的各自特点，因材施治，这才能达到"用人之长，以补其短；用人之才，以发其气"②的效果。不仅如此，何良臣还主张，军队在平时就应该注意做好各种人才储备工作，组建诸如"异术队"、"秘技队"、"胆勇队"、"敢死队"乃至"乞降队"等各种不同性质的"特种部队"，以备"不时之需"和"不时之使"。

在治军政策方面，何良臣除了祭出平常将领所惯用的赏罚措施之外，更注意"以威德服人"③。作者认为，无论是赏是罚，都要做到"必持至公"，杜绝"军中私议"④，这样才能保证整个军队上下一心，首尾相顾，坚不可摧，最终形成孙子所希望达成的"率然之势"⑤。孙子在《九地篇》中曾结合战术思想对"率然"做出了解释："击其首则尾至，击其尾则首至，击其中则首尾俱至。"在这里，何良臣则是结合治军进行论述，认为平时就要做好管理工作，才能保证部队首尾呼应，浑然一体，凛然不可侵犯。如果与《孙子》等兵书进行对比，可以明显看出《阵纪》的治军理论，尤其是人才管理思想，虽说在《孙子》中能找到源头，却也有自己的独到见解，甚而对于今天的军队乃至其他各行各业的人才管理等，都富有启示意义。

治军方术种种，终究是为了实现战场上克敌制胜。《阵纪》所讨论的治军思想和手段，同样也是要落实到战争实践的。除了治军理论之外，何良臣接下来也详细讨论了车战、骑战、步战、水战、火战、夜战、山林泽谷之战、风雨雪雾之战等各种列阵之法和作战之法，这令我们很容易想起来先秦时期著名兵书《六韬》。《六韬》对步兵、骑兵、车兵等各兵种的作战方式进行了讨论，探论了不同兵种之间的协同作战之法，可以说是早期的合同战术，这些内容对《阵纪》产生

---

① 《阵纪·致用》。
② 《阵纪·致用》。
③ 《阵纪·赏罚》。
④ 《阵纪·赏罚》。
⑤ 《阵纪·率然》。

了很大影响。当然，何良臣所论，尤其是《技用》等篇结合鸟铳等各种火器讨论的各种阵法和战法，充分注意到冷热兵器的协同作战，充分结合了明朝战争实践和武器装备的发展。也就是说，《阵纪》虽追随《六韬》而来，却没有止步不前。也许正是这个原因，《四库全书总目提要》给予《阵纪》的评语为"犹为切实近理"，给予了很高的评价。

二、《投笔肤谈》

一般认定该书为明代何守法所著，总共十三篇，从体制上看，似乎完全是在刻意模仿《孙子》十三篇。但从篇目名称和思想内容上看，则与《孙子》有较大差别。下面我们仅介绍《投笔肤谈》的情报思想，因为其情报思想确有若干超越《孙子》之处，或者说是对《孙子》情报思想有所发展。

众所周知，《孙子》非常重视情报工作，建构了一套由"先知"到"战胜"的兵学理论体系（不少学者简称为"知战"）。但是，情报固然重要，每个指挥员都应该重视情报工作，但情报不会轻易得来。情报与反情报可谓孪生兄弟，并且一直重复"道高一尺魔高一丈"的游戏。正是这个原因，何守法强调了敌情的难以窥探："敌不示我以情，亦犹我不以情示敌。"[1]不仅如此，敌方情报牵涉方方面面，其中有些内容是可以得到的，另外有一些则不可以得到或很难得到，即"有得而窥者，有不可得而窥者"[2]，作为指挥员，也要对这种局面有所准备，并事先做出应对方案。

何守法进一步指出，两军抗衡之时，互相之间都有针对对方的谋略活动和情报活动——"匪我谋敌，敌亦谋我"[3]，所以不可避免地会出现根本无法收集到情报的情况，也会遇到对方刺探情报。这种情况下，作为真正高明的指挥员就应该充分做好应对措施，保证己方立于不败之地。很显然，何氏所论，在某种程度上弥补了孙子情报理论的不足之处。因为在孙子的情报理论中，缺少的正是相关失败和困难的讨论。

就用间而言，何守法也有独到的认识。他指出，间谍固然重要，但也存在着"传伪于我"和"泄情于彼"两种风险："凡间谍之人，或望敌之风，而传伪于

---

[1] 《投笔肤谈·敌情》。
[2] 《投笔肤谈·敌情》。
[3] 《投笔肤谈·敌情》。

我，或被敌之虏，而泄情于彼，此皆覆败之所关也。"①因此作者主张，间谍"可用而不可恃"，也就是说，既要做好用间失败的准备，防止间谍给己方带来损失，也不要把战胜敌人的希望一味寄托在情报和间谍身上。这显然也是对孙子用间思想的批评和发展。

何守法的相关批评思想，可能源自《李卫公问对》。在《李卫公问对》中，作者曾尖锐地指出："孙子用间最为下策。"②在他看来，正像是"水能载舟，亦能覆舟"，用间可能会取得成功，也可能得到失败。至于为什么会这样，作者没有做进一步深究。但是何守法认真思考了这个问题，在千年之后给出了答案："传伪于我"和"泄情于彼"。考察古代情报史，《孙子》较早指出用间的重要性，《李卫公问对》提醒人们用间也会存在风险，《投笔肤谈》则指出了导致这种风险的原因所在，兵学思想史和情报思想史就是这样蜗行牛步般地取得了进步。

当然，何守法精心研读《孙子》，其兵学思想不可避免地会受到其深刻影响。就这一点来说，《投笔肤谈》和其他许多兵学著作一样，同样会陷入"不能遗《孙子》"③的路数。何守法特地将篇数凑成十三篇，甚至每一篇的篇名都以《孙子》的篇名作为参照，受《孙子》影响的痕迹昭然。

三、《草庐经略》

该书共十二卷一百五十二篇，结合历代战争经验和兵学理论等，对涉及军事问题的方方面面，如战争观、战略战术、治军理论、兵器应用及各种阵法等，都有较为详细的论述。从该书提到"御倭"等内容判断，它大致成书于明代的万历初年。虽说作者不详，但该书曾获得不少好评。清代宋庆曾称赞此书为"谈兵者不可缺少之书"④，对其思想价值给予了积极评价。

《草庐经略》中，作者最为用心，或者说最具心得的，应该是战法研究。比如对于中国古典兵学的一对重要范畴——"奇正"，该书有深入研究。作者对于历史上包括《孙子》在内的诸多讨论有所继承，也有所补充，既指出了奇正的常

---

① 《投笔肤谈·敌情》。
② 《李卫公问对》卷中。
③ 《武备志·兵诀评·序》："前《孙子》者，《孙子》不遗，后《孙子》者，不能遗《孙子》。"
④ 《草庐经略·序言》。

法,也指出了奇正的变法,并且指出,真正的奇正和奇正的妙处,在于实现奇正的相互转化,既有"奇正相生"和"奇归于正"①,也要做到"临阵出奇"和"非奇不战"②,这才能真正做到因敌制胜,变化无穷,将奇正之术运用到极致。

众所周知,《孙子·计篇》提出了著名的"谋攻十二法",这些理论在《草庐经略》得到了继承和发展。从卷九到卷十,作者设计了更为详细的"动敌之法",内容包含误敌、怒敌、饵敌、疑敌、骄敌、懈敌、饥敌、待敌、薄敌、离敌、追敌、蹙敌、诳敌等,共计13条,每一条都有要言不烦的论述。相信作者如此设计,不仅仅是为了追求行文的气势或章法,而是力图从实战出发,为将帅设计出更加丰富多变的战术。

相比较战略战术等,《草庐经略》的治军理论,尤其是将帅选拔和管理思想,也给人们留下深刻印象。

作者认为,将帅对于军队尤其重要:"一贤可退千里之敌,一士强于十万之师。"③所以,选出贤能的将领是"军中之首务"④。作者认为,选拔将帅时,一定要注意任人唯贤。对于"贤",作者所赋予的内涵非常广,因为他对于将帅的条件要求非常之高:不仅要有勇有谋,也能临危不乱;不仅善于指挥,也能勤勉治军;不仅要事必躬亲,也要推功避誉;不仅要讲求信用,赏罚得当,也要廉洁奉公,爱护士卒;等等。此外,作战还强调将帅需要懂得善于收集和分析情报:"广侦探,度险要,诳敌将,严斥堠,用向导。"⑤也要善于组织训练:"善操之将,即善战之将。"⑥

虽说《草庐经略》对将帅提出了很高的要求,但当时的实际情形却是"今日之将官,其下者目不识丁,其上者工诗作赋,坐消壮气"⑦,不仅将帅的文化水平参差不齐,那些文化水平高的将领热衷于吟诗作赋,学习儒术,对于兵家要义不感兴趣,甚至是"终身不学"。针对这种局面,作者特地以专门之章讨论"训将"问题,格外强调对于将帅自身的训练,不仅提高将帅的文化水平,更注意训

---

① 《草庐经略》卷五,《正兵》。
② 《草庐经略》卷五,《奇兵》。
③ 《草庐经略》卷一,《任贤》。
④ 《草庐经略》卷一,《任贤》。
⑤ 《草庐经略》卷十二,《备边》。
⑥ 《草庐经略》卷一,《操练》。
⑦ 《草庐经略》卷一,《训将》。

练将帅的领兵作战能力。这些相关"训将"的主张和理论,不仅在当时具有现实意义,也弥补了古典兵学治军理论的某些缺失,甚至对今天的强军建设也有一定启示意义。

四、《运筹纲目》

明朝嘉靖年间叶梦熊所撰。共十卷,每卷为一纲,每纲之下设十目,纲目之下,既有总论,也采摘史事佐证立说。《决胜纲目》为其姊妹篇,已见相对较少,因此,相对前书而言,受到重视不多。

《运筹纲目》立足于《孙子》的"诡道"之术,结合历史上的典型战例,详论如何在战争中发挥诡诈之术,堪称独具特色。这种借战例论战术的方法,前人在注释《孙子》时曾经用过,甚至可以上溯到曹操,《运筹纲目》则大量借助于战例来研讨战略战术,而且结合得非常巧妙。

与《孙子》相似,叶梦熊也强调从情报先行。无论是侦察,或是用间,他都格外强调诡诈之术。比如就侦察和料敌而言,作者首先强调,从测度敌人的情况开始,便巧设奇谋秘计——"测度用奇",同时结合各种情报术的运用,"设方误敌"①,以求达成奇效。至于用间,在作者看来,更是诡诈之术运用的集中体现,故此他在讨论"用间之目"时,总结出"赂宠祸将"、"伪书诈敌"、"谣言惑众"等八条间术,结合孙子的用间思想,极大地发挥了诡诈之术。

就战术而言,叶梦熊在孙子诱敌之策的基础上,提出了预设伏兵袭击敌人的多种战法,比如"偃戈诱敌"、"诈降设伏"、"佯北掩击",等等。②叶梦熊对这些战术各有具体论述,并且特地指出,各种伏击战法,都要充分结合地形,因为地形是"兵之助"。如果战术合理,再辅以有利地形,"有险可据",加之将领的智谋充分发挥,就可以彻底击败敌人。当然,敌人也会对我使用诡诈之术,优秀的将帅不仅要善于诱敌深入,袭击对手,同时也要善于识别敌人的计谋。当敌人以佯北之术等诱惑我方前进时,作为将领,一定要视敌车辙和战旗是否混乱等情况,辨别真伪,防止被敌人袭击。

古代兵家将奇兵制胜奉为兵家圭臬:兵以奇胜,自古而然。叶梦熊在"出

---

① 《运筹纲目》卷二,《料敌》。
② 《运筹纲目》卷四,《伏兵》。

奇之纲"中，论述诡诈之术更加详细完备。在这条纲目中，作者的"出奇之术"共计有十条：一、"休士鼓气"，作战之前要让士卒得到充分休息，蓄养体力和气势；二、"示缓进速"，依照敌情，或缓或速进兵，令敌军无法掌握；三、"变服诈敌"，改变旗帜和服装，混入敌军之中，乘乱发起袭击；四为"设计暗遁"，发现敌方实力占优，便设计逃遁；五、"断饷败敌"，切断敌军后勤补给；六、"虚粮诳众"，如果己方无粮，则示之有粮，诳敌上当，令敌军畏惧；七、"增减军灶"，利用增减军灶，隐藏兵力和强弱，诱敌中计；八、"药毒酒食"，设法在敌军酒食之中投毒；九、"纵畜饵贼"，以牛马等作为诱饵，诱惑敌军前行，再设伏兵击之；十、"扬尘助势"，用柴木扬起尘土，以助军势，欺骗敌军。从这些总结可以看出，叶梦熊不仅重视奇兵制胜，也对奇正理论有所发展。

五、《兵经》

该书为明代末年揭暄所著，是一部特色鲜明的兵书，以一字概括一条用兵原则，共一百字，论述了一百条用兵原则。作者自视甚高，认为所著之书，就体系和思想而言，比《武经七书》更加完整，更加深刻，故而无视传统所立"武经"，自称为"经"。从书名可以看出，作者欲与公认为兵经之首的《孙子》一较高下，但也恰恰说明其内心深处留有对《孙子》挥之不去的心结。考察该书的具体内容，更可以看出受到《孙子》深刻影响的痕迹。

比如"先"字条，强调要占有"先机"，掌握"先手"，这和孙子设计的"先知而后战"的体系不无契合之处。在"识"字条，作者同样强调了先机掌握敌情的重要性，甚至要在敌人刚刚有发起战争的念头时，就能有所洞悉，从而做到"夫意所未起而预拟尽变"。所以，孙子的"先知"，被揭暄分解为"先"和"识"两条，所述内容仍不免相似，只是在论述样式上有了变化。

在"计"和"谋"字条，作者强调的计算周全和谋划周全，这可以视为孙子"庙算"理论的延续。揭暄指出："智不备于一人，谋必参诸群士。"从中可以看出，作者已经有了为主帅配备和建立"智囊团"的思想，这一点倒是多少有些新意。

"误"字条论述的是"以术误敌"之法，主张通过情报示伪来达成己方的作战意图。作者强调"误人不为人误"，一方面要积极开展情报示伪，一方面也要严防被敌人的假情报所迷惑。如果对照孙子在《虚实篇》的"形人而我无形"，

《兵经》立论所本，一目了然。

揭暄似乎不太认可孙子对间谍所做的五分法，从间谍运用的手段和方法出发，进行了全新的归纳："有生、有死、有书、有文、有言、有谣、用歌、用赂、用物、用爵、用敌、用乡、用友、用女、用恩、用威。""间"字条的这十六法总结，可说是极大地丰富了古代的用间术。显然，从孙子的五分法，到李靖的八分法，再到揭暄的十六分法，其中所体现的是古代谍报术和谍报理论的发展。仅从这一点来看，《兵经》确有一些内容不该被我们所忽视。

《兵经》试图化繁为简，以一个字来总结一条战略原则或战术原则，却由此总结出一百条之多，反而又生出繁复之病，而所论原则和思想，其实仍然跳不出孙子的藩篱，所以我们只能说它是一部奇人异书，容易让人记住，却很难称善。这一点，与真正的"武经"之首《孙子》相比，仍然有较大差距。

六、《乾坤大略》

这是一部专论战略的兵学著作，共十卷，加上《补遗》一卷，共十一卷。作者王余佑，明末清初人，以钻研兵法为己任。

该书主旨，作者曾在跋中曾明确指出："此非谈兵也，谈略也……至于选将、练兵、安营、布阵、器械、旗鼓、间谍、向导、地利、赏罚、号令种种诸法，各有专书，不在此列。"① 由此主旨出发，该书专论"王霸大略"，纵览天下之大势，探究帝王成败经验，为明朝统治者打败后金、扭转乾坤寻找方略。如果按照今天的眼光来看该书，它是一部战略学著作，所论为将帅之学，至于战役战术、治军之术、后勤补给等内容，其中涉及不多。王余佑所论战略学内容，既包括《孙子》中所说的"修道保法"，也包括"上兵伐谋"、"兵贵神速"和"以奇用兵"等。与《孙子》不同的是，在《乾坤大略》中，作者论述这些战略思想，更多结合的是历代经典战例。但是，书中征引战例时，并不恣意铺陈，不以叙述战史为目标。所涉战例或长或短，都是要言不烦，而且都有所本。比如卷一论"兵起先知所向"，强调的是战略目标选择，作者以唐太宗夺占咸阳和黥布攻取长沙为例，论述了选定战略目标和兵贵神速的重要性。再如卷二作者主要论述"兵进必有奇道"，强调的是"以奇用兵"，作者举出刘邦借助项羽在

---

① 《乾坤大略·跋》。

巨鹿力战章邯的时机,抓住机会乘虚攻占咸阳。这个战例非常经典,是奇正运用的成功典范。

《乾坤大略》所论战略原则也大多为《孙子》等书所发,完全出于作者创新的并不是很多,但它仍然是一部值得记住的兵书。该书短小精悍,专论战略,已经开始有意识地构建属于那个时代的战略学,在千年之前不免显出其可贵之处。

通观明代几部较具代表性的兵书,可以看出《孙子》等兵学经典影响的鲜明痕迹。从总体上看,明代的兵学成就不容忽视,但继承大于创新,而且所谓创新,也只是小范围和局部的,或者说,只是在某些细节上具体化,基本停留在"术"的层面。比如《投笔肤谈》对于"用间"思想的深入讨论,《运筹纲目》对于奇正理论的深入探究等。类似《兵经》这样的著作,虽说志在超越《孙子》等兵学经典,却也只能在形式上出新,在思想和原则上终究没有办法超越前人。

第二节 文人论兵:以四大儒为代表

明清时期的部分文人学者,延续了宋代文人论兵的传统,热衷于探讨兵学理论,并且不乏真知灼见。前面所列兵学著作,其中有不少出自他们的手笔。在儒学史上更有名气的,如王守仁、黄宗羲、顾炎武及王夫之等人,可称文人论兵的代表,下面对他们兵学思想进行简要介绍。

一、王守仁

王守仁是明代著名思想家和军事家,着力发展陆九渊的心学并成为心学的集大成者。因为他曾经隐居会稽阳明洞,又创办了阳明书院,故而人们习惯称其为"阳明先生"。王阳明不仅在儒学史上占有极其重要的地位,也因出色的军事实绩而受到世人称道。因为善于领兵作战,曾经成功平叛,王守仁一度被任命为南京的兵部尚书。我们从王守仁的军事活动实践,包括他所撰写的《武经七书评》等著作中可以看出,他对古代兵法有着深入的研究,而且也善于运用到战争实践中去。

在《武经七书评》中,王守仁对《孙子》、《吴子》等兵经做了要言不烦的评点,从中尤其可见他研习古典兵略的功力。比如说,对《孙子》的《火攻篇》,

王守仁点评道："火攻亦兵法中之一端耳，用兵者不可不知，实不可轻发。"①这样的点评，显然与孙子"非危不战"非常契合。相对于这种忠实的解读，王守仁也有自己的发挥之处，比如对《军争篇》，王守仁点评道："善战不战，故于军争之中，寓不争之妙。"②这是巧妙运用了《老子》的"不争之术"对《孙子》的"军争之法"进行解读，更突出和强调了"不争"的作用。

对于几部著名的兵学经典，王守仁也注意进行比较分析。比如说，对《孙子》、《吴子》这两部兵学经典，王守仁论述了其中区别：

> 《吴子》握机揣情，确有成画，俱实实可见之行事，故始用于鲁而破齐，纵入于魏而破秦，晚入于楚而楚伯。身试之，颇有成效。彼《孙子兵法》较《吴》岂不深远，而实用则难言矣。想《孙子》特有意于著书成名，而《吴子》第就行事言之，故其效如此。③

在王守仁看来，《吴子》相对于《孙子》更加实用，是一部立足于实战的兵法，而且在战场上也有实际功效。这个认识显然与很多人不同，体现出王守仁的独到见解。

至于《尉缭子》、《李卫公问对》这些兵书，王守仁认为，它们的价值要比《孙子》、《吴子》等而下之，所以选择评论的时候，他并不是每篇都评论，而是只选择一些在他看来有一定价值的篇章进行要言不烦的点评。比如说《李卫公问对》，王守仁认为它只能算是《孙子》、《吴子》的注脚而已："李靖一书，总之祖孙吴而未尽其妙，然以当孙、吴注脚亦可。"④从这些评语和态度可以看出，王守仁对古代兵学经典并不是一味盲从，而是有着自己独立的思考和独到的见解。将《李卫公问对》等当作《孙子》的注解，稍晚时期的茅元仪也有这样的认识，不知是不是从王阳明这里受到了启发。

王阳明曾自称书生，"不习军旅"⑤，但这明显是自谦之词。实际情形是，

---

① 《武经七书评·孙子》。
② 《武经七书评·孙子》。
③ 《武经七书评·吴子》。
④ 《武经七书评·李卫公问对》。
⑤ 《王阳明全集》卷十四，《辞免重任乞恩养病疏》。

他不仅下大力气精心研究过古代兵典和兵学理论，同时也善于在战场上灵活加以运用。除了儒者的身份之外，他同时也是一位善于指挥作战的军事家，在镇压江西一带盗贼和平定宁王朱宸濠叛乱的战争中，指挥明军取得重大胜利。战争前后，王阳明展示出他过人的文韬武略。虽说熟读儒家经典，但他没有受到儒家仁义道德的束缚，而是巧妙用兵，虚实相生。在看到形势不妙之后，甚至大胆运用伪造檄文的办法来威慑对手，体现出他过人的胆识和灵活务实的一面。

此外值得关注的是王守仁的"选兵"思想。他针对明军战斗力低下的弊端，主张大胆地选用民兵，甚至是实现"家家皆兵"和"人人皆兵"，以此推进明代兵制的改革。如果无法做到这些，也要尽量在民众之中选拔士兵，以此加强军队的战斗力。在征召到彪悍的民众之后，就需要立即教会他们掌握战斗技能，再推到战争前线。王守仁主张挑选民兵，但同时也对"选拣民兵"有着严格的规定和具体的规划："挑选骁勇绝群，胆力出众之士，每县多或十余人，少或八九辈，务求魁杰。"①此外，对于民兵的训练，王守仁也有苛刻的要求。对于这些未经战阵的民众，除了指定专门军事人才组织军事训练之外，也要在训练科目上精心设置："教习之方，随材异技；器械之备，因地异宜；日逐操演，所候征调。各官常加考校，以核其进止金鼓之节。"②应该看到，王守仁的这些做法，与先秦时期著名政治家管仲的"寓兵于农"之策多少有一些类似之处，嘉靖期间的抗倭斗争，已经转移大量招募民兵，其实也与王阳明的创始之功有关。就实际效果而言，大量吸纳民兵进入军队，无疑当时战斗力已经羸弱不堪的明军补充了新鲜血液，是一项非常具有针对性同时也是非常具有可操作性的新举措。

明清时期，能像王守仁这样深入研究兵法又能将用兵理论与战争实践很好地结合在一起的，实属少见。明末顾炎武和黄宗羲等大儒，虽然也曾深入钻研兵学，并且有着独到见地，却很难将理论与军事斗争实践结合在一起，因此也无法在反清复明的大业中有所作为。但他们习惯政制和兵制的探讨，也有发人深省之论。

二、黄宗羲

黄宗羲痛恨明朝末年的腐朽政治，深刻剖析和批判了封建政治制度。他认

---

① 《王阳明全集》卷十六，《选拣民兵》。
② 《王阳明全集》卷十六，《选拣民兵》。

为，秦汉以来的历代政治制度，都是皇帝为了保住一家一姓之私利而设，臣民都是帝王的奴才。帝王将天下视为自己的私产，对人民敲骨吸髓，残酷剥削，无非是为了满足自己的荒淫欲望，简单概括就是："以为天下利害之权皆出于我。"①所以，黄宗羲尖锐地指出，旧有专制制度下的君主，非但不是国家的领导者，反而成为天下之公害。

从反对旧有的封建政治制度出发，黄宗羲也对包括明代在内的历代兵制进行了反思。他对明代的兵制史进行总结，认为其中经过了三次大的变化——所谓"兵制三变"：从明朝初期的卫所之兵变而为召募制，到了崇祯、弘光间又变而为屯兵制。兵制上这种来回回的变化，虽说反映出统治者力图变革的想法，但是各种弊端始终难除。比如说，卫所之弊在于使得民众负担不断加重；召募之弊，在于"得兵十余万而不当三万之用"②；至于屯兵之弊，则在于"拥众自卫，与敌为市，抢杀不可问，宣召不能行"③。在兵制上存有这么多难以根除的弊端，明朝难免灭亡的命运。

令黄宗羲更为痛恨的是"重文轻武"政策，他曾发出这样的感叹："今日不重武臣，故武功不立。"④按照明制，总兵皆用武人，然而必须要听命和受制于督抚或经略，所以督抚、经略成为将领，总兵则最多只是偏裨之将，所以只是有将之名而无将之实。然而国家社稷之事，最为重要之事，莫过于将。如果各处郡县，都仰仗文臣及儒生去守卫，乃至只能驱赶市人而战，武将就此失去施展才能的机会，大片领土也就只能拱手送人，民众只能束手就擒。黄宗羲指出："器甲之精致犀利，用之者人也；人之壮健轻死善击刺者，用之者将也。"⑤武将的作用，就是能够将普通之人变成拥有技击能力的勇敢轻死之人，并使其能为戍边卫国发挥作用。

黄宗羲认为，唐宋之间，文臣和武将本可以"文武参用"，相互配合发生作用，但是到了明朝情形则为之大变："文臣之督抚，虽与军事而专任节制，与兵

---

① 《明夷待访录·原君》。
② 《明夷待访录·兵制一》。
③ 《明夷待访录·兵制一》。
④ 《明夷待访录·兵制二》。
⑤ 《明夷待访录·兵制二》。

士离而不属。"①统治者虽然达到了"犬牙交制,使其势不可为叛"②的目的,但"莅军者不得计饷,计饷者不得莅军;节制者不得操兵,操兵者不得节制"③的局面,也影响了指挥的顺畅性。而且,儒生久不为将,他们带兵打仗貌似豪健,却只能以阴谋为能事,战斗力严重欠缺——"究竟不当一卒之用"④,弊端多半由此而生。所以,黄宗羲认为正确的途径是"文武合为一途"⑤,既要使得儒生知晓兵书战策,在战场上充分发挥作用,也要使得武夫懂得亲民爱民才是用武之本,而不仅以粗暴为能,从而成为忠诚的卫士,永不背叛国家。

三、顾炎武

和黄宗羲相似,顾炎武也认为明朝的灭亡和失败与军制有关。为此,他写了《军制论》一文进行分析。顾炎武认为,明朝的军制与高祖的设计理念貌合神离,甚至完全背道而驰,所以才出现了不少问题:

> 今日之军制,可谓高皇帝之军制乎?其名然,其实变矣。……高皇帝云:"吾养兵百万,不费民间一粒。"自今言之,费乎不费乎?百万之兵安在乎?而犹以为祖制则然,此所谓相蒙之说也。⑥

至于顾炎武心目中的理想军制,则是"寓兵于农",而且只此一种。在他看来,所有将兵、农分开的军制,都违背了古代圣贤的意志,不是好的军制。顾炎武说:"尝考古《春秋》、《周礼》寓兵于农之说,未尝不喟然太息,以为判兵与农而二之者,三代以下之通病。"⑦很显然,顾炎武将三代军制认作"寓兵于农",视其为最为理想的军制,如果与其不合,则统统视为"有病之制"。这种观点是否正确,暂且不论,但他由此出发分析指出明朝军制所存有的弊端,还是

---

① 《明夷待访录·兵制三》。
② 《明夷待访录·兵制三》。
③ 《明夷待访录·兵制三》。
④ 《明夷待访录·兵制三》。
⑤ 《明夷待访录·兵制三》。
⑥ 《亭林文集》卷六,《军制论》。
⑦ 《亭林文集》卷六,《军制论》。

有道理的。在顾炎武看来，把兵与农分开，就是让一个人具有了双重身份，也就此多了一重职责，什么都想做，什么都做不好，反倒是误事。所以，顾炎武指出：

> 判军与兵而又二之者，则自国朝始。夫一民也，而分之以为农，又分之以为兵，是一农而一兵也，弗堪；一兵也，而分之以为军，又分之以为兵，是一农而二兵也，愈弗堪；一兵也，而分之以为卫兵，又分之以为民兵，又分之以为募兵，是一农而三兵也，又益弗堪。①

顾炎武所说的明朝军制变化情况，黄宗羲也曾述及，也就是"兵制三变"。在顾炎武看来，明朝军制的这些反复变化，带来的只是民众负担的不断加重，军队的战斗力非但没有得到增强，反而愈发下降。所以，变革越多，越是造成兵农分离，弊端也随之增多。因此，顾炎武认为只有进行一场彻底的变革，才能真正做到富民强兵，改变羸弱的面貌。

当然，在顾炎武看来，明朝不仅仅是军制出现了问题，在治军和管理方面也出现了严重问题。就治军而言，顾炎武格外强调了"本于廉耻"的治军思想。这些内容，古代兵书如《吴子》、《尉缭子》等都曾有论述，比如《吴子》曾说："凡制国治军，必教之以礼，励之以义，使有耻也。夫人有耻，在大足以战，在小足以守矣。"②在顾炎武看来，明军之所以战斗力不济，也是因为丢失了这些基本品质，所以他格外强调以这些内容作为治军思想的补充。顾炎武指出，"古人治军之道，未有不本于廉耻者"③，但明军将领，尤其是辽东边防的将领，追逐财富的欲望似乎永远无法得到遏制，无尽的贪欲使得他们失去了应有的战斗力，连绵不绝的辽东之祸由此而生。顾炎武认为不仅当时的武将不知廉耻，大量文臣也概莫能外，这个不知耻的文武群体，不可能有所作为。他的名篇《廉耻》正是由文臣的不知廉耻而引出的感慨。在明军连连吃到败仗的局面之下，各方人士都在积极寻找治军良方。顾炎武从传统治军思想中找到的是"廉耻"这个药方，遗憾的是，这一药方没来得及派上用场，明朝便灭亡了。

---

① 《亭林文集》卷六，《军制论》。
② 《吴子·图国》。
③ 《日知录》卷十三，《廉耻》。

四、王夫之

与顾炎武的一味崇古不同,王夫之对于军制的认识要相对客观一些。在王夫之看来,即便上古时期果真是"寓兵于农"的军制,这种军制也并非完美。而且古代的军制只对古代适用,对于今世并不一定合适。王夫之指出,如果完全按照古代的兵制建设今天的兵制,难免"病国而毒民"①。在王夫之看来,古代的战争,"步可有方,伐可有制,两无重伤,示威而已"②。这种作战规模和作战样式,仅与当时的军制相互适应。也就是说,上古时期,"一战之胜,不足以兴王;一战之败,祸不及于天下"③,而到了战国以降,战争观、战争性质及战争样式等,都已经发生了天翻地覆的变化。战国时期,"无不兵之农,无不农之兵",所以"寓兵于农"的兵制起到了特殊的重要作用,连吴起、白起这些将领在指挥作战时都力求屠城杀人,死伤无数,这其实也是"寓农之制未改,而淫杀之习已成"④的特殊时代,并不能说明"寓兵于农"的军制适用于各个朝代,具有永恒不变的价值。所以,这种"寓兵于农"和"兵农合一"的兵制,必须跟随时代而进行调整。

唐宋时期的兵制已经根据形势变化不停地做出调整和变化,但在王夫之看来,仍然存有不少问题。尤其是唐代的府兵制,表面上看是沿袭了隋朝的兵制,但在骨子里还是"兵农合一"。府兵称卫士,由各府从农民中选出,平时重在务农,农闲之时重在训练,战时则全力以赴投入战争。至于兵器、衣甲、和粮食等,也基本依靠各人自备。但是,这种兵制的弊病在于,当时已经完全没有了兵农合一这种兵制存在的环境和土壤。在府兵制建立之初,人人皆称其善,但真正等到战争来临,朝廷还是无兵可用,所以此后朝廷面对安禄山叛乱等危难时,无法进行有效应对。王夫之指出:"所谓府兵者,无益于国而徒以殃民。"⑤后人对于府兵制称赞较多,而在王夫之看来,这正是唐朝一切祸乱之源。

---

① 《尚书引义》卷六,《费誓》。
② 《尚书引义》卷六,《费誓》。
③ 《尚书引义》卷六,《费誓》。
④ 《尚书引义》卷六,《费誓》。
⑤ 《读通鉴论》卷十七。

至于宋代的兵制，王夫之认为问题在于"纵佚文吏，拘法牵縶"，这其实就是后人总结的重文抑武。王夫之说：

> 假杯酒以固欢，托孔云而媚下，削节镇，领宿卫，改易藩武，建置文弱，收总禁军，衰老填籍，孤立于强虏之策，亭亭然无十世之谋。纵佚文吏，拘法牵縶，一传而弱，再传而靡……①

宋太祖赵匡胤吸取唐代藩镇坐大的教训，采用"杯酒释兵权"的方法，罢免了各路诸侯的兵权。他虽然控制了军权，但自此之后也形成了将帅与士卒的分离，也就是指挥权与管理权的分离。加上大量冗兵导致军费损耗过大，宋朝军队的战斗力不升反降，边患也由此而连绵不断。赵宋王朝虽说也曾有变革图强之心，却没有勇气在体制上进行变革，无法及时地进行兵制的变革。宋不仅对付不了辽和金，甚至也对付不了西夏，最终竟然为蒙古人所灭。

在王夫之看来，明朝初期的卫所制，实则与宋朝军制相似，因此产生的弊端也与宋朝相似。在这种军制之下，卫所手中有兵，却没有调兵之权，兵部拥有调兵之权，却是手中无兵，由此导致整个指挥系统不畅，进而引发战场上一个又一个灾难。所以卫所制度实则是销天下之兵，只能暂时求得国内的安稳，却无法抵御外侮。事实上，在明朝建立初期，军队员额急剧增加，明太祖下令军队实行屯田制，以求实现"无事则耕，有事则战，兵得所养，而民力不劳"②的效果。应当承认，明太祖通过屯田制，确实暂时缓解了明朝初期养兵难的问题。但是随着情势的变化，屯田制不再适应当时的需要，弊端渐渐显露。所以对于屯田制，王夫之也一一指出其得失和利弊，希望统治者能够以史为鉴，最终找到一个更为合理的兵制。

王夫之对于兵制做了精心研究，也提出了种种设想，但完全事与愿违，明王朝的"兵制三变"越变越差，最终只能将大好江山拱手赠予他人。如果与黄宗羲和顾炎武进行对比，我们不难看出，王夫之对于兵制的研究明显更为深入，除了告诫人们应当以历史的眼光和发展的观点认识兵制之外，更要顺应历史发展和

---

① 《黄书·古仪》。
② 《明太祖实录》卷八十七。

战争需要，对兵制及时进行变革和调整。当然，究竟什么才是好的兵制，王夫之没有给出答案，但我们也应当对他的相关探索予以充分肯定。

除了兵制思想之外，王夫之对于相关军事的其他方面问题，比如战争观、战略战术等，也都有或详或略的论述，但这些内容相对缺乏新意。比如就其战争观而言，大体上仍不脱儒家见识，所讨论的无外乎仁义和爱民等；就战略战术而言，更是难免书生之见，而且本来也非其所长，故此这方面的讨论暂且忽略。

第三节 《武备志》和古典兵学的总结

中国古典兵学思想的发生和发展，虽有高低起伏，但经由历代军事家们的共同努力，使得古典兵学的发展呈现出周期性发展的面貌，也共同构建了一个丰富而灿烂的思想宝库。明代承接宋代之余绪，诞生了大量兵书。尤其是明代后期，《投笔肤谈》、《兵经》等一批重要兵书的出现，极大地促进了古典兵学的发展。在这种情况下，《武备志》对古典兵学进行的总结恰逢其时。

一、古典兵学在明代迎来转型的拐点

承接宋代之余绪，明代也诞生了大量兵书。尤其是在明朝后期，伴随着印刷出版的繁荣，兵书更是层出不穷。古典兵学的发展也于此时达到了另外一个高峰期。无论是兵书的种类和数量，还是战法研究的创新和拓展，都在这个时期有了很大的发展。加上其时火器技术的飞速进步，包括倭寇在内所制造的边防危机和海防危机，都大大刺激了兵学的发展。这时期诞生的兵书，举其著名者有《纪效新书》、《练兵实纪》、《投笔肤谈》、《兵经》、《筹海图编》、《武备志》，等等，至今仍然发挥着影响。这些兵书的出现，是古典兵学在其发展后期受特殊环境刺激而加速发展的结果，也显示出古典兵学在此时迎来了转型的良机。遗憾的是，这种快速发展的局面，包括古典兵学的转型和升级，都随着清入主中原和统治者对兵学的有意打压，而戛然而止。有清一代，始终再难出现诸如明朝后期这样兵书层出的盛况，更遑论古典兵学的转型。随着明清易代，古典兵学的正常发展步伐也被打断。

事实上，秦汉以降的很长时期之内，古典兵学都无法摆脱"后孙子者，不能

遗孙子"①的模式。明人茅元仪在《武备志·兵诀评》中曾对《孙子兵法》做过如下评价："先秦言兵者六家，前《孙子》者，《孙子》不遗，后《孙子》者，不能遗《孙子》。谓五家为《孙子》注疏可也。"仅就思想发展层面来说，用茅元仪这几句话对我国古典兵学史进行概况和总结，未尝不是精辟的允当之语。我们谈起古典兵学，说来说去，最终都免不了论及《孙子》。考察古典兵学思想的后期发展情况，基本也是沿着"祖述孙子"的轨迹前进。注释《孙子》一直蔚为风尚，能够跳出其藩篱的著作难得一见，敢于提出批评和挑战的，更是凤毛麟角。即便是在古典兵学非常发达的宋明时期，相关著述中仍然难以抹去《孙子》的痕迹。

如果以质量计，或者单纯以思想水准作为标准进行考察，明代兵学的思想高度未必能超过先秦和两宋。但是，如果单纯以数量计，古典兵学在明代无疑是发展到了一个顶峰期。通观古典兵学思想发展史，明代处于一个非常重要的特殊时期。考察明朝后期古典兵学的快速发展，以及军事科技的发展等，我国古典兵学理应在此时完成转型和升级。也可以说，从兵学思想的发展脉络上来看，明代更像是古典兵学迈向新生的真正拐点。但是，满族的入主中原意外打断了这种步伐，所以古典兵学真正迎来其转型机遇，还要再等上几百年，一直到晚清结束，这种转型才算真正到来。但是，在明代后期，古典兵学即已开始尝试完成总结。也可以说，明代后期的学人已经开始为这种升级和转型做着积极准备。《武备志》便是这种总结工作的标志性著作。所以，我们有必要对这部兵书进行重点介绍。

二、古典兵学的总结:《武备志》

《武备志》的诞生，对于明代兵学而言，无疑有着非常特殊的意义。茅元仪编撰此书的目的，虽说是志在为统治者寻求治国安邦之策，却恰好在一个特殊的历史节点，完成了对古典兵学的总结任务。在这个历史节点，古典兵学在经过长期的集权专制统治之后，行将彻底没落，也确实需要一个阶段性的总结。

(一)《武备志》的基本内容

茅元仪出身于书香门第，祖父茅坤为当朝进士，但茅元仪参加科举考试却屡

---

① 《武备志·兵诀评·序》。

试不中。此后他转而注重实学,专心研究兵略。经过十五年时间,博采两千多种图书,他精心撰成《武备志》。这是一部规模宏大的兵学巨著,刊行之后立即令茅元仪声名鹊起,不久之后便受到朝廷录用,受命跟随孙承宗,到了抵御后金的最前线。

《武备志》共分五个部分,分别是《兵诀评》、《战略考》、《阵练制》、《军资乘》、《占度载》等。其中,第一部分《兵诀评》,想必最为学习古典兵学的人们所熟知。之所以熟悉它,是因为在《兵诀评》中,茅元仪对《孙子》做了一句定评:"前孙子者,孙子不遗;后孙子者,不能遗孙子。"这句名言道出了《孙子》的影响和历史地位,一直为世人所认可和熟悉,由此而提升了《武备志》的知名度。

《兵诀评》共有十八卷。顾名思义,这部分内容是对古代兵学经典作品进行品评。作者选取《孙子》、《吴子》、《司马法》、《三略》、《六韬》、《尉缭子》、《李卫公问对》全文以及《太白阴经》、《虎钤经》部分内容,结合自己的研究体会,进行点评,借此阐发自己的兵学思想。

中国古代诞生了很多兵学著作,但是从《兵诀评》可以看出,能被茅元仪选入"兵诀"的著作,并不是很多,加在一起也不过九种,所谓"合九家而为《兵诀评》"。在这九种兵学经典中,茅元仪又推《孙子》为核心,将先秦其他兵学经典如《吴子》、《司马法》等视为《孙子》的注疏,至于《李卫公问对》、《太白阴经》、《虎钤经》等,则视作先秦几部兵典的传注作品。茅元仪在《兵诀评·序》中的一段话,对此阐发得非常清楚:

> 自古谈兵者,必首推孙武子……先秦之言兵者六家,前孙子者,孙子不遗;后孙子者,不能遗孙子,谓五家为《孙子》注疏可也。故首《孙武子》,次《吴子》,以其言核于诸家也。次《司马法》,次《韬》,次《略》,以备制也。次《尉缭子》,以其得用兵之意,可以辅诸家而行也。终之以《李卫公问答》,李筌《太白阴经》,许洞《虎钤经》,以其言皆所以申明六家。

可以看出,茅元仪虽也承认《孙子》之外其他各家的作用,但明显更加推崇《孙子》。通过这种非常特别的方式,茅元仪完成了对古典兵学的总结,梳理了中国古典兵学的源和流。《武备志》洋洋万言,其实都围绕这个"源流论"梳理而成。

第二部分为《战略考》，共三十三卷。这部分内容实则相当于战史研讨或者战例检讨。作者以时间为序，选取从先秦到元代各朝著名战略凡六百余例，检讨战略思想和战术设计等。作者认为："古今之事，异形而同情，情同则法通；古今之人，异情而同事，事同则意可祖。"由此出发，他注重在这些典型战例中寻找可资借鉴的战法，力求"每举一事而足益人意志"，为明朝的大小将领提供一份有关战略战术思想的教科书。

茅元仪所指"战略"，就其实际内涵而言，既包括我们今天习惯认同的战略内容，也包括习惯认同的战役战术内容。在《自序》中，茅元仪述及自己选择战略的标准：

> 古之战略，见于史传，或汇之成书而患于疏略，或署之以目而患于锁割。今循时而谱之，固有一事而备数法，亦有倚古而绎新者，皆可得也。

茅元仪所谓"战略"，大概相当于"奇略"，所以他选择战例的第一个标准便是"奇"：蕴含奇略。《战略考》所录战例，大都是借助奇计策奇谋取胜，所谓"弗奇弗录"，重点探研历代战争中的取胜方略，比如吴越争霸中勾践的卧薪尝胆之术，马陵之战中孙膑的减灶示弱之计，赤壁之战中的火攻奇袭，等等。除了"奇"的标准之外，茅元仪确定选择战例的第二个标准是：富有启迪性，战例所折射出的战术思想和战略构想等，能够"试之万变而不穷"[1]，至少可对当时的将帅有所启迪，充分强调战例的实用价值。这其实是以一种特别的方式，对古典兵略进行了一次较为系统的总结。

第三部分为《阵练制》，共四十一卷，分"阵"和"练"两部分，也就是各种阵法和各种选卒训练之法。

茅元仪将散在方册之中的各种古代阵图，用心收集在一起，并且尽量"陈异同之说"[2]，目的是使得明朝将领能够根据这些内容，自由地探索进退之方以及使用之法。就治军而言，尽管"古今异制"，但方法和原则并不会随之不停地发生改变，所以古代那些"习耳目"和"习手足"之法及赏罚之法等，仍然有值得借

---

[1] 《武备志》卷十九。
[2] 《武备志·序》。

鉴之处。对于这些内容，茅元仪也尽量收录整理，以期能对明军的教战有所裨益。

在"阵法"部分，茅元仪收录西周至明代散落史籍之中的各种阵法，每阵都有文字陈说和史料考证，并附有绘图。诸如诸葛亮的八阵、李靖的六花阵及戚继光的鸳鸯阵等，该书都有收录。与此同时，茅元仪将唐宋之间所伪托附会的各种阵法，一一予以辨正廓清，避免将领们由此而误入歧途。相关"选卒训练"部分，茅元仪分五个部分，详细记载和收录历史上各种选士、练卒之法，这五个部分包括选士、编伍、悬令赏罚、教旗、教艺等，涵盖了部队训练的基本方面。

无论是列阵之法，还是部队训练管理之法，茅元仪都进行了较为系统的整理和总结。而且，作者在选择和采录之时，一方面强调其中的实用性，有意地对更多唐宋之后的内容予以收录，一方面则强调通俗性，坚决去除那些故作高深之论，注意与士卒的文化水平相称。

第四部分为《军资乘》，共五十五卷，分营、战、攻、守、水、火、饷、马八类，重点讨论后勤补给问题。

在《武备志·序》中，作者曾道出这部分写作目的："并罗其法，使用者无缺，则疲卒可以当锐师矣。"在《军资乘·序》中，茅元仪再次指出，阵练和军资，都是战争所必备，仅仅明阵练而不明军资，无法打赢战争，所以将军队所依赖的各种军需物资完整列出，希望将帅能以此充当一本相关物资准备的手册。正是本着这一指导思想，《军资乘》的内容做到了事无巨细。举凡营房设置、行军补给、旌旗号令、攻守器械、火药配制、河海运输、战船战马、屯田水利、粮饷供应、战场医护等相关军资物资的各类事项，都有或多或少的涉及。就兵器而言，其中收录的各类攻守器具、战车火器等，就多达七八百种，仅火器类就收录近二百种，展示了古代后勤工作的一个侧影。

第五部分为《占度载》，共九十三卷，分"占"和"度"两个部分，对用兵作战涉及的诸如天文地理等事项进行总结和探讨。

茅元仪在《武备志·序》中说："占之言甚杂，杂则简其明中者，度事之烦，烦则撮其条著者，立谭之顷，而可以尽阴阳之变。"在冷兵器时代的古代中国，依托易学和阴阳学而建立起的兵阴阳非常发达，目的无非是希望由此掌握天文地理情况，甚至是"假鬼神以为助"[①]，希望以最小的代价获得战争的胜利。相关

---

① 《汉书·艺文志·兵书略》。

学问虽说不能完全视为无用之学，但是历代的演说也令其说越来越烦琐，从而流于荒诞不经和封建迷信。春秋末期著名军事家孙子已经认识到其弊端，开始号召"不可取与鬼神"①，但也不能阻止这种流弊的发展。茅元仪则希望通过他的工作，剔除繁芜，留下若干精华，以此实现"指掌之中，而可以料四海之形"②的目标，从而为将帅进行战争决策提供帮助。

所谓"占"，指的是"占天"，主要涉及天文气象，将影响战争的诸如风霜雨雪等情况搜罗殆尽。所谓"度"，即指"度地"，主要相关兵要地理，用今天的话说，就是军事地理学的内容。作者详细记载山川形势、关隘要塞、道里远近等情况，意在为将领行军作战提供帮助。当然，如果将这两部分内容，尤其是"占天"部分，与既往兵阴阳家进行对比，不难看出其中仍然不免繁芜不精。他在不自觉之中，也会将自然与人事紧密联系在一起，尤其会在天象与人事之间简单对应、简单联系，以寻求感应和征兆之类的解释。从这一点来看，《占度载》实则也是对古代兵阴阳学说的总结。

(二)《武备志》对古典兵学的总结

《武备志》共二百四十卷，二百万字左右，从战略战术、装备后勤等几个方面，对涉及军事问题的方方面面进行了总结和阐发。作者在自序中说，《武备志》的写作目的，是因为看到国家承平日久，"朝野之间，莫或知兵"，甚至于"以兵为弄"，"违天背地"③，所以要写一本足以敷用的军事著作，寻求治国安邦之策。可以看出，茅元仪每论必有所据，都是依据实际史事或战例，再结合时势和兵学理论做具体分析。该书体系庞大，条理清晰，内容丰富，被誉为无所不包的"军事百科全书"。其实，如果我们考察古代兵学思想发展史，尤其是古典兵学在明代的守成趋势，不难发现，《武备志》其实也是一部对古典兵学进行总结的兵学著作。

通过《武备志》，茅元仪不仅阐发了自己的兵学思想，同时也完成了对中国古典兵学的分类梳理和总结整理。而且，细察该书可以发现，茅元仪的梳理总结，多少受到了《汉书·艺文志·兵书略》的影响。这种"五分法"可能是尝试对旧有兵学思想体系进行革新，但最终没有成功。他的五分法，可以明显看出

---

① 《孙子·用间篇》。
② 《武备志·序》。
③ 《武备志·序》。

"兵四家"的影子。虽然不能建立起一一对应的关系，但是受《兵书略》影响的印记，无法轻易抹去。具体地说，《兵诀评》和《战略考》多属于兵权谋和兵形势，《阵练制》和《军资乘》所论多为兵技巧，《占度载》则大体属于兵阴阳。由此可见，《汉书·艺文志·兵书略》所建立的古典兵学范畴，无论是精神实质，还是实际内容，都没有被茅元仪从根本上消解。茅元仪只是换了一种方式，巧妙地重新进行了归类合并。《武备志》与《兵书略》之间，无论是就分类立项，还是就思想内核而言，都有很多趋同之处。

考察从《兵书略》到《武备志》的这个漫长周期，我们可以发现中国古典兵学虽说一直发展，但更多的只是在"术"的层面和战术细节上有所发展，至于一些基本思想和原则等，则没有跳出先秦兵学，尤其是《孙子》的藩篱。明代中晚期出现的若干具有创见的兵书，更像是一种回光返照。我们再重新回味茅元仪在《武备志·兵诀评》中对《孙子》的评价——"前孙子者，孙子不遗；后孙子者，不能遗孙子"，将越发觉得它确实抓住了中国古典兵学发展的内在发展规律。所以，用茅元仪的这句话来概括《孙子》对于我国古代兵学史所产生的影响，确实堪称允当：早于《孙子》的，《孙子》都充分予以吸收；晚于《孙子》的，都不免受到《孙子》的深刻影响。这多少折射出古典兵学在很长一段时间内的停滞不前。

三、从振兴到抑制：经学模式对兵学的影响

明代兵学没有办法取得突破性进展，其原因是多方面的：就政治气候而言，明朝的专制集权统治，容不得异见，不会给人们自由研究兵学留有太多空间；就时代背景而言，其时仍处于冷兵器时代的末期——火器虽已出现，却仍欠发达，因此战争样式变化无多；就明朝所处外部环境而言，大一统帝国建立之后，周边并无强劲竞争敌手，因此缺少必要的刺激和诱因；就兵学的研究群体来说，长期以文化水平不高的武人为主，研究能力存在先天不足；如此等等，不一而足。除了这些之外，经学模式的影响也不容忽视。明代兵学的长期不振，很大程度上正与这种经学模式有着直接的联系。统治者本希望通过这种方式选拔出合格的军事人才，甚至期待实现兵学的振兴。没想到的是，事与愿违，很长时间之内只能收到完全相反的效果。到了后期，武举模式不仅没有得到统治者所希望实现的兵学振兴，反而渐渐成为兵学发展的掣肘。

(一) 并不复杂的矛盾心态

宋代以后,兵学发展进入所谓"经学模式",《孙子》、《六韬》等兵学经典被立为兵经,疏解和阐发其思想要义,渐渐成为时尚。明代继承和发展了这种模式。但是,明廷的心态矛盾,既希望发展兵学,又担心兵学过于发达会对专制统治造成影响。明代兵学的发展历程,充分折射出了这种心态。

明朝建立初期,为了保证皇权专制,朱元璋罢宰相之位,行特务之政,大肆杀戮功臣,也制造了一个又一个恐怖文字狱。在这种政治背景之下,兵学研究不可能取得突破性发展。而且,与明代的专制统治相应,统治者即便是真诚地期待兵学的振兴,这种兵学研究也只能是在朝廷官学范围之内,由朝廷主导,而不会允许私家研究兵学。明朝自立国之初,便确立了这个基调。明代初期的兵学,或许谈不上研究,因为这时候的兵学多与武举考试相关联,基本局限于应试和注释。

客观地说,明廷希望通过武举考试选拔优秀军事人才的设想,在一定时期之内达到了基本目标。然而,在武举模式下,真正具有创新性和思想深度的兵学著作却难得一见。只有等到明代中晚期之后,这种武举模式逐渐废弛,伴随着思想禁锢的瓦解和文人学者大量参与论兵,兵学才算出现振兴的机会。有影响的兵书大抵都是明代中晚期出现,这既与当时抗倭救国的形势有关,也与政府对于兵书的管控有所放松有着直接联系。武举模式下的明代兵学,其发展过程无疑是值得兵学史学者深思的。

(二) 经学模式对兵学的贡献

明代于洪武二十年开始议立武举,明朝洪武三十年,明朝政府曾令兵部复刻元版《武经七书》,供将帅学习。到了建文四年初立武举,英宗皇帝于1441年正式推行武举,相关武举的制度逐步得到规范。朝廷希望通过规范的武举考试来选拔军事人才,《武经七书》本《孙子》由此而得到更为广泛的流传。明代相关《孙子》的书籍,其中不少重要作品一直流传至今。据统计,在明代诞生的千余部兵书中,相关《孙子》的就占据了二百多部。[①] 宋代热衷研习《孙子》等兵经的风气在明朝得到了很好延续,明朝政府推行武举的举措,直接推动了《孙子》等兵学经典的传播,各种应试教科书也由此而大量产生。相比宋代,明代

---

① 于汝波主编:《孙子兵法研究史》,军事科学出版社2001年版,第134页。

的武学科考更加规范和制度化，为应付策试而刊印的标题讲章之类，也在明代逐渐发展起来。刘寅的《武经直解》甚至被官方钦点为教材，成为法定的军事教科书，取得了难以替代的崇高地位。

为适应武举考试之需，一些学者将《武经七书》的兵学思想和理论观点抽选出来，制作成一道道的试题。于是，社会上就出现了各种满足应试者阅读需求的标题性、策题性兵书，和满足考生做基础性阅读的书籍，比如谢弘仪《武经七书集注标题》、赵光裕《新镌武经七书标题正义》、沈应明《新镌注解武经》、臧应骥《新镌武经标题佐义》，等等。这些参考书，将古代兵典的主要思想条理化、简单化、通俗化，便于考生记诵，对于传播古典兵学思想自然也会起到相当的作用。为了普及《孙子》等古代兵典，当时还诞生了不少相关的军事著作，比如《古今将略》等，对军事知识的普及也多少起到了作用。

军事知识和兵学经典的普及，为明代中晚期《孙子》研究、古代兵典研究水平的整体提升做了必要的铺垫工作。到了中晚期，明代总算涌现了一些富有创见的兵书作品，同时也诞生了一批注释《孙子》和《武经七书》的重要作品，比如郑灵、陈天策、曹允儒、黄献臣、李贽、何守法等人的相关注本，都曾影响一时，甚而对于今天人们研习《孙子》等古代兵典也不乏参考价值。

在经学模式下，从经典中寻找答案，渐成为人们投机取巧的一种办法。比如就著述来说，何守法的《投笔肤谈》，虽多少带有模仿《孙子》的成分，但终究不失为一部有思想和有价值的兵书。至于注释《孙子》等兵学经典，借以阐发军事思想大义，更是一种简单易行之策。著名抗倭将领戚继光等，也可以借助研习《孙子》，为抗倭军事斗争找到指挥作战的灵感。从戚继光所留下的《纪效新书》、《练兵实纪》等军事著作中，我们不难看出其系统研读《孙子》等古代兵典并深受影响的痕迹。

明代有几本相关《武经七书》的重要书籍，比如刘寅《武经七书直解》、赵本学《孙子书校解引类》等，至今仍然是研究古典兵学的重要参考文献。刘寅著述《武经七书直解》时，武举并没得到确立，甚至遭到朱元璋反对。可见刘寅著述是书，并不是要为武举考试提供教科书。也许正是因为没有武举的诸多束缚，他反倒因此能够自在专研，对于古典兵学的思想要义，每每有所发明。刘寅著作在明代形成了很大影响，甚至连赵本学这样隐居不仕、潜心研究兵学的独立学者，也对其钦佩有加。清代朱墉所著《武经汇解》收集旧注甚夥，但从中也可以明显看出刘寅的深刻影响。

刘寅、赵本学等人对《孙子》研究非常精深，不少阐释都富有创见。他们在《九变篇》、《军争篇》和《九地篇》找到不少莫须有的错简，并且大胆地对《孙子》版本做了删改。他们这种擅改行为得到了不少盲从，不注出处的改动版本行为从此大面积延续。这种贻害后世的行为，很容易对那些不明就里的武人将佐形成直接影响，其流弊甚至一直波及清代。何守法、茅元仪等人对此曾提出批评。

（三）经学模式对兵学的抑制

在经学模式之下，政府通过武举选拔将领，确实也曾达到了预期目标，至于印发相关教科书，对于培养和提升军官的军事理论水平，也曾有过一些贡献，但是历时既久，也对兵学的发展造成了不良的影响。这种影响到了明代中期，开始越发突显。

早在洪武二十年（1836），礼部曾经吁请设立武举，但遭到了朱元璋的明确反对。在朱元璋看来，这种模式下选拔和培养的人才会出现"偏科"现象，而他心目中的理想人才是文武全能，所以当即拒绝了礼部的这一请求。等武举真正建立并且得到长期发展之后，再重新审视便会发现，明太祖确有独到眼光，当时的担心和顾虑也并非完全多余。

武举设立初期，确实曾推动了朝野上下的尚武之风，也提升了兵学研究的广度。但是，在武举模式下选拔人才，需要的是通经致用，而在政府规定的非常有限的范围之内进行学习，则只能解读和注解，谈不上研究，更鲜有创新。即便是这些应试教材本身，其负面效应也非常明显。姑且不说它们从诞生之日起就带有着强烈的功利色彩，过于简单化的条块化梳理，也只能给学习者盲人摸象般的认知。因为教材面对的是文化水平相对较低的众多武人，文字上必然要求浅显易懂，然而，过于强调通俗化，又必然导致学理层次的下降。正是由于这个原因，明代兵书虽多，但大多仍停留在阐发和疏解层面，就理论深度和思想水准而言，并没有取得突破。

兵经和武举模式的设立，其实是借鉴了儒家的做法，但是相对儒家的经学模式而言，兵学的武举模式存有不少欠缺。且不说兵书立经相对较晚，缺少历史底蕴和理论厚度，就兵经的学习研究人员而言，也存在较大缺陷。兵经的主要研究群体是武人将佐。但是，武人将佐文化水平偏低，理论深度不够，创新无多。更为关键的是,在经学模式下,人们乐于从经典中寻找答案,而经典在被神化之后,难免会束缚人们的思维,将古代兵学经典的卓越思想教条化。

明朝初年的朱升在注释《孙子》时,特意强调要避免"胶柱鼓瑟",务求"机变妙于武子"①。说起来容易,做起来难,对于明代的武人而言,更是近乎苛求。但是,随着形势逼迫和明代边防的一再告急,彻底突破经学模式的禁锢,大力推动兵学发展便成为急务,兵学振兴总算到来。这半是因为其时思想禁锢已经大有缓解,半是因为危急的形势所迫,政府也要对兵学没落和国防颓坏进行反思,茅元仪这样真正潜心研究兵学的文人,戚继光这样投入边防和军队建设的将领,开始增多,有影响的兵书也开始逐步出现。

文人和武将,各自有着自己擅长的领域。就论兵而言,文人更具理论水准,更善于向学理深处钻研,武将则对这些学理性探讨兴趣不大,甚至会将其斥为书生之见和纸上谈兵。但是,就兵学的提振而言,学者论兵和文人论兵,显然缺一不可。事实上,正是因为大量热爱兵学的文人学者的积极参与,古典兵学才终于在明代中后期恢复了思辨性,提升了战略思维的深度和战术变化的多样性,也实现了对古典兵学的真正回应,并取得了若干成就,诞生了一批重要的兵书。

当然,古典兵学几乎是在明代国运逐步转衰的同时,逐步迎来了重振,在当时朝纲败坏、内外交困的大背景之下,完成不了拯救明朝统治者的任务,尽管如此,对于古典兵学而言,却别有一番意义。如果从思想史的角度来考察,明朝前期呈现出僵化而沉闷的局面,明朝中后期,像王守仁、李贽、顾炎武、黄宗羲这样有独立思想的文人学者逐渐增多,思想界的解放运动也呼之欲出。考察古典兵学思想的发展史,其状况大抵与之合拍。《投笔肤谈》、《兵经》、《阵纪》、《运筹纲目》、《武备志》等兵书的出现,恰恰如同"回光返照"一样,也与晚明时期的思想大解放密不可分。它们的出现,虽说改变不了古典兵学的整体守成趋势,更拯救不了传统兵学的进一步没落,但在当时的情势之下,毕竟也属难得。

---

① 《朱枫林集》卷三。

第十四章

海防战略与戚继光的兵学贡献

第一节 海防新局面及其对兵学的刺激

中国的地理特点是西高东低，西边多为崇山峻岭，东边则有着漫长的海岸线。自先秦以降，我国的边患多来自西北和北部，东部沿海地区则鲜见外族袭扰。茫茫的深海大洋，俨然成为一道天然屏障，日夜守护着华夏民族。这种情况下，中国渐渐成为"有海疆，无海防"的国家。总体来看，明代之前的水战，多集中于内陆湖泊和大江大河，海上的行军和作战则较少出现。也就是说，水军只能长期作为陆军的陪衬，并不能成为战争的主角。而国人则长期受这种观念和意识支配，"不惟不知海上之害，而且完全忽视了海上之利"[①]。这种状况一直到了明代才发生根本改变。茅元仪说："海之有防，自本朝始。"[②]清人蔡方炳也说："海之有防，历代不见典册，有之，自明代始。"[③]在明代，伴随着世界航海技术的迅猛发展，来自海上的威胁逐渐增多，以倭寇为主的各种盗寇，长期袭扰我国东部海疆，引起海防形势发生变化。明朝统治者不得不在国防战略上进行调整，重新整合防卫力量，致力于发展水军，提升海防能力和水平，由此而形成了较为完整的海防战略和较为系统的海战战法。

一、明代的倭患

水军曾对朱明王朝的建立起到过重要作用，比如朱元璋击败陈友谅的关键之

---

① 王尔敏：《清季兵工业的兴起》，广西师范大学出版社2009年版，第55页。
② 《武备志》卷二百零九，《海防》。
③ 《广舆记·海防篇》。《南澳志·海防》也说："海之有防自明始也。"虽则也有史料显示"海上之有戎，盖自汉代始"（《海盐县图经·兵卫》），但这终究无法和明代相提并论。"有戎"并不代表就有海防。

战——鄱阳湖之战，就是依靠水军的以少胜多而扭转了战局，由此奠定了定鼎中原的基础。也许正是这个背景，明代统治者在初始阶段其实非常重视发展水军，不仅船舶的建造技术突飞猛进，相关船舶的火器等武器配套也非常精良。永乐年间，朱棣派遣郑和七下西洋，更是宣示明朝自此成为一个海洋大国。明代的航海技术一度领先于世界各国。但是，倭寇的大规模袭扰，令明代不得不长期实行海禁政策，将海洋大国的地位拱手放弃。

明朝初年，甚至在元朝时期，倭寇其实已经开始在中国东部沿海地区进行袭扰掠夺。海盗肆虐之时，统治者被迫实行海禁。所谓海禁，其实是明朝统治者从元朝学得的经验。但是，元代统治者的海禁尚且有禁有开，区别时机和季节①，而朱明王朝的海禁则几乎贯穿明代终始，从洪武年间开始，一直延续到明代灭亡。两百多年内，只是间或有所松动。

据《太祖实录》和《明史》记载，明代在洪武四年就下令实施海禁，不仅"海民不得私出海"，海道因为"可通外邦"，也被禁止往来。②"片板不许入海"③的严令，出自清代修撰《明史》，容或有所夸张，却能和明代相关律令求得对应，能够部分反映其时严令禁海的实情。在《大明律》中，相关禁海的法律非常严苛，如果有人胆敢违反规定出海，将会受到非常严厉的处罚。不管是军士，抑或是普通民众，都被一律禁止下海，即便是近海渔民，都不得随意进入港口，擅自与夷人进行交易。如果交易朝廷所严令禁止的物品——比如兵器等，查处后更会被处以极刑。应该承认，明朝这些相关海禁的严令，短时间内收到了一定成效，对辅助海防、抵御倭寇袭扰起到了些许作用，但正所谓物极必反，这些极端封闭的禁令，为明代中后期倭患的大规模爆发埋下了祸根。

就明代海禁所产生的影响，已有很多学人进行过总结和研讨。从世界范围来看，由于明朝统治者长期闭关锁国，失去了与当时已经悄然崛起的西方列强交流和学习的机会。这些西方海洋大国，掌握着先进的航海技术和火器等，先后远道而来，寻求经商和发展，都被明朝统治者拒之门外。在经过长期封闭之后，明王朝全面落伍，全面倒退，终于被清取而代之。

---

① 有学者总结为"四禁四开"，详见陈高华：《元代的海外贸易》，载《历史研究》1978年第3期。

② 参见《明太祖实录》卷七十。

③ 《明史·朱纨传》。

由于长期推行海禁政策，沿海居民的生活变得更加贫困和拮据。在这种情况下，渔民为了求得生路，反而会铤而走险，尝试与倭寇联系，进而违反禁令下海。这就是顾炎武所总结的"穷民往往入海从盗，啸集亡命"①。从胡宗宪的一份奏疏，也可以看出当时侵扰边民的倭寇中，"沿海居民实居其半"②的情形。大家所熟悉的著名倭寇首领，如汪直（又名王直）、陈东、徐海等人，其实大都是汉人。这些汉族倭首，因为对内地的地形及沿海守卫情况都非常熟悉，一旦成为倭寇的帮凶，就会给明军的抗倭行动带来很大麻烦。倭寇远道而来，与汉人争利，却因为众多汉人和沿海居民的接济和参与，声势变得更加浩大，危害更加剧烈，局面更加难以控制。

明代洪武至永乐年间，倭寇袭扰事件不断。有专家统计，这期间倭寇袭扰事件以针对浙江的最多，共十六起，其次则为山东九起，南直隶六起，福建五起。③而这些袭扰事件中，虽有不少真倭，但已经有汉人假冒倭寇劫掠民众的现象发生。明代中期之后，尤其是嘉靖年间，倭寇内中国人的比例已经在逐渐增大，以至于《世宗实录》记载："盖江南海警，倭居十三，而中国叛逆居十七也。"④此说可能存有夸张成分（因为当时抗倭所抓捕的寇贼中，有不少确系真倭），但也从一个侧面反映出当时的抗倭形势发生很大变化：不少汉人或迫于生活压力，或受到利益驱使，已经开始大量接济倭寇，或是直接参与其中，甚至伙同倭寇攻城掠寨，残害边民，抢劫财物。甚至有倭寇首领本为汉人，但他们长期雇佣倭贼，为害海上，一直与明廷对抗。对此，郑若曾的《筹海图编》说得非常清楚："许二、王直辈通番渡海，常防劫夺，募岛夷之骁悍而善战者，蓄于舟中。"⑤王直是安徽歙县人，由商而盗，一度称"徽王"，因为不满朝廷海禁政策，便啸聚海上，委身倭国。

明朝倭寇猖獗，其实与海防的颓败相因果。由于嘉靖中期之后，沿海的防御体系败坏，倭寇不间断的袭扰已经给沿海各地造成了严重损害。明代初期，虽则沿海地区也曾不间断地受到袭扰，但因为朱元璋重视海防并施行了严厉的海

---

① 《天下郡国利病书》卷二十六。
② 《明经世文编》卷二百六十六，《胡少保奏疏》。
③ 宋烜：《明代浙江海防研究》，社科文献出版社2013年版，第333页。
④ 《明世宗实录》嘉靖三十二年十月壬寅。
⑤ 《筹海图编》卷十一，《叙寇原》。

禁，海防卫所及巡海会哨制度都能起到作用，所以倭患尚且在可控范围。永乐年间，明代水军力量空前发展，郑和七下西洋便是海洋实力空前提升的极好明证。至于永乐十七年（1419）的望海埚大捷，更是基本肃清了沿海边患，确保明代有一个较为安宁的东部海疆。但是，到了明代中期之后，由于承平已久，巡海会哨制度基本遭到废止，海防卫所也大量颓坏，甚至出现了大量军士逃亡的现象。倭寇抓住这个时机沉渣再起，在中国东部沿海地区烧杀抢掠，无恶不作。倭患由此变得尤为突出，严重危及国家安全。嘉靖、隆庆年间，明朝政府痛定思痛，大幅整饬军务，加强海防建设，并适时发动一系列大规模决战，这才彻底解决了长期困扰东部沿海的倭患问题。

二、海防建设：装备建设和将帅选拔

纵观整个明代，整个海防几乎都因倭寇而起，因倭患而设。倭患的严重与否，除了与明朝国运直接相因果之外，也与统治者对海防的重视程度，以及相关海防策略得力与否直接相关。

明朝建立之初就面临着倭寇的袭扰。当时，朱元璋拥有强大的陆军和水军，雄厚的军事实力足以抵御一切侵扰，但他并不把一切都寄望于武力。除了积极布置海防体系之外，他非常注意展开外交手段与日本积极交涉，甚至在建国的当年就派遣使者出使日本。当然，朱元璋的这些努力一再遭到失败，不得不转而通过海禁政策和严密的布防来解决倭患。

朱元璋下令建立严密防御体系，沿海地区设立卫所，并建设与之配套的城寨、巡检司、烽堠关台等。据统计，洪武一朝在沿海各地（包括长江下游）共设立五十九卫八十九所，两百处左右的巡检司和九百处左右的烽堠。① 绵延不断、大小相间的军事设施，在沿海地区布置了一道严密的防线。与此同时，朱元璋下令加强水军建设，大力发展造船业，直至达到沿海卫所每百户置船两艘的标准。明朝初期的造船业非常发达，达到了中国古代造船史的顶峰，见诸文献的船只种类就有三十多种，仅大型战舰就有楼船、蒙冲、走舸、斗舰等许多种类。② 不仅如此，水军配置的武器，也是当时最为先进的，既有大量的冷兵器，

---

① 杨金森、范中义：《中国海防史》，海洋出版社2005年版，第91页。
② 张铁牛、高晓星：《中国古代海军史》，解放军出版社2006年版，第176页。

也有各种先进火器。火器之中，既有先进的管形火器，也有火箭、火砖等燃烧性火器和震天雷等爆炸性火器。因为统治者重视，明代初期的沿海防卫体系较为完善，海防形势较为稳定。郑和成功七下西洋，成为明代初期水军建设取得卓越成就的最好注脚。

永乐年间，朱棣决心改变被动防御的局面，不仅渐渐废止海禁，还大量派出使者，与东南沿海诸国建立联系。从永乐三年（1405）至宣德八年（1433），三宝太监郑和率领强大的舟师先后七次远航西洋，书写了中国航海史上辉煌壮丽的一页。郑和曾长期跟随军队出战，富有军事才能，他率领的舟师完全仿照军事组织编队，战舰先进，装备精良，队伍素质也高，故而能够出色地完成永乐皇帝所布置的远洋出使任务。朱棣积极发展水军，重视海防建设，也收到了很好的回报。永乐十七年（1419），明军在望海埚大捷中，一举斩杀倭寇千余人，声威大震，改变了抗倭形势，至少使得倭寇多年不敢再窥伺辽东。

遗憾的是，永乐年间发展海洋大国的这种积极态势并没有得到很好的延续。由于政策失当，治术欠缺，倭患在嘉靖年间重新复发，并在嘉靖三十年之后，变得更加肆虐。面对日益严重的倭患，朝廷不得不及时调整兵力，加强海防力量，并整顿机构，筹集战船，布置严密的御倭措施。

为加强组织领导，朝廷任命朱纨提督军务，负责浙、闽海防事务，结束了上述二省长期各自为战的松散状态。朱纨到任之后，按照朝廷的旨意，严格执行海禁制度，加强军队训练，并结合整顿里甲制度布置严密纠察，并且缉捕私通海盗的富商巨贾，试图以此来断绝倭寇在沿海和内地的援助。朱纨勇于任事，在他的努力下，倭寇不断袭扰的态势得到了有效遏制。但没想到的是，不久之后，朱纨遭到群小陷害，并就此愤而自杀，加上朝廷政策也左右摇摆，致使倭寇比前期更加猖獗。这种情况下，王忬于嘉靖三十一年提督军务，巡抚浙江，俞大猷、汤克宽受到王忬重用，因为朱纨案受到牵连的卢镗等人，也被重新任用。

为了提高指挥效率，在受到倭寇重点袭扰的东南沿海地区建立起统一的军政机构，明廷决定在浙江设立总兵、副总兵、参将等武职官员，就此开始明朝兵制的改革。刘远、俞大猷、卢镗、戚继光、刘显、汤克宽等人，先后被任命总兵或副总兵。嘉靖三十三年，张经被任命为总督，不久又被任命为右都御史兼兵部侍郎。张经鉴于卫所军士兵的畏战情绪浓厚，决定调来外地士兵前来东南沿海，并且加强士卒的训练。虽说张经也只任职一年，次年即被逮捕下狱，但他的有些做法得到了继任者的继承。

胡宗宪在总督任上最久,长达六年九个月,他的抗倭方略因此得到了较好的贯彻施行。著名抗倭将领戚继光,因为得到胡宗宪的支持,得以自主招募兵员。戚继光主持军事训练,不仅要求严格,而且非常得法,不仅强调练心、练胆,也强调练耳目、练军阵,就此打造出令倭寇闻风丧胆的戚家军。后来,戚继光率领这支精锐之师从浙江打到福建,再从福建打到广东,为抗击倭寇做出了重要贡献。

装备建设是抗击倭寇的必备保证,因此也需要朝廷早定决心,早做谋划。抗倭的准备中,最重要的是战船,其次则是火器。

明朝初期,由于造船业非常发达,水军的大小战船性能非常优良,但到了嘉靖中期,沿海各地的水军战船破损现象已经非常严重,根本无法满足战争的需求。面对困境,朱纨等人只得大量征集和购买民用船只,经过一番简单改造之后便立即投往战场。为了提振士气和壮大军威,有时不得不花高价购买南海大船,充当军舰或旗舰。俞大猷和王忬等人主张出海作战,这无疑对战船的数量和质量有了更高的要求。明廷只得继续大量征调民船和兵夫,并在苏州和福建等地开始兴建大型战船和各种适合近海作战的舰船。亡羊补牢,未为晚矣。明廷及时兴建的这些舰船,很好地构筑起了满足攻防需求的舰船体系,对最终成功击败倭寇起到了关键性作用。

嘉靖时期,明朝政府已经开始意识到西方火器的先进之处,并开始学习西方的佛郎机和鸟铳技术,对管形火器进行了较大幅度的改进,使得射程更远,威力更大。至于燃烧性火器和抛射性火器等,也都想方设法在各个细节上予以改良,使得其作战性能得到提升。比如说,当时发明了竹管藏火技术,通过设计竹管,来保护燃烧的火药引线不被风吹灭、不被水浇灭,这样便可以避免炸药过早暴露,同时也能有效保证炸药的质量,适当提升爆炸威力。

第二节 海防战略

有明一代,倭患时起时伏,甚至在一段时间之内对边境安全构成了严重的威胁,但在朝野上下共同努力和顽强抗击之下,东南沿海的边患最终得到了有效化解。在军事实力非常强劲的明朝初期,抗倭尚且不足以成为难事。但在国力和军力都已日趋衰退的明朝中晚期，抗倭能够取得完全成功，则更显难得。除了前述构建海防体系和发展武器装备等几方面因素之外，明朝相关海防战略的构想及海战战法的设计等，都不乏可取之处。

明代的海防战略思想，是在抗倭过程中逐渐得到完善的，反过来也对抗倭起到了很好的指导作用。在明代，尤其是嘉靖以后，很多军事理论家都深入探讨了海防理论。严重的倭患逼迫人们深入研究海防理论，探讨海战之法。据统计，在明代后期的百年间，专门论述海防地理、设施和方略的著述就多达百种。① 其中以郑若曾所撰《筹海图编》、《海防图论》、《江南经略》，以及邓钟《筹海重编》和王在晋《海防纂要》等最为著名。在经过多次论争并经战争实践检验之后，嘉靖年间明廷相关海防的战略思想已经渐趋完整，其要点有三：一是海陆并重；二是攻防结合；三是军民一体。

一、海陆并重

所谓海陆并重，其实是将决战海外及近海布防与海岸布防很好地结合在一起。明代立国之初，方鸣谦就曾建议将防御阵地拓展到海外："倭海上来，则海上御之耳。"②方鸣谦此论受到朱元璋的重视，此后汤和奉命在东南沿海建立卫所、构筑海上防线，但是，如果联系明廷此后大规模实施海禁等情况，海外御敌的思想其时并没有得到完全贯彻。到了永乐年间，朱棣大力发展水师，派遣郑和远下西洋，并且适当解除海禁，所贯彻的恰是"海上御倭"的构想。明代中后期，尤其是嘉靖年间，随着倭寇袭扰力度的加大，到底是海上御敌，还是固守海岸，重新成为军事家们亟待研究的论题。

俞大猷积极主张在海上御敌，他说："倭贼之来必由海，海舟防之于海，其首务也。"③胡宗宪也主张"制寇于海洋"，并且极力主张恢复"巡海会哨"制度。唐顺之指出："御贼上策，当截之海外。"④他们这些主张，得到了总督王忬的大力支持，并且赢得如兵部尚书杨博等朝臣的认同。明廷此后大规模建造船只，大力加强水军建设，多少与这些前线御倭将领的诉求相关。一番努力之

---

① 秦天、霍小勇：《中华海权史》，新华出版社2013年版，第86页。
② 《明史·汤和传》。
③ 俞大猷：《正气堂集》卷七，《议水陆战备事宜》。
④ 《明史·唐顺之传》。

后，虽说并不能实现俞大猷所希望的"水兵常居十七"①的目标，却也多少改变了此前军备松弛、装备颓坏的局面，奠定了御敌于海上、固守重要海口的基础。

以当时明军的水师实力，海上御敌其实存有不少困难，不仅是战船损毁严重，难以满足出海作战要求，就连大多数官兵也缺少航海经验，甚至根本没有海战经验，与一贯在风浪里出没的倭寇相比，确实不占优势。故此，谭纶、戚继光等人主张放弃海上御敌，干脆退守陆地。谭纶指出，海战存有"万里风涛"、"贼预知趋避"、"难于声援"和"（将士）掩功讳败"等四个弊端，故此他主张"内海之外，止可出哨，不能设守"②，进而反对在海上与倭寇作战。戚继光虽主张"水陆兼司"，却更强调"陆战尤切"③。事实上，戚继光不仅是这么主张的，而且在实际抗倭战争中也很好地贯彻了这一思想。其抗倭的主要实绩，有不少发生在陆地，多能与这种思想方略保持一贯。

面对上述论争，有不少人主张将二者统一起来。比如说朱纨、张经等人。他们主张海陆一体，以陆防配合海防，建设立体式防御体系。朱纨指出："不革渡船则海道不可清，不严保甲则海防不可复。"④基于这个理念，朱纨主张既大量准备战船，也建立严密的保甲制度，力求使得海防与陆防很好地融为一体。如果短期之内战船无法满足海上作战需求，则暂时以陆地布防为主，但应该积极建造大型舰船，做好各种前期准备，由近海再发展至远洋，最终实现出海决战。这样便可以既御敌于海洋，也固守于海岸，既坚守重要海港，又死守重要内河，最终实现彻底消灭倭患的目标。御海作战与固守陆防两种理论，其实也是特定时期的产物，受制于其时明廷的海防力量，所以，各有其特定的历史作用，并且难定是非，但不可否认的是，只有将陆防和海防完美地结合在一起，而不是偏执于一端时，明代的海防战略理论才可求得相对完整和饱满，抗倭斗争也才算真正进入了一个新阶段。

二、攻守结合

所谓攻守结合，强调进攻和防守的有机结合，既寓守于攻，也寓攻于守。

---

① 俞大猷：《正气堂集》卷十六，《恳乞天恩赐大举以靖大患以光中兴大业疏》。
② 《经世文编》卷八十三，《海防上》。
③ 《纪效新书》卷首，《任临观请创立兵营公移》。
④ 《明史·朱纨传》。

无论是岸防,还是海防,都不是一味死守,而是抓住时机果断出击,消灭敌人。

明代相关海禁的争论,其实质仍然是攻守问题。就海防建设而言,长期实施海禁其实是一种相对保守的退守策略。明朝初期的海禁对于海防曾起到过一定作用,但随着时间推移,便渐渐显示出众多弊端。比如说,阻断了与外界的联系,损失了巨额的海外贸易,失去了走向世界的机会,进而逼迫沿海居民铤而走险,违禁下海,甚至大胆接济倭寇。就抗倭而言,单纯的海禁和退守,最多只能防止倭寇靠近海岸,并不能消灭倭寇的武装力量,也即无法从根本上消除倭患。

永乐年间,朝廷部分解除海禁,并且派出船队出海,在体现积极进取的开拓精神的同时,也很好地宣扬了海洋实力,及时地宣示了海洋主权。这种积极开放的态度,可说是以攻代守。在这个水师实力极大张扬的时期,倭寇自然也就不足为患。到了明朝中后期,海禁与抗倭紧紧捆绑在一起,同样也是看重其对于防守的意义。王忬、俞大猷等人主张"严海禁",但是谭纶等人则强烈反对海禁,认为只有解除海禁才可以收拢沿海居民的民心,消除倭寇在陆地的根据地,赢得抗倭的主动权。也就是说,表面上的若干松动,反而会增强海防的伸缩性和张力,防守之术反倒可以得到更好贯彻。

春秋末期的著名兵书《孙子兵法》曾深刻讨论了攻守关系,强调进攻时务必要追求"攻其无备,出其不意"①,但也看重防守之术,注重"先为不可胜,以待敌之可胜"②。明代海防战略思想借鉴和发展了孙子的攻守理论,同样强调攻与守的结合。比如郑若曾在《筹海图编》中,深入分析了海战和海防的攻守之道:

> 攻之中有守,守之中有攻。攻而无守,则为无根;守而无攻,则为无干。③

在这里,郑若曾以树木的根和干为喻,巧妙地论述了"攻"与"守"须臾不可分离的辩证关系。这些论述形象而又生动,深得兵圣孙子的兵学三昧。

---

① 《孙子兵法·计篇》。
② 《孙子兵法·形篇》。
③ 《筹海图编》卷十二,《经略二·严城守》。

郑若曾接着以守城为例,继续进行深入讨论:

  一城之中,不下数万家,若定守之而不外攻,围困日久,食尽兵罢,寇虽不攻而我亦自溃矣。①

就守城而言,即便是城墙非常坚固,可以确保不被攻破,也要适当发起反攻。毕竟城中粮草有限,如果一味死守,放弃进攻,那最终只能迎来溃败。所以,正确的防守之术是,一定要在强调固守的同时,不忘适时组织反击。即便是兵力明显处于劣势,也要派出精锐之师对敌实施袭扰,使其无法专心攻城,进而寻找突破和反击良机。

明代一些著名的抗倭战例,诸如剿灭徐海、擒拿汪直、舟山大捷和台州大捷等,其实都是很好地处理了攻守关系,先做好防守,再适时出击,并且果断与倭寇展开海上作战、岛礁作战,从而能够更好地发挥出明军战船优势和兵力优势,最终取得不错的战绩。在这些战例中,明军都不曾一味死守,而是抓住时机果断发起迅猛的攻势,甚至是适时出海作战,寻求消灭敌军的机会。由此可见,只有将攻守问题解决好,坚决果断地发起进攻战,才能真正消灭倭寇的有生力量,彻底地消除倭患。

三、聚揽民心

所谓军民协同,是指军队和民众密切协同,联合完成抗击倭寇的任务。在《孙子兵法·计篇》中,孙子认为影响战略决策的重要因素一共有五个:道、天、地、将、法,合称为"五计"。这"五计"中,"道"是位列第一的最为重要的因素。所谓"道",作者解释为"令民与上同意也"。也就是说,作为一国之君,必须要努力赢得民众的拥护,做到政治清明,赢得民心。"道",其实是孙子战略思想的重要内容。明代海防起初并未关注此项内容,因而屡遭失败。后期吸取教训,转而非常关注"道"的内容,强调军民协同,遂能在明朝中晚期抗倭战争中赢得转机。

明朝中期以后,政治愈加腐败,军备日益废弛,尤其是长期的海禁,更是引

---

① 《筹海图编》卷十二,《经略二·严城守》。

发沿海居民对政府的强烈不满，大量沿海居民迫于生计，纷纷依附倭寇、接济倭寇。这也是明朝中晚期倭患愈演愈烈的重要原因。郑若曾在分析倭寇成分时指出："今之海寇，动计数万，皆托言倭奴，而其实出于日本者不下数千，其余皆中国之赤子无赖者入而附之耳。"①由此可见，在政治晦暗的时期，正是因为"道"的问题没有解决好，民众不仅不会服从政府、支持政府，反而会走到政府的对立面，损失惨重，教训深刻。

面对这种形势，使用政治手段和经济手段抚慰民众、收揽民心，便显得非常迫切而重要。明廷开始减免赋税，力争使得百姓能够安居乐业，而不必依附倭寇求生。海禁政策虽仍在延续，但是渔民在近海捕鱼则不被完全禁止。此外，政府也加大了惩处贪官污吏的力度，选用良吏，体察民情。总之，政府花了很多力气"行宽大，布恩信，问疾苦，时拊循"②，着力改变政府形象，抚慰民众。不仅如此，对于那些已经加入倭寇的民众，如果能够归降，则一律既往不咎，以此来求得对倭寇的分化和瓦解。

在抗击倭寇到了关键的时刻，明朝政府非常注意利用倭寇造成的危害，号召沿海居民团结起来保家卫国。他们将沿海地区的民众组织在一起，加强训练，与政府军协同配合，组成一支抗击倭寇的联合力量。当时，针对沿海卫所军队战力较弱的情况，政府一面征调客兵，特别是来自两广和湖广等地的狼兵③、土家兵，一面则是在沿海地区大量招募乡勇，调动他们的积极性，号召他们组成乡兵，各保其乡。戚继光和俞大猷意识到卫所之兵缺乏战斗力，客兵战斗力强却难以驾驭，于是大量招募当地民众，组建成戚家军和俞家军。戚继光说："堂堂全浙，岂无材勇？诚得浙士三千，亲行训练，比及三年，足堪御敌。"④当他提出这个想法时，身边人都不能理解，甚至会哄笑嘲讽。但事实证明，他的眼光非常独到，也慢慢地为上司和同僚所接受。沿海居民在经过严格的训练之后，在抗倭战争中发挥了积极作用。嘉靖以后，募兵制越来越受重视，成为世军制的重要补充，应该说与戚继光等人募兵抗倭的成功实践有关。

大量征调民船也是抗倭的保证，征调之所以能够顺利展开，也是依靠政策手段

---

① 《筹海图编》卷十一，《经略一·叙寇原》。
② 《明世宗实录》卷四百一十三。
③ 专指广西招募之兵和自卫武装，彪悍勇武，战斗力强，却也较难管制。
④ 《戚少保年谱耆编》卷一。

和广泛发动,赢得了民众的支持。当时,明军所拥有的战船大多年久失修,或损毁严重,短期之内又来不及兴建新的战船,只得大量征调民船,这也得到了部分渔民的支持。有些渔民根据政府的折价,将渔船献给明军抗倭之用。有些渔民则充当了兵夫,发挥他们熟悉近海地形和天候的优势。

第三节　海战战术

明代抗倭战争,既有陆地作战,也有海洋作战。相关陆地作战之术,国人并不陌生,春秋末期已有《孙子兵法》这种详论陆地战术的著作诞生;但是海洋作战,祖先未传其法,需要在实战中总结。明代之前曾积累不少水师作战经验,却仍与海战存有较大差别。随着抗倭战争的发展和深入,明军相关海战的战术不断得到丰富发展,其中部分内容可与陆战战术及内陆湖泊作战之术求得相通,但也有着鲜明的海战特色。

一、重视情报,建立较为严密的海防情报体系

关于情报与战争的关系,孙子有句名言:"知彼知己,胜乃不殆;知天知地,胜乃可全。"[1]就陆地作战而言,需要重视情报;就海战来说,同样如此。不仅需要充分掌握敌情,更需要认真分析和研判敌我双方的力量对比。也就是说,孙子的名言对于海战而言,同样适用。在海战中,除了要对敌情、我情进行分析和比较之外,也要充分掌握天候、地形等一切与战争相关的情报。当然,就海战而言,"地"的内涵会发生一些变化,主要指的是相关海洋的一些基本情况,潮汐、水深及水流走向等大量相关水文的情报。

《筹海图编》论述海防情报,既有战略层面,也有战术层面,就海防情报理论而言,达到了一个新高度。郑若曾指出,"不按图籍不可以知厄塞,不审形势不可以知经略"[2],主张海防设置必须"因地定策",因此格外重视海防地理情报。为此,郑若曾采用"图以志形胜,编以记经略"的体例,详细记载中日两国的有关情况,申述其海防战略思想。书中绘图一百七十四幅,其中明代沿海地

---

[1] 《孙子兵法·地形篇》。
[2] 《筹海图编·凡例》。

形和郡县图一百一十二幅，战船、兵器图五十九幅，日本国图二幅，倭寇入侵图一幅，不仅保存了许多有价值的地理资料，而且标志着海防军事地理的研究和兵要地志的编辑，已经成为海防情报搜集和整理的重要内容。

谭纶、俞大猷、胡宗宪等人，都意识到海防情报的重要性。胡宗宪主持抗倭时，一直非常注意加强舰船的巡逻力度，提升海防警戒水平，同时注意收集海洋情报，使用熟悉海情的乡兵驾驶舟船，担任向导。他甚至提出要求："风汛时月，正副总兵不拘警报有无而亲出海洋。"①内阁首辅张居正同样十分重视海防情报，亲自参与重要情报的分析和研判，命戚继光等人高度重视探听倭情，并要求他"凡机密重务，许以不时奏闻"②。在这个指导思想之下，各地都建立了严密的巡哨制度，多层设防，并连接成线。至于担任巡哨任务的情报人员，也确定了严格的选拔标准：一是熟悉敌情，知晓当地情况；二是能说一口流利的外语；三是熟识敌方人员，会交朋友。至于研判海上敌情，明军也总结了一些方法。其中最著名的，莫过于戚继光的"海上相敌二十法"③。

倭寇其实也非常注意情报工作，而且行动隐蔽，行踪难定。他们熟悉天气潮汐情况，能够随机应变，又善于化装，巧行欺骗之术，加之又有不少奸细担任倭寇的内应，导致明朝官兵难以设防。这种情况下，反情报工作显得尤为重要。为做好防奸保密工作，戚继光等人曾亲自制定《伏路条约》，号令三军共同遵守。当发现敌情时，伏路军官必须火速报告，迅速处置。总之，明军的海防情报体系，在抗倭的军事行动中逐渐得到完善，也对抗倭起到了积极作用。

二、战术设计充分结合装备和地形

倭寇在东部沿海地区虽然为祸甚烈，令百姓损失惨重，官府不堪其扰，但是当明军真正重视起倭患，下决心与其进行决战并采取了合理的战术之时，取胜也并非难事。由于明军的舰船性能和火器性能都超过倭寇，而海上作战需要比拼的恰恰是战船实力和火器实力等，所以，明军自然会在交战中占据上风。《孙子兵法·地形篇》说："地形者，兵之助也。"明军的战术设计既结合装备，更围绕地形。也是因为战术与地形的充分结合，明军才能在战争中占据一定优势。

---

① 《明经世文编》卷二百六十七，《胡少保海防论》之《浙江四参六总分哨论》。
② 《张太岳集》卷三十，《答蓟镇总兵戚南塘计边事》。
③ 《纪效新书·治水兵篇》。

在摸清倭寇的底细之后，明军一面加强重要位置的防守，一面抓住时机主动发起进攻。明军的战船吨位既大，吃水也深，对于作战环境和海洋地形也有着非常特别的要求，需要将帅对航道和水文情况多做深入了解，并对作战地点进行认真选择。在海面战船形成对抗之时，明军所贯彻的战法主要有两种：一、当我方船只比对方船只大时，就使用战船直接冲向对手，将对方船只撞沉；二、当我方船只比对方船只小时，需要形成数量优势，包围对手，并尽量利用先进的火器袭击对方。俞大猷对这种战法进行过简单总结："盖海上之战无他术。大船胜小船，大铳胜小铳，多船胜寡船，多铳胜寡铳而已。"①

明军利用火器优势，积极展开进攻。戚继光说："水战，火为第一。"②这里所说的"火"，既可以指火器，也可以指以火器发起火攻。与倭寇海上对峙，明军注意利用火器击毁对方船只，毙伤敌方人员。当双方战船距离较远时，使用火器压制对方，令敌人不敢轻易将身体暴露在船只上，而明军则可以趁机组织抵近，攀缘敌船，再结合冷兵器袭击对手，制服敌军。

明军注意加强战船修建和火器改进，在建立明显的优势之后，便经常有意在海上或岛屿之间寻求与倭寇的决战机会。除为了发挥战船和火器的性能优势之外，这多少也是借鉴了孙子"死地"的相关作战理论。孙子曾指出，"投之亡地然后存，陷之死地然后生"③，认为士卒一旦被围困在没有退路的绝境，就会竭力抵抗，拼命决斗，迸发出更加强烈的斗志。在四面都是茫茫大海的区域作战，双方都处于毫无退路的"死地"，只能拼死作战，寻求出路。两军对比，明军在兵员数量上的优势和武器性能上又拥有很大优势，这种优势自然能够给士兵壮胆，对提升军队的士气很有帮助。

沿海明军的军种是水军和陆军，两个军种之间的合同战术也非常重要。如果是在海岸作战，陆军主要担负冲击任务，水军则在沿海布置防御，打击逃窜之敌。如果是在海上作战，水军主要担负冲击任务，陆军则在海岸布置防御阵地，阻击逃窜陆地的倭寇。在舟山大捷和台州大捷等几场著名战役中，明军都是充分利用水、陆两个军种的密切配合，将倭寇击退的。嘉靖四十年（1561）的台州之战中，戚继光率军在长沙阻击倭寇。他用陆军组成一头两翼的冲锋部

---

① 俞大猷：《正气堂集》卷五，《议以福建楼船击倭》。
② 《纪效新书》卷十二，《舟师篇·火器总解》。
③ 《孙子兵法·九地篇》。

队,将陆地倭寇击溃,同时组织水军打击海上倭寇船队,就此全歼倭寇。

无论是海面作战,还是陆地作战,明军都非常注意加强阵法研究。戚继光的"鸳鸯阵"和俞大猷的"三叠势",都是其中较为著名者。在鸳鸯阵的设计中,位列最前的是队长,后排则是二人手执长牌和藤牌掩护,再后排则是士兵手持狼筅和长短兵器,利用各种长短兵器杀伤敌人,掩护队伍向前。"鸳鸯阵"的设计理念,就是尽量求得矛与盾、长与短等各种兵器的密切配合,在充分发挥各种兵器效能的同时,有效地捏合士卒,使之成为一个整体,像鸳鸯那样生死相依。这种阵法,和今天的班排战术一样,注重的是队伍的整体性,同时充分发挥各种兵器的优长,并且也强调根据不同地形及时进行调整和变化(比如可以变换成"两仪阵"或"三才阵"等),可以将兵器和人力很好地捏合在一起,进则可以击敌,退则可以自保。在台州大捷中,戚继光就是使用"鸳鸯阵"成功挫败了倭寇,使得戚家军从此声威大震,也令这种阵法渐渐为人们所熟知。

三、重视练兵,尤其重视练胆气

明朝前期,水军实力强大,海防相对较为完备,倭寇不仅不得轻易来犯,即便是偶尔的袭扰也会被明军击退。但在明朝中后期,随着海防体系的逐渐颓坏,卫所建设难以为继,明军已无法有效抵御倭寇。数量占据优势,却屡遭败绩,其实是因为部队缺乏训练,战斗力衰弱,遇到倭寇便会心生胆怯,甚至拒不出战。在这种恐惧心理的支配下,求胜自然成为一种奢谈。

张居正、俞大猷等人意识到,加强训练、提高军队战力已经迫在眉睫,刻不容缓。针对当时军备废弛的现状,张居正奏请穆宗行大阅之礼,以"整饬军务,振扬武威"[1]。俞大猷曾撰写《广西选锋兵操法》,对训练士卒非常有心得。长期与倭寇交战,眼见卫所之兵战斗力衰弱,便另外招募组建水师加强训练。为了让士卒学好武术和剑术,他甚至亲自向少林寺僧人学习。郑若曾《筹海图编》则重视从选材上着眼,主张将那些"乡野老实之人"和"艺高胆大之人"选到抗倭队伍中来,教给他们掌握杀敌本领。[2]

---

[1] 《张太岳集》卷三十六,《再乞酌议大阅礼以明治体疏》。
[2] 《筹海图编》卷十一,《经略一·选士卒》。

当明军纪律松弛、训练颓坏之时，倭寇占有战场优势，但在面对训练有素的明军时，倭寇不仅不能占得优势，反而经常处于下风。在与倭寇长期对抗的过程中，明显可以看到扎实训练所起到的作用。明军正因为加强了训练，而且是充分结合实战的训练，同时及时补充新鲜血液，逐渐改变了衰弱不堪的局面，取得了抗倭的胜利。

针对军队普遍怯战的状况，俞大猷、戚继光等人尤其注意在训练中培养士卒的胆气。戚继光认为，战场胜负在很大程度上取决于部队的士气高低——所谓"兵之胜负者，气也"①，所以在平时训练中，戚继光一直将练胆气视为练兵的根本："练胆气乃练之本。"②为了帮助士兵练好胆气，戚继光非常注重向士兵宣传忠义之理，教育士兵"爱民守土"，逐渐树立与倭寇拼死奋战的决心。戚继光认为"恩爱蓄于平时，奋气发于临用"③，在"恩爱"和"奋气"之间建立了某种逻辑关系，所以他在平时一直非常注意通过讲明道理和言传身教的方式教育士兵，以赤诚之心来感召士兵，教育他们刻苦训练，激励他们奋勇杀敌。是故，戚继光的"练胆"，更多的是求之于心。

俞大猷等人主张的"练胆"，又与戚继光有所不同。他们主张将教练士兵掌握杀敌本领放在第一位，给士兵以更为充足的底气。俞大猷指出，"胆壮则兵强也"，但同时又强调，加强技能训练对于提升士兵的胆气有着直接作用："练胆必先教技，技精则胆壮。"④应该承认，俞大猷的这些论断是非常有道理的，充分掌握了实战技能的士兵，意味着多一种生存本领，自然会在战场上更有胆气。何良臣有着与俞大猷相似的认识，他曾指出"武艺为胆气之元臣"⑤，也是主张从练习武艺和技艺入手，提高士兵的自信心。与戚继光相比，他们的手段不同，但目标是一致的，都是设法提升士兵精神层面的力量，以此寻求人与武器的最佳组合。

---

① 《纪效新书·纪效或问》。
② 《纪效新书》卷十一，《胆气篇》。
③ 《纪效新书》卷十一，《胆气篇》。
④ 俞大猷：《正气堂集》卷十一，《大同镇兵车操法》。
⑤ 何良臣：《阵纪》卷一，《教练》。

第四节 明代海防思想建设的得失检讨

明代迫于倭寇连连进逼的形势，大力发展水军，建立严密的海防体系，并研究和发展海防战略战术，虽说其间多有波折，并不能保持首尾一贯，但受此刺激应运而生的海防思想，无疑极大丰富了我国古典兵学思想宝库，也对此后兵学思想的发展和建设具有借鉴意义。

第一，海防体系建设，无论何时都不容忽视，不可松懈。明朝初期，由于建立了较为严密的海防体系，再配合以严厉的海禁政策，辅之以实力强劲的水师，故而能够成功抵御倭寇的袭扰。但到了明代中后期，尤其是嘉靖后期，海防体系几近崩溃，兵卒疏于战阵，海防武器严重缺乏，即便是必备的战船，也大多颓坏难用，故此倭患渐成尾大不掉之势。在惨痛的教训面前，明政府终于改革兵制，大胆弃用卫所旧有兵将，抽调富有战斗力的新军组成新的防卫体系。虽说经过一番努力之后，倭患最终解除，但举国上下为此付出了惨重的代价，其中教训值得总结。

第二，海禁政策不仅不是躲避外患的最佳良策，甚至因为对沿海居民的生活生计而激化社会矛盾，反倒成为抗倭的掣肘。明代长期推行海禁政策，但朝野上下对于海禁一直存有争论。部分清醒士人意识到，海禁政策至少要随着形势的变化而进行适当调整，但这种意见只在极少数时期受到重视，更多时候则是遭到无视。海禁政策的核心是封闭和保守，但一味地强调防守，就会从战略上改变攻守态势，不仅会将沿海岛屿拱手让给倭寇，丧失反攻良机，也给了倭寇从容发展、继续坐大的机会。至于沿海居民的生存权利受到影响，甚至被就此剥夺，则更是制造矛盾，将抗倭的主要辅助力量拱手推送给了倭寇。嘉靖后期，为收服民心，也为抗倭需要，明廷开始部分解除海禁，事实证明，此举既赢得了民心，也未对海防体系造成实质性伤害。

第三，讨论或争论，虽说是一种必要，但过于烦琐的纠缠也会错失良机。明代中后期相关海防的讨论，规模很大，范围很广，既有战略层面，也有战术层面，既有政策层面，也有制度层面，由此而推动海防战略思想和战术思想的日益完备，而且其中很多讨论，至今仍不乏启示意义。但这期间也有一些无谓争论，有的争论属于利益集团之间的利益纠葛，有的则是受到晦暗不明的政治环境影响，或是朝廷决策的犹豫不决所致。这不仅耽误了抗倭行动的发起时机，也会给倭寇留下增强势力的信心和机会。倭寇看到朝廷的摇摆不定，对沿海居民的劫掠变得更加凶狠。沿海居民接济和响应倭寇的行为，也会由此而变得更加难以根除。部分抗倭主将，比如朱纨、张经等人，受政局牵累而死，更是对抗倭造成了严重影响。

第四，加强装备建设，始终是增强战斗力的基本保证，但也必须围绕装备和地形设计合理的战术，这样才能使得先进的装备真正成为战胜倭寇的利器。明朝至永乐年间，远洋战船的修建水平已经非常之高，但是随着闭关自守政策的长期推行，不仅海洋大国的地位就此丢失，甚至已经无法为海防体系配置必备的战船。在与倭寇交战的过程中，明军发现坚船利炮仍然是战胜倭寇的不二法宝，所以格外重视战船兴建和火器建设。当然，明军的建设并未止步于此，而是围绕战船和火器积极设计战术和作战阵型。明代抗倭的历史证明，只有装备建设和战术设计协同推进，才能最大程度发挥武器装备的作用，否则就会令装备沦为摆设。晚清时期，北洋水师在以炮舰为代表的装备建设上取得了长足进步，但没有设计出相应的战术，因此而惨败。虽然说两次战争的规模和对手，不可同日而语，但其中若干原则可以进行对比思考。

第五节　戚继光兵学思想的源与流

古典兵学在明代之后全面迈入衰微阶段。在经学模式之下，崇古和守旧宛如孪生兄弟，结伴而来。兵学研究只需完成对兵学经典的注疏和阐释，这便使得传统兵学进入故步自封阶段。要想迎来突破，突破瓶颈，只能等待有适当的诱因予以刺激。明代嘉靖时期，倭寇的袭扰便成为这样的诱因。严重的边患，逼迫政治家和军事家们深入研究对策，探讨御倭之术。戚继光是这期间比较有代表性的一位军事家。他曾精心研习《孙子》等古代兵学经典，并将其与自己长期抗倭实践结合起来，对古典兵学思想既有继承也有发展，既有所变化，也有所不变。比如，"算定战"和攻守之道等，明显受到古典兵学的影响。至于戚继光深刻而又系统的治军思想，则是对传统治军理论的突破和发展。从戚继光兵学思想可以明显看出明代兵学趋于实际应用的特征，这也是戚继光对传统兵学和兵学思想史所做的贡献。

一、家世：对传统兵学的长期浸淫

戚继光（1528—1588），明朝著名抗倭将领，字元敬，号南塘，晚号孟诸，登州（今山东蓬莱）人。《明史》中评说戚继光"在南方战功特盛"①，对他在抗击倭寇过程中所取得佳绩予以充分认可。戚继光长期守御北疆，也卓有成效，使得"边备修饬，蓟门宴然"②。戎马倥偬，但戚继光不忘研读兵学理论，对军旅生涯及时进行总结，所撰《纪效新书》、《练兵实纪》等军事著作影响深远，以至于"谈兵者遵用焉"③。

戚继光系统而深刻的兵学思想，与他出身于兵学世家，自幼受到熏陶不无关系，更与他长期研读兵学经典，善于从传统兵学中进行理论学习密不可分，同时也是他不断对实战进行总结，从战争中学习的结果。戚继光出身于将门之家，其祖辈负责山东的防卫，并世袭军职。父亲戚景通曾担任登州卫指挥佥事、都指挥，也曾在北京担任过专习火器的神机营副将。戚景通不仅热爱习武，而且熟读兵书，潜心钻研御寇理论，颇有心得。他的文韬武略自然会对戚继光产生重要影响。也就是说，戚继光自幼爱好习武，潜心兵学，明显是受到家庭环境影响。正是因为从小打下了良好的军事基础，戚继光才能在乡试武举中一考即中。山东总兵沈有容称赞戚继光"世胄起家，得读父书，所谓将门出将，故师出以律"④，充分肯定了戚继光的家学渊源。

从戚继光的著作中可以看出，他在平时就非常注意加强对古代兵学经典的学习。不仅是自己学习，而且要求部下学习，要求他们必须将"《武经七书》白文，次第记诵……拟而研之，研而拟之"⑤。他曾指出，古来论兵，都以孙、吴为宗。他一直对古代兵学经典非常重视，不仅自己重视孙、吴兵法，也反对别人对孙、吴之术予以诋毁。当然，他也反对拘泥于古代经典，重在"师其意"，而且"不泥其迹"⑥。在奏疏、信件中，戚继光曾多次引用孙子的经典名言，如

---

① 《明史·戚继光传》。
② 《明史·戚继光传》。
③ 《明史·戚继光传》。
④ 戚祚国汇撰：《戚少保年谱耆编·序》。
⑤ 《纪效新书》卷一，《储练通论》。
⑥ 《练兵实纪》卷九，《练将·习兵法》。

"知己知彼，百战不殆"等。他曾从《武经七书》中寻章摘句，集结成册，将其作为教科书，或与他人共同研究，或与部下共同探讨。古代兵学经典中，他从《孙子》中摘取颇多，可知他对《孙子》的熟悉和重视。从《止止堂集·愚愚稿上》还可以看出，戚继光曾对《孙子·计篇》进行过详细的注解，也对《唐太宗李卫公问对》等其他兵书也进行过深入探讨。

戚继光的时代，明朝已经逐步走向没落，内忧外患渐渐凸显。相对而言，边患比内忧更加严重。东南沿海是倭寇袭扰，北部边境则是蒙古人进逼。从南到北，边患肆虐，国家安全受到严重影响。家国遭遇不幸，却正好给了一代名将戚继光施展才华和抱负的舞台。在长期转战南北的军旅生涯中，他一面挥戈杀敌，一面广泛交游。戚继光非常注意及时总结经验教训，调整战略战术，改进治军方法，改善武器装备。与此同时，他也非常注意学习当时优秀军事家谭纶、俞大猷、胡宗宪等人的军事思想，对内阁首辅张居正的政略思想也有所借鉴。尤其值得一提的是，俞大猷的相关水军建设思想及多兵种协同的战术思想等，对戚继光启发尤多。正是这种兼容并蓄，戚继光兵学思想才能既见出传统兵学的特点，又体现出鲜明的时代特征。相对而言，其中的时代特征更加突出，这是因为戚继光经历了丰富的战争实践，并敏锐地抓住了时代特点。

二、对《孙子》等兵学经典的继承

因为有长期学习古代兵学经典的背景，戚继光对于以《孙子》为代表的传统兵学，在各个方面都有所继承。相对而言，从战略战术等就战略筹划和攻守战术等方面，继承得更多。

（一）对孙子"庙算"的继承：算定战

孙子的"庙算"，集中体现了古代战略分析的范式，这一点得到了中国古代众多军事家的继承。戚继光也不例外。只不过他所使用的词语发生了变化，改成了"算定战"。

戚继光在给部下讲授军事理论课时，提出了"算定战"的主张：

> 夫大战之道有三：有算定战，有舍命战，有糊涂战。何谓算定战？得算多得算少是也。何谓舍命战？但云我破着一腔热血报朝廷，敌来只是向前便了，却将行伍等项，平日通不知整饬是也。何谓糊涂战？不知彼不

知己是也。①

这里，戚继光运用非常通俗易懂的语言，将作战类型分为"算定战"、"舍命战"和"糊涂战"三种。在这三者之中，他不仅反对仅凭热情和勇敢与敌人硬拼式作战，更反对"不知彼不知己"的"糊涂战"，只提倡在充分掌握情报并经过周密分析和筹划之后的"算定战"。

戚继光主张"算定而战"，并且要求"件件算个全胜"："须是未战以前，件件算个全胜，使他寸刃不得伤我，一交手便讨他些便宜，乃为用众之道。"②可见戚继光所主张的"算定战"，要求在未战之前，将影响战争胜负的重要因素，相关敌我双方的重要情况，都要调查清楚，由此知道己方"得算多少"，是否能达到"全胜"战略目标，然后再决定战或不战。

如果与孙子的"庙算"理论进行对比，我们可以不难看出，戚继光"算定战"的理论源头。与孙子的"庙算"非常相似，戚继光同样要求战前对敌我双方实力进行综合比较，对敌情有充分把握——"先知彼而后可以谋算"③，在此基础上再继续详细"谋算"，分析彼此实力，计算出"得算多少"，从而判断能否作战。这些理论其实是对孙子"庙算"理论的继承和发扬。孙子的"庙算"理论④主张，凡遇战事，都要告于祖庙，设于明堂，君臣集体分析研判，根据己方所得算筹多少进行战略决策，尽量追求"全胜"，只有握有全胜的把握之后，才能发起战争。所以，戚继光的"算定战"明显是本于孙子，以"算定"二字替换孙子的"庙算"，可能是因为时势变迁，可能也是语言表达需要，为了使部下更容易明白。

研究专家大都认同将孙子的"庙算"理论，视为戚继光战略决策事项的理论源头，比如范中义就曾指出："戚继光不仅仅把'庙算'作为判断未来战争胜负的一种手段，而更重要的是把它作为谋划战争胜负的一种手段。通过'庙算'知道自己哪些方面还没有对敌占有绝对优势，从而尽力改变自己的薄弱之处，直

---

① 《练兵实纪》卷四，《登坛口授》。
② 《练兵实纪》卷四，《登坛口授》。
③ 《类辑练兵诸书》卷一。
④ 详见《孙子兵法·计篇》。

至对敌占有绝对优势，达到对敌作战时能获全胜。"①如果说孙子"庙算"理论是科学可行的战略研判、战略决策理论的话，则戚继光不仅在内容上对孙子的理论进行了拓展，也将相关理论运用到战争实践中，证明了孙子的庙算理论对于实际作战具有很好的指导意义。

（二）注重"大战之术"的攻守之策

就战法而言，千变万化，都会归结于一攻一守。也就是说，进攻与防守，始终是战争的基本形式。故此，《孙子》等兵学经典，对攻守之道都有很多论述。《孙子·计篇》的"诡道十二法"，主旨便在于"攻其无备，出其不意"，通过进攻的突然性，从而掌握作战的主动权。孙子同样注重防守，经常将"攻"和"守"并列进行讨论。比如"攻而必取者，攻其所不守也。守而必固者，守其所不攻也"，"故善攻者，敌不知其所守；善守者，敌不知其所攻"等。②其他论兵之作，也对攻守问题有深入探讨，比如《管子·制分》主张，发起进攻时一定要坚决攻击敌人的弱点——"乘瑕则神"。《虎钤经》讨论了如何攻击敌人的虚弱之处，他的主张："一是因，一是诱。"③总之，要善于运用战术的变化，找到敌人的薄弱之处，再发起迅猛进攻。

从戚继光的论著中，可以看出他同样非常重视和探讨"攻守之策"。戚继光强调"攻守结合"和"攻守适宜"，也就是该攻则攻，当守则守。

戚继光的"大战之术"，明显更强调进攻。戚继光强调，一旦发现有利战机，就要迅速集中兵力，果断地打击和消灭敌人，这便是他所说的"大战之术"。戚继光说："大战之术，只是万人一心，数万人共为一死夫，务使胡虏大创。彼一败后，便有十数年安，十数年生养受用，日后我们军士皆过太平日子。"④可见，戚继光所说的"大战之术"，其实是战略决战和战略进攻。在他看来，适时发起这种"大战"，就可以使得敌人"一战心寒胆裂"⑤，可以收长久之功。

---

① 范中义：《戚继光传》，中华书局2003年版，第494页。
② 《孙子兵法·虚实篇》。
③ 《虎钤经·袭虚》。
④ 《练兵实纪》卷四，《登坛口授》。
⑤ 《戚少保年谱耆编》卷七。

戚继光指出，所谓御戎之策，"惟战守二端"①。如果发起进攻，就一定战而胜之，如果决意防守，就一定要守得固若金汤。无论是进攻，还是防守，都可以夺取战争主动权。戚继光说：

> 兵法："攻是守之机，守是攻之策。"自古防寇，未有专言战而不言守者，亦未有专言守而不言战者，二事难以偏举。②

从上述这段话可以看出，戚继光强调的是攻守并重，明确反对"偏举"，但其用意是呼吁加强防守战术的研究。这其实是针对当时明朝面临外寇大肆掠夺的现状而提出的，非常具有针对性。戚继光非常清楚当时防务松弛的情况，他说："当承平久，外寇以掠为务而弗力攻，故多讲战，腹里尤绝不言守，卒然有变，何以应？"③当时，无论是北边的蒙古人，还是南边的倭寇，有不少袭击都是深入腹地，大肆抢掠一番便撤走。在这种来去匆匆、飘忽不定的袭击面前，扎实有效的防守显得更为重要。如果疏于防范，不做好防备措施，就只能坐等利益受损。

另外，戚继光论"防守"，非常看重依靠山川之险和修筑炮台，认为"守险"和"恃险固守"，是"正全国之道"④，既可以事半功倍地御敌，也可以在防守中找到反攻机会，打击来犯之敌。

戚继光论攻守，注重带有战略进攻意味的"大战之术"，也注重"守险"的防守，基本内容仍是对《孙子》等古代兵学经典的继承。

（三）结合众寡之用的奇正之术

至于围绕攻守衍生的重要范畴——奇正，戚继光对于传统的继承则更多。

"奇正"是中国古典兵学的一对重要范畴，包括孙子在内的很多古代兵家都对其有着深入的研究和论述。一般认为，"正"是指常规的战法，"奇"是指非常规的战法。在战争之前，分别"奇正"，确定用兵谋略和进攻方向，是进行战略决策的一个重要内容，所以《管子·幼官》中说"定依（正）奇胜"，意思是说

---

① 《重订批点类辑练兵诸书》卷三。
② 《纪效新书》卷十三，《守哨篇》。
③ 《纪效新书》卷十三，《守哨篇》。
④ 《重订批点类辑练兵诸书》卷二。

在战前能正确确定正奇战法,才会在战争中取得胜利。至于"以奇用兵",更是兵家圭臬,经过了许多战争实践的反复检验。《孙子》说:"战势不过奇正,奇正之变,不可胜穷也。"①他不仅主张"以奇胜"②,也借"以奇用兵"发展了"诡道"理论,极大地丰富和发展了古代战术理论。在孙子创造性地发展了奇正理论之后,"以奇用兵"和"诡道用兵"被视为孪生兄弟,受到兵家的普遍重视。其本质皆在超越常理,力求出奇制胜。

在历代军事理论家的努力下,"奇正"理论的内涵不断丰富,甚至有超越军事领域之势。比如,正面进攻为正,侧翼偷袭为奇;正常守备为正,机动偷袭为奇;先发为正,后发为奇;主力为正,替补为奇;等等。

与前人相比,戚继光相关奇正的论述创新无多,并未超出传统范畴。戚继光说:

> 用兵之法,不过众与寡。众寡之用,不过奇与正。众则正用,寡则奇用,固定法也。然成列而鼓,用正之经也,将废奇可欤?出其不意,用奇之权也,将废正可欤?③

戚继光认为,两军交战,就兵力运用而言,不过是众寡之用,而众寡和奇正相伴相生:众则正,寡则奇。结合众寡谈奇正,其实是奇正之术的一种。所以戚继光的奇正理论,仍是从传统中来,逃不出孙子等人的藩篱。

另外,戚继光认为,奇正之术不能拘泥地运用。战场的实际情形,往往既需要使用正兵,也需要同时使用奇兵,必须要将二者很好地结合起来。但这些理论其实也是从《李卫公问对》中化出的。在《李卫公问对》中,作者指出:"凡将正而无奇,则守将也;奇而无正,则斗将也;奇正皆得,国之辅也。"④如果与该书相关论述进行对比,戚继光所论奇正之术,可以立即找到清晰的理论源头。

---

① 《孙子兵法·势篇》。
② 《孙子兵法·势篇》。
③ 《止止堂集·策问》。
④ 《李卫公问对》卷上。

戚继光实际用兵中，主张"正兵见奇兵"①，这既受到孙子"奇正相生"之术的启示，也是对《李卫公问对》等古代兵典的忠实继承。《李卫公问对》中说"善用兵者，无不正，无不奇"②，又说"以奇为正，以正为奇，变化莫测"③，等等。这些论述将古典兵学的奇正理论发展到极致，也在很大程度上启发和影响了戚继光。

所以，从总体上看，戚继光的奇正之术，基本是对传统兵学理论的忠实继承。虽说戚继光善于灵活用兵，善于将奇正相生的理论运用到战争实践，但他的相关理论创见并不能算多。

第六节　戚继光兵学的创新与发展

戚继光非常善于学习和吸收前人的兵学理论，对传统兵学多有继承，与此同时，他也结合自己的军事斗争实践，创新和发展兵学理论。其中，包括"练将"在内的治军理论以及结合火器的战术思想等显得尤为突出。

一、战略思想

如前所述，戚继光对于孙子的"庙算"理论，有着较为忠实的继承，但也有若干拓展之处。比如对实施"庙算"的时机和地点等，戚继光提出了自己的独到见解。他说："尝闻未战而庙算胜者，得算多也。夫所谓庙算胜者，非必庙堂之算，盖凡未出军之前，预筹于辕门者皆算也。亦尝聚将士群坐而筹之曰：今日与众人共计，即是庙算。"④在戚继光看来，对于"庙算"切不可拘泥理解，不能仅仅局限于"庙堂之算"，而应体现在战争决策的整个过程：凡是未出兵之前，辕门之内的运筹预算，都可视为"庙算"；不光是君臣与将帅在庙堂之上的筹算，主将与将士群坐一起，对战争进行筹划和商议等，都可视为"庙算"。表面上看，戚继光似乎只是论及了"庙算"的地点，但其实他对"庙算"的参与人员和时机把握等，都有所拓展。在戚继光这里，"庙算"可以泛化，不再单指战

---

① 《纪效新书》卷七，《营阵篇》。
② 《李卫公问对》卷上。
③ 《李卫公问对》卷上。
④ 《戚少保奏议·上军政事宜·严军令》。

略决策层面,战役战术方面层面更为具体的作战指挥等,也可以归为"庙算"。这些其实就是戚继光对孙子"庙算"思想的拓展。

就兵民关系而言,《孙子》将"令民与上同意"[①]称之为"道",视为影响战争胜负的五个战略要素之首,也将"唯民是保"[②]作为战争的追求目标,体现了相当进步的民本思想。当然,在特定的历史时期,孙子所论很难真正实现。真正依托于民众,将民众的利益与战争紧紧捆绑在一起,并将民意上升到战略高度的,历史上难得一见。戚继光的抗倭战争正是因为很好地发动了民众,真正将民众的利益作为战争目标,发展了孙子相关"道"的内容,最大限度地调动了军队的士气。

戚继光抗倭之初,发现明军懦弱而畏敌,金华一带,受到倭寇袭扰也多,便开始着手在金华一带招募百姓组训军队。据《明史》记载,戚继光得知金华义乌民风剽悍,于是"请召募三千人,教以击刺法,长短兵迭用,……戚家军名闻天下"[③]。这些人马渐渐成为戚家军的骨干力量,在抗倭中发挥了重要作用。戚继光这样组建军队,已经用不着做"令民与上同意"的动员工作,因为士兵的利益与民众的利益真切地紧密捆绑在一起,保家就是卫国,卫国也是保家,无需对部队多做动员,士兵的战斗热情也会空前高涨。

为了激励士气,戚继光教育士兵说:"兵是杀贼的东西,贼是杀百姓的东西,百姓们岂不是要你们杀贼?假使你们果肯杀贼,守军法,不扰害,他们如何不奉承你们?"[④]戚家军中相当一部分士兵是从沿海民众中募得的,戚继光将保卫当地百姓的利益和生命视为己任,自然会受到民众的拥护,士卒也会激发出更大的战斗力。如果说孙子的民本思想尚且停留在纸面之上,戚继光则是通过特殊的募兵制将孙子所提倡的"道",落实到战争实践之中,将兵民关系更为紧密地结合在一起,从而激发起军队更大的战斗力。

二、战术思想

戚继光的作战对手,要么是游弋海上的倭寇海盗,要么是游猎草原的骑兵队

---

① 《孙子兵法·计篇》。
② 《孙子兵法·地形篇》。
③ 《明史》卷二百二十二。
④ 《练兵实纪》卷二,《练胆气》。

伍。他们都具有灵活机动的特点，都以掳掠财货和人口为基本战争目标。一旦战争目标实现，他们就会迅速撤出战斗，消失在茫茫的大海或无垠的草原，踪迹难寻。与这样的对手作战，戚继光必须相应提高部队战术素养，并对传统战术进行必要的改革。

戚继光战术思想的变化，主要特点体现在两个方面。

第一，充分发挥武器装备方面的优势。当时明军已经拥有火炮、火铳等较为先进的热兵器，无论是对付蒙古骑兵，还是对付倭寇，都占有一定的优势。就海上作战来说，明军的舰船也较为先进。为对付骑兵，明军还专门研制了狼筅、大棒等特别的兵器，结合快抢鸟铳等远射火器杀伤敌人。所以戚继光战术改革的核心问题，就在于如何充分发挥武器方面的优势。

第二，寻求人与武器的最佳结合。通过合理的战术编组和扎实训练，实现士兵和武器之间、各种武器装备之间的良好配合，尤其是将冷热兵器有机结合在一起，发挥出最大的战斗力。

戚继光的战术编组也贯穿着战术思想，最大限度地发挥个体的战斗力。比如让年纪稍长的手持防御性兵器，年少而又力气未稳的手持藤牌，让年轻力壮的手持狼筅等进攻性武器。比如就冷热兵器的结合来说，讲究长短兵器结合，这样便可使得单个战术编组的战斗力得到大大加强，既能打击距离较远的敌人，也能打击近距离的敌人，同时还能做好必要的防御措施。

除了武器准备上的考虑之外，戚继光的战术改革也寻求车兵、骑兵、步兵和水师等多兵种之间的协同作战。戚继光将车兵、骑兵和步兵合起成为一营，通过合理编组和严格训练，令骑兵、车兵和步兵不仅不可分离，而且只能紧密相依、步调一致，并且保证不会发生"车前马后，马前车后之误"①。三者之间，以车兵为正兵，车上多配各种火器，车与车之间有步兵护卫，车兵和步兵，车兵和骑兵，骑兵和步兵，因此可以互相形成支援。这种战术编组也强调变化，比如在遇到复杂地形时，骑兵可以先期列阵，防止整个战队遭到敌人伏击。另外，各种不同地形，作战的主力也会发生变化。比如，平坦开阔地带则以车兵为主力，山林地带则以步兵为主力。

就战术史而言，戚继光的战术变革具有非同寻常的意义。无论是与先秦时

---

① 《练兵实纪》卷一，《练伍法》。

期的《六韬》相比，还是与唐宋时期《李卫公问对》等兵书相比，戚继光时期的兵种合同战术，都取得了新的发展。

为寻求战术，戚继光大胆变革阵法，从而设计出鸳鸯阵法。这种阵法，由12名武艺娴熟的士兵组成一队，左右对称排列，因此而命名为"鸳鸯阵"。其实质是最大限度地挖掘士兵的作战潜能，充分发挥各种长短武器的效率。阵型中的士兵必须密切协同，巧妙配合。比如，配置在右边的持方形藤牌的士兵，需要稳定本队阵脚，做好护卫。左边持圆形藤牌的士兵，适时掷出标枪，引诱敌兵。如果引诱成功，排在后面的两个士兵则迅速用狼筅将敌人扫倒于地，手持长枪的同伴则一跃而上，将敌人刺死或戳伤。最后两个士兵除了负责保护本队后方之外，还要随时支援前面的士兵。这种战斗模式，实则和今天的班排战术类似，强调的是士兵的团结协作，密切配合。这种精心设计的班排战术，经过实战考验，表现出灵活多变、攻防兼备的特点，对戚继光抗倭起到了很好的作用，也是戚继光对战术史所做的杰出贡献。

戚继光战术变革卓有成效，但并非完美无缺。比如说，他虽然高度重视火器发展，在他的军队中，火器配置的比例也有了大幅度的提高，但他并没有真正促成冷兵器向热兵器的完全转变。其战术设计，或许是受客观条件所限，依赖于冷兵器的成分仍然较大，所以最终"没有发展出一套以火器技术和装备为中心的作战方式"①。也就是说，在戚继光这里并没有真正形成以火器为中心的新型战术。这或许不仅仅是戚继光个人的遗憾，同时也是明朝的遗憾，中国古代军事史和中华民族的遗憾。

三、海上相敌法

无论是疆防，还是海防，戚继光都非常重视情报。他甚至模仿孙子的"相敌之法"②，提出了内容新颖的"海上相敌二十法"：

> 小舟数往来者，谋议也。迟而审顾者，疑我也。欲进而复退者，探我也。既退而卒进者，袭我也。鼓噪而矢石不下者，兵器少也。却而顾者，

---

① 李建明：《戚继光"有限发展"火器技术问题初探》，载《自然辩证法研究》2009年第7期。

② 详见《孙子兵法·行军篇》。

欲复来也,先急而后缓者,整备也。促鼓而不战者,惧我也。泊而扬帆者,欲出而不意也。既退而不速者,谋也。火夜明而呼噪者,恐我袭彼也。掷缆而即起者,欲择其利也。火数明而无声者,备器也。夜泊而趋于涯涘者,向导欲往也。促缆而不呼者,急欲逃也。促缆及流悬灯于途者,夜逸而溃也。久而不动者,偶人也。鼓而无韵者,伪向也。近岸连村而不登者,怯也。不久困请和投降者,诈也。①

这些相关海战的"相敌之法",基本都是戚继光从实战中总结出来的经验之谈,对于冷兵器时代的海上敌情研判,具有很强的指导作用。负责海防情报的侦察人员根据所观察的情况,对比戚继光的经验总结,便可迅速进行分析判断,进而为决策部门提供及时可靠的情报。敌人在何种情况下是对我发动袭击,作战规模如何,在哪里发动袭击,以及在何种情形下是准备撤退,在何种情形下是表现出求和迹象,等等,戚继光都为侦察情报人员提供了可资借鉴的判断模式。

这二十法,显然不是对孙子的简单继承和模拟,而是根据作战样式的历史性变化,对海上侦察所做出的创新和发展,反映了海上战斗的一般规律,是相关海防情报和海战情报的宝贵遗产。这些相敌之法的背后,同样蕴涵着"去粗取精、去伪存真、由此及彼、由表及里"的逻辑思维和辩证思维。

对"海防情报"的重视,对海上侦察之法的总结,也是戚继光兵学思想超越前人之处的亮点。这些虽然是受倭寇袭扰逼迫而产生,但也反映出戚继光的开明思想和超人见识。经过与倭寇的多次作战,戚继光逐渐意识到,要想及早掌握敌人动向,必须密切关注海上形势变化,如果想想"躬案海上形势",就必须"缮亭邮,谨烽堠,稽尺籍,除戎器,具舟师,置间谍,严号令,广询谋"②。本着这种思想,戚继光在海岸大量建设瞭望台,于近海则派出水师日夜巡逻。显然,对海防情报的高度重视,也是戚家军能多次击败倭寇的重要原因之一。

自古至今,海上流寇和海盗问题始终是一个影响海防和海上交通安全的客观存在。制止和打击海盗行径,有别于一般的战争行为,其情报保障也与传统战争有别。如何加强这方面的情报工作,戚继光为我们提供了可资借鉴的经验。

---

① 《纪效新书·治水兵篇》。
② 《戚少保年谱耆编》卷一。

四、练兵理论

相比战略战术思想等，戚继光对于治军尤其具有心得。他所留下的《练兵实纪》、《纪效新书》等兵书，系统总结和阐发了一系列治军理论。对于选兵、练兵、练将等问题，都有较为详细的论述，并且随处闪耀着独到见解，堪称中国古代相关治军理论的典范之作。下面首先分三个方面介绍戚继光的练兵理论。

第一，练兵之前，首先要精心选兵。

明朝中晚期，军队腐败严重，纪律松弛，卫所之兵根本不能满足抗倭斗争的需要。针对困局，朝廷只得改革兵制，依靠募兵来组建新军。但是如何募兵，其实也是一门学问。戚继光的"选兵"理论，既包括挑选兵员，也包括军队的编伍。他长期身处抗倭第一线，对于募兵有着深刻体察。

《纪效新书》的第一卷，就花费了大量笔墨讨论选兵问题。在《原选兵》这一节，戚继光对"选兵"的基本原则和方法等，集中进行了论述：

> 第一不可用城市游滑之人，但看面目光白，形动伶便者是也；第二不可用奸巧之人，神色不定，见官府蓦然无忌者是也。第一可用只是乡野老实之人。所谓乡野老实之人者，黑大粗壮辛苦，手面皮肉坚实，有土作之色是也。第二可用乃惯战之人，曾见贼无功之人。

在这段话中，戚继光明确了选兵的原则："两可"、"两不可"。在他看来，只有乡野老实之人和惯战之人，才是用兵所选，这就是"两可"。至于城市中的那些面色白净的油滑之徒和奸邪之人，则不能选用，这就是"两不可"。

戚继光选兵，尤其注重胆气。为此，他批驳了以往的选人标准，认为过去的标准，"或专取于丰伟，专取于武艺，或专取于力大，或专取于伶俐，此不可以为准"①，都有不少的弊端。在戚继光看来，即便是武艺精深之人，如果胆气不足，依然难堪大任。至于那些武艺虽不够高强、但胆气足够坚强的，反倒可以通过加强训练予以弥补。所以，选人的标准，第一便是"以精神为主"②。

---

① 《纪效新书》卷一，《束伍篇·原选兵》。
② 《纪效新书》卷一，《束伍篇·原选兵》。

戚继光选兵的眼光非常独到，但其中也不乏唯心之论，比如他主张选兵之时"兼用相法"，通过术士来观察"凶死之形"和"福气之相"，并认为如此则"可尽选人之妙"①，这多少流于荒诞。

第二，训练贴近实战，杜绝花架子。

戚继光的兵学著作《练兵实纪》之所以命名为"实纪"，按照《四库全书总目提要》的说法，是为了"征实用"。戚继光主张，练兵种种都要力求实用。所以，《练兵实纪》所载，皆为实用之法，强调的是贴近实战，故而能为后世兵家所用，而且行之有效。

戚继光主张，平时的"练武艺"、"比武艺"、"校武艺"，都要贴近实战。戚家军练习武艺，是模仿实战的真练，而不是玩花活，摆架子，演习虚假的套路。既然贴近实战，那就不必在意训练的好看与否。必须坚持的原则是：战时用到什么，平时就训练什么；战时怎么打，平时就怎么练。戚继光指出：

> 夫金鼓号令，行伍营阵，皆战事也，必曰"实战"，谓何？只缘往时场操习成虚套，号令金鼓，走阵下营，别是一样家数。至临战，却又全然不同。平日所习器技舞打使跳之术，都是图面前好看花法之类，及至临阵，全用不对，却要真正搏击，近肉分枪，如何得胜？②

戚继光认为："教兵之法，美观则不实用，实用则不美观。"③从上面这段话也可以看出，戚继光对以往训练中过于追求好看的花架子，表达了强烈的不满。因为这些花架子一旦到了战场，就完全派不上用场。战场杀敌，士卒需要与敌军真正展开搏击，需要的是真本领。所以平时训练就需要"件件都是对大敌实用之物"④。戚继光平时经常警告士卒，要想在战场上求生，就必须有效杀伤敌人，要想通过杀敌求生，就必须刻苦训练，努力学习武艺："学则便熟，不学便生。学的便会杀贼，保得自己性命，立得功；不学便被贼杀。"⑤

---

① 《纪效新书》卷一，《束伍篇·原选兵》。
② 《练兵实纪》卷八，《练营阵》。
③ 《四库全书总目·子部》。
④ 《练兵实纪》卷八，《练营阵》。
⑤ 《练兵实纪》卷八，《练营阵》。

戚继光一贯强调训练贴近实战，也是痛感于明军平时训练多为玩花法，士卒所熟悉的，都是一些中看不中用的虚活。为此，他甚至在《手足篇》中专门写了《忌花法》一节，再次强调"练为战"。戚继光说：

> 开大阵，对大敌，比场中较艺，捕小贼不同……（长枪）所谓单舞者，此是花法，不可学也……钩镰、叉钯，如转身跳打之类，皆是花法，不惟无益，且学熟误人第一。①

戚继光平时训诫士卒，所使用的语言都非常浅显易懂，却非常具有震撼力。比如，他对士兵说道："你武艺高，决杀了贼，贼如何又会杀你？你若武艺不如他，他决杀了你。若不学武艺，是不要性命。"②戚继光在平时的教育和训练中，非常注意以理服人，士卒刻苦学武，掌握杀敌技能，成为风气。戚家军在战场上特具战斗力，令倭寇闻风丧胆，与平时扎实的训练有着直接联系。

第三，练兵讲究循序渐进，胆气并重。

戚继光深知，军事训练是一个系统工程，讲究循序渐进，所以要尊重科学规律，不能蛮干硬上。他所写的《练兵实纪》，从卷一至卷八，全是论述如何练兵，但是篇目安排很有讲究，各卷的顺序安排，其实就是依据练兵的次序而排列。③比如说，该书的卷一之所以是论述"练伍法"，在因为在戚继光看来，相关内容是"此开练第一首务也"④，全部将士都必须首先掌握。《纪效新书》也是基本遵循这种顺序写成的。全书除总序外，按照《束伍》、《耳目》、《手足》、《比较》、《营阵》、《行营》、《实战》等逐个展开。⑤众所周知，在入伍之初，先必须要了解行伍纪律，然后才能逐步展开单兵的技战术训练，再接下来就该学习营阵等初步的合成战术。这些都掌握之后，才能展开接近实战的各种训练，最终奔赴战场。总之，仅从戚继光所撰兵书就可以看出，他的练兵最终要向实战靠

---

① 《练兵实纪》卷五，《手足篇·忌花法》。
② 《练兵实纪》卷四，《练手足》。
③ 姜国柱：《中国军事思想通史》（明朝卷），中国社会科学出版社2006年版，第193页。
④ 《练兵实纪·凡例》。
⑤ 十四卷本和十八卷本，虽卷数和篇名存有差别，但总体思路仍然较为一致。

拢，但一定是遵循"先纪律后战术，先单兵后合成"的顺序而有序展开，并不主张急于求成。

戚继光练兵的内容是多方面的，追求的是士卒的全面素质。举凡号令、纪律、技术、战术，等等，都是规定完成的训练科目。戚继光的训练追求循序渐进，实则也是将训练内容和训练科目做明确规定。从戚继光所规定的训练内容看，诸如练令、练艺等训练内容，相当于"习手足"等技巧训练，一直被历史上众多军事家视为传统科目。但是戚继光的"练兵"明显地超出了这些范畴。除了上述内容之外，戚继光的练兵还包括"练胆"、"练气"等特殊项目，从而为"练兵"注入了新的要素。

与传统训练方法相比，戚继光尤其重视练胆气和练心志。在他看来，只有做好练胆和练心，才能培养士卒的勇气和斗志，才能从气势上压倒敌人，使得全军上下齐心协力英勇杀敌。在《纪效新书》中，戚继光也专门开辟有《胆气篇》，详论练胆和练气之术。戚继光指出，"练胆气乃练之本也"，又说，"出于气者为真勇矣"①，所以对练胆和练气格外重视，主张将这些训练内容作为练兵的关键和要点。

五、练将理论

戚继光的练将思想也非常具有创见，为传统治军思想贡献了新的内容。具体表现在以下几个方面。

第一，对将帅地位和作用的再认识。

对于将帅的地位和作用，孙子曾有过一段著名的论述："知兵之将，民之司命，国家安危之主也。"②这段话一直为世人所赞许，但戚继光似乎对此颇不以为然。在《纪效新书》中，他对将帅的作用和地位重新进行了定位。戚继光认为，在上古时代，兵农未分，文武一途，所以将帅的地位和作用显得尤其重要，堪称国家安危的主宰者。但是在秦汉之后，直至明朝时期，文臣武将，早已各司其职，作用和地位自然会有所变化，至少不像孙子时代那么崇高。

正是因为戚继光准确地定位了将帅的地位和作用，将帅非但不再高高在上，

---

① 《纪效新书》卷十一，《胆气篇》。
② 《孙子兵法·作战篇》。

有时候甚至要与士兵等身,参与到训练中来,自觉参加训练,所以他才提出了"练将"的主张。 戚继光认为,相比孙子的时代,虽说将帅的地位有所削弱,作用也有所下降,但将帅仍然非常重要。 戚继光说:

> 以今日论之,万一有剧盗起,城或不守,野被荼毒,使有善将兵者一鼓歼之,出生灵于水火中,所系岂小小哉?①

戚继光反对将将帅地位肆意拔高,显得非常客观务实,又反对贬低将帅,更是实事求是。 俗话说,千军易得,一将难求。 将帅的战略眼光和战术素养等,对于军队至关重要。 所以,在戚继光看来,将帅也必须接受训练,而且就军队的军事训练而言,必须要以"练将为重,而练兵次之。 夫有得彀之将,而后有入彀之兵。 练将譬如治本,本乱而末治者,未之有也"②。

将帅担负着保卫国家、建设军队的重任,是军队建设的最主要组成部分,所以戚继光将"练将"视为军事训练的"本",是决定一支军队战斗力的基础。 戚继光不仅是这么主张,也对如何练将提出了具体的建议和实施方法。

第二,对将帅的素质提出了新要求,形成了新的将帅观。

戚继光的将帅观承接孙子,但也与孙子有所不同。 孙子的将帅观强调将之五德,要求具备"智、信、仁、勇、严"这五个重要方面。 戚继光借用儒家经典《大学》对孙子的"五德"进行了阐释,并提醒人们注意其中之弊:

> 夫信、仁、勇、严,非智不能辨其弊。 信之弊也执,仁之弊也姑息,勇之弊也暴,严之弊也刻,皆不得其当矣。③

在品评和阐释孙子将帅观的过程中,戚继光渐渐形成了自己的将帅观。 在《练兵实纪·练将篇》中,戚继光指出,将帅必须做到的职责共计有二十六条:

第一,正心术;第二,立志向;第三,明死生;第四,辨利害;第五,做好

---

① 《纪效新书》卷十四,《练将篇》。
② 《纪效新书》卷十四,《练将篇》。
③ 《止止堂集》上,《大学经解》。

人;第六,坚操守;第七,宽度量;八,声色害;第九,货利害;第十,刚愎害;第十一,胜人害;第十二,逢迎害;第十三,萎靡害;第十四,功名害;第十五,尚谦德;第十六,惜官箴;第十七,勤职业;第十八,辨效法;第十九,习兵法;第二十,习武艺;第二十一,正名分;第二十二,爱士卒;第二十三,教士卒;第二十四,明恩威;第二十五,严节制;第二十六,明保障。

戚继光可能是要为将帅编写一本职责手册,所以纲举目张,不避繁复。将帅需要具备哪些基本品德,注意防止哪些缺陷,养成哪些基本素质,从以上所列纲目,便可以一目了然地看出。如果与孙子以"五德"为中心的将帅观进行对比,我们可以明显地看出二者区别:孙子所论简洁明了,其失在于粗率;戚继光行文细腻而又系统,其失在于烦琐。而且关于将帅品德的探讨,戚继光列举纲目虽夥,却仍未能跳出孙子的藩篱。但是,戚继光相关"练将"的论述,言孙子所未言,为古代治军思想和将帅论增添了新内容。而且,两相对比,似乎戚继光的将帅观更加具有"可操作性"。故此,《练兵实纪》的"将帅观",与孙子的将帅观一样,也历来为人们所重视。

第三,对将帅的培养和使用等,提出了较为系统而又明确的主张。

从《练将篇》,我们可以看出戚继光具有明确的"练将"思想和主张。在戚继光看来,选用将领,既要看品德,也要看才能和学识,力求将品德好、武艺高的"全材"选拔出来。他的"练将"理论,也围绕这几个方面展开。

首先是积将德。

戚继光论"练将",首先是强调"正心术",要求先教会将帅明白事理和利害,必须做到"理明而后识定"①。戚继光指出,选将之时,要注意选出那些心术端正的人,尤其注重考察将帅的思想品德。对于那些没有德行的人,即便其具备张良、陈平这样的智谋和韬略,也不足为用。戚继光要求在平时就注意加强对将帅的教育,正将帅之心术。并且,这种"正心术"的行动,贵在长期坚持,不追求一蹴而就。只有长期坚持,才能见出成效:"坚持积久,久则大,大则通,通则化幽,可以感动天地,转移鬼神。"②

---

① 《练兵实纪·杂集》卷一,《储将通论》。
② 《练兵实纪》卷九,《练将篇》。

其次是广才学。

戚继光主张培养文武全才之将，告诫将帅既要读文韬武略，也要读经史子集。在戚继光看来，这些人文阅读，既可以端正身行，提高修养，也可以增加学识，增广见闻。而且，戚继光所指学识，并非仅指书本知识，他将实践之学看得同样重要。至于最好的结果，是将所学知识，"置诸战阵之后，将实境以试之"①，也就是理论和实践相结合。如果认真学习文韬武略和经史子集，有了足够的书本知识，再能很好地用到战争实践中去，那就不仅提高了实战技能，也能培养出他所期许的有学识的"真将"。

再次是习武艺。

除了上述心术端正、精通兵法、学识广博之外，戚继光认为，将帅也要练习武艺。在很多人眼里，将领的职责是指挥军队打仗，只要会战术、懂指挥即可，完全可以不必再学习武艺。但是，戚继光坚决反对这种观点。他认为，作为将领，如果不学好武艺，就无法分辨手下的士卒到底是在练什么，练的是花法还是实招，并且也无法辨别他们的武艺高低，无法将武艺高强的士卒安排到关键位置。戚继光强调指出："身无精艺，己胆不壮。"②身为将帅，如果能够做到带头习武，也可以起到垂范作用，促进士卒更加刻苦地练习武艺，从而引领风气，带动整个队伍训练水平的提高。

---

① 《纪效新书》卷十四，《练将篇》。
② 《纪效新书》卷十四，《练将篇》。

第十五章

火器运用与兵学思想的新面貌

火药是中国的一项古老发明。从唐代末年起，人们已经有意识地将火药运用到军事领域。①北宋时期是我国火药火器发展的初始阶段。宋代以后，火器技术得到不断发展。到了明代，火器技术更是大幅度提升，火器种类增加，运用也日渐广泛。明军甚至设有专门的火器部队，战争中也会围绕火器而制定战术，由此推动了战术思想的发展，军事学术和兵学思想也发生了新的转变。

第一节 火器的发展及相关理论研究

宋金时期，火药火器技术已经取得迅猛发展。北宋初期，人们主要利用的是火药的燃烧性能。宋代的燃烧性火器已经有霹雳炮、铁火炮、震天雷等很多种。宋代曾公亮等著《武经总要》，不仅记载了数种火药配方，也对当时诸如火箭、火炮、引火球等火器的制作使用等情况予以记载。到了南宋时期，管型火器，尤其是火枪和突火枪的相继出现，标志着火器技术和对火药的利用进入新阶段。到了14世纪初，元代工匠在宋人的基础上，进一步研制成功金属管形火器。这种金属管形火器，不仅较难损毁，可以连续使用，也能承受更大的膛压，从而使得射程更远，射击威力增大。在14世纪中叶推翻元朝统治的战争中，农民军已经开始广泛使用金属管形火器。这种金属管形火器的出现，是火器发展史上的一件大事，既标志着火器技术的突飞猛进，也宣布古代火器开始具备近代枪炮的雏形。

1368年，明太祖朱元璋统一中国，火器的发展在朱明王朝迎来了新局面。社会经济的繁荣，钢铁冶炼业的进步，手工业的发达以及对外交流的拓展，尤其

---

① 刘旭：《中国古代火药火器史》，大象出版社2004年版，第13页。

是外敌的入侵和科学技术的进步等,都极大地刺激了军工产业,为火器技术的进一步发展创造了条件。

明代的火药品种已经非常丰富,军用火药品种及其实际配方达九十多种。① 相对于宋元时期,明代火药成分的配置更加合理,火药质量进一步提高,燃烧性能或爆炸威力等,也达到了更高的水平。

明代火药理论研究,是我国古典兵学的一笔宝贵遗产。从明代的兵书和史籍可以看出,当时的研究专家对火药配方的认识和配制技术,已经有了很大的提高。《武备志·制火器法》中详细记载了爆炸、喷射火药等品种的配方情况。其中,仅《兵录·火攻药性》中就记载有火药配方数百种,说明明代科学家已经很好地掌握了火药的组配规律。茅元仪《武备志·火药赋》、唐顺之《武编·火》、焦勖《火攻挈要》等兵学典籍都指出了火药具有"硝性竖而硫性横"的特点,对品种不同的火药在性能和功用等方面的差别,研究得非常清楚。何汝宾在《兵录·火攻药性》中说:"性直者主远击,硝九而硫一;性横者之爆击,硝七而硫三。"从这段话可以看出,当时的研究专家已经非常明白如何充分利用火药的特性和作用,也一直在寻找最优的火药配置方案,以求最大限度地发挥火药和火器的攻击效能。明代火药制造技术有很大提高,火药质量比宋元有明显提升,正是这些专家反复探索的结果。

为了加强对火药和火器的管理,明代初年就在应天府(今南京)成立了专门的火器制造机构,火器制造的规格和产量等,都受到严格控制。而且,为了王朝的稳定和安全需要,制定了严厉的政策防止技术和人才外流,除非得到特别允许,边镇和卫所一律不得私自制造火药和火器。

明代火器种类也进一步增多,初步形成了多种火器品种群。比如枪支类,既有单管枪,也有多管枪。单管枪分无敌手铳、快枪、连子铳、剑枪、千里铳等;多管枪则从双管、三管、四管,直至数十管。再如火炮,可分为轻型火炮和重型火炮。轻型火炮也分为虎蹲炮、旋风炮、飞礞炮等;重型火炮则分为大将军炮、威远炮、攻戎炮、千子雷炮、灭虏炮等。火箭分单反火箭和多发火箭,其中单反火箭又分大筒火箭和后火药箭等;多发火箭则分神机箭、火弩流星箭、七筒箭、百虎齐奔箭等。爆炸性火器也有多个品种,可分为万人敌、慢炮、地雷、

---

① 刘旭:《中国古代火药火器史》,大象出版社2004年版,第60页。

水雷等,而地雷类爆炸品则有万弹地雷炮、无敌地雷炮、伏天冲天雷炮等。水雷类爆炸品,也开发出水底龙王炮、混江龙、既济雷等多个种类。

嘉靖年间佛郎机与火绳枪的传入,也促进了火器制造业的进步,尤其是带动了枪支研发水平的提高。无论是仿制西方先进火器,还是改制传统制造工艺,各种火器的科技含量都大大增加,品种更加丰富,军队的装备也随之得到更新。明代中期的火箭,既有利用弓弩发射的火药箭,也有利用火药燃气反冲力推进的火箭,后者因为发射装置已经非常先进,可称现代火箭的先导。① 明代的管型火器,与近代枪炮越来越靠近,在性能上已有极大提高。有的火器品种不仅能够逐步改进成连发,也有瞄准装置设计,并且安装有效防止后坐力的装置。爆炸性火器也有了长足发展,已经形成水、陆等多个门类。水雷在防止渗水和引爆上有很多改进,炸弹则已经有了定时引爆的功能设计。明代研究力度相对偏弱的大概要数燃烧性火器,但也涌现出了一些新品种。

明代火器技术之所以能够快速发展,与宋元时期的基础积累密不可分,也是明代科学家和军工制造人员刻苦钻研的结果。他们对诸如钢铁冶炼、火药配制、火器制造等,都下功夫进行了深入研究。

从明代开始,火器理论研究更加系统化。明代兵书中,相关火器火药的论著为数甚多,流传至今的尚且有十多种。这些论著,或研究火器的制造与使用,或探讨操作与训练,或总结战术与阵法,极大地推动了明代兵学思想的深入。

在明代火器制造与使用的理论著作中,影响深远的专著有《火龙神器阵法》、《火攻挈要》、《神器谱》、《西法神机》等。此外,《武编》、《纪效新书》、《练兵实纪》、《武备志》、《大明会典》、《兵录》、《筹海图编》等文献也都从不同的角度出发,对火器的制造与使用原则等进行了较为系统的阐述。

《火龙神器阵法》为明代焦玉撰。该书对利用火器发起进攻的方法、火器的制造以及火药的性能等,都有较为详细的记载。明代刘应瑞撰有同名兵书,现存北京大学图书馆。《火攻挈要》为明代焦勖所撰,集中记载了明代火器的技术成就,同时也吸收了西方相关造炮技术的先进成果,作者自称该书得"名书之要旨,师友之秘传,及苦心之偶得"(《火攻挈要·自序》),自视甚高,但也并非

---

① 王兆春:《中国军事科技通史》,解放军出版社2010年版,第193页。

虚言，因为它确实是相关明代火器技术的一部重要著作。《神器谱》也是一部火器类专著，其中对火绳枪的制造与使用有详细记录，反映出明代中期单兵枪的研制和使用水平。《西法神机》则是我国较早全面介绍西方火器技术的专著，反映出明朝学习和引进西方先进科技的情况。

相比专门著述，一些分类严密的综合性兵书等，同样是研究明代火器的重要著作，不容忽视。比如《纪效新书》、《练兵实纪》对嘉靖时期所创制的虎蹲炮、地雷等新式火器情况等，均有较为详细的记录；《筹海图编》则重点介绍了明军的海战武器和使用方法等；《兵录》记录了明朝吸收、借鉴西方国家火炮制造和使用方法等情况。被称为古代军事百科全书的兵学巨著《武备志》，更是辟有十六卷的篇幅全面记载了当时的各种火器，共计一百八十余种，不仅记录这些火器的形制构造，也简要说明制造与使用方法，对我国古代火器发展的光辉成就有着全面而又翔实的记录。

第二节　建军思想的转变和军事训练的变革

随着火药火器技术的发展，明朝建军思想发生急速转变，开始组建专门的火器部队——大量装备火器的神机营。与此同时，军队开始大面积配置火器，体制编制由此发生很大改变，军事训练也相应发生了转变。

明朝的开国国君朱元璋很早就意识到火器对于战争的作用。他在与陈友谅的战争中就已经大量使用火器。在鄱阳湖水战中，朱元璋组建了专门的火器队伍。当时的情形是，陈友谅不仅在军队数量上明显占据优势，战船也远比朱军高大和先进。为了改变颓势，打败对手，朱元璋最终决定采用火攻战法，临时组建火器部队。他把水军重新编队后，组成火器队伍先期发起进攻，"敢死士操七舟，实火药芦苇中，纵火焚友谅舟"①。朱元璋取得鄱阳湖决战的胜利，与火攻战术和火器的成功运用密不可分。

朱元璋建国之后，也一直非常注意发展火器，为成立专门的火器队伍打下了基础。永乐年间，朱棣正式下令在京师组建神机营。他将驻扎京城的军队分为三大营，即五军营、三千营和神机营。《明史》中记载：

---

① 《明史》卷一，《太祖本纪》。

又因得都督谭广马五千匹,置营名五千下,掌操演火器及随驾护卫马队官军。坐营内臣、武臣各一,其下四司,各把司官二。此神机营之部分也。居常,五军肄营阵,三千肄巡哨,神机肄火器。①

神机营设提督内臣、武臣和掌号头官各两名,下辖中军、左掖、右掖、左哨、右哨五军,军以下设司。除此之外,还有五千下营,主要是掌管火器操练和随驾护卫马队。所谓"神机肄火器",神机营大量配备了当时最为先进的火器,诸如盏口炮、将军炮、手把铳、神枪、快枪、单飞神火箭、神机箭等先进火器,都有大量配置。在当时,神机营被视为一支战略打击部队,受皇帝直接指挥和调遣,在重要战争中发挥作用。

除了配备火器之外,神机营也配备了各种长短冷兵器。这似乎是得自正统年间顾兴祖的建议。当时顾兴祖受命"总操神机营",认为火器会受到雨雪天气等意外因素的影响,所以也有无济于事的时候。如果部队只配备火器,一旦在特殊天气条件下遭遇敌军,那就可能造成"枪铳火器仓卒难用,无他兵器可以拒抗"的困难出现,故而他请求"每队前后添设刀牌"②。明英宗同意了顾兴祖的请求,从此之后神机营的装备虽仍以火器为主,但更讲究冷热搭配。

神机营也确实曾在战场上发挥过重要作用。永乐八年(1410),朱棣亲征漠北的战役中,神机营就随队出征,并在战场上大量杀伤敌军。永乐二十年(1422)三月,朱棣指挥第三次漠北之战,神机营的突然出击,也令蒙古军"大溃,死伤不可数计"③。

因为建立了卓著的战功,神机营越发受到重视。在军队建设中,神机营起到了示范和标杆的作用,推动了火器更加普遍地装备于部队。水兵、骑兵等各个兵种,都开始配置火器,寻求冷兵器和火器的最佳配置。这种结合,以戚继光的军队最具代表性。④

戚继光的步兵营共有官兵2700人,其中配置鸟铳手的士兵为1080人,如果

---

① 《明史》卷八十九,《兵志一》。
② 《明英宗实录》卷三百五十五。
③ 《明太宗实录》卷二百五十。
④ 王兆春:《中国军事科技通史》,解放军出版社2010年版,第201页。

再加上火箭手,使用火器的士兵达到编制总数的一半。骑兵营也编制 2700 名官兵,各种鸟铳手、快枪手、火箭手相加,也达到接近一半的比例。水兵营中,火器的配置比例更高,超过 50%。战船上,除了配置冷兵器之外,更是大量配置大发熕(舰首炮)、佛郎机、火炮、鸟铳等各型火器。至于车营,更可以视为专业火器部队,是对明代前期神机营的发展。

火器的迅速发展,也让车兵呈现重新崛起之势。车兵盛行于我国商周时期,但在秦汉时期慢慢退出历史舞台,逐渐为骑兵、步兵和水师等兵种所替代。但这一状况,在明代得到了改变。戚继光的车营共有士兵 2604 名,配有炮车 128 辆,佛郎机炮 256 门。除去这些机动性强的炮车之外,车营尚且配有鸟铳手 512 名,佛郎机手 768 名。可以不难看出,火器手的人数也占据了车营的一半以上,其他的则为军官和必备的勤杂人员。①

明代的战船也已经大量配备火器。在郑和下西洋的战船上,已经大量配置火器用以防身,此后渐渐发展成为一种趋势。随着抗倭形势的发展,战船所配置的火器,无论是数量还是质量,都不断得到加强。

不仅如此,在火器快速发展的明代,不少有识之士先后建议朝廷恢复车兵。正统十二年(1447),总兵官朱冕建议"用火车备战,自是言车战者相继"②。其中所谓"火车",实则是配置了火器的战车。所以,明朝新设计的战车,可以视为现代装甲车的鼻祖,至少与先秦时期的战车有很大不同。景泰元年(1450),郭登继续建议政府建造战车。他提倡建造战车名叫"偏箱车",所希望达到的效果是:"遇贼来攻,势有可乘,则开壁出战;势或未便,则坚壁固守。外用常车,载大小各样将军铳……"③从这种设计理念来看,它显然是要达到现代装甲车的效果,不仅要将车身当成护卫工具和运载工具,而且要装载必要的火器,适时打击敌人。此外,战车上也要装载一些冷兵器,力求各种装备完美结合,从而帮助这种古代"装甲车"最大限度地发挥出战斗力。从天顺六年(1462)到万历三年(1575),明廷每年建造的战车都在数千辆上下。④可以看出,因为火器带来的建军思想的变化,已经深刻地改造了明朝军队的编制体制。

---

① 相关数据多依据戚继光《纪效新书》、《练兵实纪》和《练兵实纪杂集》。
② 《明史》卷九十二,《兵四》。
③ 《明经世文编》卷五十七,《上偏箱车式疏》。
④ 刘旭:《中国古代火药火器史》,大象出版社 2004 年版,第 140 页。

火器的发展不仅改变了明军的编制，也促使军事训练发生变革。神机营的成立、火器大量配置军队，战法和阵法都会随之改变，但是，要想真正发挥火器的战斗力，生成战斗力，首先还是要从训练抓起。

戚继光的训练尤其注意结合火器，加强军事技术训练，可称明军军事训练改革的代表。从《练兵实纪》、《纪效新书》等书可以看出，戚继光的单兵训练和营阵训练以及部队的综合性训练，都加强了对鸟铳、将军炮等各类火器的操作训练，并力求火器与冷兵器相结合，训练与实战相结合。

火器的威力在于较远距离打击敌人，而车营的威力在于配备了一定规模的佛郎机火炮和鸟铳。为了追求射击准度，令士卒对阵法更加熟悉，戚继光经常按照实战要求，将队伍拉到荒郊野外，进行大规模的野营训练。至于水师训练，则要开进到海域进行。可以看出，对训练场地的要求已经大大不同于冷兵器时代。

戚继光主张军事训练要循序渐进地展开，先单兵，后营阵；先技术，后战法。也就是说，先训练单个士兵掌握火器的能力，再熟悉各种阵形变换中，练习各种冷热兵器的配合。如果翻看《练兵实纪》就可以看出，当时的戚家军对于鸟铳手和各种炮手的训练和考核科目，都有内容和程序方面的严格要求。如果完成不了规定训练内容，或者说达不到训练要求，都会受到相应的处罚。

单兵训练结束后，会适时组织编队训练，主要是进行阵法训练。以步兵营为例，组织士兵按照十二人为一队的编制，训练鸳鸯阵法。鸳鸯阵法要求冷热兵器的充分结合：距离敌人百步左右，强调用鸟铳袭击敌人；距离较近时，采用长柄快枪打击对手；更近时则使用盾牌保护自己的同时，也使用狼筅等冷兵器打击敌人。所以整队士卒之间要求配合熟练、阵法严整。如果平时没有进行扎实的训练，战场上就会发生混乱，更别指望打击敌人。

在完成编队训练之后，再继续进行单营乃至几个营的合练，以适应各种规模的战争。在合练过程中，既要操练各种阵型演变，寻求各个作战单位的默契配合，更充分地发扬火力，保证火器发挥出最大杀伤力。不仅是同一兵种之间需要进行合练，不同兵种之间也要进行合练，比如骑兵和车兵，步兵和水兵等，都要进行协同训练。

总之，火器的出现深刻影响了建军思想，加快了军队编制体制的调整，也促成了军事训练的转型。不仅是训练内容发生了改变，训练模式和场地等，也都发生了深刻变化。其训练方式在戚继光《纪效新书》和《练兵实纪杂集》中，都有详细的记载和探讨。正是在戚继光等人的积极探索下，火器与冷兵器能够有效结合，通过不断地训练磨合，渐渐找到了较为合理的作战样式。

第三节 "以器制胜"的战争观

火器强大的杀伤性能很快为明朝统治者所认识。为了维护自身统治利益，明廷大力发展以火器技术为中心的各项军事技术，军事理论和军事学术由此得到相应的发展，战争观、国防观念等都发生较大变化，"以器制胜"的战争观开始逐渐形成。

中国古代的科技观深受儒家思想影响。孔子将"农圃、医卜之属"视为"小道"①，《礼记·王制》也轻视科技研究，视之为"奇技淫巧"，甚至不乏贬斥之意，中国古代社会由此而渐渐形成"重道轻器"的思想。到了南宋时期，朱熹开始为科技正名，强调"小道不是异端"②。这固然是一个不错的开端，但也从一个侧面说明了当时农业科技和医药科技等科技人员长期受到排挤和轻视的事实。这些观念，对于古代战争观形成了重要影响。这种状况，一直持续到明代，随着火器的出现，才发生若干改变。在明代，火器的迅速发展和大量使用，终于为传统的战争观增添了新的内容。这就是"以器制胜"。

先秦时期，部分军事家也已经认识到武器装备对战争的重要影响力，比如《管子》说"凡兵有大论，必先论其器"③，认为武器装备务求精良，在战争筹备过程中，必须"求天下之精材，论百工之锐器"④。在火器发挥更多作用的时代，武器装备更被视为士兵的第二生命。在火器时代，古语所说的"长一寸兵器，长一分胆"，似乎有必要修改成"多一种火器，长一分胆"。如果缺少精良的火器，与对手进行搏斗，无异于飞蛾扑火，自寻死路。反之，如果己方拥有较为先进的火器，则不仅可以大量杀伤敌人，也可以极大地提升士兵的勇气，从而在战争中一举破敌。诸如火炮这样的装备，因为可以远距离对敌造成大面积

---

① 《论语·子张》。
② 《朱子语类》卷四十九。
③ 《管子·参患》。
④ 《管子·幼官》。

杀伤，也可以对敌人起到震慑作用，瓦解敌人的信心。比如明末的宁远之战中，明军在袁崇焕的组织下，用红夷炮大量杀伤后金军，令努尔哈赤不得不就此撤军。

古代兵家虽对武器在战争中的作用有所认识，但很少能提高到足够的高度。到了明代，火器所发挥的前所未有的作用，才推动了"以器制胜"战争观的形成。明代的军事家和军事理论家开始大量论述武器装备和火器的重要性，充分注意到火器对战争的巨大影响力。戚继光指出："五兵之中，惟火最烈。古今水陆之战，以火成功者最多……是火器之利战阵久矣。"①在《纪效新书》中，戚继光对于各种火器的使用之法都有详解，演练阵法也都注意发挥火器的效率。《火龙神器阵法》的作者焦玉更是认为火攻的效果如何与火器的精良与否密不可分，火器与火攻是"三军存亡所关"②，将帅必须要对火攻战法予以充分重视。《火攻挈要》的作者焦勖看到西方先进火器的威猛，极力称赞其"精工坚利，命中致远，猛烈无敌"③，并且强烈呼吁朝廷仿效西法，改进火器，并大量配置军队，以提高军队战斗力。

明末的徐光启更是将"以器制胜"观发展到了极致。作为晚明积极倡导科技和中西文化交流的士大夫学者，徐光启大力宣扬《管子》的"器胜"理论，高度重视发展火器，认为"火器者今之时务也"④，至于西洋大炮，更是被他看作"至猛至烈，无有他器可以逾之"⑤，所以敦促朝廷投入力气加以仿制，以作为抗倭和抗金的利器。

先秦典籍《管子》中有所谓"八无敌"理论，将武器装备视为影响战争胜负的更为主要的因素。⑥可惜的是，《管子》的这些理论在漫长的封建时代，较少

---

① 《纪效新书》卷三，《神器解》。
② 《火龙神器阵法·火攻器制》。
③ 《火攻挈要·概论火攻总原》。
④ 《徐光启集》卷四，《略陈台铳事宜并申愚见疏》。
⑤ 《徐光启集》卷八，《钦奉明旨敷陈愚见疏》。
⑥ 《管子·七法》中曾有一段总结影响战争胜负主要因素的论述："存乎聚财而财无敌，存乎论工而工无敌，存乎制器而器无敌，存乎选士而士无敌，存乎政教而政教无敌，存乎服习而服习无敌，存乎遍知天下而遍知天下无敌，存乎明于机数而明于机数无敌。"这段话将影响战争结局的要素总结为八个，分别为：材料、工艺、武器、选兵、军队的政教素质、练兵、情报、指挥。在《管子》作者看来，这八个要素都做得足够好的话，就可以天下无敌，后人遂将这一套理论简称为"八无敌"。

受到注意。一直到了明代末年,重视科技兴邦的徐光启,才借助《管子》的"八无敌"理论,阐述了自己"以器制胜"主张,可谓《管子》的隔世知音。正是基于"以器制胜"的战争观,徐光启非常重视武器装备的制造,尤其关心火炮的制造。他不仅大力呼吁引进西方火炮技术,在军营大量配置先进火炮,同时也积极探索火炮的实际运用理论,对火器与城防、火器与骑兵、火器与攻城等具体战法也有深入研究。① 可以看出,徐光启不仅是"以器制胜"战争观念的倡导者,也是一位躬行者。正因为他的大力坚持和积极呼吁,明代后期火器的发展才有了一个良好局面。

徐光启固然主张"器胜",但也重视人的作用,认为"有神器而无精甲利兵,终不可成"②,明白地指出"有器无人,则器反为敌有矣"③。所以,徐光启非常重视对士兵的训练,亲自撰写了《选练百字诀》、《选练条格》、《练艺条格》等一批相关士卒训练的条令和法典,体现了他的练兵思想。焦玉虽鼓吹火器之利,但也主张利器与精兵及阵法,强调它们的完美结合。只有将士卒与利器充分地结合在一起,才能产生强大的战斗力。焦勖也指出:"根本至要,盖在智谋良将,平日博选壮士。"④所以,明代末期以徐光启、焦勖等人为代表的"以器制胜"战争观,并不偏执于武器,也强调人和武器的结合。这种新型战争观,是对传统战争观的补充,也可对我们今天的科技强军起到某种启示作用。

火器既可以用弹药杀伤敌人,也可以用引发对方营帐起火的方式伤及敌军,所以成为发起火攻的一种重要手段。众所周知,火攻因为存在巨大杀伤性,所以发起时需要慎重,主张火攻制敌的孙子对于火攻持谨慎态度——"明主慎之,良将警之"⑤。火器的巨大杀伤性,同样引起人们对于战争的深入思考,不仅对战争持有敬畏之情,也对火器抱有辩证态度。其中最具代表性的是焦玉。在《火龙神器阵法》中,焦玉论述了火器的神勇,同时也指出其杀戮太重的特点,尤其是毒火药,更要慎重使用,因为"此药一石,杀兵百万,非至难破之敌,不

---

① 《徐光启集》卷一,《器胜策》。
② 《徐光启集》卷三,《辽左阽危已甚疏》。
③ 《徐光启集》卷六,《处得不战之势宜求必战必胜之策疏》。
④ 《火攻挈要·火攻根本总说》。
⑤ 《孙子兵法·火攻篇》。

可轻用"①。包括其他杀伤过强的火器，都必须要控制使用，"以天地生物之心、好生之德律之"②。这充分体现出焦玉珍视人的价值，对火器的作用和使用都能辩证地对待。就火器的使用，焦玉进一步提出了八条戒律，规定不能损伤名胜古迹，不能伤害无辜居民和已经投降的敌军，不得破坏环境，等等③，在体现出人文精神的同时，也展示出焦玉战争观进步性的一面。

火器的发展也带来了国防观念的变化。制造先进火器，被视为保卫边境、巩固国防的重要砝码。不少人开始呼吁重新修筑长城和城堡，依托于先进的火器构筑严密的防御体系。这其实也是"以器制胜"战争观的延续。为了解决边患问题，除了在防御体系和制度建设上的努力之外，不少官员都提倡加大火器的研制和使用力度。他们纷纷从国防战略的高度出发，大力提倡火器的发展。戚继光指出"守险全恃火器"，又指出"火炮可当虏聚冲"④。赵士桢奏请朝廷把发展火器作为急务对待，称制造火器是"国家万世之利"⑤。这些呼吁，对于火器的稳定发展起到了重要作用。反过来，火器的大量使用，也在戍边战争中发挥了不可替代的作用。无论是在东南沿海地区抗倭，还是到北部边境戍边，戚继光都注意火器的配置和使用，始终将火器看成守边御敌的重要砝码。先进火器对于敌人的杀伤作用和震慑作用，都是冷兵器所无法替代的。

明代在沿海和边境构筑烽堠台，也已经非常注意配置火器装备。至于重要关口和城池，更是大量配置先进火器。并且，这种趋势在晚明时期得到加强。隆庆元年（1576），为加强北京的城防，广渠门、东便门、朝阳门等各处城门，除了原有的火器连珠枪、快抢等火器之外，又增设佛郎机二十门、一窝蜂炮六门、快抢四十支。⑥这种改变，是当时明朝北部边患日渐严重的直接产物，也是"以器制胜"战争观落到实处的具体体现。其时，以若干先进火器保卫国土、捍卫政权的观念，可能已经深入人心，为执政者所广泛接受。

---

① 《火龙神器阵法·毒火药配诀歌》。
② 《火龙神器阵法·火龙万胜神药》。
③ 详见《火龙神器阵法·火攻兵戒》。
④ 《练兵实纪杂集》卷二，《上军政事宜》。
⑤ 《神器谱·防虏车铳议》。
⑥ 王兆春：《中国军事科技通史》，解放军出版社2010年版，第205页。

第四节 火器时代的战术研究

明朝的战术思想也随着火器的大量使用而得到较大发展,具体表现有:战法更加多样化;兵种之间的合同战术水平达到了一个新水平;火攻战法有了极大提升;攻城和守城战术以及作战的阵法更加多变。与此相应的是,战争对各级指挥员战术素养的要求也变得更高。

第一,火器的发展使得兵种增加,战法更加丰富,战术手段更加多样化。

随着火器在战场所发挥的作用越来越强和火器技术的飞速发展,明朝组建了专业的火器队伍——神机营,车兵也因为可以装载火器的原因而复活。加上原有的步兵、骑兵和水师,明朝军队的兵种变得更加多元化。比如戚继光的队伍兵种齐全,包含步兵、骑兵、车兵等。兵种和武器装备的增多,可以使得将帅在指挥作战时多一些选择。优秀将帅具备较高的战术素养,可以将兵力配置更加优化,并设计出更加多样的战法。嘉靖四十年(1561)五月初四,两千名倭寇袭击台州。戚继光得知消息后,率领1500名士兵在上峰岭选择有利地形设下埋伏。虽说敌众我寡,但戚家军依仗鸟铳、火箭等先进火器先机打击敌军,很快便打得倭寇溃不成军。在这场战争中,火器和地形一样,成为戚继光设计伏击战术的关键因素。

火器的出现,改变了各兵种之间的优劣对比。在冷兵器时代,骑兵因为拥有机动速度较快的特点,能够较好压制步兵。自从汉武帝大规模组建骑兵部队之后,骑兵在历朝都一直受到重视。在唐代,骑兵更是成为主战兵种,被大规模投放于战场。但在明代,步兵因为拥有火器而得以重新崛起。掌控了火器的步兵,可以利用手中射击距离较远的先进火器,有效抵御骑兵部队的冲击。人坐马匹之上时,火器难以掌控和发射,在没有发明轻便火器之前,骑兵便转而成为劣势。在这种情况下,骑兵的威力便大大降低,在军队和战争中的地位也随之降低。

不只是步兵,车兵这种在此前看来稍显笨拙的兵种,因为可以大量装载火器,也重新受到重视,战略地位越来越突出,渐而取代骑兵的地位。围绕车兵的特点和需要设计战术,也成为兵学研究的新任务。赵士祯主张车铳结合,用战车自卫,用火炮杀敌。他说:"一经用车用铳,虏人不得恃其勇敢,虏马不得恣其驰骋，弓矢无所施其劲疾，刀甲无所用其坚利，是虏人之长技尽为我车铳所掩。"①孙承宗对车战很有信心，把装载火器的战车视为战胜后金、收复辽土的重要砝码，并精心研究战术。他指出，战车不仅具有"不动如山"的抗击打能力，也可以在完成车兵和其他兵种的战术协同方面有所作为，重要的是要"火（器）以车习，车以火（器）用"②。

随着兵种的增多，兵种之间的协同和融合成为急务，有才能的将帅开始努力提升兵种合同战术的水平。所以，火器的发展和战争实践，极大地促进了明军多兵种合同战术水平的提高。比如在草原作战，一般需要骑兵、车兵、步兵等多个兵种之间的互相配合。在俞大猷、戚继光等人的努力下，明军在东南沿海的抗倭战斗中，就成功地将步兵、骑兵、车兵和水军的合同战术发展到一个新水平。景泰元年（1450），明将董兴在与起义军的交战中，也曾使用水陆并进的战法取得胜利。当时比较常见的协同方式有三种：一是步兵从陆地利用火器远距离攻击敌人，水军则适时封锁海面，切断敌军退路；二是引诱部分敌军上岸，步兵利用地形发挥火器的威力消灭对手，水师也在海面对敌发起攻击；三是待敌军完全登岸，步兵和水军同时对陆地敌人构成夹击之势。孙承宗指出，是否能够有效完成多兵种协同作战，其核心是看能否使得车兵和火器充分发挥效率："莫如用车，用车在用火（器）。"③

第二，借助于先进火器，火攻战法受到特别重视，相关研究著作增多。

先秦兵学经典《孙子》中设有专门篇章讨论了火攻，《六韬》中也有《火战》专门讨论火攻战法，说明先秦时期的火攻战法已经相当成熟。古代战争史上的一些经典战例，如官渡之战、赤壁之战等，都因以少胜多而名垂青史，其中都有火攻之力。明代开国之君朱元璋也善用火攻战法。在和陈友谅的鄱阳湖决战中，他就是使用火攻以少胜多，挫败强敌的。随着火器技术的发展，火攻战法在明代更加受到重视，甚至出现了专门研究论著，标志着古代火攻战法的研究进入了新阶段。

《火龙神器阵法》全书·万余字，附图四十七幅，是一部结合火器发展深入研究火攻战法的代表作。书中不仅记载各种火器制造和使用，各种火药的配置

---

① 《神器谱·防虏车铳议》。
② 《车营扣答合编》卷二，《车营百八扣》。
③ 《车营扣答合编》卷二，《车营百八扣》。

方法和性能，更对火攻的方法和原则进行了深入探讨。仅就火药配置而言，《火龙神器阵法》也较《武经总要》所载的宋代配方更加合理和先进。作者指出，先进的火器可以发挥多种用途，既可以直接杀伤单个敌人，也可以引发火攻，对敌造成大面积杀伤。至于发起火攻的时机，则一定要"上应天时，下因地利"①，占据上风口，同时也要充分发挥各类火器的自身性能，并且注意与冷兵器充分结合。所以，该书不仅是一部专门研究火器制造的兵书，同时也是一部探讨火攻战法的兵书，在古代军事史上占据着重要地位。

《火攻挈要》的成书相对前书为晚，记录火器、讨论火攻战术则较前书更进一步。该书旧题"汤若望授，焦勖述"，所以也对当时西方先进火器技术有所吸收。全书共三卷，上卷概论火器的制造原则，中卷介绍火药的制造工艺，下卷介绍火器的使用方法和火攻的原则等。其中既有对当时火器技术的忠实记载，更有作者对明军使用火器作战经验教训的总结。作者借此提出自己相关火攻的认识，非常具有独到见解。作者指出，火器固然是破敌利器，但必须使用得法，尤其需要智谋良将来掌握使用，如此才能真正发挥作用，否则便是"空有其器，空存其法，而付托不得其人"②。他还总结了明军虽有利器却不能以火攻破敌的主要原因，如将疲兵骄、铸铳无法、造药无法和装放无法等，也提出了具有针对性的解决办法，力争去弊存利。焦勖指出，火攻虽烈，却不能专恃，对于火攻的效能一定要辩证看待。在战争中，指挥员还要注意各种兵器的互相配合，结合具体的阵法灵活运用，"兵器与火器互相为助"③，更不能用火器伤及自身，这样才能确保最终的胜利。

明代研究火攻的著作还有《火龙经》、《火攻阵法》等，这些兵书不仅记载了当时火器技术的发展情况，也保存了明代结合火器对于火攻战法的深入探讨，反映出火攻战术的迅速发展，具有重要的学术价值和史料价值。

第三，攻城和守城都提升了战术难度，城塞的防御作用引发关注和讨论。

火器时代的攻城与守城都看重火器的运用。守城的一方如果拥有先进的火器，可以增加防守的厚度；攻城的一方如果拥有锐利的火器，也同样可以较为容易地摧毁对方的防御。当然，火器的出现，尤其是杀伤力更大的火炮的大量使

---

① 《火龙神器阵法·火攻地利》。
② 《火攻挈要·火攻根本总说》。
③ 《火龙神器阵法·救卫之备》。

用，也明显地会令城塞的攻和守增加一些不确定因素，逼迫城塞的攻守战术都要有水涨船高式的提高。在火器时代，城防体系的构建技术，包括城墙的修建技术，都被迫跟进提高，城塞的防御作用也需要重新认识。

冷兵器时代，兵器对于城寨破坏能力非常有限，攻城时除了采取围困之外，只能仰仗奇袭。除了费时费力之外，士卒损失也大。由于先进火器的使用，部队攻城能力得到提高，城寨变得不再那么坚固。攻城部队可以用火炮直接轰击城墙和城门，一旦打开缺口，步兵就可以迅速冲入城内。士兵也可以悄悄挖通地道至城墙之下，再大量充填火药，通过引爆火药炸坍城墙。永乐四年（1406），明军进攻安南多邦城，遇到顽强抵抗。敌军依托坚固的城墙和深深的壕沟，多次瓦解明军攻势。明将张辅一面派遣小分队趁着黑夜潜入城内，一面使用神机铳大量杀伤敌军，终于击溃对手。高墙深沟固然能阻挡步兵冲击，却无法抵挡火器的攻击。如果能够有效利用火器，不仅攻城的战术水平可以得到提高，也可以有效杀伤敌军保存自己。

天启六年（1626）的宁远之战中，努尔哈赤十多万大军被袁崇焕用红夷炮击退。这场攻城战中，努尔哈赤对明军守城决心和火炮威力认识不足，他所擅长的传统攻城战术无法得到施展，故而惨败。袁崇焕则对如何结合城墙构筑炮阵地富有心得，将守城战术提高到一个新层次。在随后的宁锦之战中，袁崇焕的防御战术又有所变化。为了对攻城的后金军构成牵制和打击，袁崇焕在城外布置了一支机动能力较强的骑兵部队，依托于坚固的城墙和猛烈的火炮，不时地对后金军的攻城部队展开袭击和骚扰。此举使得后金军无法集中精力攻城，攻城战术也无法得施展。这种变化体现出袁崇焕守城战术的进步和战术变化能力。因为战术得当，袁崇焕率领明军成功地击退了皇太极率领的后金军。

在火器时代，守城之术、围城之术、围城打援之术，乃至于后勤补给之法等，都需要重新认识和重新设计。至于城塞设施，也因为在火药面前变得脆弱起来，其防守作用和存在价值，引发了人们的争论。明朝万历年间的进士尹耕，针对当时渐渐弥漫的城塞无益论，特地著《城塞》，呼吁朝廷继续加大城塞建设，认为"城塞以止驱，犹服药以已疾"[1]。徐光启也主张大力构筑城台：

---

[1] 《塞语·城塞》。

"建立附城敌台,以台护铳,以城护民。"①配合火器的城塞建设,在争议声中得到发展。明王朝曾经多次对长城进行修建与改建,尤其注意结合重要关隘构筑坚固的城堡来抵御北方游牧民族的入侵。在东南沿海,也注意结合江河入海口,构筑城池,修建具有独立作战能力的城寨。城寨之内和重要的关隘都大量配置必备的火器,形成了抵御侵略的防线。就城市防御作战而言,"依城护炮,依炮护城"也是火器时代一个非常不错的战术选择。袁崇焕之所以能够成功防守宁远,打退努尔哈赤的进攻,其实也在很大程度上得益于坚固的城墙。

第四,火器的发展促进了阵法的研究,也对指挥员的战术素养提出了更高的要求。

火器技术的发展和大量使用,也要求战场的阵法进行相应的变革。从战斗队形到作战指挥等,都发生了很大改变。

在明代,研究阵法的著作逐渐增多。焦玉的《火龙神器阵法》、何良臣的《阵纪》等,其中都有不少相关阵法的探讨。《火龙神器阵法》中说:"选以精兵,练以阵法。器贵利而不贵重,兵贵精而不贵多,将贵谋而不贵勇。"②显然,在他眼中,阵法与火器、精兵一起,构成了战胜对方的三个重要因素。只有将三者紧密地结合在一起,才能真正收到克敌制胜的效果。

由于火器的杀伤力比冷兵器的杀伤力更强,作战双方都要更加合理地排兵布阵,力求找出最优的兵力组合,更加充分地发挥火器的作用,更加注意保存己方的兵力。所以,无论是进攻还是防守,首先都需要注意"化整为零",小分队式的作战方式更加受到重视。也就是说,战斗阵型由大趋小,兵力分布由密集趋于疏散。戚继光的"鸳鸯阵",正是以十二人为一队,组成一个基本战斗阵型,在战场上发挥了重要作用,受到各级指挥员的重视。

其次,阵型设计更需要灵活求变,不再像冷兵器时代,强调阵型的严整和规模。在开战之前,指挥员就需要根据地形变化,合理地安置火炮,组织强大的火力网,力求先以火器阻击对手和杀伤敌军。在战斗发起之后,也要善于根据战场情况,及时地调整阵型,从而掌握战场主动权。

再次,阵型设计要求能够有效地避开对方的直接杀伤,尤其是要躲开对方威

---

① 《徐光启集》卷四,《谨申一以保万全疏》。
② 《火龙神器阵法·火攻器制》。

力大、射程远的火炮,不再强调硬碰硬的直接对决,而是巧妙地隐蔽主力,等待合适时机利用各种火器压制对手,歼灭敌人,夺取战争胜利。

火器的大量使用,使得战场面貌发生深刻变化,作战样式更加复杂化,需要指挥员善于根据战场形势及时调整。火器在引起战术和阵法不断变化的同时,也极大地改变了战争指挥方式。这种情况无疑对指挥员的战术素养提出了更高的要求,不再追捧冷兵器时代那种只能挥舞丈八蛇矛的猛张飞。这就是焦玉所说的"将贵谋而不贵勇"。

在冷兵器时代,一次战斗的胜负经常取决于战争双方的短兵搏杀,指挥员往往需要亲临战场,甚至带头搏杀。但在火器时代,远距离作战已经成为可能,不再单纯追求这种万人敌的猛将。作战节奏的加快,火器种类的增加,需要指挥员不仅懂搏杀,也要懂科技,不仅善于作战,更要善于指挥。宁远之战中,就有明军将领因为不懂火炮炮膛过热会引发开膛爆炸的危险,而被当场炸死。作为将帅,其主要职责不再是带领士兵冲锋陷阵,而是善于搜集情报果断决策,并且具备快速应变能力,善于根据战场上的情况变化,及时做出调整,不间断地实施指挥。为了解决信息不畅、指挥不力问题,甚至要组建一定规模的指挥团队,大量吸收参谋人员的智慧。

总之,在明代,火器技术无论是技术层面,还是与战场实际结合层面,都较宋元时期有了较大进步。遗憾的是,这种良好发展的势头并没有能够保持下去。日渐腐朽的明朝统治者,即便是拥有先进火器,最终也没能抵挡住后金铁骑。清入主中原之后,明朝火器技术和军事科技的良好发展势头也戛然而止。在清代,火器技术基本呈现出下滑态势,并且一直持续到清朝灭亡。如果将晚清时期中国火器技术与西方的巨大差距和饱受列强欺侮的惨状,与明朝火器技术的一度快速发展状况进行对比,不免令人扼腕。

第十六章

中国传统兵学的终结

第一节 清朝前期军事思想的创新与停滞

清朝虽以武力夺取天下,于兵学理论方面却建树无多,相对于宋明时期,则更显贫乏。除了清朝前期的金戈铁马为统一战略增添若干新内容,火器与骑兵的结合丰富了兵种战术思想之外,传统兵学在此时真正遇到了发展瓶颈。康熙皇帝对于古代兵典和传统兵学的冷漠态度,以及清廷对于兵学和汉人的提防之心和严酷打压,都使得传统兵学就此走进一个较长时间的休眠期。

一、对中原兵学的学习和借鉴:努尔哈赤和皇太极的兵学思想

后金政权的缔造者努尔哈赤,是一位天才型的军事家和战术大师。除了晚年在宁远之战中被袁崇焕阻击之外,他在四十多年戎马生涯中取得了难以计数的胜利,表现出卓越的军事才能。努尔哈赤的军事思想并非无源之水,从中国古代兵学思想宝库中都可以或多或少地看出影子。

比如就战争观而言,努尔哈赤高举"义战"旗帜,发起统一战争,以顺应女真族发展需求,努力赢得民心。至于南下伐明战争的发起,他也是以"七大恨"作为理由,充分强调战争的正义性,以争取最广泛的同盟者。努尔哈赤指出,普天之下的杀伐和征战,都要追求合乎天道和天意:"合天心者胜而存,逆天意者败而亡。"①这其实也是强调战争的正义性,与中原兵学的战争观完全一致。

八旗制度的创建,集中展现了努尔哈赤的治军智慧和政治智慧。后金由此

---

① 《清太祖武皇帝实录》卷二。

而形成了兵民合一的制度，战争与生产合二为一，相对松散的单个士兵被捏合在一起，既便于发挥女真人善于骑射的特长，也提升了女真族生产力水平。但这种组织制度的创立，其实也可以从中国古代，比如管仲"寓兵于农"的"什伍之法"那里，找到古老的源头。为了激发士兵的杀敌热情，努尔哈赤除了制定严格的纪律和法规之外，也注意加强对士兵进行物质利益的刺激。这其实也是成功借鉴了战国时代法家"尚首功"的做法。

努尔哈赤一生戎马，有着丰富的实战经验，古代兵法的谋略思想和战术思想也被其运用到了极致。传统兵法中诸如"避实就虚"、"并敌一向"、"远攻近交"等战术原则，都被他运用得烂熟，充分地融入了其战术思想体系。

努尔哈赤用兵，非常善于运用集中兵力原则。在统一女真和重创明军的几次大规模战争中，都是成功运用这一原则取得胜利。其中最为典型的是萨尔浒之战。在这场战争中，明军聚集了十多万人马，计划多路出击，对后金军实施围歼。努尔哈赤手中只有五六万人马，但他非常注意"并敌一向"，集中兵力，用他的话说，就是"凭尔几路来，我只一路去"①。由于战术得当，努尔哈赤只付出极小的代价，便取得了一场大胜。这一仗奠定了后金，乃至大清帝国的基业。

努尔哈赤用兵，讲究循序渐进，非常善于积小胜为大胜。在发起攻明战争之前，努尔哈赤颁布"攻战之策"，强调了先弱后强、各个击破的原则。他曾对儿子莽古尔泰和皇太极说："欲伐大木，岂能骤折？必以斧斤伐之，渐至微细，然后能折。"②这个"伐大树"的方法和原则被皇太极等人很好地继承下来，成为后金统一战争和攻明战争的基本方略之一。

努尔哈赤用兵，非常重视情报，重视用间。辽沈之战等多场战争中，明军吃尽了间谍之苦。在攻城过程中，正是努尔哈赤预先埋伏的间谍及时打开城门，对战争结局起到了决定性影响。明辽东经略王在晋就这样认为："开原未破而奸细潜伏于城中，无亡矢遗镞之费，而成摧城陷阵之功。"③萨尔浒之战中，努尔哈赤正是通过间谍，摸清了明将杜松、刘挺、马林、李如柏等人的用兵特点和作战计划，并且适时派出奸细误导明军，终使明军大败。努尔哈赤出色的间

---

① 夏允彝：《幸存录》卷下；傅国：《辽广实录》卷上。
② 《清太祖武皇帝实录》卷二。
③ 《三朝辽事实录》卷一。

谍术，与《孙子兵法》等古代兵典中的用间谋略多有暗合之处，很好地诠释了"情报就是战斗力"这句话。

努尔哈赤用兵，非常注意扬长避短，避强击弱。众所周知，八旗军勇敢善战"善射驰猎"，快速机动是其所长，但也因为缺少先进火器，在面对以火器守城的明军时，没有办法占据上风。也就是说，野战是八旗军之长，攻城则是八旗军所短。为了扬长避短，努尔哈赤制定了一套"设伏诱敌"和"围城打援"的野战战法，对于攻城作战一直非常谨慎。这一点在沈辽之战中，得到了充分体现。当然，努尔哈赤晚年，固执地攻打宁远，受到袁崇焕的顽强阻击，忘记了自己一直坚持的用兵原则，一生之中难得吃到一次败仗。

总体上看，努尔哈赤的兵学思想，植根于游牧民族，同时也对中原民族的兵学思想多所借鉴，才成就了自己战术大师的地位。

皇太极，努尔哈赤的第八子，早年就跟随其父纵横沙场，经历过诸如萨尔浒之战、沈辽之战等许多重要战争，很早就表现出非常杰出的军事才能。皇太极的兵学思想，很多都是从努尔哈赤那里忠实继承而来，比如避强击弱、集中兵力等。与努尔哈赤所不同之处在于，皇太极更加注意积蓄力量，更善于使用汉人，同时大力加强了对攻城战术的研究。

皇太极即位之后，分析了后金内外形势，认为后金处在汉人、蒙古、朝鲜三方夹击之下，形势非常不妙。与明朝相比，力量上相差尤其悬殊。这种经济、军事实力上的差距，使得后金在短期之内根本无法战胜明朝。所以，皇太极遵循努尔哈赤先弱后强的进攻方略，在不到十年的时间之内先后征服朝鲜和蒙古，既解除了后顾之忧，也争取到了同盟军，在彻底扭转"四境逼处"局面的同时，反而对明王朝构成包围态势，为日后的全面南下打下了扎实的基础。

皇太极一方面忠实继承努尔哈赤"伐大木"的谋略思想，在战略上进行长远规划，另一方面则是下大力气积极发展经济和军事实力。他首先是大力推行改革，模仿明制，建立起一套较为完备的国家机构，加强了专制统治。完成了集权统治的皇太极，下令大力加强农业建设，积极发展经济，以此带动军事实力的提升。为了增强军队的战斗力，皇太极于满洲八旗之外，又另外组建了蒙古八旗和汉军八旗。此举不仅扩大了军队规模，也使得满、蒙、汉等各族的联合更加紧密，为日后入关夺取全国政权奠定了基础。眼看明军在火炮上占据优势，皇太极下令抢夺明军的红夷炮，并注意进行模仿，就此将后金军由单一的骑兵兵种，改建成一支骑兵、炮兵与步兵多兵种合成的军队，战斗力大大增强。这之后，明军在火炮方面的优势开始慢慢丧失。皇太极也积极研究骑兵与步兵、炮兵的合成战术，最大限度地发挥兵种的战斗力，以己之长，克敌之短，逐步在与明军的交战中确立了优势。

对明朝采取军事行动时，皇太极十分重视汉族地主知识分子和明朝那些降官降将的作用，对他们极力安抚和收买，甚至带头学习汉族文化。这种"以汉制汉"的政策，得到了此后清代各朝君主的重视和继承。遇有军国大事，皇太极总要先向汉臣范文程讨要主意。明军降将孔有德、耿仲明、尚可喜、洪承畴、祖大寿等人，均被授予高官厚禄，后金军的军事力量也由此得到极大提升。皇太极对后金军的大肆屠城和杀戮行为进行了纠正，以此招揽民心。士卒如果犯下掠夺民众财物或宰杀民众牲畜等罪行，也会受到严厉处罚。对八旗将士的严格管理，保证了军队的战斗力，提高了军队素质，赢得了民心，为后金最终击败明军，夺取全国政权创造了条件。

皇太极研究发展了攻城战术。由于亲身经历了宁远和宁锦两次败仗，皇太极深知明军拥有火炮优势，并且依靠坚固的城墙最大限度地发挥了这种优势，所以才使得后金军的攻城变得非常困难。为了扭转颓势，他不仅下令加强火炮的制造，也积极研究攻城战术，努力依靠现有条件提升后金军的攻城拔寨能力。具体表现在：第一，在巧妙围城的基础上，用断绝对方粮食补给等办法充分调动对手，诱使明军出城作战，继续发挥后金骑兵善于野战的特长；第二，大力发展火炮，发挥火炮在摧城拔寨过程中的作用，对明军的城墙和防御阵地构成杀伤，同时注意研制和改进云梯等对攻城能起到直接作用的传统器械和装备，最大限度地发挥战斗力；第三，更加注意培植内应，充分发挥间谍的作用，以此减少伤亡，顺利夺取对方城池；第四，注意收买民心，严令禁止屠城的做法，并通过各种渠道，向守城军民反复申明不再妄杀的政策，使得守城军民献城投降，从而有效避免己方的损伤。

皇太极对于民族政策的调整，为入主中原奠定了基础。其军事谋略的发展，则提升了后金军的战斗力。不管是努尔哈赤，还是皇太极，都充分吸收了中原民族，尤其是汉族的军事文化传统。发现明王朝拥有先进火器之后，他们也迎头赶上，积极探讨火器部队和骑兵、步兵之间的合同战术，发展攻城战术，因此战胜了明军和起义军队伍，取得了最终的胜利。

二、古典兵学的余响:清朝前期的兵学理论著作

清朝前期,尤其是明清之际,诞生了不少兵书。火器技术的快速发展以及连绵不绝的战争,以及清朝初期推行的武举制度,都为兵书的诞生和发展提供了条件。当然,这种局面并没有能够维持多久,清朝实现统一之后,兵书数量和质量都呈现急剧下降态势。所以,从兵学思想史的角度来看,清朝前期诞生这些兵学著作,既可以说是宋明兵学快速发展的尾声,也可视为古典兵学的最后绝响。因为在这段时间之后,也就是清朝中后期,古典兵学彻底走进衰落期。

清朝前期的兵书,总体上较为平庸,真正具有创见的并不多见。它们大体可以分为三大类:兵法类、兵要地理类和注疏类。兵法类主要有《兵镜或问》、《兵谋》、《兵迹》等;兵要地理类主要是《读史方舆纪要》;注疏类则主要有《武经汇解》、《孙子十家注》等。

《兵镜或问》,邓廷罗撰。该书分"用兵"、"治军"、"战争观"等几个方面,对我国古典兵学的三十八对基本范畴进行了总结性探讨。比如相关战争观方面的有四对:"王霸"、"天人"、"内外"、"文武";关于治军方面的有六对,即"用舍"、"人势"、"道法"、"赏罚"、"创守"、"恩威";关于用兵之道的有二十八对,分别为"微彰"、"谋战"、"先后"、"缓急"、"弃取"、"奇正"、"众寡"、"虚实"、"坚瑕"、"强弱"、"胜败"、"常变"、"险易"、"分合"、"老壮"、"久速"、"劳逸"、"锐惰"、"攻守"、"迂直"、"彼己"、"治乱"、"进退"、"生死"、"顺逆"、"主客"、"长短"、"步骑"等。作者结合历代用兵得失,不厌其烦地对各种兵学范畴进行总结探讨,无非是为了教将领学会变通之术。作者指出,用兵作战固然要像木匠一样遵守法则,但也不能胶柱鼓瑟而不知变通。这种思想,作者在《常变篇》中论述得最为清晰。作者指出:"善兵者,因利以制变而已。"此外,作者继承了《孙子》"必取于人"的精神,充分重视人的主观能动作用。比如,《人势》篇中作者指出"势之枢机存乎人",《用舍》篇中作者也指出"甚焉,人才之有利于人国也",充分强调军事人才对于国家的重要作用。

明朝遗民魏禧在明朝灭亡之后绝意仕途,隐居山林,著书立说。兵书是他涉猎的重点领域。《兵谋》和《兵法》就是出自他的手笔。这两本书其实是他归纳整理《左传》中用兵谋略和用兵之法的心得。魏禧从小就喜欢研读《左传》,

在他看来,《左传》不只是一部史书或儒家经典,其中蕴含的用兵之法和用兵谋略同样值得关注。魏禧说:"凡兵,有可见,有不可见。可见曰'法',不可见曰'谋'。"根据这个原则,他将研读《左传》兵略的若干心得归为两类,写成《兵谋》和《兵法》二书。这两本书,与《兵经》相类似,分别以一个字概括一条用兵法则,比如《兵谋》将用兵谋略归纳为三十二种,包括和、息、量、忍、弱、强、致,等等。《兵法》则将其归纳为二十二种,包括先、潜、覆、诱、乘、衷、误,等等。作者以一字概括一条兵略,注意最大限度挖掘单个字条的含义。比如"和",作者既指出"上下礼让,同心合力"为"和",又结合《左传》中的实际战例,论述"上下同欲"对战争胜负的重要性。从这个角度来看,"和"其实就是孙子在《计篇》中所论的"道",至少在内容上大致契合。再如"与"字条,作者论述了与联盟战略的重要性,将其作为攻灭敌人的必备条件,这其实也与孙子"衢地则合交"等相关军事外交的认识求得相通。总之,经过魏禧的解读,《左传》的兵学价值得到充分发掘,其中的兵略思想更受世人重视,古代兵学宝库中也多了两本风格独特的兵书。

如果说魏禧上述两本兵书只是小册子的话,那么十二卷九万余字的《兵迹》就堪称大部头著作了。《兵迹》在某种程度上其实是一部军事史著作,作者分类辑录重要历史上的重大战争,探讨战争的发生原因和胜败关键,并且剖析其中战术方法和相关军事制度等,同时也对相关地区的地形特点、兵要地理做一些概括性总结,目的是写成一部对将帅用兵具有启迪意义的兵书。除此之外,《兵迹》所辑录的有关中国古代特种部队的建设情况,也具有相当重要的史料价值。而且《兵迹》中辑录资料虽然宏富,但因为分类合理编排得当,所以非常便于查阅,是学习古代军事问题的重要参考书。魏禧的评语,大都也能画龙点睛,体现出作者良好的军事素养。

王源著述《兵论》、《兵法要略》等兵书,应该是受到老师魏禧论兵的影响。《兵论》以论述古代将领的作战方法和用兵特点为中心,对庞涓、项羽、贾诩、谢安、苻坚、李密等著名军事家的军旅生涯进行总结和分析,品评占人用兵得失,总结制胜之道。王源认为,为将之本是"得人心",为将之权是"信赏罚",为将之用则在于"任天下之智勇"[①]。将帅对于战争胜负起着关键性影

---

① 《兵论·将论》。

响,所以作者论兵以将帅的用兵得失为中心展开。至于每个将帅,则又抓住其中的一个主要问题展开,而不是面面俱到,故此每篇的论述都相对比较深入,能够较好地体现出某个比较重要的用兵原则。结合人物的品评,《兵论》论述了相关战争问题的强与弱、大与小、攻与守、久与速、变与通等带有原则性的用兵法则,使得该书成为一部持论公允、特色鲜明,具有相当高史料价值和学术价值的兵书。

清朝前期诞生的另外一部很有特色的兵书要数《坚壁清野议》。该书为乾隆年间进士龚景瀚所撰。从书名就可以看出所论主旨:利用坚壁清野之术,迫使敌军投降。至于作者书中所论的敌军,则是当时川、楚、陕三省的农民起义军。龚景瀚针对当时朝廷军队镇压农民军所暴露出来的问题,积极向清廷呈上他的建议,认为只有切断起义军与老百姓之间的血肉联系,断绝起义军的补给,才能真正给起义军造成威胁。所以,《坚壁清野议》受到了朝廷的重视,也对此后镇压农民起义军起到了作用。这一论兵之策,也因为其实效性和针对性极强,而受到后世不少军事家的推崇。

汪绂所撰《戊笈谈兵》也是一部对后世产生较大影响力的兵书。该书共十卷,附有地图、星图、阵图123幅。该书以天时、地利、人和为纲,分为三大部分。其中有不少内容宣传天人感应,属于古代兵阴阳的滥觞,今天看来已经毫无价值,但书中也有不少地方论述了古代的兵要地理,并结合军事地理情况探讨用兵之法,这部分的分析探讨具有相当大的学术价值。书中对于古今阵法的探讨极具史料价值,相关古阵名称、阵法变化与运用原则等,作者都有较为详细的论述。此外,作者对于古代兵典的品评也别具一格。比如说,他以是否符合儒家仁义思想为标准,对《武经七书》重新排序,故而将《司马法》列为首位,《吴子》次之,《孙子》又次之。虽说汪绂也承认《孙子》的军事学术价值,指出"《孙子》谈兵,高出于七书之上矣"①,但他仍然坚持以政治标准为第一的做法,充分显露出儒者的身份和标准。

清朝前期注疏类兵书的代表作要数《武经七书汇解》和孙星衍校理的《孙子十家注》。

《武经七书汇解》,朱墉辑注。该书系武科应试的辅导性读物,所以汇集旧

---

① 《戊笈谈兵》卷七,《孙子·始计》评语。

注，力求注解准确而又通俗易懂。从卷一到卷七，作者对《孙子》、《吴子》等七部兵学经典逐一进行疏解。所集众说，取材甚广，引用古代经史子集等各类书目多达八十五种，收集的《武经七书》的注家也多达八十三人，不仅收录曹操、杜佑、李筌等著名注家的注语，对于那些普通注家，只要注解准确，也大量收录，故此堪称广集众说，为学习和研究《武经七书》提供了极大的便利。其中保存了不少今天已经不易见到甚至原书已经佚失的注语，更显可贵。

《孙子十家注》，孙星衍、吴人骥校。共十三卷，附清代毕以珣《孙子叙录》一卷、宋代郑友贤《孙子遗说》一卷。孙星衍为清朝著名的经学家、校勘学家和金石学家。他认为《孙子》"传本或多错谬，当用古本是正其文"①，于是以华阴岳庙道藏《孙子集注》为底本，又参考大兴朱氏明刻《孙子注解》本，并采用《通典》、《太平御览》等宋以前的古书引文进行校勘，校正出不少错误，也一举使得《孙子》集注本受到世人更多重视。此后，孙校本渐渐成为《孙子十家注》系统中最主要的传本，取得了与《武经七书》本《孙子》比肩的地位，是世人研读《孙子》的必读之书。

《孙子十家注》是清代朴学研究的产物，也在某种程度上代表了清代兵书整理的最高成就。如果单论影响，清前期兵书，至今仍受到世人高度重视的，大概莫过于此书。《读史方舆纪要》、《兵迹》等，终究因为卷帙浩繁而较少有人翻动，至于《兵论》等其他兵学著作，影响力更弱。一部兵学整理著作所产生的影响，远远超过了其他同期的原创兵学著作，这多少折射出清前期兵书的平庸状况。

第二节　大一统的追求：康熙、乾隆的军事思想

清军入关之后，为了尽快建立起大一统帝国，从顺治到康熙，再到雍正和乾隆，清代统治集团付出了前赴后继的努力，最终完成了统一。所以，清代前期的军事学术，追求大一统的战略思想得到了进一步发展。相比之下，以康熙朝和乾隆朝更为突出。

---

① 《孙子十家注·序》。

一、对国家主权的坚持,对领土完整的追求

清朝前期几位统治者,尤其是康熙帝和乾隆帝,始终以国家利益至上,积极开拓疆土,面对内忧外患能积极处置,勇敢抵制侵略,表现出极强的领土意识和主权意识。

康熙面对三藩之乱和台湾孤悬海外的局面,毫不退缩。其中平定三藩之乱,康熙前后花费八年时间,耗费大量人力物力,但从未动摇过平叛的决心。施琅收复台湾也经过了长期的准备,付出了大量心血。平叛战争的胜利,台湾宝岛的收复,都有效清除了地方割据势力,避免了国家的分裂。当时,沙俄侵略者趁着清政府忙于安内,大肆侵入我国黑龙江流域。对此,康熙并没有坐视不管,一旦腾出手来,立即便把注意力转向北方,与沙俄侵略者展开斗争。康熙宣布:"我属之地,不可少弃之于鄂罗斯。"①为了确保国家主权不受侵犯,除了发兵驱赶侵略者之外,康熙帝也提出了在边疆地区驻扎军队的方案,并为此后历代君主所继承。

乾隆时代,清朝疆域取得基本统一和相对固定。既然有广阔无垠的边界线,也肯定会就此产生连绵不绝的国际纠纷。乾隆帝表现出了强烈的主权意识。比如说,对于俄国,乾隆一直抱有高度警惕,不仅在边界驻扎大量军队,也一直注意加强对俄罗斯的情报工作。俄国经常利用民族问题分裂中国的领土,甚至不惜动用武力侵夺中国的利益,乾隆对此高度关注,严阵以待。正是因为这种重视,清朝对中俄边界的管理一直远较其他边界更为严密。乾隆二十八年,乾隆得到俄国派兵在准噶尔部游牧地区修筑房屋、种植树栅的情报,立即派兵予以制止。针对俄罗斯在土尔扈特部的拉拢分化,乾隆态度强硬,针锋相对,甚至做好了不惜一战的武力准备。当时窥伺中国的还有英国等西方列强。马戛尔尼率领传教士代表团,向清朝索求岛屿以作通商之用时,也遭到乾隆的严词拒绝。乾隆一直奉行的原则是"天朝尺土俱归版籍"②,决不允许外国势力染指中国领土。

---

① 《清圣祖实录》卷一百三十五。
② 《清高宗实录》卷一千四百三十五。

二、保证国家统一依靠全方位要素,但主要依靠军事实力

康熙帝不但是著名的军事家,也是著名的政治家,所以他考虑军事问题有着独到的政治眼光。 比如说,他从民本思想出发,重视民心向背,认为"民心悦则邦本得,而边境自固"①,将民心视为比武器装备等更重要的战略要素。 他非常赞赏孟子"仁者无敌"的思想,指出:"仁者无敌,此王道……王道二字,即是极妙兵法。"②

所以,康熙首先是要建立上下同欲的政治环境。 康熙始终坚持大力发展农业生产,这一方面可以增加财政收入,另一方面也可以减轻人民的负担,争取更广泛的民心。 比如在平定西北蒙古叛乱之后,康熙除了做收买贵族的工作之外,也同时大力资助当地牧民,为其提供牲畜等生产资料,给予当地人民休养生息的机会,以此赢得支持和拥护。

其次是建设一支训练有素、纪律严明的军队,将其视为维护国家领土完整的基础。 在平定三藩叛乱的战争中,康熙帝已经发现八旗兵丧失了往日那种能征善战的锐气,便下力气加强八旗兵的训练,强调"国家武备不可一日懈弛"③。 康熙治军,尤其注意抓住军官的日常管理,着力提升军官的素质。 越是高级军官,对其要求越高。 为此,康熙命令高级军官一定要加强学习,博览群书,尤其是要学习谋略之书。 在中国古代,统治者大多不太注重武将的知识文化水平,康熙能有如此认识,非常难能可贵。 与此同时,康熙非常信任降将,尤其重视使用汉将。 这种思想实则是皇太极"以汉制汉"政策的延续,为了维护和实现国家的大一统,康熙使其成为一种常态。 在收复台湾的过程中,重用郑成功部将施琅,在雅克萨之战中,重用吴三桂的水师将领林兴珠,都是康熙重用降将的高明手法,对战争的胜利起到了关键性作用。

再次是发展武器装备。 康熙深知,维护领土完整,依靠的是强大的军事实力,也即军队的战斗力。 至于军队的战斗力,一方面需要向训练中索求,一方面则依靠先进的武器装备。 在明代之后,威力巨大的火器渐渐成为先进武器的代表。 通过战争实践,康熙也看到了火器在战争中起到的重要作用,所以强调

---

① 《清圣祖实录》卷一百五十一。
② 《清圣祖实录》卷二百四十三。
③ 《清圣祖实录》卷一百二十三。

"军中火器,甚属紧要"①,要求大力发展火器。为了使得火器充分发挥作用,康熙建立了火器营,与明代的神机营类似。康熙不仅对火器研制提出了具体要求,甚至亲临铸造现场,严格把关。在得知比利时传教士南怀仁精通火器制造后,康熙要求其协助制造精巧和轻便的火器,使得清代火炮在趋向小型化的方向迈出了关键一步。

与康熙相似,乾隆帝也强调军事实力的重要性。康熙始终强调搞好武备,认为"武备一道,乃国家紧要之事"②,所以一直重视军队训练,以此加强武备。为了提高部队的训练质量,乾隆帝坚持将部队训练放在接近实战的条件下进行,坚决杜绝和反对那些虚而不实的花架子。乾隆要求军事长官要切实认真负责,抓好训练。乾隆甚至将军队训练质量与各省督抚提镇的奖惩挂钩,以求训练质量的根本改观。

满族贵族一向有骑射的传统,对弘扬民族的尚武精神起到了积极作用。乾隆非常明白和看重这一点。但是,八旗兵在入关之后不久就开始腐化,战斗力开始严重衰退。曾国藩曾就清军战斗力的衰退总结道:"百种弊端,皆由懒生。"③其实懒惰只是其中的一个因素,贪婪腐化则是另外一个重要因素。乾隆已经注意到八旗兵战斗力的严重衰退,下令加强骑射训练,并且一度将骑射列为头等重要位置,要求所有满族子弟都应该将骑射作为立身的根本,即便是在和平时期也不应该忘记骑射习武。乾隆要求武职官员在平时必须骑马出行,不得乘坐轿子,担心养尊处优、舒适安逸的生活方式会对官兵的勇敢精神和吃苦精神有所削弱。乾隆十年正月,乾隆帝专门就加强骑射问题向全国颁发谕旨,谕令直省督抚提镇等加强八旗兵的骑射训练,指出"营务以弓马为主"④,以此保持军队的尚武精神和战斗力。所以,乾隆发展军事实力的思想,与康熙相比,既有继承,也有发展。就加强骑射而言,康熙虽也曾予以重视,但乾隆的力度更大,制定了具体的措施和要求,进一步抓到实处。

---

① 《清圣祖实录》卷一百四十八。
② 《清高宗实录》卷一百零四。
③ 《曾胡治兵语录·勤劳》。
④ 《清高宗实录》卷二百三十三。

三、维护领土统一的战争方略

就战略目标而言，高度强调"尽敌为上"。所谓"尽敌为上"，其实质就是将歼灭战作为战略指挥原则。

古往今来的战争，大多都把消灭敌人当成战争的目的和手段。中国古代的兵家也充分强调杀伤敌人。比如《孙膑兵法》就毫不含糊地将作战目标定在消灭敌人的军队上，明确地树立了歼灭战的战略指挥原则，认为"覆军杀将"，使得敌人"虽欲生而不可得也"，才算是真正掌握了"战之道"，才符合作战的基本规律。① 在清朝前期的统一战争中，无论是多尔衮，还是康熙，大多强调在战争中大量消灭敌军。清朝前期统治者的大一统战略，不仅提倡主力会战、全线歼敌的作战指导思想，也将其付诸统一战争的战略指挥当中。其中最为典型的要数施琅收复台湾。

明清易代之际，郑成功从荷兰殖民者手中收复了台湾，但郑成功去世后，以郑经、郑克塽为首的郑氏集团，试图造成台湾与大陆的长期分裂。这种情况下，消灭郑氏集团这一分裂割据势力，收复台湾，完成国家大一统，便成为势所必然。康熙帝从多次和谈失败的教训中认识到，要实现国家统一必须诉诸武力，所以定下武力统一台湾的决心，并把这个任务交给了施琅。施琅制订了"因剿寓抚"的战略指导方针，先剿后抚，以剿促抚，以战逼和，为最终迫降郑氏集团创造条件。1683年六月，施琅统率两万余水陆两栖部队，拉开了海岛攻防战的序幕。六月二十二日晨，清军发起总攻，击毙郑军将军、副总督以下大小将领340余人，兵士一万二千人，生俘大小将领165人，士兵五千人，基本歼灭郑氏集团的精锐，一举攻占了澎湖列岛。

清军收复台湾，是康熙大一统战略思想的胜利。康熙在这场海岛争夺战中的战争指导方略获得极大成功，也使得该战例成为中国古代战争史上地位非常独特、意义非同寻常的经典战例。在这场海上战略大决战中，清军立足于打大规模的歼灭战，给予郑氏集团以毁灭性的打击，迫使郑克塽放弃抵抗，归顺中央政府。施琅之所以能完成统一台湾的历史使命，归根结底，是通过歼灭郑氏集团主力与精锐的途径，遵循"尽敌为上"的原则，剥夺了对手抵抗能力，之后才能

---

① 《孙膑兵法·月战》。

如愿以偿。

就战略手段而言，康熙充分注意政治手段与军事手段的结合，也即政治招抚与军事打击的结合。特殊情况下，也将"尽敌为上"作为招抚对手的基础。在康熙看来，政治招抚与武力打击始终相辅相成。一方面，政治招抚要以强大的武力作为后盾；另一方面，武力打击也要充分配合政治招抚展开，并且根据打击对象的不同，有变化地选择手段和方法，究竟是先进行招抚，还是先进行军事打击，也要有所变化。无论是采用何种手法，事先都要经过周密的谋划，尽量降低己方损失。

比如在平定三藩之乱的过程中，对于三个藩王，康熙的态度是不一样的。对于尚可喜和耿精忠，主要是以拉拢和招抚为主，目的是为了充分孤立吴三桂，对吴实施坚决打击。在西北平叛的时候，康熙帝不相信噶尔丹会接受招抚，但是也充分利用强大的政治攻势，对其进行瓦解和分化，使得噶尔丹几成孤家寡人，随后再命令大军发起猛烈攻击，终于取得平叛战争的胜利。在收复台湾的过程中，政治招抚与军事打击的过程则完全与其相反。施琅先是在澎湖列岛的决战中消灭了郑氏集团的有生力量，后期再展开相关招抚工作，目的无非是为了以最小的代价换取最大的战果。

就战争方略而言，以"十全武功"自诩的乾隆也有自己的若干心得。当然，其思想实则受孙子影响较大，创新无多。乾隆帝主张战争要速战速决，反对陷入持久作战，这其实是对孙子"速决战"思想的继承。在指导大小金川的战争中，乾隆要求军机大臣务必速战速决，将陷入难局的原因也归诸久拖不决，就是充分体现了这一思想。另外，乾隆主张以积极的进攻态势对敌形成高压态势，争取主动局面，这其实也受到孙子的影响。因为孙子兵学思想的灵魂更强调进攻，反对被动应付。乾隆指导发起的每一次战争，他都首先强调"穷力追擒，捣其巢穴"，要求清军以积极有效的进攻，迅速打垮敌人，夺取战争主动权，进而取得战争的最终胜利。这些方略的出台，其实是乾隆长期学习古代兵学经典的结果，因而才能与孙子等兵学思想求得暗合。有意思的是，与其祖康熙相比，乾隆的战争方略并未见得有大的突破，甚而是明显不足之处，他却俨然以"十全"自诩，这多少是乾隆好大喜功的性格使然。

第三节 传统兵学的停滞不前

通过几代帝王前赴后继的励精图治，清王朝逐步建立起强盛的大一统封建帝国，但是传统兵学不仅没有相应得到发展，反而逐步走向没落。这种没落趋势，其实在明朝后期就已经有所显现，到了清朝，随着清朝统治者的有意打压和歧视，没落的趋势变得更加明显，甚至由此而变得停滞不前。

如前所述，清朝前期的军事家对中原传统兵学有较多学习和继承，并且也从中受益，但是，并非所有人都对传统兵学怀有敬意，有的反而带着蔑视的态度。比如康熙就对《武经七书》为代表的中原传统兵学充满轻视。对此现象，姜国柱曾有所总结："康熙的用兵之道，作战之术，实取之中国古代兵家，然而他却不承认且贬抑兵家，这亦是其卑劣之处。"①

康熙曾经不止一次表达出对传统兵学的否定和轻视态度。在《讲筵绪论》中，康熙总结自己学习传统兵学的经验时曾这样说道："自十二年用兵以来，尝取前人韬略武备等书阅之，亦纸上谈兵，无益于事。间有用咒法术者，尤属不经。"②应该承认，传统兵学中确实有不少"假鬼神以为助"的糟粕，兵四家中的兵阴阳一派，有不少就充斥着这方面内容，康熙的批评属于由来有自，但他将"前人韬略武备等书"一概斥为"纸上谈兵，无益于事"，显然是不够公正和不够客观的。

众所周知，《武经七书》代表的是传统兵学的精华，康熙对这些兵学经典同样持全面否定的态度。康熙四十九年（1710）九月，总兵官马见伯因为流传的《武经七书》注解不同，歧义较多，请求朝廷选定一部为标准颁行各地。康熙对此不以为然。他说："《武经七书》，朕俱阅过，其书甚杂……若依其言行之，断无胜理。且有符咒占险风云等说，适足启小人邪心。"康熙并且以平定三藩之乱为例来证明《武经七书》的无用。在他看来，吴三桂是以《武经七书》之术对抗清兵，但最终仍然不免覆灭命运，所以由此得出结论："用《武经七书》

---

① 姜国柱：《中国军事思想通史》（清代卷），中国社会科学出版社 2006 年版，第 258 页。

② 《清圣祖御制文集》卷二十七。

之人，皆是此类。"①康熙这种批评实则是将谋略与实力等影响战争胜负的主要因素混为一谈，从逻辑上来看确实有点"文不对题"②，可以看出他对《武经七书》态度鲜明的否定之意，其实是带着偏激之情的。

应该看到，由取人之学，再到否定其学，这种现象在学术史上其实并不少见，康熙对传统兵学的这种有意贬抑，也一定有其理由，至少是与其统治利益有着紧密联系。

清朝人主中原之后，虽说也非常注意重视和维护汉文化，并且也有尊儒等实际举措，但他们对汉人时时怀有提防之心而且不曾有过须臾放松。在政治和文化上，他们对汉人处处保持打压之势，残酷的文字狱令"治学者皆不敢以天下治乱为心，而相率逃于故纸丛碎中"③。对于兵学，清朝统治者的打压态度更加坚决和明确。清朝甫一建立，政府便开始大量收集和整理兵书，尤其是注意清剿那些以反清复明为目的的著作。清朝以整理古籍为名的收集和整理，其实也是为了便于集中管控或集中销毁。正是由于这个缘故，我们在《四库全书》中只能看到寥寥无几的兵书，历朝注释《孙子》的精彩著作被完全抛弃，只留下五千余字白文。这种情势之下，研究兵学其实带有极大风险，诸如顾祖禹、魏禧等人的兵学研究，只能悄悄隐伏于山林展开，其著作能艰难流传下来已属万幸。在这种持续的高压政策之下，传统兵学当然无法求得发展，遑论振作。

清朝统治者也多少希望利用武举选拔出合格的军事人才，来为其守卫疆土，武举考试所用教科书虽然逃不出《武经七书》的范围，但这并不能推动传统兵学向前发展。作为"马上得天下"的民族，他们对传统兵学的态度其实是既爱又怕。他们充分了解兵书的作用，但他们希望看到的是兵学研究只局限于少数统治者之间，在范围很小的内部环境中进行，其他人不能染指。这种方式的研究当然没有办法求得高水平成果。可以说，这种矛盾而狭隘的心理，也在某种程度上决定了传统兵学的命运。

清朝对于现代军事科技的态度也是矛盾而狭隘。其中最为典型的，要数康熙等人对于火器的态度，同样是既爱又怕，充满矛盾。康熙帝虽则也重视火器

---

① 《清圣祖实录》卷二百四十三。
② 姜国柱：《中国军事思想通史》（清代卷），中国社会科学出版社2006年版，第258页。
③ 钱穆：《中国近三百年学术史》，商务印书馆1997年版，第2页。

的制造和使用,却从来没有把火器看成决定战争胜负的根本因素。 对于火器和火器研究,康熙存有明显的戒心。 和兵书一样,朝廷对火器严格控制,以免危及政权稳定。 康熙在充分了解先进火器的巨大威力之后,很快就出台规定,"严令禁止民间铸造和使用火器,甚至将子母炮等比较先进的火器只装备八旗兵,连绿营兵也不得制造和使用"①。 这种政策显然会妨碍火器的进一步发展,也决定了清朝的火器研制逐步走低。 随着清帝国版图的确定,士人民众纷纷蛰伏,清朝统治者的骄傲自大情绪渐渐显露,于是更加自信地固守这套治民之术,长期不变,导致火器发展水平和兵学研究水平进一步沦落。

尤其令人唏嘘的是,由于满清政府对军事科技缺乏足够的重视,对西方世界军事技术的飞速发展缺少了解,这不仅直接导致军事科技的全面落伍,甚至使得火器制造技术相比明代都有所退步。 军事科技全面落伍的满清政府,剩下的只有妄自尊大,一旦面对西方的坚船利炮,便只能挨打求饶。

就军事训练指导思想而言,清朝前期也存在若干缺陷。 通过战争实践,乾隆对八旗兵的衰退有所察觉,于是下令八旗兵加强骑射训练。 毫无疑问,这种训练对恢复满族子弟的尚武精神,加强清军战斗力,多少会产生一些促进作用,但它也仅仅在满族士兵中展开,并没有扩大到清军全体,也就是说,并没有用来作为全体清军的普遍要求。 这其中固然有防范汉人的心理因素作梗,但毕竟是统治者建军思想和训练指导思想的一个严重缺陷。 由训练思想可以看出清朝大一统战略思想的若干缺陷,处处提防汉人的心态,显然不利于构建满汉一体的大一统帝国。

不管如何,康熙的贬抑态度,朝廷的有意打压,都对传统兵学的发展起到了很强的负面作用。 影响兵学思想发展的因素很多,政府的态度非常重要,对于兵学思想的兴衰影响最大。 最典型的例子,莫过于宋代。 北宋政府提倡兵学,设立兵经,为古典兵学带来了二次振兴,其影响一直波及明代。 而这一轮的良好发展态势,到了明代末期逐渐转衰,进入清朝则已经进入刹车状态,清政府的态度更是迎头一盆冷水,古典兵学思想就此开始彻底走向衰落。 考察兵学思想史,这种衰落几乎一直延续到清朝末期。 前期是指导思想有误,后期则完全失去了翻身的机会。 到了乾隆中叶之后,社会矛盾逐渐激化,清政府已经应接不

---

① 邱心田、孔德祺:《清朝前期军事史》,军事科学出版社1998年版,第612页。

暇，闭关锁国的政策，也令他们对世界范围的技术革命茫然无知，以至于军事科技全面落伍。在清朝末期，随着清朝统治者的不思进取和清政府的日益腐朽，英、法、俄、美、日等列强开始窥伺中国，兵马跟进，大举入侵，由此而逼迫国人开始"知夷情"、"筹夷事"。这种内忧外困的环境下，兵学思想和军事观念被动地发生变化，古典兵学思想在迎来其终结期的同时，也迎来了转型的机会，并逐步迈入近代化，与西方的兵学理论颉颃和交融。

第四节　军事地理学的研究和进展

自先秦时期开始，军事地理学便已经成为古典兵学的重要内容之一。例如，在《孙子兵法》中，作者将"地"作为影响战争胜负的五个重要因素之一（统称为"五事"）。十三篇中，既有专门结合地形讨论战术思想的《地形篇》，也有论述作战环境和兵要地理的《九地篇》。此外，《六韬》、《孙膑兵法》等兵书也对结合地形设计战术非常重视，投入很多笔墨进行专门研究。这些情况说明，我国古代的军事家们早就已经注意到地理因素对于战争的影响力，而且这也是中国古典兵学的优良传统之一，历代兵家对此都有所继承。

在明代，军事家们对军事地理学同样非常重视。万历年间，随着兵学研究的兴起，军事地理学更加受人瞩目，《广志绎》、《筹海图编》等著作的出现是其标志，《武备志》中也有大量讨论军事地理的内容。在《武备志》中，茅元仪提出了边防、海防、江防并重的战略思想，以多卷篇幅详细记载了明代地理形势、关塞险要、海陆敌情等情况，从军事学角度考察明代地理形势，也为后人留下了不少相关军事资料。其中的"战略考"，非常注意从战略地位考察地理条件，分析天下兴亡得失。《筹海图编》等书，包含有不少相关海洋地理的深入讨论，结合海岸地形和边疆海防讨论海防战略、总结防卫经验等。这种研究军事地理的热潮一直延续到清代。到了明末清初，军事地理研究更是发展到高峰期，系统论述军事地理的著作《读史方舆纪要》便于此时诞生。

一、地理学向政治、军事方向的拓展

洪武三年（1370），魏俊民等按照《大元大一统志》的体例，编纂而成《大明志书》。在这个基础上，天顺五年（1461），李贤、彭时等编纂《大明一统

志》，完成了这部九十卷本的官修明代地理总志，比较系统而集中地保存了明代各个政区的重要地理资料。明朝前期的地理志书较少，所以这部书虽因纪事简略或张冠李戴等问题而遭受批评，但也为明代后期军事地理学研究的兴起打下了一定的基础。此后，在经过诸如倭寇这样特殊的外部环境刺激后，之前那种单纯的地理志书，便开始改而向军事学方向大幅度拓展，于是有了明末清初军事地理学研究的高潮出现。

研究军事地理，既需要精通军事理论，也需要钻研军事历史，更需要不辞辛劳地游历五岳，走入名山大川，向天然地理形势讨要学问。所以，这同时也是一门实践之学，需要在山水之间花费大量时间。这种实践之学，与一度风靡的王阳明心学，有着本质的不同。明朝末期，心学的空疏，已经导致不少社会问题出现。顾炎武等人甚至将明朝的灭亡，归于这种空疏之学的发达："以明心见性之空言，代修己治人之实学，股肱惰而万事荒，爪牙亡而四国乱。"①到了明朝晚期，一些睿智的知识分子已经逐渐认识到心学的不足，万历之后的学风也在悄然发生转变，这种转变情形正如周振鹤所总结的那样："从空谈性理转入经世务实。"②地理学和军事地理学的兴起，与当时这种学风的转变有着直接的联系。从王士性到郑若曾，从顾炎武到顾祖禹，可以明显地看出这段时期军事地理学研究越来越走向深入。

王士性，万历年间进士，著有《五岳游草》、《广游志》、《广志绎》等地理学著作。这些著作，不只是关注人文地理，且或多或少地对军事地理有所关注，为后人留下了不少富有价值的地理资料。王士性的地理学著作，基本都是他亲身游历的记录。借助到各地为官的机会，他遍游各地山川。比如万历十六年，王士性被派往四川短暂任职，期间虽说饱尝"蜀道难"的滋味，但也就此对一路的山川险阻有了直观感受。王士性的地理学著作和几种游记作品，基本都是由此得来。

王士性的一些游记作品在性质上与传统游记已经有所不同。早期的《五岳游草》基本上属于纯粹的游记作品。他在游玩潼关时，面对险峻的关隘，会情不自禁地感叹当年的金戈铁马，但这样的笔调和风格已经比较少见。但宣告王

---

① 《日知录》卷七，《夫子之言性与天道》。
② 周振鹤：《五岳游草·前言》，中华书局2006年版，第1页。

士性写作风格发生根本改变的是《广志绎》。它的诞生,标志着王士性地理思想和军事地理思想的完全成熟。

事实上,《广志绎》的写作,也是作者对其另外一本游记作品《广游志》的自我否定。相对于《广游志》的过于简略,《广游绎》无论是记游还是议论,都要较前者深入。作者本人似乎并不认可《广游志》,但《广游志》也并非一无是处。这部薄薄的小册子不乏精彩之论。比如在《形胜篇》,王士性要言不烦地总结了中国山川地理的区域性特点,探讨了如何结合地形特点分省建制,其中的很多论述都很有见地。

在《广志绎》中,王士性更加系统地展示了自己成熟的地理思想。《广志绎》的第一卷是《方舆崖略》,这一篇总括性的文字,在作者看来是"举其及而识其大",因而花费了很大心思,通过对历史的简要总结,分析各处险要的重要性和战略地位,探讨"天下山河之象"①,研究天下兴亡之理。比如,对于东南一带,作者通过孙吴立国的经验,分析此地对于王朝兴衰的意义;对于潼关等关隘,则着重通过重要战争,总结其战略地位和防守价值;对于四川,则重点讨论该地对于战略物资储备的重要性;等等。

在总括性的文字之后,王士性选择几处在他看来比较重要的省份,进行了更为细致和深入的探讨,比如"两都"、"江北四省"、"江南诸省"、"西南诸省"。由于有着长期的深入考察,王士性的总结和分析,都要言不烦而又切中要害。比如他对大江南北土地特点的总结就非常简明扼要:"江南泥土,江北沙土;南土湿,北土燥;南宜稻,北宜黍。"②在这段话中,王士性不仅简明扼要地分析了南北各地的土壤特点,也总结了各自适合种植的庄稼。在论述山西东胜、偏关、宁武几处要塞的重要性时,作者一针见血地指出,以往的种种防守战术之所以不得要领,屡遭失败,就是因为没有看到三者之间的互相依存关系。在王士性看来,这三处要塞,"偏、东为边,而宁为腹"③,三者之间需要互相配合、彼此相依,才能构筑较为完整的防御体系。如果看不到这些地理特点,遇到战事就会盲目设防,结果只能是步步退缩,直至完全失守。

从总体上来看,王士性的军事地理研究也存有明显的缺陷。比如,就深度

---

① 《广志绎》卷一,《方舆崖略》。
② 《广志绎》卷二,《两都》。
③ 《广志绎》卷三,《江北四省》。

而言，其探讨尚且不够深入；就内容而论，则偏于战略层面，对战役战术层面几乎没有多少探讨，并且其分析大多停留于感性层面，基本是结合人文历史展开，缺少科学理性的分析。但是，王士性由地理条件和地形特点出发，探讨其对于军事活动的价值和意义，在明代是开风气之举，他的相关研究对于明清之际军事地理学的兴起起到了引导作用。后来的学者，如顾炎武和顾祖禹等人，对于军事地理的研究越来越深入，逐步使得地理学摆脱了历史学的附庸地位，真正成为一门独立的学科。

徐霞客比王士性晚生四十年，同样喜爱游历。他曾花费三十余年遍游各地山川名迹，留下了大量相关名山大川的地理笔记，后人将这些游记作品整理为《徐霞客游记》。游记大量记录了各地相关山川地形、水文地理、地质地貌以及土壤植被等方面情况，为后人留下了大量珍贵的地理资料。但从总体上来看，徐霞客的地理学记载，毕竟还是少了军事学视角，虽有军事学价值，却较难体现出作者的军事思想，所以下面需要稍作详细述及的是顾炎武的军事地理思想。

有学者指出，顾炎武的地理学著作，如《天下郡国利病书》、《肇域志》、《山东肇域记》、《历代宅京记》等，几乎"都打上王士性影响的印记"。[①] 顾炎武著述丰富，其中最为人熟知的是《日知录》。该书属于杂集，集中体现了顾炎武治学的渊博，其中虽有相关舆地之学的内容，但不占主流。至于《天下郡国利病书》、《肇域志》、《山东肇域记》、《历代宅京记》等著作，则是主题鲜明的地理学著作。这几种地理学著作，在内容设置和记述方式上，都各有特点。比如说，《天下郡国利病书》偏重于经济地理，《肇域志》偏重于政治地理，《山东肇域记》专叙某一特定地区地理，《历代宅京记》则专叙古代重要都城，包括建置、迁徙及沿革等。

《肇域志》的写作时间跨度很长，据说在顾炎武年轻时就已经展开，到康熙初年才大致完成并收束成稿。当然，也有不少学者认为它仍然只是一个草稿。这部书有点类似于读书札记，并不是体系完整的论著。然而，这样的著述具有相当重要的史料价值。作者广征博采，按照明代两京十三布政司的分区，对全国各地的山川险要、地理沿革、风景名胜等，进行了详细记载。有些内容虽说取材于明代《一统志》等史料，但作者大多进行考订核实，可谓一边钩沉史籍，

---

① 周振鹤：《五岳游草·前言》，中华书局2006年版，第8页。

一边实地考察。事实上，顾炎武的著述一直强调与实践充分结合，所以格外辛苦，也格外可贵。顾炎武晚年大概是意识到自己的时间已经不够用，所以只能勉力将其中山东省部分的相关内容亲手修订成稿，成为《山东肇域记》。《天下郡国利病书》堪称《肇域志》的姐妹篇。顾炎武曾在《肇域志》的序言中说："本行不尽，则注之旁；旁又不尽，则别为一集曰《备录》。"这个《备录》，就是《天下郡国利病书》。所以，与《肇域志》相比，该书另有侧重。《天下郡国利病书》侧重辑录的是经济地理及军事得失等方面内容，对各地的物产、赋役、水利、漕运、屯田、边防、关隘等，均有详细记录。《历代宅京记》，又名《历代帝王宅京记》，集中记载历代建都之制，为后人留下了一部相关古代都城历史资料的专门之书，从中探讨朝代更替和兴亡得失之理。以上三书，都是顾炎武相关地理学研究的代表著作，在为后人留下不少珍贵史料的同时，也从中可以窥见其地理学和军事地理学的思想体系和著述理想。

顾炎武著述《历代宅京记》时曾说："必有体国经野之心，而后可以登山临水；必有济世安民之识，而后可以考古论今。"①顾炎武的著述和治学，充分贯穿了这种思想。他之所以下力气研究地理学，其实也是痛感于家国之恨，希望能用这种实学为反清复明提供切实可用的武器，所以，顾炎武的地理学，着意其实是在军事。对此，全祖望有过非常简要的总结和评价："凡先生之游，以二马二骡载书自随。所至阨塞，即呼老兵退卒询其曲折；或与平日所闻不合，则即坊肆中发书而勘之。"②从中可以看出，顾炎武每到一处险要之地，便与老兵一起探讨当时形势，又与旧籍仔细对照，一定要努力核实。他这种经世致用的地理学研究，其实是深含心机。也可以说，他一直是在为反清复明大业做着准备。从强烈的现实意义和旗帜鲜明的军事用心来看，顾炎武的地理学研究，其实就是军事地理学，是在为军事斗争做着积极准备。

《日知录》是顾炎武的代表性学术论著。这本书名为稽古，形同札记，却集中寄托了作者明道、救世的学术理想。书中所含内容除了经义、史学等，还包含不少舆地之学，或多或少地体现了顾炎武的军事地理思想。比如在《长城》一章中，作者除了简要总结长城构筑的历史之外，也重点分析了长城在特殊年代

---

① 《历代宅京记·自序》。
② 《鲒琦亭集》卷十二，《亭林先生神道表》。

的防守价值和地位作用等。在作者看来，长城在战国时期出现，和田制及兵种的发展变化密不可分，是当时"井田始废"和"车变为骑"的自然结果。① 这些文字，既简明扼要地抓住了历史的关节点，也很好地总结了长城的历史地位，分析了其战略地理价值等。

顾炎武博学多闻，但在清代学者看来，他其实是"最明于地理之学"②。顾炎武对于军事地理学的贡献是多方面的。除了前面所述著作之外，顾炎武对于地理考据和历史文献的考订也有不少重要贡献，提出了自己独到的学术见解。比如他解释了历代疆域中的"四海"、"九州"概念，解决了一些地名用字、读音方面的问题，对于异地同名和方位地名进行了辨析，等等。③ 限于篇幅，这方面内容我们不再详细述及。

作为一部百科全书式的军事学著作，同时也是对古典兵学具有总结性质的兵学巨著，《武备志》必然地也要对军事地理学有所涉及。这些论述，集中收录在《武备志·占度载》中。《占度载》的内容非常驳杂，所总结和收录的基本是兵阴阳学的内容。依照古代的传统，舆地学与阴阳学之间的关系非常密切，所以茅元仪在《占度载》中也为军事地理学留下了不菲卷帙。从卷一百八十九开始，茅元仪花费了大量笔墨讨论"方舆"，其实就是军事地理学的内容。

茅元仪在《方舆篇》的开篇就强调了研究军事地理学的重要意义，他说："古之纵横家，欲以明通簌要执人主之契，必先熟形势始。"④这里所谓"形势"，指的就是地理形势。古代那些纵横捭阖、叱咤风云的纵横家，首先都是战略家，对各国地理形势和战略得失都非常熟悉，这才能结合时势及时地拿出切实可行的战略方案，才能在和国君对坐时成功地说服对方。按照这个逻辑，也可以判断认为，军事地理学的知识是古今战略家首先需要掌握的基础知识。诸如"天下户口、众寡兵甲、强弱之形"等，一直是影响战争决策的重要因素。要想了解这些内容，只有依靠军事地理学。所以，茅元仪要花费大量笔墨讨论舆地之学，也即他所谓"度地之学"。

茅元仪以王将军（姓名不详）为例，指出当时的军事地理学研究因为过于注

---

① 《日知录》卷三十一，长城。
② 《四库全书总目》卷六十七，《〈昌平山水记〉提要》。
③ 华林甫：《顾炎武地理考据得失论》，载《中国历史地理论丛》2013年第4期。
④ 《武备志》卷一百八十九，《方舆》。

重地理沿革的考证，流于对山川地理情况的简单记载，却缺少对地形特点的分析，尤其是对主要关隘地形和地理形势特点的探讨，所以在内容上存有重大缺失，不足以言"武备"，对研究军事问题和战争决策没有什么实际参考价值。由于亲眼看见这些不足之处，茅元仪决心构建体系更为庞大的军事地理学。茅元仪关于"方舆"的内容除了详于内地山川地理之外，也在边疆、海防、江防、属国、航海等五个方面都有较为详细的述及。因为在他看来，这些内容应该都是军事地理学的研究范畴："六者，皆兵力所可及也。"①所以，作为真正付诸实用的军事地理学，一定需要在应用范围和研究范围上有所拓展。就明代的情形而言，茅元仪认为至少需要从陆地拓展到海洋，甚至对属国的地理形势都需要有详细了解。

《武备志》各个部分的写作特点各有不同，比如《兵诀评》多为议论和品评，《战略考》则结合历史展开，相关军事地理学的写作完全结合地理情况展开，绝少空言，几乎是句句落到实处，而且依照行政区划进行条贯，结构严谨而又脉络清楚。比如就"方舆"部分而言，作者分"两直隶、十三布政司"依次展开。至于各个行政区划，作者先是采撷先哲对相关地域的认识，再配以形势图给人以形势上的直观感受，接着辅以各个郡县的分图，在内容上逐层深入，再将有关户口、钱粮、疆界以及山川险要等情况一一展开介绍，力求为"武备"提供具有参考价值的情况报告。

从《武备志》的整体著述特点和编排结构特点都可以看出，舆地学在茅元仪这里尚且只是兵阴阳学的附庸。这应该是特定时代的产物，同时也是茅元仪的思想高度所决定的，说明茅元仪并没有摆脱传统兵学思维定式的束缚。将舆地学从兵阴阳中剥离出来，并且发展成为真正独立的军事地理学，需要留给顾祖禹这样更为杰出的英才。但不管如何，茅元仪在《武备志》中的相关探讨仍然具有重要价值。结合军事学对各地山川地理和险要地势的分析和探讨，既是对先贤的研究心得完成了历史性总结，也很好地直接启示了后来者。顾炎武和顾祖禹这些后来者都会从中受益。顾祖禹两百万字的巨著《读史方舆纪要》之所以能够最终完成，其中也离不开《武备志》所奠定的前期基础。

---

① 《武备志》卷一百八十九，《方舆》。

二、海洋地理渐受重视

中国的东方和南方,天然存在着广阔无垠的海域,今天的人们习惯称之为渤海、黄海、东海和南海。这些水域虽然浩荡辽阔,波涛万里,却没有彻底切断各国之间的文化交流和利益牵连。人们一直执着地依靠各色舰船,积极地寻求交往。中国很早就与海洋各国发生联系,明代之前的中国,与东洋各国的联系一直时断时连,比如秦始皇曾派遣徐福到海外求仙,元朝也试图派遣水师征讨日本。明代政府对于海洋的态度,曾几经变化。郑和七下西洋,是明朝前期远洋航海能力的直接体现,同时也是推行积极开放政策的必然结果。明朝中后期的长期海禁,不但没有带来朝廷所盼望的海洋秩序,反倒直接导致中华海权的空前萎缩。倭寇的长期袭扰,以及西方海洋强国的远道侵袭,与这种退守政策不无关联。当然,倭寇的侵袭行为也引起了人们对于海洋地理的重视,不仅《武备志》这种大型类书会关注海洋地理,同时也有《筹海图编》这种专论海洋地理的著作诞生。

如前所述,茅元仪的军事地理学除了关注有关内地的"方舆"之外,更关注边疆、海防、江防、属国、航海等方面内容,军事地理学的体系更加完整。可以说,从陆地拓展到海洋,高度关注海洋地理,是茅元仪对军事地理学的一个突出贡献。茅元仪自称:"海之有防,自本朝始。"①地理学到了明代,因为有了海洋地理的讨论而变得更加丰满起来。

茅元仪认为,要想求得百岁之安,关键要点就在于将来犯之敌"拒之于海"②。为了避免海上敌人来犯,一定要了解和掌握海防特点,根据海岸线的地理特点和海洋地理特点进行布防。在《武备志》中,茅元仪先是就海防地理的特点绘出海防形势总图,尤其突出介绍日本人从海上来犯的形势图,再依照由南至北的顺序,从广东到浙江,再到山东、辽阳,依次介绍各处海防要塞和布防要点。大到散布海洋的海岛,小到依山傍水设置的水寨,举凡沿海各处的防守要点,作者都详细绘出地图,同时也有"诸家论记"这样的既定之说来进行现身说法和补充论证,使得所论极具针对性、现实性和说服力,可以为边海防的将士防

---

① 《武备志》卷二百零九,《海防》。
② 《武备志》卷二百零九,《海防》。

范倭寇袭击提供重要的参考资料。

明朝后期，随着海防形势的变化，诞生了一大批讨论海防的著述，比如《筹海图编》、《万里海防图论》、《江南经略》、《筹海重编》、《皇明海防纂要》、《海防图议》、《海防集要》、《海防述略》、《虔台倭纂》、《御倭军事条款》、《倭志》、《温处海防图略》、《两浙海防类考》、《两浙海防类考续编》，等等。这些著作的主题都是讨论海防问题，但其中的不少内容都要结合海洋地理展开，所以对于东部沿海地区的海洋地理情况都会有或多或少的涉及。其中不少著作，对于沿海的地形特点、防守要塞等都有介绍，且配有较为直观的海防地图。这些著作的纷纷面世，固然是抗击倭寇的军事斗争形势使然，但也充分反映出当时的人们，尤其是军事家们对于海洋地理的重视。

明代相关海洋地理的著作中，需要重点关注的是《筹海图编》。是书共十三卷，由郑若曾、邵芳负责撰写和绘图，抗倭名将胡宗宪亲自审订。我们仅从书名就可以看出，《筹海图编》的最大特点就是最大限度地结合地图来记载和分析海洋地理形势以及抗倭形势。全书的第一部分是《舆地全图》、《沿海沙山图》，其次则是大量收录包括海洋地理在内的相关日本的基本情况，主要分为《王官使倭略》、《倭国入贡事略》、《倭国事略》等。在这之后，作者花费大量篇幅记述广东、福建、浙江、直隶、登莱五省的海防地理形势，至于体例则同样是借助于地图（《沿海郡县图》），此外也结合海洋地理和海防形势探讨海防事宜。另外，既然是为抗倭所作著述，倭寇的情况也是全书的另外一个重点内容，诸如倭寇的基本情况、入侵路线图、以往的抗倭经验等，书中也有大量述及。这些内容使得该书在性质上与那些海洋地理著作有着根本不同，故而能对抗倭斗争起到现实参考作用，也因此而受到戚继光等抗倭名将的重视。

以《沿海山沙图》为例，这部分内容由72幅地图组成，其中包括广东11幅、福建9幅、浙江21幅、南直隶8幅、山东18幅、辽东5幅。这些地图前后相连如同花卷，气势恢宏，结构严整。相关海洋地理的诸多要素，如海岛、海口、沙滩、海岸线、城镇以及烽堠，等等，都有较为详细的记载和说明，并依靠画师的绘图技术，为读者呈现出一幅近乎立体的沿海地形图。举凡海中岛屿礁石、岸上山情水势、沿岸港口卫所等情况，都跃然纸上，为抗倭将领提供了切于实用的海洋地理图卷。《筹海图编》受到抗倭将领的普遍重视，具有相当程度的权威性。这并非仅仅因为该书的审订者是胡宗宪这样的总督大人，更是因为其中的地理形势图绘制非常精审，所记载的倭寇等情况也较为详细和准确。

明朝后期对海洋地理的重视，对当时而言具有重要的现实意义，比如能对抗击倭寇起到服务作用，就其后的海洋作战而言，也具有非同寻常的价值。无论是郑成功还是施琅，他们收复台湾的过程中，都对海洋地理情报高度重视。比如说郑成功，在发起登岛作战之前，非常注意收集关于台湾岛和台湾海峡的气象情报，也要求部下详细收集并掌握台湾海峡的水流和风向等情况。如果不掌握这些海洋地理情况，大军甚至无法顺利靠岸，战斗中也会处于下风。至于施琅，因为他在海滨长大，对海洋地理和当地气候情况一直非常熟悉，在写给朝廷的奏折中，敢于自称"岂有海面形势、风信水性犹不畅熟胸中"①。其后的渡海作战证明，他大量掌握的海洋地理情报，包括海峡水流情况和台湾岛周围的天气变化等情况，对于战争指挥起到了非常关键的作用。而且，顺应明朝末期的这种风气，清代不少学者也非常重视海洋地理学的研究，产生了不少相关著作，比如《江防海防策》《沿海形势论》《沿海形势录》《防海形势考》《海防篇》《海道篇》，等等。至于清末魏源编纂的《海国图志》，则更是一部相关海洋地理的巨著。

第五节　军事地理学的集大成之作：《读史方舆纪要》

明代末期开始逐渐兴盛的地理学，得到清代学者的继承和发扬。清代因此产生了灿若群星的地理学家。王士性、茅元仪、顾炎武等学者的层层推进，郑若曾等重视海洋地理的学者的呼吁，包括清代朴学取得兴盛、走向繁荣等，都对清代军事地理学的兴起起到了重要推动作用。在清代，顾祖禹、全祖望、阎若璩、高士奇、胡渭、钱大昕、王鸣盛、洪亮吉等一大批学者，都曾对地理学、军事地理学或沿革地理下过精深的功夫。这其中，专门从事军事地理研究，用力最深而且成就最高的，要数顾祖禹。他的代表作是《读史方舆纪要》。一直以来，这本书都被视为古代地理学和军事地理学的代表性著作，同时也是研究古代沿革地理的必备参考书。

---

① 施琅：《靖海纪事·决计进剿疏》。

一、顾祖禹对军事地理学的新贡献

明代后期的地理学研究可分为两途,其一是重视景物名胜,徐霞客是其代表,可称之为旅行家的地理学;其二是重视山川险要和海防要塞,郑若曾和顾祖禹是其杰出代表,这一类可称之为军事家的地理学。所不同的是,《筹海图编》属于论述海洋地理和海洋战略的著作,而《读史方舆纪要》中虽不乏论述河道湖泊的内容,但其主题仍集中于陆地。至于《武备志》中的军事地理学,是百科全书式的概论。相比追求面面俱到的《武备志》,《筹海图编》和《读史方舆纪要》更像是两部军事地理学专著,也代表了海、陆两个方向的最高成就,因而都具有非常特别的意义,是军事地理学发展史上里程碑式的著作。

《读史方舆纪要》是顾祖禹积二十余年辛劳所著,共一百三十卷,约二百八十万字,附有《舆图要览》四卷,各种沿革表三十五份。作者在前九卷叙述"历代州域形势",后面则按照明末清初的行政区划,依次分述各省、府、州、县的疆域沿革、山川形势、关塞险隘等。这些内容,以朝代更替为经,以地区划分为纬,经纬交错地阐述了各地山川地理形势,考订古今郡县的变迁沿革,探讨山川关隘对于攻守的利害关系。这些内容占据了这部书的绝大部分篇幅。除此之外,最后六卷集中记述川渎异同等,以"俯察仰视"之义。书中还附有"舆图要览"四卷,分别包括全国总图、各省分图、边疆分图以及黄河、海运、漕运分图等。

顾祖禹一贯对于《孙子兵法》的军事地理思想非常推崇,曾在自序中称赞"论兵之妙,莫如孙子;而论地利之妙,亦莫如孙子"[1],所以下足功夫专门研究军事地理。在《读史方舆纪要》的写作过程中,作者的取舍和写作,所贯穿的都是经世致用思想,其立足点都是为了在山川险要之中探讨古今兴亡的道理以及进退、攻守的方法及得失等。在自序中,作者谈到了自己的著述目的:试图让人们懂得"先知地利,而后可以行军。以地利行军,而复取资于乡导,夫然后可以动无不胜"[2]的道理。

---

[1] 《读史方舆纪要·序》。
[2] 《读史方舆纪要·序》。

二、《读史方舆纪要》的思想特征

因为立意和主题都是军事地理,所以《读史方舆纪要》与一般的地理志有着很大的不同。出于军事方面的特殊考虑,作者在写作过程中着重记述的是历代兴亡、战争胜负与地理形势的关系,进而试图从中推导出地理与胜负的某种联系。仔细考察该书,不难看出其自始至终体现着非常浓厚的军事色彩。在记述山川地理形势时,该书格外注重其对于战争胜负和朝代兴衰的影响,希望那些立志从事反清复明的志士,能记取古往今来那些围绕地理形势用兵的得失和教训。所以清代末期的军事家张之洞对该书有一个非常恰当的评语:"此书专为兵事而作,意不在地理考证。"①在《书目答问》中,张之洞将该书列入兵书之列,体现出张之洞的独到眼光,也是对这部书军事价值的一种充分肯定。

除了地理与军事的结合,《读史方舆纪要》的另外一个重要的特点就是"史事"与"地理"的结合。为了使得相关论述更加具有说服力,顾祖禹紧紧扣住了"读史"和"方舆"这两个主题而逐次展开,但是其实质的灵魂是论述"地理"与"军事",由地理形势推导出军事斗争的得失。比如作者论述"汉中"的地理形势,先是简要叙述刘邦以汉中为根基,再"东向而争天下"②,最终击败西楚霸王项羽的历史,再详论各郡的地理价值和地理特点等。众所周知,以文字的方式论述地理形势,其中存有一个很大的困难,即较难给人以画面感。但是,顾祖禹用大家都耳熟能详的楚汉相争等历史作为切入点,在一定程度上弥补了这种不足。这样的论述方式,可以为后面的深入论述找到史实支撑,使得相关地理形势的分析变得更具说服力。这个特点在《历代州域形势》部分,显得尤为明显。

在顾祖禹看来,不只是战争胜负与地理形势紧密相连,朝代更替及天下兴亡也和地理形势密切因果。顾祖禹指出:"时代之因革,视乎州域;州域之乘除,关乎形势。"③他毫不含糊地坚持认为地理形势对于天下兴亡有着重要的影响力。所以,作者的撰述思想其实是层层推进,所渗透的主导思想也是层叠式提高,但不管如何,其立论都基于地理形势的现实特点而展开,借助于历代政治军

---

① 《书目答问》卷三。
② 《读史方舆纪要》卷二,《历代州域形势二》。
③ 《读史方舆纪要·序》。

事斗争实践而加以证明。

下面,我们以具体实例来考察作者的著述思想。 以论太行山为例,作者先是对太行山在历史上的地位进行高度概括:"太行隔绝华夷,实今古之大防。"①太行山之所以有这样重要的地位,作者认为,是因为它本身具备"凭高控险,难于突犯"②的特点。 有了这个特点,太行山才可以成为河北所恃以为固的根本。 在这之后,作者就其对于河北的重要性又进行了进一步的总结和分析:"太行凡八陉,其在河北者有四,曰井陉见下重险,曰飞狐亦见下,曰蒲阴即下紫荆关,曰军都即下居庸关。"所谓陉者,是指山中之咽喉要道。 太行本有八陉,河北占其一半,作者只是列举出位于河北的四陉,太行山对于河北的重要性已经不言自明,河北一带的地理特点对于朝代更迭的重要意义,也因此得以具体化和明晰化。 但是,作者进行这些论述时,借助于历史上朝代更替的史事,比如慕容隽、石勒以及宇文氏集团之间你争我夺的一幕幕生动历史剧,用这样的方式论述和总结地理形势的重要性,显然更加具有说服力。

类似这样的例子还可以在书中可以找到很多,甚或全书都主要按照这种方式展开,无法一一列举。 总之,作者论述地理形势,基本都是立足于各地地理形势的实际特点,甚至经过了自己亲力亲为的实际考察,所以绝少空谈之词,亦不故作高深。 从这个角度来看,虽说该书基本是从读史中寄托思想,却仍然可称其为实践之学。

《读史方舆纪要》虽以研究天险和地利为主题,却没有陷入"地理决定论"。 恰恰相反,顾祖禹非常注重人、地关系的辩证思维。 在他看来,天险地利固然是影响战争胜负的重要因素,却不是唯一的决定性因素。 对战争起到决定性作用的终究是人,而不是地理。 所以作者指出,即便是"金城汤池",如果"不得其人以守之",则不如"培塿之丘"、"泛滥之水"。 相反,如果是"得其人",即使是"枯木朽株,皆可以为敌难"③。 显然,这种看法是非常客观理性的。 这其实也是《孙子兵法·用间篇》所提倡的"必取于人"精神的延续,不仅在当时蔚为先进,放诸今天仍不过时。

古往今来的战争,除了比拼将帅谋略和军事实力之外,往往也是比拼后勤补

---

① 《读史方舆纪要》卷十,北直一。
② 《读史方舆纪要》卷十,北直一。
③ 《读史方舆纪要·序》。

给，比拼经济实力，所以历来兵家都对军事后勤非常重视。在《读史方舆纪要》中，顾祖禹虽然没有专列经济地理变化这一项，却在探寻漕运变迁、城镇兴衰及经济中心的转移等过程中，为后人提供了大量相关经济地理的资料。例如在谈到四川时，他固然要大量述及巴蜀之险，同时也分析此地经济面貌："志称蜀川土沃民殷，货贝充溢，自秦汉以来，迄于南宋，赋税皆为天下最。又地多盐井，朱提出银，严道、邛都出铜，武阳、南安、临邛、江阳皆出铁。"①三言两语之中，已经对该地区的经济情况进行了简明扼要的总结，在指明其地理特点的同时也分析了其经济地位，并指出了主要的矿产等。因为格外重视经济的作用，也可看出作者并非地理决定论者。

《读史方舆纪要》是中国古代相关沿革地理的一部最具代表性的著作，至今仍然是研究中国历史地理和军事地理的重要参考文献，也是众多历史地理学者的必读书目。梁启超曾称此书为"极有别裁之军事地理"②，非常看重其对于军事地理研究的价值。魏禧曾称赞该书为"数千百年所绝无而仅有之书"，并且指出该书的特点就是借助于探讨山川险隘，分析"古今用兵战守攻取之宜"，探寻"兴亡成败得失之迹"③。魏禧此语非常恰当地点出了《读史方舆纪要》的特点，简明扼要地概括了该书的历史地位。

---

① 《读史方舆纪要》卷六十六。
② 梁启超：《中国近三百年学术史》，中华书局1943年版，第318页。
③ 魏禧：《读史方舆纪要·叙》。

第十七章

清朝的海防与海军建设

16世纪之后,西方殖民者将侵略的爪牙伸向世界各地,开始染指中国的领土。由于清朝长期推行的是重边防轻海防和闭关锁国的政策,海军建设没有引起足够的重视,羸弱的海防在西方的坚船利炮面前不堪一击,只能被动挨打。到了晚清时期,清政府吸取教训,决心"师夷长技以制夷",一度建成了一支初具规模而且实力不俗的海军队伍。但在甲午之战中,这支精心打造的水师遭到日本袭击而全军覆灭。从总体上看,清朝的海防和海军建设,与西方列强相比,长期处于落后状态,虽间或有所振作,却没有收到成效。

第一节 清朝前期的海防建设思想

清朝前期的海防建设思想,只能说是对明朝的继承。诸如是开海抑或是禁海,是御敌于海洋还是御敌于陆防等讨论和选择,清朝前期仍在延续,海防战略思想没有新内容,甚至明朝以前重边防轻海防的政策也得到了延续。之所以出现这种情况,其根本原因在于,清朝前期的海防形势仍然是明朝的延续。当时,西方殖民者虽然已经到达东方,但还没有形成规模,爪牙也不够锐利,或者说没有充分显露敌意,甚至一度显得温文尔雅,没有给中国造成持久压力和巨大损害。在海岸线长期逡巡、伺机而动的,大多仍是小股海盗。另外,台湾岛孤悬海外,让水师实力本来就非常有限的清政府根本没有精力顾及其他,只能先集中兵力完成国家的统一大业。总之,清朝前期因为没有感受到西方列强的强大压力和来自海上的威胁,相关海防战略的构想仍处于萌芽状态之中。

总结清朝前期的海防思想,台湾的战争是一件具有标志性意义的大事件。为了早日完成收复台湾的大业,清廷一度严令禁海,希望通过这种方法割断已经孤悬海上的郑氏集团与大陆之间的联系,以断绝其粮食物资的补给来削弱其生存能力，为下一步的军事行动打下基础。没想到的是，这种禁海政策，不仅没有让清廷达到的预期目的，反而对大陆的社会经济发展造成相当大影响。无论是渔业，还是海洋贸易，都因此而遭受损失，反而得不偿失。康熙二十二年（1683），随着清王朝取得台湾战争的胜利，康熙帝及时做出开海的决定，既允许中国人出海贸易，也允许外国人来华进行贸易，并且在广州、漳州、宁波等地设立对外通商口岸，以此推动海洋经济的发展。然而，就像打开窗户就会引来蚊虫一样，随着外国商人的陆续到来，清朝的海防也就此迎来新的压力。

康熙本人已经开始意识到海防的危机。他总结当时的海防危机总共来自三个方面：一是制造海船过多，很多都没有办法回收；二是吕宋等地收留大量汉人，可能会发展成为海盗；三是西方列强的入侵。①由此出发，康熙下令加大水师建设力度，同时要求加强水师的训练，"使船人相习，手器相操，知风水之情，历波涛之险，一旦有事，斯有备而无患矣"②。

康熙虽然意识到西方列强的潜在威胁，却认为这种威胁可能会在千百年后到来，这显然太过乐观，也对海防建设产生了很大影响。比如，清朝前期的海防建设重点，是为了防止海盗的侵扰，这种思路导致当时的炮台建设和战船建造都没能达到足够高的水平。甚至到了乾隆时期，西方列强的炮舰已经在中国东部海域游弋，清政府仍然没能给予足够的重视。海防建设短板较多，尤其是缺乏计划和有效的指导思想，导致此后长期受累。

基于"南海诸藩，不能为害"的强烈自信，康熙最终下令"大开禁网，听民贸易"③，但这种开放政策并没有能够持续太久。等到康熙晚年，随着大量贸易纠纷和教案纠纷的陆续出现，他对外国人的不信任感变得更加强烈。从这之后，清廷不仅下令严禁天主教在内地传播，也逐渐加强了对海疆的控制，甚至重拾原先的海禁政策。此时的清廷不仅以天朝上国自居，更大力推行保守的海洋政策，由此开始逐渐走上闭关锁国之路。水师建设和海防建设的步伐因此严重滞后，到了雍正年间，水师已经严重败坏。乾隆虽然以"十全武功"自诩，对水师的重视程度却仍然不够。英国使者马戛尔尼率领的团队，虽说没有达到通商等目的，却借机在沿海地区大肆打探和收集中国的海防情报，充分反映出当时清

---

① 杨金森、范忠义：《中国海防史》（上），海洋出版社2005年版，第410页。
② 贺长龄：《皇朝经世文编》卷八十三，《兵政·海防上》。
③ 贺长龄：《皇朝经世文编》卷八十三，《兵政·海防上》。

朝对海防关注较少、重视不够的真实状况。等到西方列强洞悉清朝海防的羸弱不堪后,他们先后率领兵马叩打中国的国门,持续不断地发起侵略战争,贪婪地瓜分中国。

清朝前期值得一提的是,两次收复台湾的战争实践,尤其是康熙时期施琅收复台湾的海战,对海战战术的发展起到了较大的促进作用。无论是郑成功,还是施琅,都非常重视情报先行,把握恰当时机,注意打谈结合,恩威并施,灵活运用多种战术,始终立足于依靠军事行动来最终解决问题,注意攻心战与军事行动的密切配合。在军事行动发起之前,大量建造战船,着力发展水师,充分掌握战争主动权。在战争进行过程中,非常注意对对方的有生力量施以毁灭性打击,以强大的攻势和巨大的杀伤逼迫对手投降。为了保证登岛作战达成突然性,大量组织富有成效的军事欺骗行动,使得登岛地点和作战时间都出乎对手意料,取得了很好的作战效果。

第二节 海防危机的全面爆发与海防建设的推进

随着1840年鸦片战争的爆发,清朝海防建设不力的弊端彻底显露,海防危机全面爆发。当时的西方列强,无论是武器装备、编制体制,还是战争观念、战略战术等,都在发生着深刻变化,甚至是一日千里的前进。与其形成鲜明对比,清政府此时闭关锁国,夜郎自大,一步步地走向衰落。

19世纪中叶两次鸦片战争令中国损失了大量主权和领土。由于战争失败,清政府被迫开放口岸、允许外国军舰在内河自由出入,使得中国向着半殖民地道路又前进了一步。鸦片贸易的合法化及大量战争赔款,使得中国大量白银外流,加重了人民的经济负担。被迫允许外国划定势力范围,并任由传教士前往内地自由传教,也使得中国的社会矛盾更趋激化,加剧了社会动荡。

由于海防建设出现了大问题,清军虽在本土作战,占有天时、地利的优势,却最终无法抵挡侵略军的坚船利炮。除了少数战场占据优势,更多的是处于被动挨打的局面,最终全面失败。在战争中,清军没有得到民众足够有力的支持,甚至有一些民众充当了侵略者的帮凶和内奸。清军缺少有效的战前动员,清政府也与百姓长期对立,对战争进程和结局都产生了很大影响。

总结鸦片战争,清军失败的原因可以找出很多,比如政治腐败、不明敌情、将领无能、装备落后,等等。 追究起来,清政府在安内和攘外的选择上也出现了问题,至于海防颓坏,则更是其中一个关键原因。 在鸦片战争发起之前,英军通过各种渠道打探清政府的虚实及清军沿海布防情况,得知了清军海防建设全面落伍的真实情报。 在双方交战过程中,他们更是充分了解到清廷对外妥协投降的媚骨,对清政府的政治腐败也有着清楚认识。 清军受累于长期的闭关锁国政策,对于外部情势完全不明。 面对先进武器装备起来的侵略军,清军的装备落后,作战方法落伍,与侵略军难以匹敌,只能以惨败收场。

第一次鸦片战争中,清军采用的是"以守为战"的战术。 针对英军的大型军舰,林则徐分析认为,它们只适合在海洋作战,一旦进入内河,这些笨重的军舰就无法发挥威力。 所以林则徐主张"内河守卫战",在他看来这不仅是以逸待劳,也可令英军"长技"无法施展,所以是"百无一失"①的方案。 这种主张得到了道光皇帝的首肯,也得到了清军绝大多数将帅的认同,甚至是军事学者的欣赏。 著名学者魏源所说的"守外洋不如守海口,守海口不如守内河"②,只不过是林则徐主张的翻版。 遗憾的是,当战争发起之后,大家发现林则徐设计的战术并不合理。 英军所拥有的大吨位军舰不仅不笨拙,反而展示出良好的机动性能。 清军始终居有定所,英军则时刻移动,清军的火炮很难求得很好的命中率。 以陆军对抗海军军舰,则更是以卵击石。 所以,清军在浙、闽、粤等各处战场,均是一败涂地。

吃了败仗之后,前线将帅对"以守为战"的战术进行了深刻反思,此外更多关注的则是英军的先进武器装备,坚船利炮成为大家讨论最多的话题,认为这是清军失败的根本原因。 所以,即便存在着技术、经费和人员等方面困难,将领们仍渴望立即改善武器装备。 其中以林则徐的愿望最为迫切。 他直言不讳地指出:"即以船炮而言,本为防海必需之物。"③奕山也认为,必须先造船铸炮,才能"再为进剿之谋"④。 这些将帅前赴后继的呼吁,引起了皇帝和朝廷的重视,道光下令今后建造战船,都需要仿照夷船。 当然,道光也认为,战争失利与前

---

① 《林文忠公政书》乙集卷十三,《夷船十只封锁虎门析》。
② 《海国图志》卷一,《筹海篇·议守上》。
③ 《林文忠公政书》乙集卷四,《密陈夷务不能歇手片》。
④ 奕山:《广东海防善后事宜折》,道光二十二年三月初三日,《筹办夷务始末》卷四十五。

线负责指挥的将帅战术不当也有直接关系,所以他下令将奕山革职治罪。所以,总体上来看,第一次鸦片战争之后,清廷虽逐渐认识到武器装备的落后,但并没有真正投入精力和心思改进武器装备,更不会积极探索英军拥有先进武器装备的背后原因,意识不到先进的政治制度和强大的科技能力以及发达的工业水平才是英军战斗能力强大的根本保障。

事实上,不仅是第一次鸦片战争结束后清廷没有意识到这一点,在第二次鸦片战争继续吃到败仗后,他们仍然没有意识到。当清军在英军面前第二次败下阵来时,他们讨论的仍然是"坚船利炮"。当然,出现这个局面也不奇怪,因为第一次鸦片战争之后出现的问题并没有得到根本解决,清军仍然没有办法改变武器装备上的巨大劣势,以至于第二次鸦片战争中连英军都对清军武器装备之差发出惊叹。

所以,第二次鸦片战争之后,清廷上下讨论的内容仍然离不开坚船利炮,而较少有其他方面的探讨。这从《筹办夷务始末》中,也可以明显地看出来。闽浙总督左宗棠指出,中英之间的差距无外乎是军舰:"彼之所恃以傲我者,不过擅轮船之利也。"①江西巡抚刘坤一指出,第一急务是"造轮船"②。浙江巡抚马新贻认为:"器械不精是以卒与敌。"③与上次战败之后的大讨论相比,此次讨论有部分人意识到收拾民心的"固本之举"的重要性,但对相关制度层面的问题则仍无触及。江苏巡抚李鸿章除了认为"独火器万不能及"之外,仍然自信地认为"中国文物制度事事远出西人之上"④。两广总督瑞麟与广东巡抚蒋益澧联名上书朝廷,认为清军虽然缺乏战斗力,但也没有必要马上改变兵制,而且中国延续多年的以科举制度为核心的选官制度,也非常之好,没有变革的必要。⑤

两次鸦片战争结束之后,清朝关于海防建设的讨论和战争失败的总结,虽说很难触及根本之论,但多少仍有部分论题在逐渐深入,而且"师夷长技以制夷"

---

① 左宗棠:《复陈筹议洋务事宜折》,《左文襄公全集》卷十八。
② 《江西巡抚刘坤一奏》,同治五年四月二十六日,《筹办夷务始末》(同治朝)卷四十一。
③ 《浙江巡抚马新贻奏》,同治五年十月二十一日,《筹办夷务始末》(同治朝)卷四十五。
④ 《江苏巡抚李鸿章奏》,同治三年四月二十八日,《筹办夷务始末》(同治朝)卷二十五。
⑤ 王宏斌:《晚清海防:思想与制度研究》,商务印书馆2005年版,第54页。

这一观点越来越受到朝廷的重视,所以也不能说是毫无收获。随着俄罗斯在中国东北地区的扩展,清廷越发意识到海洋局势的吃紧。1874年日军侵略台湾,一度造成中国东部沿海局势空前紧张。清廷意识到,就连日本这个小邦邻国都已经走到侵略中国的最前沿,多少有了穷极思变的决心。总理衙门下令各省督抚就海防建设问题各抒己见,积极展开讨论,由此而出现了保守派和洋务派的角力。

保守派的代表人物是大学士倭仁、宋晋等。面对西方列强交相进逼的局面,他们顽固坚持排外立场,仍然幻想着以儒家的仁义道德来对抗西方列强的坚船利炮。他们坚决反对洋务派"师夷"的种种变革举措,对于洋务派富国强兵的各种方案也竭力阻挠。

积极主张变革的洋务派,获得了以恭亲王奕䜣、军机大臣文祥为代表的皇室宗亲的支持。汉族官员中,曾国藩、李鸿章、左宗棠、张之洞等是其主要代表。他们继承了林则徐、魏源等人"师夷长技以制夷"的主张,要求以"博采西学"求得"自强"。针对当时中国在武器装备和军事技术上的严重落后局面,他们希望尽快展开对西方科学技术的学习,加大海防建设的力度,甚至也产生了部分政治改革诉求,希望朝廷改革科举制度,改革人才选拔制度,积极推进"夷务"。当然,相比较发展科技,他们学习西方文化和政治制度的热情非常有限,其变革愿望基本局限于军事和管理等领域,对西方相对先进的政治制度基本持排斥态度,或是不敢持有非分之想。

至于涉及具体海防战略和海防建设的争论,保守派和洋务派的交锋变得更加热烈。总理衙门要求讨论的相关主题有"练兵"、"简器"、"造船"、"筹饷"、"用人"、"持久"等六项①,各地官员都认真予以应对,其中每一项议题都收到了非常热烈的回应。比如说,就发展船炮而言,大多数官员都倾向于立即组建新型舰队,并立即淘汰旧有装备,通过购买和仿造等,发展西式船炮,分歧则在于如何筹集足够的军费。岸防还是海防的选择,讨论非常热烈。这个问题其实与前面一个论题紧密相连。如果无法筹措足额经费,那就无法组建舰队和建造船炮,所谓海防便成为空谈。所以,坚持岸防的官员不应武断斥之为保守,他们亦是看到了条件不足、经费困难的事实。坚持迎难而上,立即组建舰队,大量

---

① 王宏斌:《晚清海防:思想与制度研究》,商务印书馆2005年版,第82页。

建造船炮的一方，则大多支持御敌于海上。因为大型舰船本身就不利于在内河机动和作战。当然，也有所谓折中派，主张水陆兼顾，将海防和岸防，甚至是江防，都充分地结合起来。李鸿章和左宗棠等是其代表。这种水陆兼防的主张，似乎更受到总理衙门的支持。

江苏巡抚丁日昌拟定《海洋水师章程》，建议朝廷立即在外国选购先进轮船，同时主张精选士兵组建一支水陆两栖部队，并设立北洋、东洋、南洋三个水师提督衙门。除此之外，丁日昌也有修筑炮台、精选官员等多个建议。这些建议立足于现实，都很有针对性，却遗憾地被朝廷所忽视。所幸的是，个性执着的丁日昌并没有就此停止他上书建议的步伐。在担任福建巡抚之后，他继续大力呼吁加速购买西方先进炮舰，如果经费不足，可以将修筑炮台的经费用在购置炮舰上。面对朝廷犹豫不决的态度，丁日昌再次呈上奏折，称中日必有一战，必须早购舰船以做准备。

随着讨论的不断深入，清政府相关海防建设的思想慢慢地变得明晰起来，海防在整个国防体系中的战略地位得到了很大幅度的提升。不管是境外购买，还是自己建造，清军的武器装备都得到了大大加强，舰船工业和火炮建造也随之受到重视，海防建设水平从总体上得到了很大程度的提高，清朝前期以预防海盗为主要目的的设防方案也渐遭废弃，海防建设朝着体系化、建制化方向发展，近代海军建设也被提到议事日程上来。

第三节 近代海军建设与北洋水师的建立

同治年间相关海防战略的大讨论，推动了中国建设近代海军的步伐。以声势浩大的洋务运动为背景，近代海军建设由此而开始启动。从19世纪60年代中期开始，清政府已经外出采购西方先进舰船，以蒸汽机为动力、装备重型火炮的海军舰船，开始成规模地在水师服役。与此同时，清政府也注意自建船厂，发展近代国防工业。经过几十年努力，到19世纪90年代初期，北洋海军正式组建，成建制的海军舰队终于出现，标志着中国近代海军建设初具规模。这既是西方列强武力入侵逼迫的产物，同时也有中国近代工业化的背景。

清廷组建现代海军的进程并不非常顺利，其间甚至发生了被英国人绑架的阿思本舰队的闹剧①，至于丁日昌等人当初所提倡的组建三洋舰队的设想，清廷更是没有办法实现。在这种情况下，湖南巡抚王文韶主张不必分三洋建设海防，而是应当"简任知兵重望之大臣，督办海防军务，驻节天津，以固根本"②。李鸿章也主张分别缓急："盖京畿为天下根本，长江为财赋奥区，但能守此最要、次要地方，其余各省海口边境略为布置，即有控失，于大局尚无甚碍。"③根据这些提议，朝廷决定筹建北洋海军，并决定适当加强南洋水师建设。决策前后，李鸿章的意见起到了很大作用。

其时朝野有识之士都已意识到，建设海军已成为非常急迫的任务。至于中法战争④中福建海军的全军覆灭，更是引起朝廷对海防建设的空前重视。于是，清廷于光绪十一年（1885）五月发布谕旨，命令李鸿藻、左宗棠、彭玉麟、穆图善、曾国荃、张之洞、杨昌濬等各地督抚和大员，"各抒所见，确切筹议，迅速具奏"⑤。大臣们纷纷参与讨论，就统一海军指挥权、海军力量部署、炮舰制造、人才培养、经费筹措等问题，展开了深入讨论。其中，仅丁日昌一人就先后写过四个折子。⑥

大臣们纷纷认为，必须首先建立起统一的指挥机构，有效加强对海军指挥权的统管，建立起一个能够切实有效进行领导的新政机构。当然，这其实也是清政府长期酝酿和讨论的问题。当清廷拥有不止一支较为正式的海军舰队之后，这个问题已经显得越发急迫。左宗棠建议设海防全政大臣，或海部大臣；吴大澂认为需要设立水师总理衙门；李鸿章则主张设海军部或海防衙门。李鸿章和总理衙门汇总各方意见，形成"总理各国事务衙门遵旨会议海防折"，主要思想是建立统一指挥各地海防的海军衙门和打造具有较强战斗力的北洋海军。该奏折得到了慈禧的重视。不久之后，李鸿章奉旨入京，慈禧会同醇亲王和军机大臣密商设立海军部之事。至光绪十一年（1885）九月，醇亲王奕譞正式奏请成

---

① 阿思本舰队是清政府同治年间花费巨资委托英国人组建的一支海军舰队，该舰队于1863年开到天津，但舰队司令和清政府之间就指挥权等事项无法达成统一意见。清政府不甘心海军舰队受到英国人控制，只得最终解除合约，解散舰队。
② 《同治十三年十一月十七日湖南巡抚王文韶奏》，《洋务运动》（一），第93页。
③ 《李文忠公全集》奏稿卷二十四，《筹议海防折》。
④ 发生在光绪九年至十一年（1883—1885）。
⑤ 《清实录》卷四百八十一。
⑥ 杨金森、范忠义：《中国海防史》，海洋出版社2005年版，第853页。

立"总理海军事务衙门",获得朝廷允许,海军衙门得以正式成立并进入正常运转。

清廷较早就已经有了购买军舰的行动,随着海军建设步伐的加快,购置军舰的步伐也相应加快。光绪元年(1875),李鸿章在英国订购了"飞霆"、"策电"、"龙骧"、"虎威"四艘炮舰,原本打算留守天津。后发现这四舰质量不佳,于是将新订"镇东"、"镇西"、"镇南"、"镇北"留在天津海口,"龙骧"等舰丢给南洋。从中可以看出,李鸿章的轻重缓急之意。在这种思想主导下,就连山东新购的两艘炮舰——"镇中"、"镇边",也被要求驶抵大沽,护守北洋要隘。到了光绪六年(1880)之后又有"超勇"、"扬威"、"操江"、"镇海"、"湄云"、"泰安"、"威远"各舰,共有十三艘舰船,北洋水师至此已经初具规模。这时,李鸿章奏请朝廷同意,命丁汝昌统领北洋水师。三角形龙旗被改为长方形,以纵三尺、横四尺作为定制。这是中国近代最早的海军军旗。

福建海军的建成,要较北洋海军要略早。其前身为闽浙水师,归闽浙总督节制。对外购置和自己建造的舰船也有不少。清廷任命李成谋为福建水师统领,这是中国近代海军有舰队官制的开始。① 可惜的是,这支舰队在中法战争中几乎全军覆灭。福建水师的覆灭更加证明了南洋战略地位的重要性,所以清政府在经费非常紧张的情况下,决定南北兼顾,在大力建设北洋水师的同时,抽出部分经费组建南洋海军。南洋海军起初仅仅拥有"测海"等3艘兵轮。沈葆桢要求拨给南洋适当经费,发展军舰。这之后,南洋海军增加了几艘兵船。光绪七年(1881)冬,左宗棠出任两江总督后,南洋的轮船数量又有增加。同时,北洋也将"虎威"等四艘炮船划归南洋,又得自造舰船多艘。至光绪十年(1884)左右,南洋海军拥有兵轮十四艘,也算初步建成。当然,清廷当时的主要力量仍是集中在北洋方面,南洋海军的发展相对缓慢很多。

优先发展北洋海军,一方面因为京师一带战略地位重要,另一方面也是受制于经费不足的实际困难。实际上,从清廷计划发展海军之日起,经费不足的问题就一直是最大的困扰。朝臣为此曾提出种种设想,讨论过各种方案。李鸿章主张通过借债来解决当务之急,但是清政府当时已经借了大量外债:广东已借用

---

① 杨金森、范忠义:《中国海防史》,海洋出版社2005年版,第844页。

九百万,福建已借用四百万,京城已借用五百万①,所以再向外借款已经变得非常困难。如果完全依靠节衣缩食,而不是广开财源,海军建设的质量无法得到根本保障。商议的最终结果,朝廷决定海军经费从海关税收中抽调,每年可得白银约二百多万两,另外,也从江苏、浙江等省份抽厘金二百万两,共计四百余万两,分别交由南北两洋使用。②

令人慨叹的是,在经费已经非常紧张的情况下,朝廷一面为建设北洋水师筹集经费,一面又不得不为慈禧重修颐和园筹集经费,甚至是打着建设海军的旗号,以重金维修园林,以讨得慈禧的欢心。醇亲王奕譞和李鸿章就曾打着购置军舰的旗号,从各地募得银两二百六十万。据统计,李鸿章用于北洋海防和北洋舰队的费用为三千万两左右,而慈禧用于修园费用即达两千余万两③,挪用的海军经费也高达数百万。④甚至连庆亲王奕劻也大肆妄为,不仅经常挪用海军衙门的闲钱,甚至也动用购置军舰的款项。这些倒行逆施遭到不少朝臣的反对,但仍然无法得到阻止,尤其反映出清政府极度腐朽的一面。即便是威武无敌的舰队,也已经无法阻止其衰落和灭亡之势。

在经费不足的情况下,朝廷只能放弃从西方大量购置先进舰船的计划,改而以自己建造为主。左宗棠强调说:"海防以船炮为先,船炮以自制为使,此一定不易之理也。"⑤李鸿章虽然一度坚持以出外购买为主,此时也只得改称"在洋厂定造为宜"⑥,以尽量减少经费损耗。

经费的不足,不仅使得海军发展捉襟见肘,就连海防战略方针的制定也受到很大的影响。当时清朝的海防已经是四壁萧然,到处都是漏洞,所以英军从广州能打穿中国的海防,从天津依然可以打穿中国的海防。到了光绪年间,日本人吞并琉球,李鸿章意识到日本将成为中国永远大患,所以将海军的主要作战对象确定为日本,既要做好日本侵犯中国海权的准备,也要做好防止日军侵占领土

---

① 杨金森、范忠义:《中国海防史》,海洋出版社2005年版,第856页。
② 杨金森、范忠义:《中国海防史》,海洋出版社2005年版,第847页。
③ 王家俭:《李鸿章与北洋舰队》,三联书店2008年版,第417页。
④ 修园挪用海防费用和海军费用,各家统计不一,高者估计三千万,低者则五六百万。详参王家俭:《李鸿章与北洋舰队》,三联书店2008年版,第401页。
⑤ 《左文襄公全集》奏稿,卷六十四。
⑥ 《直隶总督李鸿章奏》,《洋务运动》(二),第566页。

的预案。这一点也为慈禧所认同。李鸿章写信给驻德国公使李凤苞,要求他购买"制日本之船",把有限的经费用到最紧要最急迫的方向。李鸿章同时认为,中国海岸线绵延数千里,很难处处设防,所以只能将日本作为主要战略对手,做好充分防备。

通观当时清廷海防战略,只能是消极防御。只有具备了较强的海战能力才能有效保卫边疆,拥有巩固的海防,张之洞等人虽然明白这个道理,却也深知朝廷没有办法立即对破败的海防做出根本改观。对时局和清廷家底看得最清楚的,莫过于李鸿章。针对当时局面,李鸿章提出海军的战略价值在于"建威销萌",也就是"无事时扬威海上,有警时仍可收进海口,以守为战"①。这句话的意思,是希望海军能够在海面上至少吓唬吓唬敌人,等到危险真正出现时,仍然要"以战为守",退回海口河口,甚至是决战在陆地海防战略思想虽然明显地倾向于消极防御②,但也是基于经费不足的状况所做的无奈之举。弱国无海权,弱国无海防。清政府的腐朽和羸弱,决定了近代中国的海军建设像一只在狂风巨浪中艰难前行的破船,已经无力左右自己的航向。

在购进西方炮舰、推进海军建设的同时,清政府也大量组织译介西方相关海军建设和海战战略的军事著作,这对中国海权思想、海军建设以及海军战略战术形成了全方位的影响。而且这种影响,一直持续到甲午战争之后。清军在几次海战中受挫后,被迫对既往战略战术进行反思,西方相关海权和海军战略的重要著作也起到了不可忽视的作用力。在鸦片战争之后相当一段时间内,翻译和介绍西方海权思想和海军战略战术的著作,占据了晚清西方军事著作译介相当大的比重。这些译作涵盖海军机构设置、海军建设、战略战术等方方面面,其中主要有:《防海新论》、《海战新义》、《海权论》,等等。《北洋海军章程》中所规定的海军官兵选拔制度,都是以英国海军制度为蓝本制定而成。

晚清海防战略受《防海新论》影响很大。1874 年,江南制造局将该书翻译出版之后,立即受到朝野人士的普遍重视。李鸿章于 1874 年 12 月所呈《筹议海防折》中就引用和介绍了该书。稍晚时期,李鸿章主导建设北洋水师、确定海军防御战略思想,都直接受到《防海新论》的影响。《防海新论》所提出的两

---

① 《李文忠公全书集》奏稿卷十九。
② 杨金森、范忠义:《中国海防史》,海洋出版社 2005 年版,第 854 页。

种防守海岸之法,即"守而不动之法"、"各处挪移泛应之防法",也被李鸿章全盘接受。①

当然,甲午战争的失败,说明清军没有对西方相关海军建设思想,尤其是海战战略战术进行系统学习和认真领会。由江南制造局等单位翻译的近10种相关海战理论著作,如《兵船炮法》、《轮船布阵》、《海战新义》、《各国水师操战法》、《各国海军调度要言》、《海战指要》等,并没有引起军事界的足够重视,甚至海军当局始终未能对此进行认真研究,更不要奢谈结合中国实际,建设自己的海战战略战役理论。②从中可以看出,晚清花大价钱请来的洋教头,花大力气翻译的著作,其中相关海战的理论精髓并没有被中国所真正掌握,甲午之战中惨遭败绩,多少与此相关。

第四节 北洋水师的覆灭和海权思想、战略战术检讨

由于长期妄自尊大和闭关自守,当西方列强正在大力建设海军之时,清政府仍在纠结要不要建设新式海军,丢失了宝贵的战略机遇期。好不容易等到海军建设初战告捷,却又没能认真消化吸收西方先进海战理论,没能就海军战略战术进行更为深入的探讨。甚至连海军作战的主要对象,也是直到19世纪70年代中期日本侵犯台湾事件发生后,才渐渐有了较为明确的思路。海防战略缺少重点,海战战术更是明显地偏于保守,尤其缺少在海洋与对手决战、拒敌于国门之外的勇气与信心,最终只能处处被动挨打。

慈禧太后和权臣的擅自挪用,使得本来就捉襟见肘的海防经费变得更加入不敷出,海军无法继续购买先进军舰,无力更新武器装备。而日本在得知北洋水师的建设情况之后,迅速购置军舰,大力发展海军。当初,北洋水师成立之时,据说其作战能力不逊日本。但日本在得知清政府发展海军的计划之后,立即迎头赶上,通过在国内发行公债和大量募捐等方式筹集资金,加快推动海军建设。1890年,日本的军费开支达到财政预算的30%,1892年则更是高达41%。③对于日本人的勃勃野心,清政府太过掉以轻心,终于招致甲午海战的

---

① 施渡桥:《西方兵书的译介与晚清军事现代化》,载《军事历史》1996年第3期。
② 施渡桥:《西方兵书的译介与晚清军事现代化》,载《军事历史》1996年第3期。
③ 王宏斌:《晚清海防:思想与制度研究》,商务印书馆2005年版,第230页。

惨败。

1894年是农历甲午年。这一年，日本侵略者发起了规模浩大的侵略战争，后人习惯称之为甲午战争。这场战争前后历时九个月。九个月内，中日之间在朝鲜半岛、辽东半岛、山东半岛及黄海海面，发生了多场激战。

战争发起之前，北洋舰队曾遭日军伏击，"操江"号被掳走，"高升"号被击沉，所以日本海军信心更强。他们一直在海上加紧搜索中国舰队，并且随时准备与其决战。而北洋舰队受到李鸿章"保全坚船为要"指示的束缚，完全处于消极自保的状态，不仅不敢出洋巡游，更不敢与敌进行决战。但是北洋舰队于9月17日上午10时，在完成护航登陆任务正准备返回旅顺基地时，还是被日本联合舰队迎头撞上。北洋舰队以"定远"和"镇远"两舰居前，组成"并列纵阵"，向西南方向航进。日舰则以"吉野"等四艘速率最高的巡洋舰为先锋，其余诸舰紧紧跟进，向北洋舰队快速驶来。丁汝昌等在"定远"舰前方的飞桥上，发现日舰成"单行鱼贯阵"，遂决定采取以主舰居中的"夹缝雁行阵"（交错配置的双横队）应战，但是旗舰速度较快，"济远"、"扬威"等舰未能跟进，预定阵形未能组成，最终只能仓促应战。

此次海战历时五个小时，日军有"松岛"、"吉野"等五舰受重伤，死伤约六百人。北洋舰队方面，"致远"、"经远"等四舰被击沉，"广甲"自毁，"来远"等舰重伤，伤亡士卒近千。两相对比，清军的损失显然要远远大于日军。虽然损失远大于日军，北洋舰队却迫使敌军率先逃离战场，仅从这一点来看，北洋舰队似又不能算成失败一方。是故，中外舆论对于黄海海战谁胜谁负，至今也一直莫衷一是。如果考察战争实际效果，日军更像是得胜一方。经过黄海一役后，北洋舰队再不敢与敌军接战，日本联合舰队虽未达成"聚歼"北洋海军的目的，而且也在战争中遭受重创，却由此基本掌握了黄海的制海权，为此后进攻辽东半岛创造了条件，进而对整个甲午战争的进程产生了重大影响。

在经过黄海恶战之后，日军夺占辽东半岛，并将目标对准了山东半岛，同时将歼灭北洋海军定为下一步作战计划。1895年1月，也即甲午年十二月，日军在大连湾一带集结完毕，在联合舰队二十五艘军舰的掩护之下，分批向荣成湾开进。此后，日军兵分两路抢占威海南北炮台。至此，清军在威海陆地据点尽失，北洋舰队和刘公岛被日军重重包围，处境已经非常危险。在这种危险处境之下，北洋舰队本该寻求机会，冲破敌军封锁，至少出港拼力一战，而不是坐等灭亡。清廷和李鸿章也先后电告丁汝昌，希望其指挥舰队主动出海，与日军拼死作战，寻找机会退往烟台一带。没想到丁汝昌以担心影响大局为由，没有立即执行这个命令，既不是马上出战，也不是寻求转移，完全处于坐以待毙的状态。

北洋舰队的迟缓和犹豫给了日军发起袭击的良机。日军鱼雷艇队借助夜色掩护，悄悄对北洋舰只发动袭击，令"定远"号重伤，不得不就此自毁，"来远"、"威远"、"靖远"及"宝筏"号也先后被日军击沉。看到如此惨况，丁汝昌这才召开会议，研究突围之法，却为时已晚。在日军重重包围之下，北洋舰队尚存的"镇远"、"济远"、"平远"等十艘艇，以及刘公岛炮台和军资器械等，全部为日军所夺占，丁汝昌和手下一些重要将领相继自杀。清政府花费重金建造的北洋舰队，至此全军覆灭，甲午战争也以清军的全线溃败而收场。

北洋舰队的全军覆灭，表面上看是临场指挥失当，说到底其实是清政府腐朽的一个缩影。在历时九个月的甲午战争中，以慈禧为首的清王朝一直缺少抗击侵略的决心和信心，只把希望寄托在敌人的怜悯和列强的斡旋上，从来没有扎扎实实地做好训练和备战工作。除了黄海海战稍有僵持和胶着局面出现，其余战场几乎呈现出一边倒的局面。这种现象说明，清军内部建设和管理已经出现严重问题。从总体上看，清军战斗力疲软，从将帅到士卒，作战意志皆不够坚定，战争中经常会出现关键部位守军溃逃的现象。可以说，清军只是在战争已经不可避免，一切幻想均已破灭之时，才硬着头皮参战。这与日军的早有预谋和积极寻战形成了鲜明的对比。

日渐腐朽的清政府没有办法获得完整的海权，北洋舰队落得如此下场，暴露出晚清海防思想和海权战略的种种失误。

第一，闭关锁国政策决定了清政府的海防战略只能贯彻消极防御思想。这显然是最为愚昧的决策。面对世界范围内海权意识觉醒，列强纷纷寻求建立海洋大国的大趋势，清政府却只想通过"禁海"政策，关上门窗，主动切断与外界的联系，以闭关锁国来求得自保，殊不知这完全是一厢情愿的梦想。在与西方列强打交道初期，清政府一直以天朝上国的心态自居，这种妄自尊大的心态，致使其错失迎头赶上的大好时机，导致清朝后期的全面被动挨打。即便是被炮火击碎迷梦之后，清政府仍然没能摆正心态，并没有放弃错误政策，也没有把心思完全用到改进海防上来，致使贻误战机。

第二，少数决策者的错误思想指导影响了海防大局，尤其是皇帝或慈禧太后这样左右海防决策的关键人物，思想明显趋于落后和保守。在封建政体之下，皇权至高无上，但是很多时候皇帝由于受到多种局限而缺乏一定的战略眼光，因此会做出错误决策，或在犹豫不决中丧失良机。虽说总理衙门曾有意邀请各地督抚就海防问题进行商讨，却免不了外行领导内行的结局，最终仍然是少数人的错误意志左右大局。在慈禧主政时期，清政府虽拥有具有一定实力的海军舰队，却昧于形势的发展，对日本的情况不明不白，在经费已经非常紧张的情况下，擅自挪用海军经费修园，导致海军无力改善装备，就此丧失发展的机会和空间，丢掉了与日军决战的本钱。

第三，主导清朝海防思想的内核是一个"和"字。"和"固然是我国"以和为贵"的传统美德的直接体现，并且在国际社会中秉持与人和平相处也是需要贯彻的基本原则，但是如果与凶残的敌人讲"和"，则会被认为是软弱可欺。比如说，当日本蛮横夺占琉球之后，侵犯中国的意图已经非常明显，但是面对日本咄咄逼人的攻势，清政府太过软弱，一味避战求和，大大助长了其嚣张气焰。在利益当先的国际社会，没有坚强军事实力做后盾，清政府一贯秉持的和平政策并没有得到任何的同情和支持，指望通过"以夷制夷"的政策来自救，也注定只能是一个梦想。

第四，清政府海防战略的主导方针是"守"字当先。我们平常熟悉的相关清朝海防政策的词语，比如"以守为战"，"守海口"、"守内河"等，所贯穿的都是一个"守"字。应该承认，在敌强我弱的情况下，似乎也只能以"守"字当先，在坚固防守的基础上再耐心等待战胜对手的机会出现。但是"守"，与前面的"和"字，可谓一脉相承，会示人以软弱可欺的形象，一味死守同样也会错失积极进取的机会。而且，没有进攻的防守，是彻头彻尾的消极防御，只能招致失败。通观清朝海防决策，无论是英法列强用火炮敲开国门之初，或者是清政府拥有实力不错的海军舰队之后，清政府始终是"守"字当先，完全没有能力和决心决战海洋。这种保守战略，其实是将边塞门户和战略要地完全暴露在列强的炮火之下，也会失去必要的战略纵深。

第五，清政府海防建设大多停留在器物层面，没有意识到制度等层面的全面落后。在相关海防的大讨论中，两江总督李宗羲曾一针见血地指出："西人之所以强者，其心志和而齐，其法制简而严，其取人必课实用，其任事者无欺诞侵渔之习，其选兵甚精，故其临阵皆勇敢而不畏死，然后加之以精器，所以强也。"①李宗羲意识到清政府"法制"层面的落伍，其实是含蓄指出了清朝政治体制的缺陷，但是这种呼喊在当时不曾受到重视。李鸿章等人坚持认为"中国文物制度事事远出西人之上"②，所落后的只是器物层面，并不会对中国落后的政治体制进行反思和改革，这便注定了清朝海防建设只能是治标不治本，没有实际效果。甲午惨败，北洋水师的覆灭，都充分证明了这一点。

由于甲午战争惨败，清政府在与日本谈判议和的过程中处处被动，几乎是任由日本人漫天勒索。康有为等人联名上书，要求清政府迁都，并择机与日军再行决战，但是清政府缺少这样的气魄，最终还是与日本签订了丧权辱国的《马关条约》，被迫接受包括割让台湾和辽东半岛、赔偿两亿两白银等条款。由于该条约异常屈辱，曾引起国内外一片哗然。其中丧失领土之多，赔款数额之巨，都创造了鸦片战争以来的记录，也成为中国历史上一次空前的浩劫。在这之后，西方列强纷纷跟进，掀起了进一步瓜分中国的狂潮，也由此更进一步加剧了中国的灾难，中国由此而彻底沦为一个半殖民地国家。

北洋舰队惨遭覆灭之后，清政府也沉痛总结了失败的教训，总结了种种弊端和不足。为了平息舆论压力，他们只得以节约经费为名，于1895年3月下令裁撤海军衙门和水师学堂，这实则是对之前落后的海军指挥体制做出了彻底否定。当然，主力舰队的覆灭，指挥机构的裁撤，并不代表列强会放弃侵略政策。中国面临的海防危机不仅不会就此解除，反而会由此变得更加严重。清政府通过甲午一战，也更加深刻地意识到时局的危险，所以在困难重重的情况下，重建海军的计划很快就被提上了议事日程。

当时，马汉的《海权论》正在中国广泛流传，深刻影响了知识界，对严复、郑观应等思想家影响尤甚。著名思想家郑观应等人呼吁立即重建海军。郑观应认为，甲午海战的失败只能更加证明海军的重要性，海军与陆军应当具有同等地位，二者"表里相扶"③，不可厚此薄彼。只有建立强大的海军，才能洗雪国耻，重新掌握万里海疆。严复认真分析海权的重要性，他建议首先应区分缓

---

① 《清史稿》卷四百二十六。
② 《江苏巡抚李鸿章奏》，同治三年四月二十八日，《筹办夷务始末》（同治朝）卷二十五。
③ 《盛世危言·海防下》。

急,购置各种不同性能的军舰,以控制主要战略要地和主要海口,并且加快培养海军人才,加速推动海军重建。直隶总督王文韶建议立即恢复海军所需经费,并且做了详细的预案。两江总督周馥针对当时的实际情况,提出把南北洋海军合为一军的建议。至于陆军部,则呈报了一个详细构筑军舰的计划,主张立即重建海军。

当时,只有刘坤一等少数人提出缓办海军的建议。刘坤一的理由是:一无人才,二无经费。这其实也是当时的实际情况。但是,社会各界的强烈呼吁,内忧外患形势的逼迫,清政府自知无路可退。1909年,朝廷被迫颁发懿旨,谕令加紧筹划海军重建,并制定了一个中长期计划,内容涵盖兵船购置、人才培养、经费筹措等多个方面。但是此时的中国,"已经全无能用的较新舰只可言",所谓重建,其实也只能以"满足数量的要求和务求舰种的相配"[①]。不久之后,筹办海军事务处宣告成立,创办海军大学也被提到议事日程,各支舰队编制和员额等也有详细制定。但是,这个时候的清王朝气数全尽,无力回天,海军重建计划尚未来得及实施,辛亥革命的浪潮就已经扑面而来。

---

① 马幼垣:《靖海澄疆——中国近代海军史事新诠》,中华书局2013年版,第374页。

第十八章

近代兵学的转型及其意义

第一节 近代兵学向西方的学习与借鉴

鸦片战争是英国蓄谋已久的一场侵略战争,对中国而言,却是一场不折不扣的遭遇战。清军面对先进武器武装起来的强大对手,不仅缺少装备和技术准备,甚至也缺乏必要的思想准备,被对方的"坚船利炮"彻底击垮。当战争的硝烟渐渐散去,隆隆的炮声转向沉寂,大多数人再次昏沉睡去,像是一切都没有发生,但也有不少有识之士从文化、思想、军事、政治等各个层面开始进行深刻反思,并积极寻求救国图强方略,洋务运动由此发起,近代海军建设被推上议事日程。除了发展军工和"师夷长技"之外,西方近代军事理论也逐渐受到重视,血的教训迫使国人对这些西方军事学著作展开了学习和借鉴。

一、睡眼看西方:清朝对西方列强的模糊认识

清朝末期,统治者不思进取,政权日益腐朽,外族开始窥伺中国,英、法、俄、美、日等帝国主义列强,都对中国发动了一系列情报战,为随后的大举入侵积极做着准备。当洋人的情报技术伴随着科学技术的发展突飞猛进之时,以救世为己任的读书人朱逢甲正在埋头用蝇头小楷撰写《间书》。这部《间书》似可视为我国古典情报思想的总结之作,同时也折射出古代兵学和情报理论长期的停滞不前。

随着西方传教士的陆续来华,国人也有了解西方世界的欲望,而且也做出了一些实际行动。当然,与西方在中国开展的扎实有效的情报工作相比,中国对西方的了解,力度显得远远不够。到了晚清时期,随着西方列强对中国侵略行径的加强,国人"知夷情"、"筹夷事"的种种行动,才开始变得积极起来,但是

一切都为时已晚。

康熙年间,当时仍受沙俄管辖的土尔扈特部向清朝派遣使者。康熙随后派出图里琛进行回访,并要求他在完成回访任务的同时,也注意观察俄罗斯的地理形势和人民生计等情况。1715年3月,图里琛历时三年,圆满完成出使任务,并用汉、满两种文字写成一份书面汇报材料,这就是《异域录》。这是清政府了解西方的一个开始。

当时像图里琛这样受官方委派走出国门,较为深入地了解西方的,并不多见,也不是常态。对于西方世界,朝廷和官员都非常麻木,处于一种混沌的沉睡状态,对西方懵懂无知。只有少数官员依靠着直觉,对了解西方抱有一定的兴趣。比如说徐继畬(1795—1873),他因长期主持口岸通商事物,大量接触外国人,所以时时留心收集相关英、法、日、美等国情况。这些内容,后来被整理成书,这才有了《瀛寰志略》的面世。然而,像徐继畬这样的官员终究是太少。总体上看,清政府闭关自守的基本国策,让他们在行动和思想上都趋于保守,长期的海禁行为,客观上造成了其与外部世界的长期隔离,对外面的世界始终缺乏了解。

正是由于这种长期的故步自封,清朝的整体科技水平慢慢处于落后地位,甚至明朝以来持续发展的航海业也因此遭到了沉重打击,直至引来列强的欺侮。一直以来,他们对外部世界并不关心,甚至是麻木不仁,长期夜郎自大。这种心态在接见诸如马戛尔尼这样的使者时表露无遗,与马戛尔尼的蓄谋已久、周密部署形成了鲜明对比。马戛尔尼使团抵达北京之后,很快就在觐见礼节上与清政府发生了分歧。太过自大的乾隆对于世界的发展变化一无所知,自认为大清帝国才是世界的中心,其他国家都是戎狄,都需要前来朝拜,且必须施行三跪九叩大礼。最终,马戛尔尼在礼节上做了让步,换来的是在中国的长期自由考察。马戛尔尼使团大肆开展的情报活动,为此后英军发起鸦片战争做好了准备。

长期的自大和封闭,令清军反应能力迟钝,面对突发危机也缺乏足够的应变能力,更无从知晓西方的战争之法。叶名琛在出任两广总督期间,被一系列假情报所误,对英军来袭没有做好应有的防备。① 1839年,英国政府已经下令发

---

① 茅海建:《近代的尺度——两次鸦片战争军事与外交》,三联书店2011年版,第161页。

动对华战争,而清政府对此毫无知晓,甚至连林则徐这样的前线将帅都没有能够给予足够的重视。在一份奏折中,林则徐这样写道:"臣等细察夷情,略窥底蕴,知彼万不敢以侵凌他国之术窥视中华……"①这种心态导致清军在布置防线、配置兵力上,都暴露出太多问题。后来,林则徐只是从商人口中得知英军确已出发,这才开始加紧布置虎门炮台,不料英军虚晃一枪之后便一路北上,越过山东海面,直抵天津。大战当前,清军顾此失彼,加之装备落后、战法陈旧,只能在战争中遭到失败。

对西方列强认识不足,对近代军事科技的迅猛发展势头了解不够,至于西方军事学术和战术战法等,更是完全陌生,清军的落伍是全方位的。当时的人们普遍意识到"器"的层面落伍,所以要"师夷长技",却殊不知战争观念和战争理论的落伍更为致命。对此,胡燏棻曾有非常简洁的总结:"西国每经一战,则列阵之体一改,每创一器,则行阵之式一更。今中国一切攻守之法又沿旧习。"②

西方军事理论迈步走向近代化,中国人却仍是固守旧法。部分有识之士通过血的教训,看出问题症结所在,大力呼吁学习和引进西方军事理论著作。诸如《海权论》、《海战新义》、《防海新论》等西方军事理论著作开始在中国传播。中国的军事理论界,开始被动地接触和学习西方军事学术。王尔敏说:"近世中国之日益讲求兵事,当以西方冲击为原始动力。"③正是西方列强的大肆入侵,逼迫中国发展装备,提升国防实力,研究兵学理论,大力译介西方军事著作。

二、对西方军事著作的翻译与引进

林则徐和魏源较早睁开眼睛看世界。在他们看来,中国传统兵学固然高明,但在面对军事科技已经非常发达的西方列强时,根本无法满足需要,迫切需要摄取新的养分,注入新鲜血液。西方军事科技发达,必然引起军事理论水平发生变革,中国既然"师夷长技",引进西方军事科技,就需要对西方军事学说进行研究。在这种理念指导下,他们大力提倡翻译和引进西方军事学著作,为编写新型兵书做准备。林则徐设立译书馆,大量翻译外文书报,以英国《地理

---

① 《林则徐集·奏稿》(中册),中华书局1965年版,第677页。
② 《甲午中日战争》,上海人民出版社1982年版,第398页。
③ 王尔敏:《清季军事史论集》,广西师范大学出版社2008年版,第3页。

大全》为蓝本,编译《四洲志》。魏源《海国图志》的编写,实则是以《四洲志》为基础,也受到了林则徐的直接启发,并将林则徐"师夷长技以制夷"的主张明确化,为此后大量翻译西方军事学著作做了很好的铺垫,也为晚清兵学研究和新型兵书的诞生奠定了基础。

19世纪60年代,以"自强"和"求富"为旗帜,以"练兵"和"制器"为核心的洋务运动,逐渐在中国各地展开。西方文化,包括军事文化,逐渐开始传入中国,西方一些著名军事著作渐渐被国人所知晓。当然,东方和西方语言不通,要想使得西方军事著作真正为国人知晓和使用,需要组织专人对其进行翻译。江南制造局科学家徐寿向曾国藩提出翻译西书的建议。他向朝廷建议道:西方列强的坚船利炮之所以工艺精良,威力巨大,是因为"悉本于专门之学",故应"翻译泰西有用之书,以探索根底"①。曾国藩对此深表赞同,于是从1867年开始在江南制造局设立专门的翻译馆,聘请西方传教士与中国学者一起,通力合作,大力推进译书工作。江南制造局作为承担制造军工武器的重要企业,自此开始承担起大量引进和翻译外国军事学著作的任务。

自从设立专门的翻译馆之后,对西方军事著作和科技著作的翻译开始呈现出规模化和体系化。除江南制造局翻译馆之外,天津机器局、天津水师学堂等也注意翻译西方军事著作。当然,如果以甲午战争为界,近代引进和翻译西方军事著作的工程,可以分为前后两期,两期的情形略有不同。甲午战争之前,是以"制器"、"练兵"和相关海军、海防内容为主,甲午战争之后则有大量相关军事制度和军事科学的著作出现,诸如《战争论》、《战略学》等理论水准更高的军事著作通过多种途径(有相当一部分军事著作是通过日本)陆续传入中国。从此之后,国人对战争现象、战争与政治的关系、战略与战术的层次区分,以及进攻与防守、战场与后勤等问题,都产生了一些新的认识,中国的军事家们由此而大大开阔了视野,增加了学养。所以,"这些著作的译介,对于促进中国近代军事思想由器艺层面经过制度层面进入学术层面,形成比较完整的军事思想体系,起着重要作用"②。

之所以出现这两种不同的情形,一方面是与甲午战争中清军惨败的结果直接

---

① 《中国近代史丛书》编写组:《洋务运动》(八),上海人民出版社1962年版,第23页。

② 施渡桥:《西方兵书的译介与晚清军事现代化》,载《军事历史》1996年第3期。

相关——朝野上下被迫进行更为深入的反思，认真考察西方军事文化；另一方面也是中国军事学界理论水平不断得到提高的结果，与若干有识见、懂军事的决策人士直接相关。

据专家统计，甲午战争爆发之前所翻译的军事著作以及与军事相关的著作，共有七十余种。① 这些译著按照内容不同，可以分为四大类：

第一类是与"制器"有关的译著，包括机器制造类书籍，如《汽机发轫》、《汽机问答》等；武器制造和使用类书籍，如《克虏伯炮弹造法》、《克虏伯饼药造法》、《格林炮造法》、《制火药法》、《鱼雷图解》、《水雷图说》等；与"制器"关系密切的采矿、冶炼类书籍，如《地学浅说》、《金石识别》、《开煤要法》、《造铁全法》等。 这一类书占据多数。

第二类是与"练兵"有关的译著。 其中属于军制方面的有《列国军制》、《德国军制》、《水师章程》、《英国水师律例》、《法国海军职要》、《德国海部述略》、《英国水师考》、《法国水师考》、《美国水师考》等；属于作战和训练方面的有《陆操新义》、《临阵管见》、《攻守制宜》、《御风要术》、《前敌须知》、《营阵揭要》、《攻守炮法》等。

第三类是相关海防类著作。 其中有《防海新论》、《兵船炮法》、《轮船布阵》、《水师操练》、《船阵图说》、《海战新义》、《各国水师操战法》、《海军调度要言》、《海战指要》等。 这一类译著的大量出现，与当时清军已经面临海面之敌的现实直接有关，也反映出当时朝廷为建造近代海军所进行的准备。

除了上述与军事直接相关的著作之外，也有不少自然科学基础理论译著，如《代数术》、《三角数理》、《微积溯源》、《化学鉴原》等。 这些译著或可归于第四类，它们虽与"制器"没有直接联系，却与军事科学有着直接或间接联系。

有意思的是，这期间不占主流的相关自然科学基础理论著作的翻译出版，用意本来全在"制器"之需，但这些译著在中国传播之后，其功用和影响力远远超越了军事领域和"制器"的范围②，对中国近代自然科学的发展产生了积极影响，其余波甚至一直波及"五四"前后民主和科学的大讨论，也就是当时所谓的"德先生"和"赛先生"，并引发人们对于传统文化的全面反思。

---

① 施渡桥：《西方兵书的译介与晚清军事现代化》，载《军事历史》1996 年第 3 期。
② 施渡桥：《西方兵书的译介与晚清军事现代化》，载《军事历史》1996 年第 3 期。

甲午战争的惨败使得国人意识到，中国与西方以及日本的差距并非停留在"器"的层面，并不仅仅是军事技术方面处于落伍状态。此前一贯追求"师夷长技"，但即便是建立了较为先进的北洋水军，仍不能改变落后挨打的局面。这时清政府终于下定决心在建军思想等方面也改效西法，大力推行范围更广、力度更大的军事变革。随着这一时期军事变革步伐的加快，对西方军事著作的翻译力度亦随之加大，许多有关西方军事制度和近代军事思想的著作，被陆续引入中国。甲午战争中胜利的一方日本，因为维新变法取得成效，击败了中国，因而日本人的军事著作和日本人翻译引进的西方军事著作，也受到重视。东文翻译机构就此成立，一方面通过日文转译西学著作，一方面直接译介日本军事著作。事实上，中国军事理论界接触和学习西方军事学术，有相当一部分是通过留学日本的留学生完成的。

据统计，自1896年至1911年，清政府共组织翻译和刊印外国军事著作二百五十多种（其中包括外籍军事顾问、教官编写的部分讲稿）①，内容涉及军事学说、军事制度、军事训练、建军思想、装备建设、战略思想以及军校建设等各个方面。

相关军事学说方面，译有《战略学》、《战法学》、《战术学》、《战争论》等；就军事制度方面而言，有《西国兵制源流》、《列国陆军制》、《德国陆军考》、《日本宪兵制》等；就军事训练方面来说，有《西洋练兵新书》、《步兵操典》、《德国步兵操典》、《新订步兵操法》、《日本普通体操课》、《瞄准要法》、《射击规范》、《用炮要言》、《毛瑟枪打靶法》等；相关武器装备方面，译有《军械沿革》、《军械精蕴》、《毛瑟枪图说指南》、《克虏伯炮类编》、《雷火图说》、《军械保存法》等；有关海防与海军建设，则译有《海防臆测》、《海军指要》、《炮与铁甲论》、《航海章程》、《海战指要》、《海道图说》、《船坞论略》等。有关军校教育和管理的著作占据不少比重，主要有《日本武备教育》、《日本陆海军教育摘要》、《日本陆军学校》、《日本陆军学校章程汇编》、《高等兵学教科书》、《战法学教科书》等。除了上述军事著作之外，还有不少关于行军作战、后勤保障、军事地理以及战争史方面著作。

除了战争学说和军事制度等方面著作有大幅度增加之外，甲午战争之后，有

---

① 施渡桥：《西方兵书的译介与晚清军事现代化》，载《军事历史》1996年第3期。

关政治学、法学等社会科学著作的翻译力度亦大大加强。这不仅改变着中国军事文化和军事制度，也对中国传统政治思想和传统文化等多方面产生着影响。

总之，甲午战争之前的西方军事著作翻译，以军工制造和海防建设为主，但也已经有意翻译部分相关军制方面书籍，这应当与当时"师夷长技"的主导思想直接相关，也与中国受到东南海防所面临的空前压力直接相关。曾国藩在一份奏折中说："盖翻译一事，系制造之根本。"①可见甲午战争之前曾国藩对当时的相关翻译工作，强调的是以改进军工制造业为基本出发点。其门生李鸿章则主张将翻译的范围扩大，由最初的基本局限于"制器"，渐渐扩大到后来的防海、练兵、开矿等多个方面，并且隐约有了"穷流溯源"的主张，充分反映出洋务派在学习西方"长技"以求"自强"的指导思想的深化。也许正是这个原因，在甲午战争之前也有大量"制器"之外的西方军事著作被翻译和介绍到中国。甲午惨败之后，国人不得不深入思考军事问题，所以在引进和研究西方军事著作方面视野变得更加开阔，甚至已经将日本的部分军事著作列入翻译和研究对象。从这个角度来看，军事思想变革运动的展开，受战争因素影响最大。正是受到鸦片战争的刺激，中国人开始重视和研究西方军事著作；正是受到甲午惨败的刺激，中国近代军事学术才借助于西方军事学著作，不断走向深入。

第二节　西方军事学术的全方位深远影响

在近代，随着军事科技的突飞猛进，西方相关战争的学说和战术等，都在飞速取得进步。于是，到了1890年终于有了《战争论》这种鸿篇巨制出现。与西方近代军事理论和军事科技的迅猛发展相比，中国军事界所进行的种种翻译和转译工作，包括学习和研究，终究只能是龃龉前行，并不能改变中国在军事技术和军事理论方面的全面落后状况。这场轰轰烈烈、声势浩大的译介工程，仅是由"师夷长技以制夷"一句口号出发，通过不少有识之士的不断努力，居然逐渐落到了实处，中国近代的军事变革也由理论层面逐渐走向实践层面，西方军事学术由此而对中国近代的军事思想和军事文化产生了无法估量的

---

① 《中国近代史丛书》编写组：《洋务运动》（四），上海人民出版社1962年版，第18页。

影响。下面尝试分三个方面进行总结。

一、军事学说和战略战术

晚清诞生的一些军事学著作和条令条例等，充分反映了西方军事学说对中国产生的影响。从《自强军西法类编》到《训练操法详晰图说》，再到《新定步兵操法》，中国军事界接受西方军事思想和军事学说的程度越来越深，足以说明当时引进西方军事学说和军事著作的力度。

甲午战争之前，已有少数人注意结合西方军事学说，阐述相关军事问题的个人见解，比如李善兰的《火器真诀》研究弹道学和枪炮技术，对清军的枪炮射击训练起到了一定作用。王韬的《火器略说》注重介绍西洋枪炮制造方法，沈竹礽的《泰西操法》，注重介绍西方的军事训练和战术方法，徐稚荪的《洋防说略》明确提出重点防御的主张，都是具有独到创见的新型兵学著作。

相比林则徐和魏源，张之洞在"师夷长技以制夷"的道路上走得更远，因为他不仅有主张，同时也有实践，所以能够成为清末力主效法西法、推行军事变革的重要人物之一。张之洞对清军装备落后、战法落伍、人才匮乏的现状痛心疾首，所以提出了发展军事工业、创办军事学堂、组建自强军的一系列主张，希望加强对西方军事技术和军事理论的学习。本着这个原则，张之洞亲力亲为，组建了自强军，同时力促沈敦和组织专门人员编写《自强军西法类编》，以西法训练军队。这本书分兵法、兵器、军事、工程、测绘、数学六大类，传播西方军事学术和军事技术。张之洞对当时德国陆军的战法尤其推崇，聘请德国军官现地教学，指导清军训练，希望清军学会德军独步欧洲的各种战法，《自强军西法类编》因此深深留有当时德军的烙印。比如说，当步兵遭遇骑兵袭击时，立即展开成一字长阵，等到敌军马队相距不远时，便一起举枪射击。这种战法其实就是当时西方步兵连的战术，是步兵尚未装备机枪的时代专门对付骑兵的一种战法。《类编》中的行军警戒之法与驻军警戒之法，也从西方近代军事理论得来。至于攻击作战时，强调马队的作用，用以侦探和冲锋，这其实也与第一次世界大战前西方各国师属骑兵的战法相类似。①

张之洞所组建的自强军基本以步兵为主，可以视为近代陆军的发轫。作为

---

① 中国军事史编写组：《中国历代军事思想》，解放军出版社2007年版，第412页。

自强军教科书性质的《自强军西法类编》，也基本以研讨陆军战法为主，完全未论及步、骑、炮的协同战术，甚而其中的步兵训练也只是停留在一个较为浅层的水准，"只能达到当时德、法、日诸国对军士的要求"①，但这毕竟是一个伟大的开始。而且《类编》在战术原则上，既采纳了中国传统兵法中的"攻其无备，出其不意"②的战术原则，更注意学习西方重视发扬火力的战术，明显采取的是一种中西结合态度。这其实奠定了晚清相当一段时间内学习西方军事理论的基调。

袁世凯在学习西方军事学说的道路上走得更加坚决。他接管新军之后的第一件事，就是大力借鉴西方列强的经验对军队进行重新编制，建立步兵、骑兵、炮兵等多兵种合同部队，而且在军队的各级建制上也对西方军队进行模仿。袁世凯尤其重视军事教育改革，希望通过兴办新式的武备学堂来培养军事人才，主张在全国范围内建立小学堂、中学堂和大学堂三级军事教育体制，完成军事人才的梯队建设。除此之外，袁世凯也主张选派优秀人才出国留学，学习西方强国的军事学说和战略战术。

1899年，袁世凯授意编写的《训练操法详晰图说》，是一部彻底受到西方军事学说影响的新型兵书。透过该书，可以管窥新军的创办方针，新军吸收西方战略战术的情况。《图说》所遵循的战术原则已经大不同于我国古代兵法，几乎都是按照西方战术体系展开，尤其注重以步兵为中心的诸兵种协同战术，对进攻、防御、特殊地形条件下战斗的指挥方式与战斗法则，包括遭遇战的注意事项等，都有较为明细的阐述。《图说》在继承中国传统兵学思想精华的同时，大量接受西方战术思想。比如说，中国传统兵学也论"攻守"，《孙子兵法》中就有大量相关论述，但对攻守利弊则分析不多。《图说》结合西方战术原则，进一步总结攻守战术，认为攻守各有利弊，攻则可提高士气、争取主动，守则可充分结合地势，待敌疲惫，等等。《图说》论战术，或以步兵营为战术单位，或以步兵师为单位，或以不同兵种小队为单位，遵循的基本是西方战术原则。《图说》也结合武器装备，探讨山地、河川、市街、隘路等特种地形的攻守战法，大多符合西方近代军事学说。此外，行军警戒和驻军警戒等相关论述，充分结合了热兵器

---

① 中国军事史编写组：《中国历代军事思想》，解放军出版社2007年版，第413页。
② 《孙子兵法·计篇》。

的时代特点，显然也是接受了西方的相关理论。

因为战术原则已经西化，新军的训练也按照西法展开，这在后面将会做进一步介绍。另外，海权思想和战略战术受到西方影响尤深，这一部分也将另辟专章介绍。

徐建寅所著《兵学新书》也代表了中国近代吸收西方军事学说的情况，部分反映了中国近代军事转型的面貌。徐建寅是一位曾在江南制造局翻译西方自然科学书籍的爱国科学家，后来又出任驻德使馆参赞，有机会赴英法各国考察，致力于翻译西方军事著作，并有志于融合东西方兵学。他精通外语，亲办洋务，熟悉军工，了解西方，对时局忧心忡忡，将大量精力用于钻研西方军事。徐建寅认为，中国"古来兵书，半多空谈，不切实用"[1]，加上古今作战条件已经发生很大变化，要想战胜强敌、济世救民，就必须取法西洋各国，与西方近代军事接轨，否则就会被时代所抛弃。

从《兵法新书》的内容结构来看，其中最为重要的内容是从卷一至卷八，论述的是步兵、骑兵、炮兵的编制体制和训练。后八卷则分别介绍西方的兵役制度、军事教育、后勤补给、武器装备、军工科技等情况。从这个编撰体例就可以看出，徐建寅力图在全面阐述西方军事学说的基础上，尝试与中国国情相结合，并结合中国传统兵法，努力建构中国近代军事思想体系。比如，《兵学新书》主张进攻时，炮兵应该先在远处放炮，击乱敌之阵线，我方则迅速集结成密集队形冲击对方防线，这其实就是对当时德军"炮火压制敌人、引导步兵占据敌阵"战术思想的直接借用。[2]《兵学新书》的协同战术思想，主张以步兵为主，骑兵和炮兵作为协同，这其实也可与当时西方各国主流求得合拍。

徐建寅尤其注意提醒当时部分人拥有坚船利炮就可以抵御西方强敌的错误认识，提醒国人多注意西方军事理论，并对此做了大量工作，体现出其识见超人的一面。当然，徐著也并非完美：对于朝廷的愚忠，影响了全书立意；对于海军的完全忽视则显示出其眼光存有的较大局限性。但无论如何，这部《兵学新书》在尝试结合西方军事学术以建立中国近代军事学术体系方面做出了积极贡献，至少一只脚已经跳出了中国传统兵学的窠臼，甚至已经迈进了近代军事学术

---

[1] 《兵学新书·自序》。
[2] 中国军事史编写组：《中国历代军事思想》，解放军出版社2007年版，第422页。

殿堂。

1910年颁发的《新定步兵操法》，虽说因为清朝不久之后即告灭亡，而没有产生多少实际作用，但它终究是晚清时期吸收西方军事思想最为彻底的一部著作。其论战术，按照镇、协、标、营、队、排、小排的新编制展开，这与西方乃至现代通行的师、旅、团、营、连、排编制已经相差无几。《操法》在"总纲"部分，首先强调的是战斗单位和各兵种协同一致，推步兵为各兵种之首。之所以秉持这种战术原则，一方面是因为步兵确实较少受到地形、天候的影响，另一方面也是因为当时日、德诸国都是推崇步兵为主的协同战术。《操法》对攻击、防御、追击、撤退以及特种地形条件下的战斗，都有战术原则阐发。就遭遇战而言，该书强调占领先机之法的关键在于"令部队直接由行军纵队展开"（第二百九十八条），这其实是争取先制之利，先敌展开，充分发扬军队战力。这条战术原则在第一、第二次世界大战中仍受到西方国家推崇。《操法》对特殊地形条件下的作战原则的探讨，也充分吸收了西方近代军事学术。比如夜战，强调克服指挥的困难就需要充分利用黑夜与敌接近，更加有效地消灭敌人，保存自己。

晚清学习和接受西方军事理论的力度，随着时局的变化而变化，也受当时重要战争的结局影响。除了甲午战争之外，1904年爆发的日俄战争也对晚清政府的军事改革产生了重大方向性的改变。因为亲眼看到日本明治维新的成效，清廷此前"海军学英国、陆军学德国"的风尚，也就此发生改变，改而就近学习日本。所以，晚清所颁布的《新定步兵操法》，从表面上看更像是学习日本军事学说的产物，因为它更接近日本的《步兵操典》。由于影响日本军事界的，更多的是西方近代军事理论，所以师法日本其实也是师法西洋。日本战术思想的灵魂，主要得自西方。比如陆军战术，正是系统学习了德国人的陆军战术而取得了长足进步。从这个意义上说，《新定步兵操法》算是中国近代学习西方军事学说最为彻底的一部兵学著作。

二、国防体系和军工制造

鸦片战争失败后，张之洞等人深知清政府的国防体系全面落伍，不仅是装备落后，军事人才也极度匮乏，所以他们力主效仿西法，积极推行军事变革，大力发展军事工业，尽快兴办新式军事学堂，甚至也主张改造国防体系和军事制度，效法西方建立常备军与预备军相结合的国防体制。袁世凯在学习西法的道路上也走得很远。他接管新军之后的第一件事，就是大力借鉴西方经验，对军队进行重新编制，建立步兵、骑兵、炮兵等多兵种合同部队，而且在军队的各级建制上也对西方军队进行模仿。

不少官员虽然意识到国防体系乃至官制等方面迫切需要调整，但是在封建专制的政治体制之下，洋务派只能艰难地向政府讨要空间，伸展其变革理想。洋务运动期间，随着近代军事工业的陆续兴办和近代海军建设走进议事日程，清朝政治、军事制度被迫进行一些微调。起初是清政府被迫允许各国公使驻京，然后成立总理各国事务衙门，负责与各国的文书往来、条约缔结、经济贸易、教案处理等事务。迫于处理海防事务的压力，总理衙门之内又设海防股，负责处理南北海防之事，显示出清政府整饬海防的决心。到了1885年，清政府又设总理海军事务衙门，标志着清军兵种建设迈入新阶段，海军成为与陆军并列的重要兵种。在原有兵部之外，也专门设立一个掌管全国海军事务的机构。

真正的变革要等到甲午战争和戊戌变法之后，才逐渐展开。急迫的国防压力，逼迫晚清国防体系进行重构。这种重构也是由上而下展开的，从改革官制，尤其是军事机构官制开始。

1906年9月，清政府终于下令改革官制，军事机构也由此得到大幅度改组，不久便设立了负责全国海陆军的军事指挥机构军谘处。1910年，责任内阁成立，军机处被撤销。原来军机处的部分职权由内阁接手，但军事事务被剥离出来，完全交给军谘处负责。军谘处直接向皇帝负责。1911年，当清政府成立"皇族内阁"后，军谘处又改名为军谘府。军咨府下设七个厅，分别为总务厅、第一厅（作战）、第二厅（情报）、第三厅（交通与通信）、第四厅（测量）、第五厅（史志）与海军厅。①从职能上看，军谘处的职能几乎完全模仿西方。当时，第二厅配备了无线电技术等先进设备，努力跟进当时西洋的情报技术发展潮流。遗憾的是，相关核心技术与发达国家存有差距，反倒受人所制，由此造成惨重损失。比如在《马关条约》谈判期间，李鸿章和清政府的密电来往，被日本人所破译和窃听。掌握清政府底线的日本人漫天要价，在谈判中处处主动，甚至不时以发动战争进行恐吓，清政府只得步步退让，吞下耻辱的苦果。

---

① 李鹏年、朱先华等：《清代中央国家机关概述》，黑龙江人民出版社1989年版，第334—342页。

腐败的晚清政府虽在机构上做了一些投机取巧的名目改动，却始终不肯放弃专制的集权统治，由此注定了其难逃灭亡的命运。军谘府成立之后仅仅运行半年，辛亥革命爆发，清王朝由此覆灭。

晚清国防走向近代的另外一个标志是，建立了新型军事教育模式。其目标是，将旧式武夫培养成为新型军人。尤其是将帅，一定要既精通中国礼法，又精通西方军事学术。在这种目标的感召下，无论是张之洞，还是袁世凯，抑或是李鸿章，都非常重视军事教育改革，希望通过兴办新式的武备学堂来培养合格的军事人才。1885年，李鸿章首先在天津开办武备学堂，以"西洋行军新法"传授学员。1887年，张之洞在广东创办水陆师学堂，首期招收学员一百余名。袁世凯则主张在全国范围内建立小学堂、中学堂和大学堂三级军事教育体制，完成军事人才的梯队建设。1901年，清政府正式结束了武科选拔军事人才的模式。1902年，袁世凯开办北洋行营将弁学堂、北洋陆军讲武堂、陆军师范学堂，及宪兵、军医、马医、军械、经济等专科学堂多所。1904年，京师设立练兵处，练兵处将正规陆军学堂分为陆军小学、陆军中学、陆军学堂、陆军大学四级，并对各级学科内容进行了区分。

袁世凯还积极推动优秀人才出国留学，最为直接地感受西方军事教育，学习西方强国的军事学说和战略战术。袁世凯和张之洞，恰好一南一北形成遥相呼应之势。在他们积极创办军事学堂的带动之下，全国各地纷纷兴办新型军事学堂，不长的时间之内，就先后建成贵州武备学堂、陕西武备学堂、安徽武备学堂、山西武备学堂等多所学堂，大大推动了中国军事教育的近代化进程。

清廷被迫开展轰轰烈烈的洋务运动，钢铁工业和兵工厂建设因此而展开，与国防建设紧密相关的工业技术得到重视，甚至由此而对中国近代国防经济产生了深刻影响。

军工制造水平高低与军用钢材的质量与数量紧密相关。钢材一直是制造枪炮弹药与舰船的基础材料，晚清发展军工，不能不对此投入巨大精力。起初阶段，清政府花费巨资从国外进口钢材。但随着军工生产规模的增大，进口钢材成为一项沉重的经济负担，同时也易受到西方钳制。这种局面下，创办属于中国的近代炼钢厂被提上议事日程。张之洞在两广总督任上时，提出兴建钢铁企业，夯实军事工业的基础。1893年9月，一座新型炼钢厂在汉阳建成。这是当时东亚规模最大的一座钢铁企业，引进的是当时欧洲先进炼钢技术。兵工业的兴起，既节省了军费开支，也减少了对国外的依赖。

随着洋务运动逐渐深入，大大小小的兵工厂陆续建成。这些军工企业借用西方科技，建造新式军工武器。从1861年曾国藩在安庆创办第一家军械所开始，清政府先后在各地投资兴建了一大批器兵工厂，其中规模较大、产能较高的有五个：江南制造局、金陵制造局、福州船政局、天津机器局、湖北枪炮厂。在经费紧张、财政拮据的情况下，这种成绩的取得非常不易，在为国防工业增添砝码的同时，也初步形成了中国近代军事工业体系。

兵工厂数量的增多、军工产品的不断扩展以及军工科研和制造技术的进步等，都迫使清廷进行相关管理体制的改革，近代兵工体制逐渐形成，而且统辖机构和管理制度等，也随着时势变化而不断变化。各省创办的机器局起初由总理衙门分管，后来移交专门设立的考工司。各省兵器起初由兵部统一掌控，后来则演进为由各省总督、巡抚和总理衙门共同掌控。

随着甲午战争的惨败，数目空前的赔款令清政府财政空前紧张起来，各种兵工厂的运转就此出现困难，军工体系的危机，与清王朝的危机相携而来，只能被动地进行若干调整。

光绪二十九年的官制改革后，兵部被改为陆军部，军械制造厂局也受陆军部统辖，由军实司主管军械弹药的制造、存储。不久之后，清廷又在陆军部内设立练兵处，规定各省的兵工厂、局统由各省督抚管辖，并由练兵处督办。这实则是双重管理模式，所以1911年1月，陆军部又奏请朝廷，拟将全国的兵工厂统一交由陆军部直辖。但就在此事酝酿和执行的过程中，辛亥革命爆发，晚清兵工体系的调整尚且没有来得及完成便宣告灭亡。

清廷在军工企业的统属关系上来回更改，其实是看到了整个国防体系乃至政治体制上的弊端，但他们没有勇气进行更为彻底的政治体制变革，只能做一些皮外手术，对这个病入膏肓的帝国来说，只能说是治标不治本，所以无法将其从危险局面中挽救出来。

总体上看，从鸦片战争到甲午战争前这半个世纪的时间里，"师夷长技"逐步由口号转变为行动，从理论逐渐付诸实践，一场向西方学习军事技术的热潮席卷了全国。借此热潮，中国各地陆续创办了军工企业，甚至聘请洋人参与军工生产和西式训练，这场轰轰烈烈的洋务运动确实改变了中国近代国防工业的面貌，也在近代史上留下了深刻印记。在西方军事技术飞速发展的19世纪，清政府一度痛下决心，迎头赶上，但是政治体制上的种种弊端，对自强运动形成了极大的掣肘，一切努力终于散作水月镜花。

三、军事训练和治军思想

面对内忧外患，清政府虽然没有办法立即彻底改革军制，抛弃以八旗为基础的旧有班底，却已经有了大力效仿西法组织训练的决心。朝野部分有识之士认为，当时急务无外乎"制器"和"练兵"，已经将"练兵"作为一项非常紧迫的任务提出。19世纪60年代开始，在"自强"的旗帜下，清政府开始着手整顿八旗兵和绿营兵，按勇营制度改造绿营，就此建立"练军"，至于裁留下来的湘军和淮军，则编为"防军"。① 在完成部队的精简整编之后，清政府一面以"船坚炮利"为标准，下力气改善部队的武器装备，一面对"以骑射为本"的传统练兵思想和训练模式进行改革，模仿西方列强的训练之法操练士卒，在训练内容和训练方法上进行变革，朝着近代化方向迈进。

相比之下，水师队伍较早学习了西方训练之法。自清政府从英国和德国购买铁甲舰、巡洋舰等作战舰艇后，水师便开始接触和学习西方海军的训练方法。其中，舰船的列阵和编队，协同配合和战术训练等，都大量借鉴西方近代海军的训练模式。为了提高北洋水师的训练水准，清政府选派优秀人才出国考察和留学，学习西方海军的先进训练方法和训练经验。

甲午战争失败之后，清政府意识到与西方的全方位差距，在海军已经被基本摧毁的情况下，只能加快步兵的训练改革步伐。1895年初，胡燏棻受命在天津小站采用西方近代军队的模式编练新军，号称"小站练兵"。他所统领和训练的新军，被称为"定武军"。到了这年年底，清政府派任命袁世凯接替胡燏棻领导小站练兵，"定武军"从此改称"新建陆军"，简称"新军"。袁世凯是领导清末军事变革的重臣之一，他眼见日本军队以"西式之法"战胜清军，不仅下决心按照西法操练军队，同时也仿照德国陆军编制，对传统营制大胆地进行改革。新建陆军被改造成为步兵、骑兵、炮兵和工程兵多兵种合成军队。训练内容也紧密贴近战争需要，紧跟近代军事技术。为保障新军的训练不至于落伍，袁世凯

---

① 张英辰、王树林主编：《中国近代军事训练史》，军事科学出版社2010年版，第16页。

专门聘请外国军官和新式军事学堂的毕业生担任教官，要求他们的训练始终按照西法展开。由于袁世凯领导的新建陆军在军制、装备、训练、官兵素养等方面都达到了近代化水平，所以这支新军可称"中国第一支近代化军队"[①]。除了新军之外，两江总督张之洞创建的"自强军"，也以德国陆军为模式，建成骑兵、步兵和炮兵等多兵种合成部队，平时训练都由德国军官负责，受西法的影响不言而喻。军机大臣兼北洋大臣荣禄节制的武卫军，不仅在体制编制和武器装备上模仿西方近代化军队，治军模式和训练方式也基本西化。

为了明确训练方针，强化训练模式，清军编订了较为系统的训练教科书。比如《训练操法详晰图说》、《新定步兵操法》等。此外，《自强军西法类编》等书，也对军事训练有或多或少的论及。这些依照西方模式编订的训练教科书，对于规范日常训练工作起到了非常重要的作用，

由张之洞授意、沈敦和负责组织编订的《自强军西法类编》，包含兵法、兵器、阵法、操法等多方面内容，对于西方的军事训练有大量译介和总结，暂时成为训练指南。只是这些训练之法同时也结合了中国的军事传统，所以只能说是中西结合。当然，在实际组训时，还是将部分训练工作交由德国军官组织实施，使得该书的训练思想明显带有西方色彩。相比之下，1899年由袁世凯授意编成的《训练操法详晰图说》，比《自强军西法类编》更为周详，有着明显进步。这部书以训练为主题，是新军训练的基本依据，某种程度上也具有条令、条例的性质。该书突出强调士兵基本作战技能训练，尤其是步兵、炮兵、骑兵、工程队等专业兵种部队的作战技能训练。比如说，步兵要训练操枪法、步队阵法等，炮兵则要求士兵掌握火炮基本知识、火炮操法，骑兵要掌握各种基本阵法、马上操刀法，工程队的训练则要求士兵熟练掌握各种桥梁安装之法、通过沟垒等各种复杂道路的保障之法，以及电线和地雷等安装方法等。训练时也注意结合特殊地形条件，设计特殊战场环境，意在加强部队的应变能力，强调"练为战"的宗旨。袁世凯练兵注重实战，甚至开创了近代大规模多兵种合成对抗演习的先例。1905年10月，他在河间组织"秋操"，对军队的训练情况进行检阅。

[①] 张英辰、王树林主编：《中国近代军事训练史》，军事科学出版社2010年版，第18页。

1906年颁发的《步兵暂行操法》基本承袭《训练操法详晰图说》，但1910年陆军部颁布的《新定步兵操法》已经对步兵的训练有了很大幅度的改革。某种程度上看，它已经很接近民国使用的、从日本翻译而来的《步兵操典》。而且《新定步兵操法》颁行之后，以前各种步兵训练之法都宣布作废。虽说这部步兵训练之法颁行时，清王朝气数已尽，对于清军而言基本没起到什么作用，但是考察北洋和民国时期的步兵训练，仍可看出它的价值和作用。这部步兵操法的出现，其实是西方军事学术在一段较长时间内持续作用的结果，充分反映出晚清接纳和学习西方军事理论的阶段性成效。

从《新定步兵操法》可以看出，当时部队的编制方法在镇之下依次设有协、标、营、队、排、小排等各级作战单位，这其实已经非常接近于民国乃至今天仍然普遍使用的由师到旅，再到团、营、连、排逐级编制之法。《新定步兵操法》除"总则"之外，分为"教练"和"战斗"两部分。在"教练"之法中，已经最大限度吸收了西方相关军事训练的各种理论，尤其强调培养士卒的攻击精神和团队精神，训练士兵操控各种新式武器的技能等。

晚清倡导的新式训练，非常强调制式教练及战斗教练的作用，认为设置专职教练的宗旨就是为了训练指挥官与士兵的战斗能力，促使其遵守军纪，养成良好的秩序。在平时的训练中，也注意结合各种演习培养士兵养成遵纪守法的习惯，注重服从命令、听从指挥等各种作风养成。为了搞好训练，部队设有单人教练、排教练、队（连教练、营教练、标教练、协教练），以便分层施教、因材施教，使得训练更加具有针对性。另外，晚清的新式训练已经非常注意加强对军官的训练。《训练操法详晰图说》就设有"训将要言"、"训将弁躬亲教练说"等章节，特别强调提高军官的全面素质，教育他们学会亲近士兵，并勇于承担危难，同时也要注意了解世界军事形势的发展变化，对西方政治、军事、经济、军备及西方军事学术的发展变化保持跟踪了解。这些训练科目和要求，其中有不少是中国传统"训将"内容的题中之意，但也有不少是吸收西方军事理论得来的，是在长期抵抗外侮而又不断遭受失败的一次次战争中所受到的教训。

虽说在训练之法上清军效法西方较多，甚至也可以由此贴上近代化的标签，但在治军统军方面仍一如既往地强调"忠义"，将"忠义"作为一种核心价值向士卒兜售。此举无非要达到两个目的：一是要求官兵效忠清廷；二是引导官兵

"义"字当先，以壮官兵之胆气，为朝廷舍命。① 其实这两个目的，也可以归结为一个：引导官兵效忠朝廷和皇帝。 以中国传统封建伦理和道德标准，将忠、义作为治军标准，将"君臣父子"和"上下尊卑"等礼教内容，作为部队思想教育的核心内容，始终融入平时的思想教育之中，无非为了将官兵培养成为"忠臣义士"，效命于皇室。 就连《新定步兵操法》所强调的攻击精神，也是"忠君爱国"的至诚精神所致。 在他们看来，如果有了这种效忠精神，就会具备强大的攻击精神和战斗勇气，就能战胜强大的敌人。

从曾国藩开始，忠君勤王和捍卫封建礼教就已作为练军和治军的主要内容之一。 到了袁世凯的新军，这一点始终没有发生变化。 袁世凯主导的《训练操法详晰图说》格外强调"忠义"，认为唯有"忠臣谋国"才是亘古不变的常胜之理。 只是这种以封建道德训导官兵的模式，并不能挽救摇摇欲坠的清王朝。

第三节　从寻找利器到寻找思想：近代兵学的转型历程

从两次鸦片战争到中法战争，再到甲午战争，清军遭遇了一个接一个的惨败，天朝上国的迷梦也就此被击碎。 但是，并非所有人都就此麻木沉沦。 从林则徐到魏源，从张之洞到李鸿章，知识精英和民族精英仍在奋力拼搏，企图拯救这个日渐没落甚至行将就木的衰老帝国。 虽说一次又一次的战争早已证明传统兵学的不足，但很多人并没有彻底意识到这一点。 他们仍打着"中体西用"的旗帜，试图以此推动传统兵学的革新。 中国传统兵学在走向终结的同时，也因此迎来步履蹒跚的转型。

与其说林则徐和魏源这些人是"睁开眼睛看世界"，不如说是西方列强用炮舰轰开了他们的睡眼。 通过抗击英国侵略的战争实践，在战争中遭到了血淋淋的打击后，林则徐等人领教到西方"长技"的威武，因而有了"师夷长技"的主张。 当然，这些想法的最终付诸实践，很大程度上借助于曾国藩、李鸿章等人发动的洋务运动。 尽管李鸿章仿造洋枪洋炮的最初目的，是为了打击太平军，但毕竟将西方"长技"引进中国，将林则徐当初的设想变成了现实，也将中国的

---

① 张英辰、王树林主编：《中国近代军事训练史》，军事科学出版社2010年版，第132页。

"自强"运动一步步地推动起来。故此,如果要了解近代兵学的转型情况,我们首先需要从林则徐和魏源等人谈起。

道光十七年(1837),林则徐出任湖广总督,被推到历史的风口浪尖。林则徐上任之后立即面临鸦片走私的现实问题,面对武装押运的英国侵略军。林则徐对英军"坚船利炮"的威力有着深刻体会。他本以为英军舰船吨位较大,掉头不易,缺乏灵活性和机动能力,没想到实际交战情形却是,英军舰船来去自如,运转灵活,而且可以利用先进火炮夺取海洋作战的优势,甚至是控制大片陆地,对城邑和炮台构成打击。反观清军,则是装备落后、战术陈旧,完全不适应对手的战法,处处被动挨打。所以不久之后,林则徐就上书道光皇帝,祈请修建"坚固大船,以壮水师声势"①,甚至是组建外海水师,筹建新式海军。

林则徐希望清军尽快完成武器装备的升级:"谓剿夷而不谋船炮水军,是自取败也。"②为此,他将实际交战过程中敌我武器装备的优劣情况及战术优劣进行了对比:"彼以无定攻有定,便无一炮虚发;我以有定攻无定,舟一躲闪,则炮子落水矣。彼之大炮,远及十里内外,若我炮不能及,彼炮先已及我,是器不良也。彼之放炮,如内地之放排枪,连声不断,我放一炮后,须辗转移时,再放一炮,是技不熟也。"③从中我们可以看出,林则徐对于英军的军舰有着"来去自如,倏南倏北"④的体会,对于英军的火炮有着"连声不断"的认识。经过战场上一番较量之后,林则徐对于英军所拥有的"利器"既怕又爱,羡慕不已。说"怕",是因为亲眼看到清军被英军利炮击溃的现状;说"爱",是因为他迫切希望清军也能拥有这样的"利器",从而拥有足够的本钱抵御外侮。

除了希望朝廷尽快建造"利器"之外,林则徐也呼吁加强水军的建设,以强大的水军抗击英军的舰船。他指出:"逆船朝南暮北,惟水军始能尾追,岸兵能顷刻移动否?"⑤由此可见,在林则徐时代,国人不仅有"师夷长技"的诉求,也同时产生了兴建新式海军的呼吁。遗憾的是,当时清政府不仅借口经费困难不予实现,甚至以抗击英军惹出事端为由将林则徐革职查办。真正重视水军建

---

① 《林则徐集·奏稿》(中),中华书局1965年版,第865页。
② 杨国桢辑:《林则徐书简》,福建人民出版社1985年版,第183页。
③ 杨国桢辑:《林则徐书简》,福建人民出版社1985年版,第183页。
④ 杨国桢辑:《林则徐书简》,福建人民出版社1985年版,第182页。
⑤ 杨国桢辑:《林则徐书简》,福建人民出版社1985年版,第183页。

设，还要再等待一些时日。

林则徐提出的造船和师法"英夷长技"等主张，得到了魏源等有识之士的大力响应。魏源更加系统地阐述了"师夷长技"的主张。

魏源认真分析了广东沿海地区在近代面临的严峻形势："英夷船炮，在中国视为绝技；在西洋各国视为寻常。广东互市二百年，始则奇技淫巧受之，继则邪教毒烟受之，独于行军利器则不一师其长技，是但肯受害不肯受益也。"①在他看来，广东沿海地区与西方国家互市这么多年来，中国人只是承受和学习了西方之害，得到的只是奇技淫巧和邪教毒烟，最终导致西方列强使用"利器"前来侵犯。在亲见西方"利器"的威力之后，魏源主张要尽快学习西方的长技，只有这样才能避免继续"受害"。因为无论是就国防而言，还是就战争而言，利器都是必备的，这正如张之洞所说"器械不利，与空手同"②。如果想在战争中取得主动，避免受制于人，就必须拥有利器，甚至要实现自造利器。为了使得清军尽快拥有"利器"，迫切需要既建造大型船厂，尽快建造出西方那种大型战舰，又应设火器局，加紧研制建造新式火器。为此，他建议朝廷："请于广东虎门外之沙大角二处，置造船厂一、火器局一。"③

在魏源眼中，研制火炮和建造船厂同等重要，但是火器的建造似乎更加急迫，因为"火器不徒配战舰也"，除了战舰用攻炮、城垒用守炮之外，"各省绿营之鸟铳、火箭、火药，皆可于此造之"④。甚至连一些民用产品，如风锯、水锯、火轮机、火轮舟等，都可以在火器局制造。所以，相比之下，设立火器局、加快火器的研制和建造，显得更为急迫。

除了学习西方"利器"，魏源也主张学习西方的"养兵练兵之法"。这些主张对后来袁世凯兴建新军不无启示作用。当然，当时的魏源尚且没有建设新式军队的想法，只是出于提高军队效率的考虑，建议进行适当裁军，减除大量冗员，建设一支规模适中的精兵。魏源还提出了设水师科的建议，建议朝廷加紧培养海军人才，选拔合格的军事人才，充实到海防第一线。虽说魏源尚且没有建设新式海军的主张和想法，这种有关人才的建议最多只是治标不治本，但这个

---

① 《海国图志》卷二，筹海篇。
② 《张文襄公全集》卷十一，《奏议》。
③ 《海国图志》卷二，筹海篇。
④ 《海国图志》卷二，筹海篇。

建议在当时看来也属难得。

魏源等人的建议很早就已提出，但落实到具体行动还需要等很长一段时间。随着洋务运动的逐步展开，直到1866年，闽浙总督左宗棠才有条件在福建创办中国近代第一座造船厂，即福州船政局。直到1869年，中国人才真正自己制造出第一艘轮船"万年"号。至于中国第一支近代海军北洋海军的筹集，则更是要等到魏源死后二十余年才最终实现。

魏源已经意识到从思想和理论层面学习西方的重要性，不仅提出了"知夷情"、"筹夷事"的口号，还在军工、国防和治军等方面，启发人们思考清军的变革。至于设译馆等行为，更是在一定程度上推动了中国近代兵学学习西方军事学术、实现由"器械到思想"的转型。设译馆、译西书，聘请西洋工匠技师和军事教练人员，这些主张充分反映出魏源的忧患意识和近代意识，目的也是为了使得中国水师具备"战洋夷于海中"的能力。

魏源指出："然则欲制外夷者，必先悉夷情；始欲悉夷情者，必先立译馆，翻夷书。"①魏源当初编著《海国图志》一百卷，据说源自林则徐的建议②，为的就是帮助国人知晓夷情。林则徐还曾为魏源提供了《四洲志》等一大批资料，希望魏源让国人能够对世界多一点了解。在《海国图志·叙》中，魏源说该书"为以夷攻夷而作，为以夷款夷而作，为师夷长技以制夷而作"。左宗棠非常欣赏魏源的努力，曾对《海国图志》做了高度评价："百余年来，中国承平，水陆战备少弛……海上遂以多敌，魏子数以其说干当事，不应，退而著是书。其要旨以西人谈西事，言必有稽……此魏子所谓师其长技以制之也。"③通过编撰此书，魏源越发体会到"知夷情"的重要性，所以建议朝廷立即设立译馆，翻译西方的军事著作，这尤其体现出其眼光的高明。

在提出"师夷长技"的同时，魏源也希望能实现以夷攻夷，通过"知夷情"而实现"筹夷事"，在外交战线上充分利用西方列强的矛盾，折冲樽俎，以夷制夷。事实上，林则徐和魏源等人提出的"师夷长技"，其完整表达是"师夷长技以制夷"，其中至少包括两方面内容。其一，手段和方法。所谓"师夷长技"是手段，是要了解和学习西方战舰、火器技术，以及新式养兵练兵之法。其

---

① 《海国图志》卷二，《筹海篇》。
② 中国军事史编写组：《中国军事史》第5卷，解放军出版社1990年版，第732页。
③ 《海国图志》卷首。

二，目标。所谓"制夷"，便是目标，为了在国际社会立足和生存，必须要有一定的军事实力，巧妙借力，其内容实则涉及国际形势分析、军政外交谋划、军事科技、战役战术等多项领域。

林则徐、魏源等人"师夷长技以制夷"的思想，得到了张之洞的继承。作为洋务运动的中坚人物，张之洞在两广总督任上曾直接指挥中法战争，所以他对西方利器的威力同样有着深刻认识。在《筹议海防要策折》中，张之洞曾将清军战斗不力归结为"水师之无人，枪炮之不具"[1]，到广州赴任以后，他便不惜重金立即向欧美各国购备军火，"广求利器"[2]。但是，从别国购置军火，不仅质量没有保证，而且耗费巨资，其间遭受洋人种种为难，更是令人愤懑，所以张之洞上书朝廷，建议立即建设中国自己的兵工厂。正是在他的不懈努力之下，清政府最终批准在湖北省城兴建兵工厂。为了节省经费，掌握自主权，张之洞决定将采矿、炼铁、炼钢三事合并为一，以便提高钢铁质量和火器性能。在经过甲午战争后，张之洞更是积极推动军工企业向规模化方向发展，并督促其加紧制造新式武器。

既当过两广总督，又当过军机大臣，胆识和智谋都有过人之处的张之洞成为洋务运动的中坚力量。除了兴办兵工厂、制造利器之外，他在兴办学堂、培养军官、训练新式军队等方面，都有值得称道的贡献。随着局势的发展，张之洞越来越认识到"战人较战具为尤急"[3]，所以他的目标改为培养更多优秀的军事人才。为了培养人才，他决心兴办新式学堂。将培育良将和新型军事人才作为急务。与此同时，他也派出大量留学生出国留学，学习西方先进军事理论和战术指挥之法。从这些活动实绩来看，张之洞不仅完成了从寻找利器到寻找思想的转变，而且已经迈出了向西方寻找新思想的步伐。就这一点而言，他比魏源和林则徐在学习西方的道路上走得更远。在张之洞所组织创办的各类军事学堂中，较为彻底地效法西方的近代军校体制，学习内容也基本以西方近代军事理论和战略战术为主。张之洞曾说过："今日朝野皆知练兵为第一大事，然不教之于学堂，技艺不能精也；不学之于外洋，艺虽精，习不化也。"[4]字里行间，无不流

---

[1] 《张文襄公全集》卷十一，《奏议》。
[2] 《张文襄公全集》卷十一，《奏议》。
[3] 《张文襄公全集》卷十一，《奏议》。
[4] 《劝学篇·外篇·兵学》。

露出他对西方军事学术的赞赏之情。

从林则徐和魏源的吁请,到张之洞、李鸿章等人的洋务运动,再到北洋水师的最终建成,清政府一直在进行着"师夷长技"的种种努力,但勉强解决的仍然是"器"的问题。尽管如此,"师夷长技"在中国近代史上还是产生了深远影响,至少远远超出了林则徐和魏源的预期。既然迫切需要外国的"长技",就需要拥有使用这些"长技"的人才,那就需要对旧有人才培养模式和选拔机制进行改革,必然引发人们对传统教育和选材制度的反思,同时也逼迫国人对相关基础学科有所了解,最终对西学真正产生重视。相关"道"的层面,也就是军事思想方面的转型和改造,必然也会慢慢地有所体悟。

总体来看,张之洞学习西方军事理论的决心比魏源更大,这也许是因为他位高权重,有机会伸展更大的抱负,也许是因为他曾咀嚼过甲午之战的苦果,深知一二长器并不能改变中国落后挨打的局面。如果考察清廷译介西方军事著作的情况,也可以明显看出,清政府起初关注的大多是"器"的层面,后期才慢慢转而更关心"道",渐渐产生了学习西方政治制度和军事制度,全方位接受西方军事学术的念头和勇气。从寻找利器到寻找思想,几代知识人思想发展转变的过程,折射出中国传统兵学在近代转型的步履蹒跚。

第四节　求富和求强:近代国防思想的形成

随着有关洋务讨论的深入,近代中国的国防思想也由此发生改变,走上了一段由"求强"到"求富"的发展历程。

"强"和"富",其实紧紧相连,但毕竟也有区别。按照孙子的"称胜理论"——"地生度,度生量,量生数,数生称,称生胜"①,培植国力和军力,衡量战争胜负的若干基本环节之间存在着一定的逻辑关系,这同时也是"富"与"强"的逻辑关系。

中国近代国防思想无非还是"求富"和"求强",但到底是先"求富",还是先"求强",实则很需要战略眼光。面对西方列强的坚船利炮,洋务派的思路一度非常直接而且清晰:中国必须拥有属于自己的坚船利炮,以此来回击列强的各

---

① 《孙子兵法·形篇》。

种侵略行径。"师夷长技"就是发展军工，大量建造利器，以利器求得"自强"，进而求得"自立"，避免被西方列强欺压凌辱。他们眼中的利器，以先进火炮和远洋舰船为代表。晚清致力发展的，也正是这两种武器。就这一点而言，无论是曾国藩、左宗棠，还是李鸿章、张之洞，他们的看法都基本相同。曾国藩指出："购买外洋船炮，为今日救时之第一要务。"①李鸿章、张之洞等人，则是积极推动兵工制造，将"师夷长技"逐步落到实处。曾对洋务派给予大力支持的恭亲王奕䜣，非常简明地表达了对于利器的热切期盼："自强以练兵为要，练兵以制器为先。"②正是在这种指导思想的推动之下，清廷以"求强"为宗旨的军工制造，在曾、左、李、张等人的领导之下，获得了阶段性成果。但这种以"求强"为目标的洋务运动，不能等同于"求富"。

按照中国古代兵家或法家理论，要想强兵，首先就要富国。《管子》则指出："国贫而用不足则兵弱而士不厉；兵弱而士不厉则战不胜守不固；战不胜而守不固则国不安矣。"③又说："国贫兵弱，战则不胜，守则不固。虽出名器重宝以事邻敌，不免于死亡之患。"④在《管子》书中，先富国再强兵的理念，非常明确。战国时期，以李悝、商鞅等为代表的法家一派，将重农务本与军功制度紧紧地结合起来，希望通过发展农业，不断增强国家的经济实力，刺激军事实力的提升，从而在诸侯争雄的局面中占得先机。

以法家为代表的"一于农战"⑤的中国传统富国强兵理论，在晚清并不能算是完全过时，仍具有一定的合理性，但它们被晚清保守派过度放大，竟成为反对洋务派兴办军工的理由。他们认为，只有发展农业才是"务本"之举，如果充分吸收古代法家的农战思想，仍然可以驱敌于国门之外。也就是说，中国根本不需要引进西方的工业技术，包括军工技术在内。所以，在与保守派的论战过程中，洋务派被迫寻找和架构新的富国强兵理论。

薛福成指出，中国必须抛弃"以耕战为务"的旧观念，而是学习西方，立即大力发展工商业，所以他提出了"以工商为先"的富国强兵政策。他说："昔商

---

① 《曾文正公文集·奏稿》卷十四。
② 《筹办夷务始末》（同治朝）卷二十五。
③ 《管子·乘马》。
④ 《管子·形势解》。
⑤ 《商君书·农战》。

君之论富强也，以耕战为务，而西人之谋富强也，以工商为先，耕战植其基，工商扩其用也。"①在他看来，中国之所以"民穷财尽"，就是因为工商业没有得到重视，如果模仿西方各国，加快商品流通，打破闭关而治的模式，便可以迅速改变形势。因为发展工商业，既可以发展和保护中国传统农业和丝、茶之业，也可以扩大贩运之利，带动货物流通，并且有效抵制外国商品的大量侵入。为了发展工商业，薛福成同时主张发展船政，改善海上运输局面。在他看来，近代西方列强无不建设有庞大的船队，依靠强大的海军保护贸易，从而争得丰厚的利益。中国发展船政，建设强大的船队和海军，既可以保护对外贸易，也可以保卫海疆，可谓一举两得，所以，"整理船政"才是真正的"急务"②。其实，从薛福成发展船政的主张可以看出，他不仅意识到保护海上运输的紧迫性和重要性，更认识到抵抗侵略的急迫性。针对海洋贸易的急需，大力建造大型舰艇，制造足以御敌和缉捕海盗的利器，其中贯穿的仍然是洋务运动"师夷长技"的思想主张。

为了配合洋务运动的深入展开，并增加财政收入，薛福成同时建议清政府积极开矿，大力发展矿产业。为此，他积极提出"修矿政"之请："矿政未修，货弃于地，犹水之渐涸而人不知也。"③他认为，如果对天地所生万物，合理地加以利用，既可以满足"器械之用"，也可以满足人们日常生活所需。如果因为担心破坏风水，或是担心因为采矿而引发官民纠纷，便停止发展矿业，就会因此而丧失发展的良机，失去与西方列强抗衡的资本。当洋务运动发展到一定时期之后，制造舰船和火炮会产生大量物资消耗，发展相关的矿业，不仅可以减少进口，节省资金，也可以提高军工产业的独立自主，所以这其实也是富国强兵的根本大计。

为了发展工商业，尤其是维持商业正常运转，薛福成主张根据当时的国际公法，并结合自己的赋税制度，寻求独立自主的税法。他在主张"整饬厘金之弊"的同时，尤其强调中国的税法独立，认为这和中国的内政、主权一样，都应该由中国政府自主决定，不容西方列强干涉。西方列强不得借经商为由，侵犯中国的主权。薛福成针对西方列强"洋货免厘"的无礼要求，指出当时的现状

---

① 《筹洋刍议·商政》。
② 《筹洋刍议·船政》。
③ 《筹洋刍议·矿政》。

是:"今各国徇商人之无厌之请,欲有妨于中国"①,所以中国始终难以自立自主,只能"扼之以自护"②。 当然,依照晚清的情势,羸弱的清政府无力改变现状,薛福成所请在西方列强的炮舰政策面前也显得苍白无力,但他以保护自身财税权来捍卫国家经济独立的主张,多少体现出高明识见。

曾经多次出使欧洲,并担任过曾国藩幕僚的郭嵩焘,观察得更加深远。 凭着其对西方的了解,郭嵩焘一针见血地指出:"嵩焘窃谓西洋立国有本有末,其本在朝廷政教,其末在商贾。 造船、制器,相辅以益其强,又末中之一节也。 故欲先通商贾之气,以立循用西法之基,所谓其本末遑而姑务其末者。"③郭嵩焘将西方强大的原因归于政教,其次是商贾,再次才是洋务运动所孜孜以求的"利器",这些论述,显然超出了洋务派的认识水平,也较难为洋务派所完全接受。 但是,洋务派和郭氏之间,就重视商贾,通过工商业来带动国防和经济发展这一点,也还存有相当多共识。

通观洋务派的思想轨迹,他们其实也是在一步步地发展变化。 起初阶段只是单纯追求利器,寻找西方式样的坚船利炮,致力于提倡引进西方先进的武器装备,再发展为学习其制造方法,改而提倡学习西方科学技术,再发展到羡慕西方经济模式,试图以振兴工商业来提振国民经济,提升国防水平。 但他们对于政体并不愿意进行讨论,根本不愿有所触动。 郭嵩焘思想之超前,既然已经超过洋务派所能接受范围,所以也只能暂时被更多的陋识所掩埋。 大家拒绝郭嵩焘相关"本末"的高论,只愿意接受"中学为体,西学为用"模式,在一个极其有限的政治空间之内求变通,求生存,求发展。

尽管郭嵩焘有关政体的立论不为洋务派所接受,但他"姑务其末"等多条建议,还是受到了洋务派领袖们认可。 郭嵩焘就如何发展工商业拟出四条措施:"急通官商之情","通筹公私之利","兼顾水陆之防","先明本末之序"④。 这些建议的最大创新之处,是允许商人拥有充分的自主经营之权,尽量按照商业资本的运行规律,通过合理的商业模式来发展工商业,推动国家的富强。 郭嵩焘认为,西方通过工商业求得富强的关键原因,是官府没有太多干预资本的运作。

---

① 《筹洋刍议·利权一》。
② 《筹洋刍议·利权一》。
③ 《条议海防事宜》,《郭嵩焘奏稿》,岳麓书社1983年版,第341页。
④ 《条议海防事宜》,《郭嵩焘奏稿》,岳麓书社1983年版,第341页。

充分依靠商贾来求得国家富强,这才是工商立国。郭嵩焘举出英俄等国为例,指出这些国家的强大恰恰在于给予商贾足够高的地位,其轮船、铁路等利器,基本都为商人所为,并不依靠国王和政府。郭嵩焘的表述虽然粗略,但已经充分表达出由工商致富强的意向和思路,是超出洋务派但又能为洋务派所接受的一种价值观念。

晚清另外一位著名思想家郑观应,同样积极主张发展工商业,以此实现国家的"求富"和"求强"。18世纪90年代,郑观应的《盛世危言》问世,标志着其近代思想体系的成熟,甚至"标志着洋务自强运动向西方学习所达到的最高水平"①。在书中,郑观应除了系统批判保守派"以农立国"的保守理念以及"商为末务"的迂腐之见,也深刻揭示出近代西方走向富强道路的根本原因:那就是充分重视发展工商业。所以,他号召国人在时代潮流中必须迎头跟上,更新观念。郑观应以日本为例,通过日本仿照西法进行改革实现国势强盛的实际例证,祈盼中国走上类似道路,将工商业作为生产力支柱。

郑观应分析近代中国羸弱的原因,是缺少新型工商业所需的知识素养和管理人才,缺少近代意义上的工商业。郑观应并且提出了振兴新型工商业的办法:"国家欲振兴商务,必先通格致、精制造。"又说:"论商务之原,以制造为急;而制造之法,以机器为先。"②郑观应甚至主张完全按照西方资本主义模式全面推行经济改革,从而把"重商富民"思潮推进到一个新的阶段。③

晚清兴起的相关"重商"的种种主张,对于中国传统的"以农立国"观念而言,不啻为巨大的挑战。守旧派正是一直以"固本"和"重农"为由,反对洋务派旨在学习西方的自强运动。洋务派正是在论战中,逐步理清了由富到强的思路,遗憾的是,通观他们的自强运动,整体成效并不大,如果以甲午战争作为期终考试来衡量的话,他们甚至可说是失败者。在战争中,不能御敌,在经济上,也乏善可陈。究其原因,自强运动轰轰烈烈地开战了三十年,实则也是和保守派热热闹闹地争吵了几十年。这场变革,既缺少成熟的政治环境,也缺少足够的经济底蕴。所以,以洋务运动为核心的近代自强运动,终究只能成为一锅夹生饭。甲午之战的惨败,八国联军入侵,都可以充分证明这场运动没有收

---

① 丁伟志、陈崧:《中西体用之间》,中国社会科学出版社1995年版,第134页。
② 《盛世危言·商务五》。
③ 丁伟志、陈崧:《中西体用之间》,中国社会科学出版社1995年版,第137页。

到洋务派和广大国人所预期的效果。

晚清求富求强的革新运动,虽说实际成效不大,但还是对中国近代国防思想的形成产生了不可估量的影响。总体而言,西方近代国防思想被引进中国之后,受到政治体制等因素影响,虽没有产生立竿见影的效果,但促成了学界尤其是军事理论家的反思,这才有了蒋百里和杨杰等系统阐述近代军事理论和国防思想的军事理论家。

蒋百里总结近代以来国防建设和发展的趋势说:"国防的部署,是自给自足,是在乎持久。"换句话说,就是"战斗力与经济力之不可分"。甚至指出:"经济力,即是战斗力,所以我们总名之曰国力,这国力有三个原素:一是人,二是物,三是组织。"①

杨杰总结近代国防新思想的最大特点是,更加注重经济因素,所以可称之为"联合国防"。②他所倡导的"三M主义",受西方《战争论》等近代军事理论的直接影响。杨杰说:"研究国防问题或军备问题的人,总不会忘记,有一种主义支配着世界兵学家的思想,而自己的思想,当然也免不了要受这种主义的支配。这种主义是什么?就是'三M主义'。"③何为"三M主义"?其实就是代表国防建设或军事建设的三种要素,第一是人(Man),第二是钱(Money),第三是武器(Munition)。④第一个要素当然重要,因为人是一切的基础。第二个要素"钱"和第三个要素"武器"同样重要。这些只能依靠工商业得来,需要有雄厚的经济实力才能求得。

经济力量和武器准备,作为新国防理论的要素被如此突出强调,这种情况既是晚清落后挨打得到的教训,折射出晚清求富和求强的种种努力,同时也是晚清以来对经济和工商业高度重视的理论结果。这些相关国防的理论体系,既有以《孙子兵法》"称胜理论"为代表的传统兵学印记,更明显地具有西方近代兵学的时代特征,可视为中国传统兵学在近代转型的产物。事实上,在进入21世纪

---

① 蒋百里:《国防论》,《蒋百里先生全集(第2辑)》,台湾传记文学出版社1971年版,第158页。
② 杨杰:《国防新论》,上海书店出版社2013年版,第33页。
③ 杨杰:《国防新论》,上海书店出版社2013年版,第228页。
④ 杨杰:《国防新论》,上海书店出版社2013年版,第228页。

之后，专家们认为，经济力量在某种程度上超出了军事力量。① 国家之间的竞争，可能会改换成大大小小的经济战。我国传统兵学的转型步伐沉重而又缓慢，近代军事理论的形成，相比西方列强，已经在整体上趋于落后，以至落后挨打。希望今天的军事理论界能够充分吸取清末的种种教训，未雨绸缪，早做准备。

第五节 保守与革新：以洋务运动为背景的中西之争

洋务运动从开始到结束，每一步几乎都伴随着规模或大或小的论战，而每一次论战的发起和平息，都会引发国人对传统兵学的深入思考，推动着传统兵学在近代的转型和变革。

其实，从"师夷长技"一语，我们就明显地可以看出林则徐和魏源等人仍然持有一定的自大观念，因为他们还是延续了中国"内诸夏而外夷狄"②的传统。依照这种传统，对外国，他们一律鄙薄地称为"夷"；相关外国的情况，则称作"夷情"；相关外国的事务，则称为"夷务"。与这些相应，清政府发起的旨在学习西方先进军事科技的运动，也被称为"筹办夷务"。这个传统从春秋时代以来就长期延续，其中明显带着对其他民族的傲慢和偏见。但是随着鸦片战争的接连失败，国人的这种优越感已经在快速丧失。遇到洋人，每每讳言"夷"字，甚至尊为"洋大人"，唯恐礼节不周。是故，所谓"夷务"，被迫而改称"洋务"。从这种简单的名称改变多少可以看出，一向以天朝上国自居的中国人，在经过多次与洋人的较量之后，放弃了原来一直固有的优越感。当然，这未尝不是一种进步，也不见得是一件坏事。因为这种改变，起码标志着"中外关系进入了一个新阶段，中国人对于西方的认识也进入了一个新阶段"③。事实也是如此，只有充分重视和尊重对手，下力气研究对手，才能以客观务实的态度建设国防，有力惩处来犯之敌。到了此刻，清政府终于肯用一种平等身份，甚至是低人一等的身份，用心学习西方先进军事科技和军事学术。这至少是一个不错的

---

① 陈文政、赵继纶：《不完美战场——资讯时代的战争观》，台湾时英出版社2001年版，第5页。
② 《春秋公羊传·成公十五年》。
③ 丁伟志、陈崧：《中西体用之间》，中国社会科学出版社1995年版，第42页。

开端。

对西方列强的态度，包括对西方军事学术的态度，都是非常重要的大问题。清政府这种平和态度的取得，并不是那么容易的。一方面，可能确实是因为被西方的坚船利炮打怕了，另外一方面则是自身态度的主动改变。从林则徐和魏源的动辄称"夷"，到"夷务"修改为"洋务"以及"洋务运动"名称的最后确立，考察国人的心路历程，正好可以折射出中国近代兵学在转型过程中的曲折。事实上，即便是洋务运动轰轰烈烈地取得相当大成果之后，军事理论界的东西之争仍然没有停息过。保守派和洋务派围绕孰体孰用等问题，一直争执不休，集中体现了他们相关传统兵学和西方兵学的认识态度。所以，我们似乎很有必要梳理一下洋务运动背景下的"中体西用"观念的形成。

较早提出类似主张的是冯桂芬，他撰写的《校邠庐抗议》甚至成为当时"采西学、谋自强"的宣言书。冯桂芬年轻时即受林则徐的影响，也认真研读过魏源的《海国图志》。他的思想受到林、魏的影响较大，并通过《校邠庐抗议》一书，对曾国藩和李鸿章产生了重要影响。

在《校邠庐抗议》中，冯桂芬首先认真总结出落后现状："人无弃材不如夷，地无遗利不如夷，君民不隔不如夷，名实必符不如夷……船坚炮利不如夷，有进无退不如夷。"[①]针对现状，冯桂芬却不悲观，他认为当时的中国不仅恰逢"自强之时"，而且也已找到"自强之道"。这个"自强之道"，就是林、魏所提倡的"师夷长技以制夷"。冯桂芬一方面旗帜鲜明地推崇林、魏，积极宣传他们的主张，同时也借助他们二人的主张来宣传己说。从冯桂芬所列举人才、地利、君民、名实等多个方面的"不如夷"，可以看出其眼界已经超出魏源等人，因为魏源他们之前所看到的无外乎是军事上的"不如夷"。

可能正是因为眼界更宽，冯桂芬才能从"制洋器"出发，提出了"采西学"的主张。而且他所主张的"采西学"，不是只停留在武器装备制造方面，而是强调学习西方的自然科学，包括算学、光学、化学等。显然，这种学习西学之法，才是真正的学习，至少是跳出了"器"的层面，进入自然科学层次，从过去那种单一的局部比较，进入相对客观的全面比较，也就此将如何对待"西学"与"中学"关系的大问题，端到了国人面前。如何对待"西学"与"中学"，冯桂芬给

---

① 《校邠庐抗议·制洋器议》。

出了自己的答案："以中国伦常名教为原本，辅以诸国富强之术。"①冯桂芬此语几乎给此后相当长时间内处理中学西学矛盾提供了基本方案，诸如"中学为体，西学为用"，"中学为内学，西学为外学"，"西学中源"等，都可以从这里找到源头。其中，"中学为体，西学为用"，简称"中体西用"，影响最大，甚至被很多人视为洋务运动的思想结晶。

洋务派的崛起多少借助于当时朝廷所面临的深重的内患，太平军和捻军恰好一南一北，剧烈动摇着清帝国的执政根基。早已被英法联军打得溃不成军的清政府，一度希望借助洋人的兵力对付起义军，这就是所谓"借兵助剿"。无耻地"媚外"，其实是为求得"安内"。这种局面的出现，给了打着"剿贼"和"制夷"为目的的洋务派抬头的机会。事实上，曾国藩、李鸿章发起的洋务运动，也是依靠着他们镇压太平军的战争逐渐得手而逐步展开的。在曾国藩去世之后，李鸿章成为洋务运动的实际领袖。在前期，洋务运动磕磕碰碰，每往前一步都会受到保守派的兴师问罪和激烈反对。这种局面到了李鸿章取得实际权力之后，才得到根本性改变。李鸿章主导下的洋务运动，虽说起初阶段也是雷声大雨点小，被迫与反对派和保守派进行大量的口水战，但最终还是逐步付诸实践，"中体西用"论也在这场运动中逐渐形成。

李鸿章不只是提出创办军工企业的建议，而且更加明确地主张培育"制器之人"，表明其认识已经进入一个新的境界。他在奏折中写道："中国欲自强，则莫如学习外国利器；欲学习外国利器，则莫如觅制器之器……欲觅制器之器与制器之人，则或专设一科取士，士终身悬以为富贵功名之鹄，则业可成，艺可精，而才亦可集。"②当然，李鸿章也固执地认为："中国文物制度事事远出西人之上，独火器万万不能及。"③这其实也相当真实地表明了中国当时的认识水准。他固然有了触动教育机制的念头，却不敢对中国长期固有的制度有所动摇。保守与变革这两种思想，李鸿章集于一身。当然，随着洋务运动的逐步推进和政治空间的逐步变化，李鸿章对西学的态度也逐步发生了改变。守旧派则不然，面对西方近代文明的冲击，他们虽也会感受到剧烈的震荡，带着巨大的惊慌恐

---

① 《校邠庐抗议·采西学议》。
② 《李文忠公全书·奏稿》卷二十四。
③ 《江苏巡抚李鸿章奏》，同治三年四月二十八日，《筹办夷务始末》（同治朝）卷二十五。

惧，观察时局的变化，但仍顽固地对洋务派的行动指手画脚，生怕他们引进洪水猛兽。当然，洋务派为了取得与保守派斗争的胜利，大量学习相关"西学"的理论，在思想上跟进形势的变化，在理论构建上也尽量求得系统和深入。

洋务运动前后历时三十余年，守旧派和洋务派之间的论战一直没有停息过。洋务派每推进一事，都会受到守旧派的激烈反对。意见空前对立，论战无比激烈，洋务派也在论战中逐步成长。通观两派之间论战持续数十年，最为激烈的要数同治五年（1866）相关同文馆的争论、同治十三年（1874）相关"筹议海防"的争论以及光绪六年（1880）开始的是否修筑铁路的争论。在这些论战中，保守派始终是那一套反对"以夷变夏"的陈词滥调，而洋务派则是不时更新旧说，从而在对垒中逐步占据优势。

同治十三年（1874）的"筹议海防"之争，更可见保守派和洋务派相关中学、西学的立场。保守派认为，喊了十几年"自强"，并且也有了相当大的付出，竟然招致东洋小国日本的上门欺侮，洋务派实则难逃其咎。而洋务派则认为，洋务运动之所以无法取得成效，就是因为各项计划的推行受到太大阻力，决策受到太多阻挠和干扰，无法按照既定步骤实施下去。比如改革八股取士制度、选派幼童出洋等计划，一直拖延不行。甚至于建造船炮、制造机器和修铁路、架电线等诸多重要工程，几乎都要受到种种阻挠和破坏，或是中途夭折，或是进展迟缓。洋务派和守旧派，在观念上根本无法取得共识，所以也会在救国之策难以达成一致。只要事关洋务，每一事项的推动都举步维艰。分歧和裂痕，矛盾和冲突，两派势如水火、始终对立。

在这种情形下，李鸿章决定呈奏《筹议海防折》，借着这个双方争辩的机会，向保守派发起全面反攻。在奏折中，李鸿章首先分析清廷面临的局面实则为"数千年来未有之变局"，所面对的敌人则为"数千年来未有之强敌"①。面对新形势和新对手，旧有的抵御外侮之法已经完全失效，只能重新寻找出路。至于出路在哪里，只能是加快推进变法："舍变法和用人，别无下手方。"②李鸿章所说"变法"，其实也只是专对海防之策而言，涉及坚船利炮、海防体系、整顿军队等，顶多也只是军事体制而已。在当时的情形之下，他根本没有条件和

---

① 《李文忠公全书·奏稿》卷二十四。
② 《李文忠公全书·奏稿》卷二十四。

胆气去设想政治体制改革。

各地督抚虽说不敢公然反对筹议海防诸事，却抛出"重农"这个传统，以"固本"为由，反对采用机器、开矿挖煤等，甚至抱着传统的"本末"观，指斥洋务派海防之议的基本内容皆为"末事"，破坏了中国以农业为本的"务本"传统，同时也有保守派斥李鸿章所提倡的"洋学"，实则是奇技淫巧。李鸿章借助反击保守派，道明了他的西学立场。通过亲身参与洋务运动，李鸿章在内心深处已经对"华学"和"洋学"有了一番重新估价："洋学实有逾于华学者"①，充分肯定了"洋学"本身所具有的先进性。这种相关西学的表态，和他在洋务运动初期所说"中国文物制度事事远出西人之上"一语相比，可以明显看出其思想态度的改变。李鸿章告诫国人，必须破"夷夏之防"，切实取法"洋学"，通过洋务运动效法西方的长技。所以，这场围绕海防之议的争论，保守派的百般阻挠不仅没有浇灭洋务派的热情，反倒帮助洋务派下定了重新出发的决心，也获得了往前走的信心。

为了说服保守派，或者说是为了与其更好地斗争，洋务派发明了"西学中源"，千方百计地证明中学与西学不仅无冲突，而且能相容，试图在二者之间找到互补性。此前保守派习惯贬斥西学均为剽窃中国古学之绪余，洋务派则用"西学中源"论证西学和中学本为一家，既然是一家，那么就不必用夷夏之辨来阻挠国人学习西学。这种新奇的论证逻辑，固然含有荒诞而且不太恰当的民族情结，但显然也是被保守派所逼，多少折射出洋务派的无奈。但它在特定的历史时期，既满足了保守派的虚荣心理，又有效地回击了其无端阻挠，获得了不少旁观者的赞同，赢得了一些中间人士的支持。

洋务派对于西学和中学的基本态度，仍是"中体西用"。所谓"西学中源"，只是其间诞生的策略性口号。"中体西用"的观念，较早便由冯桂芬陈述大概纲要，后期得到洋务运动领袖李鸿章的完全采纳，遂能在洋务运动中发挥重要作用。在确立对保守派的优势之后，洋务派更是秉持这种观念，大张旗鼓地推进洋务运动。但是，这种长期无谓的论战，毕竟消耗了洋务派太多的精力，拖延太长时间，也令中国丧失了快步发展的宝贵机遇。而且，这种旨在提倡西学的理论，其本身也并非完美。因为它没有放弃华夏民族的优越感，仍然含有

---

① 《李文忠公全书·朋僚函稿》卷十七。

"严夷夏之防"的消极成分，所谓吸收西学，也无法做到彻底。

严复试图撰文彻底击碎国人的这种优越感。 1895年春，清军在甲午之战遭受惨败，清廷被迫卖国求和。 严复带着巨大的悲痛连续发表文章，主张唯有西学才能挽救中国。 他甚至不无沮丧地指出，甲午败于日本只不过是中国灾难的开端，后面还会有亡国灭种、四分五裂的大难临头。① 联系近现代历史，严复此论非但不是危言耸听，反而被证明非常具有先见之明。 严复从一个全新视角对中学和西学进行比较，多方论证了西学的先进性，这多少也是对"中体西用"的一种有力回击。 当然，严复努力为西学正名，无非希望国人真正重视和学习西学，至少要摆在平等地位，而不是只停留在"用"的层面。

总体上看，"中体西用"这种独特观念，几乎贯穿了洋务运动的始终。 考察洋务运动背景下的"中体西用"，可以看出其中折射出保守派与洋务派倾轧争夺的印记，也可以看出中国传统兵学在近代面临的形势和任务。 中国兵学近代转型不够彻底，实则也有这种观念从中作祟。 王尔敏曾说："中国之治兵学研兵事者，虽谓取借西方，而未尝一依欧洲列强行径，不似日本之一意蹈袭。 中国自始即持本有立场。"②这个立场其实就是"中体西用"。 坚持"中学为体"，固然透露出对中国传统文化和传统兵学的高度自信，却也显示出相当浓厚的保守情绪，这些无疑会在特定时期成为传统兵学转型的掣肘。

---

① 丁伟志、陈崧：《中西体用之间》，中国社会科学出版社1995年版，第259页。
② 王尔敏：《清季军事史论集》，广西师范大学出版社2008年版，第3页。

主要参考文献

一、著作类

《马克思恩格斯选集》,人民出版社,1972年。

《马克思恩格斯军事文集》,战士出版社,1981年。

《马克思恩格斯列宁斯大林军事文选》,军事科学出版社,1991年。

《毛泽东选集》(1—4卷),人民出版社,1991年。

《中国兵书集成》,解放军出版社,辽沈书社,1993年。

《孙子集成》,齐鲁书社,1992年影印本。

(汉)司马迁:《史记》,中华书局,1982年。

(汉)班固:《汉书》,中华书局,1962年。

(晋)陈寿:《三国志》,中华书局,1982年。

(南朝·宋)范晔:《后汉书》,中华书局,1965年。

(梁)沈约:《宋书》,中华书局,1974年。

(梁)萧子显:《南齐书》,中华书局,1972年。

(北齐)魏收:《魏书》,中华书局,1974年。

(唐)房玄龄等:《晋书》,中华书局,1974年。

(唐)魏征等:《隋书》,中华书局,1973年。

(唐)姚思廉:《梁书》,中华书局,1973年。

(唐)姚思廉:《陈书》,中华书局,1972年。

(唐)李百药:《北齐书》,中华书局,1972年。

(唐)令狐德棻等:《周书》,中华书局,1971年。

(唐)李延寿:《南史》,中华书局,1975年。

(唐)李延寿:《北史》,中华书局,1974年。

(唐)杜佑:《通典》,中华书局,1988年。

（后晋）刘昫等：《旧唐书》，中华书局，1975年。

（宋）欧阳修等：《新唐书》，中华书局，1975年。

（宋）薛居正等：《旧五代史》，中华书局，1976年。

（宋）欧阳修：《新五代史》，中华书局，1974年。

（元）脱脱等：《宋史》，中华书局，1977年。

（元）脱脱等：《辽史》，中华书局，1974年。

（元）脱脱等：《金史》，中华书局，1975年。

（明）宋濂等：《元史》，中华书局，1976年。

（清）张廷玉等：《明史》，中华书局，1974年。

（民国）赵尔巽等：《清史稿》，中华书局，1977年。

（清）顾祖禹：《读史方舆纪要》，中华书局，1955年。

《国语》，上海古籍出版社，1982年。

《老子注》，中华书局，1978年。

《论语正义》，中华书局，1978年。

《墨子间诂》，中华书局，1978年。

《商君书》，中华书局，1978年。

《孟子正义》，中华书局，1978年。

《荀子集解》，中华书局，1978年。

《管子校正》，中华书局，1978年。

（秦）吕不韦等：《吕氏春秋》，中华书局，1978年。

（汉）刘向编纂：《战国策》，上海古籍出版社，1978年。

（汉）桓宽撰，王利器校注：《盐铁论校注》，天津古籍出版社，1983年。

（汉）王符撰，（清）汪继培笺：《潜夫论笺》，中华书局，1978年。

（汉）贾谊：《贾谊集》，上海人民出版社，1976年。

（汉）刘安等：《淮南子》，中华书局，1978年。

（汉）王符：《潜夫论》，中华书局，1978年。

（三国）曹操：《曹操集》，中华书局，1974年。

（三国）诸葛亮：《诸葛亮集》，中华书局，1960年。

（北齐）颜之推：《颜氏家训》，中华书局，1978年。

（南朝·梁）萧统：《文选》，上海古籍出版社，1986年。

（唐）刘禹锡:《刘禹锡集》，中华书局，1990年。

（唐）白居易:《白居易集》，中华书局，1979年。

（唐）杜牧:《樊川文集》，四部丛刊本。

（宋）欧阳修:《欧阳修全集》，中华书局，2001年。

（宋）程颢、程颐:《二程遗书》，上海古籍出版社，1992年。

（宋）范仲淹:《范仲淹全集》，四川大学出版社，2007年。

（宋）苏洵:《嘉祐集》，四部备要本。

（宋）苏轼:《苏轼集》，中华书局，1986年。

（宋）司马光:《资治通鉴》，中华书局点校本，1956年。

（宋）张方平:《张方平集》，中州古籍出版社，1992年。

（宋）赵汝愚:《宋名臣奏议》，（台湾）商务印务馆，1969年。

（宋）王应麟:《困学纪闻》，商务印书馆，1959年。

（宋）王应麟:《玉海》，上海古籍出版社，1992年。

（宋）叶适:《叶适集》，中华书局，1961年。

（宋）陈亮:《陈亮集》，中华书局，1974年。

（宋）黄震:《黄氏日抄》，宋板校刻本。

（宋）高似孙:《子略》，四部备要本。

（宋）孙逢吉:《职官分纪》，中华书局，1988年。

（宋）李焘:《续资治通鉴长编》，中华书局，2004年。

（宋）晁公武:《郡斋读书志》，上海古籍出版社，1990年。

（宋）陈亮:《陈亮集》，中华书局，1974年。

（宋）李心传:《建炎以来系年要录》，中华书局，2013年。

（宋）庄绰:《鸡肋编》，中华书局，1983年。

（宋）宇文懋昭:《大金国志校证》（崔文印校证），中华书局，1986年。

（宋）徐梦莘:《三朝北盟会编》，上海古籍出版社，1987年。

（宋）赵珙:《蒙鞑备录笺证》（王国维笺证），上海古籍书店，1983年。

（宋）彭大雅:《黑鞑事略笺证》（王国维笺证），上海古籍书店，1983年。

（金）元好问:《中州集》，中华书局，1959年。

（明）徐光启:《徐光启集》，上海古籍出版社，1984年。

（明）黄淮、杨士奇等:《历代名臣奏议》，上海古籍出版社，1989年。

（明）马欢：《瀛涯胜览》（冯承钧校注），中华书局，1955年。

（明）巩珍：《西洋番国志》（向达校注），中华书局，2000年。

（明）张燮：《东西洋考》（谢方点校），中华书局，2000年。

（明）郑若曾：《筹海图编》，中华书局，2007年。

（明）顾炎武：《天下郡国利病书》，上海古籍出版社，2012年。

（明）顾炎武：《肇域志》，上海古籍出版社，2004年。

（明）顾炎武撰，黄汝成集释：《日知录集释》，岳麓书社，1994年。

（明）李昭祥：《龙江船厂志》（王亮功校点），江苏古籍出版社，1999年。

（明）徐光启：《徐光启集》，中华书局，2014年。

（清）阮元校刻：《十三经注疏》，中华书局影印本，1981年。

（清）姚鼐：《惜抱轩全集》，四部备要本。

（清）纪昀等：《钦定四库全书总目》，中华书局，1997年。

（清）吴广成：《西夏书事校正》（龚世俊等校正），甘肃文化出版社，1995年。

（清）严可均辑：《全上古三代秦汉三国六朝文》，中华书局，1958年。

（清）赵翼：《廿二史札记》，中国书店，1993年。

（清）唐晏：《两汉三国学案》，中华书局，1986年。

（清）王夫之：《读通鉴论》，中华书局，2004年。

（清）皮锡瑞：《经学通论》，中华书局，1954年。

（清）皮锡瑞：《经学历史》，中华书局，1959年。

（清）曾国藩：《曾文正公文集》，中华书局，1983年。

（清）冯桂芬：《校邠庐抗议》，上海社会科学出版社，2015年。

（清）林则徐：《林则徐集》，中华书局，1965年。

（清）林则徐：《林则徐书简》（杨国桢辑），福建人民出版社，1985年。

（清）张之洞：《张之洞全集》，河北人民出版社，1998年。

（清）郭嵩焘：《郭嵩焘奏稿》，岳麓书社，1983年。

（清）康有为：《康有为政论集》，中华书局，1981年。

（清）梁启超：《饮冰室合集》，中华书局，1989年。

《筹办夷务始末》（同治朝），中华书局，2008年。

《筹办夷务始末》（道光朝），中华书局，1984年。

《筹办夷务始末》（咸丰朝），中华书局，1979年。

黄寿祺、张善文：《周易译注》，上海古籍出版社，2007年。

李镜池：《周易通义》，中华书局，1981年。

国学整理杜：《诸子集成》，中华书局，1954年。

杨伯峻：《春秋左传注》，中华书局，1981年。

银雀山汉墓竹简整理小组：《银雀山汉墓竹简（壹）》，文物出版社，1985年。

银雀山汉墓竹简整理小组：《银雀山汉墓竹简（贰）》，文物出版社，2010年。

长沙马王堆汉墓帛书整理小组：《马王堆汉墓帛书·经法》，文物出版社，1976年。

张文才、黄朴民、任力注译：《中国兵书十大名典》，辽宁人民出版社，2000年。

《中国近代史丛书》编写组：《洋务运动》，上海人民出版社，1962年。

《中国近代史丛书》编写组：《甲午中日战争》，上海人民出版社，1982年。

《中国军事百科全书·战争战略分册》，军事科学出版社，1993年。

《中国军事百科全书·中国历代军事思想分册》，军事科学出版社，1996年。

糜振玉主编：《中国军事学术史》，解放军出版社，2008年。

郭汝瑰等：《中国军事史》，解放军出版社，1986—1993年。

军事科学院：《中国军事通史》，军事科学出版社，1998年。

台湾三军大学编著：《中国历代战争史》，中信出版社，2013年。

于汝波、刘庆：《中国历代战略思想教程》，军事科学出版社。2000年。

于汝波、黄朴民主编：《中国历代军事思想教程》，军事科学出版社，2000年。

中国军事史编写组：《武经七书译注》，解放军出版社，1986年。

中国军事史编写组：《中国军事史》，解放军出版社，1990年。

中国军事史编写组：《中国历代军事思想》，解放军出版社，2007年。

军事科学院战略研究部编：《战略学》，军事科学出版社，2001年。

李际均：《论战略》，解放军出版社，2002年。

李际均：《军事战略思维》（增订本），军事科学出版社，1998年。

钮先钟：《西方战略思想史》，台湾麦田出版社股份有限公司，1995年。

钮先钟：《战略研究入门》，麦田出版股份有限公司，1998年。

钮先钟：《中国古代战略思想新论》，安徽教育出版社，2005年。

钮先钟：《孙子三论》，广西师范大学出版社，2003年。

杨向奎：《大一统与儒家思想》，中国友谊出版公司，1989年。

杨向奎：《中国古代社会与古代思想研究》，上海人民出版社，1962年。

杨向奎：《宗周社会与礼乐文明》，人民出版社，1997年。

杨向奎：《绎史斋学术文集》，上海：上海人民出版社，1983年。

范文澜等著：《中国通史》，人民出版社，1994年。

白寿彝总主编：《中国通史》，上海：上海人民出版社，1989年。

邓广铭：《岳飞传》（增订本），人民出版社，1983年。

王曾瑜：《尽忠保国——岳飞新传》，河北人民出版社，2007年。

陈登原：《国史旧闻》（第一分册），三联书店，1958年。

陈登原：《国史旧闻》（第二分册），中华书局，1962年。

田昌五：《中国历史体系新论》，山东大学出版社，1995年。

田昌五、安作璋主编：《秦汉史》，人民出版社，1993年。

刘泽华主编：《中国政治思想史》，浙江人民出版社，1996年。

任继愈主编：《中国哲学发展史》，人民出版社，1985年。

吕思勉：《吕思勉读史札记》，上海古籍出版社.1982年。

杨宽：《战国史》，上海人民出版社，1980年。

王仲荦：《魏晋南北朝史》（上、下），上海人民出版社，1979年。

李泽厚：《中国古代思想史论》，人民出版社，1986年。

邓广铭辑校：《辛稼轩诗文钞存》，古典文学出版社，1957年。

彭卫：《历史的心镜：心态史学》，河南人民出版社，1992年。

彭卫：《穿越历史的丛林：史学论》，三联书店，1997年。

顾颉刚：《秦汉的方士与儒生》，上海人民出版社，1957年。

蒋伯潜：《十三经概论》，上海古籍出版社，1983年。

张岱年、程宜山：《中国文化与文化论争》，中国人民大学出版社，1990年。

谭其骧：《长水集》，人民出版社，1987年。

史念海：《河山集》，三联书店，1963年。

饶宗颐：《中国史学上之正统论》，上海远东出版社，1996年。

黎子耀：《老子秘义补注》，陕西人民出版社，2002年。

侯外庐等：《中国思想通史》，人民出版社，1956—1960年。

冯友兰：《中国哲学史新编》，人民出版社，1982—1989年。

郑良树：《竹简帛书论文集》，中华书局，1982年。

张震泽：《孙膑兵法校理》，中华书局，1984年。

陈奇猷：《吕氏春秋校释》，学林出版社，1984年。

周纬：《中国兵器史》，中国友谊出版社，2015年。

钱穆：《先秦诸子系年》，中华书局，1985年。

钱穆：《中国近三百年学术史》，商务印书馆，1997年。

钱穆：《国史大纲》（修订本），商务印书馆，1996年。

蒋百里：《蒋百里先生全集》，（台湾）传记文学出版社，1971年。

杨杰：《国防新论》，上海书店出版社，2013年。

陈寅恪：《唐代政治史述论稿》，三联书店，2001年。

雷海宗：《中国文化与中国的兵》，商务印书馆，2001年。

孙星衍校理：《孙子十家注》，《诸子集成》本，中华书局，1996年。

高锐主编：《中国军事史略》，军事科学出版社，1992年。

王尔敏：《清季兵工业的兴起》，广西师范大学出版社，2009年。

王尔敏：《清季军事史论集》，广西师范大学出版社，2008年。

顾诚：《南明史》，光明日报出版社，2011年。

顾诚：《隐匿的疆土》，光明日报出版社，2011年。

蓝永蔚：《春秋时期的步兵》，中华书局，1979年。

郭化若：《孙子译注》，上海古籍出版社，1984年。

杨炳安校理：《孙子十一家注校理》，中华书局，1999年。

吴如嵩：《孙子兵法新论》，解放军出版社，1989年。

吴如嵩：《徜徉兵学长河》，解放军出版社，2002年。

吴九龙等：《孙子校释》，军事科学出版社，1991年。

方克：《中国军事辩证法史》，中华书局，1992年。

于汝波主编：《孙子兵法研究史》，军事科学出版社，2001年。

于汝波主编：《孙子文献学提要》，军事科学出版社，1994年。

于汝波：《大思维：解读中国古典战略》，军事科学出版社，2000年。

王显臣、许保林：《中国古代兵书杂谈》，解放军出版社，1985年。

许保林：《中国兵书通览》，解放军出版社，2002年。

军事科学院战略部：《中国古代战争战例选编》，中华书局，1980年。

军事博物馆编著：《中国战争发展史》，人民出版社，2001年。

王兆春：《中国科学技术史》军事技术卷，科学出版社，1998年。

王兆春：《中国军事科技通史》，解放军出版社，2010年。

李学勤：《简帛佚籍与学术史》，江西教育出版社，2001年。

黄朴民：《孙子评传》，广西教育出版社，1994年。

黄朴民：《春秋军事史》，军事科学出版社，1998年。

黄朴民：《功臣悲歌：中国古代的皇权与将帅》，解放军出版社，2000年。

黄朴民：《刀剑书写的永恒：中国传统军事文化散论》，国防大学出版社，2002年。

黄朴民：《大一统：中国历代统一战略研究》，军事科学出版社，2003年。

黄朴民：《秦汉统一战略研究》，中国人民大学出版社，2007年。

黄朴民：《孙子兵法解读》，中国人民大学出版社，2008年。

黄朴民：《先秦两汉兵家文化研究》，中国人民大学出版社，2010年。

黄朴民：《名战史话》，社会科学文献出版社，2012年。

黄朴民：《天人合一：董仲舒与两汉儒学思潮》，岳麓书社，1999年。

黄朴民：《何休评传》，南京大学出版社，1998年。

黄朴民等：《中国文化发展史》（秦汉卷），山东教育出版社，2013年。

黄朴民、孙建民：《中华统一大略》，解放军出版社，2002年。

姜国柱：《中国军事思想通史》，中国社会科学出版社，2006年。

姜国柱：《中国军事思想简史》，新世界出版社，2006年。

姜国柱：《道家与兵家》，西苑出版社，1998年。

李零：《兵以诈立》，中华书局，2006年。

李零：《孙子十三篇综合研究》，中华书局，2006年。

李零：《简帛古书与学术源流》，三联书店，2004年。

赵国华：《中国兵学史》，福建人民出版社，2004年。

史美珩：《古典兵略》，辽宁教育出版社，1993年。

达林太：《蒙古兵学研究》，军事科学出版社，1983年。

达林太等：《蒙古民族军事思想史》，军事科学出版社，1996年。

刘泽华主编：《士人与社会》，天津人民出版社，1992年。

马勇：《汉代春秋学研究》，四川人民出版社，1990年。

孙家洲：《两汉政治文化窥要》，泰山出版社，2001年。

蒋庆：《公羊学引论》，辽宁教育出版社，1995年。

陈学凯：《正统论与革命观——中国传统政治文化的调节机制》，陕西人民出版社，1998年。

宋杰：《先秦战略地理研究》，首都师范大学出版社，1999年。

谢祥皓：《中国兵学》，山东人民出版社，1998年。

饶胜文：《布局天下：中国古代军事地理大势》，解放军出版社，2002年。

宫玉振：《中国战略文化解析》，军事科学出版社，2002年。

程广中：《地缘战略论》，国防大学出版社，1999年。

洪兵：《中国战略原理解析》，军事科学出版社，2001年。

王生荣主编：《金黄与蔚蓝的支点：中国地缘战略论》，国防大学出版社，2001年。

郭树枋主编：《话说战略》，军事科学出版社，1987年。

刘庆、皮明勇：《中国文化通志·军事学志》，上海人民出版社，1998年。

陈力恒主编：《军事预测学》，军事科学出版社，1993年。

姜春良主编：《军事地理学》，军事科学出版社，1995年。

袁品荣主编：《享誉世界的十大军事名著》，海潮出版社，1998年。

葛剑雄：《统一与分裂——中国历史的启示》，三联书店，1994年。

丁伟志、陈崧：《中西体用之间》，中国社会科学出版社，1995年。

施云龙主编：《中国筑城史》，军事谊文出版社，1999年。

白效咏：《春秋战国：礼崩乐坏下的大裂变》，浙江文艺出版社，2012年。

宫玉振、赵海军：《书剑飘逸：中国的兵家与兵学》，解放军出版社，1999年。

袁庭栋等：《中国古代战争》，四川省社会科学院出版社，1988年。

王天顺：《西夏战史》，宁夏人民出版社，1994年。

王毓铨：《明代的军屯》，中华书局，2009年。

宋煊：《明代浙江海防研究》，社科文献出版社，2013年。

杨金森、范中义：《中国海防史》，海洋出版社，2005年。

张铁牛、高晓星：《中国古代海军史》，解放军出版社，2006年。

秦天、霍小勇：《中华海权史》，新华出版社，2013年。

刘旭：《中国古代火药火器史》，大象出版社，2004年。

孙文良、李治亭：《明清战争史略》，中国人民大学出版社，2012年。

樊树志:《明史讲义》,中华书局,2012年。

樊树志:《晚明大变局》,中华书局,2015年。

马幼垣:《靖海澄疆——中国近代海军史事新诠》,中华书局,2013年。

茅海建:《近代的尺度——两次鸦片战争军事与外交》,三联书店,2011年。

范中义:《戚继光传》,中华书局,2003年。

彭勇:《明代班军制度研究——以京操班军为中心》,中央民族大学出版社,2006年。

彭勇:《明代北边防御体制研究——以边操班军的演变为线索》,中央民族大学出版社,2009年。

李鹏年、朱先华等:《清代中央国家机关概述》,黑龙江人民出版社,1989年。

张英辰、王树林主编:《中国近代军事训练史》,军事科学出版社,2010年。

王宏斌:《晚清海防:思想与制度研究》,商务印书馆,2005年。

皮明勇:《中国近代军事改革》,解放军出版社,2008年。

杨国强:《衰世与西法:晚清中国的旧邦新命与社会脱榫》,中华书局,2014年。

(日)服部千春:《孙子兵法校解》,军事科学出版社,1987年。

(日)伊藤宪一:《国家与战略》,军事科学出版社,1988年。

(美)麦尼尔:《竞逐富强:西方军事的现代化历程》,学林出版社,1996年。

(美)余英时:《士与中国文化》,上海人民出版社,1987年。

(美)黄仁宇:《赫逊河畔谈中国历史》,三联书店,1997年。

(美)T. N. 杜普伊:《武器和战争的演变》,军事科学出版社,1985年。

(英)李约瑟:《中国科学技术史》,科学出版社,1990年。

(英)杰弗里·帕克:《剑桥战争史》,吉林人民出版社,1999年。

(英)崔瑞德、鲁惟一主编:《剑桥中国史》,中国社会科学出版社,1992年。

(英)柯林武德:《历史的观念》,中国社会科学出版社,1986年。

(英)祖哈·麦金德:《历史的地理枢纽》,商务印书馆,1985年。

(英)E. H. 卡尔:《历史是什么》,商务印书馆,1981年。

(德)克劳塞维茨:《战争论》,解放军出版社,1964年。

(德)黑格尔:《哲学史讲演录》,三联书店,1957年。

(德)卡尔·雅斯贝尔斯:《历史的起源与目标》,华夏出版社,1989年。

(意)B. 克罗齐:《历史学的理论与实际》,商务印书馆,1984年。

（伊朗）志费尼：《世界征服者史》，内蒙古人民出版社，1980年。
（瑞典）多桑：《多桑蒙古史》，中华书局，1962年。

二、论文类

黄朴民：《夏商西周军事制度概述》，《历史教学》1989年第7期。
黄朴民：《诸子学说对战国兵书的渗透与影响》，《军事历史》1989年第5期。
黄朴民：《早期儒家军事思想基本特征试探》，《烟台大学学报》1989年第2期。
黄朴民：《战国孟荀军事思想论析》，《军事历史研究》1989年第11期。
黄朴民：《中国古代军事预测述要》，《中国军事科学》1992年第1期。
黄朴民：《试论春秋时期军制的基本特点》，《天津社会科学》1992年第3期。
黄朴民：《〈孙子兵法〉与春秋社会思潮》，《管子学刊》1993年第2期。
黄朴民：《孙子"伐交"本义考》，《中华文史论丛》2002年第1辑。
黄朴民：《孙子兵法》的吴文化特征，《光明日报》2006年5月。
黄朴民：《孙子的制胜之道》，《军事历史研究》1995年第2期。
黄朴民：《孙子治军思想述论》，《孙子学刊》1996年第1期。
黄朴民：《论战国军事制度的嬗变及其特点》，《军事历史研究》1993年第2期。
黄朴民：《〈商君书〉军事理论析论》，《孙子学刊》1993年第4期。
黄朴民：《司马法》考论，《管子学刊》1994年第4期。
黄朴民：《帛书〈称〉战争观初探》，《江汉论坛》1994年第2期。
黄朴民：《战国兵额刍议》，《中国史研究》1994年第1期。
黄朴民：《墨家军事思想述论》，《东岳论丛》1994年第4期。
黄朴民：《战国黄老学派及其军事思想》，《管子学刊》1994年第4期。
黄朴民：《战国时期军事后勤制度考述》，《烟台大学学报》1994年第4期。
黄朴民：《战国时期的军事训练及其时代特色》，《军事历史》1994年第4期。
黄朴民：《试论战国军事法规的建设及其特色》，《求是学刊》1994年第4期。
黄朴民：《春秋列国的兵要地理及其战略格局》，《中国军事科学》1995年第2期。
黄朴民：《老子军事思想初探》，《孙子学刊》1995年第1期。
黄朴民：《诸子学说与战国兵书文化精神的构建》，《浙江社会科学》1996年第

5 期。

黄朴民:《〈管子〉的军事思想体系》,《学术月刊》1996 年第 9 期。

黄朴民:《孔子军事思想简议》,《军事历史》1996 年第 1 期。

黄朴民:《〈左传〉军事思想简析》,《齐鲁学刊》1996 年第 2 期。

黄朴民:《先秦诸子军事思想异同初探》,《历史研究》1996 年第 5 期。

黄朴民:《春秋时期战争观念的变革与作战方式的进步》,《中国军事科学》1996 年第 1 期。

黄朴民:《中国古代军队改革述论》,《中国军事科学》1996 年第 3 期。

黄朴民:《春秋军事后勤体制考述》,《历史教学》1996 年第 2 期。

黄朴民:《春秋时期列国军权下移现象考析》,《求是学刊》1996 年第 1 期。

黄朴民:《齐文化与先秦军事思想的发展》,《学术月刊》1997 年第 10 期。

黄朴民:《先秦军事思想的发展及其特色》,《光明日报》1997 年 7 月 15 日。

黄朴民:《涿鹿之战论析》,《军事历史研究》1997 年第 4 期。

黄朴民:《儒家军事思想与中国古代军事文化传统》,《中国军事科学》1997 年第 4 期。

黄朴民:《范蠡军事思想简论》,《管子学刊》1997 年第 3 期。

黄朴民:《中国历代军事思想的演化大势及其特征》,《浙江社会科学》1997 年第 5 期。

黄朴民:《兵儒合流与学术兼容》,《中国军事科学》1999 年第 3 期。

黄朴民:《儒家的军事文化传统与何休的战争观念》,《军事历史研究》1999 年第 2 期。

黄朴民:《历代实现国家统一的基本经验》,《中国军事科学》2000 年第 3 期。

黄朴民:《简论中国历史上的安全观念及其战略》,《军事历史研究》2000 年第 1 期。

黄朴民:《先秦军事思想发表的概括及其特色》,《济南大学学报》2000 年第 4 期。

黄朴民:《中国传统安全战略述论》,《中国军事科学》2001 年第 2 期。

黄朴民:《秦汉兵学的建树及其文化特征》,《济南大学学报》2001 年第 5 期。

黄朴民:《大一统兵学的奠基者——〈三略〉综论》,《军事历史研究》2001 年第 3 期。

黄朴民：《两汉兵学的发展及其特色》，《光明日报》2002年11月19日。

黄朴民：《先秦战争观的道德仁义与事功利益冲突》，《中国军事科学》2002年第2期。

黄朴民：《齐鲁兵学的文化特征与时代精神》，《中国军事科学》2003年第2期。

黄朴民：《军事史研究：史学研究新的生长点》，《学术月刊》2003年第12期。

黄朴民：《对先秦"文武分职"问题的再考察》，《中国人民大学学报》2004年第1期。

黄朴民：《"古司马兵法"本事索隐》，《文史》2004年第2期。

黄朴民：《中国军事史研究的困境与转机》，《史学月刊》2005年第11期。

黄朴民：《秦汉时期统一战争的战略指挥述论》，《东岳论丛》2009年第1期。

黄朴民：《魏晋南北朝军事学术杂识》，《北方论丛》2009年3期。

黄朴民：《建国以来的中国古代军事史研究》，《史学理论研究》2009年3期。

黄朴民：《兵家治军辩证思维的管理学借鉴》，《人民论坛》2011年4月（中），总第324期。

黄朴民：《历史的真实与历史的重构——兼论儒家有关上古战争现象的虚拟化解读》，《文史哲》2012年第3期。

黄朴民：《银雀山汉墓竹简〈孙子兵法〉之文献学价值刍议》，《清华大学学报》2013年第2期。

黄朴民：《秦汉时期建军、治军理论与实践的时代特征》，《孙子研究》2015年第3期。

黄朴民、张志锐：《历代实现国家统一的基本经验》，《中国军事科学》2000年第3期。

黄朴民、孙建民：《试论中华民族的统一文化》，《中国军事科学》2002年第5期。

黄朴民：《论中华文化与国家统一》，《光明日报》2003年5月27日。

齐思和：《〈孙子兵法〉著作时代考》，《燕京学报》第26期。

蓝永蔚：《〈孙子兵法〉时代特征考辨》，《中国社会科学》1987年第3期。

吴九龙：《简本与传本〈孙子兵法〉比较研究》，《孙子新探》，解放军出版社，1990年。

吴九龙：《银雀山汉简及近年来出土兵书概述》，《军事历史》2002年第2期。

吴九龙：《银雀山汉简兵书的意义及影响》，《滨州学院学报》2005年第5期。

曾宪通：《试谈银雀山汉墓竹书孙子兵法》，《中山大学学报》1978年第5期。

李零：《关于银雀山简本〈孙子〉研究的商榷》，《文史》第7辑。

李零：《现存宋代〈孙子〉版本的形成及其优劣》，《文史集林》第2辑。

李零：关于《〈孙子兵法〉研究整理的新认识》，《古籍整理与研究》1987年第1期。

金景芳：《孙子十三篇略说》，《社会科学战线》1982年第3期。

霍印章：《论〈孙膑兵法〉与〈孙子兵法〉的师承关系》，《孙子新探》1990年2月。

杨伯峻：《孙膑和孙膑兵法杂考》，《文物》1975年第3期。

杨炳安、陈彭：《孙子兵学源流述略》，《文史》第二十七辑。

吴如嵩、魏鸿：《汉简两〈孙子〉与〈孙子兵法〉研究》，《军事历史》2002年第1期。

于汝波：《试论〈孙子兵法〉以"胜"为核心的战争理论体系》，《南开学报》1994年第6期。

刘庆：《〈孙子兵法〉与齐国兵学》，《军事历史研究》1992年第3期。

刘庆：《先秦南方兵学及其与齐国兵学之比较》，《管子学刊》1998年第3期。

葛志毅、张惟明：《公羊大一统释义发微》，《先秦两汉的制度与文化》，黑龙江教育出版社，1998年。

裴汝诚、许沛藻：《评宋初君臣"取天下"之志及"一天下"之策——兼及历史人物评价问题》，《上海师范学院学报》1980年第3期。

唐晓峰：《"体国经野"：试论中国古代的王朝地理学》，香港中文大学《二十一世纪》2000年8月号。

邢义田：《天下一家——传统中国天下观的形成》，《秦汉史论稿》，东大图书股份有限公司，1987年。

陈其泰：《何休公羊学说的体系及其学术特色》，东海大学《中国文化月刊》第196期。

张其昀：《中国历史上之国防区域》，包伟民选编：《史学文存》，上海古籍出版社，2001年。

杨渭生：《论赵宋之统一与整治》，《杭州大学学报》1994年第1期。

于汝波：《儒家大一统思想简议》，《齐鲁学刊》1995年第1期。

刘家和、王尧等：《国家统一与历史进步》，《光明日报》1997年9月16日。

季云飞：《也谈中国近现代军事史发展的基本线索》，《军事历史》1993年第2期。

黄今言：《东汉军事史的若干特点和研究方法问题》，《史学月刊》1997年第1期。

陈峰：《宋代主流军事思想及兵学批判》，《史学月刊》2005年第11期。

茅海建、刘统：《50年来的中国近代军事史研究》，《近代史研究》1999第5期。

魏鸿：《〈权书〉与〈孙子兵法〉异同探论》，《军事历史研究》2006年第2期。

顾诚：《卫所制度在清代的变革》，《北京师范大学学报》1988年第2期。

陈炳应：《西夏兵书〈贞观玉镜将〉》，《宁夏社会科学》1993年第1期。

李蔚：《略论贞观玉镜统》，《宁夏社会科学》1997年第5期。

刘庆：《明清（前期）浙江海防战略地位的演变》，《军事历史研究》2009年第3期。

贾常业：《西夏文译本〈六韬〉解读》，《西夏研究》2011年第2期。

钟焓：《〈黄石公三略〉西夏本译文正文的文献特征》，《民族研究》2005年第6期。

范中义：《明代军事思想简论》，《历史研究》1996年第5期。

王晓卫：《明代军事制度概述》，《历史教学》1990年第6期。

王树连：《明代军事地理研究概述》，《测绘科学与工程》2005年第4期。

向燕南：《明代北塞军事危机与边镇志书的编纂》，《中州学刊》2006年第1期。

陈表义、谭式玫：《明代军制建设及军事的衰败》，《暨南学报》1996年第2期。

王赛时：《明代山东的海防体系与军事部署》，《明史研究》第9辑。

赵映林：《明代的军事制度》，《文史杂志》1987年第1期。

朱子彦：《明代火器的发展、运用与军事领域的变革》，《学术月刊》1995年第5期。

徐奎：《明代火器的运用与军事学术的发展》，《军事历史》2002年第3期。

刘以东：《论明代火器部队的发展与军事思想的变化》，《上海大学学报》1991年第4期。

黄明光：《明代科举制度对军事的影响》，《社会科学战线》2004年第2期。

刘景纯:《明代九边的军事策应与救援》,《宁夏社会科学》2010 年第 2 期。

程利英:《明代兵制的嬗变与财政支出关系述论》,《军事经济研究》2006 年第 6 期。

傅顽璐:《明代军屯制度沿革》,《军事经济研究》1996 年第 4 期。

华林甫:《顾炎武地理考据得失论》,《中国历史地理论丛》2013 年第 4 期。

施渡桥:《西方兵书的译介与晚清军事现代化》,《军事历史》1996 年第 3 期。

沈瑞英:《略论明清军事文化发展与西学东渐》,《军事历史研究》2000 年第 3 期。

何平立:《论明清战争中火炮发展的重要作用》,《军事历史研究》1990 年第 2 期。

何平立:《论明代郑和下西洋的军事性质与作用》,《军事历史研究》1991 年第 2 期。

王莉:《明代营兵制初探》,《北京师范大学学报》1991 年第 2 期。

李亚宁:《唐甄〈潜书〉中的军事思想》,《四川大学学报》1980 年第 1 期。

王大文:《明清时代三部兵书考辨》,《军事历史》2012 年第 6 期。

施和金:《论〈读史方舆纪要〉的军事价值》,《南京师范大学学报》1990 年第 3 期。

李毅:《洋务运动对清代军事工业的影响》,《兰州学刊》2008 年第 1 期。

高锐:《清朝中期军事经济政策的失误及其影响》,《军事经济研究》1991 年第 1 期。

金普森、姚杏民:《清代军制的演变评述》,《军事历史研究》1989 年第 1 期。

毛振发:《论清代边防及晚清边防危机》,《中国边疆史地研究》1993 年第 2 期。

周远廉:《清代前期的八旗制度》,《社会科学辑刊》1981 年第 6 期。

李巨澜:《清代卫所制度述略》,《史学月刊》2002 年第 3 期。

张广宇、韩文琦:《晚清军事变革研究述评》,《军事历史研究》2006 年第 4 期。

韩文琦:《论晚清军事变革的内在制约因素——以近代日本军事变革为参照的考察》,《安徽大学学报》2008 年第 2 期。

李细珠:《张之洞与晚清军事教育近代化》,《安徽史学》2001 年第 4 期。

王建华:《论列强对晚清军事教育近代化的影响》,《社会科学》2004 年第 10 期。

季云飞:《林则徐与晚清军事变革》,《军事历史研究》2005 年第 2 期。

石武英:《晚清军事变革的历史启示》,《理论月刊》2008年第9期。

李斌:《清代传统兵学的衰落与"师夷制夷"战略思想的形成》,《故宫博物院院刊》2002年第3期。

主要人名索引

B

班固　28,33,38,56,63,65,108,128,148,163,172,173,208,210,230,334

C

曹操　7,65,91,103,104,119,130,229,231-234,237,238,268,339,351,352,367,385,467

曹刿　47

陈皞　66,244

陈亮　218-220,302,303,326,327,336,337,342

慈禧　497,499-501,503,504

D

邓廷罗　66,329,464

邓禹　208,218-220,325

丁日昌　496,497

杜牧　7,66,100,104,244,246,352,367

杜佑　66,244,255,261,262,318,339,467

F

范蠡　39,40,45,55-60,117,174,200,210

范仲淹　289-292,306-315,336,341,345,363,364

冯桂芬　536,537,539

富弼　299,309-312,368

G

高颎　247,248,250-257,260

顾福棠　66

顾炎武　44,388,390,392-395,406,409,477,479-482,485

顾祖禹　109,377,474,477,479,482,485-489

管仲　29,49,111,112,192,255,390,461

郭嵩焘　532,533

H

韩非子　19,115,119,162,182,187-193,226

韩琦　287,289,292,306,345

韩擒虎　244,250,251,255,257,259,260

韩信　64,90,103,113,118,208,211,214-218,306,330,344

汉武帝　64,119,205-208,211,212,282,286,454

何去非　8,218,319,320,323,334,345,353-355

何延锡　66

贺若弼　244,248,250-252,254-260

胡瑗　313,336

华岳　330,352

皇太极　457,460-463,469

黄巩　66

黄宗羲　388,390-393,395,406

J

贾林　66,244

姜太公　104,110,111

蒋百里　534

K

康熙　460,467-475,479,491,492,508

孔子　1,45,49,109,111,131,157-159,
　　161,162,165,166,172,332,450

L

李鸿章　494-503,505,513,518,519,524,
　　529,530,536-539

李勣　244,262,263

李靖　105,231,244,253,261-265,270,
　　316,318,319,323,343,344,350,353,
　　387,389,400

李泌　244,271-274

李筌　66,244-246,271,328,367,398,467

李世民　104,105,244,245,261

李渊　244

李贽　66,104,404,406

林则徐　493,495,509,510,514,524-529,
　　535,536

刘邦　110,208,214-218,220,228,387,
　　487

刘敞　312-314,326,332,333

刘彻　208

刘向　28,38,64,65,67,192,209,210

刘秀　203,208,213,218-220

刘寅　7,66,67,130,153,321,404,405

M

茅元仪　6,105,113,265,389,397-402,
　　405-407,444,476,481-483,485

梅尧臣　7,66,313,322,338,339,341

孟子　19,97,116,156-160,162,165,166,
　　226,334,339,469

墨子　20,32,37,163-171,226

N

倪朴　302-304,326,341,353

努尔哈赤　104,451,457,458,460-463

Q

戚继光　104,380,400,404,406,407,409,
　　411-415,417,419-442,447-451,
　　453-455,458,484

乾隆　466-468,470,472,475,491,508

秦始皇　108,110,204-207,483

R

任宏　28,65,67,127,209,210

S

商鞅　2,62,114,176,182,188,189,191,

193,197,255,530

施子美 7,66,67,130,320,322,339,372

司马光 296-301,334,345

司马穰苴 28,104,111,126-128,271

宋仁宗 289,294,306,307,309,311,313,317,319,329

宋神宗 66,120,121,246,261,262,292-298,300,301,316,317,332,353,364,366

宋太祖 280,281,285,305,395

宋襄公 30,39,83

宋真宗 284,286,287,306,307,328

苏轼 264,296,297,300,320,326,327,341,348

苏洵 104,239,323,324,327,333,344,352

苏辙 49,298-301,327,361

隋文帝 245,247,248,250,252,254-257,259,260

孙膑 14,61-63,65,103,107,114,117,120,142-145,182,195,268,399

孙承宗 398,455

孙武 33,35,39,49,61-73,90,96,97,103-105,113,114,117,146,182,195,318,323-326,333,335,339,344,348,353,398

孙星衍 67,68,129,466,467

T

唐太宗 104,254,261,263,271,282,387

W

汪绂 466

王安石 2,292-298,300,301,327,332,353

王夫之 54,220,388,394-396

王朴 274-276,278-280

王士性 477-479,485

王守仁 388-390,406

王晳 66,80,322,339

王应麟 26,119,311

王源 465

魏禧 464,465,474,489

魏源 485,493,495,509,510,514,524-529,535,536

吴起 62,64,114,117-121,124,125,182,266,333,344,394

伍子胥 39,45,117,191,192,372

X

项羽 110,203,208,214-218,228,387,465,487

辛弃疾 302,303,323,326,349

徐光启 451,452,457,458

徐建寅 516

许洞 271,328,349,350,355,398

薛福成 530-532

荀子 107,115,156-158,160-163,166,187,188,293,332,333,339

Y

严复 505,540

羊祜 232,233,240-243,306,311

杨杰 534

元昊 289-291,322,358,363,365,366,368

袁崇焕 451,457,458,460,462

袁世凯 515,517,519,521,522,524,526

岳飞 81,301,370

Z

曾国藩 470,495,510,513,520,524,530,532,536,537

张良 64,113,208,441

张预 7,66,80,321-323,338,339,341,343,344,347,350,351

张之洞 487,495,497,500,514,517,519,522,524,526,528-530

赵本学 66,67,404,405

郑成功 469,471,485,492

郑观应 505,533

郑和 408,410,411,413,448,483

郑若曾 409,413,415-418,421,477,484-486

郑友贤 33,39,66,68,322,348,350,351,467

周公旦 110,111

朱棣 408,411,413,446,447

朱熹 239,279,302,313,318,327,332,333,338,340,346,450

朱埔 7,66,67,116,130,266,321,404,466

朱元璋 2,121,403-405,407,409,410,413,443,446,455

诸葛亮 96,104,105,229,232,233,237-240

左宗棠 494-499,527,530

重要词语索引

B

八阵 143, 144, 150, 229-231, 268, 270, 374, 400

《百战奇法》 87, 102, 317, 328, 329

北洋水师 424, 496, 498-501, 505, 521, 529

邲之战 35, 36

避其锐气, 击其惰归 84, 343

避实击虚 4, 6, 38, 39, 49, 63, 84, 103, 105, 117, 139, 144, 151, 245, 303, 304, 329

《兵筹类要》 324, 343, 344, 346

兵贵胜, 不贵久 75, 77

《兵迹》 464, 465, 467

兵技巧 4, 170, 209, 210, 327, 402

《兵经》 104, 265, 386-388, 396, 406, 465

《兵镜或问》 329, 464

《兵谋》 464, 465

兵权谋 4, 10, 28, 56, 148, 182, 209, 327, 402

兵儒合流 208, 212, 213, 266, 337

兵形势 4, 148, 149, 209, 210, 266, 327, 402

兵以诈立 9, 10, 37, 79, 83, 353, 358, 376

兵阴阳 4, 174, 209, 210, 271, 327, 378, 400-402, 466, 473, 481, 482

不鼓不成列 25, 28, 30, 36

C

《草庐经略》 103, 383, 384

《册府元龟》 209

《长短经》 246, 367

长勺之战 35, 36, 38, 47, 110

城濮之战 35, 37, 41, 47, 48

赤壁之战 229, 234, 240, 399, 455

《筹海图编》 396, 409, 413, 415-418, 421, 445, 446, 476, 483, 484, 486

《翠微先生北征录》 328, 330, 352

D

大兵无创 153, 340

《读史方舆纪要》 109, 464, 467, 476, 482, 485-489

F

《范蠡》 56

非攻 52, 72, 158, 163-165, 167, 168, 236

分合为变 10, 33, 39, 85 - 87, 253, 353, 376

G

攻其无备 4, 79, 104, 415, 428, 515

攻守 4, 21, 26, 37, 57, 58, 69, 80, 82, 87, 102, 106, 123, 167, 170, 207, 210, 233, 245, 265, 269, 273, 286, 289 - 292, 303, 318, 324, 330, 352, 374, 400, 414 - 416, 423, 424, 426, 428, 429, 457, 464, 486, 509, 511, 515

官渡之战 455

《管子》 3, 109, 112, 192 - 202, 450 - 452, 530

《广志绎》 476 - 478

诡道 39, 79, 111, 208, 213, 325, 333, 350, 352, 353, 378, 385, 428, 430

《国语》 20, 31, 56

H

《海国图志》 485, 493, 510, 526, 527, 536

《韩非子》 62, 116, 182, 187, 188

《汉书·艺文志·兵书略》 4, 56, 64, 109, 114, 119, 400 - 402

《汉中对》 214 - 218

《何博士备论》 8, 317, 320, 323, 324, 355

《鹖冠子》 102, 117, 172, 174, 175, 179, 180

胡服骑射 2

《虎钤经》 271, 328, 349, 351, 355, 398, 428

《淮南子》 3, 102, 350

《火攻挈要》 6, 444, 445, 451, 456

《火龙神器阵法》 445, 451, 452, 455, 456, 458

J

《纪效新书》 396, 404, 414, 420, 422, 425, 429, 431, 436 - 440, 442, 445, 446, 448 - 451

甲午战争 500 - 503, 505, 510 - 514, 517, 518, 520, 521, 524, 528, 533

坚船利炮 424, 475, 490, 492 - 495, 507, 510, 516, 525, 529, 532, 536, 538

兼爱 20, 163, 164, 167, 194

《将鉴论断》 271, 324, 325, 337, 343, 354

教戒为先 31, 99, 123, 198, 342

晋阳之战 278

《军政》 26, 126

《军志》 26, 27, 53, 75, 126, 310

君命有所不受 81, 102

K

廓地分利 72

L

劳逸 75, 95, 105, 147, 464

《老子》 3, 7, 49-56, 60, 103, 173, 174, 212, 268, 389

《历代兵制》 317, 323-325, 327, 337

《历代宅京记》 479, 480

《练兵实纪》 380, 396, 404, 425, 427, 428, 432, 433, 436-438, 441, 445, 446, 448, 449

令之以文，齐之以武 93, 97, 342

《六韬》 4, 10, 66, 99, 103, 109, 112, 113, 118, 121, 137, 152-154, 212, 266, 267, 271, 316, 318, 325, 333-335, 339, 340, 346-348, 367, 372, 381, 382, 398, 403, 434, 455, 476

《隆中对》 233, 237-240

《吕氏春秋》 3, 78, 102, 212

《论语》 313, 332, 333, 338, 374

M

马陵之战 103, 399

《孟子》 3, 172, 225, 332, 339, 341, 343, 354

庙算 177, 179, 386, 426-428, 431, 432

《墨子》 3, 16, 164, 168-171, 186

牧野之战 24, 25

N

南水北骑 231

宁远之战 451, 457, 459, 460

P

批亢捣虚 144, 303

《平边策》 274, 275, 278-280

《平叛策》 271, 272, 274

《平吴疏》 233, 240-243

Q

《七略》 28, 65, 128, 210

齐鲁兵学 109-114, 116, 117

奇正 38, 39, 58, 63, 68-70, 81, 84, 102, 103, 105, 116, 117, 150, 230, 233, 245, 265, 268-270, 303, 325, 327, 348, 351-353, 374, 377, 383, 384, 386, 388, 429-431, 464

《乾坤大略》 387, 388

穷寇勿迫 27, 63, 80, 355

《取陈策》 254, 256, 257

《权书》 239, 323, 324, 327, 333, 352

全胜不斗 153, 340

R

柔弱胜刚强 50, 179-181, 212

繻葛之战 35, 41-43, 48

S

萨尔浒之战 104, 461, 462

《三略》 10, 66, 103, 113, 209, 210, 212-214, 220-223, 267, 271, 316, 325, 333, 335, 367, 398

《山东肇域记》 479，480

《商君书》 116，182-187，190

尚首功 2，461

《尚书》 3，20，26，27，339

审器而识胜 140，198

慎战 4，27，56，70-72，115，121，122，132，133，176，183，189，194，195，286，292，293，296-299，338，340，341

师夷长技以制夷 490，494，495，510，513，514，527，528，536

《诗经》 3，7，26

《十家注孙子遗说并序》 39，68，348，350

《十七史百将传》 317，320-324

什伍之法 461

《史记》 15，19，25，28，56，61，62，64，67，110，120，121，126，161，207，216，217，228

《守城录》 317，324-326，371

《司马法》 22，24，26，29-34，39，42，63，66，109，111，113，126-141，176，198，265，266，316，325，335，398，466

四战之地 114，219，291

《隋书·经籍志》 49，56，65，119，128，129，172，173，210，232

《孙膑兵法》 4，10，61，102，103，109，111，120，142，144，145，150，209，229，230，271，348，471，476

《孙子兵法》 3-6，9，10，12，23，27，28，33，34，39，58，61，63，65-73，75-77，79-81，83，85，87，89，91，93-105，109，112，113，118，121，122，124-126，130，137，138，142，144，148，149，153，171，209，211，214，232，233，244，264，265，267-269，271，340，346，348，351，354，372，374，376，377，379，389，397，415，418，462，476，486，515，534

《孙子十家注》 68，464，466，467

《孙子书校解引类》 67，404

T

《太白阴经》 244-246，271，328，398

《太平御览》 15，19，129，130，209，232，467

太原之战 275，278

《唐太宗李卫公问对》 25，103，105，111，113，126，230，244，246，261，264，265，267-271，426

《天下郡国利病书》 409，479，480

《通典》 129，145，232，246，261，262，264，311，318，319，350，467

《投笔肤谈》 102，103，265，382，383，388，396，404，406

《图天下策》 219

W

《尉缭子》 10，62，66，84，102，103，

114 - 116, 121, 132, 142, 145 - 151, 209, 266, 268, 316, 323, 335, 342, 343, 347, 351, 389, 393, 398

《魏武帝注孙子》 67

《文子》 172 - 176, 179

《吴子》 4, 10, 66, 81, 102, 103, 110, 112, 114, 116 - 125, 132, 150, 198, 209, 266, 269, 308, 311, 315 - 318, 323, 332, 335, 343, 372, 388, 389, 393, 398, 466, 467

五事七计 73, 301, 350

《武备志》 103, 246, 396 - 399, 401, 402, 406, 407, 445, 446, 476, 481 - 483, 486

《武经七书汇解》 7, 116, 266, 321, 466

《武经七书讲义》 7

《武经七书直解》 7, 153, 321, 404

《武经总要》 103, 145, 246, 271, 315, 317, 318, 322, 329, 352, 360, 364, 367, 443, 456

《戊笈谈兵》 466

X

先发制人 27, 53, 59, 75, 76, 78, 114, 116, 146, 151, 181, 292, 304

先计后战 4, 179, 251

先知 68, 186, 382, 386, 387, 427, 486

崤之战 35

《校邠庐抗议》 536

《行军须知》 328, 329

形势 4, 10, 21, 26, 40, 42, 55, 58, 76, 102, 113, 114, 125, 131, 153, 154, 189, 200, 202, 210, 211, 213, 215 - 217, 219, 223, 229, 233, 237, 239 - 241, 243, 245, 248, 251, 254, 272, 274, 275, 278, 283, 285, 288, 291, 294, 295, 301, 302, 304, 324, 332, 344, 348, 354, 359, 360, 390, 394, 401, 403, 406, 407, 409, 411, 417, 418, 423, 435, 448, 459, 462, 476, 477, 480 - 488, 490, 504, 506, 508, 523, 526, 528, 530, 531, 538, 540

虚实 10, 36, 59, 69, 70, 74 - 78, 82 - 86, 102, 105, 124, 125, 139, 145, 223, 233, 245, 265, 268, 269, 303, 348 - 352, 354, 370, 386, 390, 428, 464, 493

《荀子》 116, 333

Y

鸦片战争 492 - 494, 500, 505, 507, 508, 513, 517, 520, 524, 535

鄢陵之战 30, 35, 36, 38, 39

郾城之战 370

洋务运动 496, 497, 499, 507, 510, 513, 518 - 520, 524, 527 - 533, 535 - 540

以患为利 78, 104
以奇用兵 4, 10, 52-54, 103, 210, 268, 387, 430
以器制胜 450-453
以仁为本 9, 33, 39, 130, 131
以迂为直 78, 104, 273
以治为胜 4, 120, 121, 123, 231, 266, 342
以众击寡 85, 87, 201, 364
因敌制胜 4, 6, 55, 59, 78-81, 105, 202, 231, 354, 384
因粮于敌 4, 34, 39, 77, 90-93, 258, 375
因形用权 121, 124, 125, 266
迂直 101, 102, 245, 464
《御授平陈七策》 256
寓兵于农 233, 245, 390, 392, 394, 461
《运筹纲目》 385, 388, 406

Z

《战国策》 62, 102
《肇域志》 479, 480
《阵纪》 81, 103, 380-382, 406, 422, 458
知彼知己 4, 20, 27, 48, 73-75, 100, 124, 186, 199, 201, 202, 215, 222, 418
至善不战 194
致人而不致于人 4, 59, 82, 85, 105, 181, 211, 213, 265, 301, 351
中体西用 524, 536, 537, 539, 540
众寡 82, 85, 86, 101, 105, 139, 144, 191, 201, 229, 253, 303, 348, 352, 353, 364, 375, 376, 429, 430, 464, 481
《周礼》 3, 26, 39, 111, 127, 392
《周易》 3, 26, 93
诛暴乱，禁不义 115, 146
主客 58, 59, 69, 73, 102, 105, 233, 245, 251, 265, 269, 300, 464
《子略》 110
《左传》 7, 20, 23, 30, 31, 33, 35, 44-48, 61, 62, 69, 75, 94, 126, 127, 268, 314, 464, 465

图书在版编目(CIP)数据

中国兵学思想史 / 黄朴民,魏鸿,熊剑平著.—南京：南京大学出版社，2018.3(2023.3重印)
(中国学术思想史/蒋广学主编)
ISBN 978-7-305-18825-1

Ⅰ.①中… Ⅱ.①黄…②魏…③熊… Ⅲ.①军事思想史—中国—古代 Ⅳ.①E092.2

中国版本图书馆CIP数据核字(2017)第134847号

出版发行	南京大学出版社
社　　址	南京市汉口路22号　　邮　编 210093
出 版 人	金鑫荣

中国学术思想史
蒋广学　主编

中国兵学思想史

黄朴民　魏　鸿　熊剑平　著

责任编辑	卢文婷
责任校对	李廷斌
装帧设计	赵　秦
封底篆刻	阎明罡
照　　排	南京紫藤制版印务中心
印　　刷	江苏苏中印刷有限公司
开　　本	718×1000　1/16　印张36.25　字数610千
版　　次	2018年3月第1版　2023年3月第2次印刷
ISBN	978-7-305-18825-1
定　　价	188.00元
网　　址	http://www.njupco.com
官方微博	http://weibo.com/njupco
官方微信	njupress
销售咨询	(025)83594756

＊ 版权所有，侵权必究
＊ 凡购买南大版图书，如有印装质量问题，请与所购
　图书销售部门联系调换

ISBN 978-7-305-18825-1

南京大学出版社
官方微信

南京大学出版社
淘宝天猫旗舰店
njdxcbs.tmall.com